KB071478

Introduction to
Educational
Administration

# 교육행정학
# 원론 7판

윤정일
송기창
김병주
남수경
공 저

학지사

## ✏️ 7판 머리말

교육행정학 교재는 교육행정이론의 발달과 수시로 바뀌는 교육 관련 제도 및 법령을 반영하여 지속적으로 개정되어야 한다. 이와 같은 이유로 이 책을 최소한 5년 주기로 개정하겠다고 독자들에게 약속한 바 있다. 2015년에 6판을 출판했으니 개정이 1년 늦어진 셈이다. 이는 교육법령과 교육정책의 변화를 더 많이 반영하고 싶은 집필진의 욕심 때문이라고 변명하고 싶다. 그러나 2015년 이후 여러 교육 관련 법령이 개정되고, 많은 새로운 법령과 정책이 시행되고 추진되는 상황에서 더 이상은 개정작업을 미룰 수 없다고 판단하여 작업을 착수하게 되었다.

당초 계획은 전면적인 개정으로 방향을 잡았으나, 기존 내용에 대한 애착도 있었고, 새로운 이론을 추가하는 것은 아직 교육행정학계 내의 공감대가 부족하다는 의견이 있어서 부분적인 개정으로 만족해야 하였다. 이번 개정에서는 편집 형식상의 변화가 있었는데, 본문 중 참고문헌을 인용할 때, 이전 판까지는 Turabian 방식의 각주(footnote)를 사용하였으나, 학술계의 변화에 부응하여 APA(American Psychological Association) 방식의 내주(in-text citation)로 바꾸었다.

내용상의 개정을 살펴보면, 제1장 '교육행정의 개념과 성격', 제5장 '조직론', 제6장 '의사소통론', 제7장 '교육기획과 정책'은 이해가 어렵거나 어색한 표현을 다듬는 정도의 소폭 개정을 하였다. 제2장 '교육행정학의 발달 과정'에서는 대안적 관점과 이론이 이해하기 어렵다는 의견을 반영하여 일부 이론에 대해서 본문에 설명을 추가하였고, 일부 이론은 각주에 부연 설명을 넣었으며, 복잡계 이론과 신자유주의이론을 추가하였다. 제3장 '동기론'에서는 동기의 개념을 보다 자세히 설명하였고, 성취동기이론, 자기효능감이론, 교사효능감이론을 추가하였다.

제4장 '리더십론'에서는 새로운 리더십이론을 보충하였고, 제8장 '교육제도 및 행

정조직'에서는 교육 관련 법령 개정사항과 학제, 행정조직, 교육자치제도 등의 변화를 반영하였다. 제9장 '장학'에서는 장학의 유형을 보완하고 장학조직의 변화를 반영하였으며, 컨설팅장학을 추가하였고, 제10장 '교육인사행정'에서는 인사 관련 법령과 제도의 변화를 반영하였다. 제11장 '교육재정'에서는 논리적 흐름에 맞추어 교육경제학을 뒤쪽으로 배치하고 교육재정을 앞쪽으로 배치하였으며, 교육재정을 이해하기 쉽도록 완전 재집필하였다.

제12장 '학교경영의 실제 I: 인사 및 조직관리 등'에서는 교원능력개발평가를 추가하였고, 교육과정 관리에서 2009 개정 교육과정을 2015 개정 교육과정으로 대체하였다. 제13장 '학교경영의 실제 II: 문서 및 복무관리 등'에서는 법령의 변화를 반영하고, 2020년 새로 도입된 K-에듀파인을 추가하였다. 제14장 '학급경영: 학급담임의 역할과 업무'에서는 교육여건의 변화를 반영하여 실무적인 내용을 보완하였다.

6개월여의 작업을 거쳐 개정판을 내놓지만 만족스럽지는 않다. 새로운 행정이론들에 대해 교육행정학계의 공감대가 형성되면 새로운 이론을 반영하여 전면적인 개정작업이 필요하다고 본다. 논술형태로 바뀐 교원임용시험 형식에 맞추어 교재를 개편하는 방안도 논의했으나, 예비교사뿐만 아니라 교육행정이론을 공부하는 대학원생 독자를 고려하여 교재의 구조는 기존대로 유지하기로 하였다. 이번 개정판에서 추가된 이론과 정책으로 학습 분량이 다소 증가했으나, 제12장 이후 학교경영과 학급경영 관련 내용은 교직실무 내용과 중복될 수 있으므로 적절히 조절해도 좋을 것이다.

이번 개정작업에는 유명을 달리한 조동섭 교수를 대신하여 강원대학교 교육학과 남수경 교수가 공동저자로 참여하였다. 최선을 다해 집필하였지만 부족한 부분이 없지 않을 것이다. 부족한 부분은 앞으로 계속 수정하고 보완해 나갈 것을 약속하며, 독자들의 각별한 지도와 편달을 기대한다. 촉박한 출판 일정에도 훌륭한 책을 만들어 준 학지사 김진환 사장님과 박지영 대리를 비롯한 편집부 직원 여러분에게 감사를 전한다.

2021. 9.

집필진 일동

## 🖋 1판 머리말

필자는 오랫동안 사범대학에서 교육행정학 과목과 교직과목의 하나인 교육행정 및 교육경영 과목을 강의하면서 이 강의에 사용할 적절한 교재를 개발할 필요성을 강하게 느꼈다. 이 책은 교원 양성기관인 사범대학과 교육대학 및 일반대학의 교직과정에서 교원자격을 취득하려는 학생들과 교원임용고사를 준비하는 학생들을 위한 교재로 집필되었다.

이 책은 교육행정학 교과목에서 취급해야 할 내용과 범위를 가능한 한 모두 포함하고자 하였다. 교육행정의 이론과 실제를 광범하게 이해하고, 이를 학교 및 학급경영에 적용할 수 있도록 하는 데 초점을 두었다. 따라서 이 책에서 다루고 있는 내용을 한 학기에 모두 강의할 수는 없을 것으로 본다. 교육대상과 목적에 따라 내용을 취사선택해서 강의해야 할 것이다.

우수한 교원은 무엇보다도 학생들을 잘 가르칠 수 있는 지식과 기술을 갖추고 있어야 한다. 그러나 학교행정과 경영에 대한 지식과 기술도 이에 못지않게 중요하게 요구되고 있다. 모든 교원은 개인으로서 존재하는 것이 아니라 학교조직의 구성원으로 존재하게 되며, 따라서 학교행정에 참여하게 되고 대부분의 교원이 하나의 학급을 책임지고 경영하게 되어 있다. 그러므로 우수한 교원이 구비해야 할 자격 요건은 교수-학습 능력, 학교행정에 대한 적극적 참여와 공헌, 학급경영 기술의 세 가지라고 할 수 있다. 이 책은 교원으로서 기초적으로 갖추어야 할 교육행정·경영능력을 제고하는 데 목표를 두고 집필되었다.

이 책의 내용은 크게 3부로 구성되어 있다. 제I부는 교육행정의 개념과 주요 이론으로서 8개 장으로 구성되어 있으며, 교육행정의 개념과 성격, 교육행정학의 발달과정, 체제론, 동기론, 지도성론, 조직풍토론 등 교육행정학의 기초와 제 이론들을 소개하였다. 제II부는 교육행정의 실제로서 7개 장으로 구성되어 있는데, 주로 교육 기획, 교육법규와 제도, 교육행정조직, 장학행정, 인사행정, 교육재정에 관한 현실적인 측면을 다루었다. 제III부는 학교·학급경영으로서 학교경영기법, 학교경영계획, 학교경영의 실제, 학급경영계획과 실천 등 교원으로서, 학급담임으로서 필히 숙지해야 할 내용들을 4개 장에 걸쳐서 제시하고 있다.

교육행정학에 대한 강의를 준비하는 과정에서 정리한 내용과 자료를 바탕으로 집필된 교재지만 앞으로 강의를 통하여 계속적으로 수정·보완해 나가야 할 것이다. 독자 여러분의 각별한 관심과 지적으로 이 책의 미흡한 부분과 오류가 완벽하게 수정될 수 있기를 기대한다.

1994. 2.
「관악」연구실에서
집필진을 대표하여 윤정일

# ✎ 차례

## 🔍 제1부 교육행정의 개념과 주요 이론

### 제1장 교육행정의 개념과 성격 • 13

### 제2장 교육행정학의 발달 과정 • 31

## 제2부 교육행정의 실제

## 제3부 학교 · 학급행정

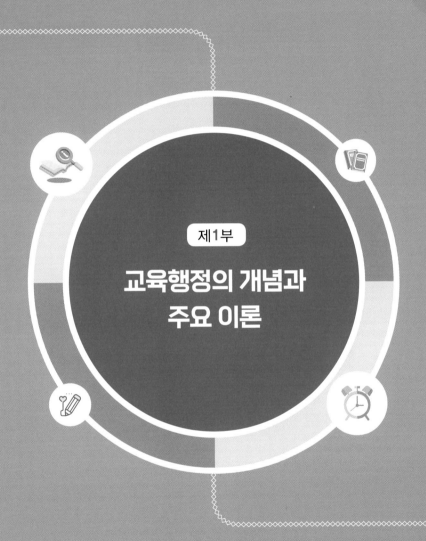

제1부

# 교육행정의 개념과 주요 이론

제1장

# 교육행정의 개념과 성격

##  제1절 교육행정의 개념

교육행정(educational administration)은 교육활동이 잘 되도록 관리 · 지원 · 지도하는 활동이다. 그러나 그 개념에 대한 정의는 어떤 관점을 견지하고 어디에 초점을 두느냐에 따라 서로 다르다. 여러 학자의 견해를 분석하여 교육행정에 대한 정의를 분류해 보면 다음과 같이 정리해 볼 수 있다.

### 1. 국가통치권론

국가통치권론은 교육행정을 국가 권력 작용, 즉 총체적인 국가행정의 관점에서 파악하려는 관점으로, 국가행정 작용 중 '교육에 관한 행정'을 교육행정이라고 보는 입장이다. 다시 말해, 국가통치권 중 입법 · 사법을 제외한 행정작용을 내무 · 외무 · 군무 · 법무 · 재무 등 다섯으로 분류하고 이 중에 내무행정을 보육행정과 경찰행정으로 분류하여 전자인 보육행정 중에 '교육에 관한 행정'인 교육행정을 포함시키는 것이다(백현기, 1964a: 15-16). 이는 현재 국가통치권 중 교육행정사무를 교육부에서 담당하기 때문에 교육행정은 교육부가 수행하는 법적 기능 혹은 행정 작용이라고 정의하는 방식이라고 볼 수 있다. 이러한 정의는 행정을 국가통치권의 하나라고 보는 법학적 개념에 의해 지지된다는 점에서 법규 해석적 정의(백현기, 1964a: 15) 또는 공권력설이라고 하며, 국가통치권을 정부 조직의 기능 측면에서 분류하고, 행정작용을 법규적 차원에서 분류하고 있다는 측면에서 분류체계론 혹은 교육행정 영역구분론이라고도 한다(김윤태, 2001: 5).

이러한 국가통치권적 정의는 교육행정을 '교육을 대상으로 하는 법적·행정적 작용'이라고 보기 때문에 교육행정의 특수성과 전문성을 무시하고 행정의 관료성과 획일성을 강조하며 교육의 정치적 중립성과 자주성을 간과하고 있다는 문제점이 있다. 교육행정을 일반행정으로부터 분리·독립시키고 지방교육행정을 중앙으로부터 분리·독립시키고자 하는 교육자치제의 관점에서 보면(윤정일, 송기창, 조동섭, 김병주, 2005: 375-378), 이러한 정의는 그 타당성이 빈약하다고 하겠다.

## 2. 조건정비론

조건정비론은 교육목표를 효율적으로 달성하기 위해 필요한 인적·물적 여러 조건을 정비·확립하는 수단적·봉사적 활동이 교육행정이라고 보는 견해이다. 이는 교육행정의 기능주의적 입장을 대표하는 정의로서, 민주적 교육행정을 설명하는 데 가장 많이 인용되는 정의이다. 이러한 견해의 대표적인 학자는 Moehlman으로, 그는 수업(instruction)이 학교의 근본적인 목적이며, 행정의 조직과 과정은 이 목적을 달성하기 위한 수단이라고 보았다. 즉, 교육행정은 교육목표를 보다 효율적으로 달성하기 위한 일련의 봉사활동이며 작용이라고 하여, 교육행정이 교육을 위한 수단적·봉사적 기능을 수행하는 활동임을 주장하였다(Moehlman, 1951: ix).

이러한 주장은 많은 학자에게서 나타난다. 예를 들어, Campbell 등은 어떤 조직에서든 행정의 목적은 그 조직의 목표를 달성하는 방향으로 구성원의 노력을 조정하는 것이라고 하였다. 교육조직에 있어 핵심 목표는 교수와 학습(teaching and learning)이기 때문에 교육행정은 교수와 학습의 증진을 핵심 목적으로 하며, 행정가의 모든 활동은 누구와 무슨 일을 하든 간에 궁극적으로 이 목적에 기여하지 않으면 안 된다고 주장하였다(Campbell, Corbally & Ramseyer, 1968: 83).

김종철도 교육행정이란 사회적·공공적·조직적 활동으로서의 교육을 대상으로 하고 교육목표의 설정, 그 달성을 위한 인적·물적 조건의 정비·확립, 목표 달성을 위한 계획과 결정, 집행과 지도, 통제와 평가 등을 포함하는 일련의 봉사활동을 지칭하며, 교육조직에서의 집단적 협동행위를 위하여 효과적으로 지원하는 것을 본질로 하는 작용이라고 정의하였다(김종철, 1985: 32-34). 이는 교육행정이 ① 교육활동을 지원하는 수단적·봉사적 활동이며, ② 계획－집행－평가 등의 순환과정을 거쳐 인적·물적 조건을 정비·확립하고, ③ 집단적 협동행위를 본질로 한다는 점을 부각시키면서, 교육행정이 궁극적으로 교육목적 달성을 위한 인적·물적 조건들을 정비·확립하는 수단적 봉사활동임을 명료화한 것이라고 볼 수 있다.

## 3. 행정과정론

행정과정(administrational process)은 계획 수립에서부터 실천·평가에 이르는 행정의 전체 경로를 말함과 동시에 이 경로 속에서 이루어지는 행정작용의 제 구성요소를 의미한다. 따라서 행정과정론은 행정의 일반적 기능이 무엇이며, 행정이 어떠한 순환적 경로를 밟아 이루어지고 있는가에 초점을 두고 교육행정을 정의하는 관점이다.

행정과정은 1916년에 Fayol이 다섯 가지 요소[1]로 분석한 이래(Fayol, 1949: 70; 김종철, 1985에서 재인용), 많은 학자에 의해 다양한 요소로 분석·제시되어 왔다. 특히 Gulick은 최고 행정가가 해야 할 일이 무엇인가에 대한 질문의 해답으로 'POSDCoRB'라는 합성어를 고안하여 7개 요소[2]로 행정과정을 체계적으로 정리하였다(Gulick, 1937: 13). 이러한 행정과정론의 교육행정에의 적용은 1950년에 이르러 본격적으로 시작되었다. Sears가 Fayol의 행정과정론을 바탕으로 교육행정과정을 기획(planning)·조직(organizing)·지시(directing)·조정(coordinating)·통제(controlling)의 다섯 가지 요소로 분석·제시한 것이 그 대표적인 예이다(Sears, 1950).

---

1) Fayol의 행정과정 5요소는 다음과 같다. 기획(planning), 조직(organizing), 명령(commanding), 조정(coordinating), 통제(controlling)

2) Gulick의 POSDCoRB는 다음과 같다. 기획(planning), 조직(organizing), 인사배치(staffing), 지휘(directing), 조정(coordinating), 보고(reporting), 예산편성(budgeting)

행정과정의 요소로 볼 때 초기의 행정학자들은 명령·지시·통제 등을 그 주요 요소로 간주한 데 반하여, 후기의 교육행정학자들은 의사결정(decision-making)·자극(stimulating)·영향(influencing)·평가(evaluating) 등을 그 주요 요소로 파악하였다. 이는 행정의 민주화 내지 자율화 방향으로 행정 사상이 변화·발전한 것을 반영한 것이다. 이러한 경향은 교육행정에서도 나타났는데, Gregg가 교육행정과정을 의사결정-계획-조직-전달-영향-조정-평가 등 7개 요소로, Campbell 등이 그 것을 의사결정-계획-자극-조정-평가 등 5개 과정 요소로 분석·제시한 것이 그 대표적인 예라고 할 수 있다(Gregg, 1957: 271).

## 4. 협동행위론

협동행위론은 행정활동을 합리성을 토대로 한 집단적 협동행위로 보는 견해로서, 행정작용을 주로 행정행위(administrative behavior), 그중에서도 의사결정 과정에 초점을 두고 정의하는 방식이다(김종철, 1985: 31). 이러한 견해의 대표적인 학자는 Waldo로, 그는 행정을 고도의 합리성을 바탕으로 한 집단적인 협동행위로 정의했다(Waldo, 1967; 윤정일 외, 1982: 12에서 재인용). 이때 합리성이란 최소의 비용으로 최대의 목적을 성취하는 것이며, 협동행위는 혼자서는 움직일 수 없는 돌을 두 사람이 굴리는 것과 같이, 협동행위를 통해 과업을 효과적으로 성취하는 것을 말한다. 이러한 행정의 개념을 교육행정에 적용시켜 보면, 교육행정은 '합리적으로 계획된 과정과 절차에 따라 교육목적을 최대한 효과적으로 달성하기 위해 교육활동과 관련된 제반 조직과 조건들을 체계적으로 정비하고 지원하는 협동적 행위'라고 정의할 수 있을 것이다.

## 5. 교육리더십론

교육리더십론은 교육목적을 효과적으로 달성하기 위해 교육리더십을 발휘하는 활동을 교육행정이라고 정의하는 방식이다. 교육리더십(educational leadership)이란 교육과 관련된 활동을 하는 과정에서 교육의 목적을 효과적으로 달성하기 위해 발휘되는 리더십을 말한다. 다시 말해, 그것은 교육의 목적 실현을 보다 잘할 수 있도

록 제반 조건을 마련하고, 그 환경을 조성하는 과업들을 수행하는 과정에서 발휘되
는 리더십을 말한다(조동섭, 1988: 72-73). 이때 제반 조건을 마련하고 환경을 조성하
는 일은 3M, 즉 인간(Man)·물자(Materials)·재정(Money) 등을 확보·배분·활용
하는 일이며, 리더십을 발휘한다는 것은 그들을 보다 효과적으로 확보·배분·활
용하여 교육목적 달성을 효율화하는 것을 의미한다. 따라서 이 정의는 교육경영론
의 관점을 반영한다고 볼 수 있다. 교육경영론의 관점에서는 어떤 학생을 기르기 위
해 어떤 교육조건을 갖추어 어떻게 교육시킬 것인가에 초점을 둔다. 따라서 이 관점
에서는 교육조건은 고정되어 있는 것이 아니라 교육목표 달성을 위해서는 언제든
지 조정될 수 있다고 보기 때문에 이러한 조건들을 활성화하는 리더십이 매우 중요
하다. 다시 말해, 조직 책임자들의 학교교육에 대한 민주적 리더십과 교사들의 협동
적인 집단과정이 대단히 중요한 역할을 하는 것이다(배종근, 정태범, 1986: 16-17).

교육경영론을 이해하기 위해서는 교육행정과 유사한 용어인 교육경영(educational
management), 학교행정(school administration), 학교경영 혹은 학교관리(school
management) 등을 살펴볼 필요가 있다. 이러한 용어들은 광범하게 혼용되고 있으나
그들 개념은 엄격히 구분할 수 있어야 한다. 대체로 교육행정이나 학교행정은 고도
의 확실성과 구조화되고 기획화된 결정을 달성하기 위한 하나의 경영관리의 과정이
며, 교육경영이나 학교경영 등은 이와는 달리 고도로 불확실하고, 구조화되어 있지
않으며, 기획도 되어 있지 않은 하나의 결론을 매듭지어 나가는 경영관리의 과정이
라고 할 수 있다(한공우, 황희철, 1975: 15-16). 다시 말하면, 행정은 비교적 객관적인
강제성을 띠고 있는 반면에 경영은 비교적 주관적인 융통성을 내포하고 있다.

이 두 가지 개념의 차이를 보다 더 구체적으로 제시하면 다음과 같다(박동서,
1984: 57-58). 첫째, 목표에 있어서, 경영의 경우는 이윤의 극대화를 추구하는 데 반
하여 행정은 공익을 추구한다. 둘째, 권력에 있어서, 경영은 정치권력을 지니고 있
지 않은 데 반하여 행정은 이를 내포하고 있어 강제성을 지니고 있다. 셋째, 성격상
에 있어서, 행정은 독점성을 지니고 있어 경쟁력이 없거나 극히 제한되어 있고 비능
률적이며 봉사의 질이 저하되기 쉬우나 경영은 독점성을 지니기 어려워 경쟁성이
높으며, 따라서 능률적이며 봉사의 질이 높다.[3] 넷째, 행정은 법령의 제약을 엄격하
게 받는 데 반해, 경영은 상대적으로 법률적 제약을 덜 받는다. 다섯째, 민주국가의

행정은 이념상 고도의 합법성을 요청하며, 이는 또한 법 앞에 평등을 요청하는 데 대하여, 사기업의 경영은 상대적으로 이러한 원칙의 적용을 적게 받는다.

## 제2절 교육행정의 성격

교육행정의 성격은 교육행정을 어떻게 정의하고 어느 관점에서 보느냐에 따라서 달라질 수 있다. 예를 들면, 교육행정을 교육정책 실현을 위한 국가통치권적 작용이라고 보면 감독적 성격이 강해지고, 조건 정비를 위한 봉사적 활동이라고 보면 지원적·수단적 성격이 강해지며, 목표 달성을 위한 제반 조건과 과정의 관리라고 보면 지원적 성격이 강해진다(배종근, 정태범, 1986: 28-30). 그러나 이와 같은 성격들은 교육행정만이 갖고 있는 고유한 성격이라기보다는 모든 행정이 갖고 있는 일반적 성격이라고 할 수 있다. 따라서 여기서는 교육행정의 성격을 일반적 성격과 교육행정만이 갖고 있는 독자적 성격으로 구분하여 고찰한다.

## 1. 일반적 성격

교육행정의 일반적 성격은 국가의 정치체제 여하에 따라서 다를 수 있다. 여기서는 우리나라의 교육행정이 현재까지 지향해 왔고, 또 향후에도 지향해야 할 것으로 판단되는 성격을 중심으로 몇 가지 특징적인 성격을 제시한다.

### 가. 봉사적 성격

교육행정이 교육목적을 달성하기 위하여 필요한 여러 인적·물적 조건을 정비·확립하는 봉사활동이라는 조건정비론적 입장에서 보면, 교육행정은 목적 달성을 위한 하나의 수단으로서 지원적·봉사적 성격을 지니고 있다. 이와 같은 성격을 학자에 따라서는 지원적 성격, 수단적 성격 또는 수단적·기술적 성격이라고도 한

---

3) Carlson(1964: 262-278)은 야생조직(wild organization)은 경쟁력이 높고 제공하는 봉사의 질도 높은 반면에 사육조직(domesticated organization)은 독점적이고 비능률적이며 봉사의 질도 저하되기 쉽다고 했다.

다.[4] 민주사회에서 가장 강조해야 할 교육행정의 기본적 특성은 바로 봉사적 혹은 수단적 성격이라고 할 수 있다. 우리나라의 고질적 병폐인 관 주도적, 행정 우위의 관료적 행정 풍토를 개혁하기 위해서는 이러한 교육행정의 봉사적 성격이 크게 강조되어야 한다고 할 수 있을 것이다.

## 나. 정치적 성격

교육행정이 수단적·기술적 성격을 가지고 있다는 것은 교육행정 활동의 내용이 고정적인 것이 아니고 역동적인 성격을 가지고 있다는 뜻이다. 이때 그 역동적 성격이란 바로 교육행정이 정치적 성격을 가지고 있음을 의미한다. 교육행정가는 교육문제를 예견하고 이에 대한 대책을 강구하며, 교육발전을 위한 장·단기 계획을 수립·실천하기 위하여 탁월한 행정적 수완과 더불어 예민한 정치적 예견과 지성을 필요로 한다(백현기, 1964a: 20-21).

교육의 정치적 중립성을 논하면서 우리는 흔히 교육은 정치로부터 분리·독립되어야 한다고 주장한다. 그러나 이때 정치는 특정한 정당이나 정치 이데올로기를 말하는 것이다. 예로부터 교육은 정치와 무관하지 않고 밀접한 관계를 가져 왔다. Plato와 Aristotle은 "학교는 국가를 창업하거나 재건하는 데 강력한 도구이며, 학교는 국가의 이미지를 모방하고 국가는 학교를 모방한다."고 하였다(El-Ghannam, 1970: 13). 또한 Kimbrough는 "교육은 정치의 산물"이라고 하였으며(Kimbrough, 1964: 116), Thompson은 "교육은 정치체제의 안정과 변화에 중요한 공헌을 한다." 고 하였다(Thompson, 1976: 1). 따라서 교육과 정치는 불가분의 관계를 맺고 있으며, 교육은 강력한 정치기관의 하나로서 정치체제와 사회질서를 유지하고 보존하는 중요한 도구로서 역할을 수행하고 있다. 그러므로 교육행정가들이 그들의 과업 수행에 있어서 교육행정의 정치적 성격을 인식하고, 또 정치적 과정에 있어서 효과적으로 활용할 수 있는 아이디어와 지식 및 기술을 개발하기 위하여 노력하는 것은 대단히 중요하다고 할 것이다(윤정일 외, 1982: 233).

---

4) 백현기(1964a: 19-20)는 봉사적 성격을 지원적 성격과 수단적·기술적 성격의 두 가지로 나누었으며, 남정걸(1986: 28-29)은 지원적 성격과 수단적 성격의 두 가지로 나누었다.

### 다. 민주적 성격

우리나라의 기본 이념은 자유민주주의이므로 교육행정에서 민주적 성격이 필연적으로 요구된다. 최근에 정치·경제·사회 등 여러 분야에 있어서 민주화·자율화 요구가 증대됨에 따라 교육에 있어서도 민주화와 자율화에 대한 요구가 어느 때보다도 강하게 표출되고 있다. 교육행정에서 민주화되어야 할 대상은 교육행정조직, 학교경영, 교육과정 편성·운영, 교육시설 및 교직원 관리, 평생교육, 교육재정 등 여러 가지가 있으나(백현기, 1964a: 21-23), 그중에서도 가장 핵심적인 것은 조직·인사·내용·운영의 네 가지라고 하겠다.

교육행정조직의 민주화를 위해서는 중앙교육행정기관을 비롯한 교육청과 학교 등이 자율성과 민주성에 바탕을 두고 조직되어야 한다. 교육인사의 민주화를 위해서는 행정직과 국가공무원 우위의 풍토를 개선하고 지시·감독 위주의 장학방식을 탈피함과 동시에 업적 위주의 엄정한 평가를 기초로 적재적소(適材適所)의 원칙에 따라 교직원을 배치하여야 한다. 교육내용의 민주화를 위해서는 획일화된 교과서 정책을 개방 정책으로 전환하여 검·인정 교과목을 대폭 확대하고, 선택 과정을 다양하게 개설하도록 해야 한다. 교육 운영의 민주화를 위해서는 교육행정 단위별로 인사, 장학, 행·재정 등과 관련된 업무를 하급 교육행정기관과 각급 학교에 과감하게 위임·이양하고, 교육정책 결정과 교육예산 편성 과정에 관련 집단의 참여 폭을 확대하며, 자율적이며 창의적인 학교 교육활동이 이루어질 수 있도록 학교 단위 책임경영제를 내실화해야 한다(교육개혁심의회, 1987: 311-313).

## 2. 독자적 성격

교육행정의 독자적 성격은 교육행정이 교육을 위한 행정이어야 한다는 논리에서 연유하는 특수성이다. 따라서 교육행정의 특수성이라기보다는 교육의 특수성이라고 해야 할 것이다. Campbell 등은 교육행정이 공공행정·병원행정·기업행정·기타 다른 조직의 행정과 많은 공통점을 지니고 있으면서도 그 나름의 특수성을 지니고 있다고 전제하고, 다음과 같은 네 가지 측면에서 교육행정의 특수성을 여섯 가지로 제시하였다(Campbell, Corbally, & Ramseyer, 1968: 87-92).

- 조직이 제공하고자 하는 서비스 → 중요성(cruciality)·공개성(visibility)
- 조직이 서비스를 제공하기 위해 수행하는 활동의 특성 → 복잡성(complexity)· 친밀성(intimacy)
- 조직에서 일하는 사람들의 특성 → 전문성(professionalization)
- 조직의 활동에 대한 평가 → 평가의 난이성(difficulty of appraisal)

첫째, 교육조직은 여타의 조직에 비해 사회에 대해 대단히 중요한 역할을 수행한다. 교육조직은 우리 사회의 어린이(또는 새로운 구성원)를 '사회화'하고 '정치화'하며, '문화적 적응'을 시키는 책임을 담당하는 가장 핵심적인 기관이기 때문이다.

둘째, 교육, 특히 공교육은 언제나 공공에 대하여 민감해야 한다. 공장의 경우에는 대부분 사적으로 운영되므로 학교에 비하여 공개성이 약하며, 공장 운영은 상품에 관한 의견을 제외하면 대중의 의견에 민감해야 할 필요가 없다. 대부분의 학교는 사적 기관이 아니라 공적 기관이기 때문에 공개성이 요청되는 것이다.

셋째, 교수-학습을 주된 기능으로 하는 학교는 기능상 매우 복잡한 활동을 수행하고 있다. 예를 들면, 교수-학습에 있어서 그 과정을 안내하는 책임을 가지고 있는 교사는 그것을 완전히 통제하고 과업을 수행하지 못한다. 왜냐하면 학습자는 제공하는 자극에 대하여 반응할 수도 있고 반응하지 않을 수도 있기 때문이다.

넷째, 교육조직은 조직의 목표를 달성하기 위해 필요한 인간관계의 친밀성이 강하다. 학교조직의 인간관계는 교사와 학생, 학생과 학생, 교사와 교사, 교사와 학부모, 학생과 학부모의 관계 등을 말하는데, 이들의 관계는 강한 친밀성을 특징으로 하고 있다.

다섯째, 학교조직은 교사라는 전문가 집단으로 구성되어 있다. 전문직은 자율과 책임을 특징으로 하기 때문에 학교는 전문가인 교원을 중심으로 하여 고도의 지식과 가치를 바탕으로 분권화된 구조 속에서 운영되고 있다.

여섯째, 학교조직의 성과는 쉽게 인지할 수 없다. 학교의 성과는 학생 행동의 변화인 바, 이는 지식, 기술 또는 태도의 변화를 포함하기 때문에, 명확하게 측정할 수 없고 일정한 기간이 지나고 여러 가지 입증자료가 축적되어야 평가할 수 있다는 것이다.

교육조직의 이러한 특성은 바로 교육행정의 특성이라고도 할 수 있다. Campbell 등이 제시한 교육행정의 특성에 하나를 더 추가한다면 그것은 장기성(長期性)이라는 특성이다. 이는 교육이 미래지향적·장기적 활동이므로 교육행정도 그 지향하는 목표가 장기적이라는 것이다. 교육행정의 성과는 도로를 건설하거나 건물을 신축하는 것처럼 단시일 내에 그 성과가 나타나는 것이 아니고 오랜 시간이 경과해야 나타난다. 이러한 장기적인 특성 때문에 일부 학자들은 비긴급성(非緊急性)을 교육행정의 중요한 특성으로 들고 있다. 그러나 비긴급성이라고 하게 되면 투자를 잠시 중단하고 소홀히 해도 될 것이라는 오해를 유발할 수 있으므로, 장기성이라고 표현하는 것이 바람직하다. 장기성은 오랫동안 지속적으로 투자하고 계속적인 관심을 가져야 한다는 것을 의미하기 때문이다. 실제로 교육은 개인적으로 보나 국가적으로 보나 지속적인 투자와 계속적인 관심을 가져야 할 긴급한 과제이지 한두 해 중단하거나 뒤로 연기시킬 수 있는 과제는 결코 아니다.

## 제3절 교육행정의 영역

교육행정의 영역은 교육행정에서 어떤 내용을 어디까지 취급할 것인가에 대한 범위를 말한다. 김종철은 교육행정영역이란 교육행정 활동의 범위를 한정하여 말하는 것이라고 규정하고 그 영역을 법규의 측면과 업무내용의 측면으로 구분하였다(김종철, 1982: 21-23). 법규의 측면에서 볼 때, 교육행정의 영역은 중앙정부의 행정관청 중 교육부장관의 관할하에 있는 행정활동의 영역을 말하는 것으로, 학교교육행정은 물론 평생교육행정도 포함된다. 학교교육행정은 그 기능에 따라 관리행정과 지도행정으로 구분할 수 있으며, 또 학교교육기관 등급에 따라 보통교육행정과 고등교육행정으로 구분하거나 유·초등·중등·고등교육행정으로 나눌 수도 있다. 업무내용의 측면에서 볼 때, 교육행정의 영역은 기획행정, 조직행정, 교육내용행정, 장학행정, 학생행정, 교직원 인사행정, 재무행정, 시설행정, 사무관리 행정과 연구 평가 및 홍보에 관한 행정 등으로 구분된다.

남정걸은 교육행정의 영역을 구조·기능·대상·업무내용 면에서 구분하였다(남정걸, 1986: 34-36). 구조적 측면에서 보면 교육행정은 중앙교육행정, 지방교육행정, 학교교육행정의 3단계로 나눌 수 있고, 기능 면에서 보면 학무행정과 관리행정의 두 영역으로 나눌 수 있는데, 전자는 주로 유아교육·초등교육·중등교육·평생교육에 대한 전문적 지도와 관리를 의미하며, 후자는 교육의 시설·설비의 정비 확충과 재정 등의 관리업무를 의미한다. 교육행정의 대상인 교육기관별로는 초등·중등·고등·평생교육행정으로 나누고, 그 외에 유아교육행정, 재외국민 교육행정, 직업기술 교육행정, 사학행정 등 특수영역의 행정으로 구분하였으며, 업무내용 면에서는 기획·장학·편수·인사·재무 등으로 구분하였다.

한편, 강영삼은 교육행정학의 연구영역을 이론영역·교육대상·행정기능 면의 세 가지로 나누고 있다(강영삼, 1985: 27-42). 이론영역은 과업 중심 외 다섯 가지로 구분하고, 교육대상은 유아교육부터 해외교육까지 일곱 가지로 구분하였으며, 행정기능은 교육기획 외 11가지로 구분하였다. 물론 교육행정학의 연구영역과 교육행정의 영역은 다를 수 있다. 그러나 강영삼의 교육행정학의 연구영역 구분은 교육행정의 영역을 설명하는 데에도 커다란 도움이 되고 있다.

앞에서 살펴본 바와 같은 교육행정영역 구분들을 참고로 교육행정의 영역을 구분해 보면 [그림 1-1]과 같이 정리할 수 있다.

[그림 1-1]에서 보는 것처럼, 교육행정의 영역은 크게 행정단위·행정기능·교육대상의 측면으로 구분할 수 있다. 우선, 행정단위별로는 중앙교육행정, 지방교육행정, 학교교육행정의 3단계로 구분해 볼 수 있다. 이때 지방교육행정은 다시 시·도와 시·군·자치구의 두 가지로 나누어지는데, 이들 각각은 광역지방자치단체와 기초지방자치단체를 의미하나, 지방교육행정의 경우에는 시·도교육청과 그 하급 행정기관인 교육지원청의 교육행정을 지칭한다. 행정기능별로 보면 교육행정은 기획, 조직, 교육내용·장학, 학생, 인사, 재정, 시설, 사무관리, 연구·평가 등 아홉 가지로 구분된다. 그리고 교육대상별로는 유아교육, 초등교육, 중등교육, 고등교육, 평생교육, 사학교육, 특수교육의 일곱 가지로 구분될 수 있다.

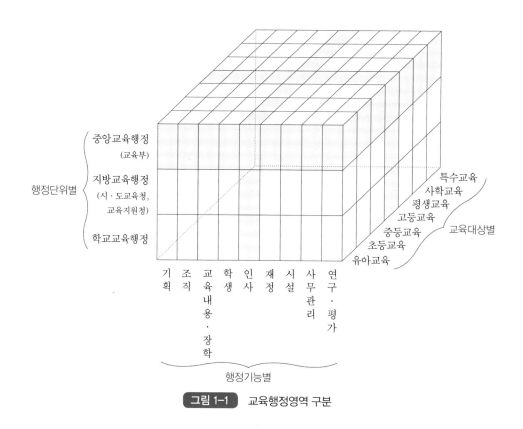

중앙교육행정
(교육부)

지방교육행정
(시·도교육청,
교육지원청)

학교교육행정

행정단위별

특수교육
사학교육
평생교육
고등교육
중등교육
초등교육
유아교육

교육대상별

기획 조직 교육내용·장학 학생 인사 재정 시설 사무관리 연구·평가

행정기능별

**그림 1-1** 교육행정영역 구분

## 제4절 교육행정의 원리

### 1. 교육행정의 주요 원리

교육행정이 따라야 할 규범과 원리가 무엇인가라는 점에 관해서는 학자마다 상이한 견해가 존재한다. 그러나 그 원리가 행정의 수단적·봉사적 성격에 비추어 교육발전을 지속적으로 지원하는 데 있다는 점에는 대체적인 합의를 이루고 있다. 교육행정은 일반행정과 공통점을 지니고 있는 동시에 교육을 위한 행정이라는 점에서 특수성도 가지고 있다. 따라서 교육행정의 기본원리를 설정함에 있어서는 우선적으로 일반행정의 기본원리가 무엇인가를 파악하고, 교육행정의 특수성에 비추어 그 특징적인 원리를 분석할 필요가 있다.

행정학자들이 제시하고 있는 일반행정의 원리를 분석해 보면, 그 공통적인 기본원리로는 민주성, 효율성, 합법성의 세 가지가 특징적으로 나타난다(강신택, 안해균, 1976: 30-31; 박동서, 1981: 35-52; 안해균, 1984: 77-82). 반면, 교육행정학자들이 주장하는 교육행정의 원리를 분석해 보면, 그 공통적인 기본원리로는 민주성, 자주성, 타당성, 효율성, 안정성, 합법성의 여섯 가지를 특징적으로 추출할 수 있다(김윤태, 1986: 36-40; 김종철, 1982: 56-62; 백현기, 1964a: 35-39). 그러나 교육행정의 특수성을 반영한 원리, 예컨대 기회균등의 원리, 지방분권의 원리, 전문성 존중의 원리 등은 미흡하다. 박동서는 교육행정이 일반행정의 일부분이라고 본다면, 교육행정이 교육발전을 지속적으로 지원하기 위해서는 일반행정에서 요청되는 민주성·효율성·합법성은 당연히 포함되어야 하고, 지원대상이 교육발전이라는 점에서 자율성·전문성·안정성 등도 포함되어야 한다고 주장하였다(박동서, 1981: 34-51). 따라서 여기에서는 이러한 점을 반영하여 교육행정 운영의 기본원리로 다음과 같은 여덟 가지를 제시하고자 한다.

### 가. 민주성의 원리

교육행정이 민주성의 원리를 따라야 한다는 것은 국민의 의사를 행정에 반영하고 국민을 위한 행정을 해야 한다는 것을 의미한다. 즉, 교육행정기관은 국민과의 관계에 있어서 행정권의 남용을 최대한 방지하고 국민에 대한 책무성을 강화하는 데 초점을 두어야 한다. 따라서 이 원리는 합법성보다 훨씬 적극적인 개념으로, 교육행정에의 시민 참여, 행정의 공개성과 공익성, 행정과정의 민주화, 공평한 대우 등이 그 핵심적인 가치가 된다(백완기, 1984: 48-50). 각종 교육기관 또는 교육행정기관의 장이 그 기관의 운영에 관하여 궁극적인 책임을 가지고 있음에도 불구하고, 기관의 하부 조직으로 여러 가지 위원회나 심의회와 같은 것을 두어 정책의 결정 과정에 있어서 중지를 모으는 것이나, 교직원회·협의회·연구회 등을 통하여 의사소통의 길을 개방하고 일방적인 명령이나 지시보다는 협조와 이해를 기초로 하여 사무를 집행해 나가는 것은 곧 민주성의 원리를 실천하는 것이라고 할 수 있다(김종철, 1982: 60).

## 나. 효율성의 원리

효율성이란 효과성(effectiveness)과 능률성(efficiency)을 동시에 표현하는 용어로, 가장 능률적인 방법으로 최대의 목표를 달성하는 것을 말한다. 여기서 능률성은 비용과 효과의 비교를 통해 추구되는 개념이다. 즉, 행정활동에서 최소한의 인적·물적 자원과 시간을 들여서 최대의 성과를 거두는 것을 의미한다. 반면, 효과성은 투입과 산출의 비율을 따지지 않고 목표의 달성 요인을 따진다는 점에서 능률성과 다르다. 이때 그 목표는 단순한 일상 행정상의 목표가 아니라 변화나 발전을 추구하는 실용적인 목표를 말한다(백완기, 1984: 50). 따라서 효과성은 질(質)과 관련된 합목적적인 개념이고, 능률성은 양(量)과 관련된 방법과 수단에 관한 개념이라고 할수 있다.

교육조직을 둘러싸고 있는 여러 가지 상황의 변화는 효율성의 문제에 보다 많은 관심을 가질 것을 요구하고 있다. 그것은 교육의 책무성에 대한 일반 사회인의 인식이 높아지고 있기 때문이며, 교육조직의 규모가 비대해지고 그 기능이 점차 복잡·다양해지고 있기 때문이다. 효율성의 원리는 최소의 노력과 경비로 최대의 효과를 도모한다는 점에서 경제성의 원리라고도 할 수 있다. 그러나 교육조직의 경우 이 원칙을 지나치게 강조할 때에는 교육의 본질이 손상될 수 있다. 왜냐하면 교육의 성과는 그 성격상 장기적이며, 또 측정이 불가능한 무형의 산출이 보다 더 중요할 수 있기 때문이다.

## 다. 합법성의 원리

합법성의 원리는 교육행정의 모든 활동이 합법적으로 제정된 법령·규칙·조례 등에 따라야 하는 적법성을 가져야 한다는 것을 의미한다. 즉, 모든 행정은 법률에 위반되어서는 안 되고 법률의 근거를 필요로 하며 실정법에 맞는 집행을 해야 함을 말한다. 교육행정은 「헌법」 제31조의 규정을 비롯하여 「교육기본법」 「유아교육법」 「초·중등교육법」 「고등교육법」 「지방교육자치에 관한 법률」 「지방교육재정교부금법」 「교육공무원법」 「사립학교법」 등의 여러 법률과 그것을 기초로 하는 각종 대통령령·교육부령·행정규칙(훈령·예규·고시)과 조례 및 교육규칙 등에 의하여 집행되고 있다.

합법성의 원리에 따라 교육행정이 이루어질 때, 국민의 교육권이 보장되고, 국가예산이 효율적으로 집행되며, 공무원의 부당한 직무수행과 행정재량권의 남용이 방지되고, 공무원이 그 신분을 보장받아 소신 있게 일할 수 있다. 그러나 합법성을 지나치게 강조하면, 행정의 합목적성 · 전문성 · 기술성 등이 경시되고, 법률 만능으로 인하여 형식적이며 경직화된 행정을 초래할 수 있고, 사회적으로 능률을 저하시킬 가능성도 높다(김윤태, 1986: 37).

### 라. 기회균등의 원리

이 원리는 민주주의의 기본원리로서 특히 교육행정에 있어서 가장 강력하게 요청되는 원리이다. 「헌법」 제31조 제1항은 "모든 국민은 능력에 따라 균등하게 교육받을 권리를 가진다."고 규정하여 교육권을 기본권의 하나로 규정하고, 「교육기본법」 제3조에서는 "모든 국민은 평생에 걸쳐 학습하고, 능력과 적성에 따라 교육받을 권리를 가진다.", 제4조에서는 "모든 국민은 성별, 종교, 신념, 사회적 신분, 경제적 지위 또는 신체적 조건 등을 이유로 교육에 있어서 차별을 받지 아니 한다."는 점을 규정하고 있다. 나아가 국가와 지방자치단체는 학교를 지역적으로 공평하게 배치하고, 가계가 곤란한 자를 위하여 장학금제도 등을 실시하고, 직업을 가진 자의 수학을 위하여 야간제 · 계절제 · 시간제 등을 활용할 것을 제시하고 있다.

이러한 교육의 기회균등 원리는 두 가지 제도를 통해 실현된다. 그것은, 첫째, 모든 국민에게 균등한 기회를 보장하는 의무교육 또는 무상교육을 실시하는 것이며, 둘째, 능력주의에 입각하여 학업을 계속할 능력이 있는 자에게 능력을 발휘할 수 있는 기회를 부여하기 위하여 장학금제도나 사회보장제도를 확립하는 것이다.

### 마. 지방분권의 원리

교육은 외부의 부당한 지배를 받지 않으면서 지역주민들의 적극적인 참여와 통제에 의해 실시되어야 한다. 이러한 당위성을 제도화한 것이 바로 지방교육자치제이다. 우리나라의 교육행정은 전통적으로 엄격한 중앙집권적 형태를 취하여 왔다. 따라서 주민의 참여 기회가 미흡하고 지역의 특수성을 반영하기가 어려웠다. 이에 중앙교육행정기관인 교육부는 교육정책 수립과 전문적 · 기술적 지도 · 조언 및 재정적 보조의 역할만을 수행하고, 지역사회와 그 주민의 공정한 민의에 의해 교육을 실시해야 한다는 생각이 널리 확산되었고, 이 생각을 반영하여 지방분권의 원리에 기반한 지방교육자치제를 실시하게 되었다. 따라서 이 원리는 교육에 대한 책임이 교육학자나 정부의 관리에게 있는 것이 아니라 주민에게 있고(Morphet, Johns & Reller, 1982: 6), 지역사회와 주민들의 민의에 의해 교육을 운영해야 함을 나타내는 것이다.

최근 지방분권이 지나칠 정도로 발전되었던 미국과 같은 나라에서는 이제 중앙집권을 지향하는 노력을 볼 수 있으며, 전 세계적으로 본다면 일반적으로 집권적 통제를 강화하려는 경향이 나타나고 있다. 그러나 우리나라처럼 지나친 중앙집권적 통제가 강한 경우에는 지방분권을 도모함으로써 양극 간에 균형을 얻으려는 노력이 지속되고 있다. 일반적으로 집권주의는 행정의 능률을 향상시키는 데 필요한 것이며, 분권주의는 민주주의적 권한의 위양과 참여의 기회를 보장하는 지표가 된다고 할 수 있다(김종철, 1982: 58-59).

## 바. 자주성의 원리

자주성의 원리는 교육이 그 본질을 추구하기 위하여 일반행정으로부터 분리·독립되고 정치와 종교로부터 중립성을 유지해야 한다는 것이다. 「헌법」 제31조 제4항은 "교육의 자주성·전문성·정치적 중립성 및 대학의 자율성은 법률이 정하는 바에 의하여 보장된다."고 규정하고, 「교육기본법」 제5조는 "국가 및 지방자치단체는 교육의 자주성 및 전문성을 보장하며, 지역의 실정에 맞는 교육의 실시를 위한 시책을 수립·실시하여야 한다. 학교운영의 자율성은 존중되며, 교직원·학생·학부모 및 지역주민들은 법령이 정하는 바에 의하여 학교운영에 참여할 수 있다."고 규정하고 있다. 또 같은 법 제6조는 "교육은 교육 본래의 목적에 따라 그 기능을 다하도록 운영되어야 하며, 어떠한 정치적·파당적 또는 개인적 편견의 전파를 위한 방편으로 이용되어서는 아니 된다."고 규정하고 있다. 헌법에서 교육의 자주성과 정치적 중립성을 모두 규정하고 있지만, 엄밀히 말하면 정치적 중립성은 자주성을 실현하기 위한 수단이라고 볼 수 있다.

교육행정에서 자주성이 존중되어야 하는 이유는 교육이 장기적이고 범국민적인 사업이며, 개인의 능력을 최대로 계발하고 국가사회의 이상을 구현하려는 공적인 활동이기 때문이다. 따라서 교육은 일정한 당파의 이익을 위하거나 특정한 종교의 수단으로 활용될 수 없는 보편타당한 중립성을 가져야 한다. 이러한 교육사업의 특수성은 결과적으로 교육행정의 독자성과 특수성을 수반하게 된다. 따라서 교육의 자주성과 교육의 중립성, 그리고 교육의 본질 추구라는 명제는 교육행정을 일반행정으로부터 분리시켜야 하고, 결과적으로 행정의 핵심이 되는 교육재정의 독립과 교육인사행정의 독자성을 필수적으로 수반해야 한다는 교육자치의 본질과 연결된다.

### 사. 안정성의 원리

안정성의 원리는 일단 국민적 합의 과정을 거쳐 수립·시행되는 교육정책이나 프로그램은 장기적인 안목에서 계속성과 일관성을 유지해야 한다는 것이다. 빈번한 개편이나 개혁은 행정의 낭비를 초래하고 효율성을 저하시키는 요인이 된다. 교육은 본질적으로 수십 년을 내다보는 장기적인 성격을 띠고 있기 때문에 국가의 교육정책은 안정적 기조를 유지하고 일관성 있는 집행과정을 통해 지속적으로 유지·발전되어야 하는 것이다.

교육에서는 개혁이나 혁신만이 좋은 것이 아니다. 경우에 따라서는 전통적인 것 중에서도 좋은 부분은 계승하고 발전시키는 보수주의도 필요하다. 교육활동은 여타 부문과 달리 관련 요인이 대단히 많고 모든 국민의 지대한 관심사이기 때문에, 한 가지 정책의 변화는 그 파급효과가 매우 크다. 따라서 교육행정은 안정성을 추구하여 혁신적 변화의 방향과 속도를 조절할 필요도 있는 것이다.

### 아. 전문성 보장의 원리

교육행정은 교육을 위한 행정이므로 교육활동의 본질을 이해하고, 교육의 특수성을 체험적으로 인식하며, 교육행정에 관한 이론과 기술을 습득하도록 충분한 훈련을 쌓은 전문가가 담당하여야 한다는 것이다. 전문성이라는 말에는 다음과 같은 두 가지 의미를 내포하고 있다. 첫째는 업무의 독자성 내지는 특수성이요, 둘째는 고도의 지성을 바탕으로 하는 지적·기술적 수월성이다. 즉, 교육은 독자성과 특수성을 가지고 있어 전문적인 지식과 기술을 필요로 하며, 장기간의 교육훈련을 쌓아야만 그 업무를 제대로 수행할 수 있다는 것이다. 따라서 교육활동은 전문적 활동이기 때문에 그러한 전문적 활동인 교육을 관리하는 교육행정가는 반드시 교육에 대한 전문적 지식과 기술을 구비하고 있어야 한다. 우리나라에서 일정 기간의 교육경력 혹은 교육행정 경력을 가진 사람만이 교육감이 될 수 있도록 한 것이나 교장·교감 자격증을 가진 사람만이 학교행정가가 될 수 있도록 한 것은 이러한 전문성 보장을 위한 특별한 조치라고 볼 수 있다.

## 2. 교육행정 원리의 의미와 한계

교육행정의 주요 원리는 교육행정 활동을 수행하는 방향을 제시해 주며 또한 그것을 평가하는 기준이 된다(신철순, 1988: 28). 이러한 원리는 시대와 상황의 변화에 따라 달라지기 마련이며, 각각의 원리들이 단순히 하나의 원리로 작용하기보다는 전체적으로 작용하여 교육행정의 실천과 평가에 유용하고도 의미 있는 지침으로서의 역할을 수행한다.

그러나 이러한 원리들은 실제 교육행정활동의 수행과정에서 때때로 배치되거나 양립하기 어려운 경우가 있다. 예컨대, 민주성의 원리만을 지나치게 강조하다 보면 효율성을 저해할 수 있고 효율성의 원리를 너무 강조함으로써 민주성을 저해할 수 있다. 또한 교육행정이 안정적으로 운영되어야 한다고 해서 변화에 둔감하거나 개혁을 해서는 안 된다는 것으로 이해되어서는 안 된다. 따라서 교육행정에서는 이러한 원리들을 언제나 중요하게 고려해야만 하지만, 일의 경중과 우선순위에 따라 조정되고 균형적인 판단을 통해 적절하게 조화시키는 노력이 필요하다. 교육행정의 수행과정에서는 실제 운영을 담당하는 교육행정가의 균형적 판단과 조정 능력이 매우 필요한 것이다.

제2장

# 교육행정학의 발달 과정

사회적 현상으로서 교육행정활동은 오랜 역사와 전통을 가지고 있지만, 그 학문적 발전은 상대적으로 매우 짧은 역사를 가지고 있다. 학문의 최소한의 성립 요건을 연구의 대상(개념)과 방법론의 확립, 그리고 학문공동체의 활성화라고 할 때, 교육행정학이 이러한 요건을 갖추고 하나의 분과학문으로 성립된 시점은 20세기 중반으로, 불과 70~80년의 발전 역사를 지니고 있는 것이다.

교육행정학이 하나의 독자적인 학문으로 성립한 시기는 Mort의 『학교행정의 원리』가 발간된 1946년을 기점으로 삼고 있다(Griffiths, 1988: 27). 그해는 교육행정 분야의 연구단체가 결성되고 비록 타학문을 원용하는 수준이라고는 해도 교육행정학 이론이 체계화되기 시작한 해이다. 이 해를 기점으로 교육행정학은 이전의 단편적인 규범들의 체제로부터 어느 정도의 이론적 체계를 갖춘 학문의 수준으로 발전을 이룩하였다. 그것은 1950년을 전후하여 이루어진 활발한 교육행정 연구들, 특히 켈로그 재단의 후원으로 이루어진 교육행정 협동프로그램(CPEA)에 의해 활발히 전개된 소위 '이론화 운동'이 결정적인 역할을 한 것으로 알려져 있다. 그러한 활동과 노력을 통해 교육행정학은 1950년대에 이르러 자생적인 이론과 방법론을 갖춘 종합학문으로서의 위상을 정립하게 되었다.

그러나 교육행정학의 학문적 발전은 독자적인 학문으로 성립하기 이전의 시기를 포함시켜 1950년대를 전후한 이전의 단계와 이후의 단계로 구분하여 검토하는 것이 합리적이라고 할 수 있다. 비록 독자적인 학문의 성립이 1950년대에 이루어졌다고는 해도, 그 이전에 이미 타학문에서 발달한 이론들을 원용하여 교육행정 현상을 기술·이해·설명·예측하여 왔고, 그러한 이론들이 현재의 교육행정이론의 기초를 이루어 학문적 발달을 이끌어 왔기 때문이다. 따라서 교육행정학은 우선 기존 학문의 발전된 이론들을 수용하여 교육행정이론으로 정리한 1950년까지의 타학문의 수용단계와 그 이후 타학문과 보조를 맞춰 이론을 개발·공유하거나 독자적인 이론들을 개발하여 독자적 학문체제를 구축한 종합학문으로의 발전단계를 거쳐 이루어졌다고 할 수 있다. 교육행정학에서는 일반적으로 전자의 단계를 고전이론과 인간관계론 시대라고 하며, 후자의 단계를 행동과학론과 그 이후의 시대라고 분류한다. 따라서 여기서는 그러한 일반적인 단계 구분을 고려하여 그 발전단계를 고전이론, 인간관계론, 행동과학론, 다원론 시대로 나누어 그 발전과정의 특징들을 살펴보기로 한다.

## 제1절 고전이론

18세기부터 시작된 산업혁명은 인류에게 엄청난 에너지와 가능성을 가져다주었다. 그러나 19세기 말과 20세기 초의 세계는 제국주의 전쟁과 노동자들의 파업으로 그러한 에너지를 효율화하지 못하고 심각한 위기 상황에 빠져 있었다. 이러한 사회적·시대적 상황하에서 일반행정이나 기업경영의 주요 관심은 그 에너지와 가능성을 현실화할 수 있는 효율적인 조직체제와 절차, 그리고 합리적인 관리기술의 개발에 집중되어 있었다. 그러한 시대적 여망에 부응하여 19세기 후반부터 1920년대까지 발달한 이론이 고전이론이다. 이 이론은 성악설적 인간관리 철학에 기초하여 조직 및 인간관리의 과학화·합리화·능률화를 추구하였는데, 그 대표적인 이론들은 과학적 관리론, 행정관리론, 관료제론 등이다.

# 1. 과학적 관리론

## 가. Taylor의 과학적 관리론

과학적 관리론의 기본신념은 인간을 효율적인 기계와 같이 프로그램화할 수 있다는 것이다. 그리고 노동자들이란 아주 단순해서 경제적 요인만으로도 과업동기가 유발되고 생리적 요인에 의해 성과가 크게 제한을 받는다고 보았다.

과학적 관리운동의 창시자는 Taylor였다. 그는 작업과정을 분석하여 과학화하면 능률과 생산성을 극대화할 수 있다고 믿고 시간연구(time study)와 동작연구(motion study) 등을 통해 체계적인 공장관리론을 발전시킴으로써 과학적 관리론의 기초를 세우고, 이어 자신의 과학적 관리의 원리를 체계화하였다(Taylor, 1911: 63).

특히 Taylor는 생산공정의 개별 작업을 요소 동작으로 분리하여 각 요소 동작의 형태, 순서, 소요시간을 시간연구과 동작연구에 의해 표준화함으로써 하루의 과업을 설정하고 그 과업을 기준으로 관리의 과학화를 도모하였다. Taylor에 의하면, 노동자들은 고용주에게 높은 임금을 요구하고, 고용주는 노동자들에게 낮은 임금을 주고 싶어 한다. 따라서 이들이 서로의 이익을 최대한 보장받기 위해서는 합리적인 분배를 필요로 한다. Taylor(1911: 10-72)의 과학적 관리의 원리는 이러한 상호 이익의 원리를 체계화한 것이라고 볼 수 있는데, 그 주요 다섯 가지 원리는 다음과 같다.

- **최대의 1일 작업량**: 모든 노동자에게 명확하게 규정한 최대의 1일 작업량을 정해 주어야 한다.
- **표준화된 조건**: 노동자들이 과업을 성공적으로 수행할 수 있도록 작업조건과 도구를 표준화해 주어야 한다.
- **성공에 대한 높은 보상**: 노동자들이 과업을 성공적으로 완수한 경우에는 높은 보상을 해 주어야 한다.
- **실패에 대한 책임**: 노동자가 과업을 달성하지 못한 경우에는 그 실패에 대한 책임으로 손해를 감수하도록 해야 한다.
- **과업의 전문화**: 노동자에게 주어지는 과업은 일류 노동자만이 달성할 수 있을 만큼 어려운 것이어야 한다.

Taylor는 이러한 과학적 관리의 원리를 생산과정의 여러 측면, 즉 작업공정, 노동자의 선발과 교육, 경영활동 등에 폭넓게 적용해야 한다고 주장하였다. 따라서 과학적 관리는 결국 생산과정의 과학화로 요약될 수 있는데, 그 기본적 원리는 다음과 같다(Shrode & Voich, Jr., 1974: 41).

- 작업공정의 과학화
- 노동자 선발의 과학화
- 노동자 교육과 능력계발의 과학화
- 관리자와 노동자의 친밀한 협동

이러한 과학적 관리론은 조직과 인간관리의 과학화를 주장함으로써 능률을 극대화하는 데 크게 기여하였다. 특히 생산공정에서 인간의 활용을 극대화하는 기술과 지식을 체계화하는 기초를 확립함으로써 큰 반향을 일으키기도 하였다. 그러나 생산과정에서 인간성을 완전히 배제한 채 인간을 기계처럼 취급하였다는 점에서 많은 비판을 받고 있다. 다시 말해, 과학적 관리론은 작업의 성질과 전통, 인간의 개성과 잠재력 등을 전혀 고려하지 않았을 뿐만 아니라 조직의 공동목표를 달성하기 위하여 필수적인 동기요인, 심리 · 정서적 요인, 인간 상호 간의 상호작용 등을 무시하고, 인간을 단순히 기계적 · 합리적 · 비인간적 도구로 취급함으로써 오히려 자발적인 생산성을 저하시켰다는 비판을 받고 있다.

### 나. 과학적 관리론과 교육행정학

과학적 관리론은 20세기 초에 모든 분야와 영역에서 경영관리를 위한 가장 효율적인 기술과 원리로 수용되어 급속히 확산되었다. 이에 따라 교육의 영역에서도 학교의 비효율과 낭비를 제거하고 관리의 효율을 극대화하기 위해 Taylor의 과학적 관리를 도입 · 적용해야 한다는 주장이 제기되었다.

그 주장의 대표자는 Spaulding이었다. 그는 1910년 미국 교육학 교수협의회 연차대회에서 '공교육행정에서 대학교육과정의 목적 및 범위와 방법'이라는 주제 발표(Spaulding et al., 1910)를 통해 교육의 가장 큰 취약점은 교육행정의 비능률이기 때문에 교육행정에도 기업경영의 원리를 적용해야 한다고 주장하면서, 그 핵심적 원리로 학교행정에 대한 주민 통제의 원리와 능률의 원리를 제시하였다. 또 1913년에는 미국 교육연합회에서 '과학적 관리를 통한 학교체제의 개선'이라는 강연(Spaulding, 1913)을 통해 교육행정에 과학적 관리의 원리를 시급히 도입할 것을 거듭 강조하였다.

한편, Bobbitt도 과학적 관리를 교육에 적용해야 한다는 대표적인 주창자 중 한 사람이었다. 그는 1913년에 「도시 학교체제의 문제에 적용되어야 할 관리의 일반적 원리」라는 논문(Bobbitt, 1913: 7-96)을 미국 교육학회 연보에 게재하여 학교관리는 물론 장학에도 과학적 관리를 적용할 것을 주장하였다. 그는 학교에서의 의사결정, 과업관리, 급여 결정, 교수방법 결정, 교사 선발 및 훈련, 시설 선정 등에 있어서도 과학적 관리의 원리가 적용되어야 한다고 강조하였다. 그가 제시한 학교에 대한 과학적 관리의 원리는 ① 가능한 모든 시간에 교육시설을 활용하며, ② 교직원의 작업 능률을 최대한 유지하고, 교직원의 수를 최소로 감축하며, ③ 교육에서의 낭비를 최대한 제거하고, ④ 교원은 학생을 가르치는 데 전념하고, 별도의 행정가가 학교행정을 책임져야 한다는 것으로 요약된다(Bobbitt, 1912: 260-269; 이형행, 1986: 37에서 재인용).

그러나 그 시기에도 교육의 영역에 과학적 관리를 적용하는 것에 대해 비판적인 견해를 나타낸 학자도 있었다. 그 대표자는 Gruenberg였는데, 그는 교육의 과정은 인간의 인성 계발을 목적으로 하는 것으로 공장에서 규격화된 제품을 생산하는 과정과는 비교할 수 없기 때문에 과학적 관리론의 적용은 교육의 특성을 무시하는 것이고 교육의 발전을 저해하는 것이라고 비판하였다(Gruenberg, 1912: 90).

## 2. 행정관리론

### 가. Fayol의 산업관리론

과학적 관리론의 시기에 그와 유사한 맥락에서 분업과 조정의 문제에 주목하여 관리과정의 과학적 접근방법을 제시한 사람은 Fayol이다. 그는 원래 탄광 기사였지만 일반행정과 기업경영에 관심을 가지고 연구를 계속하여 1916년에 『일반행정 및 기업경영론』이라는 저서를 출간하는 등 성공적인 행정학자가 되었다(Fayol, 1930).

Fayol은 행정이란 몇 사람의 권위의식이나 책임의식에 의해 이루어지는 것이 아니라 조직 구성원 모두의 협력과 협조에 의해 이루어지는 것이라고 보았다. 그래서 그는 행정의 과정을 보다 과학적으로 체계화하는 것이 중요하다고 보고 관리과정에 초점을 맞추어 행정의 과정을 다음과 같은 5개 요소로 정리하였다(Fayol, 1949: 43-110).

- **기획**(planning): 미래를 예측하고 행동계획을 수립하는 일
- **조직**(organizing): 인적 · 물적 자원을 조직하고 체계화하는 일
- **명령**(commanding): 구성원들로 하여금 과업을 수행하도록 하는 일
- **조정**(coordinating): 모든 활동을 통합하고 상호 조정하는 일
- **통제**(controlling): 정해진 규칙과 명령에 따라 일이 이루어지고 있는가를 확인하는 일

또 Fayol(1930: 17-50)은 자신의 실제 경험에서 얻은 교훈을 바탕으로 다음과 같은 14개의 관리원리를 제시하고 있는데, 이들 대부분은 현대 조직관리에서도 중요한 것으로 인정되고 있다.

① 분업(division of work)의 원리
② 권한과 책임(authority and responsibility)의 원리
③ 규율(discipline)의 원리
④ 명령 통일(unity of command)의 원리
⑤ 지휘 통일(unity of direction)의 원리
⑥ 개인보다 전체 이익 우선(subordination of individual interests to the general interests)의 원리
⑦ 보상(remuneration)의 원리
⑧ 집중화(centralization)의 원리
⑨ 책임 계층(scalar chain)의 원리
⑩ 질서(order)의 원리

⑪ 공평성(equity)의 원리

⑫ 직원 신분보장(stability of tenure of personnel)의 원리

⑬ 솔선수범(initiative)의 원리

⑭ 단체정신(esprit de corps)의 원리

Fayol의 과학적 관리론에 대한 공헌은 행정관리의 원리 제시보다는 행정에 대한 과정적 정의에 있다. 그는 행정관리의 과정을 체계화하고 정교한 이론적 분석을 수행하였다. 그러한 노력으로 그의 산업관리론은 현대 행정이론의 반석이 되었으며, 지금까지 그의 이론에 영향을 받지 않은 학자가 거의 없을 정도로 행정관리론 분야에서 큰 업적을 남겼다. 특히 그가 제시한 행정과정의 5요소는 경영자들이 수행해야 할 일이 무엇인가에 대한 기본적인 개념체계를 제공한 탁월한 성과였다(Puge et al., 1973: 101; 이형행, 1987: 47-48에서 재인용).

### 나. Gulick과 Urwick의 행정관리론

Gulick과 Urwick은 행정의 과학화에 가장 크게 기여한 학자들이다. 그들은 1937년에『행정학 논총』(Gulick & Urwick, 1937) 속에서 대통령의 일반적 직무를 기능적으로 분석하여 POSDCoRB라는 약어로 표현되는 행정과정을 제시하였다(Gulick & Urwick, 1937: 13). 이 POSDCoRB는 Gulick 등이 Fayol의 행정관리 5요소를 확장・발전시킨 것으로 조직관리과정에 관심을 가진 많은 학자에게 개념적 틀을 제공하였고, 공공행정이나 기업관리에 관심을 가진 학자들에 의해 보충되고 수정되어 오늘날까지 널리 활용되고 있다.

- **기획**(planning): 조직의 목적을 달성하기 위하여 행동의 대상과 방법을 개괄적으로 확정하는 일
- **조직**(organizing): 공동의 목적을 달성하기 위하여 공식적 권한구조를 설정하고 직무 내용을 배분・규정하는 일
- **인사배치**(staffing): 설정된 구조와 직위에 적격한 직원을 채용・배치하고 작업에 적합한 근무조건을 유지해 주는 일

- **지휘**(directing): 조직의 장이 의사결정을 하고 그것을 각 부서에 대한 명령과 지시 등의 형태로 구체화하는 일
- **조정**(coordinating): 각 부서별 업무수행의 관계를 상호 관련시키고 원만하게 통합·조절하는 일
- **보고**(reporting): 작업 진척 상황에 대한 기록, 조사, 연구, 감독 등을 통해 조직의 장이 자신과 하위직원들에게 정보를 제공하는 일
- **예산편성**(budgeting): 조직의 목표 달성에 소요되는 제반 예산을 편성하고 회계, 재정통제, 결산 등을 하는 일

이러한 POSDCoRB는 Fayol의 행정관리 5요소를 차용한 것으로 볼 수 있다. 기획, 조직, 조정은 Fayol의 관리 요소를 그대로 이용한 것이고, 지휘는 Fayol의 명령을, 보고와 예산편성은 통제를 구분·변경한 것이며, 인사배치는 Fayol의 조직에서 일부 분리한 것이다. 그러나 Gulick과 Urwick은 이에 그치지 않고 이 행정관리론을 조직이론으로 발전시켜 조직에서의 인간관리의 중요성을 확인하고 명령 통일과 통솔범위의 제한, 참모조직의 활용, 권한과 책임의 위임 등의 필요성을 제시하여 행정이론의 발전에 크게 기여하였다. 특히 Urwick의 행정관리론은 Simon 등의 의사결정이론 발전에 크게 공헌하였다.

### 다. 행정관리론과 교육행정학

Fayol과 Gulick의 행정과정의 개념을 처음으로 교육행정에 적용한 학자는 Sears였다. 그는 1950년에 Fayol의 행정과정 5요소를 거의 그대로 받아들여 교육행정의 과정을 기획, 조직, 지휘, 조정, 통제의 5단계로 구분·제시하였다(Sears, 1950). 한편, 1955년에 미국 교육행정가협회(American Association of School Administrators: AASA)에서는 일반행정 분야의 행정관리론을 수용하여 교육행정의 과정을 ① 기획(planning), ② 배분(allocating), ③ 자극(stimulating), ④ 조정(coordinating), ⑤ 평가(evaluating)의 다섯 가지로 구분하였다(AASA, 1955: ch. 1). 또한 Gregg(1957: ch. 8)는 교육행정의 과정을 ① 의사결정(decision making), ② 기획(planning), ③ 조직(organizing), ④ 의사소통(communicating), ⑤ 영향(influencing), ⑥ 조정

(coordinating), ⑦ 평가(evaluating)라는 7단계로 구분하기도 하였다. 이 외에도 많은 학자가 시대에 맞는 용어로 행정과정의 각 단계와 요소들을 구분하였는데, 대표적인 학자들의 견해를 정리해 보면 〈표 2-1〉과 같다(Knezevich, 1975: 29). 그러나 이러한 것들은 행정가의 과업을 체계적으로 분류해 주는 유형론에 불과하고 그 자체가 이론이라고는 볼 수 없기 때문에(이형행, 1986: 228), 교육행정 현상을 기술하고 설명하고 예언하기 위한 교육행정이론으로는 큰 발전을 이루지 못하였다.

**표 2-1** 행정과정의 요소

| 행정학자 | 행정과정의 요소 | | | | | | |
|---|---|---|---|---|---|---|---|
| Fayol(1916) | 기획 | 조직 | 명령 | 조정 | 통제 | | |
| Gulick & Urwick(1937) | 기획 | 조직 | 인사 | 지휘 | 조정 | 보고 | 예산 |
| Newman(1950) | 기획 | 조직 | 배치 | 지시 | 통제 | | |
| Sears(1950) | 기획 | 조직 | 지휘 | 조정 | 통제 | | |
| AASA(1955) | 기획 | 배분 | 자극 | 조정 | 평가 | | |
| Gregg(1957) | 결정 | 기획 | 조직 | 전달 | 영향 | 조정 | 평가 |
| Campbell et al.(1958) | 결정 | 기획 | 자극 | 조정 | 평가 | | |
| Newman & Sumner(1961) | 기획 | 조직 | 선도 | 측정/통제 | | | |
| Johnson et al.(1967) | 기획 | 조직 | 전달 | 통제 | | | |

## 3. 관료제론

### 가. Weber의 관료제론

관료제(bureaucracy)라는 말은 특정한 조직 구조나 현대 정부 그 자체를 나타내는 용어로도 사용되며, 그러한 조직이나 정부의 병폐를 지적하는 용어로도 사용된다(오석홍, 1994: 464). 처음 관료제론을 체계화한 Weber는 관료제를 특정한 조직의 형태 혹은 구조로 보았다. 즉, Weber(1946: 196)는 비능률과 권위주의적 병폐 등으로 요약되는 사회통념상의 관료제와는 달리, 기존 조직에서 보다 특정적인 관료제적 측면을 추상하여 만든 순수한 이상형(ideal type)으로서의 조직 구조를 관료제로 개념화한 것이다.

Weber(1947: 924)는 권위를 "어떤 특정한 명령이 일정한 집단의 사람들에 의해 준수될 가능성"이라고 정의하고, 조직체는 반드시 통제와 권위가 있게 마련이라고 하였다. 그는 권위가 정당화되는 방법에 따라 다음과 같이 권위의 유형을 정립하고 그에 따른 지배유형과 조직형태를 구분하였다. 이 세 가지 권위의 유형은 실제로는 따로 존재하는 것이 아니라 혼합된 형태로 나타난다.

- **전통적 권위**(traditional authority): 왕위세습과 같이 추종자가 지도자의 명령을 '그것은 전통적으로 그러했다.'는 근거로 정당하게 받아들이는 권위이다. 왕조와 같이 혈연에 의한 세습적 조직의 권위를 그 대표적인 예로 들 수 있다.
- **카리스마적 권위**(charismatic authority): 권위의 근거가 지도자의 비범한 능력에 있으며, 지도자에 대한 추종자의 경외심이 복종의 기초가 되는 권위이다. 초인적인 신체나 정신적 능력을 소유한 예언자나 주술사 혹은 종교・정치・군사 분야의 지도자와 같이 많은 추종자를 이끄는 사람들에게서 그 예를 찾을 수 있다.
- **합법적 권위**(rational-legal authority): 지배의 근거를 법 규정에 의한 합법성에 두고 있는 권위이다. 지도자는 법적으로 규정된 절차에 의해 임명・선출되며, 추종자는 지도자에게 부여된 법적 권위에 의해 복종을 수락한다. 현대 조직의 대부분은 이 권위에 의존한다.

Weber는 이 세 가지 권위유형 가운데 합법적 권위가 관료제적 지배의 이상적인 형태라고 하였다. 그것은 합법적 권위가 ① 행정의 계속성의 근거를 제공하고, ② 능력을 중심으로 한 지도자의 합리적인 선임을 토대로 하며, ③ 지도자로 하여금 권위를 행사하기 위한 합법적인 수단을 갖게 하고, ④ 조직의 과업 달성을 위한 기능과 한계가 명확하게 설정되는 것을 전제로 성립되기 때문이라는 것이다(Wren, 1979: 249).

Weber(1947: 330-340; 이형행, 1987: 38-39에서 재인용)는 이러한 합법적 권위를 기초로 하여 성립하는 이상적인 조직형태로서의 관료제는 다음과 같은 특징을 가지고 있다고 설명한다.

- 조직의 목적에 필요한 정규 활동은 일정한 방식에 의해 공식상의 직무로서 배

분된다.

- 직무의 조직은 계서제의 원리에 따른다.
- 직원은 직무수행에서 엄격하고도 체계적인 규칙에 의해 통제를 받으며, 그 적용은 일률적·비인격적이다.
- 직원은 개인적인 감정을 드러냄이 없이, 형식주의적인 비인격성에 입각하여 직무를 수행한다.
- 직원의 자격은 시험이나 자격증에 의해 증명되고, 전문적 기술자격에 의해 선발·임용되며, 선출되지 않는다.
- 고용당국은 규정된 조건하에서만 직원을 해직시킬 수 있는 반면, 직원은 언제나 사임할 수 있는 자유를 갖는다.
- 직원의 보수는 계서제의 직위에 따라 책정·지급되며, 승진은 상위자의 판단에 의하되 선임순서(경력)나 실적에 의해 결정된다.

## 나. 관료제의 특징

Hoy와 Miskel(2005: 83-85)은 Weber의 관료제가 교육조직의 구조 분석과 이해에 매우 의미 있는 시발점이 된다고 하면서, 그 주요 특징들을 다음과 같이 요약·제시하고 있다.

- **분업과 전문화**(division of labor and specialization): 조직의 목적 달성을 위한 과업이 구성원의 책무로서 공식적으로 배분된다.
- **몰인정성**(impersonal orientation): 조직의 분위기가 감정과 정리에 지배되지 않고 엄정한 공적 정신에 의해 규제된다.
- **권위의 위계**(hierarchy of authority): 부서가 수직적으로 배치되고 하위 부서는 상위 부서의 통제와 감독을 받는다.
- **규정과 규칙**(rules and regulations): 의도적으로 확립된 규정과 규칙체계를 통해 활동이 일관성 있게 규제된다.
- **경력 지향성**(career orientation): 연공이나 업적 혹은 양자를 조합한 승진제도를 갖추고 있으며 경력이 많은 자가 우대된다.

이러한 관료제의 특징들은 조직이 최고의 능률(efficiency)을 달성하는 데 기여한다. 분업과 전문화는 전문가를 양성하고 전문적 관리를 가능하게 하며, 몰인정성은 합리적인 의사결정을 가능하게 하고, 권위의 위계 및 규정과 규칙은 조직 운영의 안정성과 통일성을 보장해 주며, 경력 지향성은 조직에 충성하도록 유인하는 순기능을 수행한다. 그러나 실제로는 그러한 특징들이 상호 결합할 때 역기능으로 작용할 가능성이 존재한다. 이러한 측면에서 Hoy와 Miskel(2005: 87)은 앞에서 제시한 특징에 따라 관료제의 순기능과 역기능을 분석하여 〈표 2-2〉와 같이 요약 · 제시한다.

**표 2-2** Weber 관료제 모형의 순기능과 역기능

| 관료제의 특징 | 순기능 | 역기능 |
|---|---|---|
| • 분업과 전문화 | • 전문성 향상 | • 권태감의 누적 |
| • 몰인정성 | • 합리성 증진 | • 사기 저하 |
| • 권위의 위계 | • 순응과 원활한 조정 | • 의사소통 장애 |
| • 규정과 규칙 | • 계속성과 통일성 확보 | • 경직과 목표 전도 |
| • 경력 지향성 | • 동기의 유발 | • 실적과 연공의 갈등 |

### 다. 관료제와 학교조직

학교도 일종의 관료적 조직으로 볼 수 있다. Abbott(1969: 44-45)는 학교조직이 관료제적 특성을 지니고 있음을 다음과 같이 설명하였다.

- 학교는 효율적인 교육을 위해 전문화와 분업의 체제를 갖추고 있다. 즉, 초 · 중등학교의 분리, 교과지도와 생활지도 활동의 구분, 수업과 행정의 분리 등은 학교의 전문화 요구에 따른 것이다.
- 학교조직은 인화단결을 자주 내세우지만 조직관계에서 보면 몰인정성의 원리가 폭넓게 적용되고 있다.
- 학교조직은 기구표 내지 직제표상 명확하고도 엄격하게 규정되어 있는 권위의 위계를 가지고 있다.
- 학교조직은 조직 구성원들의 행동을 통제하고 과업 수행의 통일성을 기하기 위하여 규칙과 규정을 제정 · 활용한다.

• 교사들은 전문적 능력에 기초해서 채용되며, 대부분의 경우 전문적 경력으로 이어진다. 승진은 연공서열과 업적에 의해 결정되고 경력에 따라 일정한 급여를 받는다.

그러나 Bidwell(1965: 974)은 학교가 관료제적 특성을 가지고 있는 것은 사실이나, 그것은 초보적 형태에 불과하며, 관료제보다는 구조적으로 느슨하게 결합되어 있는 특수한 조직이라고 하였다. 그에 따르면 학교에서는 교사들이 전문가로서 교육에 대한 자유재량권과 의사결정권을 행사하고 있기 때문에 행정가의 일사불란한 통제가 어렵고 교사와 학생의 관계도 몰인정적이라기보다는 인간적으로 맺어져 있다. 따라서 학교는 관료적 특징과 전문적 특징을 모두 가지고 있는 것으로 이해되어야 한다.

## 제2절 인간관계론

과학적 관리론을 비롯한 고전이론은 1930년대 초까지 행정관리를 체계화하고 효율화하는 데 많은 기여를 하였다. 그러나 1930년대에 이르러 경제공황이 심화되면서 고전이론은 심각한 한계를 드러내었다. 과학적 관리론은 인간을 합리적 경제인으로 설정하고 그들의 행동은 경제적 · 물질적 동기에 의해서만 촉발되는 것으로 전제하였다. 기계적 효율성만을 강조하여 인간의 사회적 · 정서적 · 심리적 측면을 무시하였던 것이다. 그러나 사회가 민주적인 방향으로 점차 변화되고 노동자들의 교육 정도와 생활 수준이 높아짐에 따라 노동자들은 당당한 권리와 인간으로서의 대우를 요구하게 되었다. 결국 인간을 기계시하는 경영철학은 한계를 나타내었고, 새로운 인간관계론적 접근이 요청되었다.

### 1. Follet의 조직심리 연구

Follet는 고전이론 시대에 인간관계론적 접근의 단서를 제공한 학자이다. 그녀는 일찍이 행정활동에 있어서 인간적인 측면에 관한 탁월한 연구들(Metcarf & Urwick,

1941)을 통해 조직의 기본 문제는 역동적이고 조화로운 인간관계를 발전시키고 유지하는 것이라고 하여 행정에 심리학적 관점을 도입하였다(Campbell, Corbally, & Ramseyer, 1966: 71). 특히 행정의 심리적인 측면을 중시하여 경직된 과학적 관리원리와 조직원리에 역동감과 창의적인 민주정신을 도입하였다. 또한 조직관리에 사회학적 측면을 강조하여 조직을 하나의 사회체제로 보고 권위의 수용, 수평적 조정의 중시, 조직 구성원의 통합, 역동적인 행정과정의 필요성을 역설하였다(김윤태, 1984: 89).

그 외에도 조직에서의 갈등을 새로운 시각에서 접근하였다. 즉, 갈등이 반드시 무익한 것은 아니며, 사회적으로 가치 있는 견해차는 모든 사람들이 관심을 가지는 것에 대하여 특정한 사람들이 자신의 발전을 위해 야기시키는 정상적인 과정으로 파악하였다. 갈등을 해소하는 방법으로는 지배, 타협, 통합 등이 있는데 어느 쪽의 일방적인 희생 없이 각자의 요구를 반영하여 해결하는 통합의 방식이 가장 좋은 방식임을 강조하였다(Follet, 1924: 300).

Follet의 핵심적인 공헌은 민주사회에 있어서 행정관리의 일차적 과업은 노동자들이 자발적으로 협동할 수 있도록 작업 상황을 마련하는 것이라고 주장한 점이다. 그녀는 특히 개인과 사회적 작업집단 간의 조화, 즉 협력의 개념을 파악하는 데 주력하였는데, 이러한 사상적 기초는 후술하게 될 호손 실험에 큰 영향을 주었다(김윤태, 1984: 89).

## 2. Mayo와 Roethlisberger의 호손 실험

Follet의 위대한 업적에도 불구하고 일반적으로 인간관계론의 발달은 미국 시카고에 위치한 서부전기회사의 호손 공장에서 실시된 실험 연구에 그 기원을 두고 있다. 이 연구는 하버드 대학교 경영학 교수인 Mayo와 Roethlisberger를 중심으로 하는 연구팀에 의해 8년간(1924~1932)에 걸쳐 수행되었다. 이 실험의 주된 목적은 조직 내의 인간적 요인에 의해 생산성이 어떻게 달라지는가를 밝히는 데 있었다.

## 가. 호손 실험의 주요 내용

호손 실험은 과학적 관리론의 비인간적 합리론과 기계적 도구관을 부정하고, 조직관리의 인간화를 모색할 수 있는 연구결과를 도출함으로써 인간관계론의 기초를 제공하였다. 실험은 조명 실험(1924~1927), 전화계전기 조립 실험(1927~1929), 면접 프로그램(1928~1930), 건반배선 조립 관찰실험(1931~1932) 등으로 이어졌는데, 주요 내용은 다음과 같다(Mayo, 1933; Roethlisberger & Dickson, 1939).

### 1) 조명 실험

조명 실험(illumination test)은 작업현장의 조도와 노동자의 작업능률과의 관계를 분석하기 위한 실험으로서 작업장의 조도를 높이면 작업능률도 올라갈 것이라는 가설을 검증하는 데 목적이 있었다. 이 실험은 3단계로 실시되었다.

1단계에서는 3개 부서의 조도 수준을 일정 간격으로 높이면서 생산량의 차이를 조사하였다. 그 결과, 조도의 증가와 생산량의 증가 사이에는 의미 있는 상관이 없었다.

2단계에서는 여성 근로자들을 통제집단과 실험집단으로 나누어 통제집단에서는 일정한 조도를 유지하고, 실험집단에서는 계획된 일정에 따라 조도를 점차적으로 높였다. 그 결과도 두 집단의 생산량이 모두 같은 수준으로 증가하여 조명에 의한 차이는 나타나지 않은 것으로 밝혀졌다.

3단계에서는 실험집단의 조도는 낮추고 통제집단의 조도는 일정하게 유지하였다. 그 결과도 여전히 두 집단의 생산량이 모두 증가하였다. 특히 실험집단에서는 일하기 어려울 정도까지 조도를 낮추었는데도 불구하고 생산량은 오히려 증가되는 결과가 나왔다.

조명 실험의 결과는 연구 가설을 부정하는 것으로 나타났다. 따라서 생산량은 작업장의 조도와는 아무런 상관이 없으며, 조도 이외의 어떤 다른 요인에 의해 좌우되고 있음이 분석되었다.

### 2) 전화계전기 조립 실험

전화계전기 조립 실험(relay-assembly test)은 2차에 걸쳐 실시되었다. 1차 실험에서는 서로 사이가 좋은 2명의 여공으로 하여금 좋아하는 4명의 여공을 선정하여 6명 1조로 작업팀을 만들고 일반 여공들이 일하는 작업현장 옆 별실에서 작업을 하게 했고, 2차 실험에서는 5명의 여공을 선발하여 집단 임금제도의 영향을 관찰하였다.

이 연구는 1년 6개월에 걸쳐 진행되었다. 실험 초기에는 일정한 작업조건을 유지하다가 그 후에는 주기적인 변화를 도모하였다. 휴식의 빈도와 시간을 조정하고, 주당 근무시간을 줄이고, 간식을 제공하고, 성과급을 제공하는 등 작업조건의 변화를 가하였다. 그러나 여러 가지 작업조건의 변화에도 불구하고 산출량은 계속적으로 증가하였다. 특히 이러한 실험조작이 있은 후 처음의 실험 때와 동일한 상태로 작업조건을 환원시켰는데도, 작업여건 변화에 따라 산출량이 크게 감소할 것이라는 예상과는 달리, 산출량은 오히려 높아졌다.

이러한 결과를 다각도로 분석해 본 결과, 작업능률에 큰 영향을 미치는 것은 휴식이나 간식의 제공, 봉급 인상 등과 같은 물리적 작업조건보다는 심리적 만족도, 집단에의 소속감과 참여 등 인간적·사회적 측면이라는 사실이 밝혀졌다. 즉, 실험에서 여공들의 작업능률이 높았던 것은 그들이 선택된 사람들이며, 일반 작업장이 아닌 별실에서 일한다는 자부심, 마음에 맞는 사람들과 함께 일할 수 있다는 즐거움, 엄격한 감독 없이 자율적으로 일할 수 있다는 것 등에 기인한 것으로 분석되었다. 이 실험을 계기로 작업집단 내의 사회적 관계에 보다 많은 관심이 집중되었다.

### 3) 면접 프로그램

면접 프로그램(interview program)은 종업원들이 자신들의 관심사를 직접 이야기하도록 하여 그들이 무엇을 생각하고 있는가를 파악하기 위한 실험이었다. 이 실험은 호손 공장의 검사부에 근무하는 1,600명부터 시작하여 그 후에는 종업원 21,126명으로 확장하여 그들의 신변상의 문제와 근무환경에 대한 불평불만, 기타 의견 등을 면접을 통해 조사하였다.

그 결과, 종업원들은 이성보다는 감정에 의해 행동하고, 자신의 의견을 직설적으로 표현하지 않고 우회적으로 표현하며, 주로 자신의 입장에서 사태를 파악하는 경향이 있다는 점이 드러났다. 또한 면접은 종업원의 태도나 생각을 파악하는 수단으로서뿐만 아니라 그를 통해 불만을 해소시켜 회사에 대한 부정적인 태도를 바꾸고, 특히 안정감을 심어 주어 대립보다는 협력하려는 태도를 갖게 하는 효과를 가져오는 수단으로서도 중요하다는 사실이 밝혀졌다. 결국 이 실험은 생산성 향상을 위해서는 물리적 조건의 개선보다는 개인적이고 사회적인 감정과 태도 등 인간적인 요인의 중시가 필요하다는 생각을 확산시키는 계기가 되었다.

### 4) 건반배선 조립 관찰실험

건반배선 조립 관찰실험(bank wiring observation room test)은 호손 연구의 마지막 실험으로서 작업집단의 사회적 구조를 분석하기 위해 실시되었다. 이 실험에서는 전화교환기에 사용되는 건반배선을 조립하는 14명의 남자 직공(9명의 전선공, 3명의 납땜공, 2명의 검사관)을 건반배선 작업 관찰실에 배치하고 1명의 조사원을 함께 배치하여 작업행동을 관찰하였다. 이 실험은 전화계전기 조립 실험과 매우 유사하지만, 14명의 남자 노동자들의 감정, 태도, 상호 관계 등이 아무런 인위적 조작 없이 관찰·분석되었다는 점이 다르다.

이 실험의 결과는 생산성이 직공들의 능력과 기술보다는 비공식조직에서 정해 놓은 비공식적 작업표준량에 의해 좌우된다는 것이었다. 14명의 직공들은 실험이 진행되는 동안 상호작용을 통해 자연스럽게 2개의 비공식 집단을 형성하였다. 비공식 집단에서는 집단을 유지시키는 비공식적인 규범이 나타났으며, 그 규범이 구성원의 행동을 규제하고 집단을 통합시키는 기능을 수행하였다. 예를 들어, 일을 너무 많이 하면 '일벌레'로, 너무 안 하면 '뺀질이'로 비난을 받았다. 비공식 집단 내에서의 활동은 공식적으로 규정된 역할에 반하는 것들이 많았다. 전선공과 납땜공은 자신의 직무에 충실하지 않았으며, 때때로 일을 바꾸어 하거나 서로 도움을 주고받았다. 또한 생산성도 높지 않았는데, 이는 하루의 적정 과업을 낮게 규정한 비공식 집단규범이 형성되어 있었기 때문이었다. 즉, 그들은 높은 생산이 가능한 데도 불구하고 비공식적으로 자기들이 낮게 정해 놓은 생산수준을 일관되게 유지하였다. 성과급제도의 시행으로 생산량이 많으면 많은 임금을 받을 수 있었는데도 불구하고 생산량을 높이려 하지 않았다. 이는 구성원의 행동이 경제적 유인체제보다는 비공식 집단규범에 의해 이루어지고 있음을 시사하는 것이다.

## 나. 호손 실험의 의의와 비판

호손 실험은 그때까지 공식적 체계와 구조로만 파악했던 조직을 구성원과 그들의 상호작용, 비공식조직 등으로 이루어지는 다원적인 사회체제로 인식하게 하는 계기를 마련하였다. 특히 기계적 합리성보다는 인간적 요인을 중시하는 방향으로 행정관리의 관심을 전환시키는 전기를 마련하였다. 호손 연구를 통해서 얻어진 결론과 그 의의는 다음과 같다(Hoy & Miskel, 2005: 14).

- 경제적 요인만이 중요한 동기유발 요인은 아니다. 비경제적인 사회적 요인도 경제적 유인의 효과를 제한하고 감소시킨다.
- 노동자들은 개인으로서가 아니라 비공식 집단의 일원으로서 경영자에게 반응한다.
- 생산수준은 개인의 능력보다는 비공식조직의 사회규범에 더 영향을 받는다.
- 조직을 분업화된 전문적 집단으로 만드는 것이 가장 효과적인 작업집단을 만드는 방식은 아니다.
- 노동자들은 경영자의 자의적인 결정으로부터 스스로를 보호하기 위하여 비공식조직을 활용한다.
- 비공식조직과 경영자는 서로 영향을 미친다.
- 통솔범위를 좁히는 것이 효과적인 감독의 전제조건은 아니다.
- 비공식조직의 지도자도 공식적 지도자만큼 중요하다.
- 개인은 기계의 톱니바퀴와 같은 수동적인 존재가 아니라 적극적으로 활동하는 인간이다.

요컨대, 호손 연구는 경제적·물리적 여건만을 중시하던 편협한 시각에서 벗어나 인간의 사회적·심리적 여건의 중요성을 확인하고 그에 관심을 갖도록 했다는 점에서 큰 의의를 찾을 수 있다. 그러나 호손 연구를 중심으로 한 인간관계론은 근본적으로 조직 운영의 문제를 보다 진지하게 다루는 데 실패했다는 지적도 많다. 인간관계론에 대한 비판론을 요약하면 다음과 같다(Landsberger, 1958).

- 경영자와 노동자 간의 갈등 문제를 정확하게 파악하지 못하고, 추상적이고 사소한 문제들에 치중하여 조직 운영과 관련된 주요 문제점들은 제대로 파악하지 못하였다.
- 조직 내의 인간적 측면에만 지나치게 집착하여 조직의 구조적 측면과 생산성 문제는 등한시하였다.
- 호손 실험은 처음부터 경영자의 입장에서 연구되었고, 결론을 도출하는 과정에서 임상적 편견이 작용하는 등 엄밀한 연구라고 볼 수 없는 측면을 가지고 있다.
- 조직을 개방체제보다는 폐쇄체제로 간주하고 연구하였고, 조직과 환경과의 상호작용 관계를 명백히 다루지 못하였다.
- 지나치게 인간적 가치만을 중시하여 조직의 생산성이나 효과성 문제를 도외시하였다.

## 3. 인간관계론과 교육행정학

인간관계론은 교육행정에 민주적인 원리를 제시해 주는 등 교육행정의 민주화와 발전에 크게 공헌하였다. 특히 1930년대 이후에는 진보주의 교육운동과 결합되면서 개성 존중, 사기 앙양, 학생과 교원의 상호 신뢰감 등을 강조하고 민주적인 교육행정, 인간주의적 장학을 위한 방법적 원리로서 크게 부각되었다. 민주적 교육행정에서는 ① 교육행정가는 교직원의 사기와 인화를 촉진하는 사람이며, ② 교육행정은 봉사활동이고, ③ 의사결정은 광범한 참여를 통해 이루어져야 하고, ④ 행정적 권위는 집단에 의하여 주어져야 한다(신중식 외, 1984: 21). 따라서 민주적 교육행정에서는 인간관계론적 관점이 크게 각광을 받을 수밖에 없었다.

인간관계론적 관점을 통해 교육행정학 발전에 기여한 대표적인 학자로는 Koopman, Yauch, Moehlman, Griffiths 등을 들 수 있다.

우선, Koopman 등(1943: 7-12)은 1943년에 『학교행정의 민주화』라는 저서를 통해 학교장은 인간관계론을 적용하여 학교행정을 민주화해야 한다고 주장하면서 그 과제로서, ① 교육의 사회적 책임, ② 민주적 리더십의 개념, ③ 민주적인 조직형태, ④ 모든 사람의 적극적 참여, ⑤ 교사의 역할 등에 대해 확인하고 실천할 것을 주장하였다.

또 Yauch(1949: 40)는 「학교행정에서의 인간관계 개선」이라는 연구를 통해 교육 행정에서 인간관계의 중요성을 강조하면서 장학, 예산 배정, 교육과정 등 행정의 모든 영역에 교사의 적극적인 참여가 보장되어야 한다는 점을 강조하였다. 특히 학교 장은 교사와 원만한 관계를 유지하도록 노력해야 하며, 교사들은 민주적 활동의 중심 단위이므로 교사들이 최대의 만족을 누릴 수 있도록 학교를 운영해야 한다는 것을 골자로 하는 민주적인 교육행정의 원리를 제시하였다.

Moehlman(1951)은 『학교행정』이라는 방대한 저서를 통해 학교의 조직 구성과 운영의 원리를 제시하고 그를 바탕으로 민주적인 교육행정의 관점을 체계화하여 인간관계론 시기에 가장 눈부신 학술활동을 전개했던 사람이다. 그는 교육행정이 교수의 필요에 의해 발생하는 것이므로 그것은 교수의 목표를 달성하기 위한 수단이고, 따라서 행정은 본질적으로 교육과정의 목표들을 효과적으로 실현하기 위한 봉사활동임을 강조하였다.

Griffiths(1956)는 『교육행정에서의 인간관계』라는 저서를 통해 교육행정에서의 인간관계에 관한 여러 연구를 종합하여 교육행정에서의 인간관계론을 크게 발전시켰다. 그는 학교장과 상호작용하는 교사들은 인간적 욕구에 민감한 사회적 인간이라고 주장하고 좋은 인간관계는 상호 존중, 호의, 인간의 권위와 가치에 대한 굳은 신념을 바탕으로 성립되는 것이라고 주장하였다. 그러한 인간관계를 발전시키기 위해서는 동기유발, 상황 인식, 의사소통, 권력구조, 권위, 사기, 집단역학, 의사결정, 리더십 등 아홉 가지 측면에 관심을 기울여야 한다고 주장하였다.

## 제3절 행동과학론

고전이론과 인간관계론은 여러 가지 측면에서 서로 대비된다. 전자가 중요하다고 보는 요소를 후자는 소홀히 하였고, 후자가 강조하는 요소를 전자는 무시하였다. 그러므로 양자는 서로 상호 보완관계에 있다고 볼 수 있다. 양자는 모두 관리자의 입장에서 인위적 조작을 통해서라도 조직목적을 달성하기 위해 노동자들을 효율화해야 한다는 입장을 견지하여 인간을 그 자체의 목적보다는 수단으로 취급하고 있다. 행정을 조직 내의 문제로만 파악하고 조직과 환경의 상호작용에 대해서도 관심을 두지 않았다. 특히 조직의 분석에 있어서는 좁은 범위의 변수에 초점을 맞추고 다른 변인들을 고려하지 않음으로써 이론의 한계를 노출시켰다.

이러한 문제들은 행동과학적 접근을 하는 일단의 사회과학자들에 의해 자연스럽게 해결되었다. 그들은 학제적 연구를 바탕으로 심리학, 사회학, 행정학, 정치학, 경영학 등으로부터 도출된 이론들을 통해 개인과 조직의 문제를 복합적으로 연구하였다. 특히 개념, 원리, 모형, 연구 설계 등을 이용하여 이론적 가설을 경험적으로 검증하고 유용한 이론을 개발·확산시켜 행정관리에 대한 학문적 발전을 주도하였다. 이러한 노력에 힘입어 이 시기에 이르러 비로소 교육행정학도 이론다운 이론을 갖춘 종합학문으로 발전할 수 있게 되었다.

## 1. Barnard와 Simon의 행정이론

초창기 행동과학론의 정립에 큰 업적을 남긴 학자는 Barnard와 Simon이었다. 그들은 인간관계론이 풍미하던 시대에 고전이론과 인간관계론을 하나의 틀로 통합한 협동체제의 아이디어를 제안하여 행동과학론의 토대를 만들고 그 발전을 선도하였다.

Barnard는 행정에 대한 행동과학적 접근을 최초로 시도한 사람이다. 그는 뉴저지의 벨 전화회사(Bell Telephone Company) 사장으로서의 조직관리 경험을 토대로『행정가의 기능』(Barnard, 1938)이라는 저술을 발간하였다. 그는 행정학과 경영학의 최고의 고전이라고 할 수 있는 이 책에서 조직을 사회적 협동체로 보고, 조직의 구성요소로서 의사소통, 협동, 공동의 목적 등을 제시하였으며, 조직 내 비공식조직의 중요성과 공식조직과의 불가피한 상호작용을 설명하였다.

Barnard(1940: 195, 308)는 조직관리를 구조적 개념과 동태적 개념으로 구분하여 설명하였다. 구조적 개념은 개인, 협동체제, 공식조직, 복합적 공식조직, 비공식조직 등이며, 동태적 개념은 자유의지, 협동, 의사소통, 권위, 의사결정, 동태적 균형 등인데, 특히 의사결정의 중요성을 강조하여 행동과학의 기초를 정립하였다. 또한 그는 조직중심적이고 조직목표 달성에 우선을 두는 입장을 효과성(effectiveness)이라 하고, 구성원중심적이고 구성원들의 만족과 사기를 강조하는 입장을 능률성(efficiency)이라고 구분하면서 조직이 최대한의 목표 달성을 하기 위해서는 양자 간의 균형이 이루어져야 한다고 하였다.

Barnard의 이러한 공헌을 Gross(1964: 56-64)는 ① 공식조직 내에 비공식조직의 존재를 지적한 점, ② 효과성과 능률성의 개념으로 조직목적의 성취와 개인의 만족과의 상호 관련을 규명한 점, ③ 행정가의 기능과 역할 수행방법에 대해 체계적인 연구를 수행한 점 등으로 요약하고 있다.

특히 Wolf(1974: 3-4; 이형행, 1987: 64에서 재인용)는 행동과학론에 대한 Barnard의 공헌을, ① 조직의 전체성(holistic nature)을 최초로 강조하면서 조직에 체제개념을 도입한 점, ② 조직 속에서 비공식적인 측면의 역할에 최초로 주의를 기울인 점, ③ 공식조직에 대해 일반적이고도 보편적인 정의를 분명하게 한 점, ④ 권한의 본질에 대한 전통적인 생각을 바꾸게 한 점, ⑤ 조직과 관리의 중요한 측면으로서 의사결정 과정을 최초로 강조한 점, ⑥ 의사결정의 무논리적인 사고과정에 주목한 점, ⑦ 의사소통 체제로서 집행조직에 관심을 기울인 점 등으로 요약하면서 그의 탁월성을 높이 평가하고 있다.

Simon(1947)은 Barnard의 평등한 인간관계, 의사결정 기법, 의사소통, 권력과 권위 등의 개념을 이어받아 이를 확대 · 발전시켰다. 그는 자신의 박사학위 논문을 기초로 1947년에 출간한 『행정행위론』에서 Barnard의 이론을 확대하고 조직의 유인과 구성원의 기여가 조화를 이루는 조직 균형에 관한 개념을 정립하였다.

특히 그는 인간형을 의사결정 과정에서 최적의 합리성만을 추구하는 경제적 인간(economic man)과, 만족스러운 범위 내에서 제한된 합리성을 추구하는 행정적 인간(administrative man)으로 구분하고, 보다 객관적이고 효과적인 의사결정을 하기 위해서는 제한된 합리성을 토대로 결정하는 행정적 인간형이 필요하다고 주장하였다. 이는 경영의 입장에서 볼 때 최대의 이익을 찾기보다는 현실적인 적절한 이익을 찾는 것으로, 고전주의 경제학 이론의 이상형인 경제인 대신에 행정인을 새로운 이상적인 인간형으로 제시한 것으로 볼 수 있다.

## 2. 행동과학론과 교육행정학

고전이론과 인간관계론 시대에 있어서 교육행정가들은 교육행정에 관한 체계적인 지식이나 이론 없이 단순히 경험에 의존하거나 행정학과 경영학의 이론들을 차용하고 원용하는 수준에서 교육행정을 수행하였다. 그러나 1950년대부터 본격화된 이론화 운동은 교육행정에 대한 연구와 이론 개발을 촉발시켜, 여러 사회과학적 관점에서 교육행정 현상을 연구하여 정립한 지식과 이론들을 통해 교육행정 현상을 기술·설명하고 그 실제를 진단·처방할 수 있는 수준까지 교육행정학을 발전시켰다.

## 가. 이론화 운동

교육행정의 이론화 운동(theory movement)은 처음에는 교육행정가와 교육행정학자들 사이에서 이루어지다가 미국에서의 지역사회 개발운동에 힘입어 교육행정학자와 사회과학자들 간의 협동적 연구 계획이 추진되면서 본격화되었다. 신운동(New Movement)으로도 불리는 이론화 운동은 다음과 같은 과정을 통해 촉진되었다(남정걸, 1981: 78-80; 이형행, 1987: 87-92).

- 1946년과 1947년에 미국 교육행정가협회(AASA) 기획위원회가 주장한 교육행정의 전문화 활동
- 1947년에 결성된 미국 교육행정학교수협의회(NCPEA)의 활동
- 1950년 Kellogg 재단의 후원을 받아 Harvard 대학을 비롯한 5개 대학이 중심이 되어 수행한 교육행정 협동프로그램(CPEA)
- 1956년에 교육행정학 분야 박사과정을 개설한 32개 대학으로 구성된 교육행정학 연구를 위한 대학협의회(UCEA)의 활동

이론화 운동은 실제적 처방 중심의 교육행정학을 다른 사회과학처럼 이론 중심의 학문으로 발전시키기 위한 노력이었다. 그리하여 그들은 교육행정 연구에 과학적 방법을 적용하고 현장 중심의 사실 그대로의 관찰을 통해 교육행정이론의 개발을 모색하였다. Culbertson(1983: 15)은 이론화 운동의 핵심적 아이디어를 다음과 같이 요약하고 있다.

- 행정과 조직에 대한 규범적 진술은 과학적 이론에 포함될 수 없다.
- 과학적 이론은 있는 그대로의 현상을 다룬다.

- 연구는 이론에 기반을 두고 이론에 의해 진행되어야 한다.
- 가설 연역적 체제가 이론 개발의 가장 좋은 모델이다.
- 이론 개발과 교육을 위해 사회과학을 적극적으로 활용해야 한다.
- 행정은 어떤 조직형태에서나 적용할 수 있는 일반적인 개념으로 이해해야 한다.

요컨대, 이론화 운동은 ① 교육행정을 연구하는 데 이론의 역할이 중요함을 인정하고 이론에 근거한 가설 연역적 연구방법을 통해 교육행정을 연구해야 하며, ② 교육행정을 일반행정이나 기업경영 등과 다르게 보는 편협한 관점을 버리고, 행정 앞의 형용사와는 관계없이 행정은 행정 자체로서 연구되어야 하고, ③ 교육은 사회체제로서 가장 잘 이해될 수 있는 것이므로 교육행정 연구는 행동과학적인 접근방법에 크게 의존하지 않을 수 없다는 것으로 요약된다(Halpin, 1970: 162-163; 이형행, 1987: 87에서 재인용). 이러한 관점에서 이론화 운동은 교육행정학을 실제적 기술의 상태로부터 이론적 학문의 수준으로 전환시키는 데 결정적인 공헌을 한 것으로 평가될 수 있을 것이다(Culbertson, 1988: 31).

### 나. 교육행정이론의 발달

이론화 운동은 사회과학적 접근을 활용한 수많은 연구들을 촉발시키고 그를 통해 유용한 교육행정이론들을 산출하는 성과를 거두었다. 특히 교육행정 협동프로그램을 통해 저명한 사회학자, 심리학자, 행정학자들이 교육행정을 연구하게 되어 교육행정학은 모든 영역에서 양적으로나 질적으로 크게 발전하였다. 이 시기에 교육행정이론의 발전과 관련하여 주목할 만한 경향들을 정리해 보면 다음과 같다.

첫째, 교육체제를 하나의 사회체제로 파악하고 체제론적 관점에서 교육행정을 연구하는 경향이 나타났다. 이러한 경향의 대표적인 학자는 Getzels였는데, 그는 Guba와 함께 사회과정이론을 창안하였고, 다시 Thelen과 함께 수정모형을 발전시켰다.

둘째, 구성원의 동기를 적극적으로 개발시키는 이론들이 발전되었다. 동기-위생이론을 발전시킨 Herzberg, 욕구단계설을 주창한 Maslow, ERG 이론을 제안한 Alderfer 등이 그 대표적인 사람들이다.

셋째, 리더십 이론 영역에서 획기적인 발전이 이룩되었다. 리더십 연구를 특성론에서 행동론으로 전환케 하는 데 결정적인 역할을 한 Hemphill과 Halpin, Likert, Tannenbaum과 Schmidt 등이 그 대표적인 학자들이다.

넷째, 조직 자체에 대한 본격적인 이론들이 발전되었다. 조직론의 발전은 조직풍토론을 발전시킨 Halpin과 Croft, 성숙–미성숙이론을 발전시킨 Argyris, X–Y 이론을 발전시킨 McGregor 등이 주도하였다.

이 외에도 이 시기에 의사결정과 의사소통, 행정관리에 대한 지식을 이론의 수준으로 크게 발전시킨 학자들이 다수 나타났는데, 그 학자들로는 Griffiths, Coladarci, Campbell, Gregg 등을 들 수 있다.


## 제4절 다원론

교육행정의 이론적 발달은 1950~1960년대의 이론적 발전기를 거치면서 한 단계 도약을 이룩하여 1970~1980년대 발전의 과정을 거치고 1980~1990년대에 이르러 다양한 사조가 복합적으로 혼재하는 다원화 단계에 이르고 있다. 현재는 크게 볼 때 체제론을 중심으로 하는 실증주의적 관점이 지배적인 가운데 비판이론, 해석학, 페미니즘 등에 힘입은 이론들이 대안적 관점으로 제시되는 과정에 있다고 할 수 있다.


## 1. 체제이론

체제이론은 체제분석(system analysis), 체제관리(system management), 과학적 조사연구(OR: operation research) 등 다양한 명칭으로 불리며 1940년대부터 사회과학과 자연과학의 연구방법으로 광범위하게 도입되었다. 교육행정의 영역에서는 1950년대 이후에 학교조직을 이해하기 위한 방법으로 활용되기 시작했으며, 이후 계량적·분석적 도구와 기법들의 활용을 통해 학교교육의 혁신을 모색했던 1960년대와 1970년대에 크게 각광을 받아, 현재는 제도교육의 현상적 이해라는 차원을 넘어 그 관리와 운영을 계획하고 이해하는 접근방법으로 광범하게 활용되고 있다.

## 가. 개방체제론

### 1) 체제와 개방체제

체제란, 그 어원이 희랍어 시스테마(systema)라는 사실에서 알 수 있듯이, 여러 부분으로 이루어진 전체 혹은 여러 요소들의 총체를 말한다. 이는 원래 세포로 구성된 유기체를 총체적으로 지칭하는 생물학적 개념에서 비롯되었으나(von Bertalanffy, 1950: 134-165), 사회과학 영역에서 조직을 유기체로 이해했던 고전적 조직이론과 접합되면서 관리론의 중심적 개념으로 수용되었다.

사회과학의 용어로서 체제는 몇 가지 속성을 가진 것으로 이해된다. 즉, 그것은 시·공간적으로 존재하며, 유기체와 같이 생성·진화·성장을 거치고 종국에 가서는 소멸하려는 경향을 가지고 있다. 또한 내적으로는 상위체제와 하위체제로 구성되는 구조를 가지고 있고, 외부의 다른 체제와 구분되는 경계영역과 환경을 가지고 있다(Immegart & Prilecki, 1973: 30).

따라서 모든 체제는 다른 체제의 존재를 가정한다. 일반적으로 한 체제를 중심으로 말할 때, 그 외의 다른 체제들을 통칭하여 환경이라고 한다. 사회는 수많은 체제로 구성되어 있으며, 체제와 체제 간에는 늘 상호작용이 이루어진다. 어떤 체제가 환경과 비교적 자유로운 상호작용을 할 때, 그 체제를 개방체제(open system)라고 하고, 그렇지 못한 체제를 폐쇄체제(closed system)라고 한다. 학교사회는 일반적으로 국가사회의 정치, 경제, 사회, 문화 등 다른 체제와 긴밀한 관계 속에서 활동이 이루어지기 때문에 개방체제라 할 수 있는데, 개방체제의 특징은 다음과 같다(Griffiths, 1988: 116-117).

- 체제환경과 상호작용한다. 즉, 투입과 산출이 있다.
- 균형상태를 스스로 유지하려는 경향이 있다.
- 자기통제력을 가지고 있다. 즉, 자기에게 영향을 미치는 모든 힘을 조절하고 통제할 수 있다.
- 최종 결과를 동일하게 하려는 경향(equifinality)을 가지고 있다. 즉, 상이한 조건하에서도 다른 과정을 밟아 동일한 결과를 달성하는 능력을 가지고 있다.
- 하위체제 간의 역동적인 기능적 상호작용을 통해 자신을 유지한다.

- 재투입과정을 통해 과정과 산출을 효율화한다.
- 규모가 확장되면 새로운 기능적 하위체제들을 계층적으로 만들어 나간다. 이를 발전적 분화(progressive segregation)라고 한다.
- 체제는 스스로를 효율화하기 위해 그 과정과 절차들을 단순화하기도 한다. 이를 발전적 단순화(progressive mechanization)라고 한다.

### 2) 기본모형

개방체제론은 조직을 복합적이고 역동적인 개방체제로 보고 조직을 연구하는 이론적 경향을 지칭한다. 그것은 조직체제와 관련된 모든 것을 하나의 연결된 단위로 본다는 특징을 가지고 있다. 체제 내의 여러 상호작용하는 요소들은 체제의 생존을 위해 절대적으로 필요한 것들이다. 이들은 서로 연관되어 있으며, 체제와 환경에 대하여 전적으로 반응한다. 따라서 체제와 관련하여 어떤 것이 발생하였다면, 그 발생원인은 단순히 한 요소에 귀속되는 것이 아니라, 체제 전체의 구조상의 문제로 귀속된다. 개방체제론, 곧 체제적 사고란 어떠한 사태나 현상을 단순한 시각에서 보는 오류를 방지하고 모든 사태나 현상의 복잡성을 전제로 그들을 인식하려는 사고방식인 것이다(김윤태, 1984: 98).

개방체제론의 가장 단순한 이론 모형이 투입－산출모형이다. 그것은 투입, 과정, 산출 및 환경이라는 개념으로 구성된 체제이론의 기본모형이다. 우선, 기본모형을 도시하면 [그림 2-1]과 같다.

**그림 2-1** 체제이론의 기본모형

여기서 투입(input)은 상호작용하는 요소들이 체제의 목적을 달성할 수 있도록 체제의 밖에서 안으로 들어가는 모든 요소를 말한다. 이는 체제에 투입되는 자원과 정보 등 체제 내의 작용을 통해 체제의 유지나 산출을 가능하게 하는 요소들이다

(Silver, 1983: 52-53).

과정(process)은 체제가 목적 달성을 위해 여러 자원과 정보를 활용하여 산출로 만들고 가치를 창조하는 과정이다. 일반적으로 기본모형에서 과정은 암흑상자(black box)와 같이 그 내용이 알려지지 않는 상태에서 투입과 산출의 변환과정을 기술하는 도구로 사용되기도 하고, 과정 내의 구조, 방법, 절차 등을 기술하고 평가하는 개념으로 사용되기도 한다.

산출(output)은 체제가 환경이나 인접한 체제로 내보내는 자원과 정보로서, 체제가 의도적이나 무의도적으로 생산해 내는 모든 것을 말한다. 이는 체제에 투입된 것이나 체제가 처리한 것을 체제가 내부의 작용을 통해 변화시켜 내보내는 것들이다(Silver, 1983: 53-54).

환경(environment)은 체제와 일정한 접촉을 유지하고 그것에 일정한 영향을 주는 경계 밖의 주변 조건이나 상태를 말한다. 이는 대체로 체제 외의 모든 다른 체제를 통칭하는 말인데, 체제의 투입과 산출에 관계되어 있고 피드백을 통해 체제와 영향을 주고받는 인접체제들이다.

### 3) 개방체제론과 교육행정학

개방체제론적 접근은 단절된 사고를 지양하고 체계적이고 총체적인 사고를 특징으로 한다는 점에서 교육의 계획이나 정책의 수립, 교육적 의사결정 등 다양한 영역에서 그 유용성을 인정받고 있다. 이에 따라 교육행정학에서는 많은 학자가 개방체제론적 관점에서 조직과 행정관리 문제를 연구하여 체계적인 이론들을 제시하였다.

우선, 개방체제론적 관점에서 교육조직을 연구한 학자들로는 Cohen, March, Olsen, 그리고 Weick 등을 들 수 있다. Cohen, March, 그리고 Olsen(1972)은 체제론적 관점에서 학교를 연구하여 조직화된 무질서(organized anarchy)라는 개념을 체계화하였으며, Weick(1973)은 학교조직을 이완조직(loosely coupled system)이라는 체제로 개념화하였다.

개방체제론적 관점에서 의사결정을 연구한 학자들로는 Dill, Griffiths, Campbell 등을 들 수 있다. Dill은 의사결정 단계설을, Griffiths는 과학적 문제해결 과정을 적용시킨 의사결정 과정이론을 제시하였다. Campbell은 교육정책 수립을 정치적 행위로 설명하는 이론을 체계화하였다.

## 나. 사회과정이론

사회체제를 개인들의 집합으로 이루어진 사회적 단위라고 보고 사회체제 속에서 인간이 어떠한 행동을 보이는가에 대해 본격적으로 연구한 대표적인 이론이 사회 과정이론이다. 사회과정이론은 1950년대에 교육행정 협동프로그램(CPEA)이 추진 되는 과정에서 Getzels와 Guba에 의해 제안된 것으로, 교육행정영역의 이론과 연 구를 자극하고 실천활동을 개선하기 위한 이론적 모형을 제공하여 교육행정학의 이론적 발달에 대단히 많은 영향을 준 이론이다.

### 1) 역할과 인성의 상호작용모형

사회과정이론의 기본적 구조는 사회체제 내에서의 인간행위를 B=f(P·R)라는 공 식으로 표현되는 인성과 역할의 상호작용으로 보는 것이다(Getzels & Guba, 1957: 429). 이는 Lewin(1935)이 집단역동이론을 전개하면서 인간의 행동은 인성과 환경 의 상호작용의 결과, 즉 인성과 환경의 함수 B=f(P·E)라는 공식으로 나타낼 수 있 다는 것에서 착안하였으며, Weber의 조직이론, Parsons의 사회체제이론 등의 영향 을 받았다.

사회과정모형에서 행동에 영향을 주는 역할과 인성의 상호작용은 집단의 성격에 따라 큰 차이를 나타낸다. 즉, 어떤 집단에서는 인간의 행동이 개인의 인성보다는 제도적으로 규정된 역할에 의해 훨씬 더 많은 영향을 받으며, 다른 집단에서는 개인 의 인성에 결정적으로 영향을 받는다고 보았다. 군대조직은 전자, 예술가조직은 후 자의 예라고 할 수 있다(Lewin, 1935). 이러한 역할과 인성의 상호작용 관계를 도시 하면 [그림 2-2]와 같다.

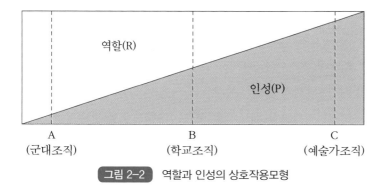

**그림 2-2** 역할과 인성의 상호작용모형

사실 학교는 어느 쪽에 접근하는 조직이라고 확정하기 어렵다. 일반적으로 공교육체제하에서 학교는 관료제적 특성을 띠게 되므로, 비록 군대보다는 약하지만, 제도적으로 규정된 역할과 기대에 부응해야 하는 측면이 강하다는 점에서 A조직에 가깝다고 볼 수 있다. 그러나 전문직인 교직에 종사하는 교원은 사회적으로 인정된 전문성과 자율성을 바탕으로 전문가적 판단에 따라 행동을 할 가능성이 높기 때문에, 학교조직은 B조직에 근접한 조직으로 볼 수도 있다. 따라서 학교조직은 학교의 특성이나 풍토에 따라 그 위치점이 조금씩 다르기는 하지만, 일반적으로는 양극단에서 중간쯤에 위치하는 조직으로 이해되고 있다.

### 2) Getzels와 Guba의 사회과정모형

Getzels와 Guba(1957: 423-430)는 사회체제를 개인들의 집합으로 이루어진 사회적 단위로 보고 사회체제 속에서 인간의 행동은 사회적 조건들과 개인의 심리적 특성 간의 상호작용의 결과로 나타난다고 보았다. 즉, 인간의 행동은 사회적 조건들로 이루어진 규범적 차원(nomothetic dimension)과 개인의 심리적 특성들로 이루어진 개인적 차원(idiographic dimension)의 기능적 관계에서 나타나는 사회적 행위로서 이해될 수 있다고 보았다.

규범적 차원이란 조직적 차원을 말한다. 이는 사회체제의 환경조건을 이루는 기관 또는 제도로 구성되는 사회체제의 차원으로, 체제의 목적을 달성하기 위한 과업분담체제로서의 지위와 역할, 그 역할에 따른 기대 등을 규정한 제도를 말한다.

개인적 차원은 심리적 차원이다. 사회체제에는 체제에 의해 규정된 지위를 차지하고 역할을 수행할 개인이 있다. 그들은 고유의 욕구와 인성을 가지고 있으며, 제도에 의해 규정된 역할과 기대를 수행하는 독특한 방식을 가지고 있다. 개인적 차원이란 그러한 독특한 특성을 갖고 있는 개인을 포함하고 있는 사회체제의 측면을 말한다.

사회체제 속에서 이루어지는 개인의 행동을 이해하기 위해서는 이러한 양 차원을 고려해야 한다. 사회체제에는 체제의 목적을 달성하기 위하여 규정된 역할과 기대, 그리고 그들을 조직화한 제도 등이 있으며, 한편으로 고유의 인성을 가지고 제도에 의해 규정된 역할을 수행하는 구성원들이 있다. 따라서 사회체제 속에 위치한 구성원은 부여된 역할을 수행하는 과정에서 서로 영향을 주고받는 사회적 상호작

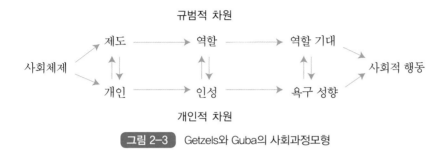

용을 하며, 그에 알맞은 행동을 보이게 된다. 양 측면의 기능적 관계는 [그림 2-3]과 같다.

규범적 차원

사회체제

제도 ——→ 역할 ——→ 역할 기대

개인 ——→ 인성 ——→ 욕구 성향

사회적 행동

개인적 차원

그림 2-3   Getzels와 Guba의 사회과정모형

### 3) Getzels와 Thelen의 수정모형

Getzels와 Thelen은 Getzels와 Guba의 모형을 보완하여 새로운 모형을 발전시켰다. Getzels와 Guba의 모형은 조직적 차원과 인성적 차원의 두 차원만을 고려하였기 때문에 현대와 같은 복잡한 사회에서 이루어지고 있는 사회적 상호작용을 설명하는 데에는 한계가 있었다. 인간의 행위는 단순히 조직과 개인의 차원에서만 이루어지는 것이 아니라 전체사회, 문화, 집단심리 등 보다 복잡한 차원과 관련된 사회적 상호작용에 의해 이루어진다. 따라서 Getzels와 Thelen(1960)은 [그림 2-4]와 같이 Getzels와 Guba의 모형에 인류학적 · 사회심리학적 · 생물학적 차원을 추가하여 보다 다양한 사회적 행동을 설명하고 있다.

[그림 2-4]에서 인류학적 차원의 추가는 사회가 여러 제도들의 조직으로 이루

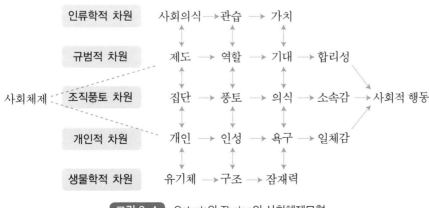

그림 2-4   Getzels와 Thelen의 사회체제모형

어진다는 것에 주목한 결과이다. 사회는 여러 제도로 구성되어 있으며, 한 제도에 소속한 개인의 행동은 보다 큰 차원의 사회의식에 의해 영향을 받는다. 사회의식 (ethos)은 크게는 전체사회에 흐르고 있는 시대정신에서부터 작게는 영향권 내에 있는 다른 조직의 집단문화에 이르기까지 한 개인이 소속한 집단과 관련 맺고 있는 보다 큰 사회체제의 문화를 의미한다.

생물학적 차원의 추가는 한 개인이 심리학적 관심의 대상일 뿐만 아니라 생물학적 관심의 대상이 될 수도 있다는 점에 주목한 결과이다. 학습에 대한 연구는 온도, 조명, 기후, 음향, 날씨 등 학생의 물리적 · 정서적 조건과 상태가 학습에 상당한 영향을 준다는 점을 밝히고 있으며, 교육행정의 연구에서도 성차와 신체적 차이가 리더십의 발휘에 상당한 정도로 영향을 준다는 사실이 드러나고 있다(Lipham & Hoeh, 1974: 176). 유기체로서의 인간의 신체구조와 내적 잠재력이 개인의 인성과 욕구에 영향을 주고 사회적 행동에까지 영향을 미치는 것이다.

조직풍토 차원은 역할과 인성의 상호작용이 상황에 의존한다는 점을 강조하기 위한 것이다. 역할과 인성은 상황이 적절할 때 극대화된다. 조직의 풍토(climate)가 특정한 역할을 수행하는 데 부적절하다면 혹은 특정한 인성을 지닌 개인으로 하여금 그것의 발휘를 불가능하게 하는 것이라면 그 사람의 사회적 행위는 다른 형태로 나타날 것이다. 어떠한 조직이든 특수한 조직풍토 또는 집단의식(intentions)이 있으며, 이들에 의해 개인의 사회적 행위는 아주 다르게 나타나게 되는 것이다.

따라서 한 개인의 행위가 목표로 하는 사회적 행동으로 나타나려면 목표 행위에 역할 기대가 논리적으로 부합되도록 해야 하며(합리성), 제도적 목표에 자신의 욕구성향을 만족시켜야 하며(일체감), 집단의 제도적 목표 달성에 의식적으로 참여함으로써 공동체 의식을 가져야 한다(소속감). [그림 2-4]는 이러한 사실을 모형화한 것이다.

## 2. 대안적 관점과 이론

체제론을 중심으로 한 실증주의적 이론들은 교육행정에 대한 전통적인 생각을 반영한다. 그들은 사회과학의 전통과 과학적 방법에 바탕을 둔 객관적이고 합리적인 지식만이 교육행정의 이론이 될 수 있다는 입장을 견지한다는 점에서 행동과학론과 맥을 같이하면서 지금까지 교육행정 연구의 주도적인 관점이 되어 왔다. 따라서 이 책의 다음 장부터 설명되는 대부분의 이론들은 이 관점에 기초하여 이루어진 연구의 결과들이다.

대안적 관점은 실증주의적 관점에 대한 비판을 통해 제기된 다양한 관점을 통칭한다. 이 관점은 전통적인 사회과학적 방법과 합리성에 대해 의문을 제기하고 주관성, 불확정성, 비합리성 등을 교육행정 현상의 분석을 위한 주요 개념으로 설정한다. 이들은 주장에 따라 여러 갈래로 나눌 수 있지만 크게 해석적 관점과 급진적 관점, 새로운 접근으로 구분될 수 있다.

### 가. 해석적 관점

조직이 합리적·합목적적 체제라는 전통적 생각을 신랄하게 비판하면서 조직을 보다 잘 이해하기 위해서는 새로운 패러다임의 전환이 필요하다는 주장을 제기한 대표적인 학자는 Greenfield이다. 그는 조직이 객관적인 실체가 아니고, 인간에 의해 창조되고 의미가 부여된 사회문화적 가공물이기 때문에, 가설 연역적 체제나 정교한 통계적 방법만으로는 이해할 수 없다고 주장하였다(Culbertson, 1983: 20). 따라서 조직을 인간이 적응해야 하는 외적 실체로 보고 조직과 인간을 이해하려는 관점은 실패할 수밖에 없으며, 조직을 인간의 주관적인 의미구성체로 보고 교육행정 현상을 연구하는 새로운 패러다임, 즉 대안적 관점이 필요하다고 역설하였다. 그가 제시하고 있는 대안적 관점의 기본요소는 다음과 같다(Greenfield, 1985: 5248-5249; 노종희, 1995: 77-78에서 재인용).

- 조직은 사람이며, 사람 속에 존재한다. 조직은 사람과 무관한 객관적 실체에 적용하는 과학적 법칙으로는 이해될 수 없다.
- 조직은 하나의 체제와 구조 또는 욕구 충족 장치가 아니라 사람들에 의해 만들어지고 유지되는 사회적 창조물이고, 구성된 실재이다.
- 조직이 정치의 핵심이듯이 조직의 핵심은 권력이다. 권력은 조직의 구조나 과정에서 나오는 것이 아니라 인간관계에서 나온다.
- 가치의 세계는 우리 내부 깊숙이 존재하며, 가치는 주관적 실재이므로 객관적 세계에는 존재하지 않는다.

이러한 Greenfield의 견해는 민속방법론(ethnomethodology), 현상학, 해석학, 상징적 상호작용론자들의 생각을 반영하고 있다. 따라서 이러한 견해는 전통적 연구자들의 많은 반발을 불러일으켰다. 그 대표적인 비판론자는 Griffiths였다. 그리하여 1975년부터 1979년까지 양자 간에는 많은 논쟁을 주고받았다. 이 Greenfield-Griffiths 논쟁은 Greenfield-Willower 논쟁으로 이어지고 거기에 대안론자 Bates가 가세하여 오래도록 계속되었다.

민속방법론은 어떤 단일한 분석프로그램을 가리킨다기보다는 연구대상을 기술적으로 이해하기 위한 여러 가지 방식의 가족유사적(family resemblant) 방법의 접근들로 나타난다. 민속방법론은 구성원들이 일상적 장면에서 자신들이 하고 있는 일과 그것이 벌어지고 있는 상황을 이해 가능한 것으로 만들기 위해 실천적 행위를 어떻게 사용하는가를 경험적으로 기술하는 질적 연구방법이다(손민호, 조현영, 2014: 69-70).

해석적 관점은 조직의 구조와 역동성을 설명하거나 예측하려 하지 않는다. 해석적 관점에 따르면, 탐구의 목적은 기본적으로 질적 연구방법을 통해 특수한 상황을 해석하고 이해하는 것이다. 과학적 방법을 통해 법칙을 정립하기보다는 합리적 사고와 간주관적 해석을 통해 현상을 이해하는 것이 근본 목적인 것이다. 따라서 해석적 탐구는 객관성과 일반화가 항상 문제가 된다. 그렇기는 해도 교육행정이 기본적으로 가치의 문제를 다루고 있고 정책과 의사결정 등 주요 행정과업이 엄밀한 과학적 방법에 의해서는 설명될 수 없다는 점을 고려해 볼 때 해석적 접근은 교육행정 현상을 이해하는 한 가지 중요한 대안적 접근이 될 수 있다.

현상학이란 의식적으로 경험한 현상을 인과적으로 설명하거나 어떤 전제를 가정하지 않고 직접 기술하고 연구하는 것을 주된 목표로, Husserl의 슬로건인 '사상(事象) 자체로'에 동조하는 사조를 총칭한다. 현상학은 본질 자체에 관한 학이 아니라 본질을 직관하는 의식에 관한 학이라고 할 수 있다. 실재적인 존재나 사물이나 사실과는 상관하지 않고 순수한 본질과만 관계한다. 그래서 본질과학에서 실재하는 사물에 관한 감성적인 경험은 우선 일단 배제되고 보류되어야 한다(김태룡, 2014: 378). 현상학은 현상 그대로를 연구하는 학문이다. Husserl은 모든 사실에 대해 두 가지 제약을 부여했다. 첫째, 판단 중지라는 제약이다. 이는 사실에 대해서 어떠한 판단도 내리지 않는다는 것을 의미한다. 둘째, 괄호치기라는 제약이다. 이는 확실치 않으니 어떤 판단도 부여하지 말고 일단 괄호부터 쳐 두라는 것을 의미한다(김태룡, 2014: 379). 현상학은 인간을 보다 풍부하게 이해할 수 있도록 도와준다. 나아가 인간의 주관적 관념, 의식 및 동기 등의 의미를 이해할 가능성을 제시해 주고, 조직문제를 파악할 때 폭넓은 철학적 사고방식과 준거의 틀을 제시해 줄 수 있다(이종수, 윤영진 외, 2012).

상징적 상호작용론은 사회 구성원 간의 상호작용에서 나타나는 일상적인 현상에 초점을 두어 사회를 파악하고자 한다. 즉, 행위자 간의 상호작용에 담긴 주관적인 동기나 의미를 사회문화 현상의 중요한 요소라고 주장한다. 인간은 상호작용을 할 때, 다양한 상징을 활용한다. 우리가 어떤 사람들의 대화를 듣고 그들이 무엇을 이야기하는지 파악하거나, 교통 신호를 어긴 사람이 경찰관을 보고 놀라는 것은 언어나 제복이 주는 상징의 의미를 이해하고 그에 따라 행동하기 때문이다(김동윤, 2013). 이처럼 상징적 상호작용론에서는 개별 행위자들이 일상생활에서 상호작용한 결과, 사회와 문화 현상이 발생하며, 여기에는 행위자들의 주관적인 의미가 담겨 있다고 본다. 상징적 상호작용론에서 보면 일상생활을 하는 개인이 주관적인 의미를 규정하고 해석하면서 다른 개인들과 상호작용하는 과정에 따라 사회가 유지되거나 변동된다(김문근, 2016).

## 나. 급진적 관점

또 하나의 대안적 관점은 네오 마르크시즘(Neo-Marxism)[1]의 영향하에서 발전한 급진적 관점이다. 급진적 관점은 조직의 비합리적이고 특수한 측면, 주변적이고 소외된 측면에 초점을 맞추어 조직문제를 탐구한다. 이 관점은 해석적 관점과 유사하지만 좀 더 객관적 탐구를 추구한다는 점에서 다르다. 이 대안적 관점의 특징을 Clark 등(1994)은 다음과 같이 요약하고 있다.

---

1) 제2차 세계대전 이후 고전적 마르크시즘 문제에 대한 현대적 답변을 위해 나타난 것이다. 네오 마르크시스트(Neo-Marxist)들은 '자유 마르크스주의자'라는 명칭을 부여할 수 있을 정도로 제도화된 강제하에 있지 않은 상태에서 개인적 관점에서 관찰하는 활동을 해 왔다. 네오 마르크시스트들에게 있어서 좌파 정당이나 단체의 입장은 의미가 없는 것으로서 개인적 입장에서의 견해가 더 결정적 요소가 된다(김동식, 1984: 445). 네오 마르크시즘의 대표적 경향은 Frankfurt학파이다. Frankfurt학파의 대표적 제2세대 학자인 Harbermas의 사회비판이론은 여기에 근거한다(김동식, 1984: 450).

- 인간은 자신의 세계를 스스로 구성하는 적극적인 행위자이다.
- 지식과 권력은 필연적으로 관련되어 있다.
- 사실(facts)은 사회적 맥락에 구속되어 있다. 따라서 사실은 사회적이고 가치개입적인 과정을 통해서만 해석될 수 있다.
- 사회구조와 공식적인 위계는 노출되는 것만큼 또한 은폐되어 있다.

급진적 관점의 대표적 이론들은 포스트모더니즘(post-modernism), 비판이론, 페미니즘(feminism)이다(Hoy & Miskel, 1996: 17-20). 이들 세 이론은 이론적 가정들을 서로 공유하고 있고 전통적인 조직이론들에 대해 의문을 제기하며, 과학적인 사회분석에 비판적이라는 공통점을 가지고 있다.

포스트모더니즘은 모더니즘 사상의 바탕이 되는 이성과 진리, 합리성과 절대성을 비판하고 기존 것들의 해체(deconstruction)와 상대성, 다양성, 탈정당성을 표방한다. 문화비평으로부터 시작된 이 관점은 자아가 이성적 주체라는 생각을 부인하며, 삶의 다양성과 우연성을 그대로 받아들이고 탈정형화를 추구함으로써 부정과 변화를 위한 새로운 사상으로 확산되고 있다. 조직론의 측면에서 이 관점은 해체주의적 방법을 통해 현재의 조직이론과 그 지식 근거를 공격하는 입장을 대표하고 있다(Hoy & Miskel, 1996: 18).

비판이론은 비판을 통해 신비화된 허위의식을 파헤치고 새로운 변화를 모색하려는 경향이다. 조직론에 있어 이 이론은 현대 조직들이 지배계급의 이익을 위해 어떠한 기능을 수행하는지를 드러냄으로써 사회적 실재를 해체하려는 관점을 표방하고 있다. 해체주의적 방법을 통해 현대의 조직이론을 신랄하게 비판한다는 점에서 포스트모더니즘과 맥을 같이하지만, 그 지식기반에 대한 비판을 넘어 인간의 소외와 억압, 불평등을 야기하는 사회구조 및 조직을 변혁하려 한다는 점에서는 서로 다르다(Hoy & Miskel, 1996: 19).

페미니즘(여권론)은 현대의 조직이 순응, 권위에 대한 복종, 충성, 경쟁, 공격성, 효율성 등을 강조하는 남성문화의 산물이며, 그에 편향되어 있다는 점을 비판한다. 이 이론은 현존하는 조직사회를 주어진 것으로 보고 그 사회에서 여성의 역할을 부각시키려는 자유주의적 여권론과 기존의 관료제적 조직을 다른 조직체제로 변혁시키는 것을 목적으로 하는 급진주의적 여권론으로 구분된다(Hoy & Miskel, 1996: 19-

20). 최근에 이 이론은 교육활동과 교직에서의 성차별 등에 관한 심각한 문제를 제기하여 관심을 끌고 있다.

### 다. 새로운 접근들

해석적 관점과 급진적 관점 이후 신과학이 등장하여 패러다임의 새로운 영역을 구축하고 있다. 복잡계이론이 대표적이며, 앞에서 제시한 포스트모더니즘도 그에 포함될 수 있다. 여기에 더하여 신자유주의도 새로운 접근의 하나로 볼 수 있다.

복잡계(complexity system)이론은 조직, 인간, 사회, 경제, 생태계처럼 수많은 행위자로 복잡하게 얽혀 있는 체제의 성질은 그 구성요소인 각 행위자들의 성질들을 단순히 선형적으로 연결해서는 이해할 수 없다는 것이다(최창현, 2005: 50). 복잡계이론에 대한 관심은 1990년대 이후 빠르게 확산되어 왔다. 복잡계에서 말하는 복잡함이란 단순히 복잡하고 난해한 것이 아니라 매우 복잡하지만 일정한 규칙과 질서 있게 존재하는 것을 말한다(강성남, 2016: 331). 복잡계는 여러 구성요소의 상호작용을 통해 구성요소의 특성과는 전혀 다른 특성을 나타내는 전체로서의 특성을 지닌 시스템을 의미한다. 이러한 정의에 근거할 때 복잡계의 특징은 다음과 같다(강성남, 2016: 333-335). 첫째, 복잡계는 상호작용하는 많은 구성요소로 이루어져 있다. 둘째, 복잡계의 구성요소 사이에서 이루어지는 상호작용은 비선형적인 특징을 보인다. 셋째, 복잡계 구성요소의 상호작용에는 피드백 고리(loop)가 형성된다. 넷째, 복잡계는 개방체제라서 체제의 경계를 명확하게 정하는 일이 쉽지 않다. 다섯째, 복잡계를 이루는 구성요소들은 서로 적응하는 상호작용을 통해 영향을 주고받는다. 교육행정체제는 다양한 요소의 상호작용 속에서 발전하기 때문에 복잡계라는 점은 분명하다. 따라서 교육행정체제에 대해 복잡계이론은 의미 있는 시사를 제공할 수 있을 것이다.

신자유주의란 시장에 대한 무한한 믿음을 전제로 시장이 경제문제뿐 아니라 거의 모든 사회문제에서도 최선의 대안이라는 시장만능주의 또는 시장근본주의 이데올로기의 현대적 형태라 할 수 있다(유종일, 2009: 57). 신자유주의는 강력한 사적 소유권, 자유 시장, 자유무역의 특징을 갖는 제도적 틀 내에서 개인의 자유와 기능을 해방하는 것이 최선의 결과를 낳을 것이라는 정치적·경제적 실행에 관한 이론이다(Harvey, 2007: 15).

1980년대 이후 많은 OECD 국가에서 자율, 경쟁, 책무, 선택, 효율성 등의 가치를 강조하는 신자유주의 교육개혁을 추진하면서(Mons, 2006; 박상완, 2015: 232에서 재인용) 도입되기 시작된 신자유주의 교육행정은 1990년 전후로 전 세계에 급속하게 확산되어 지금도 적지 않은 영향력을 미치고 있다. 신자유주의 교육행정은 교육 소비자와 공급자에게 선택과 자유, 수월성이라는 이념적 축을 중심으로 교육의 경쟁을 강조하고 공교육의 시장화를 추구한다. 교육행정의 신자유주의화는 1995년 5·31 교육개혁안을 시작으로 유지·강화되어 왔다. 5·31 개혁안은 교육의 질을 공급자 간의 경쟁을 통하여 담보될 수 있는 것으로 규정하며, 이를 위하여 교사 간, 학교 간 그리고 교육행정기관 간의 경쟁을 강조하였다.

제3장

# 동기론

## 📖 제1절 동기의 개념

조직의 성과는 결국 구성원의 행동에 의해서 달성된다. 높은 성취도를 보이는 학교는 교장, 교사, 학생 등 구성원들이 그렇지 않은 학교와 구별되는 행동을 한다. 그렇다면 이들 학교의 구성원은 왜 다른 학교와 다른 행동을 하는가? 이처럼 인간의 행동에 대하여 가장 빈번하게 제기되는 질문은 '왜'라는 것이다. 왜 어떤 교사는 다른 교사보다 수업 전문성을 키우기 위해서 더 열심히 연수를 받고 대학원 교육까지 받는가? 왜 어떤 교장은 다른 교장보다 더 지역사회와 협력하고 재정지원을 받기 위해서 노력하는가? 이러한 '왜?'라는 질문이 바로 '동기'이다.

동기(motivation)는 사람으로 하여금 어떠한 행동을 하도록 유도하는 요인을 의미한다. 그래서 동기는 "다양한 형태의 자발적인 활동들 가운데 개인적인 선택을 통제하는 과정"(Vroom, 1964: 6)으로 정의되기도 하고, "인간의 행동을 유발하고 그 행동을 유지시키며 그들을 일정한 방향으로 유도하는 과정"(Tiffin & McCormick, 1965: 30)이라고 정의되기도 한다. Johns(1983: 173)는 "동기란 인간이 일을 열심히 하고, 자신의 일을 지속하고, 자신의 행동이 적절한 목표를 지향하도록 지시하는 것의 세 가지를 의미한다."고 하였다. 이처럼 동기는 인간행동의 활성화, 행동의 방향 제시,

행동의 지속 및 유지라는 세 가지 요소를 기본적인 개념으로 포함하고 있다(Steers & Porter, 1979: 3-27). 따라서 동기는 개인의 내부에 존재하는 욕구나 신념 등의 행동을 활성화하는 힘을 통해 개인이 어떠한 형태로 행동하도록 안내하며, 행동의 방향, 즉 목표를 지향하도록 하고, 그 행동을 지속하거나 유지하도록 이끄는 것이다.

그렇다면 개인에게 내재해 있는 욕구(needs), 신념(beliefs), 목표(goals) 등은 어떻게 동기화되어 행동을 유발하고 일정 기간 유지하는 힘을 갖게 되는가? [그림 3-1]은 동기에 대한 기본모형을 종합적으로 정리한 것이다(Hoy & Miskel, 2012). 먼저, 개인의 욕구나 신념은 1차적으로 달성하고자 하는 목표의 구체성과 지속성, 전략과 노력에 영향을 준다. 그리고 목표를 달성하고자 하는 개인의 노력과 능력에 의해서 활동의 성과가 나타나며, 궁극적으로 개인은 그 결과에 만족 또는 불만족하게 된다.

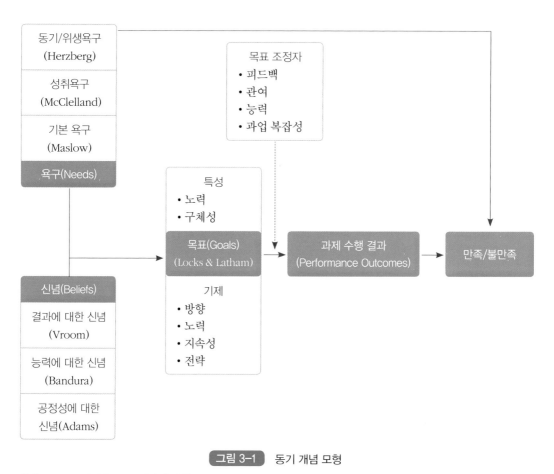

**그림 3-1** 동기 개념 모형

출처: Hoy & Miskel (2013: 139) 수정 보완.

　동기에 대한 이론적 논의를 전개한 학자들은 수없이 많다. 대표적으로 Lunenburg
와 Ornstein(1991)은 그것이 동기의 내용에 관련된 것인지 혹은 과정에 관련된 것
인지에 따라 크게 내용이론과 과정이론으로 구분하였다. 내용이론은 사람들의 행
동을 야기하는 요인들이 무엇인가를 식별하는 데 관심을 가지고 그 요인들을 밝힌
이론이고, 과정이론은 동기의 요인들이 어떤 상호작용 과정을 통해 행동을 유발하
고 유지·강화시키는가에 관심을 가지고 그 과정을 밝힌 이론이다. 한편, Hoy와
Miskel(2012)은 동기를 유발하는 힘을 크게 욕구, 신념, 목표로 구분하고, 동기이론
들을 크게 욕구이론, 신념이론, 목표이론으로 구분하였다. 욕구, 신념, 목표 각각에
기반을 둔 이론의 특성과 대표적인 이론들은 〈표 3-1〉과 같다.

**표 3-1** 동기이론의 유형

| 유형 | 특성 | 대표적인 이론(학자) |
|---|---|---|
| 욕구<br>이론 | 조직에서 일하는 개인들은 항상 자신들의 직무를 수행하는 과정에서 자신의 욕구 충족에 관심을 갖는다. | • 욕구체계론(Maslow)<br>• 동기-위생이론(Hezberg)<br>• 성취욕구론(McClelland) |
| 신념<br>이론 | 개인은 자신의 신념에 따라서 행동한다. 인과관계, 공정성, 지능, 행위의 결과들, 자신의 운명을 통제할 수 있는 능력 등에 대한 개인의 신념이 개인의 행동에 영향을 미친다. | • 결과에 대한 신념: 기대이론(Vroom)<br>• 능력에 대한 신념: 자기효능감이론<br>　(Bandura)<br>• 공정성에 대한 신념: 공정성이론(Adams) |
| 목표<br>이론 | 목표는 개인이 성취하고자 하는 성과를 말하며, 개인은 스스로 정한 또는 외부에 의해서 주어진 목표를 달성하기 위하여 행동을 결정하게 된다. | • 목표설정이론(Locke & Latham) |

## 🗐 제2절 욕구이론

### 1. 욕구체계론

Maslow(1970)는 특별한 순서나 형태에 따라 나타나는 인간 욕구의 다섯 가지 체계를 탐구한 욕구체계론(Need Hierarchy Theory)을 정리하였다. 그 결과, 인간 욕구는 하나의 욕구가 충족되면 위계상의 다음 단계에 있는 다른 욕구가 나타나서 충족을 요구하는 식으로 체계를 이루고 있다는 것이다. 가장 먼저 요구되는 욕구는 다음 단계에서 달성하려는 욕구보다 강하며, 그 욕구가 충분히 만족스럽게 충족되었을 때만 다음 단계의 욕구로 전이되어 그 충족을 요구한다. 이에 따라 Maslow는, 〈표 3-2〉에서 보는 것과 같이, 중요한 순서에 따라 욕구의 단계를 생리적 욕구(physiological needs), 안전 욕구(safety needs), 사회적 욕구(social needs), 존경 욕구(esteem needs), 자아실현 욕구(self-actualization needs)의 순으로 체계적으로 나열하였다.

- **생리적 욕구**: 기아(飢餓)를 면하고 생명 유지를 위한 욕구로서, 가장 기초적인 의식주에 관한 욕구에서 성적 욕구까지를 포함한다.
- **안전 욕구**: 생리적 욕구가 충족된 후에 나타나는 욕구로서, 위험, 위협, 박탈로부터 자신을 보호하고, 불안을 회피하고자 하는 욕구이다.
- **사회적 욕구**: 인간의 사회적이고 사교적인 동료의식을 조성하기 위한 욕구로서, 애정, 귀속, 우정, 사랑 등을 포함한다.
- **존경 욕구**: 자기 존경(self-respect)에 초점을 두고 있으며, 타인으로부터의 인정과 존경을 포함하고 있다. 존경 욕구가 충족되면 자신감(self-confidence), 권위, 권력, 통제 등이 생겨나게 된다.
- **자아실현 욕구**: 계속적인 자기 발전을 위하여 자신의 잠재력을 최대한으로 발휘하는 데 초점을 둔 욕구로서, 전술한 모든 욕구들이 충족되어야만 이 욕구가 생긴다. 자아실현 욕구는 다른 욕구와는 달리 사람에 따라서 각기 다르게 나타난다. 예를 들면, 궁극적인 만족을 위해서 작곡가는 명곡을 창조해야 하고, 미술가는 걸작을 그려야 하며, 교사는 학생을 잘 가르쳐야 하는 것이다.

**표 3-2** Maslow의 욕구체계론

| 욕구 | 일반 요인 | 욕구 수준 | 조직 요인 |
|---|---|---|---|
| 복잡한<br>욕구 | 성장 | 자아실현 욕구<br>(5) | 도전적인 직무 |
| | 성취 | | 조직 내에서의 발전 |
| | 진보 | | 일의 성취 |
| | 자기 존경 | 존경 욕구<br>(4) | 직책 |
| | 타인으로부터의 존경 | | 지위 상징 |
| | 인정 | | 승진 |
| | 애정 | 사회적 욕구<br>(3) | 감독의 질 |
| | 수용 | | 경쟁적인 작업집단 |
| | 친선 | | 전문적인 친선 |
| | 안전 | 안전 욕구<br>(2) | 안전한 근무조건 |
| | 안심 | | 특별급여 |
| | 안정 | | 직업안정 |
| | 물 | 생리적 욕구<br>(1) | 냉·난방시설 |
| 기본적<br>욕구 | 음식 | | 기본급여 |
| | 은신처 | | 근무조건 |

## 2. 동기-위생이론

Herzberg와 그의 동료들은 Maslow의 욕구이론에 근거를 두고 동기-위생이론 (Motivation-Hygiene Theory)을 개발하였다(Herzberg, Mausner, & Snyderman, 1959). 이 이론은 동기와 위생이라는 두 가지 요인에 집중하여 동기이론을 전개하고 있다는 점에서 2요인 이론(two-factor theory) 혹은 이중요인 이론(dual-factor theory)이라고도 한다. 동기-위생이론은 개인 내부에 있는 욕구 에너지보다는 일에 대한 긍정적 혹은 부정적 태도를 유발시키는 요인들에 영향을 주는 작업 환경에 관심의 초점이 있다.

Herzberg 등(1959)은 203명의 회계사와 기술자를 대상으로 '직무에 대하여 즐겁게 느꼈을 때를 생각하고, 그러한 감정을 유발한 조건은 무엇이며, 또 이것이 과업 성과에 어떠한 영향을 미쳤는가?'를 조사하였다. 연구결과, Herzberg는 직무만족에 기여하는 요인과 직무 불만족에 기여하는 요인이 별개로 존재한다는 사실을 발견하였다. 그에 따라 그들은 만족 요인(satisfiers)이 존재할 경우에는 만족하겠지만 부재상태라고 해서 불만족하지 않으며, 불만족 요인(dissatisfiers)이 존재할 경우에는 불만을 갖게 되지만 불만족 요인이 상쇄되었다고 해서 만족에 크게 기여하지 못한다는 결론을 내렸다.

만족 요인은 작업 자체로부터 도출된 내용적·내적 혹은 심리적인 것에 직접적으로 관련된 것들이다. 반면, 불만족 요인은 작업 환경으로부터 도출된 상황적·외적 혹은 물리적인 것에 직접적으로 관련된 것들이다. 또한 만족 요인은 접근 욕구(approach needs)와 관련이 있으며, 불만족 요인은 회피 욕구(avoidance needs)와 관련이 있다(Sergiovanni & Carver, 1973: 71). 그래서 Herzberg는 만족 요인이 심리적 성장에 대한 개인적 욕구를 충족시키므로 이를 동기요인(motivators)이라고 하였고,

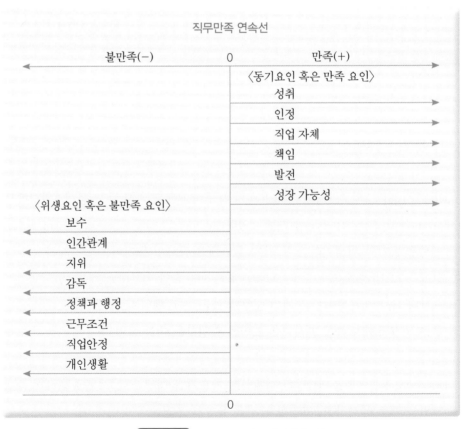

**그림 3-2** Herzberg의 동기-위생요인

불만족 요인은 예방적이고 환경적인 특성을 가지고 있기 때문에 위생요인(hygiene factors)이라고 하였다.

한편, Herzberg는 사람들이 작업에서 나타내는 태도와 행동의 경향을 가지고 동기 추구자(motivation seekers)와 위생 추구자(hygiene seekers)로 구분하였다(Herzberg, 1966: 90). 동기 추구자는 그들의 직업을 주로 성취, 인정, 책임, 발전 등의 측면에서 생각하고, 위생 추구자는 그들의 직업을 주로 보수, 근무조건, 감독, 지위, 직업안정, 사회적 관계 등의 측면에서 생각하는 사람들이다. 이와 같은 인간의 두 가지 경향을 욕구체제와 결부시켜 보면 [그림 3-3]과 같다. 동기 추구자는 욕구체제에서 상위 욕구에 관심의 초점을 두고 있는 반면에 위생 추구자는 하위 욕구에 관심의 초점을 두고 있다.

특히 교육행정 분야에서 Herzberg 동기-위생이론은, 정년이 보장되는 교직사회에서 교원의 지속적인 전문성 개발정책이나 벽지학교 근무 유인정책 등을 기획·운영하는 데 중요한 시사점을 제공한다. 벽지학교에 우수한 교원을 배치하거나 학생을 잘 가르치고자 하는 전문성 개발 유도 정책은 위생요인, 즉 안전한 숙소의 제공이나 수당의 인상 등과 같은 방안으로는 효과적으로 시행되기 어렵다. 교직에 만족하고 잘 가르치고자 하는 욕구는 이들 위생요인, 즉 교직사회 불만족 요인을 제거함과 동시에 추가적인 유인가, 예컨대 교원평가에서 유의미하게 높은 점수의 부여,

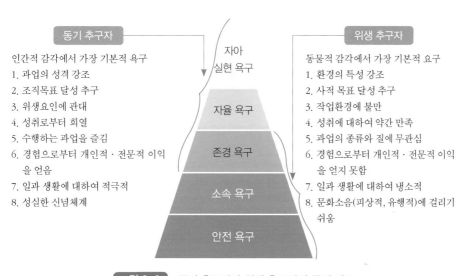

**그림 3-3** 동기 추구자와 위생 추구자의 특성 비교

학습안식년 연수 기회의 확보 등과 같은 다양한 방식의 동기요인 기반 인정정책을 통해서 실현될 수 있다.

## 3. 성취동기이론

성취동기는 Henry Murray(1938)에 의해 처음으로 소개된 인간의 동기 중 하나로서, 어떤 어려운 일을 수행하는 것, 장애를 극복하고 높은 수준에 도달하려는 것, 자기 자신을 초월하는 것, 과업 혹은 과제 수행에 있어 다른 사람과의 경쟁에서 이겨 성공을 추구하려는 인간의 심리특성으로 정의된다(Murray, 1938; 임선아, 강성은, 2013: 576에서 재인용). Murray의 연구 이후 성취동기에 관한 이론은 McClelland, Atkinson, Spence, Helmreich 등 여러 학자에 의해서 수정·발전되었다.

McClelland(1961, 1965, 1985)의 성취동기이론(Achievement Motivation Theory)에 따르면, 어려운 과정을 달성하거나 난관과 장애를 극복하거나 혹은 뛰어나려 하는 것은 모두 성취를 향한 욕구에서 기인한다. Maslow의 고정된 위계적이고 태생적인 욕구와는 다르게, McClelland는 동기는 학습되는 것이고, 행동에 영향을 주는 잠재적 위계로 배열되어 있으며, 사람에 따라 다르다고 보았다(Hoy & Miskel, 2013: 163). 그리고 개인들은 문화공동체에 의해 학습된다. 즉, 성장과 함께 자기 주위의 사물들에 대해 긍정적 감정과 부정적 감정을 관련시키는 법을 배우게 된다. 그런데 해 볼 만한 과업과 같은 성취 상황은 유쾌한 감정을 유발하게 되고 이를 특히 좋아하는 사람인 성취에 대한 동기가 강한 사람은 조그만 성취에 대한 단서만을 가지고도 즐거움에 대한 기대를 활성화시킴으로써 성취동기를 만들 수가 있게 된다(신구범 외, 2003: 238).

McClelland에 따르면 성취동기는 어린 시절부터 학습되며 주로 부모의 양육방법 등에서 영향을 받는다. 자신의 행위가 자신의 성공에 영향을 준다는 것을 아는 아이와 훌륭한 과업 수행을 인식하는 방법을 배운 아이들은 성공하려는 욕구를 가지고 성장할 가능성이 크다. McClelland(1961, 1985)에 따르면 성취동기가 높은 사람은 세 가지 중요한 특성을 가지고 있다(Hoy & Miskel, 2013: 164).

첫째, 성취동기가 높은 사람은 어떤 과업을 수행하거나 문제를 해결하는 데 있어서 개인적으로 책임을 지려는 강한 바람을 가지고 있다. 이러한 사람들은 타인과 함께 일하기보다는 혼자 일하는 경향이 있다. 직무를 수행함에 있어서 타인을 필요로 한다면 이 사람은 우정보다는 능력을 토대로 동료를 선택하는 경향이 있다. 높은 성취동기를 가지고 있는 사람들은 개인적인 책임이 부여되고 그 결과로서 평가받는 상황을 더 선호한다.

둘째, 높은 성취동기를 가진 사람은 적절히 어려운 목표와 중간 정도의 위험수준을 설정하는 경향이 있다. 과업이 너무 어려운 경우에는 성공의 기회와 만족의 확률이 낮은 반면, 쉬운 과업은 누구나 할 수 있는 것이기 때문에 지나치지 않지만 다소 도전감을 줄 것으로 예견되는 상황을 선택하는 경향이 있다.

셋째, 높은 성취동기를 가진 사람은 과업 수행에 대한 강력한 피드백을 원한다. 이들은 자신들이 수행한 과업의 성공여부에 관계없이, 그들이 얼마나 일을 잘했는지를 알고 싶어 하며 또한 결과에 대한 정보를 받고 싶어 한다. 성공과 실패를 구분할 수 없을 경우에는 성취 만족을 가질 기회가 거의 없다.

교사와 학생들이 가지고 있는 성취동기를 이용하는 것도 중요하지만, 성취동기가 없는 교사와 학생들의 성취동기를 개발하는 것은 전혀 다른 또 하나의 도전적 과업이다. 동기를 변화시키는 한 가지 일반적인 전략은 교육과 훈련이다. 성취동기를 함양하기 위한 시도들은 다음과 같은 특징을 가지고 있어야 한다(Hoy & Miskel, 2013: 165).

첫째, 개인이 성공할 수 있는 상황을 조성하고, 둘째, 합리적이고 성취 가능한 목표를 설정하도록 강조하며, 셋째, 과업 수행에 대한 개인적인 책임감을 부여하여 수용하도록 하고, 넷째, 과업 수행에 대한 분명한 피드백 제공한다. 성취동기론자들은 이러한 활동을 반복적으로 조성함으로써 개인의 성취동기는 일련의 훈련과정을 토대로 길러질 수 있다고 보는 것이다.

| 상황 | 목표 | 과업 수행 | 피드백 |
|---|---|---|---|
| 개인이 성공할 수 있는 상황 | 합리적이고 성취 가능한 목표 설정의 강조 | 과업 수행에 대한 개인적인 책임감 부여 | 과업 수행 결과에 대한 분명한 피드백 제공 |

**그림 3-4** 성취동기를 키우기 위한 구성요소와 활동

## 📖 제3절 신념이론

신념(belief)은 세계에 대한 일반적인 이해이며, 개인들이 진실이라고 믿고 있는 것이다. 개인은 결과에 대한 신념(기대이론), 능력에 대한 신념(자기효능감 이론), 공정성에 대한 신념(공정성이론) 등에 따라서 특정 행동방향으로 동기화된다.

### 1. 기대이론

기대이론(Expectancy Theory)은 Vroom에 의하여 발전되고 널리 알려진 것이다. 이 이론은 유인가(valence), 보상기대(instrumentality), 성과기대(expectancy)의 개념을 중심으로 이론의 틀을 구성하였기 때문에 유인가-보상기대-성과기대 이론(VIE theory) 혹은 가치이론(value theory)이라고도 한다(Vroom, 1964; Galbraith & Cummings, 1967: 237-257). 최근 기대이론은 Naylor 등(Naylor, Pritchard, & Ilgen, 1980)에 의하여 확장·발전되었다.

기대이론은 다음과 같은 두 가지 가정에 근거를 두고 있다. 첫째는 인간은 생각하고 추리하며 미래를 예측하는 능력을 사용하여 그들의 조직행동을 결정한다는 것이다. 즉, 사람들은 자신들의 행동이 가져올 결과 혹은 개인적인 보상에 대해 기대했던 가치를 주관적으로 평가한 다음에 어떻게 행동할 것인가를 선택한다는 것이다. 둘째는 개인의 가치와 태도는 역할 기대와 학교문화와 같은 환경적 요소와 상호작용하여 행동에 영향을 준다는 것이다. 기대이론은 [그림 3-5]에 제시된 바와 같이 유인가, 성과기대, 보상기대의 세 가지 기본요소를 토대로 이론적 틀을 구축하였다(Hoy & Miskel, 2013: 157-158).

그림 3-5 　기대이론의 기본모형

- 유인가(목표 매력성): 보상에 대하여 가지는 매력 혹은 인지된 가치이다. 이는 사람들이 자신의 이익을 위해 유익하거나 자신들의 권리에 대해 중요하다고 생각하고 믿는 정도를 말한다. 유인가는 특정 보상에 대한 개인적인 욕망의 강도이다. 그것은 내가 노력에 대한 결과로서 받게 될 보상이 무엇인가에 대한 주관적 인식 혹은 만족 정도라고도 할 수 있다. 예컨대, 능력, 자율, 인정, 성취, 창의성 등은 교육자들에게는 가치 있는 결과이며 높은 수준의 만족감을 준다.
- 성과기대(노력과 성과의 연계): 과업에 관련된 노력이 어떤 수준의 성과를 가져올 것인가에 대한 신념의 강도를 말한다. 성과기대는 내가 열심히 하면 성공할 수 있을까라는 질문으로 표현할 수 있다. 예컨대, 어떤 학생이 열심히 공부하면 성적이 오를 것이라고 믿고 있다면, 그 학생은 높은 성과기대를 가지고 있는 것이다.
- 보상기대(성과와 보상의 연계): 좋은 과업 수행은 주목을 받고 또 보상을 받을 것이라는 지각된 확률이다. 보상기대는 개인들이 수행과 보상 간에 밀접한 관련이 있다고 지각할 때 높다. 그것은 내가 어떤 일을 성공한다면 무엇을 보상으로 받을 것인가라는 질문으로 표현할 수 있다. 예컨대, 어떤 학생이 공부를 열심히 하면 지식을 증대시키거나 특별한 포상을 받을 것이라고 생각한다면, 그 학생은 높은 보상기대를 가지고 있는 것이다.

기대이론을 요약하면 개인의 동기적 힘은 ① 노력을 쏟은 결과로 얻게 될 성취 수준에 대한 인지된 성과기대와, ② 성과로부터 얻게 될 보상에 대한 보상기대 간의 함수이며, 양자는 개인이 느끼고 있는 유인가에 의하여 조정된다. 따라서 가장 큰 동기를 유발할 수 있는 세 가지 요인의 조합은 높은 긍정적 유인가, 높은 성과기대 그리고 높은 보상기대이다(Lunenburg & Ornstein, 1991: 102).

## 2. 자기효능감 이론

자기효능감 이론(Self-Efficacy Theory)은 Bandura(1977)의 사회인지이론에서 발전한 자기도식(self-schema)에 기반을 둔 동기이론의 하나이다. 자기도식은 자신의 능력, 성격, 흥미, 가치관 등에 관한 인지적 구조를 의미한다. 학습자가 자기 스스로에 대해서 어떻게 생각하는가에 따라 행동이 달라질 것이기 때문에, 학습자의 자기도식을 기반으로 한 동기이론이 된다. 한편, 사회인지이론에서는 개인의 지각과 행위 간의 관계를 중재하는 동기요인으로 자기참조적 사고(self-referent thought)를 제시한다. 그리고 Bandura가 제시하는 자기참조적 사고가 바로 자기효능감(self-efficacy)이다. 즉, 개인의 능력에 대한 신념은 행동에 영향을 미처서, 자신이 얼마나 잘할 수 있다고 생각하는가에 따라서 행동의 수준이 결정된다는 것이다.

Bandura(1977, 1986)에 따르면, 자기효능감은 "학습자가 과제 수행에 필요한 행위를 조직하고 실행해 나가는 자신의 능력에 대한 판단"이라고 정의하며, 이것은 학습자가 자신의 효능감에 대한 기대를 어떻게 하느냐 또는 자기 자신의 효능감을 어떻게 보느냐에 대한 인식의 결과이기 때문에 "지각된 효능감(perceived efficacy)" 또는 "자기효능감에 대한 신념 또는 기대(belief or expectation of self-efficacy)"라고 부르기도 한다(김아영, 2004: 6).

자기효능감이론을 교사의 행위에 대한 동기를 설명할 때 적용해 보면, 교사의 수업 전문성 개발 행동이나 학급담임으로서 학생지도 행동은, 첫째, 교사 개인이 교직이 학생의 바람직한 행동 변화를 유도하는 데 실질적으로 영향을 미칠 수 있다는 자기인식과, 둘째, 교사로서 본인이 그러한 행동을 할 수 있다는 신념 두 가지를 가지고 있는지에 영향을 받는다.

자기효능감은 인지적 과정, 동기적 과정, 정서적 과정, 그리고 과제선택 과정의 네 가지 과정을 통해서 영향력을 행사한다(Bandura, 1993; 김아영, 2004: 8-9에서 재인용).

- 인지적 과정: 개인은 특정한 행동이 특정한 결과를 초래하였을 때 그 관계에 대해 재해석을 하는 인지적 과정을 통해 인과관계를 파악하고, 자신의 삶에 영향을 주는 미래의 사건들을 예측하게 된다. 개인의 능력에 대한 인식, 사회적 비교, 피드백, 지각된 통제가능성, 분석적 판단 등이 인지적 과정을 통해 자기효능감에 영향을 준다.
- 동기적 과정: 자기효능감은 목표를 설정하고, 노력을 기울이며, 어려움이 있을 때 끈기를 보이는 정도와 실패 후에 얼마나 대처를 잘 할 것인가와 같은 동기적 과정에 영향을 미친다. 또한 목표 설정을 통해 동기적 과정에 영향을 주기 때문에, 효능감이 높은 사람은 스스로 목표를 설정할 가능성이 크다.

- 정서적 과정: 자기효능감은 위협적인 상황에서 얼마나 스트레스를 받고 우울해 지는가에 영향을 준다. 이러한 정서적 반응은 사고의 본질과 과정을 변화시킴 으로써 행동에 영향을 미칠 수 있다. 자기효능감은 목표의 성취 여부에 따라 변화하고, 자기효능감의 증진이나 저하는 불안 수준에 영향을 미친다.
- 과제선택 과정: 사람은 환경의 선택과 구성을 통해서 자신의 생활을 변화시킬 수 있다. 높은 자기효능감은 유리한 환경을 만들고, 환경에 대처할 수 있게 하 며, 효능감에 대한 판단은 다시 행동과 환경의 선택에 영향을 미친다. 이와 같 이 자기효능감은 과제선택 과정을 통해서 동기, 정서, 행동을 결정하는 데 영향 을 미친다.

한편, 교사효능감은 일반적으로 교사 자신의 수행 능력에 대한 믿음으로 학생 의 학습에 대한 책임감과 효율적인 훈육에 대한 확신을 포함한다. 교사효능감이 높 은 교사는 학생을 가르치는 직무를 중요하고도 의미가 있다고 생각하며, 교사 자신 이 학생의 학습에 긍정적인 영향력을 갖고 있다고 판단하여 개인적인 성취감을 맛 본다. 또한 학교행정가와의 의견 대립이나 다른 도전적이고 모험적인 상황에서 타 협하거나 물러서지 않고 바람직한 방향으로 나아가기 위한 구체적이고 도전적인 목표를 선택한다. 반면, 효능감이 낮은 교사는 학생의 동기에 대해서 비관적인 보 호적 관심을 선호하고, 엄격한 규칙을 제시하고 학급활동을 통제하는 것을 강조하 며, 학생들을 공부하도록 하기 위해서 외적 유인체계나 부정적인 제약을 사용한다 (Bandura, 1997).

교사효능감 모델은 교수능력에 대한 자기인식과 특정 교수 상황에서 요구되는 과업 요건에 대한 신념, 이 두 가지를 토대로 구성되며 동시에 이 두 가지 요소가 길 러지도록 지원한다. 교사들의 교수과업과 개인적 교수능력에 대한 신념은, 일단 안 정화되면 이들 신념을 실현하고자 하는 관련 활동을 하도록 동기화되고, 그 결과 성 취감을 느낄 수 있기 때문에 바람직한 방향으로 행동의 지속성을 유지하도록 할 것 이다. 따라서 교직에 입문하는 초기에 교사들이 강력한 교사효능감 신념을 가질 수 있도록 도와주게 되면, 교직생활 동안 지속적·자율적으로 교직 전문성을 개발하 도록 동기화될 수 있을 것이다.

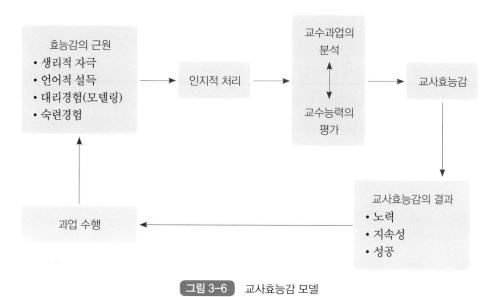

**그림 3-6** 교사효능감 모델

출처: Tschannen-Moran, Hoy, & Hoy (1998); Hoy & Miskel (2013: 185)에서 재인용.

## 3. 공정성이론

많은 동기이론가는 인간의 동기를 설명하기 위해 공정성의 개념을 검토해 왔다. Adams는 동기의 요인으로 공정성의 개념을 검토하여 가장 구체적이고도 적절한 공정성이론(Equity Theory)을 개발하였다(Adams, 1965: 267-299). 이 이론은 기본적으로 사회적 비교이론(social comparison theory)의 하나라고 할 수 있는데, 사회적 비교이론은 한 개인이 타인에 비해 얼마나 공정한 대우를 받고 있다고 느끼는가에 초점을 두고 정립된 이론이다.

사람들은 자신이 수행한 일로부터 받은 성과(outcomes)와 이를 얻기 위해 자신이 투자한 투입(inputs)에 대한 특정한 신념을 갖고 있다. 이때 성과란 과업을 수행한 결과로서 특정인이 받게 되는 보수, 승진, 직업안정, 부가적 혜택, 근무조건, 인정 등을 말한다. 투입이란 과업을 수행하기 위하여 특정인이 기여하는 모든 것을 말하는데, 여기에는 교육, 경험, 능력, 훈련, 개인적 특성, 노력, 태도 등이 포함된다. 대체로 사람들은 이 투입에 대한 성과의 비율이 공평하거나 공정하기를 기대한다. 그래서 사람들은 다음과 같은 자신의 투입-성과의 비율을 타인(예: 동료나 집단)의 투입-성과의 비율과 비교한다.

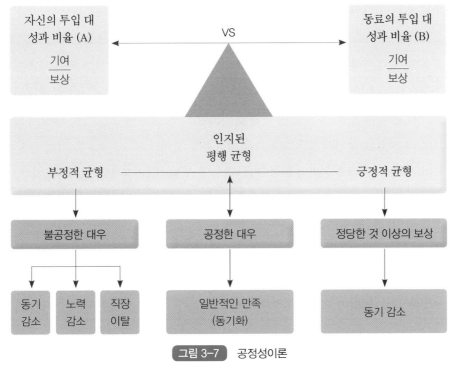

**그림 3-7** 공정성이론

출처: Hoy & Miskel (2013: 175).

이 비율이 동등할 때(A=B) 사람들은 고용자와 공정한 거래를 하고 있다고 느끼게 되며, 직무에 대한 만족을 갖게 된다. 반대로 불공정하다고 느낄 경우(A<B, A>B)에는 직무에 대하여 불만을 갖거나 불안을 갖게 된다. 불공정이 어느 방향으로 되든 간에 불안과 긴장을 유발하게 되는데, 이때 사람들은 긴장을 감축시키고 공정성을 회복하도록 동기화되며, 이를 위하여 대체로 다음 여섯 가지 행동 중 하나를 선택하게 된다(Steers & Porter, 1983).

- 투입 조정: 비교대상과 비교하여 낮은 봉급을 받고 있다고 느끼면 직무에 대한 시간과 노력을 감소시키거나 직무수행의 질을 낮추게 될 것이다. 과대 보상을 받는다고 느끼면 직무수행의 양과 질을 높이게 될 것이다.
- 성과 조정: 노력이나 투입의 증가 없이 보수, 근무조건, 노동시간을 개선할 것을 요구한다.
- 투입과 성과에 대한 인지적 왜곡: 인지적 불협화이론(theory of cognitive dissonance)

에 의하면 개인은 긴장이나 불협화를 감소시키기 위해 양립할 수 없는 지각 중 하나를 수정하려고 노력한다. 만일에 타인이 자신보다 불균형하게 높은 성과를 받을 경우에, 그는 타인이 자신보다 많은 직무 지식이나 지능을 가지고 있는 것으로 추론함으로써 자신의 지각을 왜곡시킨다. 반대로 자신이 불균형하게 많이 받을 경우에는, 그는 자신이 타인보다 많은 경험이나 지식을 가지고 있다고 그 자신을 확신시킴으로써 그를 정당화할 것이다.

- **비교대상의 투입과 성과의 변경**: 비교대상의 투입 또는 성과를 실제적으로 변경하고자 하는 것으로, 비교대상에게 투입을 감소시키도록 압력을 가하거나 조직을 떠나도록 압력을 넣을 수도 있다.
- **비교대상의 변경**: 만일에 자신의 투입-성과 비율이 타인의 그것에 비하여 불공정하다고 느낄 때 그는 공정성을 회복시키기 위하여 비교대상을 변경한다.
- **조직 이탈(퇴직)**: 전보를 요청하여 부서를 옮기거나 조직을 완전히 떠날 수 있다.

노력에 비해 불공정한 대우를 받고 있다고 믿는 사람들은 실제로 그러한 선택을 하는 경우가 많다. 그들은 종종 노력을 감소시키거나 비정상적인 행위를 하고 직장을 떠나려고 시도하기도 한다. 그러나 이 이론은 다음과 같은 한계가 있다(Hoy & Miskel, 2013: 175). 첫째, 공정성에 대한 판단이 주관적이라는 점이다. 공정성은 보는 사람마다 다를 수 있고, 그 판단은 기본적으로 개인이 하기 때문에 일정한 규칙성을 보장할 수 없는 문제가 있다는 것이다. 둘째, 사람들은 마땅히 받아야 할 것 이상을 받는 것보다는 더 적게 받는 것에 민감하다는 점이다. 덜 받는 것보다는 더 받는 것을 합리화하기가 용이하기 때문에 균형적 판단에 문제가 있다는 것이다. 셋째, 공평성과 정의는 많은 사람들에게 중요한 동기가 된다는 점이다. 그것이 중요한 동기요인이 되기 때문에 오히려 공정성을 높이는 방향으로만 행동이 집중되고 불공정 문제의 개선에는 소홀할 수 있다는 문제를 지니고 있는 것이다.

## 📖 제4절 목표이론

### 1. 목표설정이론

목표설정이론(Goal Setting Theory)은 Locke와 그의 동료에 의하여 1968년에 처음으로 목표이론 혹은 목표설정기법이라고 명명된 이래, 동기에 대한 인지적 접근방법의 하나로 널리 알려지게 되었다(Locke, 1968: 157-189; Locke, Cartledge, & Knerr, 1970: 135-139). 처음에는 이것이 하나의 이론으로 출발한 것이 아니었으나, 목표 설정의 중요성을 탐색하는 과정에서 이론적 가치가 확인됨에 따라 체계를 갖추게 된 이론이라고 할 수 있다. 목표설정이론은 점차적으로 목표 관리(MBO), 기획예산제도(PPBS), 경영정보관리는 물론 체제 분석, 전략적 기획 등과 같은 경영기법에 광범하게 적용되어 오면서 매우 인상적인 이론으로 발전하였다.

기대이론과 달리 목표설정이론은 복잡하지가 않고 단순하고 명료하다. 목표는 개인이 의식적으로 성취하려고 하는 것으로, 내용과 강도가 매우 중요한 요인이 된다. 목표의 내용은 하려고 하는 활동이나 얻고자 하는 성과와 관련을 가지며, 목표의 강도는 개인이 목표에 대해서 부여하는 중요성의 정도와 관련을 갖는다. 그래서 이 이론에서는 목표의 내용과 강도가 동기유발을 위한 중요한 기제가 된다.

그렇다면 왜 목표 설정은 과업 수행을 향상시키는가? 연구결과들에 의하면, 목표는 개인의 동기와 과업 수행을 높이는 결정적인 동인이 된다. 목표를 성취하려는 의도가 동기를 형성하는 가장 중요한 동인이 된다는 것이다. 목표는 개인의 정신적·신체적 행동을 지배한다. 구체적으로 말해, 목표는 ① 개인들의 과업에 대한 주의력을 증가시켜 주며, ② 행동에 투입하는 노력을 증진시키고, ③ 일단 목표가 명료하게 확립된 후에는 포기하려는 유혹을 줄여 주기 때문에 지속성을 증대시키며, ④ 구체적인 과업 추진 전략의 개발, 즉 과업을 수행하는 방법을 효율화시킴으로써 동기와 과업 수행력을 증진시키는 기제가 된다. 따라서 성공적인 과업 수행을 위해서는 성공적인 목표 설정이 필요하다.

[그림 3-8]은 목표설정이론을 단순화시킨 것이다. 이 모델에 의하면 행위를 결정하는 인지적 요인에는 가치관(values)과 의도(목표)의 두 가지가 있다. 한 사람의 가

만족과 보다 높은 동기

**그림 3-8** 목표설정이론의 일반 모델

치관은 그에 부합하는 일을 하고 싶어 하는 정서와 욕망을 창조하고, 정서와 욕망
은 어떠한 목표를 설정하도록 한다. 목표는 다시 주의와 행동을 지시하고, 에너지를
동원하며, 보다 높은 노력을 발휘하도록 하고, 지속적인 노력을 증가시킨다. 목표
가 전략을 개발하도록 사람들에게 동기를 유발하는 것이다. 이에 따라 사람들은 목
표를 달성하기 위한 행동을 수행하며, 그 결과로서 성과를 달성한다. 이러한 성과는
피드백을 통해 그 과정 전반에 영향을 준다. 즉, 목표 달성이라는 성과는 만족과 보
다 높은 동기를 가져오지만, 목표가 달성되지 않았을 경우에는 좌절과 보다 낮은 동
기를 가져온다(Locke & Latham, 1990).

Locke의 모델을 요약해서 설명하면, 대부분의 인간행동은 유목적적이며, 행위는
목표와 의도에 의하여 통제되고 유지된다는 것이다. 정신적·신체적 활동에 대한
목표의 가장 기본적인 영향은 생각과 행위를 한쪽 방향으로 지향하도록 지시하는
것이다. 이러한 과정에서 목표는 에너지의 사용도 역시 통제하게 된다는 것이다.

Locke는 목표가 실제 행위 또는 성과를 결정하는 주요 요인임을 강조하고 있으
나, 그 목표가 어떠한 속성을 가져야 하는가에 대해서는 체계적인 해답을 주고 있지
못하다. 이러한 점에서 Steers가 제시한 여섯 가지의 좋은 과업목표의 특징은 참고
할 만하다(Steers, 1984).

- **구체성**: 막연한 목표보다는 구체적인 목표가 성과를 높일 수 있는 행동을 불러
  일으킨다. 구체적인 목표는 목표의 모호성을 감소시켜 주고 행동방향을 명확
  하게 제시해 주기 때문이다.
- **곤란성**: 쉬운 목표보다는 다소 어려운 목표가 동기를 유발시킨다. 도전감이 문

제해결에 많은 노력을 집중하도록 자극하기 때문이다.

- **참여**: 구성원들이 목표 설정 과정에 참여함으로써 성과가 향상될 수 있다.
- **피드백**: 노력에 대하여 피드백이 주어질 때 성과가 올라간다.
- **경쟁**: 동료들 간의 경쟁이 성과를 높일 수 있다. 그러나 지나친 경쟁은 오히려 해가 될 수도 있음을 알아야 한다.
- **수용성**: 일방적으로 강요된 목표보다는 구성원이 자발적으로 수용한 목표가 더 큰 동기를 유발시킬 수 있다.

목표설정이론은 많은 연구로부터 지지를 받고 있다. 그 이유는, 첫째, 어려운 목표라 하더라도 그것이 수용되기만 한다면, 쉬운 목표보다 높은 수준의 과업 수행을 가져온다는 점이다. 둘째, 구체적이고 어려운 목표는 애매하거나 명료하지 않은 목표보다 더 높은 수준의 과업 수행을 가져온다는 점이다. 셋째, 목표는 자신이 선택하거나, 다른 사람과 함께 선택하거나 다른 사람에 의해 부여되거나 하는 근원에 관계없이 강한 동기유발의 요인이 된다는 점이다(Locke & Latham, 1990). 요컨대, 목표설정이론에 따르면, 구체적이고 도전적이며 달성 가능한 목표는 과업 수행 전략의 개발뿐만 아니라 동기를 증대시킬 수 있고, 실제로 동기를 증가시키는 역할을 한다. 또한 목표 성취 과정에서 발생하는 피드백은 주의력, 노력, 지속성을 강화시키고, 나아가 목표 달성 전략을 재정립하고 변경시킬 수 있는 정보를 제공해 준다. 그러한 실증적 연구는 매우 많으며, 우리의 경험을 통해서도 확인할 수 있다.

제4장

# 리더십론

## 📖 제1절 리더십의 개념

리더십(leadership)은 학자나 속인을 막론하고 오랫동안 많은 사람의 깊은 관심을 끌어온 연구주제이다. 그 용어 속에는 무적의 군대를 호령하거나, 대제국을 통치하거나, 혹은 한 국가의 운명을 좌우한 강력하고도 정력적인 인물의 이미지가 담겨 있다. 우리의 역사는 대부분이 군사적 · 정치적 · 종교적 · 사회적 지도자들에 대한 이야기로 구성되어 있고, 우리 문화의 사상적 근원을 설명해 주고 있는 많은 전설과 신화의 내용도 대부분이 용감하고 지혜로운 지도자의 이야기로 점철되어 있다. 오래전부터 이처럼 사람들이 리더십에 대해 매료되어 왔던 것은 그것이 대단히 흥미롭고 신비스러운 과정일 뿐만 아니라, 그에 못지않게 우리 생활에 직 · 간접으로 많은 영향을 미치고 있기 때문이다(Yukl, 1981; 조동섭, 1988: 7에서 재인용).

리더십에 대한 관심은, 물론 정도의 차이는 있지만, 우리 자신도 잘만 하면 영웅이 될 수 있지 않을까 하는 환상에서 비롯되었다고 할 수 있다. 만일 어느 분야에 탁월한 영웅이 있어, 그를 영웅되게 한 속성을 우리가 알고 교육을 통해 그 속성을 기르고 가르칠 수만 있다면, 누구나 그러한 영웅이 될 수 있고, 그리하여 사회는 위대한 품성을 가진 사람들로 가득하게 될 수 있으리라는 그럼직한 신화가 리더십에 대한 호기심의 출발이었던 것이다(조동섭, 1988).

이러한 생각 때문에 리더십은 매우 다양하게 논의되어 왔다. 그래서 리더십에 관한 개념 정의도 리더십을 연구하는 학자들의 수만큼이나 많다고 할 정도로 다양하다. 그러나 그 수많은 연구에도 불구하고 리더십은 여전히 분명하게 정의하기 어려운 개념으로 남아 있다. 리더십에 관한 수많은 정의를 11개 범주로 구분하여 제시하고 있는 Stogdill(1950: 1-14)의 분석은 리더십의 개념이 얼마나 다양한가를 잘 보여 준다. 11개 범주는 ① 집단적 행동의 핵심과정, ② 지도자의 특성과 그 영향, ③ 복종을 유도하는 기술, ④ 영향력 행사, ⑤ 특정한 행동 혹은 행위, ⑥ 설득의 기술, ⑦ 권력 혹은 권위, ⑧ 목표를 성취하는 수단, ⑨ 상호작용의 영향, ⑩ 특정한 분화된 역할, ⑪ 구조와 절차의 창출 등이다.

그렇지만 리더십이라는 용어는 치밀하게 정의할 필요도 없이 이미 조직 연구의 기술적 어휘가 되어 있다. Bennis(1989)가 "리더십은 마치 미인과 같다. 그것은 비록 정의하기는 어렵지만 보면 안다."라고 말한 것처럼, 그것은 이미 일상적인 용어가 되어 있다. 대체로 그 용어에는 ① 직무나 직책의 속성, ② 개인의 특성, ③ 실제 행위라는 세 가지 요소가 포함되어 있고, 상대가 되는 집단이나 개인이 관련되어 있다.

리더십은 지도자뿐만 아니라 추종하는 개인이나 집단을 전제하고 있다. 추종자나 집단이 없으면 지도자는 있을 수 없다. 지도자 위치에 있는 사람일지라도 항상 권력과 영향력을 행사하는 것은 아니며, 어떠한 지위나 상황에서 리더십을 발휘했던 사람이 다른 지위나 상황에서는 리더십을 발휘하지 않는 경우가 종종 있다. 그래서 리더십은 지도자의 위상, 행위, 개인적 특성에만 달려 있는 것이 아니라, 집단과 상황의 특성에 의존하고, 그 내용은 다양할 수밖에 없다.

이렇게 보면 리더십은 그 개념을 명확하게 정의하기는 어렵지만, 아주 불가능하다고 하기도 어렵다. 그런 관점에서 그 내포 개념을 중심으로 리더십의 개념 구조를 정리해 보면 다음과 같다. 첫째, 리더십은 조직목적의 달성을 위해 영향력을 행사하는 집단 과정이다. 둘째, 리더십은 지도자의 특성, 행위, 조직 상황이라는 다양한 요소들의 함수 관계로 나타낼 수 있다. 셋째, 리더십은 두 사람 이상의 관계에서 권력이 불균등하게 배분되어 있는 상태를 전제한다. 그래서 리더십은 집단에 영향력을 발휘할 수 있는 권위를 가지고 있는 지도자와 관련되어 있는 속성이다. 넷째, 지도자(leader)는 고립해서 존재하지 않는다. 리더십은 추종자들(followers)이 영향을 받겠다고 동의하여야 한다는 것을 전제한다. Barnard(1938: 165)가 기술하고 있는 바와 같이 추종자는 지도자의 명령에 기꺼이 복종해야 한다.

## 📔 제2절 지도자 영향력의 근원

리더십은 추종자와 집단에 대한 영향력 과정이라고 할 수 있다. 그러나 지도자와 추종자 간의 영향력 관계는 일방적인 것이 아니다. 지도자가 추종자에게 영향을 주지만 추종자 또한 지도자에게 영향을 주게 된다. 중간층의 지도자인 경우에는 추종자의 영향을 받을 뿐만 아니라 상급자나 동료의 영향을 받게 된다. 일반적으로 상대방의 태도나 행위에 영향을 미치는 능력을 권력(power)이라 한다. French와 Raven(1960)은 근원에 따라 권력의 형태를 다음과 같이 다섯 가지로 구분하고 있다.

- **합법적 권력**(legitimate power): 합법적 권력은 조직의 위계 속에서 지도자의 지위나 역할에 부여된 것이다. 이것은 지도자는 부하에게 영향력을 행사할 수 있는 권리를 가지고 있다고 하는 상호 수락한 인식에 근거를 두고 있다.
- **보상적 권력**(reward power): 지도자는 부하에게 보상을 줄 수 있는 능력을 가지고 있다는 점 때문에 조직 내에서 보상적 권력을 갖게 된다. 권력의 강도는 지도자가 통제할 수 있는 보상의 양과 보상을 바라는 부하의 열망의 강도에 따라 다르다. 보상적 권력의 예로 임금 인상, 승진, 선호하는 직책에의 배치, 칭찬 등이 있다.
- **강압적 권력**(coercive power): 보상적 권력과는 반대되는 것으로서 지도자의 지시에 순종하지 않는 부하를 통제하고 벌을 줄 수 있는 지도자의 능력을 말한다. 강압적 권력의 예로는 강등, 임금동결 혹은 삭감, 징계, 위협 등이 있다.
- **전문적 권력**(expert power): 전문적 권력은 지도자가 가지고 있는, 그리고 집단이 필요로 하는 특별한 능력이나 지식에 근거를 두고 있다. 지도자는 집단에 부과된 과제를 분석하고, 수행하고, 통제할 수 있는 능력을 소유한 것으로 간주된다. 이 권력은 교육, 훈련, 경험에 따라 결정된다.

- **위탁적 권력**(referent power): 지도자 자신의 인성적 강점으로 추종자를 복종하게 만드는 지도자의 능력이다. 어떤 의미에서 이것은 다른 사람으로 하여금 지도자를 존경하고 충성하게 하는 카리스마의 한 형태이다.

이상의 다섯 가지 권력은 리더십과 관련된 영향력의 근원을 모두 포괄한 것으로 보기는 어렵다. 예컨대, 정보 통제권과 같은 영향력의 근원은 포함되지 않고 있는 것이다(Yukl, 1994: 194). 한편, 학자에 따라서는 권력을 크게 지위적 권력(position power)과 개인적 권력(personal power)으로 구분하기도 한다. 지위적 권력에는 합법적 권위, 자원 및 보상 통제권, 징계권, 정보 통제권, 작업 및 작업환경의 조직 통제권 등이 포함되며, 개인적 권력에는 과업 전문성, 우정 및 충성심, 지도자의 카리스마적 특성 등이 포함된다(Bass, 1960; Yukl, 1994: 197-207).

## 📇 제3절 리더 특성론

리더 특성(leader traits)은 수세기 동안 호기심을 돋우는 주제 중의 하나였다. 많은 사람은 아직도 Aristotle이 말한 "출생의 순간부터 사람들은 추종자와 지배자로 운명 지워진다."는 것을 믿고 있다(Aristotle, 1883; Hoy & Miskel, 2012: 221에서 재인용). 이와 같은 소위 리더십의 위인론(great man theory)이나 특성론(traits theory)이 1950년대까지 리더십 연구를 주도하였다. 특성론자들은 지도자적 특성을 구비한 사람과 그렇지 못한 사람의 두 유형으로 구분되어 있는 것으로 이해하고, 지도자가 공통적으로 구비하고 있는 특성을 식별하려고 노력하였다. 즉, 이들은 지도자는 선천적인 지도자적 특성을 지니고 있다고 보고, 지도자가 공통적으로 가지고 있는 특성과 자질을 연구의 대상으로 하였다. Bass(1960: 913)는 리더십을 하나의 공통적 자질로 보고, 모든 상황과 문화에 있어 그와 같은 특성과 자질을 지닌 사람이 지도자가 되며, 또한 지도자들은 모두 그러한 특성이나 자질을 지닌다고 하였다.

Stogdill(1948: 35-71)은 1904년부터 1947년 사이에 수행된 리더 특성에 관한 연구 120개를 검토하여, 리더십과 연관된 인간적 특성을 다음과 같이 5개 범주로 분류하였다.

① 재능(capacity): 지능, 기민성, 언어의 유창성, 독창력, 판단력

② 성취(achievement): 학문, 지식, 운동경기의 성취

③ 책임(responsibility): 신뢰, 솔선, 인내력, 적극성, 자신감, 성취욕

④ 참여(participation): 활동성, 사교성, 협동성, 적응성, 유머

⑤ 지위(status): 사회경제적 위치, 인기

지도자의 특성이나 자질은 학자에 따라 다르나 일반적으로 신장, 인내력, 건강, 용모, 지능, 자신감, 우월감, 판단력 등으로 종합되고 있으며, 이러한 자질을 소유한 자는 지도자가 될 수 있고, 그렇지 못한 자는 지도자가 될 수 없다고 보고 있다. Yukl(1989)은 성공적인 지도자와 연관되어 있는 특성과 기술을 〈표 4-1〉과 같이 요약·제시하였다.

**표 4-1** 성공적인 지도자와 연관된 특성과 기술

| 특성 | 기술 |
|---|---|
| • 상황 적응력 | • 인지적 기술 |
| • 사회적 환경에 대한 민감성 | • 상황파악 능력 |
| • 야망과 성취 지향성 | • 기발한 능력 |
| • 자기주장 능력 | • 사교술 |
| • 협동성 | • 유창한 화술 |
| • 결단성 | • 과업 수행 기술 |
| • 신뢰성 | • 조직력 |
| • 지배욕 | • 설득력 |
| • 정력(높은 활동성) | • 세련된 매너 |
| • 변함 없는 소신 | |
| • 자신감 | |
| • 강한 인내력 | |
| • 책임감 | |

리더십에 대한 특성론적 접근은 오늘날에도 자주 활용되고 있다. 그러나 1970년대 이후 연구들은 Bennis(1982)나 Katz(1974)의 연구와 같이 지도자의 인성적 특성보다는 과업에 관련된 능력에 초점을 두고 있다. Katz(1974: 90-102)는 효과적인 리

더십을 위하여 필요한 기술을 사무 능력(technical skill), 인간관계 능력(human skill), 상황파악 능력(conceptual skill)의 세 가지로 보았다. 여기서 사무 능력은 구체적인 과업을 수행하기 위하여 지식, 방법, 기술을 활용하는 능력을 말하며, 인간관계 능력은 사람들과 함께 사람을 통하여 일을 하는 데 필요한 지도자의 능력과 판단을 말한다. 상황파악 능력은 과업을 전체적으로 조망하고 파악하는 능력을 의미한다. 이와 같은 기술들은 한 조직 내의 직책에 따라서 [그림 4-1]과 같이 각각 달리 요청되고 있다.

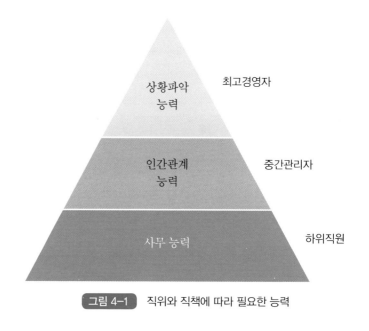

**그림 4-1** 직위와 직책에 따라 필요한 능력

리더십에 대한 특성론적 접근은 리더십 이론의 발전에 많은 기여를 하였지만, 다음과 같은 문제점도 갖고 있다.

첫째, 연구결과에서 제시된 지도자의 특성은 매우 많았고, 어떤 연구결과에서 지도자의 특성으로 규명된 것이 다른 연구결과에서는 그렇지 않은 것으로 나타나는 등 연구의 결과에서 일관성이 결여되었다. 그리고 모든 상황에 적용될 수 있는 지도자의 일반적인 특성은 발견되지 않았다.

둘째, 수많은 연구에도 불구하고 지도자와 추종자를 구별할 수 있는 명확한 특성을 발견하지 못하였다. 지도자에게서 발견된 특성이 추종자들에게도 발견되었다.

셋째, 특성론은 리더십의 효과에 대한 추종자의 특성과 욕구의 영향을 무시하였고, 지도자의 특성들 간의 상대적인 중요도를 제시하지 못하였으며, 과업 환경 등과 같은 상황 요소들을 고려하지 않았다.

## 📖 제4절 리더십 행위론

리더십을 이해하는 또 하나의 방법은 성공적인 지도자가 어떻게 행동하는가를 알기 위하여 효과적인 지도자와 비효과적인 지도자의 행위(leadership behavior)를 비교하는 것이다. 리더십에 관한 접근을 특성론과 행위론으로 양분하는 것은 그렇게 명확한 구분은 아니다. 왜냐하면 지도자의 개인적 특성과 자질은 그의 리더십 행위나 유형에 영향을 미치게 되기 때문이다(Bennis, 1982). 리더십 행위론으로서 광범하게 알려진 연구로는 아이오와 대학, 오하이오 주립대, 미시간 대학 등에서 수행된 것이 있다.

### 1. 아이오와 대학의 연구: 권위적 · 민주적 · 자유방임적 리더십

이 연구는 지도자 행위의 유형을 분류하고 각 유형이 집단의 태도와 생산성에 미치는 영향을 분석한 것이다(Lewin, Lippitt, & White, 1939). 연구팀은 10대의 소년들을 4개의 집단으로 만들어 한 집단은 통제집단으로 하고, 나머지 3개의 집단에 대하여는 교사들로 하여금 각각 권위적 지도자(authoritarian leader), 민주적 지도자(democratic leader), 자유방임적 지도자(laissez-faire leader)를 연출케 하고, 그 영향을 실험하였다. 각 지도자가 연출한 행동 특성은 〈표 4-2〉와 같다.

실험결과는 대체로 다음과 같았다. 리더십의 세 가지 유형 중 민주적 지도자를 가장 선호하였고, 권위적 지도자를 가장 싫어하였다. 권위적 지도자는 공격적인 행동이나 냉담한 행동을 유발하였고, 자유방임적 지도자가 지도한 집단에서는 좌절과 방향감각의 상실, 우유부단한 행동이 관찰되었다. 권위적 지도자의 생산성은 초기에는 급격히 상승하나 시간이 흐름에 따라 급격히 저하되었다.

이 연구는 종래의 리더십 연구와는 달리, 지도자의 행동 유형이 집단 구성원들의

아이오와 대학의 연구에서 각 지도자 행동 유형의 차이

| 행위 | 권위적 지도자 | 민주적 지도자 | 자유방임적 지도자 |
| --- | --- | --- | --- |
| 정책 결정 | 지도자 단독 결정 | 집단적 결정 | 정책 없음(집단이나 개인적 결정에 대하여 완전 자유) |
| 과업기술과 활동 설정 | 지도자 단독 결정 | 지도자 암시–집단 결정 | 개인에 일임 |
| 계획 수립 | 지도자 단독 수행 | 계획 수립에 필요한 전망을 할 수 있도록 충분한 정보를 제공 | 체계적인 계획 수립이 없음 |
| 분업과 과업 할당 | 지도자가 명령 | 집단 결정에 일임 | 지도자가 관여하지 않음 |
| 평가 | 지도자 단독 수행 지도자 개인의 칭찬과 비판 | 객관적 기준에 의한 평가 | 평가 없음(다른 집단 구성원에 의한 임의적 평가) |

태도와 효과성에 미치는 영향을 분석하였으며, 리더십 행동론 접근으로는 효시라고 할 수 있다. 그러나 이 연구는 실험과정에서 주변 환경의 많은 변인을 통제하지 않았고, 미국이라는 제한된 지역에서 어린 아동들을 대상으로 하였으며, 표집의 수도 적었기 때문에 연구결과를 일반화하기에는 무리가 있다는 평가를 받고 있다.

## 2. 오하이오 주립대학의 연구: 구조성과 배려성 차원에 의한 리더십 유형

오하이오 주립대학의 연구는 집단과 조직의 목표를 달성하는 데 효과적인 지도자 행위에 초점을 두었다. 즉, 효과적인 지도자의 행위는 어떤 유형이며, 이 지도자 행위는 작업집단의 성취와 만족에 어떤 영향을 주는가에 관심을 두었다. 연구팀은 다양한 집단의 지도자들을 대상으로 연구하여 지도자 유형을 구분할 수 있는 지도자 행동기술 척도(Leader Behavior Description Questionnaire: LBDQ)를 개발하였다(Hemphill & Coons, 1950).

LBDQ는 지도자의 행동을 기술한 30개의 문항으로 구성되어 있으며, 이 중

15개 문항은 구조성(initiating structure) 차원에 관한 것이며, 나머지는 배려성 (consideration) 차원에 관한 것이다. 질문지는 5단계 척도로 되어 있으며, 응답결과 를 가지고 지도자의 리더십 유형을 구분하도록 되어 있다.

구조성은 지도자가 조직 수행 목표에 초점을 두고, 과업을 조직하고 설정·할당 하며, 과업집단의 성취를 평가하는 정도를 말한다. 따라서 구조성 중심 지도자는 구 성원 각자에게 기대되는 역할을 분명히 하고, 임무를 배정하고, 미리 계획을 세우 고, 일처리 방법과 절차를 확립하며, 결실을 보기 위해 일을 추진한다.

배려성은 지도자가 신뢰, 존경, 온화, 지원, 집단 구성원에 대한 관심을 나타내는 정도를 말한다. 따라서 배려성 중심 지도자는 구성원의 아이디어를 청취하고, 친절 하고, 사람들과 자주 만나며, 모든 직원을 공평하게 취급하고, 피고용자의 아이디어 를 자주 활용한다.

연구팀은 이러한 연구를 통해 [그림 4-2]와 같은 양 차원을 조합한 네 가지 유형 의 리더십을 구분하였다. Halpin(1955)에 의하면 이 네 가지 리더십 유형 중 I 상한 의 리더십 유형(높은 구조성, 높은 배려성)이 가장 효과적인 유형이다. Halpin(1956) 은 또 다른 연구에서 교육감과 공군지휘관에게 LBDQ를 적용하여 비교한 결과, 교 육조직의 지도자는 공군지휘관에 비해 배려성 차원을 보다 강조하고, 구조성 차원 을 덜 강조한다는 사실을 밝혀냈고, 존경을 받지 못하는 지도자의 대부분은 구조성 과 배려성 양 차원에서 모두 평균점 이하라는 사실을 밝혀냈다.

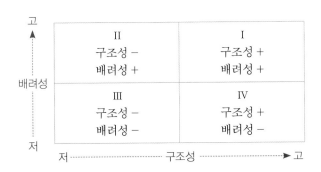

**그림 4-2** 구조성과 배려성 차원에 의한 리더십 유형

## 3. 미시간 대학의 연구: 직무 중심과 종업원 중심 리더십

미시간 대학의 연구자들은 어느 지도자가 효과적이거나 비효과적이라고 평가를 받게 되는지를 구별하기 위한 접근방법을 사용하여, 효과적인 지도자와 비효과적인 지도자를 식별할 수 있는 일관된 행동 양태를 발견하기 위한 시도로서 지도자들의 행위를 연구하였다. 연구결과, 특징적인 리더십은 직무 중심 리더십(job-centered leadership)과 종업원 중심 리더십(employee-centered leadership)의 양 차원으로 확인되었다(Likert, 1961).

직무 중심 지도자의 행동은 구조성 차원이 높은 지도자의 행동과 유사하다. 직무 중심 지도자는 종업원의 과업 수행과 과업 성취를 위한 방법을 강조한다. 또한 이들은 과업의 표준을 엄격하게 설정하고, 과업을 세심하게 조직하며, 종업원이 따라야 할 상세한 작업 방법을 규정하고, 종업원의 작업을 면밀히 조언한다.

종업원 중심 지도자의 행동은 배려성이 높은 지도자의 행동과 대단히 유사하다. 이러한 지도자는 종업원의 개인적인 욕구 충족과 인간관계의 개선을 강조한다. 종업원 중심 지도자는 종업원과 우호적인 관계를 갖는 경향이 있으며, 개인적인 의사결정 대신에 집단 의사결정 방법을 택하고, 높은 성취 목표를 설정하고 구성원들을 격려하며, 구성원들을 세심하고 신중하게 대하려고 노력한다.

Likert(1961)는 구성원들의 만족감과 높은 수행 목표를 지닌 효과적인 작업집단을 만드는 데 최선을 다하는 관리자를 종업원 중심 관리자로 보고, 생산성을 높이기 위해 구성원에게 끊임없이 압력을 가하는 관리자를 직무 중심 관리자로 볼 때 직무 중심 관리자가 있는 부서의 생산성이 떨어지는 것을 발견하였다. 즉, 생산성이 높은 부서의 관리자는 구성원들에게 조직의 목적이 무엇이며, 무엇을 달성하지 않으면

**그림 4-3** 관리자의 리더십과 생산성의 관계

안 된다는 것을 잘 설명한 후에 수행방법을 위임하고 있으며, 이러한 방법이 세밀한 것까지 간섭하는 관리방법보다 생산성을 높인다는 사실을 발견하였다.

## 4. Blake와 Mouton의 관리망 이론

Blake와 Mouton(1985)은 관리망(managerial grid)을 통해 다섯 가지 유형의 리더십을 추출하였다. 그들은 지도자 성향의 양 차원을 생산에 대한 관심(concern for production)과 인간에 대한 관심(concern for poeple)으로 규정하고 [그림 4-4]와 같은 모델을 제시하였다. 관리망에서 81개의 가능한 유형이 나올 수 있으나, 그림에 제시된 다섯 가지 유형이 핵심적인 것이다.

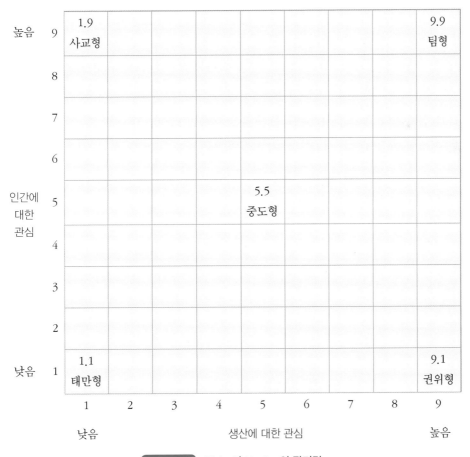

**그림 4-4** Blake과 Mouton의 관리망

- 1.1 태만형(impoverished management): 지도자가 조직에 계속 고용될 수 있을 정도의 최소한으로 요구되는 과업만을 수행한다.
- 9.1 권위형(authority-obedience): 지도자는 권력, 권위, 통제를 통하여 생산을 극대화하는 데 관심을 쏟는다.
- 1.9 사교형(country club management): 지도자는 결과 생산성이 저하되는 일이 있어도 동료 간에, 부하직원 간에 호감을 유지하는 데 주된 강조를 한다.
- 5.5 중도형[middle of the road, 후에 조직인간 경영형(organization-man management)으로 개명]: 지도자는 현상에 순응하고 중도를 유지하거나 그럭저럭 잘해 나가는 데 집중한다.
- 9.9 팀형(team management): 지도자는 집단 구성원의 광범위한 참여를 통하여 양적 · 질적 개선을 하기 위한 목표 중심적 접근방법을 활용한다.

이 이론은 가장 효과적인 지도자는 생산과 인간에 대한 관심이 모두 높다는 가정에서 출발하고 있다. 생산에 대한 관심과 인간에 대한 관심은 '과업 지향'과 '관계 지향', '구조성'과 '배려성', '직무 중심'과 '인화 중심'과 같은 용어를 사용하는 다른 이론들과 유사하다. Yukl에 의하면, 그들은 효과적인 리더십 행동이 되기 위해서는 상황에 적절해야 한다는 생각을 가지고 상황적 측면을 고려할 것을 주장한 것으로 알려져 있다. 그러나 실제로는 그들이 구체적인 상황과 적절한 행동을 연계시키는 어떠한 언급도 특별히 한 적이 없다(Hoy & Miskel, 2012). 상황을 고려하지 않는 리더십 행동에 대한 연구는 일정한 한계가 있다고 할 수 있다.

이를 학교현장에 적용해 보면, 학업보다는 인성에 상대적인 중점을 두게 되는 초등 교장은 5.9형, 인성보다는 학업에 상대적인 중점을 두어야 하는 중등 교장은 9.5형이 어울린다고 볼 수 있다.

## 제5절 상황적 리더십론

모든 상황에 적용될 수 있는 최선의 지도자 특성과 최선의 지도자 행위를 발견하려는 노력은 실패하였다. 현대의 연구자들은 리더십의 발휘는 너무 복잡해서 지도자의 단일 특성이나 행위로 설명하기 어렵다는 사실을 믿게 되었다. 그 대신, 효과적인 리더십 행위는 상황에 따라 다르다는 생각이 널리 인식되었다.

상황적 리더십(contingency leadership) 이론에 의하면 효과적인 리더십은 지도자의 개인적 특성, 지도자의 행위, 리더십 상황의 요인들 간의 상호작용에 의하여 결정된다. 상황적 접근은 효과적인 리더십은 어느 한 가지 요인으로 설명될 수 없다는 전제를 기초로 하고 있다. 따라서 상황적 접근은 지도자의 특성이나 행위의 중요성을 부정하지 않지만, 지도자의 특성이나 행위는 지도자가 리더십을 발휘하는 상황적 맥락 속에서 고려되어야 한다는 것을 강조한다(Lunenburg & Ornstein, 1991).

## 1. Fiedler의 상황론

Fiedler(1967)의 리더십 상황론(contingency theory)에 의하면, 높은 집단 성취를 달성함에 있어서 지도자의 효과는 지도자의 성취체제와 지도자가 상황을 통제하고 영향을 주는 정도에 달려 있다. 상황에는 지도자-구성원 관계, 과업구조, 지도자의 지위 권력의 세 가지 요소가 포함되어 있다. 이 변인들 간의 관계를 나타내면 [그림 4-5]와 같다(Fiedler & Chemers, 1984). 상황의 호의성(situational favorableness)이란 상황이 지도자로 하여금 집단에 대하여 영향력을 발휘할 수 있도록 하는 정도를 의미한다(Fiedler, 1967).

Fiedler(1967)는 리더십 유형을 측정하기 위한 독특한 방법을 개발하였다. 그는 지도자의 '가장 싫어하는 동료 척도(least preferred co-worker scale: LPC)'를 개발하였는데, 이 척도는 16개의 의미 분석(semantic differential) 척도로서 각각 8단계 평정 척도로 되어 있다. 여기서 LPC 점수가 높은 지도자는 과업 수행을 위하여 인간관계를 중시하는 관계 지향형(relationship-motivated)이며, LPC 점수가 낮은 지도자는 과

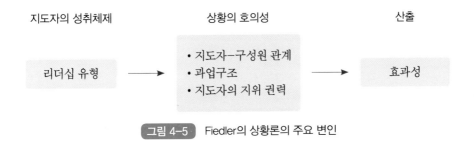

그림 4-5 Fiedler의 상황론의 주요 변인

업 지향형(task-motivated)이라고 하였다. 그의 상황론의 기본 전제는 어떤 상황에서는 관계 지향형 지도자가 보다 효과적이며, 다른 상황에서는 과업 지향형 지도자가 보다 효과적이라는 것이다. 즉, 리더십 유형과 효과성의 관계는 상황적 요소인 지도자-구성원 관계, 과업구조, 지위 권력의 세 가지에 따라 달라진다는 것이다.

지도자-구성원 관계는 지도자와 구성원 간 관계의 질을 말한다. 그것은 지도자가 가지고 있는 구성원에 대한 신뢰, 지도자에 대한 구성원의 존경도 등에 의하여 평가된다. 과업구조는 과업의 특성을 말하는데, 과업이 명확하게 규정되고 수행방법이 체계화되어 있으면 구조화되었다고 하며, 그렇지 않은 경우에는 비구조화되었다고 한다. 과업의 구조성은 ① 목표의 명료도, ② 목표 달성의 복잡성, ③ 수행에 대한 평가의 용이도, ④ 해결책의 다양성의 네 가지에 따라 구분된다. 지위 권력은 지도자가 합법적·보상적·강압적 권력을 가지고 구성원의 행위에 영향을 줄 수 있는 능력을 소유한 정도를 말한다.

이상의 여러 요소를 가지고 Fiedler(1967)는 [그림 4-6]과 같은 여덟 가지 조합을 구성하였다. 이 그림은 과업 지향형 지도자는 지도자의 영향력이 대단히 크거나 작은 극단적인 상황(I, II, III, VIII)하에서 가장 효과적이며, 관계 지향형 지도자는 지도자의 권력과 영향력이 중간 정도인 상황(IV, V, VI, VII)하에서 가장 효과적임을 나타낸다.

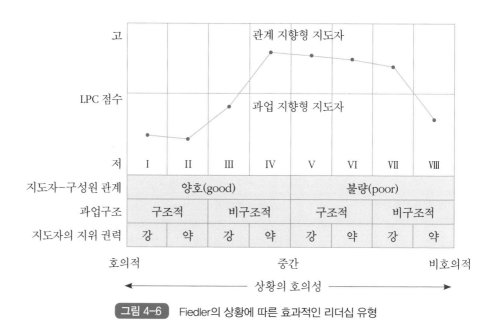

**그림 4-6** Fiedler의 상황에 따른 효과적인 리더십 유형

Fiedler의 상황론에 대한 메타 분석 연구들은 이 모형의 일부를 지지하지 않으나 대체로는 많은 상황에서 지지를 얻고 있다는 결론을 제시하고 있다. 특히 학교조직 상황에서는 이 이론이 학교장의 리더십을 설명하는 효과적인 모형임을 확인하고 있다. 그러나 리더십 척도가 아니라 가장 싫어하는 동료 척도(LPC척도)에 대해서는 여전히 의문시된다는 견해가 많으며, 지도자의 지위 권력이 지도자-구성원 관계에 영향을 미칠 수 있다는 점, 결국 리더십의 유형을 이차원적으로 접근하는 한계를 가진다는 점, 상황의 호의성이 중간 정도일 때 왜 관계 지향형 지도자가 효과적인지를 명확하게 설명하지 못했다는 점 등을 지적하며 전체적으로 부정확하다는 견해가 많다. 그러나 이 이론은 특정한 상황에 부합하는 특정한 리더십 스타일은 무엇인가에 대한 최초의 야심찬 시도였고 아직도 강력한 영향을 주고 있다는 점에 대해서는 모두가 동의하고 있다(Hoy & Miskel, 2005: 392).

## 2. House의 행로-목표이론

행로-목표이론(Path-Goal Theory)은 동기에 대한 기대이론에 근거를 두고 있다. 이는 구성원들이 그들의 과업 목적, 개인 목적, 그리고 목표 달성을 위한 행로를 지각하는 데 있어서 지도자가 어떤 영향을 미치는가에 주된 관심을 둔다.

행로-목표이론은 리더십 행위가 구성원이나 작업환경과 같은 상황적 요인에 의하여 조정된 구성원의 동기, 노력, 수행 등에 미치는 영향을 설명하기 위한 것이다. House의 행로-목표이론은 [그림 4-7]에서와 같이 지도자 행위, 상황적 요인, 구성원의 지각, 효과성의 네 가지 변인으로 구성되어 있다. 지도자가 상황적 요인을 고려하여 목표 달성을 위한 적절한 행로를 제시할 때, 구성원들이 그것을 어떻게 지각하느냐에 따라 효과성이 달라진다는 것을 나타내고 있다.

House(1996)는 이 이론을 지지하는 40~50개의 연구를 토대로 지도자의 행동을 4개에서 10개로 확대하고, 구성원의 동기와 능력, 상황, 과업 특성들을 현대화한 개정된 행로-목표모형을 발전시켰다. 그러나 개정된 이론 모형은 매우 구체적인 명제에 의거한 복잡한 모형들로 이루어져 있다는 문제가 있다. 개정된 모형들을 보다 단순화하여 5개의 지도자 행동으로 구분·정리해 보면 다음과 같다(Hoy & Miskel, 2005: 394-395).

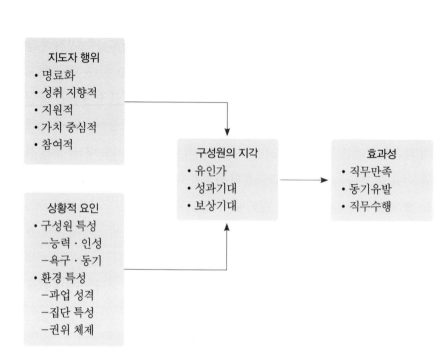

지도자 행위
• 명료화
• 성취 지향적
• 지원적
• 가치 중심적
• 참여적

상황적 요인
• 구성원 특성
　－능력 · 인성
　－욕구 · 동기
• 환경 특성
　－과업 성격
　－집단 특성
　－권위 체제

구성원의 지각
• 유인가
• 성과기대
• 보상기대

효과성
• 직무만족
• 동기유발
• 직무수행

**그림 4-7**    House의 행로–목표이론의 구조

- **명료화 행동**(path-goal clarifying behavior): 과업의 수행 목적, 이행 수단, 수행 기준, 타인의 기대, 상벌 등의 명료화를 통해 구성원의 욕구와 선호를 효과적인 수행과 결부되도록 한다.
- **성취 지향적 지도자 행동**(achievement-oriented leader behavior): 구성원들에게 도전적인 목표를 설정해 주고, 개선을 추구하며, 구성원들이 높은 수준의 성취 목표를 가지도록 자신감을 심어 주는 행동을 한다.
- **지원적 지도자 행동**(supportive leader behavior): 구성원의 복지에 관심을 가지며, 친절하고, 지원적인 직무환경을 조성하며, 구성원의 욕구와 선호를 배려하고 지원한다.
- **가치 중심적 지도자 행동**(value-based leader behavior): 구성원들이 소중히 생각하는 가치에 호소하고, 자기 효능감과 언행일치 행동을 증대시키며, 자신의 가치 기준을 지도자의 비전과 집단의 목적에 기여하는 데 두도록 유도한다.
- **참여적 지도자 행동**(shared leader behavior): 일에 관련된 문제에 관하여 구성원과 상담하고, 그들의 의견을 구하며, 의사결정에서 구성원의 아이디어를 활용하려고 노력한다.

어떠한 지도자도 이러한 행동 모두를 효과적으로 수행할 수 있는 능력을 가지고 있을 것 같지 않다. House(1996)는 이러한 행동 중 자신이 가장 마음 편하게 느끼는 행동을 취하는 사람이 효과적인 지도자가 될 것이라고 주장한다. 이 이론은 아직 실증되지 않았지만, 많은 리더십 연구들과 일치하고 이들을 통합하는 측면이 있다. 그러나 이 이론은 최근 주목받고 있는 비공식적 리더십, 지도자의 정치적 행동, 조직 내 행정가들 혹은 구성원들의 수준에 영향을 주는 리더십 혹은 변화를 위한 리더십 등을 취급하고 있지 않다는 점에서 일정한 한계를 지니고 있다.

## 3. 삼차원 리더십 유형

Reddin(1970)은 학교행정가가 활용할 수 있는 리더십 유형을 구분하기 위한 삼차원 리더십 유형(Tri-Dimensional Leadership Style)을 개발하였다. 그는 오하이오 주립대학의 연구에서 제시한 리더십의 구조성 차원과 배려성 차원에다 효과성 차원을 추가함으로써, 리더십 유형과 특수한 환경적·상황적 요구를 통합하려고 시도하였다. 그래서 [그림 4-8]에 제시된 바와 같이, 특정한 지도자 유형이 상황에 적절할 경우에는 효과적이고, 지도자 유형이 상황에 부적절할 경우에는 비효과적이라는 모

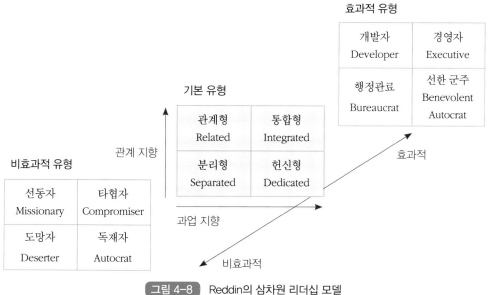

**그림 4-8** Reddin의 삼차원 리더십 모델

델을 제시한 것이다. 모델의 중간 부분은 기본적인 리더십 유형을 나타내는데, 여기에는 관계형, 통합형, 분리형, 헌신형의 네 가지가 있다. 이 네 가지 기본적인 리더십 유형은 상황에 따라 효과적일 수도 있고 비효과적일 수도 있다는 것이 Reddin의 기본 전제이다.

따라서 리더십 유형은 효과적인 유형 네 가지와 비효과적인 유형 네 가지를 각각 상정해 볼 수 있다. 여기서 효과성은 지도자가 그의 역할에 요구되는 산출을 달성하는 성공의 정도를 의미한다. 그러나 보다 효과적인 유형과 덜 효과적인 유형 간의 구분은 지도자의 행동이 과업에 관심을 두느냐 혹은 인간에 관심을 두느냐가 아니라 기본적 유형이 상황에 적절히 부합하느냐 아니냐에 달려 있다. Reddin은 리더십 유형에 영향을 주는 상황적 요소로서 ① 과업 수행 방법과 관련된 기술(technology), ② 조직 행동에 영향을 주는 조직 철학(organization philosophy), ③ 상급자(superior) ④ 동료(co-workers), ⑤ 구성원(subordinates)의 다섯 가지를 들고 있다(Hoy & Miskel, 1982: 254-258). 〈표 4-3〉은 여덟 가지 리더십 유형의 특징을 요약·제시하고 있다.

표 4-3  효과성과 결합된 네 가지의 기본적 리더십 유형

| 지도자 유형 | 보다 효과적 | 보다 비효과적 |
|---|---|---|
| 통합형 | • 경영자<br>부하직원에게 동기를 부여하고, 높은 표준을 설정하며, 개인차에 관심을 두고 팀 접근방법을 선호하는 자 | • 타협자<br>부당한 압력에도 지나치게 영향을 받는 보잘것없는 의사결정자. 제약과 문제에 너무 쉽게 굴복하는 자 |
| 분리형 | • 행정관료<br>공명정대하고, 규칙과 규정을 성실하게 수행하는 자 | • 도망자<br>무관심하고, 때로는 남의 일에 간섭하며, 책임을 포기하는 자 |
| 헌신형 | • 선한 군주<br>해야 할 일을 알고, 적개심을 유발하지 않으면서 그것을 효율적으로 하는 역동적이고 적극적인 추진자 | • 독재자<br>무감각하고 고압적이고 완고하며 타인을 불신하며, 단지 현안 문제에만 관심을 가진 자 |
| 관계형 | • 개발자<br>타인을 신뢰하는 온화한 인간이며, 타인의 개인적 발전에 관심을 가진 자 | • 선동자<br>기본적으로 조화에 관심을 두나, 조직이 목적 없이 표류하는 동안에도 선의만을 떠드는 자 |

이 이론에 대해, 효과적인 지도자 행동에 부합하는 '적절한' 상황이 무엇인지에 대해 잘 알려 주지 못하고 있다는 비판이 있다. 효과성을 최대한 달성하기 위해 상황에 부합하는 리더십 유형을 결정하는 것은 지도자의 인식에 의존하고 있기 때문이다. 그래서 이 이론은 경영 훈련 세미나를 위하여 흥미 있는 틀을 제공하고 있기는 하지만, 아직 검증되지 않은 측면이 많다고 말한다. 효과성을 극대화하기 위해 구체적인 상황과 특수한 행동 유형을 결합시키는 문제는 대단히 복잡하기 때문이다.

## 4. Hersey와 Blanchard의 상황적 리더십 유형

Hersey와 Blanchard(1988)는 여러 가지 리더십 이론을 확장하여 상황적 리더십 모형을 개발하였다. 그들은 우선 오하이오 주립대학의 연구 등 선행 연구들을 검토하여 지도자 행동을 과업 중심 행동(task behavior)과 관계 중심 행동(relationship behavior)의 두 가지로 구분하였다.

- **과업 중심 행동**: 지도자는 부하직원들에게 무슨 과업을 언제, 어떻게 수행해야 할 것인가를 설명함으로써 일방적인 의사소통에 전념한다.
- **관계 중심 행동**: 지도자는 사회 · 정서적인 지원, 즉 '심리적 위로(psychological strokes)'를 제공하고 일을 촉진하는 행동을 함으로써 쌍방 의사소통에 전념한다.

그들은 이러한 행동이 어떠한 상황에 적합한지를 검토하였다. 지도자 행동의 효과성에 영향을 주는 상황을 구성원의 성숙도로 보고 이를 그들의 모델에 통합시켰다. 구성원의 성숙도는 직무 성숙도(job maturity)와 심리적 성숙도(psychological maturity)의 두 가지로 구분될 수 있다. 직무 성숙도는 교육과 경험에 의하여 영향을 받게 되는 개인적 직무수행 능력을 말하며, 심리적 성숙도는 성취욕구와 책임을 지려는 의지를 반영한 개인적 동기 수준을 의미한다. 이 모델에서 구성원의 성숙도는 이 두 가지 성숙도를 모두 포함하고 있다.

Hersey와 Blanchard(1988)는 지도자 행동과 구성원의 성숙도를 조합하여 [그림 4-9]와 같은 상황적 리더십 모델을 개발하였다. 이 모델에서 리더십의 효과성을 좌우하는 것은 상황과 적절한 리더십 유형의 결합에 의해 나타난다. 기본적인 지도자 행동은 지시형(directing), 지도형(coaching), 지원형(supporting), 위임형(delegating)이다.

- **지시형**: 높은 과업 중심 행동, 낮은 관계 중심 행동을 보이는 유형으로, 구성원의 동기와 능력이 낮을 때 효과적이다.
- **지도형**: 높은 과업 중심 행동, 높은 관계 중심 행동을 보이는 유형으로, 구성원이 적절한 동기를 갖되 낮은 능력을 갖고 있는 경우에 효과적이다.
- **지원형**: 낮은 과업 중심 행동, 높은 관계 중심 행동을 보이는 유형으로, 구성원이 적절한 능력을 갖되 낮은 동기를 갖고 있는 경우에 효과적이다.
- **위임형**: 낮은 과업 중심 행동, 낮은 관계 중심 행동을 보이는 유형으로, 구성원이 높은 능력과 동기를 갖고 있는 경우에 효과적이다.

[그림 4-9]에 제시된 바와 같이, 구성원이 낮은 동기와 능력을 가지고 있을 때 (M1), 지도자는 집단 구성원의 역할을 규정하고, 행동을 지시하는 행동(Q1)을 보

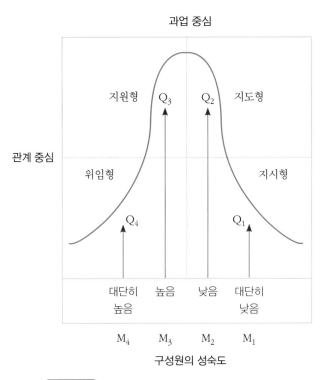

**그림 4-9** Hersey와 Blanchard의 상황적 리더십 모형

이는 것이 효과적이다. 반면, 구성원이 능력은 낮으나 높은 동기를 가지고 있을 때 (M2), 지도자는 약간의 방향을 제시하되 구성원들이 지도자의 결정과 방향을 수용 하는 지도적 행동(Q2)을 보이는 것이 효과적이다. 또 구성원들이 높은 능력은 가지 고 있으나 낮은 동기를 갖고 있을 때(M3), 지도자 주도의 방향 제시는 불필요하되 집단 구성원들이 동기화될 수 있도록 의사결정에 참여시키는 행동(Q3)을 하는 것이 좋다. 반면, 구성원들이 높은 능력과 높은 동기를 가지고 있을 때(M4), 지도자는 집 단 구성원들에게 과업을 위임함으로써 집단에 대한 신뢰를 나타내는 행동(Q4)을 하 는 것이 바람직하다.

## 📇 제6절 새로운 리더십론

리더십 이론은 리더십 특성론, 리더십 행위론, 상황적 리더십론을 거치며, 많은 발전을 이룩하였다. 최근에는 이러한 이론들을 수정·보완한 다양한 이론이 나타 나고 있으며, 새로운 연구와 발상을 통해 이전의 이론과는 다른 차원의 리더십 이론 들이 발전되고 있다. 여기서는 그들 중 최근에 새롭게 부각되고 있는 리더십 대용 상황 모형, 변혁적 리더십, 카리스마적 리더십, 슈퍼 리더십, 기타 새로운 다양한 리 더십 이론 등을 간략하게 소개한다.

### 1. 리더십 대용 상황 모형

상황적 리더십 이론은 리더십이 상황에 의존하기는 하지만 여전히 공식적 리더 십이 필요하고 중요하다는 점을 가정하고 있다. Kerr와 Jermier(1978)는 이러한 가 정에 의문을 제기하고 지도자의 리더십을 대체하거나 억제하는 리더십 대용 상황 모형(Substitutes for Leadership Model)[1]을 개발하였다.

기존의 상황적 리더십 이론을 구성하고 있는 기본 틀은 지도자 행동, 상황, 효과 성(결과)의 개념이다. 여기서 상황은 크게 두 가지 상황으로 구분할 수 있는데, 하나

---

[1] 흔히 직역하여 리더십 대체 모형이라고도 한다.

는 대용(substitute) 상황이고, 다른 하나는 억제(neutralizer) 상황이다. 여기서 대용 상황은 지도자의 행동을 불필요하게 만들고 때때로 과다하게 만드는 사람 혹은 사물 등과 관련된 상황들이다. 다시 말해, 대용 상황은 구성원의 태도, 지각, 행동에 영향을 미치는 지도자의 능력을 대신하거나 감소시키는 상황적 측면들을 말한다. 반면, 억제 상황은 지도자의 행동을 대체하는 것이 아니라 지도자가 특정한 방식으로 행동하는 것을 못하게 하거나 지도자 행동의 영향력을 무력화시키는 상황적 측면들을 말한다. 예를 들어, 우수한 교사를 보상할 수 있는 권력을 가지고 있지 못한 것은 학교장의 지도자 행동을 제약하는 상황적 조건인 반면, 학교장이 제공하는 인센티브에 대해 교사들이 무관심한 것은 학교장의 행동을 무력화시키는 상황적 조건이다(Hoy & Miskel, 2005: 392).

Kerr와 Jermier(1978)는 리더십 대용 상황으로 작용할 수 있는 상황 변인을 구성원의 특성, 과업의 특성, 조직의 특성 세 가지로 구분하고 있다. 구성원의 특성은 구성원의 능력, 훈련, 경험과 지식, 전문 지향성, 보상에 대한 무관심 등이며, 과업의 특성은 구조화된 일상적 과업, 내재적 만족을 주는 과업, 과업에 의해 제공하는 피드백 등이고, 조직의 특성은 역할과 절차의 공식화, 규정과 정책의 신축성, 작업집단의 응집력, 행정가와 구성원 사이의 공간적 거리 등이다.

리더십 대용 상황 모형은 과업 수행이 지도자가 가지고 있는 그 어떤 것에 의존하지 않고 구성원, 과업, 조직 특성 등에 달려 있다는 점을 강조한다. 예컨대, 구성원들이 높은 능력과 경험 그리고 식견을 가지고 있고, 수행 절차가 분명하고 일상적으로 수행하는 과업일 경우에는 지도자의 리더십이 거의 필요가 없을 것이다. 그렇지만 Kerr와 Jermier(1978)는 이러한 것들을 극단적으로 보지 않고, 어떤 상황에서는 지도자 행동의 영향력을 대용하거나 무력화하는 것들이 있고, 다른 상황에서는 지도자 행동의 영향력을 대용하거나 무력화하는 것들이 존재하지 않는다는 점을 분명히 하고 있다.

요컨대, 이 이론은 지도자의 행동이 어떤 상황에서는 중요한 영향을 주는 데 반해, 다른 상황에서는 왜 아무런 영향을 주지 못하는지를 이해하는 데 많은 도움을 주고 있다(Podskoff, Niehoff, McKenzie, & Williams, 2000: 1-44). 비록 이 모형을 검증하려는 최근의 연구들이 이 이론을 특별히 지지하지는 않지만, 구성원의 태도, 행동, 역할 지각 등이 어떻게 결정되는지를 이해하기 위해서는 지도자 행동과 그 대용 상황을 다 같이 고려하는 것이 필요하다는 점을 제시하고 있기 때문에 큰 유용성을 가지고 있으며, 앞으로도 큰 주목을 받을 수 있는 중요한 모형임에는 틀림없다.

## 2. 변혁적 리더십 이론

상황적 리더십론은 리더십이 효과를 발휘하기 위해서는 상황이 중요하게 개입된다는 점을 전제하고 있다. 그래서 리더십을 발휘할 수 있는 적절한 상황 속에서만 지도자의 특성과 행동이 리더십의 효과를 극대화할 수 있고, 그렇지 않은 상황 속에서는 아무리 탁월한 지도자의 특성과 행동도 그 효과를 발휘할 수 없다는 점을 강조한다.

그렇지만 지도자는 상황에 부합하는 방식으로만 리더십을 발휘하는 것이 아니며 또 그렇게만 해서도 안 된다. 지도자는 단순히 상황에 부합하는 방식으로 조직을 관리하거나 경영하기보다는 자신의 특성과 행동스타일에 부합하도록 상황을 만들어 내고, 그를 통해 조직의 효과성을 이끌어 내야만 한다. 다시 말해, 지도자는 단순히 상황에 부합되는 특성을 지니고 그에 맞는 적절한 행동을 해 나가는 것이 아니라, 자신의 특성과 행동스타일에 맞도록 상황 자체를 변혁하고 개선해 나가는 것이 더 중요하고 필요하다는 것이다(조동섭, 2002: 12). 이러한 생각에서 발전한 리더십 이론이 변혁적 리더십 이론이라고 할 수 있다.

변혁적 리더십(transformational leadership) 이론은 Bass(1985)에 의해 발전되었다. 그는 거래적 정치지도자와 변혁적 정치지도자에 대한 Burns(1978)의 아이디어를 토대로 이 이론을 발전시켰는데, 전자는 봉사와 그 대가로서의 보상을 상호 교환함으로써 구성원을 동기화시키는 반면, 후자는 단순히 수행의 대가로 어떤 인센티브를 교환하는 것을 넘어 구성원들로 하여금 조직목적에 헌신하도록 하고, 의식과 능력 향상을 격려함으로써 자신과 타인의 발전에 보다 큰 책임을 가지고 조직을 변혁하고 높은 성취를 이루도록 유도한다.

Bass(1998)는 리더십의 종류를 크게 자유방임형 리더십, 거래적 리더십, 변혁적 리더십으로 구분하였다. 이러한 세 유형의 리더십은 변하지 않았지만, 세 유형을 구성하는 요소나 요인들은 변화해 왔다(Avolio, Bass, & Jung, 1999). 자유방임형 리더십의 특징은 추종자와 별다른 거래활동이 없다는 데 있다(Bass, 1998). 거래적 지도자는 업무에 대해 보상을 교환함으로써 추종자들을 동기화시킨다(Bass, 1985). 반면, 변혁적 리더십은 거래적 리더십이 확장된 것으로서 단순한 상호 교환과 합의를 뛰어넘는 리더십이다. 변혁적 리더는 진취적이며, 영감적 집단이익에 대한 부하직원들의 인식 수준을 높이고, 부하들이 높은 성과를 달성할 수 있도록 도와준다(Hoy & Miskel, 2012).

변혁적 리더십 이론은 4개의 'I'를 조합한 네 가지 개념을 토대로 이루어져 있다(Antonakis, Avolio, & Sivasubramaniam, 2003). 첫째는 이상적 영향력(idealized influence)이다. 이는 지도자가 ① 높은 기준의 윤리적 · 도덕적 행위를 보이고, ② 목표 수행과정에서 발생하는 위험을 구성원과 함께 분담하며, ③ 자신보다는 타인의 욕구를 배려하고, ④ 개인의 이익이 아니라 조직의 이익을 위해 행동하는 것을 토대로 존경과 신뢰를 받고 칭송을 얻는 것이다. 둘째는 영감적 동기화(inspirational motivation)이다. 이는 조직의 미래와 비전을 창출하는 데 사람들을 참여시키고, 구성원들이 바라는 기대를 분명하게 전달함으로써 조직의 문제들을 해결할 수 있고 조직이 발전할 수 있다고 믿도록 구성원들의 동기를 변화시킴으로써 단체정신, 낙관주의, 열성과 헌신 등을 이끌어 내는 것이다. 셋째는 지적인 자극(intellectual stimulation)이다. 이는 일상적인 생각들에 대해 의문을 제기하고 문제들을 재구조화하며 종래의 상황을 새로운 방식으로 접근함으로써 구성원들이 혁신적이고 창의적이 되도록 유도하는 것을 말한다. 넷째는 개별적인 배려(individualized consideration)이다. 이는 성취하고 성장하려는 개개인의 욕구에 특별한 관심을 보임으로써 새로운 학습기회를 만들어 구성원들이 잠재력을 개발하고 자신의 개인적 발전을 모색하며, 그에 대해 책임을 지도록 하는 것이다(Hoy & Miskel, 2005: 397-399).

변혁적 리더십은 사람들이 이상적인 지도자의 특성으로 마음속에 그리고 있는 리더십과 가깝다. 변혁적 지도자는 단순히 거래적 행동으로 시간을 소비하는 것이 아니라 구성원들의 기대와 동기를 지속적으로 자극하여 높은 수행과 발전을 유도한다. 실제로 이 리더십은 많은 연구에서 거래적 리더십보다는 효과적이라는 사실이 증명되고 있다. 그러나 이 이론은 상황의 중요성을 경시했다는 비판을 받고 있다. Bass(1985)도 인정했듯이, 이 이론은 위기 상황을 매우 중요한 것으로 인식하고 있다. 그러나 조직 상황은 항상 위기 상황에 노출되어 있는 것이 아니다. 그래서

Yukl(1999)은 이 모형이 지도자와 구성원의 관계에 초점을 둔 것은 너무 협소하므로 조직 차원의 영향력 과정을 좀 더 광범하게 고려해야 하며, 리더십을 제한하고 촉진하는 상황적 변인들을 좀 더 강화하는 방향으로 개선이 필요하다는 점을 지적하고 있다.

## 3. 카리스마적 리더십 이론

카리스마(charisma)는 본래 기독교적 용어로 '은혜' '무상의 선물'이라는 뜻이다. Weber는 이 말의 원뜻을 확대하여 사회과학의 개념으로 확립시켰다. 즉, 보통의 인간과는 다른 초자연적·초인간적 재능이나 힘을 이렇게 지칭하여 절대적인 신앙을 토대로 맺어지는 지배와 복종 관계를 카리스마적 지배라고 명명하여 하나의 지배 형태로 개념화하였다. 이는 법률에 따른 지배(합법적 지배)나 관습에 따른 지배(전통적 지배)와는 달리 어디까지나 카리스마의 소유자에 대한 개인적인 절대적 신앙을 바탕으로 하고 있다.

카리스마적 리더십은 이러한 Weber의 생각에 기반을 두고 있다. 즉, 탁월한 비전, 가능성 있는 해결책, 압도하는 인간적 매력을 소유한 지도자가 구성원의 헌신적인 복종과 충성을 바탕으로 나타내는 강력한 영향력을 카리스마적 리더십으로 본 것이다. 이러한 리더십에 대한 연구는 최근 House 등에 의해 정교하게 발전되었다.

House와 Howell은 카리스마적 지도자의 인성 특성을 다음과 같이 제시한다. 즉, 그러한 지도자는 ① 성취 지향성, ② 창의성과 혁신성, ③ 높은 열정과 참여, ④ 자신감, ⑤ 높은 사회적 욕구, ⑥ 높은 수준의 업무 참여와 모험 성향, ⑦ 민감성과 배려심을 지니고 있다. 그렇지만 그러한 것만이 카리스마적 리더십을 형성하는 것이 아니다. 카리스마는 다른 사람들의 신념, 가치, 행동, 그리고 수행에 강력한 영향력을 행사하고 확산시키는 지도자의 능력을 말한다. 따라서 카리스마적 리더십은 카리스마적 특성을 가진 지도자와 그에 영향을 받는 구성원의 관계에서 나오는 것으로 보고 있다. 이에 따라 카리스마적 지도자는 지도자가 성공하고 있고 능력을 가지고 있다는 느낌을 구성원 사이에 불러일으키는 행동을 한다. 그러한 행동에는 다음과 같은 것들이 있다(Hoy & Miskel, 2001).

- 미래의 비전 제시
- 인상 관리
- 자기 희생
- 개인적인 모험 감수
- 구성원들이 모방할 행동 모형의 제시
- 탈인습적인 행동
- 권력의 분담

이러한 행동들은 집단의 과업 수행과 관련된 강한 동기를 유발한다. 예컨대, 마음을 사로잡는 미래 비전의 제시는 업무수행의 의미를 부가해 주고, 구성원들에게 열정과 자극을 일으킨다. 또한 인상 관리는 지도자가 내린 결정에 대한 신뢰를 증대시키고 구성원들의 자발적인 충성을 증대시킨다. 이러한 행동들을 통해 지도자는 구성원들의 욕구, 가치, 선호, 포부를 개인 차원의 관심에서 집단 차원의 관심으로 바꾸어 놓으며, 구성원들이 지도자의 비전에 전념하게 하고, 기대 이상의 수행 성과를 이끌게 된다.

이 리더십 이론은 위기, 격동, 변화 요구가 높은 조직 상황에서 큰 효과를 발휘할 수 있고, 일부 지도자들이 구성원들에게 미치는 특별한 영향력을 효과적으로 설명하는 장점이 있다. 그러나 이 이론도 역시 지도자와 구성원의 관계에 과도하게 초점이 맞추어져 있고, 리더십을 제한하고 촉진하는 상황적 변인들이 무시되거나 간과했다는 비판을 받고 있다(Yukl, 1999).

## 4. 슈퍼 리더십 이론

슈퍼 리더십(Super leadership)[2]은 Manz와 Sims(1989)에 의해 제안되었다. 조직이 공식적인 권력과 권위, 그리고 간섭과 통제라는 전통적 방식에 의해 관리되기 때문에 비효과적이라는 전제하에 구성원들의 자발적인 리더십을 개발하여 활용하는 새

---

2) 초우량 리더십이라고 번역하기도 하며, 구성원에 초점을 맞추어 셀프 리더십(self-leadership)을 이끌어 내는 리더십이다.

로운 방식의 슈퍼 리더십을 토대로 한 조직 관리 방식을 제안한 것이다.

이 이론은 지도자만의 독특한 특성이나 능력보다는 구성원들이 스스로 지도자로서의 능력을 개발·활용할 수 있도록 하는 지도자의 능력에 초점을 맞추고 있다. 생산적인 구성원은 외적인 통제에 의해서보다는 주체적이고 자기주도적인 내적 통제에 의해 과업을 수행하고 그 과업에서 성공을 거두는 사람들이다. 따라서 슈퍼 리더십을 발휘하는 지도자는 조직의 모든 구성원들이 스스로 셀프 리더십을 개발하고 이를 통해 조직의 과업 수행을 효율화하고 조직의 생산성을 제고하는 방향으로 일할 수 있도록 역량을 발휘한다.

요컨대, 슈퍼 리더십은 조직 구성원 각자가 스스로를 통제하고 자신의 삶에 진정한 주인이 될 수 있도록 셀프 리더십을 계발하는 데 중점을 두는 리더십 개념이라고 할 수 있다. 이때 셀프 리더십은 조직 구성원 개개인이 자율성을 발휘하게 되는 것을 의미하며, 슈퍼 리더십은 지도자가 조직 구성원 개개인을 지도자로 성장시킴으로써 단순히 '구성원들의 지도자'가 아니라 '지도자들의 지도자'가 되게 하여 모든 구성원들을 지도자로 변혁시키는 리더십이다(주삼환 외, 2003: 103).

이 이론은 학교와 같이 전문직 종사자들이 근무하고 있는 조직의 경영에 매우 의미 있는 시사와 유용성을 주고 있다. 전문직 종사자들은 직무수행과정에서 독립적으로 일하고, 과업의 특성상 자율성과 책임이 그 기반이 될 수밖에 없어 각자의 셀프 리더십이 매우 필요하기 때문이다. 그러나 모든 사람이 셀프 리더십을 실천할 수는 있지만 그 모두가 반드시 효과적인 지도자가 되는 것이 아니라는 점에서 이 이론은 일정한 한계를 가진다. 특히 지도자의 특별한 능력이나 행위보다는 구성원의 능력과 행위에 리더십의 초점이 맞추어져 있기 때문에 지도자의 리더십 프로그램이나 역량 개발 등에 시사하는 점이 약하다는 문제를 지니고 있다.

## 5. 기타 새롭고 다양한 리더십 이론

리더십은 여러 가지 측면을 가지고 있고, 그들 각각은 독특한 형태로 학교의 효과성과 수월성에 기여한다. 이러한 리더십의 여러 가지 측면들은, 비유적으로 말하면, 학교의 일들을 처리하면서 행정가나 교사들이 사용하는 힘이라고 할 수 있다. 이러한 힘은 학교의 개선에 필요한 변화를 야기하거나 유지하기 위해 행정가나 교사들이 유용하게 사용하는 수단이라고도 할 수 있다. 이러한 리더십의 힘은 적어도 다음과 같은 다섯 가지로 구분할 수 있다(Sergiovanni, 1999: 7-10).

- **기술적 리더십**(technical leadership): 견고한 경영관리 기술로부터 나오는 리더 십으로서, 이러한 리더십을 가진 지도자는 계획, 조직, 조정, 시간 관리 등을 강조하고 그에 대해 우수한 능력을 가지고 있다. 이들은 일종의 '전문 경영자 (management engineer)'로 간주될 수 있다.

- **인간적 리더십**(human leadership): 유용한 사회적 · 인간적 자원을 활용하는 것 에서 나오는 리더십으로, 이러한 리더십을 가진 지도자는 인간관계, 사교 능 력, 동기화 능력 등을 강조하고 지원, 격려, 참여적 의사결정 등을 통해 사람들 의 사기를 높이고 조직의 성장을 도모한다. 이들은 일종의 '인간공학 전문가 (human engineer)'로 간주될 수 있다.

- **교육적 리더십**(educational leadership): 교육에 대한 전문적 지식으로부터 나오는 리더십으로, 이러한 리더십을 가진 지도자는 효과적인 교수-학습, 교육프로그 램 개발, 임상장학 등에 대한 전문적 지식과 능력을 통해 교육문제를 진단하고 교사들을 지도하며, 장학 · 평가 · 직원능력 · 교육과정 개발을 효율적으로 수 행한다. 이들은 일종의 '현장교육전문가(clinical practitioner)'로 간주될 수 있다.

- **상징적 리더십**(symbolic leadership): 학교의 중대사(重大事)에 대해 다른 사람들 에게 주의를 환기시키는 데서 나오는 리더십으로, 이러한 리더십을 가진 지도 자는 학교 견학, 교실 방문, 학생과의 간담회, 학생 교육에 대한 특별한 강조, 행사나 의전의 관장 등의 상징적 행사와 언사를 통해 학교의 비전과 목표에 주 의를 환기시키고 특별한 행동을 유도한다. 이들은 일종의 '대장(chief)'의 역할 을 수행한다고 할 수 있다.

- **문화적 리더십**(cultural leadership): 독특한 학교문화를 창출하는 것으로부터 나 오는 리더십으로, 이러한 리더십을 가진 지도자는 학교로 하여금 독특한 정체 성을 갖게 만드는 가치와 믿음, 그리고 관점을 창조하고 강화하고 유지하는 것 을 중요시하고, 그를 통해 전통을 만들고 무용담을 전파시킨다. 이들은 일종의 '성직자(priest)'의 역할을 수행한다고 할 수 있다.

Sergiovanni(1999: 11-12)는 이들 중에서 특히 문화적 리더십의 힘에 주목한다. 문화는 어떤 학교의 구성원을 다른 학교의 구성원과 구별하는 집합의식과 정신을 만드는 것으로 묘사될 수 있다. 그래서 학교문화는 특정한 교사, 학생, 학부모들을 하나의 집단으로 묶는 공유된 가치, 신념, 의미 체계라고 말할 수 있다. 효과적인 지도자는 이러한 과정에서 가장 중요한 역할을 수행한다. 그래서 그는 문화적 리더십을 가장 상위에 위치시키고, 다양한 리더십의 힘들을 하위에 위치시켜 리더십의 힘을 [그림 4-10]과 같이 위계화하였다.

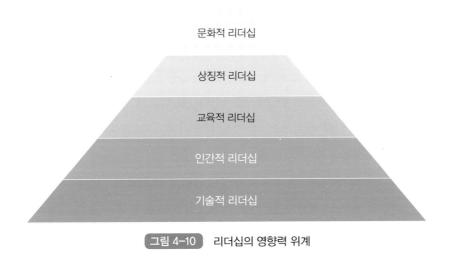

**그림 4-10** 리더십의 영향력 위계

또한 Sergiovanni(1992)는 문화적 리더십에 대한 논의를 확대하여 학교에서의 리더십을 도덕적 리더십으로 개념화하고, 그를 통해 학교의 가치와 효율성에 대한 논의를 전개하였다. 그에 따르면, 학교는 도덕적 측면에서의 선의(good-will)와 경영관리적 측면에서의 성공(success)이라는 2개의 축을 토대로 유형화해 볼 때, 다음과 같은 4개의 유형으로 구분된다. 즉, 선의는 높으나 성공이 낮은 도덕적인 학교(I 유형), 선의와 성공이 두루 높은 도덕적이고 효과적인 학교(II 유형), 선의도 성공도 낮은 비도덕적이고 비효과적인 학교(III 유형), 선의는 낮으나 성공이 높은 정략적인 학교(IV 유형)가 바로 그것이다. Sergiovanni(1992)는 학교는 바람직한 가치를 전수하는 곳이고 행정이란 도덕적 기술이므로 I 유형과 II 유형만이 본질적인 의미에서의 학교들이라고 말한다. 따라서 학교행정가의 리더십은 높은 가치와 윤리에 바탕을 둔 도덕적 리더십에 의존해야 하며, 그럴 때에만 학생의 복지와 학교의 발전에 기여할 수 있는 참다운 리더십을 발휘할 수 있게 된다고 하였다.

이 외에도 최근에는 지도자의 강한 리더십 발휘보다는 솔선수범과 헌신적인 봉사를 강조하는 서번트 리더십(servant leadership), 구성원의 협동적 노력을 유발하고 활성화하는 리더십을 강조하는 팀 리더십(team leadership), 스스로 자신을 리드하는 셀프 리더십(self-leadership), 팔로워십(followership), 권한위임 리더십(empowering-leadership) 등에 관한 다양한 이론이 발전하고 있고, 학교 등 교육적 상황에 적합한 독특한 리더십을 연구하고 이를 교육에 적용하려는 교육리더십에 대한 연구와 프로그램 개발이 지속적으로 이루어지고 있다.

팀 리더는 프로젝트관리팀, 태스크포스팀, 작업반, 품질관리팀, 업무개선팀 등과 같이 구성하여 상호의존적, 공동의 목표 공유, 그 목표를 성취하기 위해 활동을 조정해 가는 구성원들로 조직된 집단의 리더이다. 팀 리더는 팀 구성원들이 하나같이 통일된 헌신성을 갖도록 지원하고, 동기를 유발시키고, 조정에서 오는 문제점들을 감소시킴으로써 그들의 협동적 노력을 도울 수 있다.

Hackman과 Walton(1986)은 집단효과성 조건들로 명확하고 적절한 지휘감독, 업무수행을 가능하게 하는 집단구조와 조직여건, 유용하고 전문적인 지도(코치), 적절한 물적 자원의 배분을 들고 있으며, Larson과 LaFasto(1989)는 팀 우수성의 특징들로 명료하고 고상한 목표, 결과 지향적 구조, 유능한 팀 구성원, 한결같은 헌신, 협동적인 분위기, 우수성의 기준, 원칙 중심의 리더십, 외부의 지원과 인정 등을 들고 있다.

서번트 리더십은 리더가 봉사하고 섬김으로써 구성원의 아래에 위치하는 것으로 우리 사회의 자원봉사자나 Teresa 수녀와 같은 역할을 일컫는다. 서번트 리더십은 1974년 AT&T에서 교육 및 훈련을 담당했던 Robert K. Greenleaf에 의해 처음 소개되었으며, 기본 아이디어는 Hermann Hesse의『동방으로의 여행』에서 주인공 레오의 이야기에 근거한다(Frick, 2004). 서번트 리더십은 남을 섬기고, 봉사를 하는 헌신적 리더십을 말한다. 서번트 리더는 타인을 위하고, 사랑하고, 헌신하며, 사회에 공헌하는 등 자기를 버리는 리더십을 발휘한다. 서번트 리더는 방향 제시자, 파트너, 지원자의 역할을 한다. 방향 제시자 역할은 조직의 비전을 제시하는 것이다. 서번트 리더는 파트너로서 구성원들 간의 합의를 이끌어 내기 위해 의견을 조율하는 역할을 담당한다. 마지막으로 서번트 리더는 구성원들이 업무수행을 원활하게 할 수 있도록 지원하고, 업무 이외의 개인적인 삶에 있어서도 업무와 균형을 이룰 수 있도록 돕는 역할을 한다.

셀프 리더십은 개인의 변화와 성장에 초점을 두는 리더십이다. 이는 전통적으로 통용되던 지시, 명령, 통제, 보상 및 처벌 등을 통해 발휘되는 리더십과는 달리 자기 스스로 목표를 설정하고 스스로 관리를 하는 자율성을 중심으로 한다. 이러한 내적 리더십은 조직 구성원들의 업무 성과를 증대하는 데 효과적이며, 개개인 간 아이디 어의 교류가 필요한 현대사회에서 필요한 리더십이다. 구성원의 역량을 극대화하 기 위하여 구성원 각자가 리더가 될 수 있는 것이 셀프 리더십이다(Manz, 1986). 셀 프 리더십은 21세기에는 구성원 전체가 자기 지도자(self-leader)가 되어야 함을 강 조한다(Sergiovanni, 1992).

셀프 리더십은 1980년대 미국 기업들이 국제경쟁력에서 밀려 경기가 침체되자 이를 극복하기 위해 경영혁신 추진과정에서 신세대 노동자 관리 방법의 문제에 대 한 해결책으로 개발된 개념이다(Manz, 1983; Manz & Sims, 1986). 리더십을 영향력의 행사과정으로 이해할 때, 셀프 리더십은 '스스로에 대한 영향력의 행사과정'으로 단 순화할 수 있다. Neck, Stewart와 Manz(1995)는 셀프 리더십을 "과업 수행을 위해 필요한 자기방향 설정과 자기 동기부여를 고양시키기 위해 스스로에게 영향력을 행사하는 과정"으로 정의했다. 즉, 셀프 리더십은 스스로가 자신을 리드하기 위해 취하는 책임 있는 행동이며, 자율과 책임이 주어질 때 개인이 스스로 책임지고 행동 하는 것이다. 셀프 리더십은 개인의 지각, 태도, 가치, 그리고 동기유발을 핵심 내용 으로 다루고 있다. 따라서 셀프 리더십 프로그램은 개인이 업무 자체에 보람을 느끼 도록 유도하고 개인의 내적 동기를 유발시킴으로써 직무만족과 직무 성과를 가져 오는 데 효과적이다.

팔로워십은 현대사회가 조직의 리더 단독의 역할로만 기능하지 않는다는 점을 감안하여, 조직의 구성원이 능동적이고 적극적인 태도와 행동으로 리더와 상호 영 향력을 주고받으며, 독립적인 촉진자로서의 역할을 할 필요성이 있음을 강조하는 개념이다. 스스로 사고하고 행동할 수 있으면서 리더와 상호작용하는 팔로워로서 의 역할을 개발, 성장시키는 것은 독창적인 개개인의 역할이 중요한 현대사회에서 리더십과 동일하게 강조되는 측면이다.

권한위임 리더십은 조직 구성원의 내부에 잠재되어 있는 셀프 리더십을 자극하고 활성화하는 리더십이다. 인간의 수행이 세 가지 주요한 요인, 즉 동기, 능력, 기회에 영향을 받는다는 Keller(1992)의 지적을 고려할 때, 권한위임 리더십은 조직 및 조직원의 기능을 효율적으로 이끌기 위해 필요한 요소이다.

제5장

# 조직론

## 📖 제1절 조직의 개념과 특성

### 1. 조직의 개념

인간은 조직에서 태어나 조직 속에서 배우고 성장하면서 삶을 살아간다. 따라서 인간은 누구나 조직인으로서 사회적 삶을 영위하고 있기 때문에 조직은 행정에서 그 전제조건을 이루는 가장 기본적인 개념이라고 할 수 있다. 그러나 조직에 관해서는 '조직이란 무엇인가'라는 기초적인 질문에 대해서도 혼란이 있을 정도로 다양한 관점들이 존재한다. 따라서 교육조직에 관한 올바른 이해를 위해서는 조직 개념에 대한 일반적 정의를 바탕으로 학자들이 전개하는 다양한 관점과 이론들을 파악하는 것이 필요하다. 우선, 조직에 대한 일반적 정의를 도출하기 위해 여러 학자들의 정의를 살펴보면 다음과 같다.

- Barnard(1938: 73-82)는 구성원에 초점을 맞추어 조직을 "두 사람 이상이 의식적으로 만든 활동 혹은 힘의 체제"라고 정의하였다. 조직의 구성요소로는 ① 의사소통, ② 봉사·협동하려는 의지, ③ 공동의 목적 등 세 가지를 들고, 조직이 유

지되려면 대내외적인 균형과 효과성 및 능률성을 유지하고 있어야 한다고 하였다.

- Campbell 등(1983: 58-70)은 조직을 "주어진 상황에서 일정한 목표를 달성하기 위하여 함께 일하는 사람들의 집단"으로 정의하고, 그 요소로는 ① 목표, ② 기술, ③ 분업, ④ 권력구조, ⑤ 환경 등을 들었다.

- Etzioni(1964: 3)는 조직을 "특정의 목적을 성취하기 위하여 의식적으로 구성되고, 재구성되는 사회적 단위"라고 정의하고, 다른 사회적 단위와 구별되는 조직의 특성으로는 ① 업무, 권한 및 의사소통 책임의 분담, ② 조직 구성원의 행위를 목표지향적으로 규정하는 권력중심체의 존재, ③ 구성원의 교체가능성 등 세 가지를 들었다.

- Gaus 등(1952: 66-67)은 조직을 "기능과 책임의 분담을 통해 합의된 목적 달성을 효율화하기 위한 인적 배치"라고 정의하고, 그 요소로 ① 공동의 목표, ② 책임과 업무의 분담, ③ 협력관계를 들었다.

- Katz와 Kahn(1978: 18-23)은 조직을 "사회체제의 한 종류"로 보고, ① 생산활동을 위한 생산구조와 생산지원 구조, ② 공식적 역할구조, ③ 통제와 관리기능을 발휘하는 권한의 구조, ④ 통제 및 관리구조로서의 규제장치와 적응구조를 지니는 것으로 보았다.

- Schein(1965: 15)은 조직을 "업무와 기능의 분담, 그리고 권위와 책임의 위계를 통해 명시적인 공동의 목적이나 목표를 성취하기 위해 여러 사람들의 활동을 계획적으로 조정한 것"이라고 정의하였다. 그러나 조직에 대해 하나의 정의를 내리는 것은 무의미하며, 다만 ① 외부환경과 끊임없이 다양한 상호작용을 하는 개방체제이며, ② 역동적으로 상호작용하는 많은 하위체제로 구성되고, ③ 여러 개의 다른 체제들로 구성된 환경 속에서 영향을 주고받고 있기 때문에 경계를 명백히 한정하기 어렵다는 것 등과 같은 일반적인 특성들을 지니고 있는 것으로 이해하는 것이 필요하다고 하였다(Schein, 1980: 228-229).

- Selznick(1957: 5)은 조직을 "업무를 수행하기 위해 설계된 기술적 도구이며 의도적으로 조정된 활동의 체제"라고 정의하고, 조직의 생존은 환경에 대한 적응에 의존한다는 점을 강조하였다.

- Simon(1974: 102-103)은 행정조직의 핵심은 의사결정 구조라고 보고, 조직의

기능으로 ① 업무의 분담, ② 업무수행 기준의 설정, ③ 권한과 영향력의 행사, ④ 의사소통, ⑤ 교화와 훈련을 들었다.

- Weber(1947: 136-153)는 조직을 "협동집단으로서 계속적이고 의도적인 특수한 종류의 활동체제"라고 정의하였다. 조직의 속성으로는 ① 경계가 있고, ② 구성원의 상호작용이 조직마다 특이하며, ③ 조직 내에는 권한의 계층과 업무의 분담현상이 있고, ④ 조직 내의 질서는 관리기능을 맡은 특정한 구성원들에 의해서 유지되며, ⑤ 조직 내의 상호작용은 공생적인 것이 아니라 연합적이고, ⑥ 특정한 종류의 목적지향적인 활동을 계속적으로 수행하며, ⑦ 구성원의 생애를 초월하여 존재한다는 점 등을 들었다.

이상의 여러 학자의 정의를 종합해 보면, 조직이란 "둘 이상의 사람들이 일정한 목표를 추구하기 위해 의식적으로 구성한 사회체제로서, 목표 달성을 위해 특정한 과업, 역할, 권한, 의사소통, 지원구조 등을 갖는 체제"라고 정의할 수 있을 것이다.

## 2. 행정조직의 원리

행정조직의 원리는 조직의 원리를 행정에 적용한 것이다. 이때 조직의 원리란 주어진 과업을 능률적이고 효과적으로 수행하기 위한 행정관리기술상의 지침이 되는 원리를 말한다. Fayol(1930: 17-50)은 모든 조직에 공통적으로 적용할 수 있는 조직의 원리로 ① 분업의 원리, ② 권한과 책임의 원리, ③ 규율의 원리, ④ 명령 통일의 원리, ⑤ 지휘 통일의 원리, ⑥ 개인보다 전체 이익 우선의 원리, ⑦ 보상의 원리, ⑧ 집중화의 원리, ⑨ 책임 계층의 원리, ⑩ 질서의 원리, ⑪ 공평성의 원리, ⑫ 직원 신분보장의 원리, ⑬ 솔선수범의 원리, ⑭ 단체정신의 원리 등 14개 원리를 제안하였다. Graicunas(1937: 186)는 통솔범위의 원리를 들었고, Mooney와 Reiley(1939; 김종철, 1985: 144-145에서 재인용)는 조직의 3대 원리로 ① 조정의 원리, ② 계층의 원리, ③ 기능주의의 원리를 제시하였다. 그 밖에도 많은 행정학자들이 원리상의 모순과 한계를 지적하면서 행정관리기술로서의 행정조직의 원리들을 제시하였다.

김종철(1985: 144-149)은 이러한 여러 학자들의 견해를 종합하여 행정조직의 기본원리로 ① 계층의 원리, ② 기능적 분업의 원리, ③ 조정의 원리, ④ 적도집권의 원

리의 네 가지를 제안하고 있다. 여기서는 그 네 가지 원리에 ⑤ 통솔범위의 원리와
⑥ 명령 통일의 원리를 추가하여 여섯 가지 원리를 제시한다(김윤태, 1994: 224-230;
정진환, 1986: 197-201).[1]

### 가. 계층의 원리(principle of hierarchy)

조직 구조의 상하관계와 형태를 조직하는 데 요구되는 원리이다. 계층은 조직의
목표를 달성하기 위한 업무를 수행함에 있어 권한과 책임의 정도에 따라 직위가 수
직적으로 서열화 · 등급화되어 있는 것을 의미한다. 군대조직이 이 계층조직의 좋
은 예이다. 계층조직이 피라미드형이냐 평면형이냐에 따라 권한과 책임의 집중과
분산에 차이가 있을 수는 있으나 계층성이 없는 행정조직은 존재하지 않는다.

Mooney와 Reiley(1939: 14-24; 김종철, 1985: 146-147에서 재인용)는 계층제가 ① 지
도력 또는 통솔력, ② 권한과 책임의 위임, ③ 기능과 직무의 규정 등의 세 가지 요
소로 구성된다고 보았다. 이때 지도력 혹은 통솔력이란 지도 혹은 통솔의 권한이 어
디에 있느냐를 의미하며, 권한과 책임의 위임은 상급자가 하급자에게 권한을 위임
하여 일정한 책임을 감수하도록 하는 것을 말한다. 또 기능과 직무의 규정은 계층조
직이 상하층별로 배열된 직위의 체제이므로 계층의 사슬을 완결하는 하나의 매듭
이라 할 것이다.

### 나. 기능적 분업의 원리(principle of division of work)

조직의 업무를 직능 또는 성질별로 구분하여 한 사람에게 동일한 업무를 분담시
키는 것으로, 전문화 또는 분업화의 원리라고도 한다. 이러한 분업화의 목적은 행
정조직이 추구해야 할 공동과업을 수행함에 있어서 표준화(standardization), 단순화
(simplification), 전문화(specialization)라는 3S를 촉진하는 데 있다. 유사한 업무나 기
능을 표준화하여 한데 묶고 전문적인 지식이나 기능을 가진 사람으로 하여금 그것을

---

1) 행정조직의 원리는 정치 · 행정이원론을 바탕으로 한 능률주의적 행정이 지배했던 시대의 산물로서 그 원리
가 엄밀한 검증을 거치지 않은 하나의 격언에 지나지 않는다는 비판을 받고 있기는 하지만, 행정관리기술의
전반적인 원리를 이해하는 데 큰 도움을 주고 있다는 점에서 현재까지도 유용하다(유종해, 1981: 363).

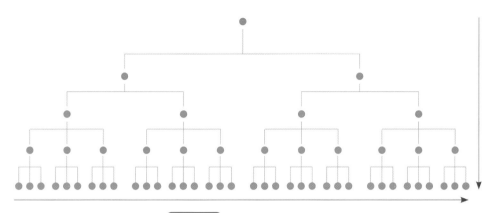

그림 5-1  횡적 분업과 종적 계층

담당하게 함으로써 업무수행상의 효율을 높이려고 하는 것이다(김종철, 1982: 79-80).

분업화의 장점으로는 ① 작업능률의 향상, ② 도구 및 기계의 발달 촉진, ③ 신속한 업무처리 등을 들 수 있다. 반면, 단점으로는 ① 일에 대한 흥미와 창의성의 상실, ② 시야의 협소화, ③ 업무의 중복, 낭비 및 책임 회피, ④ 조정의 곤란 등이 지적된다. 이러한 점에서 분업의 원리는 계층의 원리와 상보관계에 있다. 즉, 계층의 원리는 종적 관계를 규정하고 기능적 분업의 원리는 횡적 관계를 규정함으로써 종적 계층과 횡적 분업의 구조를 도모하는 것이다.

### 다. 조정의 원리(principle of coordination)

조직 내에서 업무의 수행을 조절하고 조화로운 인간관계를 유지함으로써 협동의 효과를 최대한 거두려는 것을 말한다(김종철, 1982: 77). 이를 달성하기 위해서는 ① 조직의 목표를 분명히 하고, ② 업무를 효과적으로 분담하며, ③ 권한과 책임의 한계를 명확하게 하고, ④ 합리적이고 균형 있는 계획을 수립하여 조직을 운영하며, ⑤ 구성원 간에 원활한 의사소통을 조장하고, ⑥ 구성원 상호 간의 인화와 자발적 협조의식을 유도하며, ⑦ 업무수행상 준거가 될 수 있는 성문화된 규칙을 제정하고, ⑧ 엄정한 규율을 확립하며, ⑨ 효과적인 통제방법을 강구해야 한다. 조정을 이루는 방법으로는 ① 위계질서에 의한 권한과 책임의 명료화, ② 위원회 및 참모조직의 활용, ③ 상위 통괄기구의 설치, ④ 규율 및 징계제도의 활용 등을 들 수 있다(Mooney, 1947: 5-13).

### 라. 적도집권의 원리(principle of optimum centralization)

중앙집권제와 분권제 사이에 적정한 균형을 도모하려는 것을 말한다. 중앙집권제는 중앙부서에 권한을 집중시킴으로써 능률화를 가져오는 데는 유리하나 획일주의와 전제주의를 초래할 위험성이 있다. 반면에 분권제는 지방부서나 하부기관에 권한을 위임·분산시킴으로써 지방의 특수성과 자율성을 촉진할 수는 있으나 비능률을 초래할 가능성이 있다. 이러한 두 제도의 극단을 피하고 적정한 균형을 도모하는 것이 적도집권 혹은 적도분권이다. 물론 그 균형점은 조직의 목적과 기능은 물론 구성원들의 성격, 사회문화적 환경, 역사적 배경 등 여러 가지 요인에 따라 결정되는 것이므로 일률적으로 단정하기는 어렵다.

### 마. 통솔범위의 원리(principle of span of control)

한 지도자가 직접 통솔할 수 있는 부하의 수에는 한계가 있다는 것을 말한다. 다시 말해, 인간의 능력에는 한계가 있기 때문에 한 지도자는 일정 수의 부하만을 통솔할 수 있다는 것이다.

통솔 인원으로 몇 명이 적절한가에 대해서는 견해가 다양하다. 영국의 Haldane 위원회는 10명이 이상적이며 많아도 12명을 초과해서는 안 된다고 하였으며, Fayol 은 5~6명이 가장 적당하다고 하였다. 한편, Urwick은 상위층과 하위층에 따라 통솔범위가 다르다고 보고 상위층은 4명, 하위층은 8~12명이 적당하다고 하였으며, Graicunas 또한 계층제 상부층은 5~6명, 말단은 20명이 적당하다고 하였다.

### 바. 명령 통일의 원리(principle of unity of command)

부하는 한 지도자로부터 명령과 지시를 받고 그에게만 보고하도록 해야 한다는 원리이다. Gulick은 여러 지도자로부터 명령을 받는 부하는 ① 혼돈을 일으키고, ② 비능률적이며, ③ 무책임한 데 반해, 한 지도자로부터 명령을 받는 부하는 ① 조직적이고, ② 능률적이며, ③ 책임 있게 일한다고 하여 명령 통일의 중요성을 강조하였다(유훈, 1982: 196).

결국 명령 통일의 원리는 명령의 중복을 피하고 계층의 질서를 확립시켜 줄 뿐만 아니라 업무처리의 능률을 가져오고 책임 소재를 분명히 하는 데 도움이 된다. 그러나 오늘날 전문인으로 구성되는 참모의 기능이 자문 및 보조기능 이상으로 확대·강화되면서 명령기능도 첨가되고 있어 명령 통일의 원리는 많은 한계를 드러내고 있다.

## 3. 조직의 구조

### 가. 공식조직과 비공식조직

공식조직(formal organization)은 공식적인 조직표나 기구표상에 나타난 조직이다. 그것은 공식화된 분업의 계통과 인원의 배치, 공식적인 의사소통의 경로와 권한의 배분을 보여 주며, 공식화된 목표 달성을 위한 명확한 역할이 주어져 있다. 반면, 비공식조직(informal organization)은 공식조직 내에 존재하면서 공식조직에 의해 충족되지 못하는 여러 가지 심리적 기능을 수행하고, 공식조직의 기능에 직·간접적인 영향을 미치는 조직 내의 조직이다. 이는 공식조직의 내부에서 자연발생적으로 생기는 조직이라는 의미에서 자생조직이라고도 한다. 공식조직과 비공식조직은 다음과 같이 비교될 수 있다(정진환, 1986: 204-205).

- 공식조직은 공적인 목표를 추구하기 위한 인위적 조직으로서 제도화된 공식규범의 바탕 위에 성립하며, 권한의 계층, 명료한 책임분담, 표준화된 업무수행, 몰인정적인 인간관계 등을 특징으로 하는 반면, 비공식조직은 구성원 간의 상호작용에 의하여 자연발생적으로 성립되며, 혈연, 지연, 학연, 취미, 종교, 이해관계 등의 기초 위에 형성된다.
- 공식조직은 외면적이고 가시적인 데 비하여, 비공식조직은 내면적이고 비가시적이다. 따라서 공식조직은 대개 건물이나 집무실 등을 가지고 있으나 비공식조직은 그런 것이 없다.
- 공식조직은 능률이나 비용의 논리에 의해 구성·운영되고, 비공식조직은 감정의 논리에 의해 구성·운영된다.
- 공식조직은 피라미드의 정점으로부터 하층에 이르기까지 전체 조직이 인식대상

인 데 반해, 비공식조직은 공식조직의 일부를 점유하면서 그 속에 산재해 있다.
- 공식조직은 계속 확대되는 경향이 있으나, 비공식조직은 친숙한 인간관계를 요건으로 하기 때문에 항상 소집단의 상태를 유지한다.

공식조직과 비공식조직은 상호 보완적인 관계에서 양립하는 조직의 필수적인 두 측면으로 설명된다. 현대 조직이론에서는 비공식조직의 효율적인 활용 여부가 행정의 성과를 좌우한다고 할 정도로 비공식조직의 중요성이 강조되고 있다. 비공식조직은 자유로운 의사소통과 긴밀한 협조를 가능하게 하여 공식조직의 기능을 활성화하는 작용을 수행하기도 하지만, 잘못하면 파벌을 조성하고 공식조직의 목표 달성을 저해하는 역기능 작용을 하기도 한다.

### 나. 계선조직과 참모조직

계선조직(line organization)은 행정의 수직적인 지휘명령계통이 명확히 정립되어 업무를 직접 수행하는 제1차적인 조직을 말한다. 장관-실-국장-과장-계장-계원으로 이어지는 행정관료조직이나 참모총장-군단장-사단장-연대장-대대장-중대장-소대장-분대장-분대원으로 이어지는 군대의 지휘명령계통이 대표적인 예이다. 참모조직(staff organization)은 막료조직이라고도 하며, 계선조직의 기능을 원활하게 추진하도록 기획·자문·협의·경고·정보수집·통제·인사·조사·연구 등의 기능을 수행하는 조직이다. 참모조직은 조직의 목적 달성을 위해 간접적으로 기여할 뿐, 명령·집행·결정을 직접 행사할 수는 없다(Pfiffner, 1960: 171).

계선조직은 ① 권한과 책임의 한계가 명확하여 업무수행의 효율성을 제고할 수 있으며, ② 단일기관으로 구성되어 신속한 정책 결정을 할 수 있고, ③ 업무처리가 간편하여 조직 운영비가 적게 들며, ④ 강력한 통솔력을 발휘할 수 있다는 것을 장점으로 하는 반면, ① 복잡하고 과다한 업무처리에 문제가 있고, ② 지도자의 주관적이고 독단적인 결정을 방지할 수 없으며, ③ 전문가의 지식과 경험을 충분히 활용할 수 없고, ④ 조직의 경직성을 초래할 수 있다는 점을 단점으로 한다.

참모조직은 ① 기관장의 통솔범위를 확대시키고, ② 전문적인 지식과 경험을 활용함으로써 합리적인 결정을 할 수 있으며, ③ 수평적인 업무조정을 가능하게 하고,

④ 조직의 신축성을 기할 수 있다는 점을 장점으로 하는 반면, ① 조직의 복잡성으로 조직 구성원이나 부서 간 갈등·불화가 생길 수 있으며, ② 조직 운영을 위한 경비지출이 많이 들고, ③ 계선과 참모 간에 책임전가의 사태를 빚을 우려가 있으며, ④ 의사전달의 혼란을 일으킬 수 있다는 것을 단점으로 한다.

한편, 대규모의 행정조직은 계선조직과 참모조직 외에도 보조조직을 가진다. 보조조직(auxiliary organization)은 서비스의 성격을 띠는 일종의 참모적 운영기관으로서, 계선조직과는 별개로 그 내부나 외곽에서 계선조직의 기능을 부분적으로 심화·보조하기 위한 역할을 하는 조직을 말한다. 국사편찬위원회나 국립특수교육원, 중앙교육연수원, 국립국제교육원, 교원소청심사위원회 등이 이러한 보조조직의 성격을 지닌다.

## 제2절 조직유형론

조직이 어떠한 기능을 수행하는가를 이해하기 위해서는 조직을 유형화하거나 분류해 보는 것이 하나의 방법이다. 이 방법은 유사한 성격을 지닌 조직들을 집단으로 묶어 보는 것으로 조직유형론이라고 한다. 이러한 유형론은 여러 조직들을 서로 비교·연구할 수 있도록 해 주고, 조직을 특성에 따라 유형화하여 그 특성들을 비교·기술할 수 있게 해 주며, 논리적이고 종합적인 조직이론을 형성할 수 있도록 해 준다(Hoy & Miskel, 1987). 조직유형론을 학자들의 분류에 따라 살펴본다.

### 1. Parsons의 사회적 기능 유형

Parsons(1960: 16-58)는 조직이 수행하는 사회적 기능에 따라 조직의 유형을 네 가지로 분류하였다. 이 유형론은 그의 사회체제이론을 기본 바탕으로 한 것으로, 사회체제가 유지·발전하기 위해 반드시 직면해야 하는 네 가지 일반적인 기능을 중심으로 조직을 분류한 것이다.

- **생산조직**(production organization): 사회의 적응기능을 수행하는 조직이다. 사회

를 유지하기 위해 필요한 자원획득을 일차적인 책임으로 하는 기업체 조직이 여기에 속한다.

- **정치적 목표지향조직**(political goal oriented organization): 사회의 공동목표를 설정하고 달성하는 기능을 수행하는 조직이다. 목표 달성을 위해 권력을 할당하는 정부기관이나 은행과 같은 조직이 여기에 속한다.
- **통합조직**(integrative organization): 구성원 간에 결속과 통일을 유지하는 사회통합의 기능을 수행하는 조직이다. 사회체제의 내적 활동을 조정·통합하는 법원, 정당, 사회통제기관 등이 여기에 속한다.
- **유형유지조직**(pattern maintenance organization): 체제의 문화유형을 유지하고 새롭게 하는 잠재기능을 수행하는 조직이다. 문화를 창조하고, 보존하고, 전달하는 기능을 수행하는 공립학교, 대학, 교회, 박물관 등이 여기에 속한다.

## 2. Blau와 Scott의 1차적 수혜자 유형

Blau와 Scott(1962: 42-58)은 조직으로부터 혜택을 받는 주요 수혜자가 누구냐에 따라 조직을 네 가지로 분류하였다. 여기서 1차적 수혜자라는 것은 단지 그들만이 혜택을 받는다는 것이 아니라, 조직에 관여하는 다른 집단이나 개인보다 우선적인 보상을 받는 사람들을 의미한다.

- **호혜조직**(mutual benefit associations): 이 조직의 1차적 수혜자는 구성원으로, 참여를 보장받는 데 관심을 가지고 있다. 노동조합, 정당, 전문가 단체, 클럽, 종교단체 등이 여기에 속한다.
- **사업조직**(business concerns): 이 조직의 1차적 수혜자는 조직의 소유자로, 그들의 주된 목표는 이윤의 획득이다. 산업체, 도매상, 소매상, 은행과 같은 조직이 여기에 속한다.
- **공공조직**(commonwealth organizations): 이 조직의 1차적 수혜자는 그 조직의 구성원이 아닌 일반 대중이다. 군부대, 경찰서, 소방서 등과 같은 조직이 여기에 속한다.
- **봉사조직**(service organizations): 이 조직의 1차적 수혜자는 조직과 직접적으로

접촉하는 일반 대중 또는 고객이며, 이 조직의 기본적인 기능은 고객에게 서비스를 제공하는 것이다. 학교, 병원, 사회사업기관, 형무소, 정신건강 진료소, 법률구조협회 등이 여기에 속한다.

## 3. Carlson의 봉사조직 유형

Carlson(1964: 262-278)은 조직과 고객의 상호 선택, 즉 조직과 고객이 서로를 선택할 수 있는 정도에 따라 봉사조직을 네 가지 유형으로 분류하였다. 어떤 봉사조직의 경우에는 고객이 참여를 선택할 수 있으며, 어떤 경우에는 선택할 수 없다. 조직의 경우도 고객을 선택할 수 있는 경우와 선택할 수 없는 경우가 있다. 따라서 고객의 참여 결정권과 조직의 고객 선택권 여부에 따라 봉사조직은 다음의 네 가지 유형으로 구분될 수 있다.

- 유형 I: 조직과 고객이 독자적인 선택권을 갖고 있는 조직이다. 사립학교와 대학교, 개인병원, 공공복지기관 등이 여기에 속한다. 이 조직은 살아남기 위하여 경쟁을 하지 않으면 안 되기 때문에 야생조직(wild organization)이라고도 한다.
- 유형 II: 조직이 고객을 선택할 권리는 없고, 고객은 조직을 선택할 권리가 있는 조직이다. 우리나라 고교평준화 제도하에서의 일반계 고등학교가 여기에 속한다.

고객의 참여 결정권

|  |  | 유 | 무 |
|---|---|---|---|
| 조직의 고객 선택권 | 유 | 유형 I<br>야생조직(사립학교, 개인병원,<br>공공복지기관 등) | 유형 III<br>이론적으로는 가능하나<br>실제는 없음 |
| | 무 | 유형 II<br>일반계 고등학교 | 유형 IV<br>사육조직(공립학교, 정신병원,<br>형무소 등) |

**그림 5-2** 선택 과정과 통제권에 따른 봉사조직의 유형

- 유형 Ⅲ: 조직은 고객 선택권을 가지나 고객이 참여 결정권을 갖고 있지 않는 조직은 봉사조직으로 존재하기 어렵기 때문에, 이 유형은 이론적으로는 가능하나 실제로는 존재하지 않는다.
- 유형 Ⅳ: 조직이나 고객이 선택권을 갖지 못하는 조직으로 공립학교, 정신병원, 형무소 등이 여기에 속한다. 이 조직은 법적으로 존립을 보장받고 있어 사육조직(domesticated organization)이라고도 한다.

## 4. Etzioni의 순응유형

Etzioni(1961: 12-67)는 순응(compliance)이라는 개념에 기초하여 조직의 유형을 분류하였다. 순응이란 부하직원에게 행사되는 권력과 그 결과 부하직원이 조직에 참여하는 수준 간의 관계를 의미한다. 행사 권력은 강제적 권력, 보상적 권력, 규범적 권력으로, 참여수준은 헌신적 참여, 타산적 참여, 소외적 참여로 구분하였다. 이 때 강제적 권력은 통제의 수단으로 물리적 제재와 위협을, 보상적 권력은 물질적 보상을, 규범적 권력은 상징적 보상을 사용하는 것을 말한다. 또 헌신적 참여는 매우 긍정적인 태도를 가지고 적극적으로 참여하는 것을, 타산적 참여는 온건한 태도를 가지고 타산적으로 참여하는 것을, 그리고 소외적 참여는 매우 부정적인 태도를 가지고 소극적으로 참여하는 것을 말한다.

이러한 세 가지 행사 권력과 참여수준을 조합하면 순응유형은 아홉 가지가 된다. 그러나 이 중에서 1, 5, 9의 유형만이 효과적인 조직유형으로 나타나고, 나머지 유형

|  |  | 참여수준 | | |
|---|---|---|---|---|
|  |  | 소외적 | 타산적 | 헌신적 |
| 행사 권력 | 강제적 | 1 강제조직 | 2 | 3 |
|  | 보상적 | 4 | 5 공리조직 | 6 |
|  | 규범적 | 7 | 8 | 9 규범조직 |

**그림 5-3**  Etzioni의 조직유형

은 권력의 형태와 구성원의 참여가 일치하지 않기 때문에 비효과적인 유형이 된다. 그에 따라 Etzioni는 그 세 가지 유형만을 지배적인 조직유형으로 설명하고 있다.

- **강제조직**(coercive organization): 이 조직은 부하직원의 활동을 통제하기 위한 수단으로 물리적 제재나 위협을 사용하며, 그러한 권력에 대한 구성원의 반응은 소외적 참여를 특징으로 한다. 형무소와 정신병원과 같은 조직이 여기에 속한다.
- **공리조직**(utilitarian organization): 이 조직은 부하직원에게 물질적 보상체제를 사용하여 조직을 통제하며, 그에 대해 구성원은 타산적으로 참여한다. 공장, 일반회사, 농협 등이 여기에 속한다.
- **규범조직**(normative organization): 이 조직은 규범적 권력을 사용하여 구성원의 높은 헌신적 참여를 유도한다. 종교단체, 종합병원, 전문직 단체, 공립학교 등이 여기에 속한다.

이러한 조직들은 각기 상이한 목표를 가지고 있다. 강제조직은 질서유지를 가장 중시하며, 공리조직은 이윤 추구를, 그리고 규범조직은 새로운 문화의 창출과 계승, 활용을 중시하는 특징을 가진다.

## 제3절 조직풍토론

조직 속에서 개인이 과업을 수행하는 방식은 개인적 특성과 조직환경의 영향을 받는다. 조직풍토(organizational climate)는 바로 조직 구성원이 조직 내에서 경험하는 총체적 조직환경의 질을 의미한다(Tagiuri & Litwin, 1968: 26). 학교를 예로 들면, 학교 간에 구분을 지어 주고, 학교 구성원의 행위에 영향을 미치는 일련의 내적 특성이 곧 학교의 조직풍토인 것이다.

학교풍토는 학교 구성원인 학생, 교사, 행정가들이 공유하는 가치관, 신념, 행동 표준 등 내적 특성을 의미한다. 조직풍토를 일련의 내적 특성으로 정의하는 것은 어떤 면에서는 인성에 대한 정의와 유사하다. 따라서 학교풍토는 학교의 인성이라고 생각할 수 있다. 그러나 인성이라는 개념이 그러하듯이, 조직풍토의 개념도 매우 모호한 개념이다. 조직풍토를 정의하고 그 기본적인 요소를 측정하기 위한 대표적인 연구로는 Halpin과 Croft의 연구, Miles의 연구, Willower 등의 연구가 있다.

## 1. Halpin과 Croft의 학교풍토론

### 가. 초기의 학교풍토론

Halpin과 Croft(1962)는 학교의 조직풍토를 설명하고 기술할 수 있는 조직풍토기술척도(Organizational Climate Description Questionnaire: OCDQ)를 개발하여 학교풍토를 연구하였다. OCDQ는 교사집단의 특징과 교장의 행동에 대하여 교사들이 어떻게 지각하고 있는가를 조사하여 학교풍토를 기술하고 있는 것으로서, 학교조직에 대한 교사들의 내적 관심도이며 교사들 스스로의 자기평가라고 할 수 있다.

OCDQ는 교사집단과 교장의 행동 특성 각각을 4개의 하위변인으로 세분화한 8개 변인에 각 8개 문항씩 64개 문항으로 구성되었다. 교사집단의 특성을 측정하는 변인으로는 장애, 친밀, 방임, 사기를, 교장의 행동 특성을 측정하는 변인으로는 과업, 냉담, 인화, 추진을 설정하였다.

- 교사 행동 특성
  - 장애(hindrance): 교사들이 교장을 자기 일을 도와주는 사람으로보다는 방해하는 사람으로 지각하는 정도
  - 친밀(intimacy): 교사들이 업무 외에 다른 교사들과 우호적인 인간관계를 유지하면서 사회적 욕구를 충족시키는 정도
  - 방임(disengagement): 교사들이 주어진 업무에 헌신하지 않고 이탈하려 하는 정도
  - 사기(esprit): 교사들이 과업 수행에서 욕구 충족과 성취감을 느끼는 정도

- 교장 행동 특성
  - 과업 중시(production emphasis): 교장이 일에 대한 지시와 감독을 철저히 하는 정도

－냉담(coldness): 교장이 공식적이고 엄정한 행동을 나타내는 정도

－인화(consideration): 교장이 따뜻하고 친절한 행동을 보이는 정도

－추진(thrust): 교장이 역동적으로 학교를 잘 운영해 나가는 정도

Halpin과 Croft는 이러한 8개의 변인에 대한 하위검사 점수를 가지고 학교풍토를 6개로 구분하고 개방－폐쇄의 연속선상에서 설명하였다.

- **개방적 풍토**: 목표를 향해 움직이고 학교 성원의 사회적 욕구를 충족시켜 주는 활기차고 생기 있는 조직풍토이다.
- **자율적 풍토**: 교장이 교사들 스스로가 상호 활동구조를 마련토록 분위기를 조성하고, 사회적 욕구 충족을 위한 방법을 모색토록 보장하는 자유보장적 풍토이다.
- **친교적 풍토**: 교장과 교사들 간에 우호적 태도가 형성되고, 사회적 욕구는 잘 충족되나 조직의 목적 달성을 위한 집단활동이 부족하다.
- **통제적 풍토**: 과업 수행을 강조하고 교사들의 사회적 욕구 충족을 소홀히 하는 풍토이다.
- **간섭적 풍토**: 교장이 공정성을 결여하고, 교사들에게 과업만을 강조하여 과업성취나 욕구 충족 모두에 부적합한 풍토이다.
- **폐쇄적 풍토**: 교장이 일상적인 일과 불필요한 일을 강조하고, 교사들은 거의 만족감을 느끼지 못하는 비효율적인 풍토이다.

이러한 초기의 OCDQ는 학교풍토를 측정하는 도구로 널리 사용되어 왔지만, 제한점도 가지고 있었다. Silver(1983)는 OCDQ의 개념적 근거를 비판하였는데, OCDQ의 틀 자체의 논리가 명확하지 못하고, 정밀함이 결여되어 있다는 것이다. 즉, 장애가 교사 행동의 하나의 하위차원으로 규정되어 있지만, 실은 교사들의 대인관계의 행동이라기보다는 행정적 요구를 지칭하는 것이라는 사실이다. 또한 과업은 높은 생산 표준을 강조하는 것이 아니라 폐쇄된 행정과 독재적 행동에 대한 의미를 내포하고 있다. 이러한 타당하지 않은 하위척도와 낮은 신뢰도로 인하여 최근 개정된 OCDQ는 초기의 OCDQ에 대한 비판을 수용하고 있다.

## 나. 개정된 초등학교용 OCDQ

개정된 풍토 측정도구(OCDQ-RE)는 초등학교 교사들과 학교장의 행동에 대한 6개의 하위검사, 42개의 문항으로 되어 있는 척도이다(Hoy & Clover, 1986: 93-110; Hoy, Tarter, & Kottkamp, 1991). 교사집단의 특성을 측정하는 변인으로는 단체적(collegial), 친밀한(intimate), 일탈적(disengaged) 행동을, 교장의 행동 특성을 측정하는 변인으로는 지원적(supportive), 지시적(directive), 제한적(restrictive) 행동을 설정하였다.

- 교사 행동 특성
  - 단체적(collegial): 교사들 간에 이루어지는 지원적이고 전문적인 상호작용의 정도
  - 친밀한(intimate): 학교 안팎에서 교사들 간에 형성된 긴밀한 개인적 관계의 정도
  - 일탈적(disengaged): 교사들 간에 조성된 소외감과 격리감의 정도

- 교장 행동 특성
  - 지원적(supportive): 교사들에게 진실한 관심을 보이고 지원하는 정도
  - 지시적(directive): 교사들의 개인적 욕구에 전혀 관심을 두지 않는 엄격한 과업 지향의 정도
  - 제한적(restrictive): 교사들이 업무를 수행할 때 장애를 주는 정도

Hoy와 Miskel(2001)은 이러한 6개의 변인에 대한 하위검사 점수를 가지고 학교풍토를 4개로 구분하고 개방-폐쇄의 연속선상에서 설명하였다.

- **개방풍토**(open climate): 교직원 사이 그리고 교직원과 교장 사이에 협동, 존경, 신뢰가 존재함으로써 교장은 교사의 제안을 경청하고 전문성을 존중하며, 교사는 일에 대하여 헌신하는 풍토이다.
- **몰입풍토**(engaged climate): 한쪽에서는 교장의 통제가 비효과적으로 시도되고,

|  |  | 교장의 행동 ||
| :---: | :---: | :---: | :---: |
|  |  | 개방 | 폐쇄 |
| 교사의 행동 | 개방 | 개방풍토 | 몰입풍토 |
|  | 폐쇄 | 일탈풍토 | 폐쇄풍토 |

**그림 5-4** 학교풍토의 유형화

다른 한쪽에서는 교사들의 높은 전문적 업무수행이 이루어지는 풍토이다.

• **일탈풍토**(disengaged climate): 몰입풍토와 반대되는 풍토이다. 교장은 개방적이고, 관심이 많으며, 지원적인 데 반하여 교사는 교장을 무시하거나 최악의 경우 태업하거나 무력화시키려고 하며, 교사 간에도 불화하고 편협하며, 헌신적이지 않은 풍토이다.

• **폐쇄풍토**(closed climate): 개방풍토와 반대되는 풍토이다. 교장은 일상적이거나 불필요한 잡무만을 강조하는 비효과적인 리더십을 엄격하고 통제적으로 나타내는 데 반하여 교사는 교장과 불화하고, 업무에 대한 관심 및 책임감이 없고, 헌신적이지 않은 풍토이다.

## 2. Miles의 조직건강론

조직건강(organizational health)이란 인간의 건강에 대응하는 조직의 건강으로 조직이 자체 유지능력을 가지고 환경과 역동적인 상호작용을 통해 구성원의 사기를 진작시키고 생산성을 제고할 수 있는 능력을 기술하는 지표이다. 건강한 조직은 높은 생산성을 유지하고 새로운 환경에 적절히 적응하면서 발전해 나간다. 그러나 건강하지 못한 조직은 생산성이 점차 낮아지고 환경에 대한 대처능력이 떨어져 결국 소멸하게 된다. 조직건강의 핵심적인 관심은 변화에 대처해 나가고, 미래에 적응하기 위한 조직의 능력을 지속적으로 향상시키는 데 있다(노종희, 1994: 394).

조직론에서 건강이라는 용어를 처음 사용한 사람은 Argyris(1958)이다. 그는 조직 구성원을 성숙한 인간으로 보고, 조직 구성원들이 성숙한 인간으로서 독립성, 책임감, 창의성 등을 추구할 때 건강한 조직이 된다고 하였다. Bennis(1962: 269-282)

도 조직건강이라는 개념을 조직 운영의 중요한 차원으로 부각시키고 있는데, 그의 조직건강 개념에는 적응력, 유대감, 현실 진단능력 등이 포함되어 있다. 한편, Clark(1964: 16-30; 신중식, 1994: 68-69에서 재인용)에 따르면, 건강한 조직은 조직 내의 개인, 집단, 집단 간, 조직 전체의 성장·발전과 현상유지의 욕구를 동시에 충족시키고 있는 조직이다. 특히 Miles(1965: 18-21)는 건강한 조직은 효과적으로 기능을 수행하고, 보다 완전하게 그 기능을 수행할 수 있는 체제로 발전하고 성장하기 위하여 지속적으로 노력하는 조직이라고 보았다. 또한 학교조직의 건강측정 변인들을 과업달성 변인, 조직유지 변인, 성장발전 변인의 세 가지로 구분하여 제시하고 있는데, 그 변인의 요소와 주요 내용은 다음과 같다.

- 과업달성 변인
  - 목표에 대한 관심(goal focus): 건강한 조직에서는 조직목표가 합리적이고 명료하며 구성원에 의하여 잘 수용된다. 그러나 목표의 합리성과 명료함, 그리고 구성원에 의한 수용은 조직건강을 위해 필요조건이지 충분조건은 아니다. 보다 건강한 조직이 되기 위해서는 목표가 현재의 능력 혹은 가용자원으로 달성이 가능해야 하고 적절해야 한다.
  - 의사소통의 적절성(communication adequacy): 조직은 소집단과 같이 동시에 직접적인 대면을 통해 운영되는 체제가 아니기 때문에 조직 내 정보의 원활한 흐름이 매우 중요하다. 건강한 조직은 수직적·수평적 의사소통이 왜곡되지 않고 이루어지며, 외부환경과의 정보 교신이 원활하게 이루어진다. 또한 구성원들은 그들이 필요로 하는 적절한 정보를 신속하고 용이하게 얻을 수 있다.
  - 권력의 적정한 분산(optimal power equalization): 건강한 조직은 영향력의 배분이 비교적 공정하다. 부하직원들은 상사와 영향력을 주고받을 수 있고, 그들의 상사도 그의 상사와 영향력을 주고받을 수 있다고 생각하고 있다. 이러한 조직에서는 집단 간의 갈등이 있을지라도 집단 간 권력 투쟁은 심각하지 않다. 이러한 조직 구성원들의 기본적인 자세는 강압보다는 협동적 태도이다.

- 조직유지 변인
  - 자원의 활용(resource utilization): 건강한 조직은 구성원들을 효과적으로 활용한다. 효과적인 활용이란 사람들을 지치게 하거나 권태롭게 하지 않는 것이다. 건강한 조직에서는 사람들이 열심히 일하며 자신이나 조직의 이익에 반하는 일을 하지 않는다고 느낀다. 그들은 자신의 과업에 대하여 즐거움을 느낄 뿐만 아니라 조직에 공헌하는 과정에서 배우고, 성장하고, 발전한다는 느낌을 가진다.
  - 응집력(cohesiveness): 건강한 조직에서는 사람들이 그 조직을 잘 알고 좋아한다. 또한 구성원들도 조직 내의 다른 구성원들에게 매력을 느끼고 애정을 갖는다. 그래서 그들은 조직에 머물기를 원하며, 조직의 영향을 받기를 원하고, 협동적인 활동에서 자신의 영향력을 발휘하기를 원한다. 조직과 구성원들에 대한 신뢰를 바탕으로 평생토록 근무하게 하는 끈끈한 애착이 있는 것이다.
  - 사기(morale): 사기는 행복이나 만족감을 의미한다. 구성원의 행복과 만족감이 조직건강을 위한 충분조건은 아니지만, 조직수준에서 사기를 유발하는 데는 절대적으로 필요한 것들이다. 사기란 행복, 만족, 즐거움을 포함하는 개인의 정서 성향으로서, 불안, 스트레스, 불만 등의 정서와 반대되는 것이기 때문이다.

- 성장발전 변인
  - 혁신성(innovativeness): 건강한 조직은 새로운 절차를 만들고, 새로운 목표를 향하여 부단히 움직이고, 새로운 종류의 산출을 만들고, 조직 자체를 끊임없이 다양화하려는 경향이 있다. 따라서 건강한 조직은 관습과 일상에 젖어 정체된 상태로 남아 있기보다는 끊임없이 변화하면서 성장과 발전을 도모하는 조직이라고 할 수 있다.
  - 자율성(autonomy): 건강한 사람은 자신이 주체가 되어 환경에 적절하게 반응하듯이, 건강한 조직은 외부로부터의 요구에 수동적으로 반응하지 않고, 그 자체가 환경을 변화시키는 도구로 느끼며, 환경의 요구에 대하여 적대적이 아니라 주체적으로 반응한다. 이러한 조직은 환경으로부터 일종의 독립성을 갖는다.

−적응력(adaptation): 건강한 조직은 조직의 자원으로 환경의 요구에 부응할 수
없을 때에는 자원 획득과 욕구 충족을 위해 스스로 조직 구조를 조정하며, 환
경의 요구를 변화시켜 나간다. 그리하여 변화의 결과로서 보다 적절하고 계
속적인 조직의 대처능력이 생겨난다. 따라서 건강한 조직은 충분한 안정성과
적응과정에서 발생하는 어려움을 관리하기 위한 내성력을 갖추고 있다.

−문제해결력(problem-solving adequacy): 건강한 조직이라도 항상 여러 가지
문제와 긴장, 어려움을 가지고 있다. 문제는 문제점이 있느냐 없느냐가 아니
라 문제에 대응하는 방식이다. 건강한 조직은 문제를 감지하고, 가능한 해결
책을 강구하며, 그들의 효과성을 측정하기 위한 훌륭한 구조와 절차를 가지
고 있다.

이러한 Miles의 조직건강론과 같은 이론들을 활용하여 학교조직의 건강도를 측
정하려는 도구들이 꾸준히 개발되고 있다. Holmes(1979)는 Miles의 모형에 기초하
여 100개의 문항으로 구성된 조직건강척도(Organizational Health Questionnaire: OHQ)
를 개발하였으며, Hoy와 Feldman(1987: 30-38)은 기관적 수준, 관리적 수준, 기술적
수준 등 3개 차원의 7개 항목으로 구성된 중등학교 조직건강을 재는 조직건강목록
(Organizational Health Inventory: OHI)을 제안한 바 있다. 우리나라에서는 왕기항(1983)
이 OHQ를 발전시켜 우리나라 학교 조직건강을 측정하기 위한 도구를 개발하였다.

## 3. Willower 등의 학교풍토론

학교에서 교사가 학생을 통제하는 태도와 행위를 통해서도 조직풍토를 규명할
수 있다. 학교의 목적은 학생에게 의미 있는 행동 변화를 일으키는 것이다. 이 변화
는 인지적 행동 변화뿐만 아니라 사회적 · 정서적 · 도덕적 행동 변화를 포함한다.
이러한 변화를 일으키기 위해 학교는 학생들을 의무적으로 출석시켜 행동을 통제
한다. 그런 만큼 학생통제는 학교의 주된 관심사일 수밖에 없다.

Willower 등(1967)은 학교에서 학생통제를 어떻게 하느냐에 따라 학교풍토가 어
떻게 조성되는가를 연구하였다. 그들은 학교의 학생통제 방식을 인간적−보호적 방
식의 연속선으로 가정하고 학생통제 방식을 연구하기 위한 학생통제 이념질문지

(Pupil Control Ideology: PCI)를 발전시켰다. 그들은 20개 항목의 Likert 유형척도인 이 PCI를 통해 학교풍토를 인간주의적 학교와 보호지향적 학교로 구분하였다.

- 인간주의적 학교: 인간주의적 학교는 학생들이 협동적인 상호작용과 경험을 통하여 배우는 교육공동체이다. 이 모델에서 학습과 행동은 도덕적인 것이기라기보다는 심리적·사회적인 것으로 간주된다. 엄격한 교사의 통제보다는 스스로의 자제가 중시된다. 또한 인간주의적 학교에서는 교사들이 민주적인 통제방식을 추구한다. 교사와 학생들은 자신의 의지에 따라 행동하려 하고 그들의 행동에 대하여 책임을 지려고 한다.
- 보호지향적 학교: 보호지향적 학교는 학교의 질서를 유지하기 위하여 엄격하고 고도로 통제된 상황을 조장하는 전통적인 학교이다. 이러한 학교의 교사들은 학교를 학생과 교사의 지위체계가 잘 정비된 권위적인 조직으로 생각하는 경향이 있다. 교사들은 학생의 행동을 이해하려고 하는 대신에 그것을 도덕적인 차원에서 판단한다. 학생들은 무책임하고 훈련되지 않은 존재이므로 엄격한 규율과 체벌로 통제되어야 한다고 인식한다.

## 📖 제4절 조직문화론

조직문화(organizational culture)는 조직 구성원들이 공유하고 있는 철학, 신념, 이데올로기, 감정, 가정, 기대, 태도, 기준, 가치관 등으로 정의된다(Kilmann, Saxton, & Serpa, 1985). Ouchi(1981: 40)는 조직문화를 조직의 근원적인 가치관과 신념을 피고용자에게 전달하는 상징, 의식, 신화라고 정의하였고, Lorsch(1985: 84)는 조직을 어떻게 경영할 것인가에 대하여 조직의 최고경영자들이 공유하고 있는 신념이라고 정의하였다. Wilkins와 Petterson(1985: 265)은 조직문화는 주로 무엇을 해야 하고 무엇을 해서는 안 되는지에 관한 사람들의 신념이라고 하였으며, Schwartz와 Davis(1981: 31)는 조직에서 개인과 집단의 행동을 규제하는 표준을 만들어 내는 구성원들이 공유하고 있는 신념과 기대의 형태라고 하였다.

한편, 현상적으로 볼 때, 조직문화는 조직풍토와 일치한다(Miner, 1988). 조직풍토가 심리학적 개념인 반면, 조직문화는 사회학과 문화인류학적 개념이라는 차이가 있을 뿐이다. 그래서 조직풍토에서는 공유된 지각을 강조하고 있는 반면, 조직문화에서는 암묵적 가정, 공유된 가치관, 공유된 규범 등을 강조한다. 따라서 조직문화는 피상적이고 구체적인 규범에서부터 추상적이고 심층적인 묵시적 가정에 이르기까지 다양한 형태와 내용을 갖는 조직의 내적 특성으로 이해할 수 있을 것이다(Hoy & Miskel, 1996: 128-134).

- 공유된 규범으로서의 문화: 문화의 기본적 요소를 행동의 표준으로서의 규범으로 규정하는 것이다. 규범은 경험하지 않은 행동에 영향을 주는 조직 내의 일반적 기대를 의미한다. 규범은 대화와 의례를 통해 구성원들에게 전달되며, 구성원들은 이를 통해 조직이 기대하는 바를 의식하게 된다.
- 공유된 가치관으로서의 문화: 문화를 구성원이 공유하는 가치관으로 규정하는 것이다. 가치관은 바람직하다고 보는 것에 대한 특정인이나 집단의 판단을 의미한다. 따라서 공유된 가치관은 조직을 바로 그 조직으로 만드는 조직의 기본적 특성이다. 이를 공유함으로써 구성원은 스스로를 조직의 한 부분으로 느끼며, 조직생활의 참 의미를 알게 된다.
- 묵시적 가정으로서의 문화: 가장 심층적인 차원에서 문화를 묵시적 가정의 집합적 표현으로 보는 것이다. 묵시적 가정은 인간과 인간관계의 본성, 진리, 실제, 상황 등에 대한 추상적인 가정을 의미한다. 이러한 가정들은 구성원들이 오랜 조직생활을 통해 습득한 것으로 조직에서 아주 당연시하는 가정들이다. 이를 해독하고 구체적인 문화의 형태로 실현된 것이 가치관과 규범이라고 할 것이다.

## 1. McGregor의 X-Y이론

McGregor(1960)는 인간본성에 대해 두 가지 기본가정에 기초하여 조직문화와 경영이론을 전개하였다. 하나는 전통적인 경영이론에 바탕을 둔 X이론이며, 다른 하나는 경영에 대한 새로운 이론에 근거를 둔 Y이론이다. 이 두 이론은 경영자가 구성원들에게 동기를 부여하기 위한 전략을 선택하는 데 있어서 중요한 역할을 하며, 이 선택이 조직의 분위기를 결정한다는 점에서 조직문화를 이해하는 데 유용하다. 우선, 두 이론이 근거를 두고 있는 인간에 대한 기본가정과 각 이론하에서 경영자가 택하게 되는 차이를 비교하면 다음과 같다.

**표 5-1** X이론과 Y이론의 차이점 비교

| 구분 | X이론 | Y이론 |
|---|---|---|
| 기본가정 | 1. 보통의 인간은 선천적으로 일하기를 싫어하며, 가능한 한 일을 회피하려 할 것이다.<br>2. 일을 싫어하는 이러한 인간 특성 때문에 조직목표 달성을 위하여 적절한 노력을 발휘하도록 하기 위해서는 대부분의 인간은 벌을 주고 강압, 통제, 지시, 위협하여야만 한다.<br>3. 보통의 인간은 지시받기를 좋아하고, 책임을 회피하려 하고, 야망이 없고, 무엇보다도 안전을 원한다. | 1. 일에 대하여 신체적·정신적 노력을 경주하는 것은 놀거나 휴식을 갖는 것처럼 자연스러운 것이다.<br>2. 외적 통제와 벌로 위협하는 것만이 조직목표 달성을 위한 노력을 유발하는 유일한 수단은 아니다. 인간은 자기가 맡은 일을 수행하기 위하여 자기지시와 자기통제를 행사할 수 있다.<br>3. 목표에 대한 헌신의 정도는 성취에 대한 보상과의 함수관계에 있다.<br>4. 적절한 조건이 부여되면 보통의 인간은 책임을 수용할 뿐만 아니라 책임을 얻으려고 하는 것을 배운다.<br>5. 조직문제를 해결하는 데 있어 비교적 높은 수준의 상상력, 독창력, 창의성을 발휘할 수 있는 능력은 모든 사람에게 광범위하게 배분되어 있다. |
| 경영전략 | 1. 경영은 경제적 목적을 위하여 생산요소인 자금, 자재, 장비, 인력을 조직해야 한다.<br>2. 경영은 조직목적에 부합토록 구성원 행동을 지시하고, 그들에게 동기를 부여하며, 그들의 행동을 통제·수정하는 과정이다.<br>3. 따라서 경영자는 구성원을 설득하고, 보상을 주며, 처벌하고 통제하여야 한다 | 1. 경영은 경제적 목적을 위하여 생산요소인 자금, 자재, 장비, 인력을 조직해야 한다.<br>2. 조직의 요구에 대하여 구성원이 수동적·저항적인 것은 조직 내에서 얻은 경험의 소산이다.<br>3. 구성원이 가지고 있는 잠재력, 작업동기, 책임수행 능력 등을 발전시키는 것은 경영의 책임이다.<br>4. 따라서 경영자는 조직의 제반 여건과 운영방법을 개선하여 구성원으로 하여금 조직목표를 위해 스스로 노력하도록 유도해야 한다. |

X이론의 행정가는 적극적인 개입이 없으면 사람들은 조직의 필요에 대하여 저항하거나 수동적이 된다고 믿고 있다. 그래서 그들은 ① 권위적이고 강압적인 리더십을 행사하거나(적극적 방법), ② 인간관계나 민주적이고 온정적인 행정을 통해 설득하는 방법(온건한 방법)을 사용한다. 각 경우에 있어서 부하직원들은 설득되고 보상과 체벌이 주어지고 통제된다. 그래서 X이론은 무엇이 원인이고 무엇이 결과인지에 대한 그릇된 판단에 근거하고 있다고 볼 수 있다(McGregor, 1960: 24).

반면, Y이론의 행정가는 인간은 본질적으로 수동적이거나 게으르지 않고, 무책임하지 않으며, 조직의 필요에 저항하지도 않는다고 믿는다. 그러한 행동을 나타내는 사람은 조직에서의 경험의 결과로 이러한 작업스타일을 배우게 되었을 뿐이라고 생각한다. 모든 사람들은 일에 대한 동기와 잠재력, 책임감, 목표 성취 의지 등을 가지고 있다. 경영자의 책임은 사람들로 하여금 그러한 특성을 인식하고 계발할 수 있도록 하는 데 있다. 따라서 Y이론의 행정가는 부하직원들의 노력을 촉진시키고 지원하기 위하여 조직의 조건과 운영방법을 끊임없이 정비하려고 한다.

X이론적 문화는 외적 통제에 대한 믿음과 가정을 기초로 하고 있는 반면, Y이론적 문화는 자율적 통제와 자기지향에 대한 가정에 의존한다. 이러한 차이는 인간을 어린이로 취급하는 문화와 성숙한 어른으로 보는 문화와의 차이이다. 경영자가 가진 이러한 가치관과 가정의 차이는 이렇게 조직문화의 차이를 드러내는 것이다.

## 2. Ouchi의 Z이론

1980년 이후 일본의 급속한 경제발전에 따라 일본의 경영기술에 대한 관심이 크게 높아졌다. Ouchi(1981)는 고생산 기업들이 어떠한 공통점을 가지고 있는가를 발견하기 위하여 미국과 일본의 기업들을 비교 연구하였다. 이들 기업의 성공을 설명하는 과정에서 Ouchi는 Z이론을 발전시켰다.

Z이론은 McGregor의 X-Y이론의 연장선 위에 있다. 차이는 McGregor의 이론이 경영자의 리더십 유형 간의 차이를 강조한 반면, Z이론은 전체 조직의 문화에 관심을 두고 있다는 것이다. 성공적인 기업은 친밀성, 신뢰, 협동, 팀워크, 평등주의 등 공유된 가치관에 의하여 내적으로 일관되고 다져진 독특한 기업문화를 가지고 있다. 이들 조직의 성공은 기술보다는 인간관리에 기인하고 있는 것이다.

**표 5-2** Z이론의 조직문화 특성

| Z조직의 특성 | Z문화의 핵심적 가치 |
|---|---|
| 장기간의 고용 ⟶ | 조직에 대한 헌신 |
| 완만한 승진 ⟶ | 경력 지향성 |
| 참여적 의사결정 ⟶ | 협동심과 팀워크 |
| 집단결정에 대한 개인 책임 ⟶ | 신뢰와 집단충성 |
| 전체 지향 ⟶ | 평등주의 |

Z이론의 조직은 그러한 문화를 증진시키는 여러 가지 특성을 가지고 있다. 즉, 장기간의 고용, 완만한 승진, 참여적 의사결정, 집단결정에 대한 개인 책임, 전체 지향과 같은 특성들이다. 장기간의 고용은 피고용자로 하여금 안정감을 갖고 조직에 헌신토록 하며, 조직에 모든 정열을 바치게 한다. 완만한 승진은 피고용자로 하여금 다양한 기능과 역할을 수행토록 함으로써 광범한 경험과 다양한 경력을 쌓을 수 있는 기회를 제공한다. 집단결정에 대한 개인 책임은 신뢰와 상호 지원의 분위기를 가져다준다. 전체 지향은 평등주의 분위기를 조장하고, 협동적으로 일하는 평등의 공동체를 촉진한다. 이처럼 Z이론의 조직은 친밀성, 신뢰, 협동, 평등주의의 가치를 증진시킬 수 있는 체제로 운영된다. 조직문화의 이러한 기본적인 가치들은 조직생활의 모든 부분에 영향을 주어 조직목표를 성공적으로 성취하게 하며, 효율적인 체제를 유지하도록 해 준다(Hoy & Miskel, 1996: 131).

## 3. Argyris의 미성숙-성숙이론

X이론의 가정에 바탕을 둔 행정은 바람직하지 않지만 실제에 있어서는 아직도 널리 적용되고 있다. Argyris(1962)는 대부분의 조직에서 아직도 지배적인 관료적 가치체제(X이론의 인간본성 가정에 기초한 조직)와 당시에 새롭게 부각되고 있던 인간적 가치체제(Y이론의 인간본성 가정에 기초한 조직)를 비교 연구하였다.

관료적 가치체제를 따르는 조직에서는 피상적이고 의심 많은 인간관계가 형성된다. 이러한 관계는 사람들로 하여금 위선적인 관계만을 유지하게 하여 대인관계 능력을 저하시킨다. 대인관계 능력은 다시 불신, 집단 간 갈등 등을 야기하고 결국 조직의 문제해결력을 저하시킨다. 반면, 조직 내에 인간적 혹은 민주적 가치가 지배적일 때는 신뢰할 수 있는 대인관계가 형성되고 대인관계 능력, 집단 간 협동, 융통성이 증가되며, 결과적으로 조직의 효과성이 증대된다. 이러한 조직환경에서는 사람들이 성숙한 인간으로 취급되며, 조직 구성원과 조직 자체가 잠재력을 최대한으로 계발할 수 있는 기회를 갖게 된다.

Argyris는 교사와 같은 전문직 종사자는 성숙한 인간으로 취급받고 싶어 하나 현대의 대부분 조직은 관료제 가치체제를 따르고 있기 때문에 그들의 잠재력을 최대한으로 활용하는 데 실패하고 있다고 하였다. 미성숙한 인간으로 취급을 받게 되면 사람들은 공격적이 되거나 냉담한 반응을 나타내게 되며, 그에 따라 관리자는 더욱 통제를 가하게 되어 결과적으로 조직의 효과성이 저하된다. 따라서 조직의 관리자는 구성원을 성숙한 인간으로 취급하고 그러한 문화풍토를 조성하는 데 최선의 노력을 기울여야 한다. Argyris는 미성숙한 인간과 조직은 다음과 같은 변화를 통해 성숙한 인간과 조직으로 발전한다고 하면서 미성숙-성숙의 연속선을 제시하고 있다.

**표 5-3** 미성숙-성숙의 연속선

| 미성숙한 인간과 조직의 특성 | 성숙한 인간과 조직의 특성 |
| --- | --- |
| 피동적인 태도 ──────────▶ | 능동적인 태도 |
| 의존적인 성향 ──────────▶ | 독립적인 성향 |
| 단순한 행동 ──────────▶ | 다양한 행동 |
| 얕고 산만한 관심 ──────────▶ | 깊고 강한 관심 |
| 단견적 비전 ──────────▶ | 장기적 비전 |
| 종속적 위상 ──────────▶ | 평등 지배적 위상 |
| 자의식의 결여 ──────────▶ | 주체적 자의식 |

## 4. Sethia와 Glinow의 문화유형론

Sethia와 Glinow(1985)는 조직의 관심이 인간에게 있느냐 성과에 있느냐에 따라 조직문화의 유형을 네 가지로 분류하였다. 인간에 대한 관심(concern for people)은 조직이 구성원의 만족과 복지를 위해 노력하는 것을 나타내며, 성과에 대한 관심

성과에 대한 관심

|  |  | 낮음 | 높음 |
|---|---|---|---|
| 인간에 대한 관심 | 높음 | 보호문화 | 통합문화 |
|  | 낮음 | 냉담문화 | 실적문화 |

**그림 5-5** Sethia와 Glinow의 조직문화 유형

(concern for performance)은 구성원이 최선을 다해 직무를 수행하도록 하려는 조직의 기대를 나타낸다. 이 양 차원에 따라 조직문화는 다음과 같은 네 가지 유형으로 구분된다.

- **보호문화**: 구성원의 복리를 강조하지만 그들에게 높은 성과를 강요하지는 않는다. 이러한 문화는 대체로 조직의 설립자나 관리자의 온정주의적 철학에 의한 것이다. 이러한 문화를 가진 조직은 구성원들이 조직의 지도자에게 순응할 준비가 되어 있기 때문에 원만하게 운영되며, 구성원들의 충성심과 애정 때문에 생존하고 번창한다. 팀워크와 협동, 동료와 상사에 대한 복종 등이 중요한 가치이다.
- **냉담문화**: 인간과 성과 모두에 대하여 무관심한 조직으로 특별한 상황과 환경에 의해 보호를 받지 못하면 생존할 수 없는 조직이다. 사기 저하와 냉소주의가 퍼져 있고, 이는 관리자의 방임적인 리더십에 의해 확산된다. 음모, 파당, 분열이 만연하고, 불신, 불확실, 혼란이 조직문화를 조장한다. 이러한 조직은 효과성과 능률성에 대한 관심보다는 기득권과 이해관계에 의해서 운영된다.
- **실적문화**: 구성원들의 복지에 대해서는 소홀하지만 그들에게 높은 성과를 요구한다. 실적문화는 성공추구 문화의 대표적인 경우이다. 인간은 소모품으로 간주되며, 보상은 개인의 성과가 높을 때만 주어진다. 성공, 경쟁, 모험, 혁신, 적극성 등이 이 문화의 기본적 가치이다.
- **통합문화**: 성과와 인간에 대한 높은 관심을 나타내는 조직이다. 이 조직에서 인간에 대한 관심은 온정적인 것이 아니라 인간의 존엄성을 바탕으로 한 진지한 관

심이다. 인간은 조직발전에 대한 큰 공헌을 할 수 있고, 또 그렇게 하기를 기대한다. '사람들이 할 수 있는 모든 것을 할 수 있도록 자유를 허용하라'는 것이 하나의 기본원칙이다. 협동, 창의성, 모험, 자율 등이 이 문화의 기본적 가치이다.

## 5. Steinhoff와 Owens의 학교문화 유형론

Steinhoff와 Owens(1976: 17-23)는 공립학교에서 발견될 수 있는 네 가지의 특유한 문화형질(culture phenotypes)을 통해 학교문화를 분류하였다. 이들은 학교문화의 특질을 비유(metaphor)를 사용하여 설명하고 있는데, 그 학교문화의 유형 네 가지는 다음과 같다.

- **가족문화**: 이 학교는 '가정(home)'이나 '팀(team)'의 비유를 통해 설명된다. 이 학교에서는 교장이 부모나 코치로 묘사되며, 구성원들은 의무를 넘어 서로에 대한 관심을 가지고, 가족의 한 부분으로서 제 몫을 다하기를 요구받는다. 가족으로서의 학교는 애정 어리고 우정적이며, 때로는 협동적이고 보호적이다.
- **기계문화**: 이 학교는 '기계(machine)'의 비유로 설명된다. 비유로 사용되는 것은 잘 돌아가는 기계, 녹슨 기계, 벌집 등이며, 교장은 일벌레부터 느림보에 이르기까지 기계공으로 묘사된다. 이 학교에서는 모든 것을 기계적인 관계로 파악한다. 학교의 원동력은 조직 자체의 구조로부터 나오고, 행정가는 자원을 획득하기 위하여 시시각각으로 변화하는 능력가로 묘사된다. 학교는 목표 달성을 위해 교사들을 이용하는 하나의 기계인 것이다.
- **공연문화**: 이 학교는 서커스, 브로드웨이쇼, 연회 등을 시연하는 공연장(cabaret)으로 비유된다. 교장은 곡마단 단장, 공연의 사회자, 연기주임 등으로 간주된다. 이 문화에서는 공연과 함께 청중의 반응이 중시된다. 명지휘자에 의해 이루어지는 공연과 같이, 훌륭한 교장의 지도 아래 탁월하고 멋진 가르침을 추구하는 것이다.
- **공포문화**: 이 학교는 전쟁터나 혁명 상황, 혹은 긴장으로 가득찬 악몽으로 묘사될 수 있다. 교장은 자기 자리를 유지하기 위해 무엇이든지 희생의 제물로 삼을 준비가 되어 있다. 교사들은 자신의 학교를 밀폐된 상자 혹은 형무소라고

표현한다. 이러한 학교의 교사들은 고립된 생활을 하고, 사회적 활동이 거의 없다. 구성원들은 서로를 비난하며, 적의를 가지고 있다. 이 문화는 냉랭하고 적대적이다.

Steinhoff와 Owens가 조직문화 평가척도를 만들어 47개 초 · 중등학교의 교사와 교장, 행정가 등을 대상으로 조직문화를 측정해 본 결과, 가족문화와 기계문화 유형의 학교(각 33%)가 대부분을 차지하고 공연문화(10%)와 공포문화(8%)의 학교는 비교적 적은 것으로 나타났다고 한다.

## 📒 제5절 조직 성장 · 발전론

조직은 생성하여 끊임없는 변화를 통해 성장 · 발전한다. 이에 따라 조직의 성장과 발전에 대한 많은 이론들이 나타났다. 여기서는 그 이론들 중에서 Greiner의 조직성장론과 Owens와 Steinhoff의 조직발전론을 대표적으로 살펴본다.

### 1. Greiner의 조직성장론

Greiner(1972: 37-46)는 조직은 생성과 함께 5단계의 진화과정을 거친다고 설명한다. 조직의 성장은 진화기와 함께 말기의 혁신기를 거친다. 진화기는 성장을 이루기 위하여 사용되는 지배적인 경영 유형에 의해 특징지어지는 반면, 혁신기는 성장이 지속되기 전에 해결되어야만 하는 지배적인 경영 문제로 특징지어진다.

• 제1단계: 창의성에 의해 성장하는 단계이다. 이 단계는 창설자에 의해 주도되고, 상품과 시장을 창조하는 일에 몰두한다. 일반적으로 이 단계의 창설자는 기술적 · 기업가적 지향이며, 경영가적 지향이 아니다. 그러나 조직이 성장함에 따라서 비공식적인 의사소통과 창설자의 헌신만으로는 해결할 수 없는 경영 문제가 발생하게 된다. 그래서 창설자는 원치 않는 경영 책임을 떠맡게 된다. 이에 따라 리더십의 위기가 도래하고 첫 번째의 혁신기가 시작된다. 해결

책은 새로운 강력한 경영자를 배치하고 다음의 진화단계인 지시를 통한 성장
단계로 나아가게 되는 것이다.

- 제2단계: 지시에 의한 성장단계이다. 이 단계에서는 새로운 경영자와 간부들이
기관의 나아갈 방향에 대하여 책임을 맡게 되는 반면, 하위층의 감독자들은 아
직도 자율적으로 의사결정하는 경영자라기보다는 기능적 전문가로 남아 있다.
그러나 경영자의 지시를 통해 배운 하위층의 감독자들은 곧이어 자율성을 요
구하게 되고 이에 따라 자율성의 위기가 닥치게 된다. 이 위기에 대한 해결책
은 보다 많은 권한을 하위층에게 위임하는 것이다.

- 제3단계: 위임을 통한 성장단계이다. 이 단계의 조직은 대체로 분권화된 조직
구조를 개발하기 시작하여 하위층의 의욕을 북돋운다. 그러나 이는 곧바로 다
음 단계의 위기를 초래한다. 경영자가 고도로 다양화된 영역에 대한 통제를 상
실해 감으로써 통제의 위기가 나타나는 것이다. 통제의 위기는 일반적으로 집
권으로 회귀하는 결과를 가져오지만 그것은 자율권이 부여되었던 직원들에게
반감을 사게 된다. 따라서 보다 효과적인 해결책은 집권보다는 조정을 통해 조
직을 체계화하는 것이다.

- 제4단계: 조정을 통한 성장단계이다. 이 단계는 보다 광범한 조정을 달성하기
위하여 공식적인 체제를 활용하는 것으로 특징지어진다. 그러나 그 조정체제
는 종국에 가서 무력하게 되어 형식주의의 위기를 초래하게 된다. 이 위기는
조직이 형식적인 프로그램과 경직적인 체제로 관리하기에는 너무 거대하고 복
잡하게 된 경우에 빈번하게 발생한다.

- 제5단계: 협동을 통한 성장단계이다. 조정단계에서는 공식적인 체제와 절차를
통하여 성장을 도모하지만, 이 단계에서는 팀워크를 통해 성장을 도모하게 된
다. 경영에 있어서 보다 많은 자발성이 강조되고, 사회적 통제와 자율이 공식
적인 통제를 대신하게 된다. 그다음 단계에서 어떠한 위기가 올 것인지는 모르
지만, 새로운 형태의 위기가 초래될 것이고 이를 위한 해결 역시 새로운 것임에
틀림없다.

## 2. Owens와 Steinhoff의 조직발전론

조직발전론은 본래 1960년대 미국 사업가들이 그들의 당면 문제를 효과적으로 해결하기 위해 개발·적용한 기법이다. 구체적으로 말해, 사회의 급속한 변화에 따른 조직 변화의 필요에 직면하여 조직 구성원의 문제 발견 및 해결능력을 증진시키고 변화에 잘 적응하는 관리능력을 증진시키기 위한 계획적·체계적 조직관리 기법인 것이다(김윤태, 1994: 328). Owens와 Steinhoff(1976: 142-148)는 조직발전 (Organizational Development: OD)이 학교혁신의 가장 핵심적인 과정이라고 하면서 그 과정을 특징짓는 다음과 같은 열 가지의 개념을 통해 조직발전론을 전개하고 있다.

- **발전 목표**: 조직발전의 주된 목표는 조직 자체의 기능을 개선하기 위한 것이다. 조직 생산성과 효과성의 개선은 조직의 업무에 관하여 보다 효과적인 의사결정을 할 수 있는 조직의 능력에 달려 있다. 따라서 조직의 능력을 효율화할 수 있는 풍토의 개선, 의사결정의 참여폭 확대, 새로운 프로그램의 고안, 조직의 재구조화 등을 구체적인 목표로 설정하고 추진해야 한다.
- **체제의 혁신**: 조직발전론에서는 조직이 결국 소멸하는 것이라는 사고를 배격한다. 조직은 언제나 자체를 혁신할 수 있고, 자체의 능력을 증대시킬 수 있으며, 변화에 적응하고, 목표 달성 수준을 제고할 수 있다는 긍정적인 견해를 가지고 있어야 한다.
- **체제적 접근**: 조직발전론은 조직을 복잡한 사회체제로 보는 관점에 근거를 두고 있다. 따라서 조직체제의 전체를 강조하고, 하위체제 구성요소인 인간, 구조, 기술, 과업 간의 역동적인 상호 관련성을 강조한다.
- **인간중심주의**: 조직발전의 핵심은 과업, 기술, 구조적 차원이 아니라 인간적 차원이다. 특히 조직발전의 초점은 인간행동에 영향을 미치는 신념의 체계로 요약되는 조직문화에 있다. 태도, 가치관, 감정, 개방적인 의사소통 등이 조직발전의 핵심적 관심사이다.
- **교육을 통한 혁신**: 조직발전은 교육을 통하여 조직 내 사람들의 행동을 의미 있는 방향으로 변화시킴으로써 조직의 자기 혁신을 자극시키는 것이다. 조직발전의 교육적 전략과 과정은 주로 조직풍토와 조직문화를 형성하는 요인들에

초점을 둔다.

- **경험을 통한 학습**: 조직생활에서 실천학습 개념의 적용이 조직발전을 위한 학습의 기초이다. 실천학습은 사람들로 하여금 ① 공통의 경험을 공유토록 하고, ② 그 경험으로부터 무엇을 배울 수 있는가를 알기 위하여 경험을 재검토하기를 강조한다.
- **실제적인 문제 취급**: 조직발전론은 현존하는 긴급한 문제를 해결하기 위하여 조직에 적용하는 것이다. 따라서 교육과정에 관련 없는 어떤 특정한 문제나 보편적인 문제를 포함시키지 않고 구체적인 조직의 문제를 취급하게 된다.
- **체계적인 계획**: 조직발전의 또 하나의 특성은 노력이 체계적으로 계획된 것이어야 한다는 것이다. 계획은 목표집단을 설정하고, 시간 계획을 수립하며, 그것을 달성하기 위한 구체적이고 체계적인 자원 조달 계획 등을 포함하고 있어야 한다.
- **변혁 주도자의 참여**: 조직발전은 변화 노력의 초기단계에서 핵심적인 역할을 수행하는 변혁 주도자의 참여에 의해 좌우된다. 조직의 변화 청사진을 구상하고 조직발전 프로그램의 수행을 돕는 자를 일반적으로 상담역이라고 부른다. 이 상담역은 조직의 외부에서 올 수도 있고 내부에서 임명될 수도 있다.
- **최고 의사결정자의 참여**: 최고 행정가가 조직발전에 관심을 가지고 헌신하며 가시적으로 참여할 때에만 하부 직원들의 참여동기가 높아지고 발전 노력이 성공할 수 있다.

## 📑 제6절 조직갈등론

조직 내의 갈등(conflict)이란 행동주체 간의 대립적 내지 적대적 상호관계(작용)을 말한다. 여기서의 행동주체는 개인이나 집단일 수도 있고 조직일 수도 있다. 갈등은 심리적 대립감과 대립적 행동을 포함하는 개념으로 행태론 및 인간관계론 등에서 본격적으로 연구를 시작하였다. 갈등의 종류에는 개인갈등(심리적 갈등), 대인갈등(사람 간 갈등), 집단갈등(집단 간 갈등), 문화갈등(문화 간 충돌), 역할갈등(상반된 역할 부여에 따른 심리적 부담), 의사결정 갈등(대안의 선택기준이 모호) 등이 있고 그 형태도 다양하다.

## 1. 갈등상황이란

갈등상황(conflict situations)이란 갈등이 야기될 수 있는 조직 내의 상황 또는 조건이다. 갈등상황에는 갈등을 야기할 수 있는 사람의 특성과 행태도 포함된다. 갈등상황이 조성되어야 갈등이 생겨날 수 있다. 갈등상황은 잠재적 갈등이라고 할 수도 있고 갈등의 원인이라고 할 수도 있다. 그러나 이러한 원인이 있다고 해서 언제나 갈등이 진행되는 것은 아니다. 갈등상황이 행동주체들에 의해 지각되지 않을 수도 있고 구체적인 갈등관계가 형성되기 전에 갈등상황이 소멸될 수도 있다. 갈등상황은 일종의 매개변수라 할 수 있다. 갈등상황은 갈등을 유발하거나 그 출처(source)가 될 수 있는 조직상의 요인들과 갈등 사이를 연결해 주는 조건이기 때문이다. 조직을 구성하는 거의 모든 요인은 갈등의 출처가 될 수 있지만 그러한 요인들이 갈등을 직접 유발하는 것은 아니다. 갈등의 출처가 될 수 있는 요인들은 갈등이 일어날 수 있는 조건 또는 갈등상황을 형성한다(오석홍, 2005).

## 2. 갈등의 순기능과 역기능

갈등에 대한 일반화된 유형으로 유익한 갈등(갈등의 순기능)과 해로운 갈등(갈등의 역기능)을 들 수 있다(오석홍, 2005; Lan, 1997; Rico, 1964; Thomas, 1976). 조직이 추구하는 목표나 가치를 지지하거나 촉진하는 결과를 가져오는 갈등은 조직에 유익한 갈등(순기능적·건설적 갈등)이다. 반면, 조직이 추구하는 목표나 가치를 해치는 것은 조직에 해로운 갈등(역기능적·파괴적 갈등)이다.

그러나 구체적인 경우에 순기능적 갈등과 역기능적 갈등이 항상 뚜렷하게 구별될 수 있는 것은 아니다. 또한 양자는 시간의 흐름에 따라 변동될 수 있는 것이다. 유익한 갈등은 조직의 생존과 성공에 필요한 쇄신적 변동을 야기하는 원동력이 된다. 유익한 갈등은 행동주체들의 정체성 인식을 돕고 자기반성의 기회를 제공한다. 그리고 변동의 탐색을 유도할 뿐 아니라 변동의 수용을 용이하게 한다. 갈등은 조직구성원들로 하여금 정체된 사고방식에서 벗어나 능동적인 행동을 하게 하는 활력소가 될 수 있다. 갈등은 유기체에 필요한 적정한 수준의 자극을 제공하는 범위 내에서 조직의 자율조정적 장치에 불가결한 요소라고 할 수 있다. 갈등은 기존의 또는 장래의 자원배분에 변화를 야기함으로써 조직의 중요 국면을 근본적으로 바꾸어 놓을 수도 있다. 순기능적 갈등이 없다는 것이 정체된 사고방식, 부적절한 의사결정, 독재와 획일주의, 조직의 침체 등을 반영하는 것이라고 한다면 순기능적 갈등의 존재는 창조와 성장, 민주주의 다양성 그리고 자기실현을 반영하는 것이라고 말할 수 있다. 해로운 갈등은 조직의 목표를 성취하는 데 필요한 협동적 노력을 좌절시킨다. 조직 구성원들의 사기를 떨어뜨리고 낭비를 초래한다. 이런 갈등이 극심해지는 경우 조직이 와해될 수도 있다.

## 3. 갈등의 과정

갈등은 서로 연관된 일련의 단계 또는 사건을 거쳐 진행되는 동태적 과정이다. 일련의 진행단계는 ① 갈등상황, ② 지각, ③ 의도형성 ④ 행동(갈등의 표출), ⑤ 해소 또는 억압 그리고 ⑥ 갈등의 여파이다(오석홍, 2005).

갈등과정이 진행되는 첫 번째 단계는 갈등상황이라는 갈등 야기의 잠재적 조건이 형성되는 단계이다. 두 번째 단계는 행동주체들이 갈등상황을 지각하고 그 의미를 확인하는 단계이다. 세 번째 단계는 행동주체들이 갈등상황의 지각에 따라 긴장·불만·적개심 등을 느끼고 갈등의 의도를 형성하는 단계이다. 네 번째 단계는 대립적 내지 적대적 행동을 표면화하는 단계이다. 다섯 번째 단계는 갈등이 해소되거나 억압되는 단계이다. 여섯 번째 단계는 갈등의 영향 또는 여파(aftermath)가 남는 단계이다. 즉, 갈등이 잘 해소되어 장래의 갈등 발생가능성이 감소되거나 갈등의 원인이 제대로 제거되지 않아 새로운 갈등을 야기하게 되는 등의 영향이 나타나는 단계이다(Pondy, 1967; Schermerhorn, Jr., Hunt, & Osborn, 1994).

이러한 단계들이 언제나 끝까지 진행되는 것은 물론 아니다. 어느 한 단계에서 갈등관계 형성과정이 중단될 수 있는 가능성은 얼마든지 있다. 그리고 어느 한 단계 또는 사건이 일어난 상황 또는 장소에서 다른 사건들도 일어나야 한다는 보장은 없다. 하나의 선행사건이 일어난 곳과는 다른 위치에서 다른 사건이 진행될 수도 있다. 예컨대, 갈등상황이 조성되고 그것이 지각된 조직 내의 부서와는 다른 어떤 부서에서 갈등행동이 현재화될 수 있다. 그리하여 갈등은 조직 내에서 여기저기 돌아다닌다고 설명하기도 한다(Smith, 1989: 1-20).

## 4. 갈등관리의 전략

조직 내의 갈등에는 역기능도 있고 순기능도 있다. 또한 역기능과 순기능을 함께 지닌 갈등도 많다. 갈등의 순기능과 역기능은 시간이 흐름에 따라 변화하는 것이다. 즉, 갈등이란 매우 복잡한 동태적 현상이므로 갈등관리의 전략은 상황적응적인 것이 되어야 한다. 갈등관리의 기본적인 전략을 크게 구별해 보면 다음과 같다. 첫째, 갈등상황이나 그 출처를 근본적으로 변동시키지 않고 사람들이 거기에 대응하도록 만드는 것이다. 조직이라는 체제의 기본적인 조건은 변동시키지 않고 일부 요인에 수정을 가함으로써 조직상의 배열이 보다 원활하게 운영되도록 하는 것이다. 이러한 전략의 실현에는 인과관계에 치중한 기법들이 많이 쓰인다. 둘째, 조직상의 배열을 적극적으로 변동시켜 갈등상황을 제거하는 것이다. 조직을 구성하는 일부 요인의 교체 또는 새로운 요인의 추가 그리고 기본적인 구조의 개편 등을 통해 갈등의 출처와 갈등상황을 제거하는 것이다. 셋째, 조직을 위하여 순기능적이라고 판단되는 갈등을 조성하는 것이다. 하지만 전통적인 갈등관리의 개념에는 이러한 조성전략은 포함되어 있지 않다.

첫째 및 둘째 전략은 넓은 의미의 갈등해소전략(conflict resolution strategies)이다. 첫째 전략은 미온적·현상유지적인 반면, 둘째 전략은 보다 적극적이고 변동유발적인 것이라고 말할 수 있다. 갈등의 구체적인 모습은 지극히 다양하기 때문에 갈등관리전략을 실현하는 방법 또한 다양할 수밖에 없다. 갈등관리를 성공적으로 이끌어 나가려면 구체적인 필요에 맞게 관리기법을 분화시키고 상황적응적으로 활용해야 할 것이다(오석홍, 2005).

### 가. 개인 간 갈등관리전략과 조직 간 갈등관리전략

개인 간 갈등관리의 전략으로 어떤 사람이 상대방과 의견이 불일치한 갈등상황에 직면해 있을 때 취할 수 있는 방법의 차원은 두 가지를 들 수 있다. 즉, 계속해서 자기주장을 강조하여 자신의 관심사를 충족시키는 방법과 상대방에게 양보를 하여 상대방의 관심사를 충족시켜 주는 방법이다. 이 두 차원의 조합에 의해 다음과 같은 다섯 가지의 갈등 처리방식을 정리할 수 있다(최향순, 1997).

**그림 5-6**  갈등관리 유형

출처: 임창희(1995: 402); Rahim (1998: 84).

- **강요**(forcing): 상대방을 압도하고 자기주장을 관철하려 한다.
- **수용**(accommodation): 자신의 주장을 양보하고 상대방의 주장에 따른다.
- **타협**(compromising): 서로가 양보를 하고 조금씩만 자기만족을 꾀한다.
- **협력**(collaborating): 서로 간의 관심사를 모두 만족시키려 한다.
- **회피**(avoidance): 갈등현장을 떠남으로써 자신과 상대방의 관심사를 모두 무시한다.

March와 Simon(1958)은 갈등에 대한 조직의 관리전략으로 다음과 같은 네 가지 방법을 제시하였다. 특히 여기서 정치란 협상과 유사하나 협상과 다른 것은 협상의 장(arena of bargaining)이 고정되어 있다고 당사자들이 생각하지 않는 것이다. 즉, 불리한 상황에 놓여 있는 특정 인물이 유력한 후원자를 동원하여 유리한 타결책을 모색하는 것이 정치의 한 예이다.

- **문제해결**(problem solving): 당사자 간에 직접 접촉하여 공동의 노력에 의해서 정보를 수집하고 탐색활동을 통하여 새로운 대안을 제시하고 평가를 통해서 당사자 모두를 만족시킬 수 있는 문제해결안을 찾는 것이다.
- **설득**(persuation): 비록 개별 목표의 차이가 있기는 하지만 어느 수준(상위수준)에선가 공동목표의 차이는 공동목표에 대한 합의가 이루어질 수 있으며, 이를 위해 설득이 필요하다.

- **협상**(bargaining): 토론을 통한 타협이다. 협상에 의해서 얻어지는 결정은 어느 당사자에게도 최적의 결정이 될 수 없다. 따라서 협상은 갈등의 원인을 제거하지 못하고 갈등을 일시적으로 모면하게 하는 것이므로 잠정적인 갈등해소법이라 할 수 있다.
- **정치적 타결**(politics): 각 갈등 당사자는 정부나 이론, 대중 등과 같은 제3자의 지지를 얻어 협상하려는 것이다. 협상과 마찬가지로 갈등의 원인을 제거하지 못하고 표출된 갈등만을 해소시키는 방법이 된다.

## 나. 갈등해소의 전략과 갈등조성의 전략

중요하게 평가되고 있는 갈등해소의 전략에는 다음과 같은 것들이 있다(오석홍, 2005; Gibson, Ivancevich, & Donnelly, Jr., 2000; Hellriegel & Slocum, Jr., 2004; Robbins, 1974; Schermerhorn, Jr., Hunt, & Osborn, 2000).

- **문제해결**(problem solving): 갈등을 일으키고 있는 당사자들이 직접 접촉하여 갈등의 원인이 되는 문제를 공동으로 해결하게 하는 방법이 문제해결이다. 당사자들의 이견을 서로 용납하거나 갈등상황에 적응하기로 합의하는 것이 아니라, 공동의 노력으로 갈등상황을 제거하는 것이 문제해결이다. 당사자들이 협동적인 문제해결능력을 가지고 있을 때 이 방법은 특히 효율적일 수 있다.
- **상위목표의 제시**(superordinate goals): 갈등을 일으키고 있는 당사자들이 공동적으로 추구해야 할 상위목표를 제시함으로써 갈등을 완화시킬 수 있다. 갈등관계에 있는 행동주체들이 모두 협력해야만 그러한 상위목표를 달성할 수 있으므로 행동주체들의 개별적인 목표추구에 의한 갈등상황은 상위목표의 제시로 인하여 상당부분 완화될 수 있을 것이다.
- **공동의 적 제시**(setting of joint enemy): 갈등당사자들에게 공동의 적을 확인해 주고 이를 강조하면 잠정적으로 갈등을 해소하거나 이를 잠복시킬 수 있다. 이는 상위목표 제시의 소극적 측면이다.
- **자원의 증대**(expansion of resources): 희소자원의 획득을 위한 경쟁에서 촉발되는 갈등을 해소하는 가장 효과적인 방법이다. 그러나 조직 내의 전체적인 가용

자원은 한정되어 있기 때문에 자원 증대에 의한 갈등해소방법에는 많은 제약이 따른다. 특히 한 조직의 갈등을 해소하기 위해 다른 조직의 자원을 전용했을 경우 그 '다른 조직'의 갈등은 악화될 수 있다.

- **회피**(avoidance): 이는 단기적으로 갈등을 완화할 수 있는 방법이다. 갈등을 야기할 수 있는 의사결정을 보류 또는 회피하거나 갈등상황에 처한 당사자들이 접촉을 피하도록 하는 것 혹은 갈등행동을 억압하는 것 등이 회피의 방법에 해당한다. 이는 갈등의 근본적인 해소방법은 되지 못한다.

- **완화 혹은 수용**(soothing or accomodation): 갈등당사자들의 차이점을 호도하고 유사점이나 공동의 이익을 강조함으로써 갈등을 해소하려는 방법이다. 완화는 회피와 상위목표의 제시 방법을 혼합한 것이라고 볼 수도 있다. 완화는 잠정적이고 피상적인 갈등해소의 방법인데, 이는 갈등을 야기하는 당사자들의 근본적인 차이점을 해결해 주지는 않기 때문이다.

- **타협**(compromise): 당사자들이 대립되는 주장을 부분적으로 양보하여 공동의 결정에 도달하도록 하는 방법이다. 타협에 의하여 얻어지는 결정은 이해당사자들의 상충되는 주장을 절충한 결정이기 때문에 어느 당사자에게도 최상의 결정은 되지 못한다. 타협은 갈등의 원인을 제거하지 않고 갈등을 일시적으로 모면케 하는 것이기 때문에 잠정적인 갈등해소방법이라고 할 수 있다.

- **협상**(negotiation): 이해당사자들이 서로 다른 선호체계를 가지고 있을 때 공동의 결정을 해 나가는 과정이 협상이다. 이 과정에서 당사자들이 서로 상대방에게서 자기가 원하는 것을 얻어 내려고 노력한다. 협상에는 당사자들이 승패를 판가름하려고 각기 자기 몫을 주장하는 분배적 협상(distributive negotiation)도 있고, 당사자들이 모두 승리자가 될 수 있도록 공동의 이익 또는 효용을 키우는 방안을 탐색하는 통합적 협상(integrative negotiation)도 있다.

- **상관의 명령**(formal authority): 부하들의 이해관계나 의견의 대립에 의한 갈등을 공식적 권한에 근거한 상관의 명령에 의하여 해소할 수 있다. 상관의 명령도 제3자에 의한 중재와 유사하다. 상관의 명령에 의한 갈등의 해소는 갈등당사자 간의 합의를 전제로 하는 것이 아니고, 표면화된 갈등행동만을 해소하는 것이다.

- **갈등당사자의 태도 변화**(attitude change of parties): 갈등을 일으키거나 가능성이

있는 사람들의 인적 변수를 변화시킴으로써 갈등을 예방 또는 해소할 수 있다.
당사자의 태도를 바꾸는 방법은 단기간의 노력으로 사람들의 태도를 변화시키
기는 어렵기 때문에 시간과 비용이 많이 든다.

• **구조적 요인의 개편**(reorganization of structure): 구조적 요인에 변화를 야기함으
로써 갈등을 보다 근본적으로 해소할 수 있다. 구조적 요인을 개편하는 방법의
예로 인사교류, 조정담당 직위 또는 기구의 신설, 이의제기제도의 실시, 갈등
을 일으키는 조직단위의 합병, 갈등을 일으키는 집단들의 분리(decoupling), 지
위체제의 개편, 업무배분의 변경, 보상체제의 개편 등을 들 수 있다.

갈등의 순기능적 작용을 인정하는 사람들은 관리자들이 조직목표의 성취를 위해
필요한 갈등을 조성하는 책임도 져야 한다고 본다. 관리자들은 조직의 활력, 창의와
쇄신을 위해 순기능적인 갈등을 적절히 조성하고 그것을 창의적이고 건설적으로
해결해 나가야 한다는 것이다. 특히 중요하게 평가되고 있는 순기능적 갈등조성의
전략으로는 다음과 같은 것들이 있다(오석홍, 2005; Gibson, Ivancevich, & Donnelly,
Jr., 2000; Hellriegel & Slocum, Jr., 2004; Robbins, 1974; Schermerhorn, Jr., Hunt, &
Osborn, 2000).

• **의사전달통로의 변경**: 표준화된 공식적 또는 비공식적 의사전달통로를 의식적
으로 변경하여 갈등을 조성할 수 있다. 특정한 의사전달통로에 통상적으로 포
함되던 사람을 일부러 제외하거나 또는 본래 포함되지 않았던 사람을 새로 포
함하는 것은 의사전달통로 변경의 한 예이다. 그러나 역설적으로 의사전달통
로의 변경은 정보의 재분배와 그에 입각한 권력의 재분재를 초래하기 때문에
갈등을 야기할 수도 있다.

• **정보전달 억제 또는 정보과다 조성**: 조직 구성원이 얻으려는 정보를 감추면 권력
은 감소된다. 따라서 권력의 재분배가 일어나고 그로 인한 갈등이 조성될 수
있다. 정보전달을 억제하는 경우와는 반대로 지나치게 많은 의사전달을 함으
로써 정보과다 현상을 나타나게 하여 갈등을 조성할 수도 있다. 이러한 과정을
통하여 조직 구성원들의 정체된 행태를 활성화하고 창의성과 자율성을 일깨워
줄 수 있다. 특히 이러한 방법을 통해서 모든 의사전달을 무비판적으로 받아들

이는 무관심 상태를 타파할 수 있다.

- **구조적 분화**: 조직 내의 계층 수, 기능적 조직단위의 수를 늘려 서로 견제의 역할을 수행하게 함으로써 갈등을 조성할 수 있다. 이 경우에 조직단위 간의 의존도를 높이면 갈등발생의 가능성은 더욱 커진다.
- **구성원의 재배치와 직위 간 관계의 재설정**: 구성원의 유동과 직위 간 관계의 재설정은 관련된 조직단위의 동질성을 와해시키고 의사결정권을 재분배하며 상호 감시기능을 확대시켜 갈등을 야기할 수 있다. 가치관 등이 서로 다른 이질적인 사람들을 같은 집단에서 일하게 하면 갈등발생의 가능성이 높아진다.
- **리더십 스타일의 변경**: 리더십의 유형을 적절히 교체함으로써 갈등을 야기하고 대상집단을 활성화할 수 있다.
- **구성원의 태도 변화**: 조직 구성원의 태도 변화를 통해서 간접적으로 갈등을 조성하는 방법이 있을 수 있다.

## 제7절 학교조직의 특성

일반적으로 학교조직을 설명하는 데 있어서 적용되는 이론은 일반행정 조직이론이나 기업조직이론이다. 학교조직도 다른 조직과 마찬가지로 일정한 목적을 달성하기 위해 협동하는 사람들의 집단이기 때문이다. 이에 따라 학교조직은, 앞에서 이미 살펴본 바처럼, 조직유형으로 볼 때 유형유지조직이며, 봉사조직인 동시에 사육조직(공립학교)으로서의 특성을 보이고, 규범조직으로 이해된다. 또한 조직풍토나 문화론, 성장·발전론 등을 통해 일반적인 조직 이해의 측면에서 학교풍토, 학교문화, 학교 성장·발전을 이해하려 하고 있다.

그러나 학교는 여러 가지 점에서 여타 조직과 다른 독특한 측면을 가지고 있다. 학교조직의 독특한 특성은 ① 교육의 전통, ② 교직의 전문적 특성, ③ 다양한 관리이론의 발전, ④ 학교에 대한 일반 대중의 큰 기대 등에 영향을 받아 새롭게 나타나고 부각되는 측면이다(Campbell, Corbally, & Nystrand, 1983: 71-84). 따라서 일반조직과는 구별되는 학교조직의 독특한 측면을 독자적으로 이해하는 일이 필요하게 되었다. 여기서는 학교조직의 독특한 측면을 다음과 같은 네 가지 관점에서 살펴본다

(Campbell, Corbally, & Nystrand, 1983: 84-88).

## 1. 전문적 관료제

관료제[2]는 현대 행정조직의 가장 일반적인 조직형태이다. 학자에 따라서는 관료제가 행정관리를 위한 가장 이상적인 도구라고도 하며, 인간의 기본적 자유를 해치는 권위적·독선적인 도구라고도 한다. 하지만 거의 대부분의 현대 행정조직이 관료제적 성격을 가지고 있다.

학교도 우선적으로는 관료제적인 특성을 갖는다고 할 수 있다. 그러나 학교조직의 관료제는 구성원인 교사가 고도의 교육을 받은 전문가라는 점에서 다른 일반적인 관료제와 구별된다. 교사들은 독립적인 한정된 교실에서 각기 다른 배경의 학생들을 가르치면서 상당한 자유재량권을 행사한다. 다른 관료조직의 구성원들과는 달리 교사들은 감독이나 직무수행의 통일된 표준을 갖기 어렵다. 학교의 교육목표가 상당히 모호하고 학교 외의 요인들이 학생의 학습에 매우 큰 영향을 미치고 있다는 점을 고려하면 이는 더욱 복잡해진다.

또한 학교는 다른 관료제 조직과는 달리 엄격한 감독을 받지 않고 있기 때문에 교사들이 조직의 상위층에 있는 사람들의 기대에 부응하고 있는가를 확인하기 위해 다른 수단을 활용한다. ① 자질을 나타내는 지표로서의 교사 자격증 요구, ② 표준화된 교육과정과 교과서 사용, ③ 정해진 코스를 따르고 있는지를 알기 위한 학교학습평가 등이 그것이다.

따라서 학교에서는 교사들이 전문가임을 인정하고, 의사결정에서 교사들의 보다 많은 참여를 보장하고 있다. 그러나 학교에는 항상 교사들에게 어떤 규칙을 적용해야 하며 누가 그러한 규칙을 제정하느냐와 같은 논쟁적 문제 등 관료적 가치와 전문적 가치 사이의 갈등을 일으키는 많은 논쟁점들이 존재한다. 그렇기 때문에 학교조직의 특성은 단순한 관료제만으로는 설명이 불가능하며, 관료제와 전문직제의 혼합적인 조직형태로 전문적 관료제라 설명하는 것이 바람직할 것이다.

---

2) 관료제에 대한 자세한 설명은 제2장을 참고하길 바란다.

## 2. 조직화된 무질서 조직

학교는 Cohen, March와 Olsen(1972)이 제안한 무질서 속의 질서 혹은 조직화된 무질서(organized anarchy) 조직이라는 개념을 통해 설명될 수 있다. 이 조직은 ① 불분명한 목표, ② 불확실한 기술, ③ 유동적인 참여를 특징으로 한다. 교육조직은 명료한 목표와 그 목표를 실천하도록 하는 기술이 무엇인가를 찾아내기가 어렵고 구성원의 유동적인 참여를 특징으로 한다는 점에서 그러한 조직 특성을 보여 주고 있다.

- **불분명한 목표**: 교육조직의 목적은 구체적이지 못하고 분명하지 않다. 교육조직의 목표는 수시로 변하며, 대립적인 목표들이 상존하며, 구성원들마다 다르게 규정한다. 그래서 일정 기준의 표준화된 프로그램으로 만들어질 수 없다.
- **불확실한 기술**: 교육조직의 기술이 불명확하고 구성원들에게 잘 알려져 있지 않다. 교육조직에서는 아주 많은 기술들이 활용되지만, 그들이 학습자에게 어떠한 영향을 미칠지에 대해서는 분명하게 말할 수 없다. 특히 어떤 방법과 자료를 활용해야 학습자들로 하여금 요구된 목표에 도달하게 할 수 있는지에 대해 교사와 행정가, 장학담당자들의 합의된 견해가 없다.
- **유동적 참여**: 교육조직에서의 참여는 유동적이다. 학생들은 입학한 후 일정한 기간이 지나면 졸업한다. 교사와 행정가도 때때로 이동하며, 학부모와 지역사회 관계자도 필요시에만 참여한다.

## 3. 이완조직

학교조직의 독특한 측면을 이해하는 데 도움이 되는 또 하나의 관점은 Weick (1973)의 이완조직(loosely coupled system)이라는 개념이다. '이완', 즉 '느슨한 결합 (loosely coupled)'이란, 연결된 각 사건이 서로 대응되는 동시에 각각 자체의 정체성을 보존하면서 물리적 · 논리적 독립성을 갖는 경우에 쓰는 말이다. 교육조직의 경우에 상담실이 그 좋은 예이다. 학생 상담과 관련하여 학교장과 카운슬러는 어느 정도 관계를 맺고 있다. 그러나 양자는 각자 정체성과 독립성을 보유하고 있다. 이들의 결합관계는 견고하지 않으며 상호 간에 영향력이 약하고 제한적이다(Weick,

1973: 3; Campbell, Corbally, & Nystrand, 1983: 88-89에서 재인용).

고도로 구조화된 조직과는 달리 이완조직에서만 나타나는 몇 가지 특성들이 있다. 그것은 ① 환경 변화에 적응하기 위해 한 조직에서 이질적인 요소들이 공존하는 것을 허용하며, ② 광범한 환경 변화에 대해 민감해져야 하고, ③ 국지적인 적응을 허용하며, ④ 기발한 해결책의 개발을 장려하고, ⑤ 다른 부분에 영향을 주지 않는 한 체제의 한 부분이 분리되는 것을 용납하며, ⑥ 체제 내의 참여자들에게 보다 많은 자유재량권과 자기결정권을 제공하고, ⑦ 부분 간의 조정을 위하여 비교적 소액의 경비가 요구된다는 점이다(Campbell, Corbally, & Nystrand, 1983: 89).

한편, Meyer와 Rowan(1983: 71)도 학교의 중심적 활동인 수업이 조직 구조의 통제로부터 벗어나 있음을 지적하면서 교육조직을 이완조직의 측면에서 이해해야 한다고 하였다. 즉, 교육평가와 교육과정, 교수방법, 교육권 등에서 교육행정가는 교사를 통제할 위치에 있지 못하기 때문에 학교는 이완조직의 측면에서 신뢰의 논리에 의해 운영되어야 한다는 것이다.

## 4. 이중조직

이완조직의 개념만으로는 학교조직을 설명하기 어렵다. 학교는 느슨하게 결합된 측면도 있지만, 엄격한 관료제적 특성을 지니고 있기 때문이다(Owens, 1987: 27). 사실 학교의 중심적인 활동인 수업의 경우를 보면 교장과 교사가 매우 느슨하게 결합되었다는 생각을 하게 된다. 그러나 학교는 수업행동에 영향을 미치는 많은 관료제적 장치들을 가지고 있다. 예컨대, 수업시간 운영, 학습집단 구성, 인적·물적 자원의 활용에 대한 것 등은 대체로 엄격한 통제를 하고 있다. 특히 수업을 제외한 많은 학교경영 활동, 예컨대 인사관리, 학생관리, 시설관리, 재무관리, 사무관리 등에서는 교장과 교사가 보다 엄격한 결합을 맺고 있다.

따라서 학교는 이중조직이라는 관점에서 이해할 필요가 있다. 구체적으로 말해, 수업 등과 관련한 특정한 측면에서 볼 때는 느슨한 결합구조를 가진 조직으로 이해할 수 있으나, 행정관리라는 보편적인 조직관리의 측면에서는 엄격한 결합구조를 갖고 있다는 것이다. 때때로 지나친 독립성이 조직의 생산성과 효율성을 떨어뜨릴 수 있는 반면, 엄격한 경직성도 교사들의 사기를 떨어뜨려 과업 수행의 효과를 감소시킬 수 있다. 그러한 점에서 학교행정가는 느슨한 결합과 엄격한 결합의 단점을 극복하고 양자의 순기능을 최대한 확보할 수 있는 안목과 전략 수립 능력을 갖추어야 한다.

제6장

# 의사소통론

## 제1절 의사소통의 개념과 기능

### 1. 의사소통의 개념과 구성요소

의사소통(communication)은 사람과 사람, 사람과 컴퓨터, 조직 구성원 사이에 정보, 데이터, 메시지 등을 주고받는 행위를 말한다. 광의로는 상징에 의한 정보, 생각, 감정 등을 전달하는 것을 총칭하나, 사람 간의 의사소통은 인간과 인간 사이에서 사실과 의견을 전달하고 교환하는 것을 의미한다(이종수 외, 2012). 의사소통은 사람들이 그들의 생각, 느낌에 관해 서로 의미 있는 메시지를 교환하고 의미를 공유하는 과정이자(Porter & Roberts, 1976), 둘 혹은 그 이상의 사람들 사이에 상호이해를 위한 메시지나 생각 혹은 태도를 공유하는 활동을 총칭한다(Lewis, 1975). 학교에서 이루어지는 모든 활동은 기본적으로 교사와 학생, 교사와 교사, 교사와 교육행정직, 교사와 학부모 간의 의사소통을 기반으로 한다는 점에서, 원활한 의사소통은 교육조직의 목표 달성을 위해서 가장 중요한 요소가 된다.

Krone 등이 의사소통에 관한 연구를 종합한 결과에 의하면(Krone, Jablin, & Purnam, 1987), 의사소통의 개념적 구성요소는 다음과 같이 정리할 수 있다.

- **메시지(message):** 의사소통자들이 전달하는 언어적이거나 비언어적인 의미 있는 신호 혹은 상징이다. 개인이 의사소통하고자 하는 생각으로서 발신자가 보내는 의미를 수신자가 이해하고 해석할 수 있어야 한다.

- **경로(channel):** 메시지의 전달수단, 매체 혹은 형식이다. 형식의 범위는 비언어적 신호광파로부터 얼굴을 맞대고 이야기할 때의 음파, 전화나 전자우편의 전기신호에까지 이른다. 경로를 통하여 발신자와 수신자가 연결된다.

- **발신자(sender):** 메시지를 보내는 개인 혹은 일반화된 출처(예: 교장실, 대학본부, 교육부)로서, 메시지를 기호화하여 수신자(receiver)에게 전달한다. 발신자는 기호화 과정에서 수신자의 의도와 특성, 즉 지식, 태도, 가치관 등에 영향을 미치게 된다. 그리고 수신자는 메시지의 목적지이며 메시지를 해독, 해석, 이해하는 사람이다. 이 과정에서 수신자의 특성, 즉 지식수준, 인식 등이 영향을 미치게 된다.

- **전달(transmission):** 지정된 경로 혹은 매체를 통해 실제로 메시지를 보내고 받아들이는 것을 의미한다.

- **코드화(encoding)와 코드해독(decoding):** 메시지를 창조하고 변형하고 해독하는 인지구조와 과정을 포함한다. 코드화는 발신자가 의도한 메시지를 상징적 형태로 바꾸는 것이고, 코드해독은 수신자가 메시지를 다시 풀이하는 것을 의미한다. 코드화의 코드해독과정을 통해서 개인은 메시지를 해석하고 이해하며 의미를 구성한다.

- **피드백(feedback):** 발신자의 메시지에 반응하여 보내는 수신자의 메시지로서, 양자를 상호 관련시키는 정보를 의미한다. 피드백이 있으면 메시지를 해석하는 것이 용이하며, 의사소통을 연속적이고 순환적인 과정이 되도록 한다.

- **의사소통의 효과:** 메시지 교환과정과 그 결과 혹은 새로운 지식, 달라진 태도와 문화, 그리고 만족과 같은 일반적인 결과로서, 의사소통자에게 일어나는 변화를 의미한다.

발신자는 의도를 담아서 메시지를 코드화하여 그것을 어떤 경로로 수신자에게 보내면, 수신자는 그 메시지의 코드를 해독하고 원래의 발신자에게 피드백을 제공한다. 비언어적 신호로 피드백을 줄 때 의사소통은 쌍방향으로 진행되고, 이 과정에

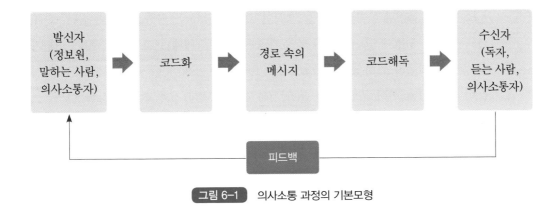

| 발신자<br>(정보원,<br>말하는 사람,<br>의사소통자) | ➡ | 코드화 | ➡ | 경로 속의<br>메시지 | ➡ | 코드해독 | ➡ | 수신자<br>(독자,<br>듣는 사람,<br>의사소통자) |

피드백

**그림 6-1** 의사소통 과정의 기본모형

서 발신자와 수신자 모두가 의사소통 당사자가 된다. 그리고 그 과정은 무엇이 시작이고 무엇이 끝인지를 알 수 없고 순환과정을 거치게 된다(Harris, 1993).

## 2. 의사소통의 기능과 원리

학교와 같은 조직에서 목표를 달성하기 위해서는 성공적인 의사소통에 따른 효율적인 정보교환과 이를 통한 조직 구성원들의 실천이 중요하다. 의사소통이 원활하게 이루어져야 학교의 목표가 조직 구성원들에게 잘 알려질 수 있고, 유용하고 역동적인 의사소통의 과정을 통해서 구성원들은 그들의 행위를 조직하고 조정할 수 있게 된다(Myers & Myers, 1982).

과학적 관리론이나 관료제이론 등 고전적 조직이론에서는 의사소통의 역할을 소홀하게 다루었으나, 이후 인간관계론 및 행태론에서 Barnard나 Simon이 의사소통 전반에 관하여 많은 관심을 보였다. Barnard는 어떠한 조직체계에서도 의사소통은 중요한 위치를 차지한다고 하였는데, 그 이유로 조직의 구조, 확장, 범위 등이 의사소통 기술에 의해 변화되기 때문이라는 점을 지적하였다(Barnard, 1938). Simon은 의사소통이란 조직 구성원의 한 사람으로부터 다른 사람에게 결정의 전제가 전달되는 과정이라고 하여 의사소통 없는 조직이란 있을 수 없다고 강조하였다. 여기서 결정의 전제란 학교장, 교사, 학생 그리고 다른 관계에 있는 구성원들 사이에 어떤 결정을 하기 위한 메시지, 아이디어 혹은 태도를 공유하는 것을 의미한다(Simon, 1957).

조직 의사소통의 현대적 입장을 제시한 Katz와 Kahn은 의사소통이란 집단, 조직, 사회의 기능 수행에 있어서 필수적인 과정이며, 사회체제나 조직을 이해하는 데 가장 중요한 것이라고 하였다(Katz & Kahn, 1978). Myers와 Myers는 의사소통이란 사람이 상징들(예: 언어, 기호, 표지, 물건, 사무실 장식, 배치, 설계 등)을 교환함으로써 그들 주위에 발생하고 있는 것에 대하여 의미를 구성하고 기대를 하게 만드는 교환적 과정이라고 하였는데, 이는 의미 외에 기대를 중요시하는 의사소통의 정의라는 특색을 가지고 있다(Myers & Myers, 1982). 결론적으로 의사소통이란 정보의 상호 교류 과정으로서 발신자와 수신자 간의 사실이나 의견이 전달되어 상호 간의 행동이나 의사결정에 영향을 미치는 것으로 인체의 혈액순환이나 신경계통과 같은 역할을 한다. 정보의 정확한 전달과 원활한 교류에 의하여 조직의 구성원은 조직목표를 명확하게 인식하게 되고 조직은 생기를 띠게 된다(Hoy & Miskel, 2012).

이상의 논의를 종합해 볼 때 의사소통은 다음과 같은 네 가지 기능을 수행한다.

- **합리적 의사결정의 수단**: 구성원들이 조직의 의사결정 과정에 참여할 수 있다. 특히 의사소통의 내용이 정확하고 신속 · 적절하며 그 정보의 질이 우수할 경우 의사결정의 수준을 높일 수 있다.
- **조직통솔과 리더십의 발휘**: 구성원을 통솔하고 조직목표에의 공헌과 추종을 유도할 수 있다.
- **조정 및 통제의 수단**: 구성원의 행동을 일사분란하게 하고 질서 확보를 위한 수단으로 이용될 수 있다. 또한 구성원들의 직무와 관련하여 책임과 권한의 소재를 명확하게 규정하는 것을 돕는다.
- **사기앙양 및 동기유발**: 구성원들을 자극하고 격려함으로써 구성원의 동기유발과 사기를 앙양할 수 있고, 조직목표를 달성하기 위한 구성원 간의 협동과 몰입을 불러일으킬 수 있다.

이상과 같은 의사소통의 기능이 원활히 수행되기 위해서는 적정 수준의 집중성과 개방성을 갖추어야 한다(Byers, 1996; Taylor, 1993).

- **집중성**: 중심인물이 가지고 있는 의사소통에 대한 중요한 정보 및 의사소통의

권한이 집중되어 있는 정도로서, 기계적 구조나 고전적·정태적 의사소통 모
형일수록 집중도가 높고 의사소통이 활성화되지 못한다.
- 개방성: 의사전달 채널의 수를 의미하며 유기적 구조나 현대적·동태적 의사소
통 모형일수록 개방도가 높고 의사소통이 활성화된다.

## 제2절 의사소통의 유형

홀륭한 의사소통자가 된다는 것은 의사소통의 다양한 유형과 각각의 장점과 약
점을 알고, 어떠한 상황에서 어떠한 방법을 사용할 것인지를 선택할 수 있는 능력을
갖추는 것이다.

### 1. 의사소통의 교류에 따른 구분

학교 구성원들은 매일 언어적 또는 비언어적으로 다양한 형태의 의사소통을 하
게 된다. 다양한 형태의 의사소통은 일방향 의사소통에서 양방향 의사소통까지 연
속선상에 존재하게 된다. 의사소통은 발신자와 수신자 사이에 메시지의 흐름이 일
방적이냐 아니면 쌍방적이냐에 따라 일방적 의사소통과 쌍방적 의사소통으로 구별
할 수 있다(Rogers & Rogers, 1967).

#### 가. 일방적 의사소통

일방적 의사소통은 한 사람이 다른 사람에게 어떤 것을 말할 때 일어난다([그림
6-2] 참조). 이러한 유형의 의사소통은 한쪽 방향으로만 이루어지는 것으로서, 말하
는 사람에 의해 시작되어 듣는 사람에게서 끝난다(Schmuck & Runkel, 1985). 교실에
서의 강의나 학교의 업무에 대한 교장의 지시는 학교에 널리 퍼져 있는 일방적 의사
소통의 대표적인 예이다.

메시지의 내용과 의사소통의 기능에 따라서 일방적 의사소통이 효과적인 상황이
있다. 무엇보다 일방적 의사소통은 의사소통 행위와 실천 사이에 강한 관련성을 내

의사소통자 A

발신자
(정보원, 말하는 사람,
의사소통자)

메시지

| 코드화 | 경로 속의 메시지 | 코드해독 |

개인 B

수신자

**그림 6-2** 일방적 의사소통 모형

포하고 있다. 따라서 즉각적인 업무 효율성과 목적 달성을 강조하는 상황에서 특히 효과적이다. 다만, 일방적 의사소통의 가장 큰 문제는 메시지 발신자가 효과적으로 아이디어를 표현했다 하더라도 그것이 의도한 대로 이해될 것이라고는 확신할 수 없다는 데 있다(Hoy & Miskel, 2012). 따라서 메시지 발신자의 의사소통 기술이 중요하다. 즉, 교육행정가나 교사는 자신의 생각을 통찰하고, 그 생각을 정리하여 정확히 지시하고, 자세히 설명하며, 구체적으로 서술해야 한다(Clampitt, 1991).

### 나. 쌍방적 의사소통

일방적 의사소통과는 대조적으로 쌍방적 의사소통에서는 계속적인 메시지의 교환과 교섭이 발생한다. 즉, 쌍방적 의사소통 과정의 모든 참여자는 메시지를 보내기도 하고 받아들이기도 한다. [그림 6-3]에서 볼 수 있듯이 각각의 의사소통 참여자가 메시지를 보내고 각각의 메시지는 다음 메시지에 영향을 미치고 있다. 이러한 상호작용적 의사소통을 통하여 원래 의도한 정보와 받아들인 정보나 생각 사이에 불

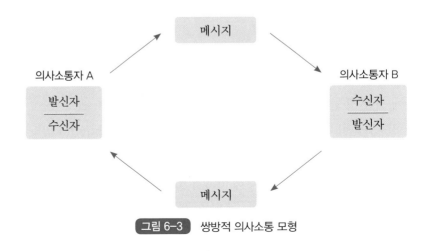

메시지

의사소통자 A
발신자
수신자

의사소통자 B
수신자
발신자

메시지

**그림 6-3** 쌍방적 의사소통 모형

일치가 발생하였을 때, 그러한 불일치를 쌍방적 의사소통을 통하여 적절하게 극복함으로써 의사소통 과정을 개선할 수 있다.

Burbules는 쌍방적 의사소통의 종류로 다음의 네 가지를 제시하고 있다(Burbules, 1993).

- 대화(conversation): 일반적·협력적·수용적 분위기, 상호이해를 지향하는 것으로 이러한 대화의 방법은 구성원이 서로의 시각과 경험을 이해하는 데 관심이 있을 때 사용된다. 그 한 가지 예로, 두 학생이 각자의 여름방학을 어떻게 보냈으며 그 결과 무엇을 배웠는가를 이야기하는 것을 들 수 있다. 이와 유사하게 담론(dialogue) 역시 쌍방적 의사소통의 좋은 예이다. 담론의 시각에서 볼때, 쌍방적 의사소통은 새로운 이해와 발견을 가능하게 해 준다. 쌍방적 상호작용은 참가자들의 학습과 변화를 도와주며, 지식, 통찰, 감수성을 높여 준다(Hoy & Miskel, 2012).

- 질의(inquiry): 어떤 질문에 대답하거나 어떤 문제를 해결하거나, 모든 사람이 수긍할 수 있는 방식으로 논쟁을 조정하고자 할 때 사용된다. 이러한 성질을 가지고 있는 질의 내지 탐구는 대안을 조사하고, 특정한 관점과 구조 내에서 가능한 해답을 검토하며, 문제에 접근한다. 일례로 과제 중심의 새로운 커리큘럼을 실행하는 수업에서 어떤 학생들은 잘해 나가는 반면, 어떤 학생들은 왜 실패하는가를 조사·분석하는 과학교사집단의 의사소통 과정을 들 수 있다.

- 토론(debate): 구성원 서로가 예리한 질문을 하며 의문점을 나타내고 이러한 과정을 통하여 의견의 일치가 이루어지지 않는 극단적인 상황을 보여 준다. 즉, 토론의 잠재적 이점은 참여자들이 그들의 대안적 사고와 입장이 있을 수 있는 극심한 반론과 도전을 접할 수 있다는 점이다. 한 예로, 정책입안가들이 사립학교에 대한 국고지원의 상대적인 이점을 토의하는 것을 들 수 있다.

- 대화식 가르침(instruction): 비판적 질문과 진술을 함으로써 토의를 구체적 결론으로 이끌어 간다. 소크라테스식 문답법은 이러한 유형의 쌍방적 의사소통의 표본이다. 대화식 가르침은 호혜적 가르침을 유발한다는 점에서 특히 유용하다. 호혜적 가르침에서 교사와 학생들은 참여자가 돌아가며 교사의 역할을 떠맡기 때문에 상호작용 과정에 계속하여 참여하게 된다(Palincsar, 1986).

## 2. 의사소통의 방향에 따른 구분

의사소통은 조직 내에서 의사소통의 방향이 수직적이냐 혹은 수평적이냐에 따라 수직적 의사소통과 수평적 의사소통으로 구분된다. 수직적 의사소통은 다시 하향적 의사소통과 상향적 의사소통으로 분류된다(김윤태, 1994).

### 가. 수직적 의사소통

수직적 의사소통은 의사소통이 상하로 이루어지는 것을 말한다. 수직적 의사소통 중 하향적 의사소통은 조직의 계층 또는 명령계통에 따라 상관(상급자)이 부하(하급자)에게 그의 의사와 정보를 전달하는 것이다. 조직 구성원의 지위와 역할에 따라 상급자가 하급자에게 업무에 관한 명령, 지시, 설명을 전달함으로써 하급자의 행동을 유발시키고 활동을 조정하게 된다. 이런 관점에서 하향식 의사소통은 지시적 의사소통이라고 부르기도 한다. 하향적 의사소통인 상의하달의 방법으로서는 명령(지시, 훈령, 발령, 규정, 규칙, 요강, 고시, 회람)과 일반 정보(편람, 핸드북, 뉴스레터, 구내방송, 강연)가 있다.

수직적 의사소통 중 상향적 의사소통은 하향적 의사소통과는 반대로 계층의 하부에서 상부로 정보와 의사가 전달되는 것으로서, 보고, 제안, 의견조사, 면접 등의 방법이 있다. 상향적 의사소통은 중간 계층을 경유하여 최고 계층에 도달하기 때문에 그 과정에서 의사소통이 차단·생략·왜곡되거나 혹은 압력 등을 받을 수 있다. 대부분의 조직이 관료화되어 있다는 점을 고려할 때 상향식 의사소통의 효과성은 상위자의 개방성이나 개방적 조직문화와 불가분의 관계에 놓이게 된다. 개방적이고 자율적인 조직일수록 상향적 의사소통이 활성화되어 실질적으로 조직의 성과를 높이는 데 기여하게 된다.

### 나. 수평적 의사소통

수평적 혹은 횡적 의사소통은 동일계층의 사람들 또는 상하관계에 있지 않는 사람들 사이에 이루어지는 의사소통을 말한다. 수평적 의사소통의 방법으로서 회의(정보나 의견이 교환되고 조정이 이루어짐), 사전심사제도(어떤 결정을 내리기 전 전문가들의 의견을 구하거나 또는 조직의 목표와 합치성 등을 검증하려는 제도), 회람(결정이 이루어진 후 관계자들에게 통지하는 방법) 등을 들 수 있다. 수평적 의사소통은 구성원 간 및 부서 간에 나타날 수 있는 대립이나 이해관계를 효과적으로 조정하는 역할을 한다. 그러나 지나친 수평적 의사소통의 강조는 비공식 집단이나 압력단체를 형성하여 다른 부서와 원활한 협조체계를 저해하거나 조직의 위계질서를 파괴할 수 있다.

수평적 의사소통은 조직의 규모가 크고 전문화의 정도가 높을수록 필요성이 커진다. 그런데 현실에서는 규모가 크고 특히 고도로 전문화된 조직일수록 수평적 의사소통이 잘 이루어지지 않는다. 그 원인으로는, ① 관료제가 지니는 할거주의(sectionalism, 조직 구성원이 자신이 속한 기관과 부서만을 생각하면서 배타적이고 편협한 태도를 취하는 것), ② 조직의 목표를 소홀히 하고 부서의 목표를 달성하는 것으로 대처하려는 경향, ③ 전문가의 편견, ④ 수평적 관계는 상하계층 관계가 아니므로 영향력이 약한 것 등을 들 수 있다. 이를 해소하기 위한 방안으로는, ① 목표관리와 같은 방법의 도입으로 직원들 스스로 세운 목표와 조직 전체목표와의 일치도 개선, ② 인사교류를 통하여 부서 간 의사소통 향상, ③ 회의의 소집 활용, ④ 동료 간의 친목 도모 노력 등을 들 수 있다(박동서, 1997).

## 3. 의사소통의 형식에 따른 구분

의사소통이 이루어지는 형식에 따라 공식적 의사소통과 비공식적 의사소통으로 구분된다(김윤태, 1994).

### 가. 공식적 의사소통

공식적 의사소통은 공식적인 조직 내에서 공식적인 의사소통의 통로와 수단을 통해서 정보가 유통되는 것을 의미한다. 공식적 의사소통의 목적은 조직 구성원들에게 조직의 목표·방침 및 지시사항 등을 알리고, 구성원들의 의견과 보고 내용을 관리자와 모든 구성원들에게 알리는 데 있다(진동섭, 이윤식, 김재웅, 2011: 256). 의사소통 과정이 공식화되면 권한관계와 전달자와 피전달자가 명확해지기 때문에 책임의 소재가 분명하다는 장점이 있다. 반면, 공식적 의사소통은 소통 구조의 경직성을 유발할 수 있고, 일련의 절차를 요구한다는 점에서 소통이 느리며, 조직 내의 모든 사정을 고려하여 사전에 합리적 의사소통 수단을 강구할 수 없다는 점에서 제약이 있다. 공식적 의사소통은 세부적으로 메시지의 방향이 수직적으로 흐르는 상향적·하향적 의사소통과 수평적으로 흐르는 수평적 의사소통으로 구분할 수 있다(박영배, 1995).

## 나. 비공식적 의사소통

비공식적 의사소통은 조직의 자생 집단 내에서 비공식적인 방법으로 이루어지는 의사소통을 의미한다. 공식적인 상하관계의 직책을 떠나 자연스런 친분 관계, 상호

**표 6-1** 공식적 의사소통과 비공식적 의사소통

| 구분 | 공식적 의사소통 | 비공식적 의사소통 |
|---|---|---|
| 개념 | 공식조직 내에서 공식적인 계층제적 경로와 과정을 거쳐 공식적으로 행하여지는 의사소통 방식으로서 고전적 조직론에서 강조 | 계층제나 공식적인 직책을 떠나 조직 구성원 간의 친분 및 상호 신뢰와 현실적인 인간관계 등을 통하여 이루어지는 의사소통 방식 |
| 수단 | 공문서를 수단으로 함(명령, 지시와 보고, 품의) | 개별적인 인간적 만남, 각종 친목회에서의 의견교환, 조직 내 소문 |
| 장점 | ① 상관의 권위 유지<br>② 의사전달이 확실하고 편리함<br>③ 전달자와 피전달자가 분명하고 책임소재가 명확함<br>④ 정보의 사전입수로 의사결정이 용이함<br>⑤ 의사결정에의 활용가능성이 큼<br>⑥ 정보나 근거의 보존이 용이함 | ① 신속 전달<br>② 외적으로 나타나지 않는 배후 사정을 소상히 전달함<br>③ 긴장과 소외감을 극복하고 개인적 욕구를 충족할 수 있음<br>④ 행동의 통일성을 확보할 수 있음<br>⑤ 관리자에 대한 조언 역할이 가능함<br>⑥ 의견교환의 융통성이 높음<br>⑦ 공식적 전달을 보완할 수 있음 |
| 단점 | ① 의사전달이 융통성이 없고 형식화되기 쉬움<br>② 배후 사정을 소상히 전달하기 곤란함<br>③ 변동하는 사태에 신속히 적응하기가 어려움<br>④ 기밀 유지가 곤란함 | ① 책임소재가 불분명함<br>② 개인 목적에 역이용될 수 있음<br>③ 공식적 의사소통 기능을 마비시킬 수 있음<br>④ 수직적 계층하에서 상관의 권위가 손상<br>⑤ 조정·통제가 곤란함 |

신뢰 관계 등 인간관계를 기초로 의사소통하는 것이다(진동섭, 이윤식, 김재웅, 2011: 257). 이는 공식적 의사소통의 약점을 보완하게 되며 어느 조직에서나 정도의 차이는 있으나 존재하게 마련이다. 구성원들의 분위기와 감정을 잘 나타내고 있어 관리자에게 유익한 정보를 전달하는 수단이 되기도 한다. 하지만 풍문이나 소문의 형식으로 유통됨으로써 통제하기 곤란하고 책임의 추궁도 어려워 때로는 정확하지도 않고 잘못되는 경우도 발생한다. 공식적 의사소통만으로 전달될 수 없는 자유로운 의사표현을 가능하게 함으로써 사회심리적인 만족감을 높여 주는 기능을 하므로, 비공식적 의사소통을 무조건 억제하려는 것은 바람직하지 않다.

## 4. 의사소통의 망

의사소통망 또는 의사소통 네트워크는 정보의 흐름을 연결하는 개인들로 구성된 의사소통의 상호 연결구조이다. 의사소통망은 그 형태에 따라 [그림 6-4]와 같이 원형, 직선형(연쇄형), Y형, 바퀴형, 별모양·전체경로형 등이 있다(Lunenburg & Ornstein, 1991: 129).

- 원형: 원탁모양으로 의사전달이 둥글게 전개되는 형태
- 직선형(연쇄형): 발신자와 수신자가 일직선으로 연결된 형태. 직선형 중에서 종형(수직형)은 의사소통의 속도가 빠르고, 횡형(수평형)은 의사소통의 속도가 느림
- Y형: 1인의 전달자가 2인에게 혹은 2인의 전달자가 1인에게 의사소통하는 형태
- 바퀴형: 1인의 전달자가 여러 사람에게 획일적·일방적으로 정보를 전달하는 형태
- 별모양·전체경로형: 모든 사람과 종적·횡적·대각선적으로 연결되어 의사전달이 활발하게 전개되는 형태

각 유형의 주된 차이점은 의사소통의 집중화 또는 분산화의 정도에 있다. 의사소통이 가장 잘 집중화되어 있는 구조는 바퀴형이며, 다음으로 직선형(연쇄형), Y형이다. 의사소통이 가장 잘 분산화되어 있는 구조는 별모양·전체경로형이며, 다음으로 원형이다.

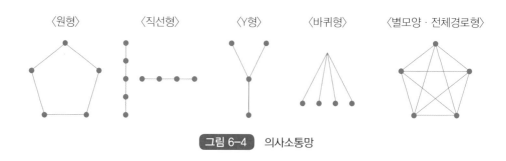

**그림 6-4** 의사소통망

각 유형의 효과성은 상황 요인에 따라 달라지게 된다. 집중형이 단순 과업 수행에 효과적인 반면에, 분산형은 복잡한 과업 수행에 효과적이다. 구성원의 전반적 사기는 집중형보다는 분산형에서 높아진다. 이 점은 구성원이 의사결정에 참여할 때 작업만족도가 높아진다는 사실에 비추어 시사하는 바가 크다. 일반적으로 계층제에서는 집중형으로 의사소통이 이루어지고, 비공식 조직에서는 분산형으로 이루어진다. 그러나 개방적 의사소통이 효과적이라는 관점에서 공식적인 조직에서 분산형 의사소통 구조의 활용이 요청된다(박병량, 주철안, 2005: 262).

## 제3절 의사소통과 매체

의사소통에 있어서 인간은 두 가지 주요한 상징체계, 즉 언어적이거나 비언어적인 상징체계를 사용한다(Dahnke & Clatterbuck, 1990).

### 1. 언어적 의사소통

Daft와 Lengel은 매체가 의사소통의 풍부성을 결정한다고 가정한다(Daft & Lengel, 1984, 1986). 의사소통 매체의 풍부성은 네 가지 특성, 즉 피드백의 속도, 의사소통 경로의 다양성, 출처의 다양성 그리고 풍부한 언어로 구성된다. 좋은 매체는 다양한 단서 제공, 신속하고 시기적절한 피드백 제공, 메시지와 상황의 연결, 다양한 언어 등을 서로 결합시킴으로써 의사소통을 명확하게 해 준다(Huber & Daft, 1987). Daft 등은 앞서 살펴본 네 가지 특성을 이용하여 [그림 6-5]에서 볼 수 있

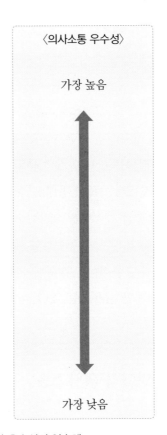

**그림 6-5** 의사소통 매체와 우수성의 연속체

는 바와 같이 의사소통 매체와 의사소통의 우수성을 평행연속체에 위치해 놓았다 (Daft, Bettenhausen, & Tyler, 1993).

직접대면이라는 매체는 언어적 혹은 시각적 단서를 통해 즉각적으로 피드백을 제공하기 때문에 가장 우수한 형태의 의사소통을 가져온다. 화상회의시스템(줌, 스카이프, 웹엑스 등)을 활용한 실시간 비대면 매체 역시 언어적·시각적 단서 제공이나 즉각적 피드백 등을 제공할 수 있다는 점에서 좋은 의사소통 도구가 된다. 한편, 전화 매체는 언어적 피드백은 재빠르지만 시각적 단서가 없기 때문에 직접대면보다 우수한 정도가 좀 떨어진다. 전자메신저를 포함한 문자적 의사소통은 피드백 수준이 상대적으로 낮기 때문에 우수함의 정도가 적절하거나 낮다고 볼 수 있다. 전자우편을 포함한 서신을 교환하는 것은 성격상 개인적인 것으로 익명의 비인격적인 일반적인 메모나 게시판보다 다소 높다. 공식적·산술적 문서, 예컨대 성취도 점수와 같은 양적 자료를 담고 있는 컴퓨터 출력 자료는 숫자가 자연적 언어가 갖는 정보 전달능력을 갖추지 못하기 때문에 우수함의 정도에 있어서 최소한의 정보만 전달하고 있다. 전자메신저는 우수성의 연속체에서 전화와 개인적 기록매체 사이에 위치한다.

적절한 매체라는 것은 의사소통의 목적이 무엇이냐, 즉 이해냐 설득이냐에 달려 있다. 얼굴을 맞대고 상호작용하는 편이 의견 변화와 설득의 정도가 보다 커지는 반면, 정보가 기록된 형태로 주어질 때 종합적 이해가 보다 높아진다. 한편, 구두매체는 즉각적 피드백을 요하는 경우에 효과적이다. 그런데 대부분의 경우 매체를 중복사용하면 정보의 우수성과 메시지 전달의 정확성을 모두 증대시킨다(Redding, 1972). 가장 효율적이고 정확한 의사소통은 문자와 구두매체의 조합이고, 그다음으로 구두매체만 사용하는 것이 효과적이며, 문자매체가 가장 효과성이 낮다(Level, Jr., 1972).

## 2. 비언어적 의사소통

의사소통자들이 상호작용할 때 음성매체와 문자매체뿐만 아니라 비언어적 표현들이 전달하고자 하는 정보를 보다 명확히 하는 데 기여한다. 비언어적 의사소통은 다른 사람 앞에서 말을 사용하지 않고 하는 모든 의사소통적 행동을 일컫는다. 치켜올라간 눈썹, 힘찬 악수, 초조하게 손가락을 톡톡 치는 것 등이 의미를 전달하는 비언어적 매체 행동이다. 침묵과 완고한 무행위도 분노, 불쾌감, 우울 혹은 두려움을 암시할 수도 있다.

## 3. 정보기술의 발달과 의사소통의 확장

정보기술의 급속한 발달은 의사소통에 상당한 영향을 미친다. 의사소통에 영향을 미치는 정보기술에는 의사소통을 위한 하드웨어(컴퓨터 포함) 및 소프트웨어가 포함된다. 이러한 정보기술, 즉 인터넷, 컴퓨터 네트워크, 전자우편, 팩스, 음성메일, 화상회의시스템 등을 통하여 학교에서의 의사소통은 과거와 많이 달라지고 있다. 이는 전통적인 종이 중심의 매체를 컴퓨터 스크린 등과 같은 첨단기기로 대체하는 것 이상의 의미를 갖는다.

변화된 새로운 의사소통 기술은 개인적, 사회적, 그리고 교육적으로 중요한 의미를 갖게 해 준다. 이러한 기술을 광범위하게 채택함으로써 의사소통 과정 그 자체가 바뀌고 있다(Hoy & Miskel, 2012). 새로운 정보매체들은 메시지의 구성방법에 나름대로의 특정한 요건을 부여하며, 메시지의 전달속도와 편의성을 통제하고, 수신자가 의미를 재구성하는 방법에도 영향을 주고 있다(DeFleur, Kearney, & Plax, 1993).

교수법의 관점에서 정보기술의 영향은 막대하다. 교사와 학생들은 거의 즉석에서 광대한 정보에 접할 수 있으며, 컴퓨터나 영상회의를 통해 전 세계의 다른 사람과 상호작용을 하고, 다양한 매체형태를 통해 새로운 지식을 만들어 낼 수 있다. 또한 수동적인 학습자에서 능동적인 학습자로, 한정된 물리적 공간의 학교에서 사이버학교로 변화시킬 수 있다.

## 제4절 의사소통의 기법

### 1. Johari의 창

대인관계의 유형을 설명하는 이론으로 대표적인 것은 Johari의 창(Johari Window)이 있다. Johari라는 이름은 Joseph Luft와 Harry Ingham에 의하여 개발된 데서 유래하여 그들의 이름 첫 글자를 합하여 만들어졌다(Luft, 1969, 1970). Johari의 창은 인간관계에서 의사소통을 통한 자기노출의 중요성을 보여 준다. 우리는 Johari의 창을 통해서 자기 자신의 정보에 대한 자기인식의 수준과 타인들로부터의 수용의 정도를 알 수 있다.

[그림 6-6]에서 보는 바와 같이 Johari의 창에 의하면 인간은 자신에 대한 정보가 자신에게 잘 알려져 있는 영역(known to self area)도 있고 자신에게 알려져 있지 않는 영역(unknown to self area)도 있다. 이들 영역은 각각 타인들의 인식 정도와 결합하여 개방 영역, 무지 영역, 은폐 영역, 미지 영역의 4개 영역이 생기게 된다.

피드백

| 자기노출 | 자신에게 알려진 영역 | 자신에게 알려지지 않은 영역 | |
|---|---|---|---|
| | 개방 영역(민주형) | 무지 영역(독단형) | 타인에게 알려진 영역 |
| | 은폐 영역(과묵형) | 미지 영역(폐쇄형) | 타인에게 알려지지 않은 영역 |

그림 6-6 Johari의 창

출처: Luft (1969: 313).

- **개방 영역**(open area): 자신에 관한 정보가 자신이나 타인에게 잘 알려져 있는 부분이다. 즉, 서로 잘 알고 있는 개방적인 상호작용을 하기 때문에 효과적인 의사소통이 가능한 영역이다. 이와 같은 사람의 Johari의 창은 민주형이 될 것이다.
- **무지 영역**(blind area): 자신은 타인에게는 잘 알려져 있지만 자기 스스로는 잘 모르는 부분이다. 그러므로 타인으로부터 자신에 대한 의견을 알지 못할 때에는 이 부분이 더 넓어져 의사소통에서 자신의 주장을 앞세우고 타인의 의견은 불신하고 비판하여 수용하지 않는 영역이다. 이와 같은 사람의 Johari의 창은 독단형이 될 것이다.
- **은폐 영역**(hidden area): 자신은 스스로를 잘 알고 있지만 타인에게는 알려져 있지 않은 부분이다. 이 경우 타인이 취하는 자신에 대한 반응을 예측할 수 없기 때문에 타인에게 방어적인 태도를 취하게 된다. 이와 같은 사람의 Johari의 창은 과묵형이 될 것이다.
- **미지 영역**(unknown area): 자기 스스로와 타인에게 모두 알려지지 않은 부분이다. 이러한 경우에는 자신에 대한 견해를 표명하지도 않을 것이며 타인으로부터 피드백을 받지도 못할 것이다. 이와 같은 사람의 Johari의 창은 폐쇄형이 될 것이다.

## 2. 대인 간 의사소통 유형

Reece와 Brandt는 대인 간 의사소통 유형을 독단성의 높고 낮음과 사교성의 높

**그림 6-7** 독단성과 사교성에 의한 대인 간 의사소통 유형

출처: Reece & Brandt (1984: 124).

고 낮음의 결합에 의하여 감정형, 지휘형, 사려형, 지원형으로 구분하였다(Reece & Brandt, 1984). 먼저, 독단성(dominance)은 책임을 맡으려는 태도를 과시하는 경향으로 정의된다. 독단성이 높은 사람은 스스럼없이 충고하고 강력하게 의견을 개진하며 요구사항을 분명히 나타내며, 자기주장이 강하고 타인을 통제하려는 경향이 있다. 다음으로 사교성(sociability)은 자기 감정을 통제하거나 표현하려는 경향으로 볼 수 있다. 사교성이 높은 사람은 자신의 느낌을 자유롭게 표현하며 개방적이다.

- **감정형**(emotive style): 높은 독단성과 높은 사교성을 가지며, 열정적이고 솔직 담백하게 의사소통을 하는 유형이다. 감정형은 상대방의 이름을 부르고 사적인 이야기를 하는 등 비격식을 좋아하며, 자신의 의견을 극적이면서 설득력 있게 표현한다.
- **지휘형**(director style): 높은 독단성과 낮은 사교성을 가지며, 솔직하고 엄격하며 독단적이고 단호하다. 단호한 표정과 결단력 있는 음색으로 강력한 의견을 제시하며, 따뜻하게 보살펴 주는 태도를 보이지 않고, 냉담하며 격식을 차린다.
- **사려형**(reflective style): 낮은 독단성과 낮은 사교성을 가지며, 조용하고, 혼자 있기를 좋아하며, 의사결정을 쉽게 하지 않는다. 격식을 차리고 신중한 태도로 의견을 제시하며, 서두르지 않고 계산된 의견을 개진하며 감정통제를 잘한다.
- **지원형**(supportive style): 낮은 독단성과 높은 사교성을 가지며, 민감하고 참을 성이 있으며 좋은 경청자가 된다. 주의를 기울여 경청하고 권력의 사용을 절제하며, 친절하게 설득하고 온정을 표시한다. 또한 사려 깊고 신중하게 의사결정

과 의사표현을 한다.

이상의 의사소통 유형에서 가장 좋은 유형이 별도로 존재하는 것은 아니며 유형 별로 고유한 강점을 가진다. 그러나 이러한 강점이 과장되면 문제가 발생한다. 예를 들면, 감정형이 너무 지나치면 쉽게 흥분하고 진지하지 않게 보일 수 있는 반면, 너무 엄격한 지휘형은 남들에게 밀어붙이는 형으로 비쳐질 수도 있다. 또 과도한 사려형은 소심하게 보일 수 있는 반면, 지나친 지원형은 우유부단하게 비쳐질 수 있다.

Hellriegel, Slocum과 Woodman(1991)은 전달자와 수신자 간의 피드백의 수준과 개방성의 정도에 따라서 의사소통 유형을 구분하였다. 즉, 전달자와 수신자 간에 피드백이 얼마나 효과적으로 이루어지며, 개방성의 정도는 어떠한가에 따라서 자기거부형, 자기보호형, 자기노출형, 자기실현형, 자기협상형 등으로 의사소통을 유형화하였다.

- **자기거부형**(self-denying style): 개인이 타인으로부터 고립되어 자신의 생각, 의견, 태도, 감정을 타인에게 숨기려 하는 의사소통 유형이다. 내성적인 사람이 외형적인 사람보다 이러한 유형의 의사소통을 사용할 가능성이 높다.
- **자기보호형**(self-protecting style): 자신에 대해서는 숨기면서도 남에 대해서는 알려고 하고, 심지어는 타인에 대한 평가만을 늘어놓는 의사소통 유형이다. 이때 피드백의 제공은 자기노출을 피하고 상대에게 평가받지 않으려는 방어전술일 수도 있다. 극단적인 경우 자기방어적인 사람은 타인에 관한 자신의 생각, 의견, 태도와 감정만을 드러낼 뿐이다.
- **자기노출형**(self-exposing style): 자신의 행동에 대한 반응을 상대방에게 확인시킴으로써 자신에게 관심을 두도록 하는 유형이다. 이런 유형에 속하는 사람은 자신이 받는 피드백에 거의 신경을 쓰지 않을 수도 있지만, 역으로 타인으로부터 피드백을 진지하게 고려할 수도 있어서 이러한 경우 가장 최근에 받아들인 피드백이 긍정적인 것인가 부정적인 것인가에 따라 심한 감정상 기복을 겪을 수도 있다.
- **자기실현형**(self-actualizing style): 자신에 대한 적당한 양의 정보를 제공하고, 피

드백을 요청하며, 방어적이지 않고 건설적이고 개방적인 피드백을 제공하는 유형이다.

- **자기협상형**(self-bargaining style): 의사소통하는 상대방과 자신의 내적 기분과 일치하지 않아 갈등을 느끼게 되는 문제를 자기 스스로 해결하기 위해서 자신의 인지 내에서 타협하는 의사소통 유형을 말한다. 자기협상형 의사소통 유형을 사용하는 사람들은 상대방의 반응이 동일한 경우에만 피드백을 제공하고 자신을 개방한다.

이상의 다섯 가지 대인 간의 의사소통 유형은 각각의 상황에 따라 필요할 경우도 있으나 조직 의사소통에서 가장 유용한 것은 자기실현형이라고 할 수 있다. 그러므로 자기실현형 의사소통이 이루어지기 위해서는 효과적인 피드백과 자기노출 및 타인에 대한 경청이 전제되어야 한다.

## 3. 효과적인 의사소통의 원리

효과적인 의사소통은 조직 구성원 간의 인간관계를 활성화시키고, 만족도를 높이며 궁극적으로 조직의 성과를 높이는 데 기여한다. 의사소통이 그 기능을 다하기 위해서는 효과적인 의사소통의 원리를 이해할 필요가 있다. 특히 Redfield는 효과적인 의사소통을 위한 원리를 다음과 같이 여덟 가지로 제시하였다(Redfield, 1958).

- **명료성**: 의사전달의 내용이 명확해야 한다.
- **일관성 또는 일치성**: 조직 내에서 전달되는 정보에 모순이 없어야 한다.
- **적시성**: 의사전달이 가장 효율적으로 이루어질 수 있는 적정한 시기를 놓쳐서는 안 된다.
- **분포성**: 의사소통이 시작되는 지점에서 목적지까지 모든 정보가 의사소통의 대상에게 골고루 도달되어야 한다.
- **적량성**: 과다하지도 과소하지도 않은 적당량의 정보를 전달해야 한다. 과다할 경우에는 의사소통에 혼란이 생길 수 있고, 과소할 경우에는 의사소통에 영향을 미칠 수 없다.

- **적응성(융통성)**: 구체적인 상황에 적응할 수 있는 현실적합성을 갖춰야 한다.
- **통일성**: 조직 구성원 전체가 동일하게 받아들이는 표현을 사용해야 한다.
- **관심과 수용**: 발신자가 수신자의 주의와 관심을 끌 수 있어야 하고, 수신자에게 정보가 수용될 수 있도록 의사소통이 적절하게 이루어져야 한다.

## 제5절 의사소통의 장애요인과 극복방안

의사소통의 장애요인은 의사소통 과정을 간섭, 훼방, 왜곡, 변화시키는 모든 것을 말한다. 이러한 장애에 대한 해석은 장애요인의 소재지나 의사소통을 파악하는 관점에 따라 달라진다. 의사소통을 기계론적 관점에서 파악하려는 입장에서 장애는 전달과정을 방해하는 전달체제의 물리적 또는 기술적 문제, 곧 잡음으로 간주된다. 심리학적 관점에서 장애는 전달의 장애물이라고 보기보다는 정보를 선택적으로 지각하고 해석하고 기억하는 것과 같은 개념적 여과과정에서 발생하는 선택적 노출형태로 보고, 노출형태에 영향을 주는 심리적 요인과 관련된다. 상징−해석적 관점에서 장애는 의미해석의 불일치와 관련된 역할 담당과 문화적 요소와 관련된다. 체제−상호작용 관점에서는 의사소통 행동의 형성과 관련된 사회적 관계에서 장애요인을 찾는다(박병량, 주철안, 2012: 262-263).

### 1. 의사소통의 장애요인

의사소통에 있어서 전달자와 피전달자에 의한 장애요인으로는 다음과 같은 것이 있다(Byers, 1996; Lewis, 1975; Lunenburg & Ornstein, 1991; Myers & Myers, 1982; Taylor, 1993). ① 가치관·사고기준의 차이로 인하여 같은 의사소통 내용에 대하여 서로 다른 해석을 가하는 경우, ② 지위상의 격차로 인하여 의사소통이 여러 단계를 거치는 동안 의사소통 내용이 왜곡되는 경우, ③ 전달자의 의식적 제한으로, 예를 들어 보안상의 문제로 의사소통의 비밀을 유지하는 경우, ④ 전달자의 자기방어기제로서 의사소통에 있어서 전달자가 자기스스로에게 불리한 사실은 은폐하고 소통시키지 않는 경우, ⑤ 전달자에 대한 불신이나 편견, ⑥ 원만하지 못한 인간관계나 능력 부족이다.

의사소통의 수단 및 매개체에 기인하는 장애요인으로는 다음과 같은 것이 있다. ① 의사소통의 내용이 양적으로 과다하여 내용 파악이 곤란한 경우, ② 의사소통의 내용이 정보의 유실과 불충분한 보존으로 인하여 내용 파악이 곤란한 경우, ③ 언어와 문자 자체의 한계에서 비롯되는 경우 등을 들 수 있다.

의사소통이 이루어지는 조직 구조에서 기인하는 장애요인으로는 다음과 같은 것이 있다. ① 집권적 계층구조로서 수직적인 의사전달이 제한받는 경우, ② 조직 간의 할거주의로 인하여 수평적 의사전달을 저해받는 경우, ③ 비공식조직의 역기능으로 소문·풍문 등에 의하여 의사소통이 왜곡되는 경우, ④ 의사소통 채널의 부족으로 개방도가 미흡한 경우, ⑤ 의사소통의 집권화(집중도)로 인하여 의사소통의 권한이 특정인에게 집중되어 의사소통의 흐름이 저하되는 경우 등이 있다.

## 2. 의사소통의 장애요인 극복

개인의 수준에서 의사소통의 장애를 극복하는 기술로는 반복, 감정이입, 이해, 피드백, 경청이 있다(Lunenburg & Ornstein, 1991: 206-209).

- 반복: 같은 내용의 메시지를 여러 경로(전화, 면담, 메모, 편지, 이메일)를 통해서 반복하여 전달함으로써 의사소통 장애를 피할 수 있다. 같은 내용을 다양한 채널을 이용하여 전달하는 반복의 방법은 가장 흔히 사용되는 효과적인 의사소통 방법이다.
- 감정이입: 효과적인 의사소통은 수신자가 메시지를 받고 어떻게 반응을 할 것인지 발신자가 예견하는 것을 의미한다. 이를 위해서 수신자가 메시지를 받고 그것을 해석하는 심리적 기제를 이해해야 한다. 달리 말하면, 상대방의 입장에서 그가 메시지를 기호화하고 해석하는 것을 알아야 한다는 것이다. 타인의 의사소통의 심리적 기제를 이해하는 것을 감정이입이라 하며, 그것은 의사소통 장애를 극복하는 효과적인 방법이다.
- 이해: 효과적인 의사소통이라고 하는 것은 단순히 메시지의 전달에 그치는 것이 아니라 그 메시지가 무엇을 담고 있는가를 이해하는 것이다. 따라서 메시지

가 담고 있는 내용을 상대방이 이해할 수 있는 언어(문장과 말)로 전달하는 것이 중요하다.

- **피드백**: 수신자의 메시지 이해 정도를 확인하는 과정으로 이는 수신자와 발신자 사이에 메시지에 대한 상호이해를 증진시키는 역할을 한다. 특히 쌍방적 의사소통에서는 일방적 의사소통보다 피드백이 활발히 이루어진다. 일방적 소통에서도 상호이해의 증진을 위해서 피드백의 기회는 주어져야 한다. 예컨대, 하향적 의사소통에서 메시지의 전달을 확인하고 수신자로부터 피드백을 받는 노력이나 상향적 의사소통에서 하부 구성원의 참여를 확대시키는 것은 피드백을 촉진시킬 수 있는 방법이다. 문자에 의한 의사소통보다는 면대면 의사소통에서 피드백이 활발히 이루어지므로 두 가지 의사소통 방법을 함께 사용하는 것이 효과적이다.

- **경청**: 효과적인 의사소통은 이해시키는 것과 마찬가지로 이해하는 것이다. 이해는 경청을 통해서 가능하다. 상대방의 말을 잘 듣는 과정을 통해서 수신자는 발신자의 메시지를 이해할 수 있고, 발신자는 수신자의 피드백을 이해할 수 있는 것이다. 학교관리자는 다른 사람의 말을 경청함으로써, 경영을 하는 데 필요한 정보를 얻을 수 있고, 다른 사람으로부터 존경과 신뢰감을 획득할 수 있다. 즉, 경청은 대인관계를 향상시키고, 지원적 분위기를 조성하고, 다른 사람에 대한 존중을 높이고, 생산적인 환경을 조성하며, 유능한 학교관리자가 될 수 있도록 돕는다.

끝으로 조직 수준에서 의사소통 장애를 극복하는 기술은 조직 구조, 지위 차이, 통신망 등 세 가지 측면에서 검토되어야 한다(박병량, 주철안, 2012: 266-267).

- **조직 구조**: 일반적으로 위계구조가 높은 조직일수록 정보의 흐름이 비효율적이고 정보가 왜곡되어 전달될 개연성이 높다. 따라서 이러한 조직에서는 횡적 의사소통이 보다 유리하다. 즉, 계층단계가 많은 조직에서는 동료 간의 횡적 의사소통이 좋고, 상향적 또는 하향적 의사소통은 약하고 왜곡된다. 반면, 위계구조가 낮은 조직에서는 상하 의사소통이 쉽고, 직접적 대화가 쉽게 이루어지고, 의사소통을 굴절시키는 단계가 거의 없어 효과적인 의사소통이 이루어질

수 있는 장점이 있다.

• **지위 차이**: 상하관계는 자유스러운 수직적 의사소통을 제한한다. 상위직은 의사
 소통의 요구를 많이 받지만, 자신의 주변 사람과 주로 정보를 교환하고 하위직
 과는 제한적 수준의 의사소통을 한다. 또한 하위직은 상위직과의 의사소통을
 꺼리는 측면도 있다. 그래서 직위의 차이가 커지면 의사소통은 줄어들고 상위
 직은 하위직과 대화할 기회가 적어진다. 따라서 상위직에 있는 사람들은 하위
 직에 있는 사람들과 대화할 기회를 의식적으로 확대하는 노력을 해야 한다.

• **통신망**: 의사소통을 촉진하기 위한 개인과 개인, 개인과 집단을 연결하는 다양
 한 의사소통망의 발달, 미래의 불확실성 등은 정보의 요구와 양을 증대시키고
 있다. 정보량의 증대는 정보의 처리에 부담을 주어 여러 가지 문제, 예컨대 생
 략, 처리실수, 지연, 여과, 대충 훑어보기 등의 정보처리 문제를 발생시키고 있
 다. 따라서 효율적인 정보처리와 선택체제를 수립하는 것이 정보화 시대에서
 조직의 중요한 과제가 된다.

제2부

교육행정의 실제

제7장

# 교육기획과 정책

    교육행정의 기능은 크게 교육활동을 지원하는 소극적인 측면과 교육활동을 이끄는 적극적인 측면으로 구분될 수 있다. 전자는 인적·물적 조건을 정비·확충하는 활동과 관련된 것이며, 후자는 교육활동의 방향과 계획을 수립하여 그를 실현해 가는 활동과 관련된 것이다. 오늘날 교육의 규모가 방대해지고 그 활동의 내용이 복잡해지면서 교육행정의 적극적 측면에 대한 관심이 크게 높아져서 이제는 전자보다는 후자의 기능이 오히려 교육행정의 중심 활동으로 인식되고, 핵심적인 연구 주제로 부각되고 있다.

    교육활동을 이끄는 교육행정의 적극적인 기능은 교육기획과 교육정책에서 찾을 수 있다. 교육기획은 교육의 합리성과 효율성을 극대화하기 위한 지적·합리적인 사전 준비과정으로서 교육의 비전과 교육활동의 방향을 제시한다. 또한 교육정책은 교육활동을 운영하기 위한 국가의 기본이념 혹은 방침으로서의 교육행정의 적극적 기능을 대표하는 중심적 활동이다. 교육활동을 이끌어 가기 위해서는 교육을 운영하기 위한 방향을 설정하고 계획을 수립하고 그를 추진하기 위한 행동과정의 표준이 정립·제시되어 있어야 한다. 교육기획과 교육정책은 그러한 활동 자체 혹은 그 활동의 결과를 의미하는 것으로 구체적으로 교육활동을 이끌어 가는 중심적 역할을 수행하는 것이다.

# 제1절 교육기획

기획[1]은 모든 조직 활동에서 가장 중요한 기능 중의 하나로 인식되고 있다. 이미 기원전 2100년에 저술된 『함무라비 법전』에서도 기획에 대한 초보적인 생각들을 발견할 수 있으며, 그리스나 로마시대의 도시 건설에서도 기획제도를 활용한 기록들을 찾아볼 수 있다. 특히 사회체제가 훨씬 조직화되고 그 활동을 위해 보다 체계적인 노력이 요청되고 있는 오늘날에는 모든 조직에서 기획의 개념을 도입하여 보다 장기적이고 종합적인 관점에서 비전과 목표를 수립하고 과업을 체계적으로 수행하고 있다.

교육의 영역에서도 오래전부터 기획의 개념이 도입되어 미래의 교육을 위한 사전 준비를 통해 교육활동을 보다 체계적이고 합리적으로 계획 · 수행하고 있다. 교육기획은 국가 수준에서부터 단위학교에 이르는 다양한 교육단계와 활동 영역에서 장래의 불확실성을 제거하고 교육의 합리성과 효율성을 극대화하기 위한 준비과정으로 이루어지고 있다. 이 장에서는 이러한 미래교육을 위한 사전의 지적 · 합리적인 준비과정인 교육기획에 대해 그 의의와 유형, 원리와 접근방법, 과정과 절차를 살펴보고, 그것의 효용성과 한계에 대해 고찰한다.

## 1. 교육기획의 의의와 유형

우리나라에 국가기획의 개념이 처음 도입된 것은 1948년에 중앙행정기구의 하나로 국무총리 산하에 기획처를 설치 · 운영하면서부터이다. 교육 분야에서는 의무교육완성 6개년 계획(1954~1959)을 수립하여 국가적 차원에서의 교육계획을 통해 의무교육제도를 확충 · 정착시킨 것을 그 시초라고 볼 수 있다.

국가기획의 개념이 본격적으로 정부활동 부문에 도입된 것은 5 · 16 이후의 일이

---

1) 기획(planning)은 일련의 계속적인 의사결정인 반면, 계획(plan)은 그 과정의 결과로 나타난 최종적인 산물을 말한다. 따라서 엄밀하게 말하면, 기획은 계획 이상의 것이라고 할 수 있으나, 일반적으로 두 용어는 그러한 엄밀한 구분 없이 혼용되고 있다. 여기서도 기획은 계획을 위한 과정, 계획은 그 과정의 결과를 나타내는 것으로 사용하되, 그 구분이 어려운 곳에서는 편의상 혼용하기로 한다.

다. 당시 군사정부에서는 경제기획원과 기획조정위원회를 설치하여 본격적으로 내각의 기획과 정책을 조율하고 경제발전을 중심으로 한 국가발전계획을 수립하였다. 이를 토대로 제3공화국에서는 경제개발 5개년 계획을 수립하고 국가의 모든 역량을 경제발전에 투입하여 본격적인 기획의 시대를 열었다.

교육 분야의 기획도 그러한 국가기획의 일환으로 추진되었다. 1969년에 국무총리를 위원장으로 하는 장기종합교육계획심의회를 결성하여 교육발전을 위한 획기적인 계획안을 수립하였다. 1970년에 발표된 이 '장기종합교육계획'(1972~1986)은 비록 여러 가지 사정으로 그대로 시행되지는 않았으나, 그 이후 국가 교육 운영의 토대가 되었다. 1978년에도 한국교육개발원이 중심이 되어 '교육발전의 전망과 과제'(1978~1991)라는 계획안을 수립하고 이를 경제사회발전 5개년 계획의 교육부문 계획에 반영하여 교육발전을 도모하였다. 1985년부터는 범국가적 차원에서 교육정책과 계획을 수립·추진하기 위해 대통령 자문기구로 교육개혁기구를 설치하여 교육발전을 위한 다양한 노력을 계획·추진하였다. 제5공화국의 교육개혁심의회, 제6공화국의 교육정책자문회의, 문민정부의 교육개혁위원회, 국민의 정부의 새교육공동체위원회와 교육인적자원정책위원회, 참여정부의 교육혁신위원회, 이명박 정부의 국가교육과학기술자문회의, 문재인 정부의 국가교육회의 등이 이러한 대통령 자문 교육개혁기구들이다.

### 가. 교육기획의 개념과 성격

교육기획은 간단히 말해 미래의 교육활동에 대한 사전 준비과정이라 할 수 있다. 즉, 미래의 교육활동에 대비하여 교육목표 달성을 위한 효과적인 수단과 방법을 제시함으로써 교육정책 결정의 효율성과 안정성을 보장해 주는 지적·합리적 과정인 것이다. 따라서 교육기획은 기본적으로 다음과 같은 특성을 가지고 있다(김종철, 1985: 300-301).

- **미래지향적인 행동과정:** 기획은 미래를 구상하는 것으로 앞으로의 활동을 준비하는 과정이다. 주간계획, 월간계획, 연간계획, 장기계획 등과 같이 모든 계획은 실제로 시행되기 전에 이를 준비하고 구상하는 과정인 것이다.

- **지적인 활동**: 기획은 어떠한 일을 구체적으로 시행하기 전에 그 목표와 내용, 절
  차와 방법, 기대되는 성과에 대해 미리 생각해 보는 것이기 때문에 고도의 지성
  과 전문성을 요구하는 계획 과정인 것이다.
- **합리적인 활동**: 기획은 목표와 수단 및 방법을 합리적으로 연결하고 그를 통해
  목표 달성을 효율화하는 활동이기 때문에 합리적인 정보 수집과 판단, 그리고
  문제해결능력을 필요로 한다.
- **사전 준비과정**: 기획은 사전의 준비과정이지 실제적인 시행이나 집행이 아니기
  때문에 상황의 변화에 따라 언제든지 수정하거나 보완할 수 있는 특징을 가지
  고 있다.

## 나. 교육계획의 유형

교육기획 혹은 교육계획의 유형은 분류기준을 어떻게 설정하느냐에 따라 다양하
게 구분된다. 우선, 계획 기간에 따라 장기계획, 중기계획, 단기계획 등으로 구분되
며, 수립 주체에 따라 국가계획, 지역계획, 학교계획 등으로, 계획 범위에 따라 부문
계획, 종합계획 등으로 구분된다. 이 외에도 행정조직의 계층이나 강제성 정도, 작
성방법, 주제 등에 따라서도 다양하게 구분될 수 있다.

### 1) 계획 기간에 따른 유형

교육계획의 유형은 계획 기간의 길고 짧음에 따라 장기교육계획, 중기교육계획,
단기교육계획으로 구분된다. 장기교육계획은 10년 이상 20년에 이르는 것도 있으
나 일반적으로 6년 이상의 계획을 지칭한다. 중기교육계획은 계획의 기간이 3년 내
지 5년인 계획을 말하며, 단기교육계획은 보통 계획의 기간이 3년 미만인 계획을 의
미하지만, 대체로 1년이나 그 이내인 계획을 가리킨다.

장기교육계획은 1970년의 '장기종합교육계획'(1972~1986), 1978년의 '교육발전
의 전망과 과제'(1978~1991)가 대표적이나, 1980년대 이후에는 교육개혁심의회의
'교육개혁 종합구상'(1987), 교육정책자문회의의 '교육발전 기본구상'(1993), 교육개
혁위원회의 '21세기 한국교육의 발전지표'(1998), 교육혁신위원회의 '학습사회 실현
을 위한 미래교육 비전과 전략'(2007) 등 대통령 자문기구에 의한 교육개혁 관련 보

고서가 장기교육계획에 해당한다. 중기교육계획은 과거의 경제사회발전 5개년 계획 교육부문계획과 1999년 교육부가 수립했던 '창조적 지식기반 국가건설을 위한 교육발전 5개년계획'이 있으며, 현재는 「고등교육법」 제7조에 따라 5년 단위로 수립하는 '고등교육투자 5개년계획', 「유아교육법」 제3조의2에 따라 5년 단위로 수립하는 '유아교육발전 5개년계획', 매년 수립하는 5년 단위 연동계획인 '국가재정운용계획'과 유사하게 매년 시·도교육청별로 수립하는 '중기교육재정계획' 등이 여기에 해당한다. 단기교육계획에는 당해 연도의 예산에 반영되는 교육에 관한 각종 기본운영계획이 해당된다. 이러한 계획들은 서로 밀접한 관련 속에서 수립되기도 한다. 즉, 단기교육계획은 중기나 장기교육계획에, 중기교육계획은 장기교육계획에 의거하여 수립될 수가 있다.

### 2) 수립 주체에 따른 유형

교육계획의 유형은 수립 주체가 누구냐에 따라 크게 국가교육계획, 지방교육계획, 학교교육계획 등으로 구분된다. 국가교육계획은 국가가 수립하는 교육계획이다. 일반적으로 개발도상국가나 중앙집권적 국가 등에서 정부가 중심이 되어 교육체제 운영에 관한 정책과 행정상의 발전을 위해 수립·시행하는 교육계획이 여기에 해당한다. 지방교육계획은 지방교육자치단체에서 수립하는 교육계획이다. 우리나라의 경우 특별시나 광역시 혹은 각 도의 교육청이 중심이 되어 해당 지역의 교육발전을 위해 수립하는 교육계획이 여기에 해당된다. 지방 분권이 정착된 국가에서는 국가교육계획보다 이 지방교육계획이 일반적으로 이루어지고 있다. 학교교육계획은 단위학교에서 수립하는 교육계획이다. 일반적으로 단위학교가 주축이 되어 학교발전을 위해 수립하는 연간 학교교육계획이 여기에 해당된다. 최근에는 단위학교 책임경영제가 보편화되어 단위학교의 특수성과 자율성을 강조하는 학교교육계획의 중요성이 크게 부각되고 있다. 이러한 계획들도 마찬가지로 서로 밀접한 관계 속에서 수립될 수 있다. 즉, 학교교육계획은 지방교육계획이나 국가교육계획에, 지방교육계획은 국가교육계획에 의거하여 수립될 수가 있는 것이다.

### 3) 계획 범위에 따른 유형

교육계획의 유형은 계획의 범위에 따라 부문교육계획과 종합교육계획으로 구분

된다. 부문교육계획은 한정된 교육부문 혹은 영역에 대한 계획으로 특정한 대상만을
포함하는 교육기획을 말한다. 1954~1959년간에 수립·추진된 '의무교육완성 6개년
계획'이 그 전형적인 예이며, '유아교육발전 5개년계획' '특수교육발전 종합계획' 등
대부분의 교육계획은 부문교육계획에 속한다.

종합교육계획은 교육의 여러 부문과 영역을 종합적으로 다루는 교육계획이다.
부문계획이 한정된 부문만을 다룸으로써 다른 부문들과의 관계를 포괄적으로 다룰
수 없는 반면, 종합계획은 그러한 부문계획의 단점을 보완할 수 있는 강점을 가지고
있다. 앞에서 장기교육계획 사례로 제시했던 교육계획은 대부분 종합교육계획에
속한다.

## 2. 교육기획의 원리와 접근방법

### 가. 교육기획의 원리

교육기획의 원리는 학자와 관점에 따라 다양하게 제시된다. 김종철(1973: 95-96)은
교육행정의 운영원리를 참고하여 교육기획의 원리로 ① 타당성, ② 효율성, ③ 민주
성, ④ 전문성, ⑤ 중립성, ⑥ 적응성, ⑦ 안정성, ⑧ 균형성, ⑨ 통합성, ⑩ 계속성 등
을 제시하고 있으며, 김창걸(1986: 105-106)은 이러한 원리들을 통합하여 교육기획
의 원칙으로 ① 합목적성, ② 효율성, ③ 민주성, ④ 전문성, ⑤ 단순성, ⑥ 표준화,
⑦ 적응성, ⑧ 안정성, ⑨ 종합성, ⑩ 중립성, ⑪ 합리성, ⑫ 계속성 등을 제시하고 있
다. 여기서는 이러한 학자들의 견해를 종합하여 교육기획의 원리나 원칙을 다음과
같이 제시한다.

- **타당성의 원리**: 교육기획은 의도하는 교육목표를 달성할 수 있는 적절한 수단과
  방법을 통해 수립되어야 한다.
- **효율성의 원리**: 교육기획은 의도하는 교육목표를 달성할 수 있는 능률적이고 효
  과적인 수단과 방법을 동원할 수 있도록 수립되어야 한다.
- **민주성의 원리**: 교육기획은 일반국민과 이해 관련 집단 등의 광범위한 참여를
  통해 민주적인 방식으로 이루어져야 한다.

- **전문성의 원리**: 교육기획은 교육전문가들의 적극적인 참여와 지속적인 검토과정을 거쳐 수립되어야 한다.
- **중립성의 원리**: 교육기획은 교육 자체의 타당성과 효율성에 따라 수립되어야 하며, 어떠한 정치적·종교적·당파적 이해와 압력에도 좌우되어서는 안 된다.
- **융통성의 원리**: 교육기획은 상황의 변화에 탄력적으로 대응할 수 있도록 신축성 있게 수립되어야 한다.
- **안정성의 원리**: 교육기획은 정책의 일관성과 안정성을 유지할 수 있도록 수립되어야 하며, 지나치게 가변적인 계획으로 이루어져서는 안 된다.
- **균형성의 원리**: 교육기획은 안정성과 적응성, 민주성과 전문성 등을 적절하게 유지하는 방식으로 이루어져야 한다.
- **통합성의 원리**: 교육기획은 국가의 타 부문 기획과 통합되도록 이루어져야 하며, 하위부문들을 종합적으로 고려하여야 한다.
- **계속성의 원리**: 교육기획은 의도한 교육목적을 실현시키기 위해 계속적인 연구와 평가를 통해 수립되어야 한다.

## 나. 교육기획의 접근방법

교육기획의 접근방법은 수립 주체와 강조점, 그리고 적용방법에 따라 매우 다양하다. 여기서는 그 다양한 접근방법 중에서 국가교육기획의 관점에서 이루어지는 대표적인 접근방법에 대해 살펴본다.

### 1) 사회수요에 의한 접근방법

사회수요에 의한 접근방법(social demand approach)은 교육을 받고자 하는 모든 사람에게 교육의 기회를 부여해야 한다는 원칙하에서 이루어지는 교육기획 방법이다. 이는 교육에 대한 개인적·사회적 수요를 기초로 하여 이루어진다는 점에서 교육수요에 의한 접근이라고도 할 수 있다.

이 방법은 교육기획 시에 국가의 인구와 가계소득, 그리고 미래의 학부모와 아동들의 교육에 대한 수요를 예측한 후 이를 기초로 하여 학교 설립과 교원 양성, 기타 교육적 투입 요소를 계획해 나가는 방법이다(Rogers & Ruchlin, 1971: 224-231). 이 방법은 단순하게 보면 쉬운 것 같지만, 실제로는 매우 복잡하고 어려운 과정을 필요로 한다(김윤태, 1994: 191-192). 우선, 이 방법은 장차 얼마나 많은 사람이 어느 유형의 교육을 원할 것인지를 명확하게 알아야 하기 때문에 이를 추정하는 작업이 선행되어야 한다. 인구의 추정은 이 작업의 기초자료가 된다. 그러나 교육수요의 양과 유형은 교육비, 가정의 소득, 직업 전망과 기대, 기타 여러 요인에 의해 좌우되므로 세심한 고려가 필요하다. 이러한 많은 요인을 모두 고려하여 미래 상황을 추정하기는 매우 어렵기 때문에 실제로는 인구성장률이 모든 단계의 교육 유형의 성장률이 될 것이라고 전제하고 단순하게 성장률을 추정하는 것이 보통이다. 예컨대, 인구가 1% 증가하면 초등교육, 중등교육, 고등교육 등 모든 단계의 교육도 마찬가지로 1% 증가할 것으로 보고 추정하는 것이다. 대부분의 교육기획에서는 이와 같은 방법을 택하고 있다.

이 방법은 대부분의 국가에서 교육계획을 수립하는 일차적인 접근방법으로 활용되고 있다. 이 방법의 장점은 우선 사회의 교육적 수요에 부응함으로써 적어도 단기적으로는 사회적 · 정치적 안정에 기여할 수 있다는 점이다(김종철, 1985: 306). 우리나라에서 정권 창출기나 혼란기에 발표된 많은 교육정책이 일반 국민들의 교육수요를 획기적으로 충족시키는 방안을 포함시킴으로써 정치 · 사회적 안정과 불만 해소를 도모한 사례를 볼 수 있는데, 이는 이 접근의 장점을 정치적으로 이용한 것이라고 할 수 있다. 그 외에도 이 방법은 인구성장률을 활용하여 비교적 손쉽게 교육계획을 세울 수 있는 장점을 갖는다.

이러한 장점에도 불구하고 이 방법은 신중하게 계획되지 못할 경우, 많은 문제를 발생시킬 소지가 많다. 우선, 이 방법은 사회수요라는 개개인의 심리적 욕구 충족에 주안점을 두기 때문에 교육에 대한 사회적 필요와는 동떨어진 교육계획을 수립할 가능성이 있다. 예컨대, 사회의 경제 인력에 대한 수요와 상충되는 경우, 교육과 취업의 연계성이 저하되어 실업의 문제 등을 야기할 수 있다. 또한 재정적 제약 등을 고려하지 않은 사회수요의 충족은 교육의 질적 수준을 하락시키는 요인이 되기도 한다. 특히 이 방법은 투자의 우선순위 등을 상세화하지 않고, 모든 교육수요를 충족시킬 만큼 자원의 여유가 없을 때 어떻게 해야 되는가에 대한 방안을 제시하지 못한다는 치명적인 결점을 가지고 있다(김윤태, 1994: 192).

## 2) 인력수요에 의한 접근방법

인력수요에 의한 접근방법(manpower demand approach)은 많은 국가에서 교육계획뿐만 아니라 경제계획 등 국가계획을 수립하는 데에 활용하고 있다. 이 방법은 경제성장에 필요한 인적 자본(human capital)의 중요성에 대한 인식을 전제로 경제성장을 뒷받침하는 인력수요를 예측하고 그에 기초하여 인력수요를 충족시킬 수 있도록 교육적 측면의 공급을 조절해 나가는 방법이다(김종철, 1985: 306). 그 구체적인 방법은 목표 연도의 인력수요를 추정한 다음, 그것을 교육자격별 인력수요 자료로 전환하고, 추정된 노동력의 교육자격별 구조와 현재의 교육자격별 노동력 구조를 비교하여 부족분을 교육수준별, 부문별로 보충하도록 하는 것이다(Parnes, 1962).

이 방법은 대체로 다음과 같은 단계를 거쳐 이루어진다(김윤태, 1994: 195). 첫째, 목표 연도의 GDP 총량과 산업별 GDP를 추정한다. 이는 이미 수립되어 있는 국가발전계획이나 지역발전계획의 자료를 활용할 수 있다. 둘째, 각 산업별 노동생산성을 추정한다. 셋째, 각 산업별 노동력의 직업별 분포를 추정한다. 마지막으로, 직업군별로 교육 분포를 추정함으로써 각 산업별·직업별로 상이한 유형의 교육을 받은 졸업자 수를 파악하게 된다. 결국 이러한 단계를 거쳐 목표 연도의 경제성장률을 달성하는 데 필요한 교육수준을 소유한 노동력을 추정하게 되는 것이다.

이 방법은 1960년대에 경제발전이 교육에 의존한다는 인적 자본론의 영향으로 개발도상국가를 중심으로 유행했던 방법이다. 사실, 이 방법은 교육과 취업, 나아가 교육과 경제성장을 보다 긴밀하게 연결시켜 교육에 대한 계획을 수립할 수 있고, 교육 운영에서 낭비를 줄여 효율성을 높일 수 있는 장점을 가지고 있다. 그러나 교육과 취업이 반드시 일대일의 대응관계를 갖지 않고, 급변하는 사회에 있어서는 교육수요나 인력수요의 구조도 역시 급변하기 때문에 추정 자체가 대단히 어렵고, 교육과 취업 간의 시차로 인해 수급 측면에서 차질을 빚기 쉽다는 점과 예측이 어려워 기술상 많은 난점이 있다는 단점이 있다. 특히 이 방법은 교육에 관한 기획을 하면서 교육의 본래 목표와는 다른 경제성장을 위한 인력 공급이라는 외적 목적에 초점을 맞춤으로써 기본적으로 교육의 본질을 훼손할 수 있다는 문제를 지니고 있다.

## 3) 수익률에 의한 접근방법

수익률에 의한 접근방법(rate of return approach)은 교육을 투자로 보고, 그 투자에 대한 경제적 효과를 분석하는 한 방법으로, 특정 단계 혹은 특정 분야의 교육이나 그 제도 혹은 운영방법 등에 대한 경제적 수익률을 측정하여 비교 수익률이 높은 부문이나 방식을 채택하는 접근방법을 말한다. 이는 국가나 개인이 투입한 교육비용이 그들에게 얼마나 수익을 가져왔느냐를 추정하여 이루어지기 때문에 비용−수익(편익) 접근방법(cost-benefit approach) 혹은 비용−효과 분석이라고도 한다.

이 방법은 교육에 대한 투입(교육 투입)에 비해 교육에 의해 발생하는 산출(교육 산출)의 많고 적음을 밝혀 교육투자의 경제적 효과를 측정하는 데 주된 목적이 있다. 여기서 교육 투입은 교육에 투입되는 비용이며, 교육 산출은 교육을 받은 후에 기대되는 수입을 말한다. 따라서 이 방법에 의한 수익률은 일정 기간의 교육을 받기 위해 투입된 비용과 이 기간의 교육을 받았기 때문에 생기게 되는 평생 동안의 수입의 차이[2]를 연수익률로 표시한다. 물론 이때 동일한 기준으로 비교하기 위해 평생 수입은 현재 가치로 환산하며, 교육비는 복리로 계산하고, 기회 비용[3]을 모두 포함한 후 비용과 소득 간의 차이, 즉 연수익률(곧, 회수율)을 계산한다(김명한 외, 1988: 99).

교육을 위한 지출은 앞으로 어느 정도 수익을 가져올 것이라는 기대를 수반한다. 개인에게 가져오는 수익을 사적 수익이라고 하고 사회 전체에 가져다주는 수익을 사회적 수익이라고 한다. 이런 점에서 개인이든 사회이든 교육에 투입하는 비용은 직접적으로 교육투자라고 할 수 있는 것이다.

수익률에 의한 접근방법을 통해 교육투자 수익률을 분석한 연구들은 주로 1960년대 중반과 1970년대에 많이 이루어졌다. 본격적인 의미에서 최초의 교육투자 수익률을 분석한 Becker의 연구(1964), 교육투자에 대한 내적 수익률을 산출하여 인적자본에 대한 관심을 야기시킨 Schultz의 연구(1961), 투자수익률의 국제 비교 연구를 통해 개발도상국과 선진국의 차이를 밝힌 Psacharopoulos의 연구(1972) 등이 대표적인 연구들이다(김명한 외, 1988: 100). 이러한 투자수익률 분석 연구들은 학교단계가 낮을수록 그리고 후진국일수록 투자수익률이 높으며, 사회적 수익률보다는

---

2) 이는 교육을 더 받은 사람의 평생 수입에서 일정 기간의 교육을 받은 사람의 평생 수입을 제함으로써 얻어진다.

3) 기회 비용이란 교육을 받음으로 인해 유실된 소득, 즉 교육을 받지 않고 취업을 하였다면 얻을 수 있었던 소득을 말한다.

개인적 수익률이 비교적 높다는 것을 밝히고 있다(공은배, 1985: 95).

이 방법은 교육 운영의 경제적 효율성을 제고시킬 수 있고, 비용-수익 분석을 통해 교육투자의 합리성을 제고할 수 있다는 장점을 가지고 있다. 그러나 교육 투입과 교육 산출을 계산하는 방식은 너무 다양하고 학자들 간에도 합의된 것이 없기 때문에 그 측정이 용이하지가 않으며, 수익률 계산에 따르는 어려움과 과거의 소득을 가지고 미래의 소득을 추정하는 기법 자체의 문제 등 기술적 한계들을 가지고 있다.

### 4) 국제 비교에 의한 접근방법

국제 비교에 의한 접근(international comparison approach)은 선진국 혹은 경제와 교육발전이 유사한 다른 국가들의 경험을 비교 연구함으로써 자국의 교육발전을 위한 방향과 전략 등을 수립하려는 접근방법을 말한다. 즉, 국가의 발전단계를 국제적으로 비교하여 보다 발전된 국가의 발전 모형과 교육계획을 모방하려는 것으로, 개발도상국가 등에서 흔히 활용되는 교육기획 방법이다.

이 방법은 Harbison과 Myers(1964)의 연구를 기본 모델로 삼고 있다. 그들의 연구는 세계 75개국을 발전단계에 따라 저개발국가(17개국), 부분개발국가(21개국), 중진국가(21개국), 선진국가(16개국)의 네 유형으로 분류하고 각 발전단계에서의 인력 개발 전략을 연구ㆍ제시한 것인데, 이후 많은 후속 연구들을 통해 정교화되어, 교육기획 시 국제 비교에 의한 접근의 핵심적인 모델이 되고 있다.

국제 비교에 의한 접근은 주로 후발국이 선진국의 경험을 모방하여 발전계획을 수립하려는 것이다. 따라서 유사한 외국의 경험을 모방하여 교육에 관한 기획을 수립하기 때문에 일차적으로 그 과정을 단순화할 수 있다는 장점이 있다. 즉, 외국에서 선행 경험을 통해 얻은 효과적인 과정과 방법을 간접적으로 활용할 수 있기 때문에 계획 수립 자체가 쉽고 문제 예측이나 처치를 효율적으로 할 수 있다는 것이다. 그러나 국가마다 교육의 제도나 운영 방식이 다르기 때문에 한 국가에서 효과적인 방법이었다고 하더라도 자국에서는 비효과적인 방법이 될 수도 있다는 문제가 있다. 뿐만 아니라 각 나라의 전통과 사회문화적 배경이 다르고, 삶의 양식과 가치체계 등도 다르기 때문에 모방의 장점을 거의 활용하지 못하는 경우도 발생할 수 있다. 아울러 과거에 선진국에서 성공한 발전 모형을 미래에 후발국에서 택할 때, 그것이 타당하다 할지라도 시차에 따른 변화와 조건의 차이에 의해 그 효과가 반감될 수도 있다는 점 등이 문제로 지적되고 있다.

## 3. 교육기획의 과정

교육기획의 과정에 어떤 정형이 있는 것은 아니다. 기획의 성격과 내용, 필요한 시간과 자원, 환경조건 등에 따라 거치는 과정이나 단계가 다를 수 있기 때문이다. 그렇지만 대체로 교육기획의 과정은 과학적 문제해결의 과정과 유사한 단계를 거쳐 이루어진다(김종철, 1985: 309). 즉, 교육기획은 일반적으로 ① 목표 설정, ② 현황 파악, ③ 기획전제의 설정, ④ 대안의 탐색과 비교, ⑤ 최종안의 선택, ⑥ 부수적 파생계획의 수립 등의 과정을 거쳐 수립되는 것이다. 여기서는 이러한 교육기획의 과정을 보다 구체적으로 보기 위해 기획 이전 단계, 기획단계, 계획 형성 단계, 계획 정교화 단계, 계획 실천 단계, 평가와 수정 및 재계획 단계 등 6단계로 구분하여 자세히 살펴보기로 한다(Gurge, 1984: 3-10).

### 가. 기획 이전 단계

대부분의 국가에서는 교육기획을 위한 조직을 가지고 있다. 그러나 그러한 조직을 가지고 있지 못하다면, 다음과 같은 과정을 거쳐 교육계획을 준비해야 한다.

- 합리적인 기획 체제의 구성
- 기획의 절차 설정
- 계획의 형성과 이행에 참여하는 교육행정조직의 재구조화
- 기획에 요구되는 통계나 자료의 수집 분석을 위한 조직과 절차의 설정

이러한 과정을 거친 후, 이 단계의 최종 단계에서는 적절한 권위에 의해 교육목표가 설정되어야 한다.

### 나. 기획 단계

교육계획을 기획하는 단계인 이 단계에서는 다음과 같은 다섯 절차를 거치게 된다.

- **진단**: 교육목표가 설정되면 기획담당자는 현재의 교육적 역량이 그 목표 수행에 적절하고 충분한가를 확인해야 한다. 이러한 절차는 교육적 역량과 교육목표를 비교하고 그 차이를 분석함으로써 이루어진다. 이러한 과정을 통해 현재의 교육활동의 성격, 규모, 수준, 조직 등의 결함과 부적절성이 확인된다.
- **정책 형성**: 현재의 교육 상황에 대한 진단은 적절성, 능률성, 효과성 등을 신장시키기 위해 개선해야 할 결함과 부적절성을 드러내 준다. 이러한 결함과 부적절성을 개선하기 위한 일련의 조치들이 교육정책으로 나타나게 되는데, 대개의 경우 이러한 정책들이 교육개혁과 혁신의 수단이 된다.
- **장래 소요비용의 추정**: 교육정책이 형성되면 미래의 요구에 대한 비용을 추정하게 된다. 유용한 자료를 활용하여 물가 변동을 고려한 각각의 요구에 대한 소요비용을 추정하고, 최종적으로 모든 요구를 충족시키는 데 소요되는 전체 비용을 산출한다.
- **우선순위와 목표 설정**: 과거의 사례에 기초하여 교육발전에 도움이 되는 자원을 평가하고 실질적으로 기대할 수 있는 자원을 추정한다. 나아가 이러한 자료와 함께 미래의 요구를 분석하여 우선순위를 설정하고 한정된 자원 내에서 현실적으로 성취될 수 있는 목표를 설정한다. 또한 허용된 비용 내에서 가장 적절하고 효과적인 목표 달성 방안을 결정하기 위해 그 방안들을 체계적으로 검토한다.
- **실현가능성의 검토**: 목표가 설정되고 우선순위가 정해지면, 그 목표들이 일관성을 가지고 있고 실현가능한 것인지를 검토한다.

## 다. 계획 형성 단계

기획의 목표는 크게 두 가지로 요약할 수 있다. 하나는 수행하고자 하는 사항을 구체적인 문서로 상위기관에 작성 · 제출하여 승인을 받기 위한 것이며, 다른 하나는 결정사항을 수행해야 하는 다양한 기관에 대하여 구체적 행동계획을 작성 · 시달하기 위한 것이다. 기획은 그러한 목표를 가지고 있기 때문에, 기획과 관련되어 있는 부서나 기관은 어떠한 문제나 과제가 있고, 그러한 것들이 왜 제기되었는지, 해결을 위한 방안과 제안은 어떻게 수행될 수 있는가에 관하여 명확하게 파악하고 그에 대한 체계적인 진술을 마련해야 한다. 교육계획이란 이러한 진술을 의미하는 것이며, 이러한 진술의 작성이 계획 형성이다. 계획안을 작성하는 과정에서는 다음과 같은 사항이 특히 강조되어야 한다(정범모, 1966: 212-213).

- 광범위한 국민의 참여
- 계획 시행을 위한 법의 제정 · 개정
- 계획 시행을 위한 행정 · 재정 개혁
- 계획 수행을 위한 요원의 교육훈련
- 광범위한 홍보

### 라. 계획 정교화 단계

교육계획은 명확하고 구체적으로 진술되어야 한다. 따라서 교육계획이 실천되기 위해서는 행동단위가 명확히 규명되는 수준까지 세분화하고 구조화되어야 한다. 이러한 과정을 계획의 정교화라고 하는데, 그 과정은 다음과 같다.

- **사업계획의 작성(programming)**: 이는 계획을 특정한 목표를 성취하기 위한 포괄적인 활동영역으로 세분화하는 것이다. 포괄적으로 세분된 행동영역을 사업계획(program)이라고 하는데, 사업계획에는 동일한 행정단위에서 관리할 수 있는 모든 활동이 포함된다. 이러한 활동들은 상호 보완적 · 상호 의존적이어서 동시적이고 연속적으로 수행해야 할 것들이다.
- **프로젝트(project)의 확인과 형성**: 사업계획은 행정적 또는 재정적 목적을 위해 동일한 단위로 통합되어야 할 활동들로 구성되는데, 그러한 하위단위를 프로젝트라 한다. 따라서 프로젝트는 사업계획의 원래 목표 내의 하위목표 성취를 목적으로 하고 있다. 프로젝트는 실천이 가능하도록 체계적으로 형성되어야 하는데, 이 프로젝트의 형성은 프로젝트 수행을 위하여 관련 기관이나 비용, 시간계획 등을 체계화하는 과정을 의미한다. 하나의 계획이 사업계획으로 작성되고 프로젝트로 형성될 때까지 실질적인 과업 수행은 전혀 이루어지지 않는다. 개발도상국에서 계획이 제대로 실현되지 않는 것은 이러한 세분화에 의한

구조화 과정이 미흡한 데 원인이 있다.

한편, 선택적인 것이긴 하지만 계획 정교화 단계에는 지역화 과정이 포함되기도 한다. 지역화는 시·도, 시·군·자치구 등 지역적 분류 단위에 따른 계획의 지역적 배분을 의미하는데, 이는 계획이 국가 단위에서 이루어질 때 주로 사용된다. 지역화 과정에 관한 구체적인 설계가 이루어지지 않으면 균형 있는 국가 발전이 어렵게 된다.

### 마. 계획 실천 단계

교육계획이 정교화되면 실천을 위한 단계가 시작된다. 이 단계는 인적·물적 자원에 대한 관리를 포함하여, 연간 예산이나 추진 계획을 사용하여 다양한 프로젝트를 수행하기 위한 구조적 설계를 개발·실천하는 단계이다. 이 단계에서는 각 프로젝트에 요구되는 자원의 할당과 시간 계획도 함께 이루어진다. 그 외에 운영상의 문제인 권한의 위임, 의사소통 체계, 책임 분담, 피드백 및 통제 체제의 개발도 이루어진다. 일반적으로 각 교육행정조직은 이 계획 실천 단계에서 참여하게 한다. 계획실천 과정에서 유의할 점은 다음과 같다(곽영우, 1993: 464).

- 계획은 실질적인 목표, 예산, 세부작업 과정 등에 관한 치밀한 계획에 따라 시행되어야 한다.
- 계획의 시행 기간 중에 해결 방안의 효율성을 조사하기 위한 실험과 검증을 실시해야 한다. 계획의 성패는 그러한 실험이나 검증에 의해 평가되는 것이다.
- 계획 당국은 계획의 시행에 관한 기술적인 조언을 하게 된다. 물론 계획 당국이 취해야 할 행동절차, 예산, 행정조치 등에 관해서는 사전에 제시해야 한다.
- 세부계획을 수정하고 예기치 못한 사태에 대비하기 위해 수시 평가를 통해 실천과정을 점검해야 한다.

### 바. 평가와 수정 및 재계획 단계

교육계획이 실천되고 있을 때, 성취도를 평가하고 편차를 측정하기 위한 평가체제가 작용한다. 계획의 실천과 평가는 계속적인 과정이다. 이때 평가는 다음과 같은 두 가지 기능을 수행한다. 첫째, 계획의 결함(비현실적 목표, 불충분한 재원, 부적절한 절차와 단계 등)을 제시해 주며, 계획의 수정을 위한 자료를 제시해 준다. 순환적인 계획이 채택되었을 경우, 각 연도의 계획은 시행 경험상 요구되는 수정안을 포함하게 된다. 둘째, 평가 결과는 재계획의 수립을 위한 진단 단계에 환류된다. 따라서 평가 결과는 다음 계획을 위한 출발점이 되는 것이다. 즉, 현존하는 계획의 수정과 재계획의 기초로서 평가 과정은 중요한 의미를 갖는 것이다.

## 4. 교육기획의 효용성과 한계

### 가. 교육기획의 효용성

교육계획은 교육발전을 촉진하고 교육목표를 효율적으로 달성하게 하는 데 대단히 중요한 역할을 담당하고 있다. 교육기획의 효용성, 즉 긍정적인 역할을 구체적으로 살펴보면 다음과 같다(한국교육행정학연구회, 1977: 208-209).

- 교육계획은 교육정책 수행과 교육행정의 안정화에 기여한다. 교육행정 활동을 수행함에 있어 시행착오를 없애고 정책을 일관성 있게 추진해 나가려면 장기적인 전망에 기초한 체계적인 교육계획이 필요하다. 뚜렷한 목표와 방향을 설정하고 장기적인 교육계획에 따라 일관성 있게 교육체제를 운영한다면 조령모개식의 정책 변경이나 방침 변경은 일어나지 않을 것이다.
- 교육계획은 교육행정 혹은 교육경영의 효율성과 타당성을 제고할 수 있다. 설정된 교육목표를 가장 효율적으로 달성할 수 있는 최적의 교육적 대안을 선택하는 과정을 통하여 경제적인 효율성을 높일 수 있고, 교육목표와 그를 달성하기 위한 수단을 합리적으로 연결시킴으로써 교육행정 활동의 합목적성과 타당성을 제고할 수 있다.
- 교육계획은 한정된 재원을 합리적으로 배분할 수 있도록 해 준다. 재정 수요는 많은데 재원이 한정되어 있는 것은 국가나 단위조직을 막론하고 공통적으로 당면하고 있는 문제이다. 교육계획은 교육투자의 우선순위를 합리적으로 설정하고 그 효과를 극대화하도록 배분함으로써 투자의 효율성을 제고할 수 있다.

- 교육계획은 교육개혁과 교육적 변화를 촉진하는 역할을 수행한다. 단순히 여건의 변화에 따라 수동적으로 대응책을 강구하는 것이 아니라 상황과 여건의 변화를 미리 예견하여 그에 기민하게 대처하고, 소망스러운 개혁과 변화를 계획·추진함으로써 교육발전을 촉진할 수 있다.
- 교육계획은 합리적인 통제를 가능하게 한다. 교육계획의 실천 후에는 반드시 평가 내지는 심사 분석이 수반된다. 그 결과를 토대로 목표를 수정할 수도 있고 진도를 조절할 수도 있다. 이러한 통제활동은 계획이 시행된 후뿐만 아니라 시행과정에서 계속적으로 행해져서 필요한 시정조치가 적시에 이루어지도록 함으로써 긍정적인 의미에서의 통제가 가능해지는 것이다.

## 나. 교육기획의 한계

이러한 효용에도 불구하고 교육기획은 여러 가지 어려움으로 많은 저해요인과 한계를 가지고 있다. 일반적으로 지적되고 있는 교육기획의 난점과 한계는 다음과 같다(김창걸, 1986: 110-111).

- **미래예측의 어려움**: 교육계획은 미래에 관한 정확한 예측을 기초로 하는데, 인간의 예측 능력은 불완전하기 때문에 그 효용에도 한계가 있다. 최근 컴퓨터 등 기기의 발달과 예측기법의 발전에 힘입어 예측의 정확성이 크게 제고되고 있기는 하지만, 인간의 합리성에는 한계가 있기 때문에 근본적인 문제점은 여전히 남아 있다.
- **정보와 자료의 부족**: 교육계획을 수립하기 위해서는 교육의 현황과 문제, 인적·물적 자원의 규모와 능력 등에 관한 다양한 정보와 자료가 필요하다. 그러한 정보와 자료들은 정확성과 예측성 및 시의성을 가지고 있어야 한다. 그러나 정확하고 적절한 정보와 자료의 취득에는 한계가 있기 때문에 합리적인 교육계획을 작성하는 데 늘 어려움이 상존하고 있다. 특히 후발국에 있어서 기초연구와 통계의 미비는 교육기획의 한계 요인이 되고 있다.
- **전제 설정의 불확실성**: 교육계획에서는 각종 예측과 추정을 위해 여러 가지 상황을 전제하게 된다. 예컨대, 취학 아동의 수가 감소하지 않을 것이라든지, 경제

성장이 지속되리라는 가정 등을 전제로 미래 예측을 하고 그에 따라 교육기획을 수립하게 된다. 그런데 급변하는 현대에 있어서는 이러한 전제 설정이 매우 어려운 일이고, 비록 설정했다 하더라도 그 변화를 예상하기 어렵기 때문에 정확한 미래 예측을 통한 교육기획에는 많은 한계가 있는 것이다.

• 시간과 비용 및 노력의 제약: 교육계획의 수립에는 많은 시간과 경비, 전문적 역량이 계속적으로 필요하다. 그러나 그러한 것들은 항상 한정되어 있기 때문에 교육계획의 효율적인 수립과 추진이 제약받게 된다.

• 정치적·사회적 압력: 교육계획은 중립성의 원리에 따라 합리적으로 이루어지는 것이 바람직하다. 그러나 교육전문가에 의해 합리적으로 수립된 교육계획의 경우도 정치적·사회적 압력에 의해 변경되거나 실현되지 못하는 경우가 종종 발생한다. 모든 사람에게 이익이 되고 만족감을 줄 수 있는 변화와 개혁은 있을 수 없기 때문에 교육기획은 대단히 어려운 것이다.

• 계량화의 곤란성: 교육계획의 목표는 대체로 추상적인 경우가 많다. 그래서 그를 명확하게 계량화하기가 어렵기 때문에 목표를 설정하는 것 자체가 어렵고, 그 달성 수단을 강구하거나 달성 여부를 평가하기가 대단히 어렵다.

• 교육 운영의 경직성으로 인한 개인의 창의성 위축: 교육은 자율적인 활동에 의존하므로 지나치게 세부적인 교육계획은 그러한 자율성의 침해를 가져오고 창의성을 위축시킬 수 있다. 특히 교육계획은 교육발전을 최우선 목표로 하고 있기 때문에 자율성의 침해나 창의력의 위축은 심각한 저해요인이 된다.

그 외에도 목표 설정의 갈등, 행·재정상의 여러 가지 문제, 기술상의 문제 등도 제약요인으로 지적할 수 있다.

## 📖 제2절 교육정책

### 1. 교육정책의 개념과 특성

#### 가. 교육정책의 개념

정책의 개념은 그 용어를 사용하는 사람이나 그 용어가 사용되는 상황, 목적, 관점 등에 따라 다양하게 정의된다. 그러나 이러한 정책의 개념들을 구체적으로 분석해 보면, 그 사용법은 결국 다음과 같은 다섯 가지로 귀결되고 있다. 즉, ① 막연히 '중요한 결정'이라고 보는 상식적 관점, ② 정치체제가 내린 권위적 결정이라고 보는 정치적 관점, ③ 구체적 결정과 행동의 지침이라고 보는 행동적 관점, ④ 효과성을 특별히 강조하여 사회체제의 목적과 그 목적을 달성하기 위해 선택된 수단이라고 보는 기획론적 관점, 그리고 ⑤ 기획과정을 거쳐서 의식적으로 채택된 행동 경로라고 보는 과정적 관점이 그들이다(김윤태, 1994: 111-112).

이러한 여러 관점은 정책의 개념을 특정한 측면이나 과정에만 초점을 맞추어 정의하고 있다는 문제를 가지고 있다. 정책의 개념은 중요한 결정이나 정치체제가 내린 권위적 결정이라는 의미도 있고, 목표 달성을 위한 수단의 선택 혹은 구체적인 결정과 행동의 지침이라는 의미도 있다. 한편으로 기획과정을 거쳐 의식적으로 채택된 행동 경로라는 의미도 마찬가지로 내포하고 있다. 이 때문에 최근에는 정책의 개념을 정의하면서 그러한 여러 가지 관점을 혼용하여 비교적 포괄적인 정의를 내리고 있다. 이러한 포괄적인 정의는 다음과 같은 개념적 속성들을 포함하고 있다(Anderson, 1984: 2-5).

첫째, 정책이란 목적지향적 활동이다. 어떤 결과를 산출하기 위한 의도적 활동이 아닌 무의도적인 활동이나 우연적 결과는 정책과는 무관한 것이다.

둘째, 정부에 의해 이루어지는 체계적인 활동이다. 정책은 개인의 계획이나 방침이 아니라 법률이나 공적 활동 등에 의해 이루어지고 조직적 활동을 통해 체계적으로 집행되는 결정인 것이다.

셋째, 실제로 이루어지는 활동이다. 일에 대한 계획은 정책이라고 할 수 없으며,

적어도 의도된 목적 달성을 위한 실제적인 행동과정을 포함하고 그를 의식적으로 추진해야만 정책이라고 할 수 있는 것이다.

넷째, 공공성을 가지고 있다. 정책은 그 추진 결과로 영향을 받게 되는 국민들의 이익을 고려하고 그에 합치되어야 하는 것이다.

다섯째, 권위를 바탕으로 한다. 정책은 공익에 기초한 국민의 동의를 바탕으로 국가가 정치권력을 동원하여 강제하는 결정이고 활동인 것이다.

이러한 정책의 개념은 교육정책에도 그대로 적용할 수 있다. 즉, 교육정책은 간단히 말해 교육에 관한 정책이기 때문에 교육에 대한 권위적 결정 혹은 교육목표 달성을 위한 수단의 선택 등 여러 가지 관점에서 정의할 수 있다. 따라서 교육정책은 전술한 정책의 속성을 포함시켜 포괄적으로 말하면, 교육목적의 달성을 위해 정부가 공익과 국민의 동의를 바탕으로 강제하는 체계적인 활동들로 구성된 교육에 관한 지침 혹은 의사결정이라고 말할 수 있다. 물론 이러한 교육정책에 대한 정의는 구체적인 교육상황에서 다음과 같은 내용들을 함축하고 있어야 한다(송미섭, 나동환, 1993: 96-97).

- **정치적 과정을 통해 결정되는 국가의 통치 작용**: 교육정책은 정치권력에 의해 특정한 목적 달성이나 산출을 위해 결정되는 통치행위로서의 의미를 갖는다. 다만, 민주국가에서는 그 공권력의 행사가 국민의 동의에 기초해야 한다는 원칙이 있다.
- **교육제도와 그 운영에 관한 기본지침**: 교육정책은 그를 통하여 수립되거나 개편·운용되는 교육제도의 지침이 된다. 그러나 때로는 교육제도가 법규나 관습에 의한 교육활동의 틀이기 때문에 반대로 교육정책의 기반이 되기도 한다.
- **교육문제 해결을 위한 대안의 선택**: 교육정책은 교육문제의 해결을 위한 적절한 수단을 강구하는 일, 즉 여러 가지 수단 혹은 대안 중에서 가장 합리적인 대안을 선택하는 과정이라고 할 수 있다.
- **교육이념의 구현**: 교육정책은 교육목적 실현을 위한 수단을 강구하여 교육발전을 도모함으로써 궁극적으로 교육이념을 구현하는 역할을 한다. 그러나 때로는 교육정책이 교육이념에 대한 결정 작용을 할 수도 있다.
- **교육행정에 대한 기본지침**: 교육정책은 그를 기본지침으로 삼아 그 구체적 목표

를 실현시키는 교육행정 활동의 기초가 된다. 물론 이러한 생각에는 교육행정을 정책의 집행과정으로 보는 협의의 교육행정관이 내재되어 있다.

## 나. 교육정책의 특성

앞에서 살펴본 바와 같이, 교육정책은 교육목적의 달성을 위해 정부가 공익과 국민의 동의를 바탕으로 결정한 교육에 관한 기본지침을 말한다. 따라서 교육정책은 교육목적의 실현을 위해 정부가 정치적 과정을 통해 선택한 문제해결 수단이고 교육문제 해결을 위한 방안의 모색이라는 특성을 가진다. 이에 따라 교육정책은 정치적 과정을 통해 이루어지는 하나의 중요한 의사결정이며, 그 목적은 교육목적 실현을 도모한다는 특성을 지닌다. 다시 말해, 행위의 측면에서 의사결정이라는 특징을 가지고, 형성 혹은 과정의 측면에서는 정치적 과정이라는 특징을, 효과의 측면에서는 교육목적의 실현이라는 특징을 가진다. 이러한 특징들을 보다 구체적으로 살펴보면 다음과 같다(김종철, 1989: 708-713).

### 1) 행위의 측면: 의사결정

교육정책은 정책 행위라는 측면에서 정부가 수행하는 교육에 관한 공적인 의사결정이라는 특징을 가진다. 이러한 공적인 의사결정은 다른 종류의 정책과 마찬가지로 다음과 같은 몇 가지 특성을 갖는다.

- 교육정책은 본질적으로 합리적이고 목적지향적인 특성을 갖는다. 즉, 교육정책은 국민의 이익에 부합되도록 교육 운영의 지침을 제시하려 하는 의도적 · 계획적 활동이고 가치지향적 활동이기 때문에 선택과 결정에 있어서의 타당성과 합리성을 가장 기본적인 특성으로 삼는다.
- 교육정책은 교육문제의 해결을 위한 대안을 제시한다는 의미에서 과학적 문제해결 과정을 기반으로 한다. 과학적 문제해결 과정은 합리성을 추구하기 위하여 일정한 절차나 단계를 거치는 것이 보통이다. 즉, ① 문제의 제기와 확인, ② 경험적 준거나 객관적 자료 등을 토대로 한 가설의 설정, ③ 자료의 수집, 정리 및 해석, ④ 수집된 자료를 토대로 한 결론의 도출, ⑤ 가설의 수용 또는 기

각 등의 단계와 절차를 거쳐 나가는 것이다. 과학적 문제해결 과정에는 귀납과 연역의 논리와 환원적 사고방식이 적용되며, 분석과 종합의 방법이 병용되고, 직접적·간접적 경험이 모두 활용된다.

- 교육정책은 최적의 대안을 채택하는 일이라는 점에서 최적화를 지향하는 선택 행위라는 특성을 갖는다. 물론 대안의 결정 과정에서 최선의 선택을 하는 것이 가장 좋지만, 여러 가지 사정으로 그것이 항상 가능하지는 않기 때문에 때로는 차선의 길이나 차차선의 길에 만족하지 않으면 안 되는 경우도 많다. 따라서 선택행위는 현실가능성의 차원에서 많은 제약을 받으면서도 그중에서 최적화를 추구하게 되는데, 이것이 교육정책의 본질적 측면을 이루는 것이다.

### 2) 형성 혹은 과정의 측면: 정치적 과정

교육정책은 그 형성과정에서 정치적 과정을 통해 이루어지고, 정치·행정체제를 통해 수립·추진되기 때문에 본질적으로 권력(power)의 문제와 깊은 관련을 갖는다. 따라서 이러한 정치적 과정은 다음과 같은 몇 가지 특징을 가진다.

- 교육정책은 필연적으로 정치적 과정, 곧 역동적인 권력관계를 통해 형성되고, 심의·합법화되는 과정을 거치기 때문에 그 형성과 추진은 정치권력과 밀접한 관련을 갖는 것이다. 일반적으로 권력이란 어떤 개인이나 집단이 다른 개인이나 집단에 대하여 미치는 영향력을 의미한다. 정책과 관련하여 보면, 그것은 어떤 개인이나 집단이 정책 결정 그리고 그 집행과 관련하여 다른 개인이나 집단에 대하여 미칠 수 있는 영향력을 의미한다고 볼 수 있다. 이때 그 권력을 행사하는 사람은 특정의 개인일 수도 있고 어떤 조직체나 집단일 수도 있다. 대통령이나 교육부장관 혹은 교직단체 등은 모두 교육정책의 결정과 집행에 관하여 권력을 행사할 수 있는 개인과 집단이다. 따라서 교육정책을 권력관계의 측면에서 분석하고자 할 때는 이들 주요 준거인과 준거집단의 행태에 주목할 필요가 있는 것이다.
- 정치권력의 행사와 관련해서는 사회적으로 승인된 권력의 속성과 그 행사방식이 어떠한 것인가를 이해하는 것이 중요하다는 점이다. 교육정책을 정치적 과정으로 볼 때, 그를 이해하는 방식은 사회의 가치체제나 문화 혹은 행태에 크게

의존한다. 그러나 분명한 점은 민주주의를 신조로 하는 현대사회에 있어서는 자유와 평등의 실현, 기본적 인권 등과 같은 국가 운영의 기본원리에 그 과정이 제약된다는 것이다. 따라서 교육정책이 정치적 과정을 통해 이루어진다는 말은 자유민주주의 사회에서는 공공의 이익과 국민의 동의를 바탕으로 이루어진다는 의미를 내포하고 있다. 즉, 교육정책은 그 형성과정에서 국가의 기본이념과 교육이념을 토대로 한 국민의 이익 실현과 동의를 통해 이루어진다는 속성을 가지고 있는 것이다.

### 3) 효과의 측면: 교육목적의 실현

교육정책은 교육활동을 이끌고 조장하며 지원하기 위한 기본지침을 제시하려는 근본적인 목적을 가지고 있다. 따라서 교육정책의 특성은 그것이 교육에 어떠한 효과를 가져왔느냐 하는 측면에서 고찰할 필요가 있다. 그것은 다음과 같은 세 가지 측면을 고찰할 수 있다.

- 교육정책이 교육목적의 실현에 얼마나 기여했는가 혹은 기여할 수 있는가 하는 점이다. 즉, 교육정책은 교육의 성장, 교육기회의 확대와 균등화, 교육의 질적 향상과 수월성 증대 등 교육 내적 조건의 성장과 발전에 얼마나 기여하느냐에 따라 평가될 수 있다는 것이다. 사실, 특정의 교육정책이 교육목적 실현에 얼마나 기여했는가 또는 기여할 것인가를 평가하는 것은 대단히 어려운 일이다. 그러나 교육정책은 적어도 교육목적 실현을 통해 교육에 의해 영향을 받는 대다수 사람의 이익과 복지 증진에 기여해야만 그 의미와 가치를 가지는 것이다.
- 교육정책은 교육의 외적 조건을 정비하고 교육의 환경을 개선하는 데 얼마나 기여하였는가를 살펴봄으로써 그 타당성과 효율성을 평가할 수 있다. 즉, 교사, 시설, 재정 등의 조건을 정비하고 교육 운영의 환경요인을 정비·개선하는 정도에 따라 교육정책의 기여도를 판단할 수 있다는 것이다. 외적 조건의 경우는 교육발전의 양적 지표로 확인하기가 쉽기 때문에 많은 교육정책이 그와 같은 외적 조건의 정비·개선에 역점을 두어 결정·집행되어 왔다. 그러나 그러한 외적·환경적 조건의 개선은 교육의 내적 조건과도 직결되기 때문에 교육력의 신장과 교육발전에도 기여할 수 있다. 그리하여 교육정책은 교육의 내

적 · 외적 조건을 정비하고 확충함으로써 교육의 발전을 도모한다는 특징을 가지고 있는 것이다.

- 교육정책의 성과를 교육의 국가발전과 사회발전에 대한 기여도에서 찾을 수 있다. 예컨대, 교육이 경제성장이나 사회적 통합에 얼마나 기여하였고 또 기여할 수 있는가 하는 측면에서 교육발전의 지표를 찾고, 그에 비추어 교육정책의 성과를 평가하려는 입장이 있다. 물론 이 경우도 교육의 발전이나 교육환경의 정비 · 개선과 무관한 것은 아니지만, 교육을 그 자체로 독립시켜 보는 것이 아니고 국가사회와의 연관 속에서 보고자 하는 점에서 차이가 있다. 그와 같은 관점에서 보면 교육발전의 지표 역시 달라질 수밖에 없다.

따라서 교육정책의 특성은 이와 같이 여러 각도에서 다양한 준거와 척도로 조명되고 평가된 후 이해되어야 한다. 어떤 단일의 준거와 척도만으로 교육정책의 효과나 영향을 이해하기는 어려울 것이다. 그런 점에서 교육정책은 다른 사회정책과 구별될 수 있는 특징적인 요소를 가지고 있다고 볼 수 있다.

## 2. 정책 형성의 이론 모형

앞에서 설명한 것처럼, 교육정책을 하나의 행위로 파악할 때 가장 중요한 특징은 그것이 교육에 관한 의사결정이라는 것이다. 따라서 교육정책의 정확한 이해는 의사결정 행위에 대한 우선적인 논의를 필요로 한다. 의사결정은 앞으로의 행동방향을 모색하고 결정하는 과정, 즉 어떤 행동을 하기에 앞서 그 결과를 미리 생각해 보는 과정을 말한다(Gore, 1964: 19). 교육정책은 교육의 방향을 모색하고 결정하는 중심적 활동이고, 그것은 결국 인간행위로서의 의사결정에서부터 시작되고 종결된다는 점에서 이 의사결정은 교육정책의 논의에 있어 핵심적인 위치를 차지하고 있다.

### 가. 의사결정을 보는 네 가지 관점

의사결정은 본질적으로 선택의 행위이다. 이에 따라 모든 의사결정에 관한 이론적 관점은 이 선택이라는 문제를 놓고 그를 어떻게 볼 것이냐 하는 시각과 직접적으로 관련되어 있다. 즉, 선택이란 ① 목표를 달성하기 위한 합리적인 최선의 사고 방식이라는 생각(합리적 관점), ② 공동의 목표를 달성하기 위한 관련 당사자들 간의 합의의 결과라는 생각(참여적 관점), ③ 이해집단 간의 타협 혹은 이해집단들의 이익을 극대화하는 방식으로의 협상의 결과라는 생각(정치적 관점), ④ 목표가 명확하지 않은 상황에서 선택의 시기, 관련 당사자, 제기된 문제, 해결 방안 등이 복잡하게 엉켜져 그 결과로 나타난 하나의 우연적인 현상이라는 생각(우연적 관점)이 의사결정에 관한 네 가지 이론적 관점을 형성하고 있는 것이다(Esther, 1988: 305-319).

### 1) 합리적 관점: 합리적 판단으로서의 의사결정

이 관점은 합리성에 대한 절대적인 믿음에 근거하고 있다. 즉, 산업혁명과 과학적 관리 시대를 거치면서 과학과 합리성에 대한 믿음이 강화되었고, 이에 따라 모든 선택과 의사결정에는 가장 최적의 방식이 항상 존재한다는 생각이 자연스럽게 유포되면서 이 관점이 형성되었던 것이다.

이 관점은, 의사결정이란 목표 달성을 위한 수많은 대안 중에 최적의 대안을 선택하는 것이라고 본다. 따라서 과학적이고 합리적인 의사결정 과정, 즉 목표의 세분화, 대안의 확인, 대안의 선택에 따른 결과의 평가, 목표를 극대화하는 대안의 선택 등과 같은 일련의 체계화된 과정과 단계를 거치면 최적의 대안은 언제나 확인될 수 있고 또 선택될 수 있다고 보고 있다. 따라서 이 관점은 합리성을 구현하기에 가장 적합한 조직인 관료제 조직과, 수직적 조직 구조를 가진 위계적인 체제에 의해 운영되는 중앙집권적 조직에 적합한 의사결정 모형이라고 할 수 있다.

### 2) 참여적 관점: 합의로서의 의사결정

참여적 관점은 앞의 합리적 관점과 많은 공통점을 가지고 있다. 공동의 목표가 있고 이를 달성하기 위해 최선의 선택을 하며, 체제 내의 작용에 의해 의사결정이 이루어지고, 당위적인 결과를 기대할 수 있다는 가정을 하고 있는 점이 그러하다. 그러나 이 관점은 의사결정을 합리적인 이성적 판단보다는 관련 당사자 간의 논의를 통한 합의의 결과로 보고 있다는 점에서 합리적 관점과 다르다.

이 관점은 관료제적 조직보다는 관련자의 능력과 자율이 보장되는 전문직 조직에 적합하다. 즉, 공동의 가치에 대한 인식, 전문가의 식견에 대한 신뢰, 관련자들의 합리성에 대한 신뢰 등이 전제되고, 이러한 토대 위에서 결정이 이루어질 수 있는 조직상황에 적합한 의사결정 방식인 것이다. 소규모 조직이나 대규모 조직 내의 산하 전문가 집단 등의 결정행위를 분석하는 데에 적합한 의사결정 모형이다.

### 3) 정치적 관점: 타협으로서의 의사결정

정치적 관점은 어떠한 조직도 특정한 사람들의 결정에 의해서만 움직여 가는 것이 아니라, 다른 여러 가지 요인과 다양한 세력에 의해 그 의사가 결정되고 그에 의해 움직이고 있다는 현실적인 이유에서 제기되었다. 그래서 이 관점은 조직에 대하여 영향력을 행사하려는 수많은 이익집단의 존재를 전제하고, 의사결정이란 이러한 이해집단들 간의 타협의 결과라고 보는 특징이 있다.

이 관점은 조직이 달성하고자 하는 목표가 특정하게 존재하는 것이 아니라 이익집단의 이질적인 목표들이 경쟁하고 타협하여 특정한 목표를 지향하게 되며, 폐쇄체제가 아닌 개방체제를 전제한다는 점에서 합리적 관점이나 참여적 관점과 다르다. 그러나 달성하고자 하는 의도적인 목표가 있다는 점에서는 앞의 관점들과 같다. 갈등이 항상 존재하고 협상과 타협이 기본적 규칙으로 되어 있는 조직에 적합한 의사결정 모형이라 할 수 있다.

### 4) 우연적 관점: 우연적 선택으로서의 의사결정

우연적 관점은 결정행위가 어떤 합리적인 사고나 합의 혹은 타협의 산물이라기보다는 의도하지 않은 어떤 상황이나 사정에 의해 우연적으로 결정된다는 생각을 표현한다. 즉, 의사결정이 목표 달성을 위한 체계적인 과정에 의해서가 아니라 필연적인 결과와는 무관한 수많은 요소가 우연히 동시에 한곳에서 모여질 때 이루어진다는 것이다.

이 관점의 특징은 의사결정이 목표 달성을 지향한다는 기존의 합리적 가정을 무시한다는 점이다. 비록 다른 관점과 같이 목표, 조직 구조, 합리적 절차, 관련 당사자 등의 의사결정 요소들이 사용되기는 하지만, 이 관점은 의사결정이 목표를 달성하기 위한 과정이라는 가정을 부정하고 여러 가지 요인이 복잡하게 조합된 결과로 나타난 하나의 우연적인 현상이라는 점을 강조하고 있다. 목표가 불분명하고 목표 달성을 위한 방법적 체제나 관련 당사자의 참여체제가 제대로 정비되어 있지 않은

'무질서 속의 질서' 혹은 '쓰레기통'으로 비유되는 특정한 조직상황(Cohen, March, & Olsen, 1972: 1-25)에 적합한 의사결정 모형이라 할 수 있다.

이러한 의사결정에 관한 네 가지 관점의 특징을 공통점과 차이점으로 구분하여 요약·제시해 보면 〈표 7-1〉과 같다.

**표 7-1** 의사결정을 보는 네 가지 관점의 비교

| 구분 | 합리적 관점 | 참여적 관점 | 정치적 관점 | 우연적 관점 |
|---|---|---|---|---|
| 중심개념 | 목표 달성을 극대화하는 선택 | 합의에 의한 선택 | 협상에 의한 선택 | 선택은 우연적 결과 |
| 의사결정의 목적 | 조직목표 달성 | 조직목표 달성 | 이해집단의 목표 달성 | 상징적 의미 |
| 적합한 조직형태 | 관료제, 중앙집권적 조직 | 전문직 조직 | 대립된 이해가 존재하고 협상이 용이한 조직 | 달성할 목표가 분명하지 않은 조직 |
| 조직환경 | 폐쇄체제 | 폐쇄체제 | 개방체제 | 개방체제 |
| 특징 | 규범적 | 규범적 | 기술적 | 기술적 |

## 나. 정책 형성의 기본모형

정책 형성에 관한 이론들은 일반적으로 앞의 의사결정에 대한 관점이나 그에 기초한 많은 의사결정 이론들과 맥락을 같이한다. 물론 정책의 형성이 의사결정 행위와는 다른 측면을 가지고 있기 때문에 그 이론적 관점에서 다소의 차이는 있다.[4] 그러나 대체로 정책 결정은 의사결정의 속성을 가지고 있기 때문에 여기서는 양자의 이론들을 특별히 구별하지 않고 다양한 의사결정 모형 혹은 정책 형성 모형들에 대해 살펴보기로 한다.

---

[4] 정책 형성과 의사결정은 다음과 같은 차원에서 약간의 차이를 보이고 있다. 우선, 목표에 있어 전자는 가치지향적·미래지향적인 반면, 후자는 사실지향적·현재지향적인 특성을 갖는다. 또 그 내용에 있어서도 전자는 목표의 성취에 관한 것이라면, 후자는 목표의 설정에 관련된 것이라는 차이가 있다. 뿐만 아니라 결정의 범위나 수준에 있어서도 전자는 국가의 통치행위에 관한 것인 반면, 후자는 그렇게 한정된 것이 아니라는 차이가 있다(이형행, 1986: 322-323).

## 1) 합리 모형

합리 모형 혹은 합리적-종합적 모형(rational-comprehensive model)은 인간과 조직의 합리성과 지식 및 정보의 가용성을 전제로 한 이론 모형이다. 즉, 정책 결정 시 정책 결정자가 제기된 문제의 성격과 필요를 완벽하게 파악할 수 있고, 그것을 해결하기 위한 가장 합리적이고 최선인 대안을 찾을 수 있다는 인간의 이성과 합리적 행동에 대한 믿음을 기초로 한 모형이다. 정책 결정자의 전지전능함, 최적 대안의 합리적 선택, 목표의 극대화, 합리적 경제인을 전제로 하고 있다는 점에서 이상적 · 낙관적 모형이라고도 한다(김종철, 1989: 227).

그러나 전지전능함에 대한 전제는 비현실적이라는 비판을 받고 있다. 즉, 현실적 경험에 비추어 볼 때 인간의 이성과 능력은 많은 한계를 지니고 있기 때문에 정책 결정의 합리성 또한 그에 제한될 수밖에 없다는 것이다. 이러한 비현실성과 한계를 보완하기 위해, 최근에는 각종 통계적 · 계량적 기법을 동원하고 컴퓨터 등 첨단 장비를 동원한 정보관리체제를 도입하고 있지만, 여전히 인간 활동의 비계량적 측면을 다루는 영역에서는 한계가 많다. 합리 모형의 이러한 한계를 고려하여 개발된 정책 형성 모형이 후술하는 만족 모형, 점증 모형, 혼합 모형, 최적 모형 등이다.

## 2) 만족 모형

만족 모형 혹은 만족화 모형(satisfying model)은 March와 Simon(1958)이 주장한 것으로 합리성의 한계를 어느 정도 수용한 제한적인 합리성을 전제한 이론 모형이다. 즉, 최선의 결정은 절대적 의미에서의 최고가 아니라 만족스러운 상태의 것이라는 생각을 반영하는 이론 모형인 것이다. 그래서 이 모형은 정책 결정에 있어 객관적인 상황적 조건보다는 정책 결정자의 행동에 더 많은 주의를 기울인다(이형행, 1986: 326). 즉, 정책 결정자의 주관적 입장에 서서 그가 어떻게 행동하는가를 실증적으로 관찰하여 그 기술적 자료를 토대로 정책 결정이 이루어지는 양태를 모형화한 것이다.

이 모형은 최적 대안보다는 만족스러운 대안을 선택할 수밖에 없다는 점을 밝힘으로써 합리 모형이 지닌 현실적 한계를 극복할 수 있는 가능성을 제시했다는 긍정적인 평가를 받고 있다. 그러나 만족한 상태를 결정하는 기준은 무엇이고, 그 기준을 구성하는 변수들이 무엇인지를 제시하지 못하는 약점이 있다. 또한 이 모형은 정책 결정자의 개인적 차원을 강조함으로써 개인의 의사결정을 설명하는 데에는 상당한 설득력을 가지고 있지만, 조직 차원의 거시적 정책 결정의 문제를 설명하는 데는 상당한 무리가 있다는 평가를 받고 있다.

### 3) 점증 모형

점증 모형 혹은 점진적 모형(incremental model)은 합리 모형의 비현실성을 극복하기 위한 방안으로 제안된 모형이다. Lindblom(1968)에 의해 제안된 이 모형은 정책 결정 과정에서 선택되는 대안은 대체로 기존 정책들의 문제점을 개선해 나가는 것이라는 전제하에, 현재 추진되고 있는 기존의 정책대안과 경험을 기초로 약간의 점진적인 개선을 도모할 수 있는 제한된 수의 대안만을 검토하여 현실성 있는 정책을 선택하려 한다는 특징을 가지고 있다(김윤태, 1994: 117).

따라서 이 모형은 첨예한 갈등이나 문제를 야기하지 않고 안정적인 정책 결정과 집행을 할 수 있을 뿐만 아니라 정책에 대한 폭넓은 지지를 받기 쉽고 실현가능성이 높은 대안을 선택할 수 있다는 장점이 있다. 그러나 선택된 대안이 얼마나 폭넓은 동의를 얻을 수 있느냐에만 관심이 많고, 새로운 목표의 적극적인 추구보다는 드러난 문제나 불만의 해소에만 주력함으로써 적극적인 선의 추구보다는 소극적인 악의 제거에만 관심을 쏟는다는 비판을 받고 있다(김윤태, 1994: 117-118). 특히 급격한 변화나 장기적 전망에 의거한 계획적인 변화를 거부하고 '적당히 되는 대로 해 나가는(muddling through)' 점진적인 개선을 도모하기 때문에 지나치게 보수적이고 대증적(對症的)인 정책 결정 모형이라는 평가를 받고 있다.

### 4) 혼합 모형

혼합 모형(mixed-scanning model)은 Etzioni(1965: 385-392)에 의해 제시된 것으로, 합리 모형의 이상주의와 점증 모형의 보수주의를 비판하고 이 두 모형의 장점을 결합시킨 혼합형의 이론 모형이다. 다시 말해, 합리 모형과 점증 모형을 절충하여 기본방향의 설정과 같은 것은 합리 모형을 적용하고, 방향 설정 후 특정한 문제해결은 점증 모형을 적용하는 방식으로 두 모형의 특성과 장점을 혼합한 모형인 것이다.

이 모형의 특징은 기본적 결정과 관련된 부분을 광범위하고 포괄적으로 검토하고, 그중에서 특별히 주의를 기울여야 할 특정 부분에 대해서는 주도면밀한 검토의 과정을 거쳐 결정한다는 것이다. 이에 따라 합리 모형과 점증 모형의 장점을 혼합하여 나름대로 현실적이고 바람직한 방향을 제시했다는 평가를 받고 있다. 특히 이 모형은 인간의 결정 행태에 대한 설명으로만 국한하지 않고 사회체제에 대한 조직 원칙으로까지 발전시켜 합리 모형은 전체주의 체제에, 점증 모형은 다원적이고 합의 지향적인 민주주의 체제에, 그리고 이 혼합 모형은 활동적인 사회체제에 적합하다는 전략적 원칙까지 제시하고 있다는 특징이 있다(김윤태, 1994: 119). 그러나 이 모형은 새로운 모형이 아니라 절충 · 혼합한 모형에 불과하기 때문에 이론 모형으로서의 가치는 떨어지는 것으로 평가된다.

### 5) 최적 모형

최적 모형(optimal model)은 Dror(1968: 123-125)가 점증 모형의 타성적이고 현실 안주적인 성격을 비판하면서 그 대안으로 제안한 것이다. 합리 모형과 점증 모형의 절충을 시도하고 있다는 점에서 혼합 모형과 유사하나 양자의 단순 합계적 혼합이 아니라 합리성과 초합리성을 동시에 고려하여 최적치(optimality)를 추구하는 규범적인 모형이라는 점에서 혼합 모형의 경우와는 크게 다르다(김윤태, 1994: 119).

Dror는 정책 결정이 합리성으로만 이루어지는 것이 아니며, 때때로 초합리적인 것, 즉 직관, 판단, 창의 등과 같은 잠재적 의식이 개입되어 이루어진다고 주장한다. 따라서 다른 모형에서는 고려하지 않는 초합리적인 과정을 정책 결정에서 불가결한 역할로 파악하는 비정형적인 정책 결정 유형이다. 최적치란 '모든 것이 고려된' 것이라는 의미에서 최선의 것이지만, 그것은 '지고지선' 그 자체가 아니라 주어진 목표에 도움이 되는 가장 바람직한 상태를 의미한다. 그래서 이 모형은 의사결정에 있어서 비록 비현실적인 것이라 해도 항상 가능성을 찾아 합리적인 측면을 발견하고 그것이 최적인 것인지를 확인하게 된다. 또한 때때로 직관적 판단이나 상상력과 같은 초합리성이 중시되기도 하며, 그러한 초합리성이 정책 결정의 불가결한 요인임을 강조하기도 한다. 최적의 개념은 양적인 것보다는 질적인 것이라는 입장이지만, 양적인 것을 완전히 무시하지는 않는다.

최적 모형은 초합리성의 개념을 도입함으로써 합리 모형을 한층 더 체계적으로 발전시켰다는 평가를 받고 있다. 특히 그동안 비합리성으로 배제해 왔던 요인들도 연구와 노력 여하에 따라서는 최적의 정책 결정을 위한 핵심요소가 될 수 있음을 확인해 줌으로써 창의적이고 혁신적인 정책 결정을 거시적으로 정당화할 수 있는 이론적 근거를 마련해 주었다. 그러나 이 모형은 달성방법도 명확치 않고 개념도 불명료한 초합리성이라는 개념에 의존하고 있어 다소간 비현실적이고 이상적인 모형이라는 평가를 받고 있다. 아울러 정책 결정에서 비합리적 요소를 고려해야 한다는 것 외에는 합리 모형의 범위를 크게 벗어나지 못하고 있다는 비판도 받고 있다.

## 3. 교육정책의 형성과정

### 가. 교육정책의 형성과정

교육정책은 다양한 과정을 거쳐 형성되지만, 개괄적인 측면에서 볼 때는 일정한 절차를 통해 형성된다고도 볼 수 있다. 즉, 교육정책은 교육의 영역에서 문제가 제기되어 그것이 본격적인 사회적 문제로 부각되어 정책 의제화되고 공공의 토론과 논쟁을 거쳐 결국 법제화가 되는 과정을 거쳐 형성된다고 말할 수 있다. 여기서는 이러한 교육정책의 형성과정을 여러 학자의 견해를 종합적으로 검토하여 체계화한 김종철의 견해에 따라 ① 교육문제의 제기, ② 정부 귀속과 교육정책 의제화, ③ 교육정책의 목표 설정, ④ 정책대안의 탐색과 선택, ⑤ 정책대안의 심의 결정과 합법화 등 5단계로 구분하여 살펴본다(김종철, 1989: 746-755).

#### 1) 교육문제의 제기

일반적으로 문제란 욕구의 충족을 가로막는 장애물을 의미한다. 그것은 심리적·사회적 갈등과 긴장상태의 존재를 나타내며, 해소되어야 할 불만족스러운 상태 혹은 불안정한 상황의 지속을 의미한다. 따라서 교육문제는 교육과 관련하여 개인이나 집단에게 불만족이나 갈등 혹은 긴장을 야기하는 상태나 조건을 의미하는데, 그러한 상태나 조건은 다음과 같은 것들이라고 할 수 있다.

- **교육에 관한 사회적 논쟁점**: 교육문제는 교육의 이념·목적·내용·방법 등에 대해 사회적 합의가 이루어지지 않고 논쟁이 존재하고 있음을 나타낼 때 사용되는 용어이다. 모든 지원자에게 대학교육 기회를 제공할 것이냐, 시장을 고려

하여 대학정원을 조절할 것이냐, 혹은 조기 외국어교육을 실시할 것이냐 하는 문제 등은 그러한 논쟁점으로서의 교육문제인 것이다.

- **교육활동의 장애물 혹은 극복해야 할 곤란**: 교육의 이념 · 목적 · 내용 · 방법 등에 대하여 어떠한 사회적 합의가 있더라도 그 목표를 달성하는 데 있어 제약과 곤란이 있다면 그것은 교육문제가 된다. 교원의 자질과 지위를 향상시키고자 하는 목표가 설정되었고 사회적 합의가 이루어졌다 하더라도 재정상의 제약 때문에 그 일을 추진할 수 없다면 그것 역시 교육문제가 된다. 즉, 재원의 확보나 재정의 효율화 등이 교육문제로 제기되는 것이다.

- **교육에서 성취해야 할 미결의 과제**: 교육에서 향후 성취해야 할 과제나 방안도 교육문제가 된다. 예컨대, 수습교사 제도를 도입하여 신규교사들의 자질을 향상시키겠다거나 향후 교육예산을 GDP의 6%까지 확충하여 학교의 교육여건을 획기적으로 개선하겠다는 계획 등도 교육발전의 과제로서의 교육문제라 할 수 있다.

- **연구와 검토의 대상이 되는 의문점**: 교육에 관련하여 연구를 필요로 하거나 검토해야 할 대상이 되는 의문점도 교육문제가 된다. 예컨대, 북한에서는 교사교육을 어떻게 실시하고 있는가, 학교폭력을 어떻게 해결할 것인가 등과 같은 문제는 그것이 탐구의 대상이 되는 한 바로 교육문제라고 말할 수 있다.

이러한 교육문제 중 그 중요성이나 심각성이 중요한 인사들에 의해 특별히 인식되거나 사회적으로 인정될 때 교육정책의 문제로 제기된다. 즉, 인식의 주체, 문제의 중요성 혹은 심각성의 정도와 영속성, 그리고 사회적 인식의 범위 등이 중요한 요인이 되어 교육문제가 정책의 문제로 제기되는 것이다. 사실, 정책 결정에 직접 · 간접으로 영향을 미치는 중요한 인사들이 문제를 인식하거나 다수의 국민과 강력한 조직력을 동원할 수 있는 사람들이 문제의 심각성을 인식함으로써 정책 결정자들에게 강한 영향력이나 사회적 압력을 가하는 경우 그 문제는 교육정책의 문제로 발전할 가능성이 크다.

## 2) 정부 귀속과 교육정책 의제화

교육문제는 특정한 개인이 문제의 중요성과 심각성을 인식함으로써 제기된다.

그러나 그 문제가 점차적으로 사회의 불특정 다수에 의해 인식되고 그 문제의 심각성이 지속되어 사회적으로 중대하고 심각한 것이라는 평가와 인정을 받게 되면, 그것은 사회문제로 확산된다. 사회문제화된 교육문제가 본격적인 교육정책의 문제로서 인식되면, 그것은 정부의 문제로 귀속되고 정책 의제로 전환된다. 어떤 교육문제가 정부에 귀속되어 정책 의제로 되는 경우는 다음과 같다.

- 정치체제에 의해 그 중요성이나 심각성이 인식되는 교육문제가 정책의 의제로 된다. 심각성의 정도가 크고, 그에 대한 공감의 폭이 넓으며, 문제해결이나 개혁의 방향이 사회규범과 대의명분에 부합될수록 그 가능성은 높다. 어떤 우발사태가 촉발장치의 역할을 해서 그 심각성을 크게 부각시키는 경우가 많다. 예컨대, 1968년의 중학교 무시험 진학정책의 결정에서는 1967년 부산에서 과외공부를 하고 늦게 귀가하던 어린이가 유괴, 피살된 사건이 그러한 역할을 하였다.
- 해결할 주체가 없거나 있더라도 관련자 간의 해결이 어려운 사회문제가 정책의 의제로 된다. 예컨대, 지역 간 교육의 불균형에 따른 양극화 문제 같은 것이 그러한 경우이다. 그것은 해결주체가 구체화될 수 없고, 설혹 지방정부가 주체가 될 수 있다 하더라도 재정능력상 실질적 해결이 불가능하기 때문에 중앙정부의 정책 개입이 없는 한 해결이 불가능한 문제인 것이다.
- 문제해결을 위해 소요되는 재원의 규모가 방대할 때 그 문제는 정책의 의제로 된다. 예컨대, 교육세를 영구세로 전환하고「지방교육재정교부금법」을 개정하여 지방교육재정을 개선한 이유를 살펴보면 짐작할 수 있을 것이다. 대부분의 국가적 교육문제는 그 공공성과 문제해결을 위한 방대한 재정 수요로 말미암아 정책적인 배려를 필요로 하는 것이다.
- 민간투자 유인력이 저조함으로써 정부지원이 필요할 때 그 교육문제는 교육정책의 의제가 된다. 예컨대, 교원 자질을 향상시키기 위해 현직연수를 강화한다거나 국가 학력평가 기능을 강화하기 위해 어떤 평가기관을 설치하고자 할 때, 그러한 사업을 민간에 맡기는 것은 거의 불가능하다. 그러한 것은 정부의 개입을 필요로 하지 않을 수 없는 것이다.
- 당면한 교육문제를 방치하는 경우 그것이 정치적으로 중대한 의미를 가질 때 그 문제는 정책의 의제로 된다. 예컨대, 수도권 대학과 지방대학의 격차 문제

가 중요한 정책 의제로 부각되고 있는 것은 그와 같은 격차를 방치하는 경우 지역 균형 발전을 저해하는 주요 요인으로 간주될 수 있는 정치성을 띤 문제이기 때문이다.

이러한 여러 요인의 작용은 교육문제의 정부 귀속과 교육정책 의제화를 촉진한다고 할 수 있다. 다른 영역에서처럼 교육문제도 사회문제로 부각되는 과정은 ① 외부의 주도에 의한 경우, ② 내부 접근에 의한 경우, ③ 정부 내부에서 먼저 문제의식을 갖고 여론을 동원하여 공공의제로 전환시키는 경우 등이 있다. 또한 문제의식은 처음에는 일부 집단에 국한되어 제기되나 그것이 구체화되고 확산되면서 본격적으로 정책 의제로 채택되면, 그것은 구체적인 교육정책 수립의 단계로 들어서게 되는 것이다.

### 3) 교육정책의 목표 설정

교육문제가 정부에 귀속되고 공식적인 정책 의제로 결정되면 그 해결을 위한 여러 가지 대안의 검토에 앞서 우선적으로 교육정책의 목표를 설정하게 된다. 목표란 달성하고자 하는 바람직한 상태를 의미하는데, 대체로 심리적 욕구의 충족과 사회적 당위성을 가진 목표를 포함한다. 정책의 목표는 다음과 같은 특성을 갖는다.

- 미래를 지향한다. 모든 교육정책은 현재보다는 바람직하다고 생각되는 개선된 상태를 목표로 표방하고 있는 것이다.
- 대의명분을 표방한다. 모든 교육정책은 그 목표로 사회적으로 타당한 명분과 그를 정당화할 수 있는 논리적 근거를 제시하고 있다.
- 공공의 이익을 우선시한다. 모든 교육정책은 국민 대중에게 공공적 이익이나 선(善)을 보장하려 한다는 점을 강조하고 있는 것이다.
- 공식적으로 표방한 목표와 실제의 목표는 다를 수 있으며, 목표가 위장되거나 목표의 일부가 숨겨진 채 제시되는 경우도 있을 수 있다.
- 정책목표는 최종목표, 중간목표, 당면목표 등으로 구분되거나 상위목표, 하위목표 등으로 구분되어 있다. 따라서 목표에는 언제나 본말과 경중 그리고 우선순위가 있는 것이다.

- 교육정책의 목표는 정책의 집행과정에서나 집행 후 평가의 중요한 준거가 되며, 정책 수행의 효과성 측정을 위한 기준이 된다.
- 교육정책의 목표는 형성과정에서나 집행과정에서 변동될 수 있다. 환경의 변화, 자원의 제약, 기타 여러 가변적인 요인의 작용으로 목표의 변동이 불가피하게 될 수 있는 것이다.

### 4) 정책대안의 탐색과 선택

어떤 교육문제가 공식적으로 정책 의제화되어 정책목표가 설정되면 그와 동시에 정책대안에 대한 탐색이 구체화된다. 대안은 미래에 대한 예측과 계획을 담고 있는 가능한 행동의 경로이며 정책 수행을 위한 구체적 방안을 의미하는데, 대안의 탐색과 선택 과정은 다음과 같다.

- 대안의 탐색에 앞서 교육문제의 실태와 문제점, 미래의 환경 변화 등에 대한 충분한 정보를 확보해야 한다.
- 여러 대안을 충분히 검토해야 한다. 물론 예측의 한계, 정보의 부족, 미래상황의 가변성 등으로 많은 한계와 제약이 있기는 하지만, 가능하면 모든 대안을 검토하여 가장 합리적인 대안을 모색하여야 한다.
- 대안의 기술적·정치적 가능성을 검토하여야 한다. 기술적 가능성은 재정적 가능성을 포함하며 교육현장에서의 기술과 능력, 교육행정 당국의 지원능력 등 실질적인 면에서의 실현가능성을 의미한다. 정치적 가능성은 그 대안에 대한 정치체제의 반응과 관련된 것으로 국회, 정당, 이익단체 등의 역학관계와 공약이나 여론 등 현실적인 면에서의 실현가능성을 의미한다.
- 대안의 작성과정에는 정부관료, 자문기구와 연구기관, 언론매체, 정책 결정자 등 여러 요소가 참여하여 직접·간접적인 영향을 미치게 된다.
- 대안을 실험적으로 시행해 볼 수 있다. 모의실험뿐만 아니라 실제로 대상과 범위를 한정하여 특정한 기간 동안 실험적으로 시행해 보고, 그 시행평가의 결과에 따라 전면적으로 실시하거나, 수정 혹은 보류, 기각할 수 있다.

## 5) 정책대안의 심의 결정과 합법화

대안이 선택되면 그를 심의·평가하고 정부의 교육정책으로 결정하여 합법화하는 과정을 거치게 된다. 교육정책의 종류에 따라서는 행정부 내에서의 정책 결정기구 속에서 절차를 밟아 심의·결정되는 것도 있고, 국회에서의 심의와 결정이 필요한 것도 있다. 어떤 교육정책은 교육부 내부에서 실무자의 검토와 실·국장회의의 협의·결정, 그리고 소관 자문위원회의 심의 등을 통해 결정되며, 어떤 교육정책은 그와 함께 국무회의의 심의를 거쳐 결정된다. 중요한 교육정책은 그러한 절차를 거치는 과정에서 혹은 그 후 정책안의 수정과정에서 당정실무회의, 당정조정협의회, 청와대회의 등에서의 정책조정을 통해 결정되기도 한다. 보다 중요한 교육정책은 그러한 절차를 모두 거치고 국회에 제출되어 교육위원회와 법제사법위원회, 기획재정위원회 등 관련 위원회의 심의와 전체 회의의 의결을 거쳐 결정되기도 한다.

이러한 여러 과정과 절차를 거쳐 교육정책이 결정되고, 교육부장관이나 대통령의 이름으로 공포되거나 국회에서의 심의·의결을 통해 관련 법률안이 정부의 이름으로 공포되면 교육정책의 합법성이 공인된다. 법률안으로의 공포는 교육정책에 대한 공식적인 정당성을 부여하는 것이며, 행정부 내에서의 결정도 합법적인 정부 기능의 일환으로 정당성이 인정되는 것이다.

### 나. 교육정책 형성의 참여자와 제약요인

교육정책 형성과정은 국가의 정치·경제·사회·교육체제에 따라 상당한 차이를 보이고 있다. 우리나라는 중앙집권적 국가체제를 운영하고 있기 때문에 교육정책의 형성도 대통령과 교육부장관을 중심으로 이루어지고 있다. 물론 그 형성과정에는 여러 가지 변인이 다양하게 영향을 미치고 많은 사람과 기관이 그 과정에 참여하여 직접·간접적인 영향을 미치게 된다. 그 참여하는 사람이나 기관, 그리고 그 과정에 개입되는 다른 많은 변인은 교육정책의 형성에 긍정적으로 혹은 부정적으로 작용함으로써 그 결과에 영향을 주게 된다.

### 1) 교육정책 형성의 참여자

우리나라 교육정책은 실질적으로 부총리 겸 교육부장관을 정점으로 하는 교육부

공무원들에 의해 발의되는데, 그 형성과정에는 수많은 사람과 집단이 광범위하게 참여하고 있다. Grant(1970)는 우리나라 초·중등학교 제도의 특성에 대한 연구를 통해 교육정책 형성과정에 참여하는 사람과 집단으로 대통령, 국무총리, 국무회의, 정당, 국회 교육위원회, 시·도의회, 교원 및 교원단체, 사회단체, 연구기관, 신문 및 개인 등을 들고 있으며(김종철, 1989: 734-736에서 재인용), 김명한(1976)은 대통령, 국무총리, 국무회의, 기획재정부, 국회 교육위원회, 정당, 매스컴, 각종 자문위원회, 교원단체, 사학법인연합회, 교육연구소, 대학생 등을 지적하고 있다. 이렇게 보면, 교육정책의 형성에는 직접적인 정책 결정자 외에도 행정부처, 국회, 정당, 이익집단, 매스컴과 여론, 전문가 및 연구기관, 학부모, 그리고 기타 환경 등 여러 변인이 영향을 미치고 있음을 알 수 있다. 그러한 변인 중 교육정책의 형성에 직접·간접으로 참여하는 중요한 사람과 기관들에 대해 살펴보면 다음과 같다.

### 가) 교육부 관계자

교육정책을 기안하고 심의·의결하여 수립하는 교육부 내의 공무원들이 교육정책 형성에 있어서 가장 중요한 참여자이다. 이들은 교육행정 전문가들로서 국가의 교육활동을 운영하면서 발생되는 교육의 문제와 쟁점을 잘 알고 있으며, 과거 및 현재의 자료와 정보를 가장 많이 가지고 있는 사람들이다. 뿐만 아니라 정책을 발안하고 발안된 정책을 검토하며 결정된 정책을 시행하는 역할을 맡고 있기 때문에 교육정책의 형성에 중추적인 참여자라 할 수 있다.

### 나) 연구기관과 학자

교육정책은 그 대상과 범위가 광범하고, 복잡한 과정을 거쳐 형성되며, 민주적 참여와 공공의 이익을 도모한다는 특징을 가지고 있기 때문에 그 형성과정에서 전문적 지식과 통찰을 가진 전문가와 지식인 집단을 요구한다. 물론 그러한 사람과 집단은 일차적으로 교육부 관계자들일 것이다. 그들이 교육문제 해결을 위한 고도의 전문화되고 조직화된 정보를 가진 사람들이기 때문이다. 그러나 교육행정가 중심의 교육부 관계자들은 비록 현실적 문제에 대해서는 전문가이지만, 현실적 정보를 정확하게 해석하고 합리적으로 판단하여 미래를 조망하는 안목에서는 다소간 미흡한 집단이라고 말할 수 있다. 교육정책은 미래지향적이기 때문에 현실적 해결능력 외에 그러한 안목이 절대적으로 요청된다. 따라서 그러한 역할은 대개 교육전문가나 학자에게 기대할 수 있기 때문에 학자나 연구기관은 교육정책 형성에 있어서 중요한 역할을 하게 되는 것이다.

### 다) 국회와 정당

중요한 교육정책은 국회에서의 심의와 의결이 필요하기 때문에 국회와 정당은 교육정책 형성의 중요한 참여자라 볼 수 있다. 우리나라의 경우 많은 교육정책은 집권당의 공약을 실현하는 형태를 띠기 때문에 집권 여당은 행정부와 협력하여 교육정책을 산출하는 역할을 맡게 되며, 국회에서의 심의와 결의를 통해 정당화의 기반을 제공한다. 야당도 여당과 마찬가지로 국회를 통해 정책안의 심의·의결에 참여함으로써 정책안을 수정·보완하기도 하고 정책의 합리성을 강화해 주는 역할을 수행하기도 한다. 다만, 국회나 정당 자체는 교육정책 결정 과정에서 발안기능이 적고 행정부에 비해 자체의 정보가 부족하다는 한계를 가지고 있다(조석준, 1980: 316).

### 라) 이익집단

교육정책의 대상이 대단히 포괄적이고 다양하기 때문에 압력단체의 역할을 수행하는 이익집단도 상당히 다양하고 폭넓게 존재한다. 이들은 한국교원단체총연합회나 전국교직원노동조합과 같은 교원단체, 사학법인연합회 및 초·중등학교장협의회와 같은 육영단체, 학원연합회와 같은 이익단체 등으로서, 행정부나 입법부의 교육정책을 심의 또는 개발하는 과정에서 다양한 방법으로 영향력을 행사하려 하고 있다. 이익단체의 교육정책에의 참여는 성격상 사적인 접촉을 통해 이루어진다. 대체로 인간적인 유대관계를 통해 관련 집단의 이익을 관철하려는 형태로 나타나는 것이다. 그러나 때로는 진정서, 건의서 등을 통한 공식적 요청이나 실력행사를 하기도 한다. 이러한 다양한 이익집단의 참여는 부정적인 측면도 있지만 교육정책의 실현가능성을 확대하고 보다 좋은 정책대안을 수립할 수 있게 함으로써 교육발전에 기여하고 있다.

### 마) 매스컴과 여론

매스컴은 정보전달과 비판의 기능을 통하여 정책 결정 과정에 영향을 준다. 우선, 매스컴은 정책당국과 국민 간 의사소통의 통로로서의 역할을 수행한다. 정책당국의 정보를 국민에게 전달하며, 국민의 의견을 여론이라는 형식을 통해 정책당국에 전달한다. 따라서 매스컴은 이러한 정부와 국민과의 매개역할을 통해 교육정책 형성에 강력한 영향을 미치고 그 수정과 정교화에 참여하는 것이다. 한편, 매스컴은 비판기능을 통하여 정책 결정 과정에 영향을 미치기도 한다. 즉, 정부의 정책안에 담겨 있는 내용에 대해 문제를 제기하고 비판을 가함으로써 교육정책 형성에 영향을 미치는 것이다. 또한 매스컴은 그러한 비판을 통해 정책대안을 제시하기도 하고, 이해 관련자의 의견을 직접·간접으로 공적 토론의 장으로 이끌어 내며, 민의를 전달하여 기존 정책방향이 수정되도록 하기도 한다.

### 바) 국민과 학부모

어떤 교육문제가 하나의 교육정책으로 형성되는 것은 국민들이 새로운 요구를 계속하고 그 요구가 국회나 다른 기구를 통하여 정책 결정자에게 전달됨에 의해서이다. 사실, 어떤 교육문제가 정책 의제로 결정되는 것은 일반적으로 그 문제에 의해 불편하고 불만스러운 상태를 지속적으로 받아 온 사람이나 집단이 보여 준 노력의 산물일 경우가 많다. 이러한 관점에서 보면 교육정책의 형성에 있어 일차적인 참여자는 분명히 국민과 학부모라 할 수 있다. 학부모와 국민은 그러한 정책 형성에의 참여 외에도 정책의 영향을 받는 가장 중요한 대상이기도 하다. 그래서 국민과 학부모는 교육정책의 형성에 있어서 개인적으로나 집단적으로나 그의 교육적 요구를 반영시키려 하며, 영향력을 행사하려고 노력하는 것이다. 이는 민주사회에서 필수적인 민중통제의 원리를 충족시킴으로써 교육의 민주화를 도모하고, 보다 국민과 밀착된 교육정책을 수립할 수 있는 기회를 제공하기도 하는 것이다.

### 2) 교육정책 형성의 제약요인

교육정책의 형성에 있어 가장 핵심적인 사항은 어떻게 합리적인 교육정책을 수립하느냐 하는 점이다. 정책 형성의 이론 모형에서 살펴본 바와 같이, 모든 모형과 이론은 합리성을 지향하지만 여러 가지 현실적 이유 때문에 결국에는 제한된 합리성을 가진 교육정책을 수립하기 위한 모형만을 제시하고 있는 것이다. 사실, 교육조직은 다른 조직에 비해 의사결정에 주관적인 요소가 개입될 여지가 많기 때문에 교육정책의 형성에서 합리적 선택을 할 가능성이 비교적 낮다. 즉, 교육목표의 불명료성 때문에 교육정책의 목표를 명확하게 정립하기가 어렵고, 대상과 범위의 광범성으로 대안의 구안이 어려운 측면이 있으며, 그 효과의 장기성으로 즉각적인 호소력조차 없기 때문에 인적·물적 자원의 충분한 지원을 보장받기 어려운 측면을 가지고 있는 것이다. 따라서 여기서는 교육정책의 그러한 본질적 난점과 관련된 몇 가지 제약요인을 우리나라 현실에 비추어 인적 요인, 조직적 요인, 환경적 요인으로 나누어 간단히 살펴본다(김창걸, 1986: 94-96).

### 가) 인적 요인

정책 결정자나 참여자들이 가지고 있는 인성, 지식과 기술 및 경험, 가치관과 태도 등 개인적 요인이 합리적인 교육정책 수립을 제약한다.

- 정책 결정자나 참여자들의 인성이나 사회경제적 배경 등의 차이가 갈등을 야기하고 비합리적 결정과 편협한 정책수립을 야기할 수 있다.
- 정책 결정자나 참여자들의 정책 결정에 관한 전문적 지식과 기술, 그리고 경험 등의 부족이 좋지 않은 교육정책을 수립하는 결과를 초래할 수 있다.
- 정책 결정자들의 권위주의적 태도가 권위주의적 행정풍토를 형성시켜 과학적이고 합리적인 정책 결정을 저해할 수 있다.

### 나) 조직적 요인

중앙집권적인 조직 구조와 관료제적 특성, 의사소통 체제의 미비, 자원·정보·시간의 부족 등 조직과 관련된 제약요인들이 합리적 정책 결정을 제약한다.

- 교육정책의 결정이 교육부장관을 위시한 제한된 참여자에 한정되고 참모보다는 계선 중심의 통제 위주의 행정에 의하여 이루어지는 경우가 많다.
- 교육정책 업무만을 담당하는 기구가 존재하지 않는다. 기획조정실이 그러한 업무를 담당하고 있으나 주 업무가 조정 업무이기 때문에 효율적이지 못하다.
- 하향적 의사소통에 비해 상향적·횡적 의사소통 체제가 원활하지 못하다.
- 정책 결정에는 많은 인적·물적 자원이 필요하나 각 부분에 걸쳐 자원이 적당

히 배정되어야 하므로 자원의 제약이 뒤따르게 된다.

- 정책 결정에는 정확하고 신속한 정보를 필요로 하나 그러한 정보의 수집, 분석, 처리, 보관을 위한 체제가 제대로 갖추어 있지 않다.
- 정책 결정에는 과정상 적당한 시간이 필요하나 긴급사태 등 많은 경우에는 시간의 제약을 받게 되므로 정책의 질이 저하될 수도 있다.
- 기존의 정책을 무시하기가 어렵다.

### 다) 환경적 요인

조직을 둘러싸고 있는 정치적 풍토, 문화적 배경이 정책 결정에 영향을 미친다.

- 교육정책의 결정 과정에서 정치풍토, 사회관습, 법률적 · 문화적 요인 등이 교육 이외의 비합리적 요인으로 작용하게 된다.
- 교육정책의 결정에 대해 여론, 언론, 전문가 집단, 이익단체, 정당, 국회 등이 너무 민감하게 반응함으로써 합리적인 결정을 저해한다.
- 정책 결정자들의 재임기간이 짧기 때문에 단기적인 활동에 치중하고, 책임만을 모면하려는 보신주의적 관료풍토가 교육정책의 질을 저하시킨다.

제 8장
-----------

# 교육제도 및 행정조직

## 📖 제1절 교육법규

'교육제도의 법정주의'라는 「교육법」의 기본원리에서도 시사하듯이 모든 교육법규는 교육제도의 기초가 되며, 학교제도는 교육법규에 의해 공인된다. 특히 근대 국가의 성립 이후에 학교제도는 법규에 기반을 둔 제도가 중심이 되었으며, 6-3-3-4제를 근간으로 하는 우리나라의 학제도 교육법규에 근거를 두고 있다. 이러한 점에서 교육법규와 제도는 불가분의 관계에 있다고 하겠다. 따라서 교육제도를 살펴보기에 앞서 「교육법」을 먼저 살펴볼 필요가 있다.

### 1. 교육법

#### 가. 교육법의 개념과 성격

「교육법」은 고유명사로서 법률의 명칭이었던 적이 있으나,[1] 「교육법」이 폐지된

--------

[1] 1949년 12월에 제정되었던 「교육법」은 1997년 12월 13일에 「교육기본법」 「초·중등교육법」 「고등교육법」으로 분리·제정됨으로써 명칭이 사라졌으나, 이 책에서는 편의상 「교육법」으로 통칭한다.

1998년 3월 이후에는 '교육에 관한 법규범' 또는 '교육행정에 관한 법규'를 통칭한 개념으로 쓰인다. '교육법'은 교육과 법이라는 2개의 용어로 성립한다. '교육'은 인간의 성장가능성이 최대한으로 실현되도록 가치 있는 것을 전수해 주는 일이다.[2] 따라서 교육이 이루어지는 학교사회는 다른 사회와는 달리 자율적 구조가 되어야 하며, 이를 장려하고 지향하도록 하기 위한 제도적 장치가 마련되어야 한다. '법'은 사회질서를 유지하기 위한 하나의 강제적 규범이며, 이것을 위반하는 행위에 대해서는 외부로부터 제재가 주어진다. 국가 백년대계로서의 교육제도는 공공성을 띠고 있으므로 강제력을 가진 법규범의 제재가 필요하게 된다. 교육과 법규는 상호 보완·보충적인 관계를 가지며, 양자의 장점을 잘 조화해 가는 데 '교육법'의 목표와 기능이 존재한다.

따라서 「교육법」은 교육 또는 교육정책이나 교육제도 및 그 운영에 관한 사항을 규정한 법규로서 다른 법규와는 달리 조장적 성격, 특별법이면서 일반법적인 성격, 특수법적 성격, 윤리적 성격을 갖는다.[3]

### 1) 조장적 성격

「교육법」은 비권력적이고 지도·육성의 성격이 강하며 점차로 전문성·기술성이 강화되어 가고 있다. 「교육법」은 교육에 관한 법률인 만큼 공권력을 행사하는 지휘·복종의 관계보다는 오히려 지도·조언·육성·이해의 전문적 기술성을 요하는 조장적 성격을 지닌다.

### 2) 특별법이면서 일반법적인 성격

「교육법」은 교육에 관한 한 다른 법률에 대하여 특별법인 동시에 일반법의 성격을 갖는다. 즉, 「교육법」은 교육에 관한 한 다른 모든 일반법에 대하여 특별법의 지위를 가지며, 교육에 관하여 다른 일반법이 교육법에 저촉될 경우에는 「교육법」이 우선한다. 반면에 상위의 「교육법」은 다른 하위의 교육관계 법률에 대하여는 일반법의 성격

---

2) 김종서 등(1984: 34-35)은 교육에 관한 정의를 직접적으로 내리지는 않았지만, '교육'에 대한 정의에는 의도와 가치가 개재되어야 한다고 하였다.

3) 류충현(1984: 4-5)은 교육법이 조장적 성격, 수단적 성격, 공법적 성격, 특별법적 성격을 갖는다고 하였고, 김낙운(1969: 5-6)은 교육법이 특별법인 동시에 일반법적인 성격, 특수법적 성격, 비권력적인 성격, 윤리적 성격 등을 갖는다고 하였다.

을 갖는다. 이는 다른 일반법에 대하여「교육법」이 갖는 성격과 반대되는 개념이다.

### 3) 특수법적 성격

「교육법」은 공법과 사법의 구별이 불명확한 특수법의 성격을 갖는다. 시대의 흐름에 따라 교육권은 공권력 개념으로만 해석하기에는 논리 정립이 어렵게 되었다. 특히 국민교육의 사회보장적 경향과 교육개방 및 평생교육 등의 등장은 '교육법의 특수법적 성격'을 더욱 뚜렷하게 해 준다.

### 4) 윤리적 성격

「교육법」은 윤리적인 면이 특히 강조되는 특성을 지닌다.「교육법」에서는 공·사립의 교육기관을 불문하고, 국가와 민족에 대한 의무와 책임이 다른 법률에 비하여 현저하게 강조되고 있음은 이 윤리적 성격 때문이다.

## 나. 교육법의 존재 형식

「교육법」은 넓은 의미에서 볼 때 교육에 관한 조직 및 작용을 규정한 법령이다. 이러한 뜻에서 '교육법'에는 교육관계 법률 이외에도 대통령령, 총리령 및 교육부령 등 하위법령이 있고, 조례 및 규칙 등 지방자치단체의 법령이 있으며, 이러한 성문법 이외에 판례·관습·조리 등과 같은 불문법이 있다. 이를 통칭하여 교육법규라고 한다. 교육법규의 법원(法源)은 성문법원을 원칙으로 하나 성문법이 불비된 한도 내에서 불문법도 법원이 되고 있다.

### 1) 성문법원

성문법원의 형식으로는「헌법」, 법률, 조약 및 국제법규, 명령, 행정규칙, 자치법규 등이 있는데, 이들 상호 간에는 상위법 우선의 원칙, 신법 우선의 원칙, 특별법 우선의 원칙[4]이 적용되며, 불문법에 대해서는 성문법이 우선한다.

---

4) 이들을 법령 적용의 3원리라 한다. ① 상위법 우선의 원칙이란 법률은 명령에 우선하고, 명령 중 대통령령은 부령에 우선하는 등 상위의 법령이 하위의 법령에 우선하여 적용된다는 것이다. ② 신법 우선의 원칙은 같은 법률이라 하더라도 시간적으로 뒤에 성립된 것이 먼저 성립된 것보다 우선한다는 것이다. ③ 특별법 우선의 원칙은 특별법이 일반법에 우선한다는 원칙이다.

- **「헌법」**: 국가의 조직과 통치작용에 관한 기본법이다. 「헌법」상 교육 조항으로는 제31조 제1~6항 및 기타 교육과 간접적으로 관련된 조항이 있다.
- **법률**: 광의로 볼 때 불문법도 포함하지만, 협의로는 국회의 의결을 거쳐 제정된 법만을 의미한다. 교육법률은 「교육기본법」 「유아교육법」 「초 · 중등교육법」 「고등교육법」 「지방교육자치에 관한 법률」 「사립학교법」 「평생교육법」 「교육공무원법」 등 교육에 직접 관련된 법률 및 「정부조직법」 「국가공무원법」 「지방공무원법」 등 교육에 간접적으로 관련된 법률을 포함한다.
- **조약 · 국제법규**: 조약이란 국제관계에 속하는 사항에 관한 국가 간의 문서에 의한 합의로서 국내법과 동일한 효력을 갖는다. 교육에 관련된 조약으로는 UNESCO 헌장 등이 있다.
- **명령**: 국회의 의결을 거치지 않고 행정기관이 단독으로 정하는 것이다. 교육 관련 명령으로는 「초 · 중등교육법 시행령」 「고등교육법 시행령」 「지방교육자치에 관한 법률 시행령」 「사립학교법 시행령」 「평생교육법 시행령」 등이 있으며, 명령에도 대통령령, 총리령, 부령 등의 순이 있다.
- **행정규칙**: 중앙행정기관이 법령의 시행 또는 행정사무 처리 등을 위하여 입안 · 발령하는 훈령 · 예규 · 고시(규정 · 규칙 · 지시 · 통첩 등 포함) 등을 말한다(법제처, 2020). 일반적으로 모든 행정규칙에 법규성을 인정하지는 않으나, 법령의 위임에 따라 법령을 보충하는 내용을 규정한 행정규칙은 상위법령과 결합하여 법규성을 인정한다.
- **자치법규**: 지방자치단체가 법령의 범위 안에서 제정한 각종 조례 및 규칙을 말한다. 조례는 지방의회의 의결을 거쳐 제정되고, 규칙은 자치단체의 장이 제정한다.

## 2) 불문법원

- **관습법**: 사회의 관행이 불문의 형태로 국민 일반의 법적 확신에 의하여 승인되고 강행되는 것을 말한다.
- **판례법**: 법원의 판결이 그 후의 동일한 사건에 대하여 사실상 구속력을 갖게 되는 것을 말한다.
- **조리**: 어떤 문제에 대하여 성문법이나 관습법, 또는 판례법 등이 존재하지 않는

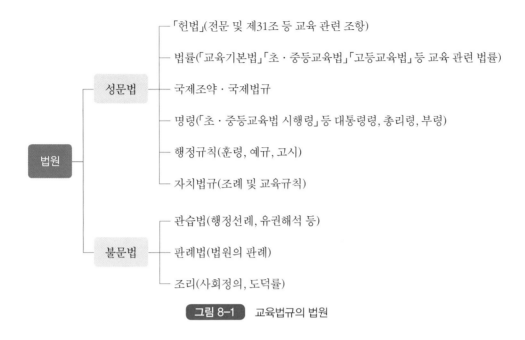

**그림 8-1** 교육법규의 법원

경우 그 문제의 본질에 적합한 처리를 하기 위한 최후의 보충적 법원이 되는 것을 말한다. 「민법」 제1조(법원)는 민사에 관하여 법률에 규정이 없으면 관습법에 의하고 관습법이 없으면 조리에 의한다고 규정하고 있다.

## 2. 교육법의 기본원리

「교육법」에 일관하는 근본이념이나 기본가치가 있다고 할 때 이를 구명하는 일은 중요하다. 그것은 「교육법」을 제정·해석·운영·평가하는 데 있어서 기준이 되는 동시에 타당성 구명의 척도가 된다.

「교육법」에는 그 자체에 내재하고 있는 기본정신이 있다. 「교육기본법」에서는 제1장 총칙에서 학습권, 교육의 기회균등, 교육의 자주성·전문성·중립성, 의무교육 등에 관한 기본적인 방향을 설정하고 있는데, 이는 「교육법」의 기본원칙을 간접적으로 천명한 「헌법」 제31조에 근거한다. 여러 학자가 제시한 교육법의 기본원리를 종합하고 「헌법」의 교육조항과 교육관계 제 법령의 '취지와 정신'을 분석하여 볼 때, 「교육법」의 기본원리를 ① 교육제도의 법정주의, ② 교육 자주성의 원리, ③ 교육권 보장의 원리, ④ 교육 전문성의 원리, ⑤ 교육 기회균등의 원리, ⑥ 교육의 중립성

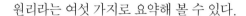

원리라는 여섯 가지로 요약해 볼 수 있다.

## 가. 교육제도의 법정주의

교육제도 법정주의는 교육제도를 법으로 정해야 한다는 것으로 교육 입법상의 법률주의 또는 법률에 의한 교육행정의 원리라고도 한다. 「헌법」 제31조 제6항은 교육에 관한 중요 사항은 반드시 법률로 정하도록 하는 원칙을 확립하고 있다.

교육제도 법정주의는 국민주권을 기저로 하는 민주국가 행정에 있어서 법치주의적 행정의 일면을 구현하는 것이며, 국가권력적 교육행정제도에서 가장 중요한 위치를 차지하는 행정상의 원리이다. 「교육법」과 교육관계의 모든 법률은 교육의 근간이 되는 사항을 규정함과 동시에 대통령령 이하의 모든 관계 법령에서는 그 시행상 필요한 세부적인 사항을 규정하고 있다. 다만, 교육제도 법정주의에서 법규 만능이나 법의 홍수 등은 경계되어야 한다. 이는 교육에 대한 지나친 국가 개입으로 교육의 자주성, 전문성, 중립성의 보장에 장해가 될 수도 있기 때문이다.

## 나. 교육 자주성의 원리

이는 민주교육의 원리라고도 하며, 지방교육자치의 원리라고도 한다. 이의 실현을 위하여 주민직선의 시ㆍ도교육감 제도 등을 통한 지방교육자치제가 실시되고, 지방교육재정의 독립을 위해 지방교육재정교부금을 지방교부세로부터 분리하고, 지방자치단체 일반회계로부터 교육비 특별회계를 분리하여 운영하고 있다.

## 다. 교육권 보장의 원리

대부분의 나라에서 '교육을 받을 권리'를 보장하기 위한 규정은 「헌법」상 국가의 정치적 의무로 강력하게 명시적으로 규정되어 있는데, 우리나라에서도 예외는 아니다. 현행 「초ㆍ중등교육법」에서는 교육권을 보장하기 위하여 모든 아동의 보호자에 대하여 그 자녀의 교육을 받게 할 의무를 지우고 있으며, 무상 의무교육을 실시하고 있다. 아울러 고등학교에 대하여는 입학금, 수업료, 학교운영지원비, 교과용도서 구입비 등을 국가 및 지방자치단체가 부담하는 무상교육을 실시함으로써 국민의 교육권을 더욱 강화하고 교육비 부담을 덜어 주고 있다.

### 라. 교육 전문성의 원리

우리의 교육관계법은 교육의 전문성을 보장하기 위해서 교육의 자유 및 학문의 자유를 명시하고 있다. 이는 모두 「헌법」에서 규정하고 있는 '학문의 자유'와 관련되어 있다. [5]

또한 「초·중등교육법」은 일정 기간의 학력과 경력을 요구하는 교원의 자격기준을 규정하고 있으며, 「지방교육자치에 관한 법률」은 일정 기간의 교육경력 또는 교육행정경력을 가진 자로 시·도교육감 후보자가 될 수 있도록 규정하고 있다.

### 마. 교육 기회균등의 원리

국가는 국민에게 가능한 한 평등한 교육의 기회를 주도록 힘써야 할 의무가 「헌법」상 규정되어 있다. 즉, 「헌법」 제31조 제1항은 "모든 국민은 능력에 따라 균등하게 교육을 받을 권리를 가진다."고 규정하고 있다. 이에는 사회적 신분에 의한 차별금지, 의무교육의 무상원칙, 단선형 학교체계의 확립 등이 포함된다. 교육법의 복리주의 원리는 여기에 포함된다.

### 바. 교육 중립성의 원리

공교육체제는 교육의 기회균등을 실현하는 외적 조건의 보장뿐 아니라, 교육의 중립성이라는 그 내적 사항의 보장을 본질로 하고 있으며, 이에 따라 학생은 중립적인 교육을 받을 권리를 지니고 있다. 교육의 중립성은 종교적 중립성과 정치적 중립성을 포함한다.

---

5) 「헌법」 제22조 제1항은 "모든 국민은 학문과 예술의 자유를 가진다."고 규정하고 있다.

## 3. 교육법의 구조

### 가. 「헌법」상의 교육규정

우리 「헌법」은 교육에 관하여 제31조 제1항에서 제6항까지 규정하고 있다. 즉, 교육을 받을 권리, 의무교육의 무상과 보호자의 의무, 교육의 자주성 · 전문성 · 정치적 중립성 및 대학의 자율성 보장, 평생교육의 진흥, 교육제도의 법률주의 등이 그것이다.

- 교육을 받을 권리: 「헌법」 제31조 제1항에서는 "모든 국민은 능력에 따라 균등하게 교육을 받을 권리를 가진다."라고 규정하고 있으며, 「교육기본법」 제3조에는 「헌법」상의 '교육받을 권리'에 따라 '학습권'을 새로이 규정하여 교육수요자나 지역사회의 요구뿐만 아니라 학생들이 능력과 적성에 따라 배울 수 있는 권리를 보장하도록 하였다.
- 의무교육의 무상과 보호자의 의무: 「헌법」 제31조 제2항과 제3항에서는 "모든 국민은 그 보호하는 자녀에게 적어도 초등교육과 법률이 정하는 교육을 받게 할 의무를 진다." "의무교육은 무상으로 한다."고 규정하여 균등하게 교육을 받을 권리를 최저한도에서 실효성 있게 보장하기 위하여 그 의무성을 명문화하고 있다.
- 교육의 자주성 · 전문성 · 정치적 중립성 및 대학의 자율성 보장: 「헌법」 제31조 제4항에서는 교육의 자주성 · 전문성 · 정치적 중립성 및 대학의 자율성의 보장에 관한 내용을 규정하고 있다. 교육의 자주성은 교육조직과 교육내용이 교육자에 의하여 자주적으로 결정되고 행정권력에 의한 통제가 배제되어야 한다는 의미이다. 교육의 정치적 중립성이란 복수의 여러 정치이념 및 상황 중에서 어떤 하나만을 강제하지 않는다는 것으로 볼 수 있다. 또 대학은 근본적으로 자율을 전제로 하는 기관으로 1987년 개정 「헌법」에서 대학의 자율성을 추가한 것은 커다란 발전의 하나이다.
- 평생교육의 진흥: 「헌법」 제31조 제5항의 "국가는 평생교육을 진흥하여야 한다." 는 규정은 오늘날 급격한 사회변화에 능동적으로 대처하기 위해서는 평생교육

체제의 구축이 필연적이라는 입법취지이다.

- **교육제도의 법률주의**:「헌법」제31조 제6항에서는 "학교교육 및 평생교육을 포함한 교육제도와 그 운영, 교육재정 및 교원의 지위에 관한 기본적인 사항은 법률로 정한다."라고 규정하여 교육의 자주성 보장을 뒷받침하고 있다. 여기에서 교육제도란 교육의 이념, 기본방침, 내용, 교육행정의 조직, 학제 등을 포함한다.
- **기타 간접조항**: 교육에 관련된 간접적인「헌법」조항으로는 국제조약과 국제법규(제6조), 공무원의 지위와 책임(제7조), 기본적 인권존중(제10조), 만인의 평등(제11조), 종교의 자유(제20조), 언론·출판의 자유(제21조), 학문·예술의 자유(제22조), 근로의 권리 의무 및 연소자의 보호(제32조), 지방자치단체(제117조, 제118조) 등에 관련된 것들이 있다.

### 나.「교육기본법」

1949년 12월 31일 법률 제86호로 제정·공포된「교육법」은「헌법」상의 교육조항을 기본정신으로 하는 우리나라 교육제도에 관한 기본법인 동시에 교육행정의 기본지침이 되는 법률이었다. 이「교육법」이 제32차 개정(1991. 3. 8.) 시에 지방교육자치에 관련된 '제2장 교육위원회 및 교육장'(제15~67조)과 '제3장 지방교육재정'(제68~72조)에 관한 규정을 분리하여「지방교육자치에 관한 법률」을 제정하였고, 1997년 12월 13일에는 다시「교육기본법」「초·중등교육법」「고등교육법」으로 분리되었다.

「교육기본법」은 이 중에서 모든 교육관계 법령의 기본이 될 수 있는 법률로서 '교육에 관한 국민의 권리·의무와 국가 및 지방자치단체의 책임을 정하고 교육제도와 그 운영에 관한 기본적 사항을 규정함'(제1조)을 목적으로 하고 있다.「교육기본법」은 부칙을 제외하고 3장 29개조로 출발했으나, 제정 이후 사회와 교육의 변화를 반영하여 10개조가 추가되어 2021년 현재 39개조로 구성되어 있다.

- **제1장 총칙**: 교육이념, 학습권, 교육의 기회균등, 교육의 자주성·전문성·자율성, 교육의 중립성, 교육재정, 의무교육, 학교교육, 사회교육, 학교 등의 설립

등을 규정하고 있다.

- **제2장 교육당사자**: 학습자, 보호자, 교원, 교원단체, 학교 등의 설립자·경영자, 국가 및 지방자치단체 등 교육당사자에 대해 규정하고 있다.
- **제3장 교육의 진흥**: 남녀평등교육의 증진, 학습윤리의 확립, 건전한 성의식 함양, 안전사고 예방, 평화적 통일 지향, 특수교육, 영재교육, 유아교육, 직업교육, 과학·기술교육, 학교체육, 교육의 정보화, 학교 및 교육행정기관 업무의 전자화, 학생정보의 보호원칙, 학술문화의 진흥, 사립학교의 육성, 평가 및 인증제도, 교육 관련 정보의 공개, 보건 및 복지의 증진, 장학제도, 국제교육 등에 관한 사항을 규정하고 있다.

### 다.「초·중등교육법」

「초·중등교육법」은 '초·중등교육에 관한 사항을 규정함을 목적'(제1조)으로 제정되었다. 「초·중등교육법」은 제정 당시 부칙을 제외하고 모두 5장 68개조로 구성되어 있었으나, 개정과정을 통해 '교육비의 지원 등' 장이 추가되었고, 27개조가 추가되고 5개조가 삭제되어 2021년 현재 6개장 90개조로 구성되어 있다.

- **제1장 총칙**: 학교의 종류, 국·공·사립학교의 구분, 학교의 설립, 학교의 병설, 지도·감독, 장학지도, 학교규칙, 학생·기관·학교평가, 수업료 등, 고등학교 등의 무상교육, 학교시설의 이용 등에 관한 사항, 교육통계 조사 등을 규정하고 있다.
- **제2장 의무교육**: 의무교육, 취학의무 및 그 면제, 고용자의 의무, 친권자 등에 대한 보조 등에 관하여 규정하고 있다.
- **제3장 학생과 교직원**: 학생 자치활동, 학생의 징계, 재심청구, 시·도학생징계조정위원회의 설치, 학생의 인권보장, 교직원의 구분, 전문상담교사의 배치, 교직원의 임무, 교원의 자격, 산학 겸임교사 등에 관하여 규정하고 있다.
- **제4장 학교**: 교육과정, 수업, 학교생활기록, 학년제, 조기진급 및 조기졸업, 학력인정시험, 학습부진아 등에 대한 교육, 교과용 도서의 사용, 학교의 통합·운영, 학교회계의 설치, 학교회계의 운영, 교육정보시스템의 구축·운영, 정보

시스템을 이용한 업무처리, 학생 관련 자료 제공의 제한, 정보시스템을 이용한 업무처리 등에 대한 지도·감독, 학생의 안전대책 등의 통칙, 학교운영위원회, 초등학교, 중학교·고등공민학교, 고등학교·고등기술학교, 특수학교, 각종학교를 규정하고 있다.

- 제4장의2 교육비 지원 등: 교육비 지원, 교육비 지원의 신청, 금융정보 등의 제공, 조사·질문, 교육비 지원 업무의 전자화, 교육비 지원을 위한 자료 등의 수집, 비용의 징수, 통학 지원 등에 관한 사항을 규정하고 있다.
- 제5장 보칙 및 벌칙: 학교 및 교육과정 운영의 특례, 권한의 위임, 시정 및 변경 명령, 휴업명령 및 휴교처분, 학교 등의 폐쇄, 청문, 벌칙, 과태료 등에 관한 사항을 규정하고 있다.

## 라.「고등교육법」

「고등교육법」은「교육기본법」제9조의 규정에 따라 고등교육에 관한 사항을 규정함을 목적'(제1조)으로 제정되었다. 제정 당시「고등교육법」은 부칙을 제외하고 모두 4개장 64개조로 구성되어 있었으나, 개정과정에서 20개조가 추가되고 1개조가 삭제되어 2021년 현재 4개장 83개조로 구성되어 있다.

- 제1장 총칙: 학교의 종류, 국·공·사립학교의 구분, 학교의 설립, 지도·감독, 학교규칙, 교육재정, 실험실습비 등의 지급, 학교 간 상호 협조의 지원, 학교협의체, 등록금 및 등록금심의위원회, 평가, 교육통계조사 등에 관한 사항을 규정하고 있다.
- 제2장 학생과 교직원: 학생 자치활동, 학생의 징계, 교직원의 구분, 강사, 교직원의 임무, 교원·조교의 자격기준, 겸임교원 등에 관하여 규정하고 있다.
- 제3장 학교: 학교의 명칭·조직, 대학평의원회의 설치, 학년도, 교육과정의 운영, 수업, 학점인정, 편입학, 학업·가정의 양립 지원, 휴학, 학사학위 취득의 유예, 분교, 연구시설, 공개강좌 등의 총칙과, 대학 및 산업대학, 교육대학, 전문대학, 원격대학, 기술대학, 각종학교 등에 관한 사항을 규정하고 있다.
- 제4장 보칙 및 벌칙: 시정 및 변경 명령, 휴업 및 휴교 명령, 학교의 폐쇄, 청문,

벌칙 등에 관한 사항을 규정하고 있다.

## 마.「유아교육법」

「유아교육법」은「초·중등교육법」에 규정된 유아교육에 관한 사항을 분리하고, 「유아교육진흥법」을 발전적으로 폐지하여「교육기본법」제9조의 규정에 따라 유아 교육에 관한 사항을 정함을 목적으로 2004년 1월 29일 제정(2005년 1월 30일 시행)된 법으로서 5장 34개조로 구성되어 있었으나, 개정과정에서 16개조가 추가되고 4개 조가 삭제되어 2021년 현재 5개장 46개조로 구성되어 있다.

- 제1장 총칙: 이 법의 목적 및 정의, 책임, 유아교육발전 기본계획, 유아교육·보 육위원회, 유아교육위원회, 유아교육진흥원 등에 관한 사항을 규정하고 있다.
- 제2장 유치원의 설립: 유치원의 구분, 유치원의 설립, 유치원의 병설, 유치원의 설립 의무, 유치원규칙, 입학, 학년도, 교육과정, 유치원 생활기록, 특수학교 등, 외국인유치원, 건강검진 및 급식, 유아 관련 자료제공의 제한, 응급조치, 지 도·감독, 평가, 유아교육정보시스템의 구축·운영, 유치원운영위원회의 설 치·기능·구성·운영, 유치원운영위원회 위원의 연수, 유치원회계의 설치 및 운영 등에 관한 사항을 규정하고 있다.
- 제3장 교직원: 교직원의 구분과 임무, 유아의 인권보장, 교원의 자격, 강사 등에 관한 사항을 규정하고 있다.
- 제4장 비용: 무상교육, 유치원 원비, 비용의 부담 등, 방과후과정 운영 등에 대 한 지원, 보조금의 반환에 관한 사항을 규정하고 있다.
- 제5장 보칙 및 벌칙: 유치원 명칭의 사용 금지, 권한의 위임 및 위탁, 시정·변경 명령, 휴업 및 휴원 명령, 유치원의 폐쇄, 청문, 벌칙, 과태료 등에 관한 사항을 규정하고 있다.

## 바.「지방교육자치에 관한 법률」

이 법은 '교육의 자주성 및 전문성과 지방교육의 특수성을 살리기 위하여 지방자 치단체의 교육·과학·기술·체육, 그 밖의 학예에 관한 사무를 관장하는 기관의 설치와 그 조직 및 운영 등에 관한 사항을 규정함으로써 지방교육의 발전에 이바지함을 목적'(제1조)으로 1991년 3월 8일 당시 「교육법」의 관련 조항(제2장 교육위원회 및 교육장, 제3장 지방교육재정)을 이관하여 제정되었고, 부칙을 제외하고 모두 8장 59개조로 구성되어 있었다. 많은 개정과정을 통해 제2장 교육위원회(14개조)와 제7장 교육의원 선거(8개조)가 통째로 삭제되고, 5개조가 추가되어 2021년 현재 6장 42개조로 구성되어 있다.

- **제1장 총칙**: 이 법의 목적 및 교육·학예·사무의 관장, 「지방자치법」과의 관계 등을 규정하고 있다.
- **제2장 교육위원회**(2016. 12. 13. 삭제)
- **제3장 교육감**: 교육감의 지위와 권한, 관장사무, 임기, 선거, 겸직의 제한, 교육 감후보자의 자격, 교육감의 소환, 교육감의 퇴직, 교육규칙의 제정, 사무의 위임·위탁, 직원의 임용, 시·도의회 등의 의결에 대한 재의와 제소, 교육감의 선결처분, 의안의 제출, 시·도의회의 교육·학예에 관한 사무의 지원, 보조기관 및 소속 교육기관, 하급 교육행정기관 등에 관한 사항을 규정하고 있다.
- **제4장 교육재정**: 교육·학예에 관한 경비, 의무교육 경비, 교육비 특별회계, 교육비의 보조, 특별부과금의 부과·징수 등에 관한 사항을 규정하고 있다.
- **제5장 지방교육에 관한 협의**: 지방교육행정협의회의 설치와 교육감 협의체를 규정하고 있다.
- **제6장 교육감 선거**: 선출, 선거구 선거관리, 선거구, 정당의 선거관여행위 금지, 공무원 등의 입후보, 투표용지의 후보자 게재순위, 「공직선거법」의 준용, 「정치자금법」의 준용, 교육감직인수위원회의 설치 등에 관한 사항을 규정하고 있다.
- **제7장 교육의원 선거**(2016. 12. 13. 삭제)
- **제8장 벌칙**: 벌칙에 대하여 규정하고 있다.

## 사. 기타 교육 관련 법령

앞에서와 같은 교육법 이외에 중요한 법률로는 「사립학교법」과 「평생교육법」을 들 수 있다. 「평생교육법」은 1999년 8월 31일 「사회교육법」의 법명을 변경하여 새로

이 제정된 법으로서 8장 60개조로 구성되어 있다. 「사립학교법」은 1963년 6월 26일 사립학교의 특수성에 비추어 그 자주성을 확보하고 공공성을 앙양함으로써 사립학교의 건전한 발달을 도모함을 목적으로 제정된 법률로서 모두 6장 111개조로 구성되어 있다.

이 외에도 「헌법」의 교육조항과 「교육기본법」의 기본이념 및 조문을 시행하기 위하여 각종 법령이 제정되어 있다.[6] 먼저, 앞의 교육기본법령을 보다 구체화한 「초·중등교육법 시행령」 「고등교육법 시행령」 「지방교육자치에 관한 법률 시행령」(이상 대통령령)이 있다. 다음으로 '교육조직과 편제'에 관해서는 「정부조직법」 「교육부와 그 소속기관 직제」 「국립대학법인 서울대학교 설립·운영에 관한 법률」 「국립학교 설치령」 등이, '인사'에 관해서는 「교육공무원법」 「교원의 지위 향상 및 교육활동 보호를 위한 특별법」 「교육공무원 승진규정」 「교원자격검정령」 「공무원보수규정」 「공무원 수당 등에 관한 규정」 「국가공무원 복무규정」 등이, '학사'에 관해서는 「대학설립·운영 규정」 「고등학교 이하 각급 학교 설립·운영 규정」 등이, '사학'에 관해서는 「사립학교교직원연금법」 「한국사학진흥재단법」 등이, '과학·사회·체육'에 관해서는 「산업교육진흥 및 산학협력촉진에 관한 법률」 「과학교육 진흥법」 「학원의 설립·운영 및 과외교습에 관한 법률」 「학교보건법」 등이, '재무·회계'에 관해서는 「지방교육재정교부금법」 「교육세법」 「지방세법」(지방교육세에 관한 사항은 제149~154조에 규정됨), 「국가재정법」 「지방재정법」 등이, '문서·사무'에 관해서는 「행정 효율과 협업 촉진에 관한 규정」 「지방자치단체에 대한 행정감사규정」 「민원 처리에 관한 법률」 「보안업무규정」 등이 있다.

---

6) 교육법전편찬회는 교육법규를 교육기본, 조직 및 편제, 인사, 학사, 사학, 과학·기술·직업교육, 평생(사회)·유아·특수·청소년·체육교육, 재무·회계, 문서·서무, 참고규정의 10편으로 분류하고 있는데, 여기서는 이에 따르기로 한다(교육법전편찬회, 2006).

## 📖 제2절 학교제도의 구조와 문제

### 1. 학교제도의 개념

#### 가. 학제[7]의 개념

학교는 교육을 의도적·조직적으로 하는 곳이다. 학교가 설립되기 전에는 생활 자체가 교육·학습의 장이었는데, 생활과 노동의 형태가 바뀌고 지식과 정보가 다양해짐에 따라 학교가 성립하게 된 것이다. 학교제도의 개념은 각종의 학교를 고립적으로 보는 것이 아니라 각 학교 간에 존재하는 일종의 관련성과 전체 구조를 파악하려는 것이다(김영식 외, 1982: 88). 따라서 각종의 학교는 학교제도를 구성하는 하나의 단위이다.

학교제도의 구조는 '계통성'과 '단계성'에 따라 구성된다. 계통성은 어떠한 교육을 하고 있는가, 또는 어떤 계층(혹은 성별이나 능력)의 취학자를 대상으로 하고 있는가를 나타내며, 단계성은 어떠한 연령층을 대상으로 하는가, 혹은 어느 정도의 교육단계인가를 나타낸다. 따라서 각급 학교는 계통성과 단계성의 관계를 갖는 학제 속에서 한 위치를 차지하게 된다. 기본적으로 단선형인 우리나라의 6-3-3-4제는 초등학교, 중학교, 고등학교, 대학교라는 4개의 단계가 하나의 계통을 이루고 있는 것이다.

이렇게 볼 때 학제는 국가의 교육목표를 실현하려는 제도적 장치로서의 학교교육을 단계별로 구분하고, 각 단계의 교육목적과 교육기간, 교육내용을 설정하고, 종적으로는 교육단계 간의 접속관계를, 횡적으로는 학교교육과 학교 외 교육 및 교육과정 간의 연결관계를 규정함으로써 국민교육의 운영을 제도적으로 규정하는 역할을 담당하는 것이라 할 수 있다.

학교 상호 간의 결합관계에 바탕을 둔 학교제도는 교육제도의 중핵적 영역이다. 학교제도는 교육제도의 하위체제 중의 하나이며, 교원 양성제도, 교육 행·재정제

---

7) 학제는 학교제도 또는 학교교육제도의 준말이며, 이하에서는 이 둘을 동일하게 사용한다.

도 및 평생교육제도들과의 상호작용 속에서 유지 · 발전될 수 있으므로 교육제도와
는 불가분의 관계에 있다. 다만, 교육을 협의의 학교교육에 국한시킬 때 학교제도는
교육제도와 동일시된다.

## 나. 관련 개념

### 1) 교육제도

교육제도는 하나의 사회제도로서 교육의 목적 · 내용 · 방법 · 조직 및 행 · 재정
등 교육 전반에 관한 조직, 기구 및 법제 등을 말한다.

### 2) 학교계통

이는 학교제도에서 계열별로 구성된 학교 종별, 즉 각종의 학교계열을 의미한다.
여기에는 계급사회의 복선형 학교계통과 평등사회의 단선형 학교계통으로 구분된
다. 학교계열별로는 보통교육 학교계통, 직업교육 학교계통 및 특수교육 학교계통
등이 있다.

### 3) 학교단계

이는 여러 가지 유형의 학교들을 구분한 학교 사다리를 의미하는 것으로, 어떤 연
령층을 대상으로 하고 있는가, 혹은 어느 정도의 교육단계인가를 나타낸다. 이는 일
반적으로 학습자의 심신발달단계, 교육의 목적, 내용 및 사회적 적절성 등에 따라
구분된다. 학교단계는 취학전 교육, 초등교육, 중등교육, 고등교육으로 구분하는
것이 일반적이다.

### 4) 기본학제

이는 학제의 주류를 이루는 유치원, 초등학교, 중학교, 고등학교, 대학 및 대학원
등의 정규학교 교육에 대한 제도를 의미하며, 기간(基幹)학제라고도 한다(정태범,
1980: 19).

### 5) 특별학제

이는 기본학제의 보완적 기능을 수행하거나 평생교육의 성격을 가지고 정규학교의 교육과정에 준하는 교육을 실시하기 위한 학교제도를 말하며, 방계(傍系)학제라고도 한다. 이에는 방송통신중, 방송통신고, 방송통신대, 기술대, 산업대, 고등공민학교, 고등기술학교 및 각종학교 등이 포함된다.

## 다. 학제의 유형

학교제도의 유형은 계통성을 중심으로 하는 복선형과 단계성을 중심으로 하는 단선형으로 나눌 수 있으며, 복선형과 단선형의 중간적 형태로 분기형(分岐型)이 있다(김영식, 최희선, 1988: 107-110). 역사적으로 볼 때 학교제도는 복선형 → 분기형 → 단선형의 형태로 발달하여 왔는데, 이는 교육의 기회균등 원칙의 발달과 밀접한 관련을 갖는다.

- **복선형**: 이는 상호 관련을 가지지 않는 두 가지 이상의 학교계통이 병존하면서 학교계통 간의 이동을 인정하지 않는 학교제도이다. 여기서는 단계성보다 계통성이 중시되며, 사회계급·계층을 재생산하는 기능을 담당한다. 일반적으로 유럽에서 발달하여 왔다.
- **단선형**: 이는 복선형에 반대되는 것으로서 학교계통이 하나뿐인 단일의 학교제도이다. 현실적으로 순수한 단선형은 존재하지 않으며, 공통의 기초학교 위에 수업연한이나 수료자격에 있어서 동등한 복수의 학교나 코스로 분화되는 형태를 취하는 경우가 많다. 다만, 여기서는 계통성보다 단계성이 우선된다는 점이 복선형과 다르다. 단선형은 일반적으로 북미에서 발달하여 왔다.
- **분기형**: 이는 복선형과 단선형의 중간적 형태로서 각국의 현실적인 학교제도를 설명하기 위하여 독일의 비교교육학자 Hilker에 의해 분류된 학교제도의 한 유형이다(伊藤秀夫, 眞野宮雄, 1975: 30에서 재인용). 대체로 이는 복선형의 기초학교 부분이 통일되고 그 위에 동격이 아닌 복수의 학교계통이 병존하는 학교제도이다. 분기형은 영국, 독일을 비롯한 서구 여러 나라의 최근 학제에서 볼 수 있다.

## 2. 현행 학제의 구조와 문제

### 가. 기본학제

기본학제는 이미 앞에서 설명한 바와 같이 유치원, 초등학교, 중학교, 고등학교, 대학으로 이어지는 정규 학교교육제도이다.

#### 1) 유치원

취학전 교육으로서 유치원은 '유아의 교육을 위하여 「유아교육법」에 따라 설립·운영되는 학교를 말한다'(「유아교육법」 제2조). 유치원에 취학할 수 있는 자는 만 3세부터 초등학교 취학시기 전까지의 유아이다(「유아교육법」 제2조 제1호).

#### 2) 초등학교

초등학교는 '국민생활에 필요한 기초적인 초등교육을 하는 것을 목적'(「초·중등교육법」 제38조)으로 하며, 기초학교인 동시에 의무교육기관으로서의 성격을 지닌다.[8] 초등학교의 수업연한은 6년이다.

#### 3) 중학교

중학교는 '초등학교에서 받은 교육의 기초 위에 중등교육을 하는 것을 목적으로 한다'(「초·중등교육법」 제41조). 중학교는 전기 중등교육기관으로서 현재 의무교육기관으로 되어 있다. 수업연한은 3년이다.

#### 4) 고등학교

고등학교는 '중학교에서 받은 교육의 기초 위에 중등교육 및 기초적인 전문교육을 하는 것을 목적으로 한다'(「초·중등교육법」 제45조). 고등학교는 중간학교로서의

---

8) 「교육기본법」 제8조 제1항과 제2항은 "의무교육은 6년의 초등교육과 3년의 중등교육으로 한다." "모든 국민은 제1항의 규정에 의한 교육을 받을 권리를 가진다."고 규정하고 있으며, 「초·중등교육법」 제13조는 "모든 국민은 그가 보호하는 자녀 또는 아동이 6세가 된 날이 속하는 해의 다음 해 3월 1일에 그 자녀 또는 아동을 초등학교에 입학시켜야 하고, 초등학교를 졸업할 때까지 다니게 하여야 한다."고 규정하고 있다.

고등보통교육과 종국학교로서의 전문교육을 실시하는 후기 중등교육기관으로서의 이중적 성격을 갖는다. 이에 따라 고등학교에는 보통교육을 주로 하는 일반고등학교와 전문 실업교육을 주로 하는 농업·공업·상업·정보·수산 및 해운 등의 특성화고등학교가 있으며, 이 둘의 기능을 모두 가지고 있는 종합고등학교가 있다.

이러한 기존의 고등학교 체제와 더불어 지식기반사회에 적합한 인재를 양성하기 위하여 다양하고 특성화된 학교체제가 필요하다는 공감대가 형성되었다. 이에 자율형 사립고등학교를 포함한 자율학교, 특수목적고등학교 등 다양한 학교체제가 존재하고 있다. 고등학교의 수업연한은 3년이다.

### 5) 고등교육기관

우리나라의 「고등교육법」상 고등교육기관에는 대학(대학원 및 대학원대학 포함), 산업대학, 교육대학, 전문대학, 방송대학·통신대학·방송통신대학 및 사이버대학(원격대학), 기술대학, 각종학교(대학과정) 등이 있다. 이 중에서 기본학제에 포함되는 것은 대학, 교육대학, 전문대학이라고 할 수 있다.

- 대학은 '인격을 도야하고, 국가와 인류사회의 발전에 필요한 학술의 심오한 이론과 그 응용방법을 교수·연구하며, 국가와 인류사회에 공헌함을 목적으로 한다'(「고등교육법」 제28조). 대학의 수업연한은 4년에서 6년이다. 대학원은 「고등교육법」 제2조에 규정된 독립적인 교육기관이 아니고 대학을 구성하는 기관으로서의 성격을 지니고 있는데, 대학원 석·박사 학위과정의 수업연한은 각각 2년 이상이다.
- 교육대학은 '초등학교 교원을 양성함을 목적'으로 하며, 대학의 사범대학은 '중등학교 교원을 양성함을 목적으로 한다'(「고등교육법」 제41조). 다만, 사범대학의 경우 교육대학과 달리 독립적으로 설치되어 있는 경우는 없으며, 종합대학 내에 설치되어 있다. 교육대학은 현재 '국가나 지방자치단체가 설립'하도록 되어 있다(「고등교육법」 제42조). 대학과 마찬가지로 교육대학의 수업연한은 4년이다.
- 전문대학은 '사회 각 분야에 관한 전문적인 지식과 이론을 교수·연구하고 재능을 연마하여 국가사회의 발전에 필요한 전문직업인을 양성함을 목적으로 한

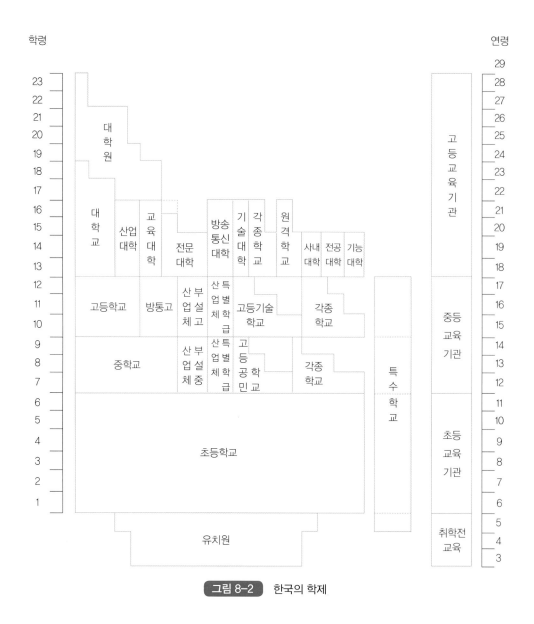

학령

연령

다'(「고등교육법」 제47조). 전문대학의 수업연한은 2년 내지 3년이며(「고등교육법」 제48조 제1항),[9] 전문대학 졸업자는 대학(산업대학 및 방송·통신대학 포함)에 편입할 수 있다(「고등교육법」 제51조). 전문대학에는 전공심화과정을 둘 수 있고 학칙으로 정하는 전공심화과정을 이수한 자에게는 학사학위를 수여할 수 있다

---

9) 현재 간호학과 및 의료계통의 학과, 유아교육과 등이 3년으로 운영되고 있다.

「고등교육법」 제50조의2). 또한 「고등교육법」 제48조 제1항의 규정에도 불구하고 의료인을 양성하기 위하여 전문대학에 개설된 과의 수업연한은 4년으로 할 수 있다(「고등교육법」 제50조의3).

- **특별법에 의한 고등교육기관**: 교육법규에서 규정하지 않은 교육부 이외 부처가 특별법에 의해 설립·운영하는 고등교육기관이 다수 있다. 과학기술정보통신부의 한국과학기술원, 광주과학기술원, 대구경북과학기술원, 울산과학기술원, 국방부의 육군·해군·공군사관학교, 국군간호사관학교, 육군3사관학교, 농림축산식품부의 한국농수산대학, 문화체육관광부의 한국예술종합학교, 문화재청의 한국전통문화대학교, 경찰청의 경찰대학 등은 정규 학제의 교육기관과 대등한 역할을 수행한다.

## 나. 특별학제

특별학제는 기본학제의 보완적 기능을 수행하거나 사회교육의 성격을 가지고 정규학교의 교육과정에 준하는 교육을 실시하기 위한 학교제도를 뜻한다(정태범, 1980: 19–20). 초등학교 과정이었던 공민학교는 2019년 12월 3일 개정된 「초·중등교육법」에 의해 폐지되었다. 국민 교육수준 향상과 더불어 공민학교와 유사한 교육시설이 증가함으로써 공민학교의 설치·운영 필요성이 감소하고, 설치·운영 중인 공민학교가 없는 현실을 반영하여 공민학교 설치·운영의 근거 규정을 삭제한 것이다.

### 1) 중학교 과정

- **고등공민학교**: 이는 '중학교 과정의 교육을 받지 못하고 취학연령을 초과한 사람 또는 일반 성인에게 국민생활에 필요한 중등교육과 직업교육을 하는 것을 목적으로 한다'(「초·중등교육법」 제44조). 고등공민학교의 수업연한은 1년 이상 3년으로 되어 있으며, 입학자격은 초등학교를 졸업한 사람, 초등학교를 졸업한 사람과 동등한 학력이 인정되는 시험에 합격한 사람 또는 이와 동등 이상의 학력이 인정되는 사람이다. 교육부장관의 학력인정학교로 지정받은 3년제 고등공민학교의 졸업자는 중학교 졸업자와 동등한 자격을 가지며, 그렇지 않은 3년

제 고등공민학교 졸업자에게는 고입검정고시에서 9개 과목 중 4개 과목이 면제되고 5개 과목(도덕, 국어, 국사, 수학, 외국어)만 응시하는 특전이 부여된다.

- **방송통신중학교**: 중학교 또는 고등학교에 방송통신중학교를 부설할 수 있다(「초·중등교육법」 제43조의2). 방송통신중학교의 수업연한은 3년이며, 입학자격은 고등공민학교 입학자격과 같다(「방송통신중학교 및 방송통신고등학교 설치기준령」 제5조). 방송통신중학교 과정을 수료한 사람에게는 중학교 졸업의 학력을 인정한다(동 기준령 제6조).

- **근로청소년을 위한 특별학급 등**: 산업체에 근무하는 청소년에 대한 중학교 과정의 교육을 위하여 산업체에 인접한 중학교에 야간수업을 주로 하는 특별학급을 둘 수 있다(「초·중등교육법」 제52조). 아울러 하나의 산업체에 근무하는 청소년 중에서 중학교 입학을 희망하는 인원이 매년 2학급 이상을 편성할 수 있을 정도가 될 것으로 예상되는 경우 그 산업체는 희망하는 청소년이 교육을 받을 수 있도록 하기 위하여 중학교를 설립·경영할 수 있다. 그러나 1998학년도부터 중학교 과정 산업체 특별학급과 산업체 부설중학교는 지원자가 없어 폐지되었다.

## 2) 고등학교 과정

- **방송통신고등학교**: 1974년에 발족된 방송통신고등학교는 원래 시·도별 고입선발고사에서 탈락한 학생들에게 진학의 기회를 제공해 주기 위해서 마련된 것이다. 고등학교에 방송통신고등학교를 부설할 수 있으며(「초·중등교육법」 제51조), 수업연한은 3년이고, 입학자격은 고등학교 입학자격과 같다(「방송통신중학교 및 방송통신고등학교 설치기준령」 제5조). 방송통신고등학교 과정을 수료한 사람에게는 고등학교 졸업의 학력을 인정한다(동 기준령 제6조).

- **근로청소년을 위한 특별학급 등**: 산업체에 근무하는 청소년에 대한 고등학교과정의 교육을 위하여 산업체에 인접한 고등학교에 야간수업을 주로 하는 특별학급을 둘 수 있다(「초·중등교육법」 제52조). 하나의 산업체에 근무하는 청소년 중에서 중학교 입학을 희망하는 인원이 매년 2학급 이상을 편성할 수 있을 정도가 될 것으로 예상되는 경우 그 산업체는 희망하는 청소년이 교육을 받을 수 있도록 하기 위하여 고등학교를 설립·경영할 수 있다.

• **고등기술학교**: 이는 '국민생활에 직접 필요한 직업기술교육을 하는 것을 목적으로 한다'(「초·중등교육법」 제54조). 따라서 고등기술학교는 특성화고등학교만으로는 불충분한 산업사회의 수요에 따른 기능공 양성을 위한 방계 직업교육기관으로 볼 수 있다. 수업연한은 1년 이상 3년 이하이며, 입학자격은 고등공민학교나 중학교 졸업자 및 동등 이상 학력인정자로 되어 있다. 교육부장관의 학력인정을 지정받은 고등기술학교의 졸업자는 정규 고등학교 졸업자와 동등 학력이 인정된다.

## 3) 고등교육기관

• **산업대학**: 이는 '산업사회에서 필요로 하는 학술 또는 전문적인 지식·기술의 연구와 연마를 위한 교육을 계속하여 받고자 하는 자에게 고등교육의 기회를 제공하여 국가와 사회의 발전에 기여할 산업인력을 양성함을 목적으로 한다'(「고등교육법」 제37조). 수업연한 및 재학연한에 대한 제한은 없다.

• **원격대학**: 원격대학은 방송대학·통신대학·방송통신대학 및 사이버대학을 통칭하는 용어이다. 이는 「고등교육법」 제52조에 따라 국민에게 정보·통신 매체를 통한 원격교육(遠隔敎育)으로 고등교육을 받을 기회를 제공하여 국가와 사회가 필요로 하는 인재를 양성함과 동시에 열린 학습사회를 구현함으로써 평생교육의 발전에 이바지함을 목적으로 설립된 고등교육기관이다. 원격대학에는 전문학사학위과정과 학사학위과정을 둘 수 있고, 전문학사학위과정의 수업연한은 2년, 학사학위과정의 수업연한은 4년이다. 방송통신대학은 「한국방송통신대학교 설치령」, 사이버대학은 「사이버대학 설립·운영 규정」에 따라 설립된다.

• **기술대학**: 이는 '산업체 근로자가 산업현장에서 전문적인 지식·기술의 연구·연마를 위한 교육을 계속하여 받을 수 있도록 함으로써 이론과 실무능력을 고루 갖춘 전문인력을 양성함을 목적으로 한다'(「고등교육법」 제55조). 기술대학에는 전문학사과정과 학사과정이 있으며, 입학자격은 전문학사과정의 경우 고등학교 졸업자 및 동등 이상 학력인정자, 학사과정의 경우 전문대학 졸업자 및 동등 이상 학력인정자로서 모두 일정 기간 이상 산업체에서 근무하고 있는 자에 한한다. 각 과정의 수업연한은 각각 2년이다. 기술대학은 「기술대학설립·운영규정」에 따라 설립된다.

- **전공대학**(專攻大學): 이는 전문대학 학력인정 교육기관으로, 본래「초·중등교육법」에 따라 설치된 전공과를 운영하는 고등기술학교이나, 2007년 12월 개정된「평생교육법」제31조 제4항(「초·중등교육법」제54조 제4항에 따라 전공과를 설치·운영하는 고등기술학교는 교육부장관의 인가를 받아 전문대학 졸업자와 동등한 학력·학위가 인정되는 평생교육시설로 전환·운영할 수 있다. 이 경우 전공대학의 명칭을 사용할 수 있다.)에 따라 교육부장관이 인가하여 전문대학 학력을 인정하는 형태의 대학들을 지칭한다. 전공대학은 전문대학의 학력이 인정되나, 일반 전문대학과 달리 국책사업 참여가 제한되며, 재학생과 학교는 국가장학금 2유형 수혜 대상에서 제외된다.

- **기능대학**: 기능대학은「고등교육법」제2조 제4호의 규정에 의한 전문대학으로서 학위과정인 다기능기술자과정과 직업훈련과정 등을 병설 운영하는 교육·훈련기관으로, 산업현장에서 필요로 하는 다기능기술자·기능장 등 기술·기능 인력을 양성하고 근로자의 평생직업능력개발, 산학협력사업 및 지역산업 인력개발 등에 관한 사업을 수행하게 함으로써 국가인적자원개발에 이바지함을 목적으로 설립된 고용노동부 산하의 교육기관이다. 직업훈련원을 대학으로 개편한 기능대학은 1977년 제정된「기능대학법」에 의해 설립되었으나, 2010년「기능대학법」이 폐지되고, 설립근거가 2010년 개정된「근로자직업능력 개발법」으로 대체되었다. 2006년 3월 24개 기능대학, 21개 직업전문학교를 통합하여 한국폴리텍대학으로 출범하였다.

- **사내대학**(社內大學): 이는「평생교육법」제32조 제1항[대통령령으로 정하는 규모(200명) 이상의 사업장(공동으로 참여하는 사업장 포함)의 경영자는 교육부장관의 인가를 받아 전문대학 또는 대학 졸업자와 동등한 학력·학위가 인정되는 평생교육시설을 설치·운영할 수 있다.]에 따라 사업장 내에 설치한 평생교육 시설이다. 사업장에 고용된 종업원이 일정 기간 동안 교육과정을 이수하면 전문대학이나 대학 졸업자와 동등한 학력과 학위를 인정받는다. 교육부의 인가 없이 기업이 자율적으로 운영하는 자체 교육기관인 기업대학과 달리 사내대학은 학위를 취득할 수 있다. 이 대학에서는 당해 사업장에 소속된 근로자가 교육대상이며, 교육이수 결과에 대해서는「고등교육법」상 학교가 아니기 때문에「평생교육법」에 의거하여 전문대학 또는 대학 졸업자와 동등한 학력·학위가 인정된다.「평

생교육법」 제32조 제3항에 따르면 이 시설의 교육에 필요한 비용은 고용주가 부담함을 원칙으로 한다. 사내대학이 일반 고등교육기관과 다른 점은 기업체가 설립 및 운영에 직접 관여한다는 점, 1개의 기관에서 2년제 전문대학과정, 2년제 학사학위과정, 그리고 4년제 학사학위과정 등을 동시에 운영할 수 있다는 점이다. 삼성전자 사내대학 및 사내대학원, 대한항공 사내대학(정석대학)은 대표적인 사내대학이다.

### 4) 특수학교

특수학교는 '신체적 · 정신적 · 지적 장애 등으로 인하여 특수교육을 필요로 하는 자에게 유치원 · 초등학교 · 중학교 또는 고등학교에 준하는 교육과 실생활에 필요한 지식 · 기능 및 사회적응 교육을 하는 것을 목적으로 한다'(「유아교육법」 제15조, 「초 · 중등교육법」 제55조). 고등학교 이하의 각급 학교는 관할청의 인가를 받아 특수교육을 필요로 하는 학생들을 위한 특수학급을 둘 수 있으며, 특수학교의 수업연한, 입학자격 등에 관하여는 각 교육수준별 정규학교의 규정을 준용하도록 하고 있다. 특수학교나 특수학급에서 초등학교 · 중학교 또는 고등학교 과정에 상응하는 교육과정을 마친 사람은 그에 상응하는 학교를 졸업한 사람과 같은 수준의 학력이 있는 것으로 보며(「초 · 중등교육법」 제58조), 국가와 지방자치단체는 특수교육이 필요한 사람이 초등학교 · 중학교 및 고등학교와 이에 준하는 각종학교에서 (통합)교육을 받으려는 경우에는 따로 입학절차, 교육과정 등을 마련하는 등 통합교육을 하는 데에 필요한 시책을 마련하여야 한다(「유아교육법」 제15조, 「초 · 중등교육법」 제59조).

### 5) 각종학교

각종학교는 「초 · 중등교육법」 제2조의 1호에서 4호,[10] 「고등교육법」 제2조의 1호에서 6호[11]의 학교와 유사한 교육기관을 말한다(「초 · 중등교육법」 제60조, 「고등교육

---

10) 「초 · 중등교육법」 제2조(학교의 종류) 초 · 중등교육을 실시하기 위하여 다음 각 호의 학교를 둔다. 1. 초등학교, 2. 중학교 · 고등공민학교, 3. 고등학교 · 고등기술학교, 4. 특수학교

11) 「고등교육법」 제2조(학교의 종류) 고등교육을 실시하기 위하여 다음 각 호의 학교를 둔다. 1. 대학, 2. 산업대학, 3. 교육대학, 4. 전문대학, 5. 방송대학 · 통신대학 · 방송통신대학 및 사이버대학(이하 '원격대학'), 6. 기술대학

법」 제59조). 각종학교는 정규학교와 같은 명칭을 사용할 수 없다. 다만, 관계 법령에 따라 학력이 인정되는 각종학교(외국인학교와 대안학교 포함)는 그러하지 않다(「초 · 중등교육법」 제60조). 대체로 중학교, 고등학교, 전문대학, 대학 수준의 각종학교가 있다.

「초 · 중등교육법」에 의하면 제8절 각종학교의 범주 안에 외국인학교와 대안학교가 포함된다. 외국인학교는 국내에 체류 중인 외국인의 자녀와 외국에서 일정 기간 거주하고 귀국한 내국인 중 대통령령(「외국인학교 및 외국인유치원의 설립 · 운영에 관한 규정」)으로 정하는 사람을 교육하기 위하여 설립된 학교로서 각종학교에 해당하지만, 상당부분 「초 · 중등교육법」의 적용을 받지 않는다(「초 · 중등교육법」 제60조의2). 외국인학교는 유치원 · 초등학교 · 중학교 · 고등학교의 과정을 통합하여 운영할 수 있으며, 그 설립기준, 교육과정, 수업연한, 학력인정, 그 밖에 설립 · 운영에 필요한 사항은 대통령령인 「외국인학교 및 외국인유치원의 설립 · 운영에 관한 규정」(2009년 제정)으로 정하고 있다.

대안학교도 「초 · 중등교육법」에 의한 각종학교의 범주에 포함된다. 대안학교는 학업을 중단하거나 개인적 특성에 맞는 교육을 받으려는 학생을 대상으로 현장 실습 등 체험 위주의 교육, 인성 위주의 교육 또는 개인의 소질 · 적성 개발 위주의 교육 등 다양한 교육을 하는 학교로서 각종학교에 해당하지만, 상당부분 「초 · 중등교육법」의 적용을 받지 않는다(「초 · 중등교육법」 제60조의3). 대안학교는 초등학교 · 중학교 · 고등학교의 과정을 통합하여 운영할 수 있으며, 그 설립기준, 교육과정, 수업연한, 학력인정, 그 밖에 설립 · 운영에 필요한 사항은 대통령령인 「대안학교의 설립 · 운영에 관한 규정」(2007년 제정)으로 정하고 있다.

### 다. 학교 외 교육제도

- **대안교육**(alternative education 혹은 alternative in education): 19∼20세기에 개발 중심의 근대적 가치가 생존경쟁의 가치, 적자생존의 가치로서 인간 간의 유대를 단절하고, 공동체를 와해시키고, 자연환경과의 친화력을 약화시키고, 인간성을 비인간화하는 교육에 대한 반기로 나타난 운동이다. 즉, 정규학교나 비정규학교에서 교육 이념 및 운영방식의 독특성을 가지고 기존의 교육시스템

에 만족하지 않고, 기존의 학교교육의 한계와 문제점을 극복하고자 특별한 조직·목적·내용·방법으로 교육하는 활동의 총칭이라고 할 수 있다(서울대학교 교육연구소, 1999).

기존의 제도와의 대비에서 볼 때, 대안교육은 크게 '학교형' '센터형' 혹은 '프로그램형' '탈학교형' 세 가지로 분류하여 살펴볼 수 있다(서덕희, 2006). ① '학교형'은 제도적으로 인가를 받았든 그렇지 않든 간에 기존의 학교의 형태와 유사한 방식으로 유지되는 대안교육을 뜻한다. 이는 연령이 관계의 경계가 되고 활동의 중심 주체가 교사가 되며, 시간과 공간의 흐름을 구획하는 방식을 대체로 학교가 결정한다는 것을 뜻한다. 이미 인가를 받은 기숙형 대안학교뿐만 아니라 대안학교로 불리는 많은 학교들이 여기에 속하며, 특별학제에 포함된다. ② '센터형'은 특정 공간에서, '프로그램형'은 특정 공간과는 무관하게 프로그램이나 프로젝트, 소모임 등 특정 활동을 중심으로 시간과 관계가 구성되는 대안교육을 가리킨다. 이것은 학교형과는 달리 연령이 관계의 경계가 되지 않으며 시간과 세부 공간 역시 특정 프로그램이나 소모임에 따라 결정된다. ③ '탈학교형'은 학교로부터 적극적으로 벗어난다는 뜻으로 시·공간의 얽매임 없이 가르침과 배움을 통해 관계를 맺고 활동을 해 나가는 대안교육의 유형을 뜻한다. 자발적인 학업중단 청소년들이 배움의 공간을 찾고 가르침을 구하는 경우나 부모와 자녀가 합의하에 학교를 그만두고 자신들이 적합하다고 생각하는 방식으로 배움을 찾고 가르침을 구하는 경우, 즉 홈스쿨링이 여기에 해당된다.

물론 이 세 가지 유형은 완전히 서로 배타적인 것이라고 말할 수 없다. 특히 '탈학교형'의 경우 아이들은 '센터형'과 '프로그램형'의 대안교육에 참여할 수 있다. 실지로 많은 자발적 학업중단 청소년들과 홈스쿨링을 하는 아이들이 대안교육센터들의 다양한 프로그램과 소모임에 참여하고 있으며 학교형 대안교육에서 제공하는 각종 캠프에도 참여하고 있다.

- **홈스쿨링**(homeschooling): 우리나라에서 1990년대 후반부터 알려지기 시작한 홈스쿨링은 미국에서는 이미 1970년대 후반부터 등장하기 시작하여 지금은 150만 명 이상의 아이가 홈스쿨링을 하고 있다(김민환, 권동택, 2000: 257-280; 김재웅, 2001). 미국뿐 아니라 일본이나 서구 유럽에서도 홈슐레 혹은 재택교육(home education)이라는 이름으로 학교를 다니지 않고 부모와 아이가 함께

자신들에게 적합한 방식으로 가르침과 배움을 엮어 나가고 있다(Petrie, 1995: 285-296). 홈스쿨링은 보통 "자녀를 학교에 보내지 않고 부모가 직접 교육자가 되어 가정에서 아이들을 가르치는 것"으로 정의하지만(이혜영, 2000: 109-134), 이것은 홈스쿨링을 공간적인 의미만으로 정의하는 것이다.

홈스쿨링 역시 대안학교에 대한 연구와 마찬가지로 부모들이 명시적으로 드러내는 교육의 이념이나 지향, 즉 교육관과 그것이 구체적으로 드러나는 일상은 다를 수 있다. 그러나 그들의 일상은 '학교형'이나 '센터형' '프로그램형' 대안교육과는 명백히 다른 방식으로 구성될 가능성을 지니고 있다. 그것은 홈스쿨링이 특정한 시·공간에서 이루어지는 활동과 그로 인해 맺어지는 관계에 한정되지 않는 때문이다. 즉, 홈스쿨링을 하는 부모와 아이들은 말 그대로 자신들의 교육적 요구에 따라 언제, 어디서, 무엇을 누가 가르치고 어떻게 배울 것인가를 결정하고 구성해 나갈 수 있다. 그 구성의 과정에서 중요하게 작용하는 원리는 무엇인지, 그리고 그것의 체험적 의미는 무엇인지를 드러냄으로써 교육이 학교라는 제도를 넘어서 이루어지는 방식과 그 의미를 드러낼 수 있다(서덕희, 2006).

## 라. 현행 학제의 문제

현행 학제는 1950년대에 6-3-3-4제의 골격을 갖춘 이후 지난 50여 년간 기본 구조의 변화 없이 유지되어 왔다. 그러나 여러 차례에 걸쳐 지금까지 지속되고 있는 재수생, 과열 과외 및 입시 문제 등 많은 사회문제를 유발하면서도 교육의 근본적인 해결책을 찾지 못하고 있는 것이 사실이다. 현행 학제의 주요 문제는 경직성, 비효율성, 지체성, 청소년 발달에의 부적합성이라는 네 가지로 요약될 수 있다(김영식, 최희선, 1988: 280-283; 김영철, 2006).

### 1) 경직성
- 교육체제의 탄력성 결여: 기본학제와 특별학제의 기능적 연계성이 부족하며, 상급학교 입시제도가 하급학교 교육과정에 미치는 영향이 크다.
- 학교학년제의 고정: 학교학년제의 고정화로 농촌의 과소학교나 도시의 과대학

교에 효율적으로 대처하지 못하고 있다.
- 학교제도가 넓은 의미의 교육제도로 확장되고 있고, 유아교육을 공교육체제로 흡수하자는 주장이 제기되지만, 이를 실현하지 못하고 있다.

### 2) 비효율성
- 교육연한의 적절성 결여: 교육연한이 경직되어 있어 사회의 교육적 요구에 부응하지 못하고 있다.
- 교육비 부담의 과중: 과열 입시경쟁에 따른 학부형의 부담을 과중시키고 있다.
- 단선형 학제로서 과도한 진학수요를 유발하고 있다.
- 교육기간의 장기화로 사회진출 시기가 지연되고 있다.

### 3) 지체성(遲滯性)
- 산업구조 변화에의 적합성 미흡: 중등교육의 정체성이 모호하고 산업사회의 교육적 요구를 수용하지 못한다.
- 멀티미디어의 확산과 새로운 정보통신기술의 교육적 활용 요구가 증대되지만, 그에 부응하는 교육체제의 개편이 이루어지지 않고 있다.

### 4) 청소년 발달에의 부적합성
- 청소년의 성장, 발달이 급격하게 향상되고, 사춘기나 2차 성징(性徵)의 연령이 낮아지는 추세에 비하여 학제의 연령구분은 변하지 않음으로써 부적합한 요인이 발생한다.

## 📖 제3절 한국의 교육행정조직

## 1. 중앙교육행정기구의 조직과 기능

중앙의 교육행정기구는 교육부이다. 교육부에는 부총리겸 장관과 차관이 있으며,[12] 차관보를 둘 수 있다(「정부조직법」 제28조). 부총리겸 교육부장관은 교육 · 사회·문화 분야 정책의 총괄·조정, 인적자원개발정책, 학교교육·평생교육 및 학술에 관한 사무를 관장한다. 2021년 1월 현재 「교육부와 그 소속기관 직제」에 따르면, 교육부의 하부조직으로 차관보, 대변인, 장관정책보좌관, 기획조정실장, 사회정책협력관 및 감사관과 운영지원과, 고등교육정책실, 학교혁신지원실, 교육복지정책국, 학생지원국, 평생미래교육국, 교육안전정보국을 두고 있다. 실국단위로는 3실 4국 10관(실 산하의 국장급)이 있고, 과단위로는 51과(담당관)가 있으며 정원은 634명으로 구성되어 있다.[13]

- **차관보**: 사회정책 분야 협력에 관한 사항, 평생미래교육 관련 업무에 관한 사항, 그 밖에 장관이 명하는 업무에 관한 사항을 처리하며, 고위공무원단에 속하는 일반직 공무원으로 보한다.

- **대변인**: 주요 정책에 대한 홍보실적의 관리 및 홍보업무 평가, 보도계획의 수립, 보도자료 배포 및 보도내용 분석, 인터뷰 등 언론과 관련된 업무, 온라인·오프라인 매체를 활용한 홍보, 주요정책에 대한 대국민 홍보계획 수립 및 홍보 관련 예산 총괄·조정, 온라인대변인 지정·운영 등 소셜 미디어 정책소통 총괄·점검 및 평가 등에 관하여 장관을 보좌한다. 대변인은 고위공무원단에 속하는 일반직 공무원 또는 장학관으로 보한다.

- **장관정책보좌관**: 장관이 지시한 사항의 연구·검토, 정책과제와 관련된 전문가·이해관계자 및 일반국민 등의 국정참여의 촉진과 의견수렴, 관계부처 정책보좌업무수행기관과의 업무협조, 장관의 소셜 미디어 메시지 기획·운영 등의 사항에 관하여 장관을 보좌한다. 장관정책보좌관 중 1명은 고위공무원단에 속하는 별정직 공무원으로, 1명은 3급 상당 또는 4급 상당 별정직 공무원으로 보한다.

- **기획조정실장**: 주요업무계획 및 성과관리전략계획의 수립·운영, 각종 공약, 대통령 지시사항 및 부내 국정과제의 점검·관리, 정책자문위원회의 구성·운영,

---

12) 교육부장관은 「정부조직법」 개정(2014. 11. 19.)에 의해 교육·사회 및 문화 정책에 관하여 관계 중앙행정기관을 총괄·조정하는 부총리급으로 격상되었다(「정부조직법」 제19조 5항).

13) 「교육부와 그 소속기관 직제」[별표 1] 교육부 공무원 정원표(동 규정 제37조 제1항 관련)

교육에 관한 중장기 발전계획의 수립, 국가교육정책 네트워크 및 정책중점연구소의 육성·지원, 각종 정보·의제의 발굴 및 정보의 대내외 공유·협조, 예산편성, 집행조정, 재정성과 관리 및 기금관리, 부내 행정관리업무의 총괄·조정 등에 관하여 차관을 보좌한다. 기획조정실장·정책기획관 및 국제협력관은 각각 고위공무원단에 속하는 일반직 공무원으로 보한다.

- **사회정책협력관**: 교육·사회·문화 분야 정책의 총괄 및 조정, 교육·사회·문화관계 장관회의 운영에 관한 사항, 주요 국가 및 국제기구 등과의 사회정책 분야 협력에 관한 사항, 중장기 사회정책 전략 수립에 관한 사항, 사회 동향 및 사회정책 성과 분석, 사회정책 분야 전문기관과의 협업체계 구축 및 활성화에 관한 사항, 사회정책 홍보 및 정책 소통 활성화에 관한 사항에 관하여 차관을 보좌하며, 고위공무원단에 속하는 일반직 공무원으로 보한다.[14]

- **감사관**: 행정감사제도의 운영 및 감사계획의 수립·조정, 교육부와 그 소속기관, 소관 공공기관·단체, 지방교육행정기관 및 각급 학교에 대한 감사, 다른 기관에 의한 교육부와 그 소속기관, 소관 공공기관·단체, 지방교육행정기관 및 각급 학교에 대한 감사결과의 처리, 소속 공무원의 재산등록 및 심사, 공직기강 확립 및 진정·비위에 관한 사항, 부패방지 및 청렴도 향상 및 제도 개선, 민원업무의 총괄·처리 및 제도 개선, 사립고등교육기관의 회계 운영지원 및 자체감사제도의 시행 지원, 상시감찰 활동계획의 수립·추진, 교육비리 근절을 위한 조사·처분 및 이행관리, 그 밖에 장관이 감사에 관하여 지시하는 사항의 처리에 관하여 차관을 보좌한다. 감사관은 고위공무원단에 속하는 일반직 공무원으로 보한다.

- **운영지원과장**: 소속 공무원의 채용·승진·전직·해외주재관 파견 등 임용 및 복무에 관한 사항, 소속 공무원의 교육훈련 등 능력발전에 관한 사항, 소속 공무원의 상훈·징계에 관한 사항, 인사제도 및 인사 관련 통계의 작성·유지, 보안 사항, 문서의 분류·수발 등 문서관리, 소속 공무원의 연금·급여 및 복리후생에 관한 사항, 물품의 구매·조달 및 관리, 교육부 소관 국유재산의 관리, 자

---

14) 사회정책협력관은 「정부조직법」 개정(2014. 11. 19., 제19조 5항)에 의해 교육부장관이 교육·사회 및 문화 정책에 관하여 관계 중앙행정기관을 총괄·조정하는 부총리급으로 격상됨에 따라 신설된 직위이다.

금의 운용·회계 및 결산, 기록물 및 간행물 관리, 일반적인 정보공개 운영에 관한 사항, 그 밖에 부내 다른 실장·국장 및 담당관의 주관에 속하지 아니하는 사항 등을 분장한다. 운영지원과장은 3급 또는 4급으로 보한다.

- **고등교육정책실장**: 고등교육 기본정책의 수립·시행, 대학 교원인사·학생정원·행정제재 제도의 개선 및 운영, 국립대학법인제도 및 국립대학 회계제도의 개선 및 운영, 대학의 학사(學事)제도의 개선 및 운영지원, 고등교육기관의 평가·인증, 대학의 학생선발제도 기본정책의 수립·시행, 대학수학능력시험 기본계획의 수립 및 시행 관리, 대학의 입학사정관제도 운영지원, 사립대학의 설치·폐지 및 운영지원, 전문대학 교육 기본정책의 수립·시행, 전문대학의 설치·폐지 및 운영지원, 전문대학의 특성화 및 수업연한의 다양화 추진, 산학연 협력 활성화를 위한 정책의 수립·시행, 대학생 취업 및 창업 지원 정책의 수립·시행, 학술진흥정책의 수립·총괄·조정 및 관련 법령·제도 운영, 대학도서관 기본정책의 수립·시행, 대학의 연구비 중앙관리 및 간접비 운영에 관한 사항, 대학 재정지원 기본정책의 수립·시행, 대학원의 설치·운영 및 교육·연구 지원에 관한 사항, 국가장학 정책 및 제도에 관한 계획의 수립·시행, 국가장학금(기금을 포함한다)의 조성·관리 및 운영, 대학생 학자금 및 장학금에 관한 종합계획의 수립·시행 등을 분장한다. 실장·고등교육정책관·대학학술정책관 및 산학협력정책관은 각각 고위공무원단에 속하는 일반직 공무원으로 보한다.

- **학교혁신지원실장**: 초·중등학교 교육제도 및 입학제도의 개선, 자율형 공립·사립고등학교 및 자율학교의 제도 개선 및 운영지원, 특성화중학교 및 특수목적고등학교의 제도 개선 및 운영지원, 초·중등사립학교 정책 및 학교법인 관련 제도 개선, 공교육정상화정책의 수립·시행, 사교육 경감 대책 총괄, 지방교육자치제도 기본정책의 수립 및 제도 개선, 지방교육행정기관의 기구·정원(교원 제외)에 관한 사항, 시·도교육청 평가계획의 수립·시행 및 제도 개선, 교원에 관한 종합정책의 수립·시행, 초·중등교원 인사제도 및 정원에 관한 사항, 초·중등교원능력개발평가에 관한 사항, 교원의 자격·양성·연수·임용 관리 및 제도 개선, 교육대학·사범대학·교육대학원 설치·폐지 및 학생정원 조정·운영, 대학부설 교육연수원 및 원격교육연수기관의 설치·폐지 및

운영지원, 교원단체 및 교원노동조합에 관한 사항, 학부모 지원정책의 수립·시행 및 관련 법령·제도 개선, 교육공무원의 보수 및 복리·후생에 관한 기본계획의 수립·시행 및 제도 운영, 유치원·특수학교 및 초·중등학교의 국가수준 교육과정 기본정책의 수립·시행, 교과별 교육과정 기본정책의 수립·시행, 자유학기 지정 및 운영지원에 관한 사항, 교과용 도서 제도의 개선, 국정·검정·인정 교과용도서의 구분 고시 및 교과용도서 개발 기본계획의 수립·시행, 초·중등학교의 학사운영지원에 관한 사항, 학생 자치활동의 활성화 및 생활문화 개선에 관한 사항 등의 업무를 분장한다. 실장 및 교육과정정책관은 각각 장학관 또는 고위공무원단에 속하는 일반직 공무원으로 보하고, 학교혁신정책관은 고위공무원단에 속하는 일반직 공무원 또는 장학관으로 보한다.

- **교육복지정책국장**: 초·중등학교 학생복지정책의 총괄 및 관련 법령의 제·개정, 「국민기초생활 보장법」에서 정하는 교육급여에 관한 사항, 고등학교 무상교육의 추진에 관한 사항, 농어촌 초·중등학교 지원계획의 수립·시행, 지방교육재정 기본정책 및 재원의 확보·배분에 관한 사항, 지방교육재정 분석·진단·성과관리 및 재정 건전화, 교육비 특별회계 및 학교회계의 운영과 예산·결산 분석, 학교설립 기본정책의 수립·시행 및 학교용지 확보에 관한 사항, 지방교육 행·재정 통합시스템 관련 사업계획의 수립·시행, 유아교육 진흥 기본정책의 수립·시행, 유아 교육비 지원계획의 수립·시행, 유치원 교육과정 및 교원 관련 제도 개선, 국립·공립·사립유치원의 설립·운영지원, 방과후학교 정책의 수립·시행, 지역사회와 연계한 돌봄 정책의 수립·시행 등의 업무를 분장한다. 국장은 고위공무원단에 속하는 일반직 공무원 또는 장학관으로 보한다.

- **학생지원국장**: 교육소외 계층·지역 지원계획의 수립·시행, 다문화교육 지원 및 다문화가정 학생에 대한 교육 지원, 북한이탈 학생 교육 지원, 학업중단의 예방 및 대안교육 운영지원, 기초학력 미달학생을 위한 지원, 국가수준 학업성취도 평가계획의 수립·시행 및 제도 개선, 초·중등학생 국제학력비교평가에 관한 사항, 학생 생활지도에 관한 사항, 학교폭력 예방 종합대책의 수립·시행, 학교부적응 예방 종합대책의 수립·시행, 학생안전통합시스템(Wee 프로젝트) 구축·운영, 학교급식 기본정책의 수립·시행 및 영양관리에 관한 사항, 특

수교육발전 기본계획의 수립·시행, 특수교육대상자의 의무교육 및 무상교육 지원, 장애인의 진로교육 및 고등·평생교육 지원 등의 업무를 분장한다. 국장은 고위공무원단에 속하는 일반직 공무원 또는 장학관으로 보한다.

- **평생교육국장**: 4차 산업혁명에 대비한 교육정책 수립·시행, 초·중등학교 과학·수학·정보교육 및 융합인재교육 기본정책의 수립·시행, 영재교육진흥 기본정책의 수립·시행, 과학고등학교 및 과학중점학교 제도의 개선 및 운영 지원, 평생교육진흥 종합정책의 수립·시행, 자격제도 및 정책 기본계획의 수립·시행, 국가자격체제의 구축 및 민간자격의 국가 공인 등에 관한 사항, 산업체 근무자의 학위 취득 및 독학에 의한 학위 취득 제도 운영에 관한 사항, 학원 관련 법령 및 제도 개선, 진로교육정책의 수립·시행, 초·중등학생 진로체험 제공 및 진로교육 콘텐츠 개발 보급, 교육 분야 이러닝 활성화 정책의 수립·시행 및 관련 법령·제도의 운영, 초·중등학교에서의 정보통신 매체를 활용한 수업 운영지원 및 교육정보 격차 해소 지원, 디지털교과서의 개발 및 운영 등에 관한 사항, 방송통신대학의 설치·폐지와 관련 법령·제도 개선, 사이버대학 및 원격대학 형태의 평생교육시설의 설립·폐지 및 운영지원 등의 업무를 분장한다. 국장은 고위공무원단에 속하는 일반직 공무원 또는 장학관으로 보한다.
- **교육안전정보국장**: 학교 및 학생 안전사고 예방 및 대책 수립 총괄, 학교안전 및 시설 업무 총괄, 재난대비 매뉴얼, 안전관련 교사·학부모 교육자료 개발, 범정부 차원의 안전관련 연계 계획 수립 및 통합지원체제 구축 등, 각급 학교 시설사업 계획의 수립·지원 및 민자유치사업에 관한 사항, 교육시설물의 안전관리에 관한 사항, 안전관리·재난상황 관리기관과의 연계체계 구축·운영, 교육 정보화의 총괄·조정 및 평가, 교육행정정보시스템(NEIS)의 구축·운영·보급 및 통계 활용, 교육기관의 정보보호(개인정보 보호를 포함한다) 및 교육사이버안전센터의 구축·운영, 교육통계정책의 기획·총괄, 교육기본통계의 운영 및 제도 개선, 교육정보공시의 기획·총괄·운영 및 제도 개선, 사교육비 관련 사항에 관한 조사·분석 등의 업무를 관장한다. 국장은 고위공무원단에 속하는 일반직 공무원으로 보한다.
- **교육부의 소속기관**: 교육부장관의 관장사무를 지원하기 위하여 교육부장관 소

속으로 국사편찬위원회 · 국립특수교육원 및 중앙교육연수원을 두고, 각급 학교 교원의 소청심사청구사건의 심사 · 결정과 교육공무원의 고충심사에 관한 사무를 처리하기 위하여 「교원의 지위 향상 및 교육활동 보호를 위한 특별법」 제7조 제1항에 따라 교원소청심사위원회를 두며, 「책임운영기관의 설치 · 운영에 관한 법률」 제4조 제1항에 따라 교육부장관 소속의 책임운영기관으로 국립국제교육원을 둔다.

## 2. 지방교육행정조직과 교육자치제도

지방교육행정조직이란 지방의 교육행정을 위한 전반적인 조직과 구조를 의미한다. 우리나라의 지방교육행정조직은 지방교육자치제를 기본으로 하고 있다. 지방교육자치제는 교육행정의 지방분권을 통해 지역 주민의 교육에 대한 참여를 보장 · 확대하고, 지역의 특성에 적합한 교육정책을 강구 · 실시하도록 함으로써 교육의 자주성, 전문성, 정치적 중립성을 확보하기 위한 교육제도를 말한다. 이는 교육행정을 일반행정으로부터 분리 · 독립시킨다는 교육자치와 교육 운영을 중앙의 행정통제로부터 분리 · 독립시킨다는 지방자치라는 두 가지 자치 개념을 바탕으로 하여, 교육의 자주성과 교육 운영의 지방분권 및 주민자치를 실현하려는 기본적인 교육제도인 것이다(윤정일, 송기창, 조동섭, 김병주, 2002: 375).

현행 지방교육자치제는 광역단위인 시 · 도 단위에서 시행하고 있다. 교육의 자주성 및 전문성과 지방교육의 특수성을 살리기 위하여 지방자치단체의 교육 · 과학 · 기술 · 체육 · 기타 학예에 관한 사무를 관장하는 기관으로서 각 특별시 · 광역시 · 도에 집행기관인 교육감을 두고 있다(「지방교육자치에 관한 법률」 제4조, 제18조). 1991년부터 지방교육자치제가 시행되면서 심의 · 의결기관의 역할을 했던 교육위원회는 2010년 7월부터 시 · 도의회 상임위원회의 하나인 교육위원회로 전환되었다가, 2014년 7월부터는 아예 시 · 도의회에서 교육 및 학예에 관한 사항을 의결하는 체제로 전환되어 현재는 교육위원회가 없어지고 교육 · 학예에 관한 사항도 시 · 도의회가 심의 · 의결한다. 이를 위하여 각 시 · 도의회에는 교육 관련 상임위원회가 설치되어 있으며, 대부분의 시 · 도는 상임위원회 명칭이 교육위원회로 되어 있으나, 종전의 교육자치기구였던 교육위원회와는 법적 지위와 성격이 다르다.

## 가. 교육감

- **지위**: 시·도교육감은 각 시·도의 교육·학예에 관한 사무를 집행하는 집행기관으로서 교육·학예에 관한 소관 사무로 인한 소송이나 재산의 등기 등에 대하여 당해 시·도를 대표한다. 국가행정사무 중 시·도에 위임하여 시행하는 사무로서 교육·학예에 관한 사무는 교육감에게 위임하여 행한다.
- **자격 및 선출**: ① 당해 시·도지사의 피선거권이 있는 자로서 후보자 등록신청개시일부터 과거 1년 동안 정당의 당원이 아닌 자, ② 후보자 등록개시일을 기준으로 교육경력 또는 교육행정경력이 3년 이상이거나 양 경력을 합하여 3년 이상인 자(「지방교육자치에 관한 법률」 제24조) 중에서 주민의 보통·평등·직접·비밀선거에 따라 선출한다(「지방교육자치에 관한 법률」 제22조, 제43조).
- **임기**: 교육감의 임기는 4년이며, 계속 재임은 3기에 한한다(「지방교육자치에 관한 법률」 제21조).
- **관장사무**: 「지방교육자치에 관한 법률」 제20조에 의하면 교육감의 관장사무는 교육·학예에 관한 ① 조례안의 작성 및 제출, ② 예산안의 편성 및 제출, ③ 결산서의 작성 및 제출, ④ 교육규칙의 제정, ⑤ 학교 및 기타 교육기관의 설치·이전 및 폐지, ⑥ 교육과정의 운영, ⑦ 과학·기술교육의 진흥, ⑧ 평생교육 및 기타 교육·학예 진흥에 관한 사항, ⑨ 학교체육·보건 및 학교환경정화에 관한 사항, ⑩ 학생통학구역에 관한 사항, ⑪ 교육·학예의 시설·설비 및 교구(敎具)에 관한 사항, ⑫ 재산의 취득·처분에 관한 사항, ⑬ 특별부과금·사용료·수수료·분담금 및 가입금에 관한 사항, ⑭ 기채(起債)·차입금 또는 예산 외의 의무부담에 관한 사항, ⑮ 기금의 설치·운용에 관한 사항, ⑯ 소속 국가공무원 및 지방공무원의 인사관리에 관한 사항, ⑰ 그 밖에 당해 시·도의 교육·학예에 관한 사항과 위임된 사항이다. 그러나 동법에서 열거된 사무는 예시적인 것으로서 교육·학예에 관한 모든 사무를 관장하는 것으로 보아야 한다.
- **권한**: 교육감의 권한은 크게 다음과 같은 일곱 가지가 있다.
  - 사무집행권: 교육 및 학예에 관한 모든 사무를 관장·집행한다.
  - 의안제출권: 교육감은 교육·학예에 관한 의안(조례안, 예산안, 결산서 등)을 시·도의회에 제출한다. 다만, 주민의 재정적 부담이나 의무부과에 관한 조

례안과 지방자치단체의 일반회계와 관련되는 사항을 제출하고자 할 때에는 미리 시·도지사와 협의하여야 한다(「지방교육자치에 관한 법률」 제29조의2).

－교육규칙 제정권: 법령 또는 조례의 범위 안에서 그 권한에 속하는 사무에 관하여 교육규칙을 제정·공포할 수 있다.

－대표권: 교육·학예에 관하여 당해 지방자치단체를 대표한다.

－지휘·감독권: 소속 공무원을 지휘·감독하고 법령과 조례·교육규칙이 정하는 바에 의하여 그 임용·교육훈련·복무·징계 등에 관한 사항을 처리한다.

－재의요구권(再議要求權): 시·도의회의 의결이 법령이나 공익에 위반된다고 판단할 때에는 그 의결사항을 이송받은 날로부터 20일 이내에 이유를 붙여 재의를 요구할 수 있다(「지방교육자치에 관한 법률」 제28조 제1항). 교육감은 교육부장관으로부터 재의요구를 하도록 요청받은 경우에는 시·도의회에 재의를 요구해야 한다. 재의요구를 받은 시·도의회는 재의에 붙이고 시·도의회 재적의원 과반수의 출석과 시·도의회 출석의원 3분의 2 이상의 찬성으로 전과 같은 의결을 하면 그 의결사항은 확정된다(동조 제2항).

－제소권: 시·도의회가 재의결한 사항이 여전히 법령에 위반된다고 판단될 때에는 재의결된 날로부터 20일 이내에 대법원에 제소할 수 있다(「지방교육자치에 관한 법률」 제28조 제3항). 교육부장관은 재의결된 사항이 법령에 위반된다고 판단됨에도 해당 교육감이 소를 제기하지 않은 때에는 해당 교육감에게 제소를 지시하거나 직접 제소할 수 있다.

－선결처분권: 교육감의 소관사무 중 시·도의회의 의결을 요하는 사항에 대하여 ① 시·도의회가 성립되지 아니한 때, ② 학생의 안전과 교육기관 등의 재산보호를 위하여 긴급하게 필요한 사항으로서 시·도의회가 소집될 시간적 여유가 없거나 의결이 지체되어 의결되지 아니한 때에는 선결처분을 할 수 있다. 선결처분을 했을 때에는 지체 없이 시·도의회에 보고하여 승인을 얻어야 한다. 시·도의회에서 승인을 얻지 못한 때에는 그 선결처분은 그때부터 효력을 상실하며, 선결처분에 관한 사항은 지체 없이 공고하여야 한다(「지방교육자치에 관한 법률」 제29조).

## 나. 지방교육행정기관

지방교육행정기관은 특별시·광역시·특별자치시·도 및 특별자치도(이하 '시·도'라 함)의 교육·학예에 관한 사무를 담당하기 위하여 설치된 행정기관으로서 그 관할권이 미치는 범위가 일정 지역에 한정되는 기관, 즉 시·도교육청을 말한다. 시·도교육청은 교육감을 보조하는 기관 및 교육감 소속으로 설치된 기관을 말하며, 본청, 교육지원청, 직속기관, 교육지원청 소속기관, 보조 및 보좌기관, 각급 학교로 구성된다.

본청이란 시·도교육청의 기관 중 직속기관 등을 제외하고 교육감을 직접 보조하는 기관을 말하며, 교육지원청이란 시·도의 교육·학예에 관한 사무를 분장하기 위하여 1개 또는 2개 이상의 시·군·자치구를 관할구역으로 하여 설치된 「지방교육자치에 관한 법률」 제34조에 따른 하급 교육행정기관을 말하고, 직속기관이란 각급 학교를 제외한 본청 소속의 교육기관을 말하며, 교육지원청 소속기관이란 각급 학교를 제외한 교육지원청 소속의 교육기관을 말하고, 보조기관이란 지방교육행정기관의 의사 또는 판단의 결정이나 표시를 보조함으로써 행정기관의 목적 달성에 공헌하는 기관을 말하며, 보좌기관이란 지방교육행정기관이 그 기능을 원활하게 수행할 수 있도록 그 기관장이나 보조기관을 보좌함으로써 행정기관의 목적 달성에 공헌하는 기관을 말한다. 각급 학교란 「초·중등교육법」 제2조에 따른 학교 및 「유아교육법」 제2조 제2호에 따른 유치원을 말한다.

### 1) 본청

본청에 두는 실·국의 설치 및 그 사무 분장은 해당 시·도의 조례로 정하며, 실·국의 설치 기준은 서울특별시교육청 3실·국 이상 5실·국 이하, 경기도교육청 4실·국 이상 6실·국 이하, 그 밖의 교육청 2실·국 이상 3실·국 이하 등이다. 본청에 두는 부교육감·실장·국장·과장 및 담당관 등 보조·보좌기관의 직급 등은 해당 시·도의 교육규칙으로 정하고, 실·국의 명칭과 사무 분장은 중앙교육행정조직과 지방교육행정조직 간의 연계성 등을 고려하여 합리적으로 정하도록 하고 있다.

부교육감은 교육감을 보좌하여 사무를 처리하며, 고위공무원단에 속하는 일반직 공무원 또는 장학관으로 보하고, 당해 시·도교육감이 추천한 자를 교육부장관의 제청으로 국무총리를 거쳐 대통령이 임명한다. 실장은 고위공무원단에 속하는 일반직 공무원으로 보하며, 국장은 장학관 또는 3급 일반직 지방공무원으로 보하고, 과장·담당관은 장학관 또는 4급 일반직 지방공무원으로 보한다. 따라서 교육청의 조직은 서울특별시와 광역시 및 도 교육청의 조직이 약간 다르다.

서울특별시교육청은 교육감의 직속기관으로 대변인을, 부교육감 밑에 감사관을 두며, 총무과, 기획조정실(정책·안전기획관, 예산담당관, 행정관리담당관, 참여협력담당관, 노사협력담당관), 교육정책국(교육혁신과, 유아교육과, 초등교육과, 중등교육과), 평생진로교육국(평생교육과, 민주시민생활교육과, 진로직업교육과, 체육건강문화예술과), 교육행정국(학교지원과, 교육재정과, 교육시설안전과)의 조직을 갖추고 있다.

경기도교육청은 2개의 청사를 가지고 있으며, 교육감이 있는 제1청사에 교육감 직속으로 대변인을 두고, 제1부교육감 밑에 감사관을 두고, 총무과, 기획조정실(정책기획관, 행정관리담당관, 재무담당관, 교육정보담당관), 교육정책국(학교정책과, 교원정책과, 교원역량개발과, 민주시민교육과, 학생건강과), 행정국(학교설립과, 학교지원과, 학교안전기획과, 시설과, 교육환경개선과), 교육협력국(대외협력과, 학부모시민협력과, 노사협력과, 학교급식협력과)을, 제2청사에 제2부교육감[15]과 운영지원과, 교육과정국(학교교육과정과, 융합교육정책과, 학생생활인권과, 유아교육과, 특수교육과)과 미래교육국(미래교육정책과, 마을교육공동체정책과, 도서관정책과, 평생교육복지과)을 두고 있다.

부산광역시교육청은 교육감 직속으로 교육정책연구소와 대변인을 두고, 부교육감 직속으로 감사관을 두고 있으며, 교육국(교육혁신과, 유초등교육과, 중등교육과, 미래인재교육과, 학교생활교육과, 교원인사과), 행정국(총무과, 관리과, 지원과, 재정과, 시설과), 기획국(정책기획과, 예산기획과, 안전기획과)을 두고 있다. 충청남도교육청은 교육감 직속으로 소통담당관을, 부교육감 직속으로 감사관을 두고 있으며, 기획국(정책기획과, 교육혁신과, 예산과, 학교지원과), 교육국(교육과정과, 교원인사과, 민주시민교육과, 미래인재과, 체육건강과), 행정국(총무과, 행정과, 재무과, 시설과, 안전총괄과)을 두고 있다.

---

15) 인구 800만 명 이상이고 학생 150만 명 이상인 시·도에는 2인의 부교육감을 둘 수 있음(「지방교육자치에 관한 법률」 제30조 제1항)

직속기관으로 서울특별시교육청은 도서관 및 평생학습관, 교육연구정보원, 과학전시관, 유아교육진흥원, 보건진흥원, 교육시설관리본부 등을 두고 있으며, 경기도교육청은 도서관 및 평생교육학습관, 교육연수원, 교육연구원, 융합과학교육원, 학생교육원, 유아체험교육원 등을 두고 있고, 부산광역시교육청은 도서관, 미래교육원, 교육연수원, 학생교육원, 학생교육문화회관, 학생예술문화회관, 유아교육진흥원 등을 두고 있으며, 충청남도교육청은 연구정보원, 교육연수원, 학생문화교육원, 평생교육원, 유아교육원 등을 두고 있다. 교육청별 직속기관은 해당 시·도의 조례 또는 조례의 위임에 따라 교육규칙으로 정하도록 되어 있어서 매우 다양함을 알 수 있다.

### 2) 교육지원청

교육지원청에는 교육장을 두되 장학관으로 보하고, 교육장은 시·도의 교육·학예에 관한 사무 중 공·사립의 유치원·초등학교·중학교·고등공민학교 및 이에 준하는 각종학교의 운영·관리에 관한 지도·감독, 그 밖에 조례로 정하는 사무를 위임받아 분장한다.

교육지원청 국·과(담당관)·센터의 설치 및 국장·과장(담당관)·센터장의 사무분장은 해당 시·도의 교육규칙으로 정하되, 국·과(담당관)·센터의 설치기준은 인구 수와 학생 수에 따라 다르며, 국장은 장학관 또는 4급 일반직 지방공무원으로, 과장(담당관)은 장학관 또는 5급 일반직 지방공무원으로, 센터장은 장학사 또는 6급 이하의 일반직 지방공무원으로 보한다.

## 3. 한국 교육행정조직의 문제

### 가. 중앙교육행정조직의 문제

- 교육부 기구 개편이 너무 빈번하여 업무 분담의 혼선과 정책집행 및 문서관리의 일관성이 결여되고 있다.
- 특정 사항을 취급하는 담당관제를 도입함으로써 전문적 기능이 강화되어 온 것은 사실이지만, 아직도 장학, 기획, 조정, 연구의 기능이 미약하다.
- 그동안 직제개편과 함께 교육부 소관 업무의 대폭적인 하부 이양이 이루어졌

으나, 아직도 교육행정업무는 여전히 중앙집권화 경향이 강하다.

• 각종 자문위원회의 구성 활용이 미흡하며, 유명무실하게 운영해 온 경향이 많다.

• 중앙교육행정조직은 행정조직의 원리상 지휘·감독과 공권력의 지배가 강조된다고 하겠지만, 교육의 독자성과 특수성에 비추어 볼 때 교육활동을 조장 지원하는 교육행정조직의 독특한 모습이 부각되지 못하고 있다.

## 나. 지방교육행정조직의 문제

• 교육행정과 일반행정의 집행기관인 교육감과 시·도지사는 분리되어 있지만, 위임형 의결기관이었던 교육위원회가 폐지되고 시·도의회 상임위원회로 통합되어서 자주성을 상실하였다.

• 비정당인으로 일정 기간의 교육경력 및 교육행정경력을 가진 교육위원제도가 폐지됨으로써 교육 및 교육행정경력 없이 정당 배경을 가진 시·도의원이 교육·학예에 관한 심의·의결 기능을 담당하게 됨에 따라 교육의 전문성과 정치적 중립성을 확보하기도 어려워졌다.

• 교육의 전문성과 정치적 중립성을 갖추지 못한 시·도의원이 교육·학예에 관한 사항을 심의함으로써 전문적이고 정치적으로 중립적인 시각을 가지고 교육감의 정책을 견제하고 조언하는 조직이 부재하여 교육감의 독단적인 지방교육행정 운영의 폐단이 나타나고 교육감의 정치화 경향을 막기 어려워졌다(송기창, 2017a: 21-22).

• 지방교육비의 상당 부분을 국고에 의존하고, 나머지는 지방자치단체 일반회계 전입금으로 충당함으로써 지방교육재정의 독립이 이루어지지 못하고, 교육행정의 일반행정으로부터 분리·독립이 미흡하며, 긴밀한 협조·유대체제 또한 미흡하다.

• 전문적 관리를 수행해야 할 교육감의 자격기준이 교육 전문성을 담보하는 수준에 이르지 못하고 있다(송기창, 2017a: 18-19). 교육자치제가 실효를 거두기 위해서는 교육행정을 담당하는 행정가가 교육에 대한 전문적 지식과 안목을 가지고 있어야 하나, 교육감은 단순히 교육 또는 교육행정경력이 3년 이상인 자로만 규정되어 있다.

제9장

# 장학

　'교육행정=장학'이라는 말이 있을 정도로 장학은 교육행정의 실제와 교육행정학의 이론체계에서 대단히 중요한 위치를 차지하고 있다. 실제로 교육부나 교육청 등과 같은 교육행정기관에는 장학을 담당하는 기구가 중요한 위치를 차지하고 있으며, 단위학교의 교장과 교감도 장학담당자로서의 역할을 수행할 것을 요구받고 있다. 이론적 측면에서도 모든 교육행정학 교재가 장학행정을 독립된 장으로 취급할만큼, 장학은 교육행정학의 중심적인 영역의 하나로 그 이론적 중요성이 강조되고 있다. 이 장에서는 이러한 교육행정의 핵심적인 영역의 하나인 장학행정에 대해 개념과 발달 과정, 그리고 그 실제적 활동 등에 대해 살펴본다.

## 📖 제1절 장학의 개념

　장학의 개념은 하나의 명제로 정의하기는 어렵다. 그래서 장학의 개념은 사람이나 장소나 시간에 따라 다르며, 어디에 강조를 두느냐에 따라 그 내용도 상당히 다르다. 용어 자체도 장학이라는 용어를 포함한 장학행정, 장학지도, 장학행위 등에서부터 시학(視學), 감학(監學), 교학(敎學), 지도행정에 이르기까지 매우 다양하다. 이는 본래 미국의 영향하에서 그 중요성을 인정받아 온 장학의 이념이 일제하의 권위적 관습에 익숙해 있던 우리나라 교육행정 현장에 제대로 정착되지 않아 본연의 의미를 구현하지 못하고 이념과 실제가 괴리되었기 때문에 야기된 혼란으로 볼 수 있는데, 어쨌든 여러 가지 이유로 인해서 우리나라에서 장학의 개념은 본래적 의미를 벗어나 별도의 독특한 의미를 가지고 있다.

본래 장학이라는 말은 영어의 supervision을 번역한 것이다. 이는 superior와 vision의 합성어로서, 어원적으로 우수한 사람이 위에서 감시한다는 의미를 가지고 있다. 그래서 한때 감독 혹은 시학이라는 말이 장학의 의미를 나타내는 용어로 사용되기도 하였으며, 그 어원적 의미가 일제하의 감시·감독적 장학행태와 어울려 교사를 포함한 많은 사람들이 장학활동에 대해 부정적인 태도를 갖게 되었다.

그러나 장학의 개념은 교육의 통제보다는 조성과 지원을 통해 교수-학습의 성과를 극대화한다는 좋은 의미를 가지고 있다. 장학론에 관한 최초의 본격적인 저작이라 할 수 있는 Burton과 Brueckener의 『장학: 그 사회적 과정』은 이 점을 분명하게 표현하고 있다.

> 장학의 목적은, 첫째, 학생 성장의 증진과 그 결과로 사회발전을 가져오려는 것이며, 둘째, 장기적인 교육계획을 지속적이고 효과적으로 추진하기 위해 지도성을 발휘케 하고, 셋째, 상호협력을 통해 바람직한 교수-학습의 장을 개선하는 것이다(Burton & Brueckener, 1955: 85-86).

이러한 관점은 Wiles(1967), Wiles와 Lovell(1975), Alfonso, Firth와 Neville(1975) 등의 정의에서도 나타난다. 이들의 정의는 대체로 장학을 학생의 학습을 촉진하기 위해 교사의 행위에 직접적으로 영향을 주는 활동으로 규정하고 있다. 특히 Harris는 장학을 "학생들의 학습을 촉진하기 위해 수업과정에 직접적으로 영향력을 행사하는 방법"이라 정의하면서 장학이 수업활동에 영향을 주기 위해 특별히 지정된 일련의 활동과 세분화된 역할이라는 점을 강조하고 있다(Harris, 1975: 10-11).

여러 학자의 개념정의를 종합적으로 검토한 Wiles와 Bondi도 거의 모든 정의가 장학의 궁극적 목적을 수업의 개선에 두고 있다는 사실을 확인하고 있다. 즉, 그들은 장학의 개념을 정의하는 관점을 ① 교육행정의 일부 혹은 연장으로 보는 입장,

② 교육과정 개발의 측면에 강조를 두는 입장, ③ 수업에 초점을 두는 입장, ④ 교사와 장학담당자의 인간관계에 초점을 맞추어 정의하는 입장, ⑤ 경영의 한 형태로 정의하는 입장, ⑥ 지도성의 측면에서 정의하는 입장 등으로 구분하여 그 개념적 차이를 설명하면서, 이러한 차이는 접근방법의 차이이고 그 궁극적인 목적은 수업 개선에 있음을 밝히고 있다(Wiles & Bondi, 1980: 8-11). 다시 말해, 행정을 통해 수업의 개선을 도모하느냐 교육과정 개발 혹은 수업, 인간관계, 경영, 지도성을 통해 수업 개선을 도모하느냐의 차이일 뿐, 그 모든 정의들이 추구하는 궁극적인 목적은 교사를 통한 수업 개선에 있다는 것이다.

우리나라 학자들의 경우에도 이러한 특징을 보이고 있기는 마찬가지이다. 우리나라 최초로 『장학론』을 저술한 백현기도 장학의 본질을 "교사들에 대한 지도 · 조언을 통한 수업의 개선"으로 보고 있으며, 이종재, 주삼환 등도 교수행위의 개선을 통한 학교교육의 개선을 장학의 궁극적인 목적으로 삼고 있다는 점에서 그러한 견해들과 맥을 같이하고 있다(백현기, 1964b; 이종재, 1984: 19-43; 주삼환, 1983). 다만, 김종철은 이를 보다 확대하여 다원적으로 법규적 · 기능적 · 이념적 측면에서의 정의를 시도하고 있다. 즉, 그는 계선조직의 행정활동에 대한 전문적 · 기술적 조언을 통한 참모활동의 측면(법규적 측면)과 교사의 전문적 성장, 교육 운영의 합리화, 학생의 학습환경 개선을 위한 전문적 · 기술적 · 보조활동의 측면(기능적 측면), 그리고 교수의 개선을 위해 제공하는 지도 · 조언활동의 측면(이념적 측면)을 구분하여 각 측면마다 장학활동을 다르게 정의함으로써 장학 개념의 다원적 의미를 부각시키고 있다(김종철, 1982: 235-238). 그러나 그의 견해도 접근상의 다원성일 뿐 장학의 궁극적 목적이 수업의 개선에 있다는 점에는 일치하고 있다.

이렇게 보면 장학의 개념은 엄밀하게 정의할 수는 없어도 적어도 두 가지의 중요한 요소를 포함하고 있음을 알 수 있다. 그것은, 첫째, 장학을 어떤 관점에서 보든 궁극적으로 수업의 개선을 목적으로 한다는 점이며, 둘째, 그 대상이 교사라는 점이다. 따라서 이러한 요소를 고려하여 장학을 간단히 정의해 보면, 그것은 "교수행위의 개선을 위해 교사에게 제공되는 장학담당자의 모든 노력"이라고 잠정적으로 말할 수 있을 것이다.

# 📖 제2절 장학의 발달 과정

장학의 개념은 오랜 장학활동의 과정을 통해 정립되어 왔기 때문에 그 발달 과정을 살펴보면 보다 분명해질 것이다. 오랜 역사를 통해 장학은 그 기본 성격 면에서 권위주의적 통제방식으로부터 민주주의적인 방향으로, 방법 면에서 학사시찰 방식에서 협동적·자율적 방식으로 발전해 왔다. 장학의 내용도 초기에는 교사의 근무실태 평정 위주에서 점차적으로 교과지도나 생활지도 등과 같은 학교 학습에 관한 것으로 확대되었으며, 장학담당자도 초기의 비전문가 집단에서 교육행정 전문가 집단으로 변화되어 왔다. 이론적·실제적 장학의 발달 과정을 시기별로 구분해 살펴보면 다음과 같다.

## 1. 관리장학 시대(1750~1930)

미국에서 장학의 개념이 등장한 시기는 대체로 공교육제도가 확립되기 시작한 18세기 이후의 일이다. 이 초창기의 장학은 비전문가가 학교의 시설 및 설비 등 학교 전반의 운영상황에 대해 감독하는 형태를 띠고 있었다. 그러다가 19세기 후반에는 공교육제도가 정착되면서 별도의 시학관을 임명하여 학교의 인원과 시설 및 재정 등을 점검하고 검열하도록 하였다. 이 시학관은 교육감의 위임을 받아 학교를 감찰하는 기능을 수행하였기 때문에 계선상의 위계적 권위를 바탕으로 대단히 권위주의적이고 강제적인 시학활동을 수행하였다.

20세기 초반부터는 당시 풍미하던 과학적 관리론의 영향으로 능률과 생산성을 강화하는 방향에서의 과학적 장학이 강조되었다. 과학적 장학은 교사를 관리의 부속물 또는 관리의 대상인 고용인으로 보고 상하관계 속에서 일의 능률만을 추구하였으며, 통제와 책임·능률을 장학활동의 핵심적 덕목으로 삼았다.

이러한 과학적 장학은 행정적 차원에서 정교화되어 관료적 장학으로 정착되었다. 관료적 장학은 관료제적 특성을 활성화함으로써 장학활동의 능률을 제고하고자 한 것으로 분업과 기술적 전문화, 조직규율을 강조하였다. 특히 구체적이고 특수한 절차, 문서에 의한 의사소통이 강화되어 엄격한 통제적 장학활동이 이루어졌다.

현재까지도 이러한 장학의 잔재가 교육청이나 단위학교에 여전히 남아 있어서 교사들로 하여금 장학을 귀찮고 불편한 활동으로 여기게 하는 원인이 되고 있다.

## 2. 협동장학 시대(1930~1955)

1930년대부터 본격적으로 과학적 관리론이 퇴조하고 인간관계론이 부상하면서 장학의 개념도 강제적이고 통제적인 장학으로부터 인간적이고 민주적인 장학으로 변화하게 되었다.

미국의 1930년대는 진보주의 운동의 시기로서 학교교육에서 아동중심의 교육이 대단히 강조되었다. 이는 교육의 핵심이 교사에서 학생으로 전환되었음을 의미하는 것이었다. 이에 따라 장학활동의 핵심도 장학담당자로부터 교사에게로 전환되었으며, 최소한의 장학이 최선의 장학으로 간주되었다. 그리하여 관리장학 시기의 권위적이고 통제적인 감독관(supervisor)들은 교사들의 눈치를 보면서 교실 뒤에서 슬금슬금 기웃거리는 조사자(snoopervisor)의 위치로 내려오게 되었으며, 이에 따라 과도기적인 방관적 장학이 나타나기도 하였다.

이러한 방관적 장학은 1930년대 후반에 들어 산업계를 중심으로 한 인간관계론의 발달에 힘입어 새로이 민주적 장학, 참여적·협동적 장학이라는 형태를 띠고 활성화되었다. 참여적·협동적 장학에서 장학담당자들은 종래처럼 교사들의 감독관이나 조사자가 아니라 가르치는 일에서 교사가 보다 발전할 수 있도록 도와주는 협력자, 조력자로서의 역할을 수행하였다. 그들은 교사들의 능동적인 참여를 유도하였으며, 이 참여를 통해 교사들이 스스로 학교에 유용한 존재라는 사실을 확인하고 만족감을 느끼도록 하는 데 노력을 기울였다. 개인의 존중과 편안한 인간관계가 장학담당자의 핵심적인 덕목이 되었다.

이러한 협동적 장학은 오늘날까지도 널리 받아들여지고 있으며, 민주적 장학의 표본으로서 실천되고 있다. 그러나 이러한 장학의 개념은 많은 것을 약속했지만 별다른 소득을 가져다주지 못했다는 데 문제가 있다. 즉, 민주적 측면을 너무 강조한 나머지 참여적 장학이 아니라 자유방임적 장학에 머물렀던 것이다. 그리하여 인간관계론이 실제로 조직의 효과성을 달성하는 데에는 크게 성공하지 못한 것처럼, 이 협동장학도 교사의 사회적 상호작용의 증진과 신체적·정서적 안락에만 몰두한 나머지 목표의 달성이나 수업 개선 효과의 증진과 같은 실질적인 성공은 거의 얻어 내지 못하는 결과를 가져왔던 것이다.

## 3. 수업장학 시대(1955~1970)

1957년 스푸트니크 충격은 미국 교육의 형식과 내용을 크게 변화시키고 소위 학문 중심 교육이라는 새로운 방향으로 선회하게 하는 계기를 마련하였다. 이에 따라 인간관계 중심의 장학기조도 교육과정의 개발과 수업효과 증진이라는 본연의 목표에 대한 강조로 나타났다. 교육행정활동의 중심이 새로운 교육계획과 프로그램 설계로 모아졌고 장학담당자는 교육과정 개발자가 되었다. 특히 장학담당자들은 각 전문교과의 전문가가 되었으며, 교육내용을 선정·조직하고 교사들과 함께 교육 프로그램을 제작·보급하는 것을 주요 임무로 삼았다.

교육과정의 개발과 함께 교육과정이 실제로 구현되는 수업현장에 대한 관심도 상대적으로 높아졌다. 그리하여 장학담당자들은 교수-학습과정에 대한 분석과 임상적 활동에 관심을 기울였으며, 시청각 기자재를 활용한 수업 개선, 새로운 교수법의 개발 등에 노력을 집중하였다. 특히 이 시기에는 교실에서의 교수활동에 초점을 맞춰 장학담당자와 교사가 협력하여 교사의 전문성 신장을 도모하는 임상장학과 마이크로티칭 기법 등이 활성화되었다.

## 4. 발달장학 시대(1970~현재)

수업장학과는 별도로 인간관계론 시기의 협동장학에 대한 새로운 대안이 모색되었다. 이는 과학적 관리론의 조직 생산성 강조와 인간관계론의 직무만족이라는 장점을 절충하는 방향에서 이루어졌다. 그래서 새로운 관리장학의 형태를 띠기도 하고 발전된 협동장학의 형태를 띠기도 하였다. 이 시기에 특히 주목되는 경향은 신과학적 관리론에 바탕을 두고 나타난 수정주의 장학과 인간자원장학이다.

수정주의 장학은 인간관계론 시기의 협동장학에 대한 반발로 나타난 것이다. 그래서 이는 인간관계론보다는 과학적 관리의 통제와 효용 등을 보다 강조하는 특징을 가지고 있다. 이에 따라 교사의 능력 개발, 직무수행 분석, 비용-효과 분석 등이 강조되고 있으며, 교사 개인에 대한 관심보다 학교경영에 큰 관심을 보이고 있다. 대체로 경영으로서의 장학개념을 지지하고 있는 이 장학이념은 새로운 행동과학의 발전에 그 이론적 기초를 두고 있다.

인간자원장학은 보다 인간관계론 시기의 협동장학에 가깝다. 그러나 협동장학이 참여를 통해 교사들의 직무만족을 높이고 그 결과로서 학교효과성의 증대를 목표로 하는 반면, 인간자원장학은 참여를 통해 학교효과성을 증대시키고 그 결과로서 교사의 직무만족을 목표로 한다는 특징을 가지고 있다. 따라서 이 장학 개념은 기본적으로 인간의 가능성을 신봉하며, 인간이 안락만을 추구하는 존재가 아니라 일을 통한 자아실현을 추구한다는 기본가정하에 학교 과업의 성취를 통한 직무만족에 초점을 두는 인본주의적 특징을 보여 주고 있다. 특히 자발적 참여를 통한 학교효과성과 직무만족 증대를 동시에 이끌어 낼 수 있는 리더십이 강조되었다. 특히 2000년대 들어 우리나라에서 나타난 장학의 흐름으로 '컨설팅 장학'이 있다. 이는 그동안의 장학이 상급기관(교육지원청)이 하급기관(단위학교)에 대한 감독적 성격으로 진행됨으로써 단위학교가 필요로 하는 그리고 자발적 참여를 기반으로 한 지원적 성격의 활동이 아니라는 문제의식에서 출발하였다.

물론 장학의 발달 과정이 이상의 설명과 같이 시대적으로 엄격히 구분되는 것은 아니다. 관리장학의 이념과 원리들이 현재까지 지배적인 경우도 있고, 협동장학이 지배적인 경우도 있다. 특히 오늘날에는 단위학교나 교사의 다양성과 자율성을 특징으로 하는 선택적 장학이나 컨설팅 장학이 강조되고 있다. 따라서 여기서 시기의 구분은 이론적 발달에 근거하여 특징적인 장학 형태에 따른 것이다.[1] 장학 형태의 발전과정을 요약해 보면 〈표 9-1〉과 같다.[2]

---

1) Sergiovanni와 Starratt(1983: 3-6)는 과학적 관리장학, 인간관계장학, 신과학적 관리장학, 인간자원장학으로, Lucio와 McNeil(1962: 3-20)은 행정적 장학, 전문가 장학, 인간관계 장학, 합리적 장학 등으로 구분하여 장학의 발달을 설명하고 있다.

2) 〈표 9-1〉은 본문의 발달 과정 설명을 토대로 하되 김영식, 주삼환(1992: 19)과 정태범, 배종근(1986: 326) 등을 참고하여 작성하였다.

표 9-1 장학 형태의 발전과정

| 장학 형태 | 시기 | 장학 방법 | 교육행정 관련이론 |
|---|---|---|---|
| 관리장학 | 1750~1910 | 시학과 강제 | 과학적 관리론 |
| | 1910~1920 | 과학적 장학 | |
| | 1920~1930 | 관료적 장학 | |
| 협동장학 | 1930~1955 | 협동적 장학 | 인간관계론 |
| 수업장학 | 1955~1965 | 교육과정 개발 | 행동과학론 |
| | 1965~1970 | 임상장학 | |
| 발달장학 | 1970~1980 | 경영으로서의 장학 | 일반체제론 |
| | 1980~현재 | 인간자원장학<br>지도성으로서의 장학<br>컨설팅으로서의 장학 | 인간자원론 |

# 제3절 장학의 유형

장학은 교사의 교수행위에 영향을 주고, 교육과정을 개발·수정·보완하고, 교육자료와 학습환경의 개선으로 학생의 학습 성취를 촉진하여 수업 개선을 가져오기 위한 활동이다. 장학의 본질적 기능을 교육과정 개발과 수업 개선으로 보는 시각은 크게 변하지 않은 반면, 기능을 수행하는 방법은 시기별로 다소 변화를 거치면서 발전해 왔다. 특히 2000년대 들어서는, ① '주어지는 장학'에서 '함께하는 장학'으로의 관점 전환, ② 학교현장 중시, ③ 장학의 계획과 실행과정에서 민주적인 협력과 참여 중시, ④ 장학의 내용과 방법에 있어 컨설팅장학 등 전문화 지향, ⑤ 선진형 지역교육청 기능 및 조직 개편으로 교육지원청 중심의 지원체제 구축 등으로 개선되어 왔다(이윤식, 2015).

2009 개정 교육과정 이후에는 학교중심 교육과정 개발 또는 교육과정 컨설팅이 확대되면서, 교육과정 영역에서는 대체로 '교수와 학습 촉진, 변화하는 외부 현실에의 반응 조장, 교사에 대한 지원, 조력, 피드백 제공, 학교 학습의 촉진을 위한 기초로서의 교수 인정, 새롭고 개선된 혁신적 실제의 증진' 등으로 장학의 초점이 변화하였다. 이와 동시에 2010년 이후 컨설팅장학이 전면적으로 도입·운영됨에 따라

서 단위학교 수요 중심의 장학 지원체제가 구축되었다. 컨설팅장학은 컨설팅과 장학의 합성어로, 학교컨설팅의 원리와 방법을 학교개선의 방법으로 도입한 장학이라고 할 수 있다(진동섭, 김도기, 2005). 컨설팅장학은 기존 장학의 관리ㆍ감독적 성격을 지양하기 위해 도입되었으나, 교육청의 계획하에 컨설턴트를 관리하여 장학을 수행함으로써 과거와 같은 교육청 중심의 장학이 확대ㆍ강화되는 새로운 흐름을 만들기도 하였다(김정현 외, 2012).

한편, 컨설팅장학을 포함한 장학 업무가 2012년 법령 개정으로 교육부와 시ㆍ도교육청 공동의 사무에서 시ㆍ도교육청의 업무로 조정되어, 컨설팅장학을 포함한 시ㆍ도교육청의 장학정책은 교육청별로 자율적으로 운영되고 있다(최혜영 외, 2015). 2015년 이후에는 컨설팅장학이라는 개념보다는 교내자율장학이라는 이름으로 장학의 형태를 보다 탄력적으로 확대 운영함으로써 단위학교별 교사학습공동체 활동을 활성화하는 방향으로 변화하고 있다. 그리하여 시ㆍ도교육청별로 컨설팅장학뿐만 아니라 장학 경계를 넘어서 다양한 형태의 장학이 상호 보완적으로 활용될 수 있는 장학 운영모형이 도입ㆍ시행되고 있다.

## 1. 중앙장학

중앙장학은 중앙교육행정기관인 교육부 내에서 이루어지는 모든 장학활동을 말한다. 이는 교육활동의 전반적인 기획, 조사, 연구, 관리, 지도, 감독을 통해 중앙의 교육행정업무를 보좌하는 참모활동을 주축으로 하고 있다. 2008년 학교자율화정책의 일환으로 초ㆍ중등교육과 관련된 교육부의 많은 업무가 지방으로 이양되었기 때문에 중앙장학이 다소 위축된 것은 사실이지만, 어느 정도의 중앙장학은 존재한다고 볼 수 있다(김병주, 2009). 중앙장학은 2021년 8월 현재 주로 '학교혁신지원실'을 중심으로 이루어진다.[3]

· 학교혁신지원실장은 장학관 또는 고위공무원단에 속하는 일반직 공무원으로

---

[3] 「교육부와 그 소속기관 직제」(대통령령 제31729호, 2021. 6. 8., 일부 개정) 제11조(학교혁신지원실)를 참고하였다.

보하고, 고위공무원단에 속하는 일반직 공무원으로 보하는 경우 그 직위의 직무등급은 가 등급으로 한다.

- 학교혁신지원실장 밑에 두는 보좌기관은 학교혁신정책관 및 교육과정정책관으로 하며, 학교혁신정책관은 고위공무원단에 속하는 일반직 공무원 또는 장학관으로 보하되, 고위공무원단에 속하는 일반직 공무원으로 보할 경우 그 직위의 직무등급은 나 등급으로 하고, 교육과정정책관은 장학관 또는 고위공무원단에 속하는 일반직 공무원으로 보하되, 고위공무원단에 속하는 일반직 공무원으로 보할 경우 그 직위의 직무등급은 나 등급으로 한다.
- 학교혁신지원실에 학교정책과 · 교원정책과 · 교원양성연수과 · 교육과정정책과 · 고교교육혁신과 · 교과서정책과 · 교수학습평가과 및 민주시민교육과를 둔다. 각 과장은 부이사관 · 서기관 · 기술서기관 또는 장학관으로 보한다.

## 2. 지방장학

지방장학은 지방교육행정기관인 시 · 도교육청과 그 하급 교육행정기관(교육지원청)에서 이루어지는 장학행정을 말한다. 이는 교육활동을 위한 장학지도, 교원의 인사관리, 학생의 생활지도, 교육기관의 감독을 통해 지방의 교육행정업무를 관할하는 행정활동으로 규정할 수 있다. 지방장학행정은 주로 시 · 도교육청의 교육(정책)국과 교육지원청의 교육(지원)국을 중심으로 이루어지지만 인접 부서에서도 그 고유 업무와 관련되어 장학활동을 수행하고 있다. 지방장학 업무는 상기 부서와 인접부서의 장학관, 교육연구관, 장학사, 교육연구사들이 담당하고 있다.

2010년 컨설팅장학이 전면 도입되기 전까지 지방장학은 종합장학, 확인장학, 개별장학, 요청장학, 특별장학 등의 방법을 통해 시행되었다. 종합장학은 국가시책, 교육청 시책을 비롯하여 중점업무 추진상황, 교수-학습지도, 생활지도 등 학교운영 전반에 관해 종합적으로 지도 · 조언하는 장학활동이다. 확인장학은 종합장학의 결과 시정할 점과 계획상으로 시간이 소요되는 사항의 이행 여부를 확인 · 점검하는 절차이며, 기타 학교운영의 애로를 발견하여 지도 · 조언하는 활동이다. 개별장학은 각급 학교에 따라 학교현장의 현안문제를 중심으로 확인하고 지도 · 조언하는 활동이며, 요청장학은 개별학교의 요청에 의하여 해당 분야의 전문 장학담당자를 파견하여 지도 · 조언에 임하는 장학활동이다. 특별장학은 현안문제 해결을 위해 필요하다고 판단되는 경우 혹은 사전예방 차원의 전문적 · 집중적 지원이 필요한 경우 실시되는 장학의 형태로, 학교담당 장학사를 포함한 현안문제에 전문적 식견을 갖춘 장학요원으로 장학협의팀을 구성하여 현안문제가 해결될 때까지 그 학교에서 장학활동을 수행한다(정태범, 1996: 273-274).

## 3. 지구별 자율장학

지구별 자율장학이란 지구별 장학협력회 간사학교가 중심이 되어 지구 내 학교 간 · 교원 간의 협의를 통해 독창성 있는 사업을 자율적으로 선정 · 운영함으로써 교원의 자질과 교육의 질적 향상을 도모하고, 학교 간 · 교원 간 유대를 강화하며, 수업공개를 통한 학교 특색의 일반화와 교수–학습방법을 개선하고자 하는 장학활동을 말한다. 지구 자율장학의 구체적인 내용은 다음과 같다.

- 학교 간 방문장학: 지구별 자율장학반 편성(반장: 교장, 반원: 교감과 수석교사, 보직교사), 교육활동의 상호 참관, 정보 교환, 순회교사제 운영, 자율학습, 보충수업, 학사일정 등 현안문제 협의
- 교육연구활동: 교수–학습방법 및 평가의 개선 연구와 보급, 연구발표회 및 합동강연회
- 생활지도 활동(학생 선도): 교외 생활지도반 운영을 통한 학생 선도, 유관기관 및 지역사회와의 협조체제 구축

## 4. 교내장학

교내장학은 학교에서의 교육활동을 성공적으로 수행할 수 있도록 교사를 지도하고 교사에게 조언하는 장학활동을 말한다. 이는 교사의 수업활동을 개선시킴으로써 교육의 질을 향상시키기 위해 학교 내의 장학담당자가 교사들을 이끌고 도와주는 지도 · 조언활동으로 규정할 수 있다. 교내장학은 주로 교장, 교감, 수석교사, 보직교사에 의해 이루어지며 경우에 따라서는 교육청의 장학사에 의해 이루어지기도

표 9-2 학교 내의 장학 업무

| 직위 | 장학 업무 |
| --- | --- |
| 교장 | • 교내 장학활동의 총괄<br>• 학교교육기획<br>• 교수-학습의 향상을 위한 환경 및 분위기 조성<br>• 현직교육에 의한 교수-학습활동의 개선<br>• 교수-학습계획을 위시한 학교 전반의 경영계획 평가<br>• 인사 · 시설 · 재정 · 사무의 총괄적 관리<br>• 국가시책 및 장학방침의 현장 구현<br>• 자원인사의 활용 및 지역사회와의 관계유지 |
| 교감 | • 장학활동을 위한 교장 보좌<br>• 교사들의 교수활동 지도 · 조언<br>• 교무업무의 총괄 · 조정 |
| 수석교사,<br>보직교사 | • 교장 · 교감의 보좌<br>• 협의 및 지도 · 조언<br>• 교수-학습활동 개선을 위한 건의 및 조정<br>• 위임사무의 수행<br>• 교수-학습활동의 개선 |

한다. 장학과 관련된 교장, 교감, 수석교사, 보직교사의 업무를 열거하면 〈표 9-2〉
와 같다.

한편, 교내장학은 임상장학, 동료장학, 약식장학 등의 방법에 의해 이루어진다.
이를 좀 더 구체적으로 살펴보면 다음과 같다.

## 가. 임상장학

임상장학은 학급 내에서 교사와 학생 사이에서 이루어지는 상호작용 관계에 초점
을 둔 장학활동으로 비교적 최근에 제안되어 각광을 받고 있는 장학의 유형이다.[4]
이는 학급 내에서 일어나는 교사와 학생 간의 상호작용 및 수업과 관련된 교사의 지

---

4) '임상'이라는 말이 병리학적 용어이기 때문에 교사의 결점이나 나쁜 행위를 치료한다는 부정적인 뉘앙스를
갖기 쉬우나, 여기서는 장학담당자가 교사의 수업장면을 직접 관찰하고 함께 개선책을 모색한다는 적극
적인 의미로 사용된 것이다.

각·신념·태도·지식에 대한 정보를 중심으로 수업의 개선을 도모한다. 수업의 개선을 목표로 한다는 점에서 교내장학 속에 포함되기도 하지만 그 범위가 학급에 한정된다는 점에서 교내에서의 수업장학과 구분된다.

임상장학은 장학담당자와 교사의 관계가 상하관계보다는 쌍방적 동료관계를 지향한다는 특징을 가지고 있다. 장학담당자는 교사와 사전에 수업계획에 대해 충분히 협의한 후 수업을 관찰·분석하고 분석된 자료를 토대로 교사의 수업활동을 평가하며 그에 기초하여 교수활동을 개선하려 한다. 임상장학의 최초의 제안자인 Cogan(1973)은 그 과정을 다음과 같은 8단계로 나누고 있다.[5]

- 제1단계: 교사와 장학담당자와의 관계 수립
- 제2단계: 교사와의 협의를 통한 수업계획 작성
- 제3단계: 수업관찰 전략 수립
- 제4단계: 수업관찰
- 제5단계: 교수–학습과정의 분석
- 제6단계: 교사와의 협의회 전략 수립
- 제7단계: 교사와의 협의회
- 제8단계: 새로운 계획의 수립

임상장학은 교사의 전문적 성장과 교실수업의 개선에 근본적인 목적을 두고 있다. 구체적으로 말해, 그것은 수업상황에 대한 객관적 피드백을 교사에게 제공하며, 교수–학습에 있어서의 문제를 진단·해결하고, 교사들이 수업전략을 수립·사용할 수 있도록 도와주며, 객관적인 교사평가를 가능하게 하고, 계속적인 전문적 신장에 대해 긍정적인 태도를 가질 수 있도록 교사를 도와준다는 것이다(Acheson & Gall, 1980: 12-14). 따라서 이를 성공적으로 적용하기 위해서는 장학담당자가 기획·자료수집·분석 및 인간관계 기술 등을 구비하고 있어야 하며, 교사도 자신의 수업을 개선하겠다는 적극적인 의지를 가지고 있어야 한다고 할 수 있다.

---

5) Cogan(1973: 11-12)은 이 8단계의 과정이 순환적으로 이루어지지만, 장학담당자가 교사와 친밀한 관계를 유지하고 있을 때에는 어느 과정을 빼거나 첨가하는 등 수정을 가할 수 있을 것이라고 말하고 있다.

## 나. 동료장학

동료장학은 수업의 개선을 위해 교사들이 서로 협동하는 장학의 형태이다. 이는 교사들 간에 서로의 경험을 공유함으로써 교수능력의 향상을 도모할 수 있을 뿐만 아니라 협동적 인간관계의 수립을 통해 동료 간의 유대와 공동성취감 등을 향상시킬 수 있다는 점에서 최근 그 중요성이 부각되고 있다.

사실, 장학사를 비롯한 상급기관의 장학담당자에 대한 교사의 신뢰가 높지 않을 뿐만 아니라 방문평가에 대한 교사들의 거부감이 상존하고 있고, 현장교사들에 대한 교수행위의 개선을 위한 장학담당자의 수가 많지 않은 상황에서, 전통적 방식은 한계를 가지고 있다. 실제로도 장학관(사)들은 그들의 직함과는 달리 장학활동보다는 관리·행정업무에 더 많은 시간을 보내고 있다. 따라서 장학활동이 수업의 관찰과 분석 그리고 피드백을 통한 교수기술의 향상을 목표로 한다는 점을 고려하면, 실제로 최선의 장학담당자는 교사들일 것이다. 동료교사들은 대상교사 및 대상학생들의 장·단점을 잘 알고 실제적 경험을 바탕으로 지도·조언할 수 있다는 점에서 그 효과를 배가시킬 수 있는 가능성을 가지고 있다. 특히 동료장학의 이점은 다음과 같은 점에서 두드러진다(Alfonso & Goldsberry, 1987: 67).

- 수업 개선을 위해 학교교사들이 공동으로 노력하도록 함으로써 장학활동을 위해 학교의 인적 자원을 최대한 활용할 수 있다.
- 수업 개선 전략의 설계와 실천에 대한 책임감을 부여함으로써 교사들로 하여금 수업 개선에 크게 기여할 수 있다는 인정감과 성취감을 갖게 할 것이다. 이는 결국 학교교육의 개선에 긍정적인 효과를 가져올 것이다.
- 적극적인 동료관계를 증진할 수 있고, 이를 토대로 학교 및 학생교육에 대한 적극적인 자세와 개인 교사의 전문적 신장을 도모할 수 있다.

그러므로 장학인력이 부족한 우리나라에서 동료장학은 학교현장에 널리 활용되어 왔다. 앞에서 본 것처럼, 이는 수업 개선 효과뿐만 아니라 동료애, 애교심, 사명감과 아울러 전문적 신장과 교직 성취감을 증진시키는 데에도 크게 기여할 것이다.

다. 약식장학

약식장학은 단위학교의 교장이나 교감이 간헐적으로 짧은 시간 동안 학급순시나 수업참관을 통하여 교사들의 수업 및 학급경영활동을 관찰하고, 이에 대해 교사들에게 지도·조언을 제공하는 과정을 말한다. 약식장학은 단위학교에서 일상적으로 빈번하게 수행되기 때문에 일상장학이라고도 부른다(강영삼 외, 1995: 166-169).

약식장학은 교장이나 교감이 교사들의 수업활동과 학급경영활동을 포함하여 학교교육 및 경영 전반의 개선을 위한 적극적인 의지와 노력의 표현이 될 수 있다. 또한 약식장학은 미리 준비한 수업활동이나 학급경영활동이 아닌 평상시의 자연스러운 수업활동이나 학급경영활동을 관찰할 수 있다. 따라서 약식장학은 교장이나 교감이 학교교육 전반의 정보를 파악하는 데 도움을 준다. 약식장학의 특징을 요약하면 다음과 같다.

- 원칙적으로 학교행정가인 교장이나 교감의 계획과 주도하에 전개된다.
- 간헐적이고 짧은 시간 동안의 학급순시나 수업참관을 중심 활동으로 한다.
- 다른 장학 형태에 대하여 보완적이고 대안적인 성격을 갖는다.

약식장학은 ① 약식장학의 계획 수립, ② 약식장학의 실행, ③ 약식장학의 결과 활용 등의 3단계로 이루어진다.

## 5. 자기장학

자기장학은 외부의 강요나 지도에 의해서가 아니라 교사 스스로가 자신의 전문성 신장을 위해 스스로 계획을 수립하고 실천해 나가는 것을 말한다. 이는 개인 교사가 자신의 전문성 신장을 위한 프로그램을 수립하고 독립적으로 실천해 나간다는 점에서 자기연수나 일반적인 자기발전을 위한 노력과 구별된다. 물론 교사는 자기장학 프로그램을 실천해 나가는 과정에서 다른 많은 외적 자원을 활용할 수 있다. 자신의 수업 녹화 영상파일, 학생들의 교수평가, 전문서적이나 컴퓨터의 정보, 대학원 과정이나 워크숍에의 참여, 관련된 전문인사의 자문과 조언 등을 선별적으로 활용할 수 있을 것이다.

자기장학은 교수활동이 고도의 전문성을 토대로 하고 있고, 교사에 대한 수업능력 향상이 결국 성인 학습의 성격을 가지며, 교사들이 남의 지시나 지도에 의한 학습보다는 개인 학습을 선호하는 독특한 특성을 가지고 있다는 점에서 가장 이상적인 장학 형태라고 주장되기도 한다(김영식, 주삼환, 1992: 131-132). 그러나 학습의 진전은 근본적으로 타인과의 상호작용을 통해 이루어질 수 있으며, 교사들 중 자율적이고 자기지향적인 학습자가 될 수 있는 사람은 그렇게 많지 않다는 점, 그리고 장학이라는 것이 어원상 우수한 사람의 감독과 관련되기 때문에 개념상 자기모순을 갖고 있다는 점 등으로 회의적으로 보는 시각도 상당히 존재하고 있다.

## 6. 컨설팅장학

컨설팅장학은 단위학교 교원의 자발적 요청에 따라 교육전문가들이 교육활동 개선을 위해 제공하는 제반 전문적 조언, 상담, 자문, 지원활동으로, 그 역할은 교육문제를 진단하고 대안을 마련하여 교원 스스로 전문적인 성장과 발전을 도모할 수 있도록 인적·물적 자원을 발굴하여 조직화하고 지원하는 것이다(최혜영 외, 2015). 교원이 자율적으로 컨설팅을 요청하고, 이 요청에 따라 컨설턴트가 학교를 방문하여 장학 영역을 살핀 후 적합한 조언을 제공하므로 교원의 자발적 참여와 자율성, 컨설턴트와의 협력이 무엇보다 중요하게 요구된다.

진동섭(2003)은 학교 컨설팅을 계획·실시·평가하는 데 있어서 준거로 삼아야 할 원리로 다음의 여섯 가지를 제시하고 있다.

- **전문성의 원리**: 전문성은 컨설턴트가 가지고 있는 자격증이나 직위 또는 소속된 기관의 위상에 수반하는 형식적인 전문성이 아니라 실제적으로 학교의 문제를 해결할 수 있는 실제적인 현장 전문성이다. 학교현장의 유능한 교원들은 물론, 교육 관련 분야의 교수나 연구원들을 활용하면 교육의 이론과 실제가 유리되는 것을 막을 수 있다.
- **독립성의 원리**: 컨설턴트가 의뢰인과 상급자-하급자 관계로 되지 않아야 한다는 것을 의미한다. 컨설턴트는 학교의 행정체계로부터 자유롭게 활동하면서

성과를 보여 주어야 한다. 학교 컨설팅의 성과는 컨설턴트가 의뢰인과의 관계에서 얼마나 독립성과 객관성을 유지할 수 있느냐에 달려 있으며, 이러한 독립성의 측면에서 보면 학교조직의 내부인보다는 외부인이 컨설턴트로 활동하는데 좋은 위치에 있다.

- **자문성의 원리**: 컨설턴트는 변화에 관한 결정을 내리거나 그것을 집행하는 직접적 권한을 가지고 있지 않으며, 단지 컨설팅의 질적 우수성에 대한 책임을 진다. 반면에 그 컨설팅을 선택함으로써 발생하는 최종적인 책임은 원칙적으로 의뢰인에게 있으며, 의뢰인은 컨설팅 관계의 시작과 종결을 결정할 수 있는 권한을 가지고 있다. 이러한 의뢰인과 컨설턴트의 권한과 책임 관계는 학교 컨설팅을 여타 지원활동과 구별 짓는 하나의 특징이다.

- **일시성의 원리**: 학교는 기술적 전문성이 부족한 영역이나 일시적으로 전문 인력이 필요한 영역에서 컨설팅을 필요로 한다. 일단 의뢰한 문제가 해결되면 컨설팅 관계는 종료되어야 한다. 컨설팅의 목적은 의뢰인이 컨설턴트의 도움을 더 이상 필요로 하지 않도록 만드는 것이므로, 컨설팅이 종료된 이후에도 의뢰인이 컨설턴트에게 동일한 문제에 관해 계속 도움을 받아야 한다면, 그것은 컨설팅이 제대로 이루어지지 못했음을 의미한다.

- **교육성의 원리**: 컨설턴트는 의뢰인이 학교 구성원의 문제해결에 도움을 줄 수 있는 정보를 제공하고, 기술 습득과 능력 함양을 위한 교육훈련을 실시한다. 의뢰인은 컨설턴트와 함께 문제를 해결하는 과정에서, 컨설팅이 어떻게 진행되는지, 컨설턴트의 역할과 태도와 윤리는 어떠해야 하는지 등에 대해서 학습하게 된다.

- **자발성의 원리**: 학교 컨설팅 관계를 맺기 위한 최초의 접촉은 컨설턴트와 의뢰인 어느 쪽에서도 먼저 시작할 수 있다. 학교 컨설팅에 대한 요청을 하는 경우든 받는 경우든, 어느 경우이든지 학교 컨설팅은 의뢰인이 자발적으로 나서서 컨설턴트의 도움을 요구함으로써 시작되며, 공식적 컨설팅 관계는 컨설턴트와 의뢰인의 상호 합의와 계약에 의해 성립된다. 이것은 학교 컨설팅을 학교와 관련된 다른 모든 지원활동, 예를 들면 장학이나 연수와 같은 것과 구분 짓는 핵심적 특징이다.

컨설팅장학의 경우에 시·도교육청이 기본 계획을 수립하되 실질적인 운영은 교육지원청별로 진행된다. 교육지원청에서는 학기 초에 단위학교별로 컨설팅장학이 필요한 영역을 신청하도록 하는데, 컨설팅장학의 영역은 크게 학교학급경영, 교육과정, 교수-학습활동, 생활지도, 교육정책 등의 5개 영역으로 구분되어 있다.

- **학교학급경영:** ① 교육 및 경영 목표 설정, ② 조직 및 인사관리, ③ 시설·사무 관리, ④ 학교평가, ⑤ 학교행사 운영, ⑥ 민주적 학교문화 조성, ⑦ 학급 운영, ⑧ 학부모/동창회 관계, ⑨ 지역사회 관계 등
- **교육과정:** ① 교육과정, ② 학력 및 평가 등
- **교수-학습활동:** ① 교과교육활동, ② 수업컨설팅, ③ 자율장학 및 연수관리 등
- **생활지도:** ① 생활지도, ② 인성교육 등
- **교육정책:** ① 교육부 정책 사업, ② 시·도교육청 정책 사업 등

장학제도에 컨설팅의 개념이 도입된 이후 교육현장에서는 수업영역뿐만 아니라 단위학교별 교육사업 진행의 현장점검과 행정적 지원 등도 장학의 관심 영역이 되었다. 단위학교에서는 스스로의 요청에 따라 자율적으로 교육지원청에 컨설팅을 요청하고, 이 요청에 따라 교육지원청에서 섭외한 컨설턴트가 학교를 방문하여 단위학교의 특성을 살핀 후 적합한 조언을 제공하는 방식의 장학활동이 운영되고 있다.

## 제4절  장학담당자의 자격과 역할

장학담당자는 장학활동을 수행하는 모든 사람을 의미하기 때문에 장학관(사)이라는 명칭을 가진 사람들만을 지칭하는 것은 아니다. 앞서 장학의 유형에서 살펴본 것처럼, 장학담당자는 교육부의 장학관에서부터 교장, 교감, 수석교사, 동료교사, 심지어 교사 자신일 수도 있다. 장학담당자는 장학조직에 위치하면서 교수-학습활동의 개선을 위해 교사들의 교수행위에 영향력을 행사하는 모든 사람들이다. 여기서는 이러한 장학담당자들의 신분과 역할 그리고 그 자질에 대해 살펴보기로 한다.

## 1. 장학담당자의 자격

「교육공무원법」상 장학직은 장학관, 장학사로 한정되어 있으나, 교육행정의 각 단계에서 계선 및 참모조직에 속해 장학활동을 수행하고 있는 사람은 모두 장학담당자로 분류할 수 있다. 그들은 우선 교육부의 장관과 차관, 관련 부서의 장학관·교육연구관·장학사·교육연구사와 시·도교육청의 교육감과 부교육감, 관련 부서의 국장·과장·계장 등을 보임하는 장학관과 장학사, 그리고 교육지원청의 교육장과 각 장학관 및 장학사, 학교 수준의 교장·교감·수석교사·보직교사 및 동료교사 등을 포함한다. 물론 이들 중에는 행정업무가 중심인 사람들도 있고, 조정이나 지도·조언, 수업이나 교육과정 및 편수관계 일을 담당하는 사람들도 있다. 여기서는 편의상 장학담당자로서 장학관과 교육연구관, 장학사와 교육연구사, 교장·교감, 수석교사를 선정하여 그 법률적 신분을 개관한다.

### 가. 장학관 및 교육연구관

장학관·교육연구관은 교육부의 학교혁신지원실(2021. 8. 기준) 등을 중심으로 장학·편수 및 연구업무에 종사하면서 교육과정 및 편수관리, 교육연구, 교과지도, 생활지도, 정신교육 등에 관한 기획 및 정책개발, 그리고 전문적 지도·조언을 통한 참모활동을 수행하고 있으며, 시·도교육청 및 교육지원청의 국·과장으로서 참모 및 계선기능을 담당하고, 소속기관의 장 또는 하위조직에서 교육 및 연구에 종사하고 있다.

장학관이나 교육연구관이 되기 위해서는 특별한 자격요건을 필요로 한다. 「교육공무원법」(제9조 관련 별표 1)에 규정된 그 자격기준은 ① 대학·사범대학·교육대학 졸업자로서 7년 이상의 교육경력이나 2년 이상의 교육경력을 포함한 7년 이상의 교육행정경력 또는 교육연구경력이 있는 사람, ② 2년제 교육대학 또는 전문대학 졸업자로서 9년 이상의 교육경력이나 2년 이상의 교육경력을 포함한 9년 이상의 교육행정경력 또는 교육연구경력이 있는 사람, ③ 행정고등고시 합격자로서 4년 이상의 교육경력이나 교육행정경력 또는 교육연구경력이 있는 사람, ④ 2년 이상의 장학사·교육연구사의 경력이 있는 사람, ⑤ 11년 이상의 교육경력이나 2년 이상의 교육경력을 포함한 11년 이상의 교육연구경력이 있는 사람, ⑥ 박사학위를 소지한 사람 등이다. 그러나 이는 법이 정한 최소한의 기준이고, 각 시·도에서는 자체 규정을 통하여 이보다 엄격한 자격제한을 하고 있다.

### 나. 장학사 및 교육연구사

장학사·교육연구사는 시·도교육청 및 교육지원청에서 초등교육·중등교육 및 사회체육교육 등의 운영 지도에 관한 업무를 직접 담당하고 있다. 장학관·교육연구관을 보좌하는 참모기능과 계장으로서 직접 실무를 관장하는 계선기능을 담당하여 장학 및 교육·연구기능을 수행하고 있다.

장학사와 교육연구사가 되기 위해서는 특별한 자격요건을 필요로 한다. 「교육공무원법」(제9조 관련 별표 1)에 규정된 그 자격기준은 ① 대학·사범대학·교육대학 졸업자로서 5년 이상의 교육경력이나 2년 이상의 교육경력을 포함한 5년 이상의 교육행정경력 또는 교육연구경력이 있는 사람, ② 9년 이상의 교육경력이나 2년 이상의 교육경력을 포함한 9년 이상의 교육행정경력 또는 교육연구경력이 있는 사람 등이다. 그러나 이 역시 법이 정한 최소한의 기준이며, 각 시·도의 인사관리 규정에서는 보다 엄격한 자격제한을 하고 있다.

### 다. 교장 및 교감

이미 장학의 유형에서 살펴본 바처럼, 교장과 교감은 교내장학에 있어서 핵심적인 역할을 수행하고 있다. 교장은 학교경영의 책임자로서 학교의 운영관리와 장학 기능을 수행하는 이중적 성격을 가지고 있다. 특히 교장의 장학에 대한 철학은 학교 교육의 성패를 좌우한다고 할 정도로 교육활동에 지대한 영향을 미친다.

각급 학교 교장과 교감이 되기 위해서는 「초·중등교육법」(제21조 제1항 관련 별표 1)에 의해 특별히 규정된 자격기준을 충족시켜야 한다. 여기서 중등학교의 경우만을 살펴보면, 교장의 자격기준은 ① 중등학교의 교감 자격증을 가지고 3년 이상의 교육경력과 일정한 재교육을 받은 사람, ② 학식·덕망이 높은 사람으로서 대통령령이 정하는 기준에 해당한다고 교육부장관의 인정을 받은 사람, ③ 교육대학·전문대학의 학장으로 근무한 경력이 있는 사람, ④ 특수학교의 교장 자격증을 가진 사람, ⑤ 공모 교장으로 선발된 후 교장의 직무수행에 필요한 교양과목, 교직과목 등 교육부령으로 정하는 연수과정을 이수한 사람 등이며, 교감의 자격기준은 ① 중등학교 정교사(1급) 자격증 또는 보건교사(1급) 자격증을 가지고 3년 이상의 교육경력과 일정한 재교육을 받은 사람, ② 중등학교(2급) 정교사 자격증 또는 보건교사(2급) 자격증을 가지고 6년 이상의 교육경력과 일정한 재교육을 받은 사람, ③ 교육대학의 교수·부교수로서 6년 이상의 교육경력이 있는 사람, ④ 특수학교의 교감 자격증을 가진 사람 등이다.

### 라. 수석교사

수석교사 제도는 교사 본연의 가르치는 업무가 존중되고, 그 전문성에 상응하는 역할을 부여하여 수업 전문성을 가진 교사가 우대받는 교직풍토를 조성하기 위하여 2008년부터 4년간의 시범운영을 거쳐 2011년 6월에 법제화되었다. 수석교사는 교사의 자격증을 소지한 사람으로서 15년 이상의 교육경력(교육전문직원으로 근무한 경력 포함)을 가지고 교수·연구에 우수한 자질과 능력을 가진 사람 중에서 교육부장관이 정하는 연수 이수 결과를 바탕으로 검정·수여하는 자격증을 받은 자로서, 최초로 임용된 때부터 4년마다 대통령령으로 정하는 업적평가 및 연수 실적 등을 반영한 재심사를 받아야 한다. 수석교사는 새로운 교수방법을 개발·보급하고, 교사의 교수·연구활동을 적극적으로 지원하는 역할을 수행하는 장학담당자이다.

## 2. 장학담당자의 역할

장학은 다양한 역할을 수행해 나가는 하나의 과정으로 볼 수도 있고, 수업의 개선이라는 일차적 기능을 수행하는 학교집단의 역할을 범주화하는 명칭이라고 볼 수도 있다. 장학을 하나의 과정으로 보든 역할로 보든, 중요한 점은 장학현장에는 그 일차적 기능인 수업의 개선을 위해 특정한 역할을 부여받고 그 역할을 수행하는 수많은 사람이 존재한다는 사실이다.

앞에서 살펴본 장학관·교육연구관, 장학사·교육연구사, 교장·교감 등은 장학이라는 역할을 부여받고 실제로 수업 개선 차원에서 현직연수, 의사결정에의 유도,

동기화 등을 통해 장학활동을 수행한다. 물론 직위에 따라 그 부여된 역할이 다르며, 장학활동을 수행하는 방식도 다양하다. 그러나 일반적으로 장학담당자 일반이 어떠한 지위를 갖느냐에 따라 역할은 상당히 달라질 수 있다. 즉, 장학담당자가 행정의 계선에 위치해 지도·감독하느냐 아니면 동료교사와 같이 최소한의 재량권을 행사하느냐 혹은 교육행정가와 교사의 중개자 기능에 충실하느냐에 따라 어떤 역할을 수행할 것인가가 결정될 것이다.[6] 그렇기는 해도 직위나 지위와 무관하게 장학담당자들에게 기대되는 역할에는 공통적인 요소가 있다.

인간자원장학의 주창자인 Sergiovanni와 Starratt(1983)는 장학담당자의 역할은 ① 교육 프로그램의 수립자 및 교육과정 관리자로서의 전문성에 그 성패가 좌우되며, ② 어떤 면에서 대립적이라 볼 수 있는 행정관리기능과 장학기능을 동시에 수행해야 하기 때문에 역할 수행에 난점이 많으며, ③ 행정관리와 같은 계선기능이 아니라 참모기능에 가깝기 때문에 그들의 권한이 제약될 수밖에 없는 특징을 가지고 있다는 점을 지적하면서, 장학담당자들이 구체적인 관심을 가져야 할 영역을 다음과 같이 제시하고 있다(Sergiovanni & Starratt, 1983: 13-14).

- 교육과정 및 교수목표
- 교육 프로그램의 내용과 범위 그리고 조정
- 대안과 그 선택
- 교육과정과 교수의 혁신
- 지식의 구조화
- 학습집단의 조직과 시간계획
- 학습단원의 계획
- 학습자료의 선정과 평가
- 교사의 유형에 따른 학습효과
- 교육적 경험의 개발과 평가

---

6) Sergiovanni와 Starratt(1983: 14-17)는 장학담당자가 중개자로서의 기능을 하느냐, 아니면 주변인, 동료교사, 인간관계전문가 혹은 자원장학 연결자로서의 기능을 하느냐에 따라 상이한 역할을 갖게 된다고 주장한다.

- 교수법과 수업진행절차
- 교실의 학습풍토
- 교사와 학생 및 프로그램의 평가

　　Dull(1981: 8)도 그들과 유사한 영역을 지적하였다. 그가 제시하고 있는 장학담당자의 역할 영역은 ① 교육과정의 내용과 범위, ② 교육과정 개발, ③ 직원 역량 향상, ④ 교수의 방법과 전략 및 기술, ⑤ 교육내용의 선정과 활용, ⑥ 학생지도, ⑦ 단원계획, ⑧ 학생의 조직과 시간계획, ⑨ 학급경영과 학급풍토, ⑩ 교사와 학생 및 프로그램의 평가 등이다.

　　한편, Lucio와 McNeil(1962: 44)은 보다 일반적인 관점에서 장학담당자의 공통적 역할을 제시하였다. 그것은 ① 달성해야 할 바람직한 목적이나 결과를 결정하는 일, ② 그 목적을 달성할 수 있는 프로그램과 절차를 구안하는 일, ③ 나타난 결과를 평가하는 일 등이다.

## 📖 제5절 장학의 과제

　　우리나라의 경제는 세계 10위에 도달했음에도 우리의 교육시스템은 아직 선진화되어 있지 못하다. 오도된 교육관이나 교육열 혹은 입시 위주의 교육 등 바람직하지 못한 교육관과 풍토가 교육활동 자체를 왜곡시키고 교육발전을 저해하고 있다. 이러한 교육시스템과 풍토 및 의식의 개선은 대단히 시급하고 요긴한 일이기는 하지만, 교육재정이나 국민의식 등 여러 가지 현실적인 사정 때문에 단기간에 해결하기에는 많은 한계를 가지고 있다. 따라서 최근에는 가능한 범위 내에서 교수활동의 개선을 통해 교육의 질을 개선할 수 있는 장학에 대한 관심이 고조되고 있다.

　　특히 단위학교의 교직원협의회가 연수 기능을 수행함으로써 교내장학의 역할을 수행해 왔다. 교직원협의회가 업무 관련 전문연수를 실시하거나, 공동의 목표 달성과 실행을 위해서 학습공동체를 조직·운영하거나, 그 외에 자율적 연수를 통해서 다양한 방법으로 연수 기능을 수행하고 있다. 그럼에도 불구하고 여전히 장학은 다음과 같은 문제점을 안고 있다.

- 교육정책이나 장학방침의 잦은 변동으로 안정성이 결여되어 합리적인 목표를 세우고 장학활동을 일관성 있게 추진하기가 어렵다.
- 장학의 체제와 조직 구조가 상부 교육행정기관의 행정 보조수단으로 되어 있고 장학활동이 시책사업에 대한 홍보와 확인 위주로 이루어지고 있어 수업 개선이라는 궁극적인 목표를 달성하기 어렵다.
- 감독과 시찰 위주의 권위주의적 장학관행으로 야기된 장학에 대한 좋지 못한 인식 때문에 교사들이 장학활동을 기피하고 적극적으로 수용하지 않고 있다.
- 장학담당자의 수가 부족하고, 업무량이 지나치게 많아 현장교사의 실질적인 자문가 역할을 수행하지 못하고 있으며, 전문가 양성 프로그램이나 교육과정이 정비되어 있지 않아 전문성 신장이나 자질개발이 어렵다.
- 교장 및 교감이 행정관리 업무에 치중하여 학교를 운영하기 때문에 수업지도 자로서의 기능을 제대로 수행하지 못하고 있다.
- 교사들이 혼자 공부하기를 좋아하고 평가와 비판을 통한 협동적 노력으로 수업을 개선하려는 교직문화가 부족하다.

이러한 문제들을 해결하기 위해서는 최근 교육지원청의 단위학교 장학지원 업무를 강화하는 등의 노력을 하고 있다. 여기서 그를 위한 과제를 간략하게 제시해 보면 다음과 같다.

- 장학의 기조가 계속적으로 유지될 수 있도록 교육정책과 시책을 합리적이고 일관성 있게 추진해야 한다.
- 장학과업을 수준별로 전문화하되 모든 활동이 수업의 개선에 집중되도록 장학 조직의 체제와 구조를 합리적으로 조정한다.
- 장학에 대한 그릇된 편견을 시정하기 위해 장학에 대한 홍보활동을 강화하고 실질적으로도 민주적이고 합리적인 장학활동으로 장학이 교사들의 수업활동에 긴요하다는 점을 인식하게 한다.
- 장학관(사)과 교장(감) 등 장학담당자들은 실질적인 수업지도자가 될 수 있는 우수한 인사로 충원될 수 있도록 제도적 장치를 마련하고 장학담당자가 된 후에도 그 자질을 향상시킬 수 있도록 교육 및 연수 프로그램을 정비해야 한다.

• 학교의 교수–학습공동체 활동을 기반으로 교내장학, 동료장학 등을 활성화하고 그러한 장학이 장학활동의 중심이 될 수 있도록 함으로써 학교의 연구풍토를 조성하고, 장학담당자가 그러한 과정에서 자원인사로서 활용될 수 있도록 배려한다.

제10장

# 교육인사행정

조직을 운영하기 위해 최소한으로 갖추어야 할 요소로는 흔히 3M, 즉 돈(money), 물자(material), 사람(man)을 들며, 그중에서도 사람을 가장 중요한 요소로 들고 있다. 이는 한 조직이 다른 요소들을 아무리 잘 갖추었다 하더라도, 그 과정이나 결과는 결국 이를 운용하고 관리할 사람에 의해 좌우되기 때문이다. 이러한 점에서 교육활동에서 주체적인 역할을 담당할 교육직원을 확보하고 적소에 배치ㆍ활용하며, 이들이 쾌적한 조건에서 근무할 수 있도록 하는 교육인사행정은 교육행정에서 가장 중요한 부분의 하나가 아닐 수 없다.

여기서 교육인사행정을 교육인사행정의 기초, 교육직원의 충원과 신규임용, 교원의 능력계발, 교원보수제도로 나누어 살펴보고자 한다.

## 제1절 교육인사행정의 기초

### 1. 교육인사행정의 개념

교육인사행정은 교육에 관한 인사행정을 의미한다. 다른 것과 마찬가지로 인사행정의 개념에 관해서도 많은 학자가 견해를 밝힌 바 있다.

- Yoder(1959: 6)는 인사행정이란 "조직원들로 하여금 그들의 직장에 대하여 최대의 공헌을 하는 동시에 최대의 만족을 얻을 수 있도록 도와주고 지도하는 활동"이라고 정의하였다.

- Pigors와 Myers(1969: 29)는 "좋은 인사행정은 종업원 각자가 그 능력을 최대한으로 발휘하도록 하여 직무수행에서 최대의 만족을 얻게 하고 조직에 최대의 공헌을 할 수 있도록 도와주는 일"이라고 하였다.

- Nigro와 Nigro(1976: 78)는 인사행정이란 "유능한 인력을 획득·개발하고 그들로 하여금 최선을 다할 수 있는 조직환경 내지 근무조건을 창출하는 일련의 과정"이라고 하였다.

- Spates(1944: 9)는 인사행정을 "종업원의 잠재능력을 최대한으로 발휘시키고 스스로가 최대한의 성과를 확보하도록 그들을 처우하고 조직하는 방법에 관한 규범체계"라고 정의하였다.

- White(1955: 306)는 효율적인 인사행정이란 조직원의 모집, 시험, 자격검정, 직급, 보수, 직무분장, 감독, 훈련, 승진, 근무평정, 징계, 면직, 안전, 복지시설, 재해보상, 퇴직, 전문직 단체, 노동조합, 사기, 신분보장, 직업공무원제도 창설 등에 관련된 문제를 다루는 것으로 규정하였다.

- Castetter(1986: 6-7)는 교육인사행정 기능의 목적은 ① 조직의 목적을 달성하고, ② 구성원이 지위에 맞는 업무수행을 하도록 도와주며, ③ 구성원의 능력계발을 극대화하고, ④ 개인의 목적과 조직의 목적을 조화시키기 위해 인력을 유치·개발·유지하고 동기화시키는 것이라고 하였다.

이러한 논의들을 종합하여 보면 인사행정은 ① 유능한 인적 자원을 확보·배치하고, ② 그들의 계속적인 능력계발을 도모하며, ③ 높은 사기와 긍지를 지니고 직무에 최선을 다할 수 있도록 제반 여건을 조성하는 과정이라 할 수 있다. 종래에는 인사의 기능을 주로 통제에 두어 인사행정의 내용도 유능한 인재의 채용과 통제에 두었다. 그러나 점차로 조직 구성원의 사기가 중요시되기 시작하였으며, 최근에는 조직 구성원의 계속적인 능력계발이 사기 못지않게 중요시되었고, 채용·능력계발·사기는 인사행정의 근간을 이루는 3대 요인으로 자리 잡게 되었다(박동서, 1978: 16-17).

한편, 인사행정과 인사관리는 각각 공공행정이나 경영학 분야에서 발달하여 같은 뜻을 내포한 용어로서 별로 구별하지 않고 있다(Pfiffner & Presthus, 1960: 5). 하지만 엄격히 말하면 두 용어는 그 대상이 다른 측면을 지닌다. 즉, 인사행정은 공익과 공공봉사가 주요 기능인 정부에서 공무원을 대상으로 하는 인사사무를 의미하며(오석홍, 1983: 7), 인사관리는 종업원을 최대한으로 활용하기 위한 관리에 초점을 두는 사기업체에서 활용되는 용어이다(정수영, 1982: 29-31).

교육의 공공성에 비추어 볼 때, 교육인사행정은 이상에서 살펴본 일반인사행정의 개념을 그대로 적용할 수 있다. 즉, 교육인사행정은 교육조직의 목적을 효과적으로 달성하는 데 필요한 유능한 교육직원의 채용과, 그들의 계속적인 능력계발 및 사기앙양을 도모하는 일련의 과정이라고 정의할 수 있다. 채용과정에는 인력계획, 모집, 시험, 임용 등이 포함되며, 능력계발에는 현직 교육·훈련은 물론 근무성적평정, 승진 및 전직·전보 등이 포함된다. 마지막으로 사기에는 보수 및 근무환경을 포함하는 물리적 조건과 사회심리적 요인이 포함된다.

## 2. 인사행정관의 변천

인사행정의 제도와 운영방법은 시대와 국가에 따라 많은 변화를 겪어 왔다. 하지만 그 저변에 흐르는 기본적 인사행정관의 변천은 엽관주의(獵官主義)와 실적주의(實績主義), 그리고 양자의 절충적 접근으로 요약될 수 있다.

### 가. 엽관주의

엽관주의(spoils system)는 공직에 사람을 임용함에 있어서 그 기준을 임용권자와의 혈연, 지연, 학연, 정당관계 등 귀속적인 데 두는 입장을 말한다. 즉, 엽관주의는 공직을 마치 전리품(spoils)에 비유하여, 선거에서 승리한 집권당이 그 추종자들에게 충성과 공헌도에 대한 보상으로 관직을 부여하는 것을 의미한다(서정화, 1994: 46).

엽관주의는 자유민주주의의 근간이 되고 있는 정당제도를 유지하는 데 기여하며, 관료제의 민주적 분위기를 조성할 수 있고 충성스러운 공직자를 확보·통솔함으로써 국가정책을 효과적으로 침투시킬 수 있는 장점이 있다. 그러나 행정의 계속성을 손상시킬 수 있고, 업무능률을 저하시키며 유능한 인력을 영입하는 데 제약을 가져올 수 있고, 당파성과 문벌·금력 등에 따른 임용과 부패 등의 폐해를 야기할 수 있다(김홍기, 1988, 43-44).

### 나. 실적주의

실적주의(merit principle)는 개인의 객관적인 능력·자격·실적 등에 바탕을 두고 누구에게나 차별 없이 동등한 기회를 부여하는 인사행정관을 말한다. 즉, 실적주의의 본질은 대체로 ① 인사행정의 기준이 개인의 능력과 실적이며, 이에 따라 특히 공무원 임용에서 공개경쟁시험을 원칙으로 하고, ② 모든 국민은 공직에 취임함에 있어서 인종·종교·학벌·지역 등에 관계없이 균등한 기회를 부여받으며, ③ 공무원은 정치적 중립성이 요구되는 동시에 신분이 보장된다는 점 등을 들 수 있다(안해균, 1985: 403). 정도의 차이는 있지만 실적주의가 현대 민주사회의 기본 인사행정관이라 할 수 있다.

실적주의는 객관적 능력이나 실적에 기초함으로써 공정성과 함께 기회균등을 실현할 수 있고, 공무원의 정치적 중립과 신분보장을 기할 수 있다는 장점을 지닌다. 반면에 이를 지나치게 강조하면 보호주의의 특혜 속에 공직자의 무사안일주의가 우려되고 소극주의와 형식주의가 팽배함으로써 효율성이 저하될 수 있고 외부의 영입에 대한 방어적인 분위기가 조성될 수 있다는 단점이 있다.

### 다. 절충적 접근

사경제가 발전함에 따라 공직에 대한 매력이 상대적으로 감소되고, 전문적 능력이 없는 사람이 공직을 담당하는 것이 곤란하다는 인식과 함께 공무원의 직업화 경향이 발달하면서 엽관주의는 점차 퇴색하였다. 그러나 고위 정책 결정 담당자에 의한 행정통제가 필요한 경우가 있고 정책의 일관성 있는 운영을 위해서는 엽관주의도 필요한 것으로 인식되기도 한다. 특히 민주주의는 정당정치를 전제로 하기 때문에 엽관주의에 따른 일부 공직임명은 불가피하다는 입장에서 정치인에 대한 주

민통제의 효율화를 전제로 엽관주의도 적절하게 활용할 필요가 있다(서정화, 1994:
48). 마찬가지로 실적주의도 장점이 많기는 하지만 지나치게 강조하다 보면 폐단이
드러나게 된다.

따라서 실적주의를 기본이념으로 하되, 사회변화에 보다 적극적이고 신축적으로
대응하기 위해서는 엽관주의적 요소를 조화시킬 필요가 있다. 실적주의와 엽관주
의가 역사적 · 제도적으로 대립되어 온 것이 사실이지만, 이 두 이념이 상호 보완관
계에 있는 것 또한 사실이기 때문이다.

## 3. 교육인사행정 관계 법령

교육인사행정의 기본이 되는 관계 법령은 교원에 관계된 법령과 일반 공무원에
관계된 법령으로 나눌 수 있다. 그러나 이는 임의적인 구분으로 「공무원보수규정」
및 「공무원수당 등에 관한 규정」 등과 같은 법령은 교원과 일반직 모두에게 관계된
것이다.

교원 및 교육전문직 인사 관련 법령으로는 기본법령이 되는 「교육공무원법」
「초 · 중등교육법」 「사립학교법」 「교원의 지위 향상 및 교육활동 보호를 위한 특별
법」 「교원의 노동조합 설립 및 운영 등에 관한 법률」이 있다. 특히 "학교교육에서 교
원의 전문성은 존중되며, 교원의 경제적 · 사회적 지위는 우대되고 그 신분은 보장
된다."라고 규정한 「교육기본법」 제14조 제1항과 교원에 관한 제반 사항을 규정한
「초 · 중등교육법」 제19~22조, 그리고 「사립학교법」 제4장 제52~67조의 사립학교
교원에 관한 규정 역시 교육인사행정의 기초가 되는 법률 조항들이다.

「교육공무원법」은 교육을 통하여 국민 전체에 봉사하는 교육공무원의 직무와 책
임의 특수성에 비추어 그 자격 · 임용 · 보수 · 연수 및 신분보장 등에 관하여 교육
공무원에 적용할 「국가공무원법」에 대한 특례를 규정함을 목적으로 제정되었다. 동
법은 교육공무원의 직무와 책임의 특수성에 비추어 「국가공무원법」의 규정과 별도
로 교육공무원 인사위원회, 교육공무원의 자격 · 임용 · 보수 · 연수 · 신분보장 · 징
계 · 소청 등에 관한 기준을 정하고 있다. 「교육공무원법」은 총칙과 벌칙조항을 포
함하여 모두 10개 장 63개 조문으로 구성되어 있다.

일반직 공무원 관련 법령으로서의 「국가공무원법」 「지방공무원법」 등의 기본법령

과「공무원임용령」「공무원보수규정」「공무원수당 등에 관한 규정」「국가공무원 복무규정」「공무원 교육훈련법」「공무원연금법」「상훈법」「공무원 징계령」「공직자윤리법」「공무원평정규칙」「공무원인사기록 및 인사사무 처리규칙」 등의 법령에서도 교육공무원으로서의 교원에 관한 규정이 담겨 있다.

대통령령으로는「교육공무원임용령」「교육공무원 승진규정」「교육공무원 인사관리규정」「교육공무원 인사위원회 규정」「교육공무원 징계령」「교원 등의 연수에 관한 규정」「교원자격검정령」「교원소청에 관한 규정」「교원 예우에 관한 규정」「초·중등교육법 시행령」「교원의 노동조합 설립 및 운영 등에 관한 법률 시행령」「교원의 지위 향상 및 교육활동 보호를 위한 특별법 시행령」「교원 지위 향상을 위한 교섭·협의에 관한 규정」 등이 있다. 교육부령으로는「교원자격검정령 시행규칙」「교육공무원 임용후보자 선정경쟁시험규칙」「교육공무원 징계양정 등에 관한 규칙」「교원 등의 연수에 관한 규정 시행규칙」「사립학교 교원 징계규칙」「임시교원양성소 규정」「교육공무원 인사기록 및 인사사무 처리 규칙」 등이 있다.

교육인사행정과 관련된 주요 법령을 영역별로 정리하면 〈표 10-1〉과 같다. 교원 인사제도와 관련된 주요 법령은 크게 자격 및 신분, 임용, 연수, 복무, 복지후생, 신분보장 및 징계, 보수 및 예우, 단체활동의 8개 영역으로 구분해 볼 수 있다. 일부의 기본법령은 다른 영역에 중복해서 관련될 수도 있으며, 일부 법령은 해당 영역에만 관련될 수도 있다.

**표 10-1 교육인사행정 관련 법령**

| 내용영역 | 관련된 주요 법령 |
|---|---|
| 자격 | • 「교육기본법」「초·중등교육법」 및 동 시행령<br>• 「교원자격검정령」 및 동 시행규칙<br>• 「대학교원 자격기준 등에 관한 규정」 |
| 임용 | • 「교육공무원법」<br>• 「교육공무원임용령」<br>• 「교육공무원 인사관리규정」<br>• 「교육공무원 임용후보자 선정경쟁시험규칙」<br>• 「교육공무원 인사위원회 규정」<br>• 「교육공무원 인사기록 및 인사사무 처리 규칙」<br>• 「해외파견교육공무원 인사관리규칙」 |

| | |
|---|---|
| 임용 | • 「교육공무원 승진규정」<br>• 「국립의 각급 학교에 두는 공무원의 정원에 관한 규정」<br>• 「지방교육행정기관 및 공립의 각급 학교에 두는 국가공무원의 정원에 관한 규정」<br>• 「지방교육행정기관의 행정기구와 정원기준 등에 관한 규정」<br>• 「교육부와 그 소속기관 직제 시행규칙」<br>• 「공무원 성과평가 등에 관한 규정」<br>• 「교육감 소속 지방공무원 평정규칙」<br>• 「사립학교법」 및 동 시행령 |
| 연수 | • 「국가공무원법」<br>• 「교육공무원법」<br>• 「교원 등의 연수에 관한 규정」 및 동 시행규칙<br>• 「공무원 교육훈련법」 및 동 시행령 |
| 복무 | • 「국가공무원법」<br>• 「교육공무원법」<br>• 「국가공무원 복무규정」<br>• 「지방공무원 복무규정」<br>• 「사립학교법」 및 동 시행령<br>• 「공직자윤리법」 및 동 시행령 · 시행규칙 |
| 복지후생 | • 「공무원연금법」 및 동 시행령 · 시행규칙<br>• 「사립학교법」<br>• 「사립학교교직원 연금법」 및 동 시행령<br>• 「공무원 후생복지에 관한 규정」 |
| 신분보장 및 징계 | • 「국가공무원법」<br>• 「교육공무원법」<br>• 「교육기본법」<br>• 「초 · 중등교육법」 「고등교육법」 「유아교육법」 및 동 시행령<br>• 「교원의 지위 향상 및 교육활동 보호를 위한 특별법」 및 동 시행령<br>• 「교육공무원 징계령」<br>• 「교원소청에 관한 규정」<br>• 「사립학교법」 및 동 시행령<br>• 「교육공무원 징계양정 등에 관한 규칙」<br>• 「공무원 징계령」<br>• 「상훈법」 및 동 시행령 |

| | |
|---|---|
| 보수 및 예우 | • 「공무원보수규정」<br>• 「공무원수당 등에 관한 규정」<br>• 「공무원 여비 규정」 「교원 예우에 관한 규정」<br>• 「모범공무원 규정」<br>• 「모범공무원 수당규칙」<br>• 「국가공무원 명예퇴직수당 등 지급 규정」<br>• 「지방공무원 명예퇴직수당 등 지급 규정」 |
| 단체활동 | • 「국가공무원법」<br>• 「교육기본법」<br>• 「교원 지위 향상을 위한 교섭·협의에 관한 규정」<br>• 「교원의 노동조합 설립 및 운영 등에 관한 법률」 및 동 시행령·시행규칙 |

## 4. 교육인사행정기관

교육인사행정기관은 중앙과 지방으로 구분해 볼 수 있다. 먼저, 중앙의 교육인사행정 기구는 인사혁신처 및 행정안전부와 교육부의 삼원적 조직으로 되어 있다. 행정안전부장관은 국무회의의 서무, 법령 및 조약의 공포, 정부조직과 정원, 상훈, 정부혁신, 행정능률, 전자정부, 정부청사의 관리, 지방자치제도, 지방자치단체의 사무지원·재정·세제, 낙후지역 등 지원, 지방자치단체 간 분쟁조정, 선거·국민투표의 지원, 안전 및 재난에 관한 정책의 수립·총괄·조정, 비상대비, 민방위 및 방재에 관한 사무를 관장한다(「정부조직법」 제34조). 인사혁신처는 국무총리 산하에 두고 공무원의 인사·윤리·복무 및 연금에 관한 사무를 관장한다(「정부조직법」 제22조의 3). 교육부는 교육공무원과 사립학교교직원에 대한 지휘·감독권을 가지며, 교육인사행정에 관한 사무는 교육부장관의 소관 사무이다. 교육부 내에서는 운영지원과에서 소속 공무원의 채용·승진·전직·해외주재관 파견 등 임용 및 복무, 교육훈련 등 능력발전, 상훈·징계, 연금·급여 및 복리후생 등에 관한 사항, 중앙교육연수원, 인사제도 및 인사 관련 통계 등에 관한 사무를 관장한다(「교육부와 그 소속기관 직제」 제9조).

학교혁신지원실의 교원정책과장은 교원에 관한 종합정책, 초·중등교원 인사제도, 초·중등교원의 복무, 징계 및 소청, 교원의 책임 및 근무기강 확립, 교장 공모

제도의 운영, 수석교사 제도 운영, 교원 포상, 중장기 교원 수급계획 수립, 지방교육행정기관과 각급 학교 소속 교원의 정원 관리, 기간제교원 및 강사, 교원의 지위 향상 및 교육활동 보호, 교원소청심사위원회의 운영지원, 교육공무원 인사기록, 교육공무원의 전직, 교원단체 및 교원노동조합에 관한 정책, 교원단체의 설립·해산 및 운영지원, 교원단체 및 교원노동조합 관련 국제기구와의 협력, 교원노동조합과의 단체교섭에 대한 총괄·조정 및 갈등관리, 교육공무원의 보수 및 복리·후생에 관한 기본계획의 수립·시행 및 성과상여금 제도 운영, 한국교직원공제회, 사립학교교직원연금공단 및 한국교육삼락회의 운영지원, 지방교육행정기관 소속 지방공무원 단체와의 협력 및 지원, 교원에 관한 종합정책의 수립·시행 등에 관한 업무를 담당한다(「교육부와 그 소속기관 직제 시행규칙」 제7조 제8항).

교원양성연수과장은 초·중등교원 양성 기본정책의 수립·시행 및 제도 개선, 교육대학·사범대학·교육대학원의 설치·폐지와 학생 정원 조정·운영, 교직과정의 설치·폐지 및 교직 관련 학과의 운영지원, 교육대학 및 한국교원대학교 교원의 인사·학사제도 운영 및 개선, 교원 신규임용 시험·임용방식 다양화, 교원자격검정 기본정책 및 교원자격검정기준, 초·중등교원 연수 기본정책의 수립·시행 및 제도 개선, 교원 연수체제 개편 및 원격교육연수 제도의 운영지원, 초·중등교원 능력개발평가, 대학부설 교육연수원 및 원격교육연수기관의 설치·폐지 및 운영지원, 교원연구대회, 교원학습연구년제, 교원양성·연수기관 평가 등에 관한 업무를 담당한다(「교육부와 그 소속기관 직제 시행규칙」 제7조 제9항).

징계처분, 그 밖에 그 의사에 반하는 불리한 처분을 받은 교원의 소청심사청구·심사 및 결정에 관한 사무를 관장하기 위하여는 교원소청심사위원회가 설치되어 있다(「교원의 지위 향상 및 교육활동 보호를 위한 특별법」 제7조 및 「교원소청에 관한 규정」 제2조).

지방의 교육인사행정기관으로는 시·도교육청과 교육지원청이 있다. 먼저, 교원을 제외한 일반직 공무원의 인사사무는 시·도교육청의 교육감-총무과에서 관장한다. 유치원, 초·중등학교, 특수학교 교원의 자격, 인사, 교육 및 후생복지 등에 관한 사항은 교육(정책)국의 교원정책과(교육청에 따라 과 명칭은 다를 수 있음)에서 관장한다. 시·도교육청 산하 교육지원청의 교육지원과와 행정(지원)과(교육청에 따라 과 명칭은 다를 수 있음)에서도 시·도교육청과 유사한 사항을 관장하되, 중학교

이하의 각급 학교에 한한다.

## 5. 교육직원의 분류

교육인사행정은 교육직원을 대상으로 하는 인사사무를 의미하므로 교육인사행정의 명확한 개념 규정을 위해서는 교육활동에 종사하는 교육직원의 범위를 규정할 필요가 있다. 교육직원은 교육활동에 관련된 모든 사람을 말한다. 교육인사행정의 대상이 되는 협의의 교육직원은 국·공립의 각급 학교에 근무하는 교원과 교육전문직을 포함하며, 광의의 교육직원은 교육행정직은 물론 관련 기술직과 기능직, 별정직, 사립학교 교원을 포함한다.

교육인사행정의 주 대상이 되는 교육직원의 신분과 종류를 파악하기 위해서는 먼저 공무원의 구분을 파악할 필요가 있다. 「국가공무원법」 제2조에 의하면 공무원은 경력직 공무원과 특수경력직 공무원으로 구분된다. 경력직 공무원은 실적과 자격에 의해 임용되며, 평생토록 공무원으로 근무할 것이 예정되는 공무원을 말한다. 여기에는 일반직 공무원과 특정직 공무원이 포함된다. 특수경력직 공무원은 직업공무원제의 적용을 받지 않는, 경력직 공무원 외의 공무원으로서 정무직 공무원과 별정직 공무원이 포함된다. 이러한 공무원의 구분을 도표로 정리하면 〈표 10-2〉와 같다.

**표 10-2** 공무원의 구분

| | | |
|---|---|---|
| 경력직 | 일반직 | 기술·연구 또는 행정일반에 대한 업무를 담당하는 공무원 |
| | 특정직 | 법관, 검사, 외무공무원, 경찰공무원, 소방공무원, 교육공무원, 군인, 군무원, 헌법재판소 헌법연구관, 국가정보원의 직원, 경호공무원과 특수분야의 업무를 담당하는 공무원으로서 다른 법률에서 특정직 공무원으로 지정하는 공무원 |
| 특수경력직 | 정무직 | 1. 선거로 취임하거나 임명할 때 국회의 동의가 필요한 공무원<br>2. 고도의 정책 결정 업무를 담당하거나 이러한 업무를 보조하는 공무원으로서 법률이나 대통령령(대통령비서실 및 국가안보실 조직에 관한 대통령령만 해당)에서 정무직으로 지정하는 공무원 |
| | 별정직 | 비서관·비서 등 보좌업무 등을 수행하거나 특정한 업무수행을 위하여 법령에서 별정직으로 지정하는 공무원 |

교육직원은 넓은 의미로 볼 때, 이 중에서 특정직인 교육공무원은 물론 일반직 공무원, 정무직 공무원(장관·차관·교육감), 별정직 공무원(비서관, 비서) 등이 포함되는 매우 넓은 개념이다. 즉, 광의로 볼 때 교육직원은 크게 국·공립학교, 국·공립계통의 교육행정기관 및 교육연구기관에서 교육과 교육행정활동에 종사하고 있는 직원은 물론 사립교육기관의 교육직원을 포함한다.

국·공립계통의 교육직원은 다시 교육공무원(특정직)과 일반직 공무원, 기타로 구분된다. 교육공무원은 교원 및 조교와 교육전문직원으로 나뉜다. 교원에는 유·초·중등학교의 교장, 교감, 교사, 대학의 총장, 교수, 부교수, 조교수 등이 포함되며, 교육전문직원에는 장학관, 장학사, 교육연구관, 교육연구사 등이 포함된다. 일반직 공무원은 교육행정 공무원을 말하며, 기타에는 정무직과 별정직의 비서를 포함한다. [그림 10-1]은 교육직원의 분류를 나타낸 것이다. 이처럼 교육직원은 매우 넓은 범위로 파악할 수 있지만 통상 교육인사행정은 교원을 중심으로 논의하는 것이 일반적이다.

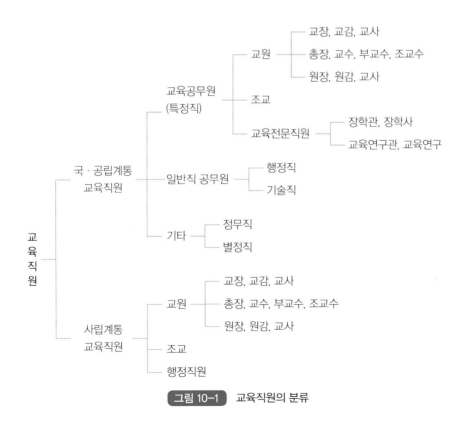

**그림 10-1** 교육직원의 분류

## 6. 교육인사행정의 기능 및 영역

인사행정의 기능과 영역 역시 학자에 따라 달리 설정되고 있기는 하지만, 근본적인 내용은 비슷하다.

- Nigro와 Nigro(1976: 6-11)는 인사행정의 영역을 ① 모집 및 선발(recruitment and selection), ② 배치(staffing), ③ 훈련(training of paraprofessionals), ④ 평가(evaluation), ⑤ 노사관계(professional negotiation), ⑥ 보수(salaries), ⑦ 사기(morale) 등으로 구분하였다.
- Morphet, Johns, 그리고 Reller(1974: 418)는 인사관리의 과정을 ① 인력수급계획, ② 모집, ③ 선발, ④ 유인, ⑤ 평가, ⑥ 개발, ⑦ 보상, ⑧ 인력 서비스, ⑨ 안전, ⑩ 노사관계, ⑪ 민주적 분위기 조성 등으로 구분·설명하였다.
- Yoder(1959: 13-15)는 인사행정의 분야를 ① 산업 관련 부서의 일반적인 관리, ② 충원, 고용 및 배치, ③ 훈련과 개발, ④ 노무관리, ⑤ 임금 및 보수관리, ⑥ 건강 및 안전관리를 포함하는 편익과 서비스 프로그램 관리, ⑦ 연구 등을 들고 있다.
- Stahl(1983: 3-4)은 공공인사행정의 주요 영역으로 ① 인사배치, ② 구조, ③ 개발·훈련, ④ 보상과 근무여건, ⑤ 책무성, ⑥ 단체협약 등을 다루고 있다.

한편, 교육직원, 특히 교육공무원을 대상으로 하는 교육인사행정은 교육 및 교육행정활동에 종사하는 직원에게 해당된다는 것일 뿐 일반 인사행정의 영역과 크게 다를 바 없다. 서정화(1994: 39)는 교육인사행정의 주요 영역으로 교원의 신분과 자격, 수급계획, 양성, 선발과 임용, 연수, 근무평정, 승진, 전보와 전직, 보수와 후생, 근무부담, 신분보장, 징계, 퇴직제도, 사기, 인간관계, 교직단체, 윤리강령 등을 제시하고 있다.

이상에서와 같은 인사행정 혹은 교육인사행정의 영역 및 기능에 관한 여러 학자들의 구분을 종합해 볼 때, 교육인사행정의 주요 영역은 교직에 종사하기를 희망하는 사람들을 수급계획에 따라 선발하는 일로부터 교원의 양성, 채용, 연수, 승진, 전보, 퇴직은 물론 근무조건, 복지후생, 사기진작에 이르기까지의 전 과정을 포괄하는 것으로 볼 수 있다.

## 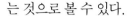 제2절 교육직원의 충원과 신규임용

교육인사행정에 있어서 가장 중요한 것은 우수한 자격과 능력을 갖춘 교육직원을 필요한 만큼 확보하는 일이다. 여기에는 신분과 종류에 따른 수급, 정원, 선발 및 임용 등의 문제가 포함되며, 이를 포괄하여 충원이라 한다. 법령상 임용에는 신규임용, 승진, 승급, 전직, 전보, 겸임, 파견, 강임, 휴직, 직위해제, 정직, 복직, 해임 및 파면을 포함하는데, 신규임용은 충원에서, 승진과 전보는 능력계발에서 다루는 것이 일반적이다.

교육직원은 이미 앞에서 살펴보았듯이 특정직 공무원으로서의 교육공무원과 일반직의 교육행정 공무원 및 기능직 공무원, 그리고 사립학교 교원을 포함한다. 그러나 여기서는 좁은 의미의 교육직원, 즉 교육공무원을 중심으로 살펴본다.

## 1. 교원 수급계획

인적 자원을 수급하기 위해서는 장래의 인력수요를 예측하고 그에 맞는 공급방안을 마련하는 인력계획의 수립이 필요하다. 이는 교원의 수급에 있어서도 마찬가지이다. 즉, 교원의 수급에 있어서도 교육인력 소요계획, 확보계획, 적응 · 개발계획 등을 수립하여 인적 자원을 효율적으로 활용해야 한다.

### 가. 교원 수급의 결정요인

교원 수요의 결정요인은 교육 내적인 요인과 교육 외적인 요인으로 구분할 수 있다. 교육 내적인 수요 결정요인은 취학률, 진급 및 진학률, 학교의 주당 수업시간, 교원의 주당 수업시간 및 업무량, 교과목 구성, 교사 대 학생 수, 교원의 법정 정원 충족률, 교원의 이직 및 퇴직률 등이 주요한 변인이며, 교육 외적인 변인으로는 인구의 변화, 출생률, 교육예산, 타직종의 취업상황 및 보수수준 등을 들 수 있다. 교원 공급의 결정요인은 주로 교원 양성기관의 체제 및 정원, 교원자격제도 및 자격증 소지자 비율, 임용자 비율, 임용을 위한 예산제약 등 정책적 요인에 크게 영향을 받는다.

교원의 수요와 공급을 예측하여 계획한다 하더라도 수급 사이에는 장기간의 시차가 있기 때문에 교육 내적·외적 상황 변동에 따라 수급 간의 격차는 나타나기 마련이다. 특히 인구 이동, 경기 변동에 의한 교원 이직률 변화, 교육예산의 배분 및 개혁에 대한 정책 결정자의 의지 등 교육 외적인 요인에 의해 수급의 불균형이 야기될 수 있다(김선종, 1988: 29).

### 나. 교원 수급의 계획 및 추정과정

교원의 수급계획은 교원의 수급 결정에 영향을 미치는 각종 변인을 고려하여 추정해야 한다. 공급계획에 있어서는 수요를 기초로 하여 각 공급원을 확인하고 공급원을 적절히 조절한다. 자격을 갖춘 교원을 적기에 적정 공급하는 것은 교원 수급계획의 기본과제이다. 교원 공급계획에서는 추정된 교원 수요, 즉 학생의 자연증가와 부족 교원 등에 대한 교원 수요를 추정하기 위한 재원의 가능성을 검토하고, 교원의 공급 규모를 결정하는 것이 일반적이다. 이어 공급 교원 수를 공급원별로 배분하고 교원 양성기관 재학생의 진급률 및 취업률을 추정한 후, 이들 변수를 고려하여 교원 양성기관의 학생 수를 추정하게 된다.

교원 수를 추정하는 방법은 법정 정원에 의한 방법 외에도 교원 대 학생 비에 의한 방법(김영철, 1975: 67-83), Correa(1969: 48-50)의 공식에 의한 방법[1] 등이 있다. 법정 기준을 적용하여 교원의 수요와 공급을 추정하는 과정을 예시하면 다음과 같다.

① 각급 학교의 학생 수 추정
② 각급 학교의 학급당 학생 수 결정
③ 각급 학교의 학급 수 추정
④ 연도별 증가학급 수를 계산하고, 증가학급 수 중 일부를 신설학교로 설립할 학

---

1) 이 방법은 재적학생 수를 학생 대 교원의 비율로 나누어 소요되는 교원의 수를 구하는 것이다. Correa는 총 학생 수와 학생 1인당 주당 수업시간 수를 곱한 것에 교원 1인당 주당 강의시간 수와 평균 학급 규모를 곱한 것을 나눔으로써 소요교원 수를 산출하는 공식을 제시하였다.

교 수 추정

⑤ 전체 학교 수와 학급 수를 산출하고, 법정 기준에 따라 이에 대한 직위별 교원 수요 산출

⑥ 법정 기준에 의한 교원수요와 현재의 직위별 교원 수를 비교하여 직위별 교원 수의 과부족 수 산출

⑦ 자연증가 학급분 교원과 과부족 교원을 충원하기 위한 재원의 가능성 타진

⑧ 가능한 재원의 한계 내에서 과부족 교원의 공급교원 수 결정

⑨ 공급교원 수를 공급원별로 배분

⑩ 교원 양성기관의 학생 진급률과 취업률 추정

⑪ 공급교원 수에 진급률과 취업률을 고려하여 교원 양성기관의 학생 수 추정

## 2. 교원 양성제도

전문직으로서의 교원은 그 직무를 수행함에 있어서 고도의 전문적 지식과 기술이 요구되기 때문에 교원이 되기 전에 질 높은 직전교육을 받아야 한다. 이러한 직전교육의 유형은 목적제와 개방제라는 두 가지로 구분이 가능하다. 목적제는 전문적인 교사양성기관을 중심으로 폐쇄적으로 교원을 양성하자는 것이며, 개방제는 교사양성을 위해 특정한 양성기관을 설치·운용할 필요 없이 모든 대학에서 교사를 양성토록 하자는 것이다. 목적제의 경우 획일성과 통제성, 편협성의 단점이 있으며, 개방제는 교직 윤리의식의 결여, 교육 일반에 대한 소극적 태도, 전문적 기술체계성의 경시 등의 단점이 있다(정재철, 1983: 249-252). 이러한 점을 고려하여 목적제와 개방제의 장점을 절충하려는 절충제가 있다. 우리나라의 경우 초등 교사는 목적제를, 유치원 교사와 중등 교사는 절충제를 채택하고 있다고 볼 수 있다.

유치원 교사의 양성은 3년제 전문대학 및 4년제 대학에 설치된 유아교육과에서 이루어지며, 초등교원은 의무교육의 특수성에 비추어 주로 국립 교육대학에서 양성되고 있다. 교육대학 외에 한국교원대학교 초등교육과, 이화여자대학교 초등교육과에서도 초등교원 양성이 이루어지고 있다.

중등교원 양성기관은 크게 사범대학과정과 비사범대학과정으로 나눌 수 있다. 사범대학과정에는 사범대학과 일반대학 교육과가 있으며, 비사범대학과정에는 일

반대학 교직과정과 교육대학원이 있다. 이 외에도 전문대 졸업자에게는 실기교사 자격증을, 간호사 면허증을 소지하고 소정의 교직과정을 이수한 대학 및 전문대학의 간호학과 졸업자에게는 보건교사 자격증을 수여한다. 대학의 문헌정보학과 및 도서관학과 교직과정 이수자에게는 사서교사 자격증을 수여하고, 대학의 상담·심리관련학과 교직과정 이수자에게는 전문상담교사 자격증을 수여한다.

## 3. 교원자격제도

### 가. 교원자격제도의 의의

교직을 보는 관점은 흔히 성직관(聖職観), 노동직관(労動職観), 전문직관(專門職観)의 세 가지로 구분된다. 성직관은 교직이란 특별한 소명을 가진 사람들이 감당할 수 있는 것이라는 종교적 관점에서 파악하는 것이다. 이 관점에 의하면 교원은 종교지도자와 같이 세속적 직종에서와는 다른 자세로 교직에 종사해야 한다. 노동직관은 교직도 본질적으로 노동을 위주로 하는 다른 직종과 차이가 없으며, 따라서 교원도 노동의 대가로서 보수를 받고 처우개선을 위해 노동3권을 행사할 필요가 있다고 주장한다. 전문직관은 교직을 고도의 지적·정신적 활동을 위주로 하는 전문직으로 보는 것이다(정우현, 1978: 35-45).[2]

자격은 어떤 직무를 수행하는 데 필요한 특정의 능력이나 자질을 제도적으로 규정한 것이라 할 수 있다(김종철, 1985: 305). 일반적으로 전문직의 경우 일정한 자격의 취득을 그 필수요건으로 규정한다. 전문직으로서의 교직도 자격증을 요구한다. 이는 교직의 전문성을 보장하고 사회적 공신력을 높이기 위한 제도적 장치이다.

우리나라에서는 현재 교원의 법정 자격제도를 채택하고 있다. 일단 교사의 자격을 취득하면 그 효력은 종신토록 계속되는 것이 원칙이다. 교육전문직의 경우에는 자격기준만 명시하고 있다.

---

2) 미국의 NEA(National Education Association)는 전문직에 대하여 다음과 같은 여섯 가지의 기준을 설정하고 있다. ① 전문직은 전문지식의 모체에 기초를 둔다. ② 전문직은 자격증을 요구한다. ③ 전문직은 가입 요원들의 복지와 전문적 성장을 위해 봉사한다. ④ 전문직은 윤리강령이 있다. ⑤ 전문직은 해당분야의 공공정책에 영향력을 행사한다. ⑥ 전문직은 집단결속력이 있다.

교원의 경우 자격제도를 채택하고 있는 것은 다음 몇 가지 측면에서 그 필요성과 의의를 찾아볼 수 있다(대한교육연합회, 1973: 11). 즉, 교원의 자격제도는 ① 학생의 이익을 보호하고, ② 국가사회의 안전성을 보장하고, ③ 교사 자신의 신분과 사회적 지위를 보장하기 위해 필요한 것이다.

## 나. 교원자격제도의 변천과정

우리나라에서 최초로 교육법에 각급 학교 교원의 종류와 직무 및 자격제도를 규정한 것은 1949년 말이었다. 그 후 교원자격제도의 변천은 1953년「교육공무원법」이 제정되면서 이의 개정과정과 궤를 같이하여 왔다. 당초에 교원자격증의 유효기간은 10년이었으나 1962년「교육공무원자격검정령」의 개정에 의해 폐지되었다(서정화, 1994: 117-118).

「교육공무원법」이 1963년 12월 5일에 전면 개정되면서 교원자격제도도 변경되었다. 변경된 내용은 종전의 특수교사는 실기교사로 명칭을 변경하였고, 교도교사와 사서교사를 추가하여 1급 정교사, 2급 정교사, 준교사, 교도교사, 사서교사, 실기교사, 양호교사로 분류하여 현재와 비슷한 체계를 갖추게 되었다. 또 교육장, 장학관, 장학사, 교육연구관, 교육연구사는 대학교수와 마찬가지로 무자격증제로 하였으며, 종래 구분되었던 중학교와 고등학교의 교원자격증을 중등학교 교원자격증으로 통합하였고, 특수학교의 특수교사를 추가하였다.

1964년 2월 26일에는 종래의「교육공무원자격검정령」이 폐지되고 새로이「교원자격검정령」이 제정되었는데, 약간의 수정이 있었으며, 종래에 자격증 수여 보류연령이 18세 미만이던 것을 20세 미만으로 변경하였다. 1972년 12월 16일에는「교육법」과「교육공무원법」의 개정에 의하여 교원의 자격에 관한 주된 사항이「교육공무원법」에서「교육법」으로 옮겨졌고, 1995년 12월에는 양호교사를 1급과 2급으로 구분하는「교육법」개정이 있었다. 1997년 12월에는「교육법」이「교육기본법」과「초·중등교육법」「고등교육법」으로 나눠짐에 따라 교원의 자격기준이「초·중등교육법」으로 옮겨졌고, 교도교사의 명칭이 전문상담교사로 변경되었다.

2002년 8월 26일에는「초·중등교육법」이 개정되어 양호교사의 명칭이 보건교사로 바뀌었으며, 산업대학 재학자도 교직과정을 이수하여 교사 자격을 취득할 수 있도록 하였다. 2003년 7월 25일에는 영양교사 제도가 신설되었으며, 2004년 1월 29일에는 「유아교육법」 제정을 계기로 유치원 교사·원감·원장 자격기준이 「초·중등교육법」에서 「유아교육법」으로 옮겨졌고, 2012년 3월 21일에는 「초·중등교육법」 개정을 통해 교원의 종류에 수석교사가 추가되었다.

따라서 현재는 「초·중등교육법」을 주축으로, 「유아교육법」「교육공무원법」「교육공무원임용령」「교원자격검정령」「대학교원 자격기준 등에 관한 규정」에 의해 교원의 자격이 규정되어 있다.

### 다. 교원자격의 종류

현재 교원의 자격은 학교급별로 약간의 차이는 있지만, 초·중등학교의 경우, 교장, 교감, 수석교사, 정교사(1, 2급), 준교사, 전문상담교사(1, 2급), 사서교사(1, 2급), 실기교사, 보건교사(1, 2급), 영양교사(1, 2급) 등으로 구분되며, 유치원의 경우, 원장, 원감, 정교사(1, 2급), 준교사로 구분된다. 초·중등학교에 두는 보직교사와 순회교사, 초등학교에 두는 교과전담교사는 자격이 아니라 일종의 직위이며, 「초·중등교육법」 제22조에 의한 산학겸임교사, 명예교사, 강사 등은 정규교사가 아니다. 현행 초·중등교원의 종류와 자격기준은 「초·중등교육법」 제21조 및 별표 1, 2에, 유치원 교원의 종류와 자격기준은 「유아교육법」 제22조와 별표 1, 2에, 장학관·장학사·교육연구관 및 교육연구사의 자격기준은 「교육공무원법」 제9조 및 별표 1에 명시되어 있다.

우리나라 교원자격검정은 무시험검정과 시험검정으로 구분된다. 무시험검정은 「초·중등교육법」 별표 2에서 규정하는 각급 학교의 교사 자격기준에 합당한 대학, 즉 교원 양성기관을 졸업한 자와 수석교사에게 해당된다. 시험검정은 주로 유·초·중등학교 및 특수학교 준교사의 일부에 대해서 실시하며(「교원자격검정령」 제24조), 학력고사와 실기고사 및 구술고사로 구분하여 실시한다.

현행 대부분의 교원자격증은 교원 양성체제를 통하여 무시험검정으로 발급되고 있으며, 일부 교원의 자격증만이 시험검정의 형식을 통해 발급되었으나, 최근 들어 교원 양성기관 졸업자, 즉 무시험검정에 의한 자격증 소지자의 미발령 적체현상이 심화되면서 시험검정은 거의 자취를 감추었다. 무시험검정에 따른 최초 자격의 취득과정과 종류를 요약하면 〈표 10-3〉과 같다.

**표 10-3** 무시험검정에 따른 최초 자격 취득과정과 종류

| 형태 | 과정 | 최초 자격 종류 |
|---|---|---|
| 정규교원 양성기관 졸업 | 사범대학, 일반대학 교육과 | 중등학교 정교사(2급) |
| | 사범대학 문헌정보학 · 도서관학과 | 사서교사(2급) |
| | 교육대학, 사범대 초등교육과 | 초등학교 정교사(2급) |
| | 사범대학 · 교육대학 특수교육과 | 특수학교 정교사(2급) |
| | 대학 · 전문대학 유아교육과 | 유치원 정교사(2급) |
| | 교육대학원 각 교과교육전공 | 중등학교 정교사(2급) |
| | 상담심리교육전공 | 전문상담교사(2급) |
| | 초등교육전공 | 초등학교 정교사(2급) |
| | 사서교육전공 | 사서교사(2급) |
| | 유아교육전공 | 유치원 정교사(2급) |
| 교직과정 이수 | 일반대학 각 교직과정학과 | 중등학교 정교사(2급) |
| | 유아교육 관련 학과 | 유치원 정교사(2급) |
| | 특수교육 관련 학과 | 특수학교 정교사(2급) |
| | 문헌정보학 · 도서관학과 | 사서교사(2급) |
| | 식품학 · 영양학과 | 영양교사(2급) |
| | 상담 · 심리학과 | 전문상담교사(2급) |
| | 대학 및 전문대 간호학과 | 보건교사(2급) |
| 임시교원 양성소 | 임시중등교원 양성소 | 중등학교 2급 정교사 |
| | 임시초등교원 양성소 | 초등학교 준교사 · 2급 정교사 |
| 특수교육기관 | 교육부장관이 지정하는 4년제 대학의 공업, 수산, 해양, 농공계 학과 | 중등학교 준교사 |
| | 전문대학 실과계 및 대학, 전문대학 예 · 체능기능 이수자 | 실기교사 |
| | 방송통신대학 초등교육과 | 초등학교 준교사 |
| 학식과 덕망에 의한 인가 | 학식과 덕망이 높은 자로 교육부장관의 인가를 받은 자 | 초 · 중등 · 특수학교 교장 유치원 원장 |
| 서류심사에 의한 인가 | 15년 이상의 교육경력, 수석교사로서 갖추어야 할 자질과 능력 및 연수 이수 결과에 대한 심사를 받은 자 | 유 · 초 · 중등학교 수석교사 |

### 라. 교사의 자격기준

최초 자격을 기준으로 각급 학교 교사별 자격기준은 다음과 같다.

### 1) 유치원 교사

- 대학 및 전문대학에 설치하는 유아교육과를 졸업한 사람(2급 정교사)
- 대학(전문대학 및 이와 동등 이상의 각종학교와 「평생교육법」 제31조 제4항에 따른 전문대학 학력인정 평생교육시설 포함) 졸업자로서 재학 중 소정의 보육과 교직학점을 취득한 사람(2급 정교사)
- 교육대학원 또는 교육부장관이 지정하는 대학원의 교육과에서 유치원 교육과정을 전공하고 석사학위를 받은 사람(2급 정교사)
- 유치원 준교사 자격증을 가진 자로서 2년 이상의 교육경력을 가지고 소정의 재교육을 받은 사람(2급 정교사)
- 유치원 준교사 자격검정에 합격한 사람(준교사)
- 유치원 교사의 자격증을 소지한 사람으로서 15년 이상의 교육경력(교육전문직원으로 근무한 경력 포함)을 가지고 교수·연구에 우수한 자질과 능력을 가진 사람 중에서 교육부장관이 정하는 연수 이수 결과를 바탕으로 검정·수여하는 자격증을 받은 사람(수석교사)

### 2) 초등학교 교사

- 교육대학을 졸업한 사람(2급 정교사)
- 사범대학을 졸업한 사람으로서 초등교육과정을 전공한 사람(2급 정교사)
- 교육대학원 또는 교육부장관이 지정하는 대학원의 교육과에서 초등교육과정을 전공하고 석사학위를 받은 사람(2급 정교사)
- 초등학교 준교사 자격증을 가진 사람으로서 2년 이상의 교육경력을 가지고 일정한 재교육을 받은 사람(2급 정교사)
- 중등학교 교사 자격증을 가진 사람으로서 필요한 보수교육을 받은 사람(2급 정교사)
- 전문대학을 졸업한 사람 또는 이와 같은 수준 이상의 학력이 있다고 인정되는

사람을 입소 자격으로 하는 임시교원 양성기관을 수료한 사람(2급 정교사)
- 초등학교 준교사 자격증을 가진 사람으로서 교육경력이 2년 이상이고 방송통신대학 초등교육과를 졸업한 사람(2급 정교사)
- 초등학교 준교사 자격검정에 합격한 사람(준교사)
- 고등학교를 졸업한 사람 또는 이와 같은 수준 이상의 학력이 있다고 인정되는 사람을 입소자격으로 하는 임시교원 양성기관을 수료한 사람(준교사)
- 방송통신대학 초등교육과를 졸업한 사람(준교사)
- 초등학교 교사의 자격증을 소지한 사람으로서 15년 이상의 교육경력(교육전문직원으로 근무한 경력 포함)을 가지고 교수 · 연구에 우수한 자질과 능력을 가진 사람 중에서 교육부장관이 정하는 연수 이수 결과를 바탕으로 검정 · 수여하는 자격증을 받은 사람(수석교사)

## 3) 중등학교 교사
- 사범대학을 졸업한 사람(2급 정교사)
- 교육대학원 또는 교육부장관이 지정하는 대학원 교육과에서 석사학위를 받은 사람(2급 정교사)
- 임시교원 양성기관을 수료한 사람(2급 정교사)
- 대학에 설치된 교육과를 졸업한 사람(2급 정교사)
- 대학 · 산업대학을 졸업한 사람으로서 재학 중 일정한 교직과(敎職科) 학점을 취득한 사람(2급 정교사)
- 중등학교 준교사 자격증을 가진 사람으로서 2년 이상의 교육경력을 가지고 일정한 재교육을 받은 사람(2급 정교사)
- 초등학교의 준교사 이상의 자격증을 가지고 대학을 졸업한 사람(2급 정교사)
- 교육대학 · 전문대학의 조교수로서 2년 이상의 교육경력이 있는 사람(2급 정교사)
- 산학겸임교사 등(명예교사는 제외)의 자격기준을 갖춘 사람으로서 임용권자의 추천과 교육감의 전형을 거쳐 교육감이 지정하는 대학 또는 교원연수기관에서 대통령령으로 정하는 교직과목과 학점을 이수한 사람(2급 정교사)
- 교육대학 · 전문대학의 교수 · 부교수로서 3년 이상의 교육경력이 있는 사람(1급 정교사)

- 교육부장관이 지정하는 대학(전문대학 제외)의 공업·수산·해양 및 농공계 학과를 졸업한 사람(준교사)
- 중등학교 준교사 자격검정에 합격한 사람(준교사)
- 중등학교 실기교사로서 5년 이상의 교육경력을 가진 사람으로서 대학·산업대학·기술대학(학사학위 과정만 해당) 또는 대학원에서 관련분야의 학위를 취득한 사람(준교사)
- 중등학교 교사의 자격증을 소지한 사람으로서 15년 이상의 교육경력(교육전문직원으로 근무한 경력 포함)을 가지고 교수·연구에 우수한 자질과 능력을 가진 사람 중에서 교육부장관이 정하는 연수 이수 결과를 바탕으로 검정·수여하는 자격증을 받은 자(수석교사)

### 4) 특수학교 교사

- 교육대학 및 사범대학의 특수교육과를 졸업한 사람(2급 정교사)
- 대학·산업대학의 특수교육 관련 학과를 졸업한 사람으로서 재학 중 일정한 교직과정을 마친 사람(2급 정교사)
- 대학·산업대학의 특수교육 관련 학과를 졸업한 사람으로서 교육대학원 또는 교육부장관이 지정하는 대학원에서 특수교육을 전공하고 석사학위를 받은 사람(2급 정교사)
- 유치원·초등학교 또는 중등학교 정교사(2급) 자격증을 가지고 필요한 보수교육을 받은 사람(2급 정교사)
- 유치원·초등학교 또는 중등학교 정교사(2급) 자격증을 가지고 교육대학원 또는 교육부장관이 지정하는 대학원에서 특수교육을 전공하고 석사학위을 받은 사람(2급 정교사)
- 특수학교 준교사 자격증을 가지고 2년 이상의 교육경력이 있는 사람으로서 일정한 재교육을 받은 사람(2급 정교사)
- 유치원·초등학교·중등학교 또는 특수학교 준교사 자격증을 가지고 2년 이상의 교육경력이 있는 사람으로서 교육대학원 또는 교육부장관이 지정하는 대학원에서 특수교육을 전공하고 석사학위을 받은 사람(2급 정교사)
- 특수학교 준교사 자격검정에 합격한 사람(준교사)

- 특수학교 실기교사로서 5년 이상의 교육경력을 가지고 일정한 재교육을 받은 사람(준교사)

## 5) 전문상담교사

- 대학·산업대학의 상담·심리 관련 학과를 졸업한 사람으로서 재학 중 일정한 교직학점을 취득한 사람(2급)
- 교육대학원 또는 교육부장관이 지정하는 대학원의 상담·심리교육과에서 전문상담 교육과정을 마치고 석사학위를 받은 사람(2급)
- 2급 이상의 교사 자격증(「유아교육법」에 따른 2급 이상의 교사 자격증 포함)을 가진 사람으로서 교육부장관이 지정하는 교육대학원 또는 대학원에서 일정한 전문 상담교사 양성과정을 마친 사람(2급)
- 2급 이상의 교사 자격증(「유아교육법」에 따른 2급 이상의 교사 자격증 포함)을 가진 사람으로서 3년 이상의 교육경력이 있는 사람이 교육부장관이 지정하는 교육 대학원 또는 대학원에서 일정한 전문상담교사 양성과정을 마친 사람(1급)

## 6) 사서교사

- 대학·산업대학을 졸업한 사람으로서 재학 중 문헌정보학 또는 도서관학을 전공하고 일정한 교직과정을 마친 사람(2급)
- 준교사 이상의 자격증을 가진 사람으로서 일정한 사서교사 양성 강습을 받은 사람(2급)
- 교육대학원 또는 교육부장관이 지정하는 대학원의 교육과에서 사서교육과정을 전공하고 석사학위를 받은 사람(2급)
- 사범대학을 졸업한 사람으로서 재학 중 문헌정보학 또는 도서관학을 전공한 사람(2급)

## 7) 실기교사

- 전문대학(전문대학에 준하는 각종학교 포함)을 졸업한 사람으로서 재학 중 대통령령으로 정하는 실과계(實科系)의 기능을 마친 사람, 또는 고등기술학교의 전공과를 졸업한 사람 또는 「평생교육법」 제31조 제4항에 따른 전문대학 학력인

정 평생교육시설의 교사 자격 관련 과를 졸업한 사람
- 대학(대학에 준하는 각종학교 포함), 전문대학을 졸업한 사람으로서 재학 중 예능, 체육, 그 밖에 대통령령으로 정하는 기능을 마친 사람
- 실업계 고등학교 또는 3년제 고등기술학교를 졸업한 사람으로서 실기교사의 자격검정에 합격한 사람
- 실업과, 예능과 또는 보건과에 관한 지식과 기능을 가진 사람으로서 실기교사의 자격검정에 합격한 사람
- 「숙련기술장려법」 제20조 제2항의 전국기능경기대회 입상자(동메달 이상으로 한정) 또는 동법 제21조에 따른 국제기능올림픽대회 입상자(동메달 이상으로 한정)로서 「학점인정 등에 관한 법률」 제7조 제2항 제1호에 따른 학교 또는 평생교육시설에서 대통령령으로 정하는 교원의 자격 취득에 필요한 교육과정을 이수한 사람

## 8) 보건교사
- 대학·산업대학의 간호학과를 졸업한 사람으로서 재학 중 일정한 교직학점을 취득하고 간호사 면허증을 가진 사람(2급)
- 전문대학의 간호과를 졸업한 사람으로서 재학 중 일정한 교직학점을 취득하고 간호사 면허증을 가진 사람(2급)

## 9) 영양교사
- 대학·산업대학의 식품학 또는 영양학 관련 학과를 졸업한 사람으로서 재학 중 일정한 교직학점을 취득하고 영양사 면허증을 가진 사람(2급)
- 영양사 면허증을 가지고 교육대학원 또는 교육부장관이 지정하는 대학원의 교육과에서 영양교육과정을 마치고 석사학위를 받은 사람(2급)

## 10) 수석교사
- 교사 자격증을 소지한 사람으로서 15년 이상의 교육경력을 가지고 수석교사로서 갖추어야 할 자질과 능력 및 연수 이수 결과에 대한 서류심사를 통과한 사람

준교사에서 2급 정교사가 되기 위해서는 2년 이상의 교육경력을 가지고 소정의 재교육을 받아야 하며, 2급 정교사에서 1급 정교사가 되기 위해서는 3년 이상의 교육경력을 가지고 소정의 재교육을 받거나, 교육대학원에서 석사학위를 받고 1년 이상의 교육경력이 있어야 한다.

### 마. 교장과 교감의 자격기준

현행 초·중등학교, 특수학교 및 유치원의 교장·교감·원장·원감의 자격기준은 〈표 10-4〉와 같다.

**표 10-4** 각급 학교 교장·교감의 자격기준

| 학교급 | 구분 | 자격기준 |
|---|---|---|
| 유치원 | 원장 | • 유치원의 원감 자격증을 가지고 3년 이상의 교육경력과 소정의 재교육을 받은 자<br>• 학식·덕망이 높은 자로서 대통령령이 정하는 기준에 해당한다고 교육부장관의 인정을 받은 자 |
| | 원감 | • 유치원 정교사(1급) 자격증을 가지고 3년 이상의 교육경력과 소정의 재교육을 받은 자<br>• 유치원 정교사(2급) 자격증을 가지고 6년 이상의 교육경력과 소정의 재교육을 받은 자 |
| 초등학교 | 교장 | • 초등학교의 교감 자격증을 가지고 3년 이상의 교육경력과 일정한 재교육을 받은 사람<br>• 학식·덕망이 높은 사람으로서 대통령령으로 정하는 기준에 해당한다는 인정을 교육부장관으로부터 받은 사람<br>• 특수학교의 교장 자격증을 가진 사람<br>• 공모 교장으로 선발된 후 교장의 직무수행에 필요한 교양과목, 교직과목 등 교육부령으로 정하는 연수과정을 이수한 사람 |
| | 교감 | • 초등학교 정교사(1급) 자격증 또는 보건교사(1급) 자격증을 가지고 3년 이상의 교육경력과 일정한 재교육을 받은 사람<br>• 초등학교 정교사(2급) 자격증 또는 보건교사(2급) 자격증을 가지고 6년 이상의 교육경력과 일정한 재교육을 받은 사람<br>• 특수학교의 교감 자격증을 가진 사람 |

| | | |
|---|---|---|
| 중학교 | 교장 | • 중등학교의 교감 자격증을 가지고 3년 이상의 교육경력과 일정한 재교육을 받은 사람<br>• 학식 · 덕망이 높은 사람으로서 대통령령으로 정하는 기준에 해당한다는 인정을 교육부장관으로부터 받은 사람<br>• 교육대학 · 전문대학의 학장으로 근무한 경력이 있는 사람<br>• 특수학교의 교장 자격증을 가진 사람<br>• 공모 교장으로 선발된 후 교장의 직무수행에 필요한 교양과목, 교직과목 등 교육부령으로 정하는 연수과정을 이수한 사람 |
| | 교감 | • 중등학교 정교사(1급) 자격증 또는 보건교사(1급) 자격증을 가지고 3년 이상의 교육경력과 일정한 재교육을 받은 사람<br>• 중등학교 정교사(2급) 자격증 또는 보건교사(2급) 자격증을 가지고 6년 이상의 교육경력과 일정한 재교육을 받은 사람<br>• 교육대학의 교수 · 부교수로서 6년 이상의 교육경력이 있는 사람<br>• 특수학교의 교감 자격증을 가진 사람 |
| 특수학교 | 교장 | • 특수학교의 교감 자격증을 가지고 3년 이상의 교육경력이 있는 사람으로서 일정한 재교육을 받은 사람<br>• 초등학교 또는 중등학교의 교장 자격증을 가지고 필요한 보수(補修)교육을 받은 사람. 이 경우 특수학교 교원자격증을 가졌거나 특수학교(특수학급 포함)에서 교원으로 근무한 경력이 있으면 보수교육을 면제한다.<br>• 학식 · 덕망이 높은 사람으로서 대통령령으로 정하는 기준에 해당한다는 인정을 교육부장관으로부터 받은 사람<br>• 공모 교장으로 선발된 후 교장의 직무수행에 필요한 교양과목, 교직과목 등 교육부령으로 정하는 연수과정을 이수한 사람 |
| | 교감 | • 특수학교 정교사(1급) 자격증 또는 보건교사(1급) 자격증을 가지고 3년 이상의 교육경력이 있는 사람으로서 일정한 재교육을 받은 사람<br>• 특수학교 정교사(2급) 자격증 또는 보건교사(2급) 자격증을 가지고 6년 이상의 교육경력이 있는 사람으로서 일정한 재교육을 받은 사람<br>• 초등학교 또는 중등학교의 교감 자격증을 가지고 필요한 보수교육을 받은 사람. 이 경우 특수학교 교원자격증을 가졌거나 특수학교(특수학급 포함)에서 교원으로 근무한 경력이 있으면 보수교육을 면제한다. |

| | | |
|---|---|---|
| 고등기술학교 | 교장 | • 중등학교의 교장 자격증을 가진 사람<br>• 실기교사 자격증을 가지고 9년 이상의 교육경력과 일정한 재교육을 받은 사람 |
| | 교감 | • 중등학교 교감 자격증을 가진 사람<br>• 실기교사 자격증을 가지고 6년 이상의 교육경력과 일정한 재교육을 받은 사람 |

## 바. 교육전문직원의 자격기준

장학관, 장학사, 교육연구관, 교육연구사를 포함하는 교육전문직원의 자격기준은 자격증이 아닌 자격기준만을 명시하고 있다. 교육전문직원의 자격기준은 〈표 10-5〉와 같다. 각 시·도에서는 자체의 인사관리 규정을 통하여 이보다 엄격한 자격기준을 설정하고 있다.

**표 10-5** 교육전문직의 자격기준(「교육공무원법」제9조의 별표)

| 직명 | 자격기준 |
|---|---|
| 장학관·<br>교육연구관 | 1. 대학·사범대학·교육대학 졸업자로서 7년 이상의 교육경력이나 2년 이상의 교육경력을 포함한 7년 이상의 교육행정경력 또는 교육연구경력이 있는 사람<br>2. 2년제 교육대학 또는 전문대학 졸업자로서 9년 이상의 교육경력이나 2년 이상의 교육경력을 포함한 9년 이상의 교육행정경력 또는 교육연구경력이 있는 사람<br>3. 행정고등고시 합격자로서 4년 이상의 교육경력이나 교육행정경력 또는 교육연구경력이 있는 사람<br>4. 2년 이상의 장학사·교육연구사의 경력이 있는 사람<br>5. 11년 이상의 교육경력이나 2년 이상의 교육경력을 포함한 11년 이상의 교육연구경력이 있는 사람<br>6. 박사학위를 소지한 사람 |
| 장학사·<br>교육연구사 | 1. 대학·사범대학·교육대학 졸업자로서 5년 이상의 교육경력이나 2년 이상의 교육경력을 포함한 5년 이상의 교육행정경력 또는 교육연구경력이 있는 사람<br>2. 9년 이상의 교육경력이나 2년 이상의 교육경력을 포함한 9년 이상의 교육행정경력 또는 교육연구경력이 있는 사람 |

## 4. 선발과 신규임용

### 가. 모집

모집이란 적절하고 유능한 후보자가 교직에 지원하도록 유치하는 과정이다. 즉, 모집이란 유능한 직원을 외부로부터 구하는 것과 그들이 조직 내의 어떤 직에 응시하도록 자극을 주는 과정이다(Flippo, 1976: 131). 한 조직이 모집을 효과적으로 수행하기 위해서는 먼저 조직의 인력 수급계획이 이루어져야 하며, 전체적인 인력 수급계획과의 관련 속에서 모집이 이루어질 때 효과적인 충원이 이루어질 수 있다.

교원인사행정의 성패는 일차적으로 교직관이 투철하고 유능한 인재를 얼마나 교직에 끌어들이냐 하는 모집방법에 달려 있다 해도 과언이 아니다. 따라서 교원에 대한 사회적 평가를 높이기 위한 노력과 함께 공개경쟁시험의 정기적 실시, 시험방법의 개선, 지원절차의 간소화 등 모집방법의 개선이 요구된다(김윤태, 1994: 263).

### 나. 선발

#### 1) 개념

모집이 어떤 직종에 종사하려는 후보자를 모으는 과정이라면, 선발은 후보자 중에서 최적임자를 선택하는 과정이다(서정화, 1994: 134). 즉, 선발은 직무의 내용과 지원자를 대응시키는 복합적 과정으로서, 기본원리로는 두 가지를 들 수 있다. 하나는 과거의 행동이 미래의 행동을 잘 예언할 수 있어야 한다는 것이고, 다른 하나는 후보자에 관한 가장 타당하고 신뢰성 있는 자료를 확보하여 적임자 선발에 활용할 수 있어야 한다는 것이다.

#### 2) 선발의 과정

선발의 과정은 조직이나 직무의 종류에 따라 다르지만 대체로 ① 모집, ② 지원자의 접수 및 검토, ③ 선발시험, ④ 면접, ⑤ 신체검사, ⑥ 경력 및 신원조회, ⑦ 채용의 결정, ⑧ 배치 등의 과정을 거치게 된다.

선발의 과정에서는 시험과 면접이 가장 중시된다. 선발시험의 기본원칙으로는 ① 정확한 직무분석에 기초해야 하며, ② 신뢰도와 타당도가 높아야 하며, ③ 선발

방법상 대체적 역할이 아닌 보조적 역할을 하는 것이어야 한다는 점 등을 들 수 있다. 이러한 시험의 종류에는 ① 성취검사, ② 지능 및 태도검사, ③ 기질 및 성격검사, ④ 적성검사 등이 있다. 면접은 직접 대면을 통하여 지원자의 가치관과 사람됨, 성격 등에 대한 정보를 얻을 수 있는 장점을 지닌다.

### 다. 교원의 신규임용

각종 교원 양성기관을 통해 배출되는 교원자격증 소지자는 소정의 임용과정을 거쳐 교사로 임용되는데, 신규임용은 국·공립학교와 사립학교가 다른 방식을 채택하고 있다.

### 1) 국·공립학교 교원의 신규임용

국·공립학교 교원의 신규임용은 교사임용후보자 공개전형(교원임용고사)을 통해 이루어진다. 1990학년도까지만 해도 교원의 임용은 국·공립 교육대학 및 사범대학(사범계 학과 포함)의 졸업자를 우선 임용하고, 그 후 교사임용후보자 순위고사에 의해 선정된 자를 임용하는 방식을 채택하여 왔다. 즉, 국·공립 교원 양성기관 출신자는 무시험으로 우선 배정·임용되고,[3] 사립 교원 양성기관 출신자 및 교직과정 이수자 등은 선정 경쟁시험을 통하여 임용되었다(윤정일, 송기창, 조동섭, 김병주, 1994: 373).

1989년 8월 교육정책자문회의의 '교원종합대책안'에 의해 1990학년도부터 국·공립 교원 양성기관 입학자에 대한 입학금 및 수업료 면제의 특혜가 폐지되었고, 그에 따라 그들이 졸업하는 1994학년도부터는 우선임용 및 의무복무 제도를 사실상 폐지하고 교원임용고사를 통해 신규임용을 하도록 계획되었다.

그러나 그 계획은 국·공립 교원 양성기관 졸업자의 우선임용을 규정한 「교육공무원법」 개정법률안이 국회에 계류된 상태에서 1990년 10월 그 조항에 대한 헌법재판소의 위헌결정으로 적용시기가 앞당겨지게 되었다. 즉, 헌법재판소가 「교육공무

---

3) 국립 교원 양성기관 출신자는, 우수 교원을 확보하기 위한 조치의 하나로 대학 재학 중 입학금 및 수업료 면제의 혜택을 받고 의무복무를 한다는 규정에 근거하여 우선 임용이 이루어져 왔다.

원법」제11조 제1항의 우선임용제도는 출신학교의 설립체나 학과에 따라 임용을 차별하는 결과가 되어 「헌법」상의 직업선택의 자유와 평등의 원칙에 반한다는 전원일치의 위헌결정을 내림에 따라 1994년도부터 적용하려는 계획을 바꿔 1991년도부터 실시하게 된 것이다. 이에 따라 1991년부터 1993년도까지는 기존의 국립 교원 양성기관 입학자에 대한 신뢰이익 보호 차원에서 모집정원의 70% 이상을 국립 교원 양성기관 졸업자로 선발하는 임시조치를 취했으며, 그 이후 1994년부터는 완전경쟁에 의한 교원임용제도가 도입되었다.

「교육공무원 임용후보자 선정경쟁시험규칙」을 중심으로 교원임용고사를 개관하면 다음과 같다. 교원의 신규채용을 위해 실시되는 임용고사는 채용예정직의 해당 과목 교원자격증을 취득한 사람을 대상으로 당해 교육공무원의 임용권자가 실시하도록 되어 있다. 시험의 단계는 제1차 시험과 제2차 시험으로 나누어 실시하되, 필요한 경우 통합하여 실시할 수 있다. 제1차 시험은 기입형·서술형 및 논술형 필기시험으로, 제2차 시험은 교직적성 심층면접과 수업능력(실기·실험을 포함한다) 평가로 실시하되, 필요한 경우 시험의 일부를 면제할 수 있다. 필기시험은 교육학과 전공(교과내용학과 교과교육학)에 대한 종합적 이해와 교직수행 능력을 평가한다. 실기·실험시험은 예·체능과목, 과학교과 등 실기·실험시험이 필요한 경우에 실시한다. 교직적성 심층면접 시험은 교사로서의 적성, 교직관(教職觀), 인격 및 소양을 평가한다. 이 경우 시험실시기관은 교직 부적격자를 확인할 수 있는 평가지표를 개발하여 활용하여야 한다. 수업능력 평가는 수업의 실연(實演) 등을 통하여 교사로서의 의사소통 능력과 학습지도 능력을 중점적으로 평가한다.

필기시험을 실시할 경우 중등 외국어과목 응시자에 대해서는 제1차 시험 중 전공에 대한 평가를 해당 외국어로 실시하여야 한다. 교직적성 심층면접을 실시할 경우 중등 외국어과목 응시자에 대하여는 면접의 일정 부분을 해당 외국어로 실시하고, 초등교원 임용시험 응시자에 대하여는 면접의 일정 부분을 영어로 실시하여야 한다. 수업능력 평가를 실시할 경우에도 중등 외국어과목 응시자에 대하여는 해당 외국어로 진행하는 수업능력을 평가하고, 초등교원 임용시험 응시자에 대하여는 영어로 진행하는 수업능력을 포함하여 평가하여야 한다.

시험과목과 그 배점비율은 시험실시기관이 정하되, 제1차 시험에는 한국사 과목을 포함하여야 한다. 한국사 과목의 시험은 「사료의 수집·편찬 및 한국사의 보급 등에 관한 법률」 제18조에 따라 국사편찬위원회에서 주관하여 시행하는 한국사 능력의 검정으로 대체한다.[4] 시험실시기관은 교육대학, 사범대학(대학의 교육과 포함) 및 종합교원 양성대학의 졸업자(졸업예정자 포함)에 대해서는 재학기간 중의 성적(교원 양성대학 외의 학교를 졸업한 사람에 대해서는 제1차 시험 성적)에 대하여 일정 비율로 환산한 점수를 제1차 시험 성적에 가산할 수 있다. 시험실시기관은 ① 교육대학 등의 졸업자(교원 경력자 제외)로서 교육감이 정하는 지역에서 응시하는 사람, ② 특별시·광역시·특별자치시·도 및 특별자치도의 교육감이 정하는 도서·벽지에서 근무할 것을 조건으로 응시하는 사람, ③ 그 밖에 시험실시기관이 인정하는 기준에 해당하는 사람 등에 대하여는 제1차 시험 성적 만점의 10%의 범위에서 가산점을 줄 수 있다.

제1차 시험에서는 응시자의 시험 성적을 합산하여 다득점자 순으로 선발 예정인원의 1.5배수 이상으로 선발하되, 한국사 능력의 검정 결과가 3급 이상이고 한국사 과목을 제외한 나머지 과목에서 각 과목 만점의 40% 이상을 득점하여야 한다. 최종합격자는 제1차 시험 및 제2차 시험의 성적을 각각 100점 만점으로 환산하여 합산한 시험 성적이 높은 사람부터 차례로 결정한다. 동점자가 있을 경우, ① 제2차 시험의 성적이 높은 사람, ② 병역의무를 마친 사람, ③ 시험실시기관이 정하는 기준에 해당하는 사람의 순서에 따라 결정한다.

이러한 규정에 따라 현재 각 시·도교육청에서는 교원임용고사를 실시하여 교원후보자를 선발하고 있다.

### 2) 사립학교 교원의 신규임용

사립학교 교원의 임용은 국·공립학교와는 달리 국가시험에 의하지 않는다. 사립학교의 경우 원칙적으로 사학의 자율성을 보장한다는 측면에서 그 임용의 권한을 학교경영자에게 부여하고 있다.

1974년 고교평준화 정책의 시행으로 사학에 대한 국가통제의 강화와 그에 따른 교사의 평준화와 자질 향상의 노력으로 순위고사를 실시하여 그 합격자 중에서 학

---

[4] 이 경우 검정은 제1차 시험 예정일부터 역산하여 5년이 되는 해의 1월 1일 이후에 실시된 검정으로 한정한다.

교경영자가 임용하도록 하였으나 사학의 자율성 위축 등 몇 가지 문제가 발생하여 1977년 이후에는 시·도별로 사립학교 교원희망자 학력평가를 실시하여 그 합격자 중에서 임용하는 방식을 택하였다.

1980년대 이후에는 사학의 자율성을 보다 신장시키기 위한 방안으로 한국사학법인연합회가 주관하여 채용고시를 실시하고 그 합격자 중에서 임용하는 방식을 택하였다. 그러나 그에 대해 각 학교가 문제를 제기하고 나섬에 따라 연합회에서 채용고시 폐지를 결의함으로써 채용고시도 중단되었다(최희선, 1990: 41-42). 사립학교 교원의 신규임용은 학교법인에 의한 공개전형 방식을 채택하였고, 일부 교육청의 경우, 원하는 사립학교에 한하여 제1차 시험은 공립과 동일하게 실시하고, 제2차 시험은 해당 학교법인의 자체 전형계획에 따라 실시하였으나, 2021년 9월 「사립학교법」 개정으로 모든 사립학교가 반드시 필기시험을 실시해야 하고, 필기시험은 교육감에게 위탁 실시해야 한다.

### 3) 교장 및 원로교사

교장은 1991년 3월 8일 「교육공무원법」 및 「교육공무원임용령」의 개정으로 종래의 종신제에서 임기제로 변경되었다. 교장은 교육부장관의 제청으로 대통령이 임명하며, 그 임기는 4년으로 하되 1차에 한하여 중임할 수 있다. 1996년도부터 일부 학교에서 시범운영을 거쳐 시행되고 있는 학교장 초빙제(초빙형 공모제)와 2007년 시범운영을 거쳐 시행되고 있는 학교장 공모제(개방형·내부형 공모제)에 의하여 초빙된 교장의 경우에는 임기제의 적용을 받지 아니한다.

교장으로 1차 임기를 마친 자에 대하여는 정년 잔여기간이 4년 미만인 경우에도 특별한 결격사유가 없는 한 교장으로 다시 임용할 수 있다. 또 교장의 임기를 마친 자가 교사로의 임용을 원할 때는 수업 담당능력 및 건강 등을 참작하여 특별한 결격사유가 없는 한 교사로 임용할 수 있으며, 임기만료된 교장이 교사로 임용되는 경우 원로교사로 우대된다. 즉, 원로교사에 대해서는 수업시간의 경감, 당직근무의 면제, 명예퇴직 대상자 선정에 있어서의 우선 고려, 교내외 각종 행사에서 우대된다. 또 원로교사는 소속 학교장의 요청이 있는 경우 신규임용된 교사에 대한 상담, 교내의 장학지도, 기타 학교운영에 관하여 필요한 자문에 응할 수 있다.

## 📖 제3절 교원의 능력계발

아무리 유능한 인재를 확보하여 교사로 임용했다 하더라도 현대와 같이 급격한 사회·문화의 변화에 신축성 있게 대응하지 못하면 무능한 교원으로 전락하기 쉽다. 따라서 교원들이 더욱 전문적인 자질과 능력을 구비하여 주어진 업무를 효율적으로 수행할 수 있도록 하기 위해서는 교원들에 대한 계속적인 능력계발이 이루어져야 한다. 교원의 능력계발 방법으로는 교육 및 연수, 근무성적평정, 승진, 전직 및 전보 등의 방법을 들 수 있다.

## 1. 현직교육

### 가. 현직교육의 중요성과 목표

#### 1) 현직교육의 중요성

그동안 교사교육은 직전교육(職前教育)을 중심으로 이루어져 왔다. 그러나 전문직으로서의 교직에 종사하는 교원의 자질은 대학 4년 과정을 통해 완벽하게 길러질 수 있다고 보기는 어려우며, 교직생활의 전 과정에 걸친 계속적인 연수과정에서 점진적으로 개발·육성된다고 볼 수 있다. 「교육공무원법」 제38조에서도 "교육공무원은 그 직책을 수행하기 위하여 부단히 연구와 수양에 노력하여야 한다."라고 명시되어 있다. 교원 현직교육의 중요성은 다음과 같이 세 가지로 요약될 수 있다(서정화, 1994: 188-189).

- 현직교육은 직전교육의 미비 내지 결함을 보완한다는 점에서 중요하다. 즉, 우리의 교원 양성교육에 대해서는 많은 문제가 제기되고 있는데, 현직교육은 이를 보완하기 위한 것이다.
- 현직교육은 새로운 지식과 기능, 그리고 태도를 습득한다는 측면에서 중요하다. 현대는 사회발전의 속도가 빠르고 이에 따라 새로운 지식과 기술이 폭발적으로 증가하고 있다. 교원은 이러한 급변하는 사회변화에 적용하고 첨단의 기

술·정보를 습득하여 교육상황에 임해야 한다.

- 교원에게는 교육전문가로서의 계속적인 연찬이 요구된다. 교사는 풍부한 지식 및 교수기술과 함께 독창적인 방법을 활용하여 학생의 성장·발달을 돕는 능력을 가져야 한다. 이는 전문성 향상을 통한 자기발전과 교직의 공신력을 높이는 길이기도 하다.

### 2) 현직교육의 목표

흔히 바람직한 교사상으로 ① 전문적 능력을 갖추고, ② 투철한 사명감과 ③ 순수한 교육애를 가지며, ④ 전문적인 자질 향상을 위해 끊임없이 정진하는 구도자의 자세를 지님은 물론, ⑤ 국민교육의 선도자로서의 의식이 충만한 사람을 들고 있다(김정환, 1981; 김호권, 1981; 서정화, 1994). 교사의 이러한 특성은 바로 교육의 목적 달성을 위해 자신의 전 인격을 동원할 줄 아는 것이라 할 수 있다. 현직교육은 바로 교원들이 이러한 자질을 갖추도록 도와주는 것이다. 교원들의 전문적 자질 향상을 위해 현직교육에서 추구되어야 할 목표를 제시하면 다음과 같다(김형립 외, 1983: 22).

- 건전한 신념을 고취시킨다. 여기에는 인간 및 사회의 본질, 교육의 목표 등에 대한 신념을 고취시키고 긍정적인 자아개념의 형성을 촉진시키는 일 등이 포함될 수 있다.
- 교육기술을 함양한다. 여기에는 교수이론 이해 및 교수기술 증진 등이 포함될 수 있다.
- 지식을 함양한다. 여기에는 일반 교양의 증진뿐만 아니라 학습의 본질을 이해하고 전문지식을 증진시키는 내용이 포함될 수 있다.
- 지도력을 함양시킨다. 여기에는 지도력을 개발·육성하고 인간관계 기술을 증진시키며, 장학에 대한 전문적인 소양과 기술 등을 습득시키는 일 등이 포함될 수 있다.

## 나. 교원 현직교육의 종류

「교원 등의 연수에 관한 규정」(대통령령)에 의하면, 유치원 교원, 초·중등학교 교원, 특수학교 교원을 대상으로 하는 교원의 현직교육, 즉 연수는 직무연수와 자격연수, 특별연수로 구분한다.

- **직무연수**: 종류는 다음과 같으며, 직무연수의 과정과 내용은 연수원장이 정한다[「교원 등의 연수에 관한 규정」 제6조(연수의 종류와 과정)].
  - 교원능력개발평가 결과, 직무수행 능력 향상이 필요하다고 인정되는 교원을 대상으로 실시하는 직무연수
  - 2년 이상 휴직 후 복직하려는 교원을 대상으로 실시하는 직무연수
  - 그 밖에 교육의 이론·방법 연구 및 직무수행에 필요한 능력 배양을 위한 직무연수
- **자격연수**: 교원의 자격을 취득하기 위하여 실시된다. 2급 정교사 과정, 1급 정교사 과정, 1급 전문상담교사 과정, 1급 사서교사 과정, 1급 보건교사 과정, 1급 영양교사 과정, 원감 과정, 원장 과정, 교감 과정 및 교장 과정으로 구분된다. 자격연수의 연수기간은 30일 이상으로 하되 그 이수시간은 180시간 이상이어야 한다.
- **특별연수**: 전문지식 습득을 위한 국내외 특별연수 프로그램을 의미한다. 국내외의 교육기관 또는 연수기관에서 일정한 기간 동안 실시되는 것이 보통이다(「교육공무원법」 제40조). 교육부장관 또는 교육감은 6개월 이상의 특별연수를 받은 사람에 대해서는 6년의 범위에서 연수기간과 같은 기간을 연수 분야와 관련된 직무 분야에 복무하게 하여야 한다.

현재 교원 현직교육기관, 즉 연수기관은 「교원 등의 연수에 관한 규정」에 의한 초등교육연수원, 중등교육연수원, 교육행정연수원(서울대학교 부설) 및 종합교육연수원, 원격교육연수원의 네 가지와 각 시·도교육연수원 등이 있으며, 사범대학 및 교육대학에도 각각 초·중등교원연수원이 부설되어 있다.

## 2. 근무성적평정

근무성적평정이란 교원의 직무수행 능력, 근무성적, 가치, 태도 등을 평정자가

체계적 · 정기적으로 평가 · 기록하는 것을 말한다. 근무성적평정은 대체로 ① 구성원 내지 직원의 능력계발과 향상을 기하고, ② 승진 · 전보, 해고, 상벌 등과 같은 인사관리의 합리적이고 공정한 근거를 제공하는 데 그 기본목적이 있다(Smith & Murphy, 1946: 147). 근무성적평정의 주요 내용으로는 근무실적, 근무수행 능력, 근무수행 태도 등 세 가지 부문에 걸쳐 각각 하위 평정요소가 있다.

평정방법으로는 전통적으로 ① 서열법, ② 강제배분법, ③ 평정척도법, ④ 대조법 등이 있으며, 최근에 이에 더하여 ⑤ 목표관리법, ⑥ 행동과학적 기준에 의한 평가법, ⑦ 평가 센터법, ⑧ 중요사실 서술법, ⑨ 자기평정법, ⑩ 동료평정법 등이 제시되고 있다.

오늘날 근무성적평정제도는 몇 가지 한계에도 불구하고 대부분의 나라, 대부분의 직종에서 이용되고 있다. 이러한 평정의 타당도와 신뢰도 및 객관성을 높여서 평가 결과가 피평정자의 불만을 가져오지 않는 공정한 인사관리의 기초가 되도록 해야 할 것이다. 근무성적평정에 대해서는 이 책 제12장 '학교경영의 실제 I: 인사 및 조직관리 등'에서 보다 자세하게 다룬다.

## 3. 승진제도

### 가. 승진의 개념과 기준

#### 1) 승진의 개념과 의의

승진은 동일 직렬 내에서의 직위 상승을 의미한다. 승진에 따라 상위직급에 임용되면 책임과 권한이 증가되고, 임금 및 각종 근무여건이 개선된다. 교원의 경우 교사가 교감으로, 교감이 교장으로 임용되는 것을 예로 들 수 있다. 이러한 승진제도는 ① 구성원에게 보상수단 내지 욕구 충족 수단을 제공하며, ② 인적 자원을 적절히 배치함으로써 조직의 목표를 효율적으로 달성할 수 있게 하며, ③ 조직 구성원이 직무수행을 위해 필요한 지식과 능력을 향상시키는 등 능력계발의 수단이 된다(최종태, 1981: 220-223).

## 2) 승진의 기준

대체로 승진의 기준은 연공서열주의(seniority system)와 능력주의(merit system)로 나누어 설명할 수 있다.

- **연공서열주의:** 승진대상자의 근무연수, 연령, 경력, 학력 등의 기준을 중시하는 것이다. 이는 동양의 운명공동체적 풍토에 기반을 둔 것으로서 그 적용이 용이하고 승진관리에 안정성을 기할 수 있는 데 반하여, 유능한 인재의 확보가 미흡하고 행정의 침체성이 우려되는 등의 단점이 있다.
- **능력주의:** 승진대상자의 직무수행 능력과 업적 등을 중시하는 것이다. 이는 서양의 이익공동체적 풍토에 기반을 둔 것으로서 과학적이며 합리적인 인사가 가능하다는 장점이 있는 반면, 근무보다 시험에 열중하고 시험을 전후하여 사기에 영향을 주는 등의 단점이 있다.

연공과 능력 중에서 어느 것이 더 중요한가 하는 문제를 한마디로 규정하기는 어려우며, 대체로 능력과 업적, 학력과 근속연수, 근무성적, 승진시험 등을 적절하게 혼합하는 것이 일반적이다. 연공서열주의와 능력주의의 장·단점을 요약하면 〈표 10-6〉과 같다.

표 10-6 연공서열주의와 능력주의의 장·단점

| 구분 | 장점 | 단점 |
|---|---|---|
| 연공서열주의 | • 고도의 객관성<br>• 정실 및 불공평으로 인한 불평 약화<br>• 행정의 안정성 유지 | • 유능한 인재 등용의 제약<br>• 행정의 침체성 우려<br>• 부하직원의 통솔 곤란 |
| 능력주의 | • 인사권자의 정실개입 여지 경감<br>• 시험에 따른 타당성 제고<br>• 개인의 발전 촉진 | • 근무보다 시험에 열중 우려<br>• 시험의 타당도가 낮을 경우 충실근무 직원 불리<br>• 시험을 전후한 사기에 영향 |

출처: 서정화(1994: 225).

## 나. 교원 승진임용의 기준과 구조

「교육공무원법」 제13조는 교육공무원의 승진임용은 동종의 직무에 종사하는 바로 하위직에 있는 자 중에서 대통령령이 정하는 바에 의하여 경력평정, 재교육성적, 근무성적, 기타 능력의 실증에 의해 행한다고 규정하고 있다.

현행 교육공무원의 경력평정·근무성적평정·연수성적평정·가산점평정 등을 포함하는 승진 규정은 승진임용을 위한 준거를 제공한다. 경력평정, 근무성적평정, 연수성적평정, 가산점평정에 관해서는 이 책 제12장 '학교경영의 실제 I: 인사 및 조직관리 등'에서 보다 자세하게 다룬다.

현행 교육공무원의 승진제도는 이상에서와 같이 연공과 실적을 절충하는 형태로 이루어진다. 즉, 앞의 네 가지 평정점수의 순위에 따라 자격별로 승진후보자 명부를 작성·비치하고 이 명부에서 순위가 높은 교원의 순으로 결원된 직에 대하여 3배수 범위 안에서 승진임용하거나 임용을 제청하도록 되어 있다.

이 승진후보자 명부는 승진될 직위별로 나누어 작성하되 경력평정, 근무성적평정, 연수성적의 평정점을 합산한 점수가 높은 순위로 기재하며, 전술한 가산점을 각 평정점의 합산점수에 가산하도록 하고 있다. 승진후보자 명부 작성에 있어서 동점자가 2인 이상일 때에는 ① 근무성적이 우수한 자, ② 현 직위에 장기 근무한 자, ③ 교육공무원으로서 계속 장기 근무한 자의 순으로 순위를 정하며, 그래도 순위가 결정되지 않을 때는 승진후보자 명부의 작성권자가 그 순위를 결정한다.

교원을 포함하는 교육공무원은 징계의결 요구, 징계처분, 직위해제 또는 휴직 중에 있는 경우, 징계처분의 집행이 종료된 날로부터 일정 기간(정직의 경우 18월, 감봉은 12월, 견책은 6월)이 경과되지 아니한 경우에는 승진임용될 수 없다. 다만, 징계처분을 받은 이후 당해 직위에서 훈장, 포장, 모범공무원 포상, 국무총리 이상의 표창 또는 제안의 채택 시행으로 포상을 받은 경우에는 승진임용 제한기간의 1/2을 단축할 수 있다.

## 4. 전직과 전보

### 가. 개념과 의의

#### 1) 개념

전직과 전보는 조직에서 직위의 위치를 변경시키는 인사 이동을 통해 조직원의 능력계발을 유도하고 조직목적의 효율적 달성을 도모하는 것이다. 승진이 수직적 이동이라면 전직과 전보는 수평적 이동이라 할 수 있다. 이는 조직원의 직무만족과 조직목적 달성의 극대화를 기할 수 있는 장점이 있다.

- **전직**: 종별과 자격을 달리하는 임용, 즉 직급은 동일하나 직렬이 달라지는 횡적 이동을 말한다. 예컨대 교원이 장학사(관), 연구사(관) 등으로 이동하거나, 장학사(관), 연구사(관)가 교원으로 이동하는 경우, 학교급(초등학교와 중등학교) 간에 교원이 이동하는 경우가 여기에 해당된다.
- **전보**: 동일직위 및 자격 내에서의 근무기관이나 부서를 달리하는 임용을 말한다. 예컨대, 교장, 교감, 교사가 근무학교를 이동하거나 장학관, 장학사가 행정기관 간 이동하는 것이 여기에 해당된다. 전보제도는 조직의 입장에서 보면 부서 간의 인원 수, 필요의 변동이나 조직기능의 변화로 인한 자질요건의 변화에 대응하기 위하여 부서의 기능과 업무의 양에 따라 적절한 사람을 배치하여 조직의 목적 달성을 높이는 한편, 개인적인 측면에서 보면 직무에 대한 구성원 개인의 흥미 변동, 주거지나 동료와의 인간관계 변화 등을 배려함으로써 생활안정과 직무만족을 도모할 수 있다.

#### 2) 의의

전직과 전보 등을 통한 직무순환은 다음과 같은 몇 가지 의의를 지닌 것으로 이해된다(신유근, 1983: 358-359; 최종태, 1991: 488-489).

- 직무순환은 관리능력을 계발시키는 현직 교육훈련 방법의 하나이다.
- 조직원의 욕구좌절을 방지하고 동기부여의 기법으로써 유용하게 활용될 수

있다.

- 적재적소의 인사관리를 가능케 한다.
- 승진 이전의 단계적인 교육훈련 방법이 된다.
- 궁극적으로 조직의 효율성을 증대시킬 수 있다.
- 장기보직으로 인한 외부 거래처와의 불필요한 유대 및 조직의 허점을 이용한 부정을 예방할 수 있다.
- 조직의 변화·변동에 따른 부서 간의 과부족 인원의 조정이나 조직원의 개인적 사정에 따른 구제가 가능하다.
- 인사침체를 방지하고, 권태로움에서 벗어나 업무를 쇄신하는 계기를 마련해 준다.

## 나. 교원의 전직과 전보제도

### 1) 전직제도

교육공무원의 전직은 교원의 학교급별 전직, 교원의 교육전문직 공무원으로의 전직, 교육전문직 공무원의 교원으로의 전직, 교육전문직 공무원 간의 전직 등 네 가지로 구분된다.

교원의 학교급별 전직은 시·도교육감이 교원수급상 필요한 경우에 교원이 희망하는 바에 따라 당해인이 소지하고 있는 교원자격증과 관련 있는 학교급의 교원으로 이동하는 것이다.

교원의 교육전문직원으로의 전직임용 중 장학관·교육연구관으로의 전직임용에 관한 사항은 임용권자가 정하며,[5] 장학사·교육연구사로의 전직임용은 교육기관·교육행정기관 또는 교육연구기관의 추천을 받아 공개전형을 거쳐 임용하되, 공개경쟁시험은 기본소양에 관한 평가와 역량평가를 포함하여야 하며, 기본소양평가는 객관식 필기평가 이외의 방법으로 실시하여야 하고, 시·도교육청은 평가의 일부 및 전부를 소속기관에 위임 또는 전문기관에 위탁하여 실시할 수 있다. 임용

---

5) 다만, 교육전문직원을 거치지 않은 교원이 장학관·교육연구관으로의 전직임용 시에는 공개경쟁시험(교장 및 원장 제외)을 거쳐 선발하되, 직무수행에 필요한 역량과 자질을 검증할 수 있는 방법 등이 포함되어야 한다(「교육공무원 인사관리규정」 제14조 제1항 제1호).

권자는 전직임용을 위한 평가위원회를 구성하여야 하며, 평가위원의 2분의 1이상
은 해당 교육청 소속 교직원이 아닌 사람을 외부위원으로 위촉하여야 하고, 평가위
원회의 운영에 관하여 필요한 사항은 임용권자가 정한다(「교육공무원 인사관리규정」
제14조 제1항 제1~4호).

　교육부와 그 소속기관에 근무하는 장학사·교육연구사로의 전직임용은 정규교
원으로서 실제 근무한 경력이 5년 이상인 자를 대상으로 공개경쟁시험에 의함을 원
칙으로 하고, 공개경쟁시험은 소속기관 또는 전문기관에 위임·위탁할 수 있다. 다
만, 임용권자가 능력 있는 교육전문직 공무원 확보를 위하여 특히 필요하다고 인정
하는 경우에는 교육부와 그 소속기관에 일정 기간 파견근무한 자를 별도 전형에 의
해 임용할 수 있다.

　교육전문직원이 교원으로 전직하여 2년 이상 근속한 경우 교육전문직원으로 재
전직할 수 있다. 다만, 시·도교육청의 과장(교육지원청 과장, 직속기관 부장 이상 포
함) 직위 이상 장학관 및 교육연구관으로의 재전직은 그렇지 않으며, 교육부와 그
소속기관의 교육전문직원의 경우는 교육부장관이 정하는 바에 따른다.

　교장을 교육전문직 공무원으로 전직시키고자 할 때에는 본인의 동의를 얻어야
하며, 교사를 장학사·교육연구사로 전직임용할 경우, 특별한 사유가 없는 한 전직
임용에 필요한 직무연수를 이수시켜야 한다.

　교육전문직원이 교원으로 전직할 때에는 교원에서 교육전문직원으로 전직할 당
시의 직위로 전직하여야 한다. 다만, 교사에서 교육전문직원으로 전직한 경우 5년
이상, 교감에서 교육전문직원으로 전직한 경우 2년 이상 근속한 자는 임용권자가 정
하는 기준에 따라 교감 또는 교장으로 전직할 수 있다. 교육경력 10년 이상이고 교
육전문직 공무원으로 10년 이상 근속한 자는 전직될 직위에 제한을 받지 아니한다.

　교육전문직원의 교원으로의 전직은 연구(장학)사·연구(장학)관 각 단계에서 1회
에 한하여 허용하되 교육부와 그 소속기관의 교육전문직원의 경우는 교육부장관이
따로 정한다. 다만, 교육부와 그 소속기관 및 시·도교육청의 과장(교육지원청 과장,
직속기관 부장 이상 포함) 직위 이상 장학관 및 교육연구관이 교원으로 전직하는 경우
에는 그렇지 않다

　교육전문직 공무원 간의 전직이란 장학관과 교육연구관 상호 간 또는 장학사와
교육연구사 상호 간에 전직임용하는 것을 말하며, 이들의 전직임용에 관한 사항은

임용권자가 정한다. 시·도교육감은 교원·교육전문직원의 전직 및 인사교류 등에 있어 인적 자원의 효율적 배치와 현장 연계성 유지를 위하여 교육부장관이 정한 사항을 교육공무원 인사에 반영하여야 한다.

초등학교 교원이 중등학교 교원자격증을 소지하거나 중등학교 교원이 초등학교 교원자격증을 소지하였을 때에는 본인이 희망하는 바에 따라 자격증과 관련이 있는 직위에 전직임용할 수 있다.

「교육공무원법」 제21조와 「교육공무원임용령」 제13조의2에 의하면, 교육공무원의 임용권자 또는 임용제청권자는 기구의 개편 또는 직제의 개폐나 정원의 변경이 있는 경우, 해당 교육공무원의 승진 또는 강임으로 인한 경우, 전보권자 또는 전보제청권자를 달리하는 기관 간에 전보하는 경우, 임용예정직위에 관련된 특수한 연수를 받았거나 임용예정직위에 상응한 근무 또는 연구실적이 있는 자를 당해 직위에 보직하는 경우, 징계처분을 받은 경우, 형사사건에 관련된 혐의가 있는 경우, 당해 직위나 근무지에 계속하여 근무하는 것이 교육상 심히 부적당하다고 인정되는 사유로서 교육부장관이 정하는 경우[6]를 제외하고는 소속 교육공무원이 해당 직위에 임용된 날로부터 1년 이내에 다른 직에 임용하거나 근무지를 변경하는 인사조치를 하여서는 안 된다.

### 2) 전보제도

「교육공무원임용령」 제13조의3에 의하면, 임용권자 또는 임용제청권자는 소속 교육공무원의 동일직위 또는 지역에서의 장기근무로 인한 침체를 방지하고 능률적인 직무수행을 기할 수 있도록 인사교류계획을 수립하여 이를 실시하여야 한다. 임용권자 또는 임용제청권자는 인사교류계획을 수립 실시함에 있어서 「도서·벽지교육진흥법」 제2조의 규정에 의한 도서·벽지에 계속하여 3년 이상 근무한 자에 대

---

6) 「교육공무원 인사관리규정」 제17조(전직 등의 제한) 임용령 제13조의2 제1항 제5호의 '교육부장관이 정하는 경우'라 함은 다음 각 호의 1에 해당하는 경우를 말한다.

  1. 직위해제 후 복직된 자

  2. 감사결과 인사조치 지시된 자

  3. 직무수행 능력이 부족하거나 근무성적이 극히 불량한 자 또는 근무태도가 심히 불성실한 자

  4. 신체·정신상의 장애로 장기요양을 요하는 자

하여는 본인의 희망을 참작하여 도서 · 벽지 이외의 지역으로 전보하여야 한다. 다만, 본인이 다른 지역으로 전보를 희망하지 아니하는 경우에는 그렇지 않다. 전보희망자가 적은 지역에서 근무하는 교육공무원으로서 근무성적이 양호하고, 지역사회발전을 위하여 계속 근무하게 할 필요가 있다고 인정되는 때에는 본인의 희망에 따라 장기근무를 하게 할 수 있다. 임용권자는 「교육공무원법」 제12조 제1항 제3호의 규정[7]에 의하여 특별채용된 교사를 그가 임용된 날로부터 5년간 전직이나 당해 특수지역 또는 근무기관 이외의 기관에 전보할 수 없다.

공립의 고등학교 이하 각급 학교의 장은 해당 학교 교육과정의 원활한 운영과 학교 발전을 위하여 필요한 자격이나 능력을 갖춘 교원을 해당 학교에 전보시켜 줄 것을 임용권자에게 요청하거나 해당 학교에 근무 중인 교원을 그 교원의 동의를 받아 다른 기관으로의 전보 유예를 임용권자에게 요청할 수 있다. 임용권자는 「교육공무원법」 제11조 제2항[8]에 따라 신규 채용된 교사를 그 사람이 임용된 날부터 8년 동안 전직하거나 해당 지역 또는 근무기관 외의 기관에 전보할 수 없다(「교육공무원임용령」 제13조의3).

임용권자는 소속 공무원에 대한 동일직위에 있어서의 장기근무로 인한 침체를 방지하기 위하여 매년 전보계획을 수립하여 전보를 하여야 하며, 교원의 생활근거지 근무 또는 희망 근무지 배치를 최대한으로 보장하여 사기진작 및 생활안정을 도모하고 전보임용의 공정성을 확보하기 위하여 최대한 노력하여야 한다.

시 · 도교육감 또는 교육장이 교원전보계획을 수립할 때에는 관할지역 내의 국립학교 소속 교원을 포함하여야 한다. 이 경우 국립학교의 장은 시 · 도교육감 또는 교육장의 인사원칙에 따라야 하며, 국립학교에서 공립학교로 전보될 자는 국립학교의 장이 선정하고, 공립학교에서 국립학교로 전보될 자는 시 · 도교육감 또는 교육장으로부터 임용예정 인원의 3배수 범위 내에서 추천을 받아 국립학교의 장이 선정

---

7) 「교육공무원법」 제12조 ① 3. 경쟁시험에 의한 결원보충이 곤란한 도서 · 벽지 등 특수한 지역에 근무할 자와 특수한 교과목을 담당할 자를 임용하는 경우

8) 「교육공무원법」 제11조 ② 임용권자는 원활한 결원 보충 및 학교운영을 위하여 필요한 경우 근무 예정 지역 또는 근무 예정 학교를 미리 정하여 공개전형으로 채용시험을 실시할 수 있다. 이 경우 임용권자는 그 시험에 따라 채용된 교사에 대하여 10년 이내의 범위에서 대통령령으로 정하는 기간 동안 다른 지역 또는 다른 학교로의 전보를 제한할 수 있다.

한다. 임용권자는 학교장의 전입요청에 따른 교원전보를 위해 대상 교원의 범위 및 요청 방법 등의 내용을 담은 전보계획을 수립하여야 한다.

임용권자는 전보를 함에 있어 거리·교통 등 지리적 요건과 문화시설의 보급 등을 고려하여 설정한 인사구역 및 인사구역별 근무기간 등을 정한 전보기준을 전보발령 6개월 이전에 공개하여야 한다.

교원의 학교 간 전보는 임용권자가 정하는 기간 동안 동일직위에 근속한 자를 대상으로 정기적으로 실시한다. 다만, 학교장이 「교육공무원임용령」 제13조의3 제5항[9]의 전보유예를 요청하는 경우에는 그렇지 않다. 임용권자가 소속 교육공무원에 대하여 「교육공무원임용령」 제13조의3 제3항[10]의 규정에 의한 장기근무를 하게 할 때에는 임용권자가 정하는 특별한 경우를 제외하고는 당해 교육공무원의 근무성적이 '우' 이상이어야 한다.

교육부장관이 지정한 특성화고등학교(종합고등학교 포함)에 근무하는 교장·교감 및 전문교과 담당 교사에 대하여는 근속기간에 제한을 두지 않을 수 있으며, 당해 학교장의 추천에 의하여 전보할 수 있다.

임용권자는 학교장의 전보요청 등의 사유로 교육상 전보가 불가피하다고 인정할 때에는 동일직위 근속기간이 정기전보기간 이내라 하더라도 전보할 수 있다. 학교장은 다음 사유에 해당하는 경우 임용권자에게 전보요청을 할 수 있으며, 이 경우 임용권자는 교원운용에 지장이 없는 범위 안에서 특별한 사유가 없는 한 이에 응해야 한다. 그 사유에 해당하는 교원은 ① 직무수행 능력이 부족하거나 근무성적이 저조한 교원(단, 이 경우 학교장은 전보요청 전에 당해 교원의 능력개발을 위한 직무연수를 부과하여야 함), ② 징계처분을 받은 교원, ③ 금품수수 행위, 시험문제 유출 및 성적 조작 등 학생성적 관련 비위 행위, 학생에 대한 신체적 폭력 행위 등의 사유와 관련

---

9) 「교육공무원임용령」 제13조의3 ⑤ 공립의 고등학교 이하 각급 학교의 장은 해당 학교 교육과정의 원활한 운영과 학교 발전을 위하여 필요한 자격이나 능력을 갖춘 교원을 해당 학교에 전보시켜 줄 것을 임용권자에게 요청하거나 해당 학교에 근무 중인 교원을 그 교원의 동의를 받아 다른 기관으로의 전보 유예를 임용권자에게 요청할 수 있다.

10) 「교육공무원임용령」 제13조의3 ③ 임용권자 또는 임용제청권자는 제1항의 인사교류계획을 수립 실시함에 있어서 전보희망자가 적은 지역에서 근무하는 교육공무원으로서 근무성적 또는 업적평가 결과(수석교사만 해당한다. 이하 같다.)가 양호하고, 지역사회발전을 위하여 계속 근무하게 할 필요가 있다고 인정되는 때에는 본인의 희망에 따라 장기근무를 하게 할 수 있다.

하여 징계에 이르지 않는 주의 또는 경고 처분을 받은 교원, ④ 당해 학교에서 재직하는 동안 3회 이상 징계에 이르지 않는 주의 또는 경고 처분을 받은 교원 등이다.

교원이 직위해제 후 복직된 자, 감사결과 인사조치 지시된 자, 직무수행 능력이 부족하거나 근무성적이 극히 불량한 자 또는 근무태도가 심히 불성실한 자, 신체·정신상의 장애로 장기요양을 요하는 자 등에 해당하거나 교원수급상 부득이한 경우 또는 본인이 희망하는 경우를 제외하고는 생활근거지가 아닌 비경합지구에 속하는 학교에 전보할 수 없다. 다만, 생활근거지가 경합지역에 속하는 자는 그렇지 않다.

특수목적고등학교의 교장·교감 중 1인은 당해 계열의 전공자를 배치함을 원칙으로 하며, 적격자가 없을 때에는 인사위원회에서 정한 기준에 따라 배치하여야 하며, 여자학교의 교장·교감 중 1인은 가급적 여교원을 배치하여야 한다. 전보권자는 동일한 시·도 내의 부부교원, 노부모·특수교육대상자 부양 교원 등에 대한 전보 특례 사항을 정할 수 있다[「교육공무원 인사관리규정」제5장(전보임용) 제18~23조].

## 📖 제4절 교원보수제도

구성원의 근무의욕을 유발하고 직무수행의 동기를 활성화하기 위해 적절한 보상체계를 마련하는 것이 중요하며, 이는 교원들에게 있어서도 예외가 아니다. 교육조직에서도 경제적 보상, 즉 보수체계는 교원들의 직무수행과 관련하여 중요하게 취급되어야 할 대상으로 간주되고 있다.

### 1. 보수의 개념

보수란 일반적으로 조직 구성원이 조직의 목적 달성에 공헌한 대가로 얻게 되는 제반 소득이라고 말할 수 있다. 보수의 개념을 정확히 파악하기 위해서는 유사 개념들에 대한 이해와 관련성을 고찰할 필요가 있다. 이들을 구분하면 다음과 같다(Sikula, 1976: 281-284).

- 급여(wage): 고용인의 기술이나 능력, 또는 직무평가 등에 의하여 시간당 지불 과정과 관련된 지불을 의미한다.
- 봉급(salary): 1주, 1개월 또는 1년을 단위로 정기적인 서비스를 제공하는 사무직, 행정직 또는 서기직 등에 종사하는 고용인에게 지급되는 보상이나 대가로서의 지불을 의미한다.
- 보수(remuneration): 서비스 제공에 대한 사례, 지불 또는 변상(辨償)의 성격을 띤 것으로서 비금전적인 보상도 포함하는 개념이다.
- 보상(reward): 보수는 물론 상여금, 연금, 그리고 퇴직금과 같은 후생복리적인 보상까지 포함하는 것으로 이해될 수 있다.[11]

결론적으로 보수란 개인과 조직 간의 거래(transaction) 관계(Belcher, 1974)[12]를 나타내는 것으로서, 개인이 조직의 목적 달성을 위한 서비스를 제공한 대가로 조직으로부터 주어지는 제반 금전적·비금전적 보상을 의미한다.

## 2. 보수 관련 이론

보수가 어떻게 결정되는지에 관련된 이론들을 살펴보면 다음과 같다(강응오, 1983: 17-29; 강정대, 1982: 43-61; 서정화, 1994: 298-300). 이는 노동자의 임금수준을 결정하는 데 작용하는 주요 요인이 무엇인가를 중심으로 고찰한 것이다. 그러나 보수란 어느 한 측면의 요인만을 중심으로 결정되는 것이 아니므로 각 이론들은 나름대로의 한계를 지닐 수밖에 없다. 따라서 보수의 결정에 작용하는 복합적인 요인들을 살펴보는 것이 유용할 것이다.

- 임금생존비설(subsistence theory): 노동자가 받는 임금은 노동자 자신과 자신의 가족이 생활해 나가는 데 필요한 재화를 구입할 수 있는 정도의 금액으로 정해

---

11) 「공무원보수규정」 제4조에서도 "보수란 봉급과 그 밖의 각종 수당을 합산한 금액을 말한다."라고 정의하고 있다.

12) 개인과 조직의 거래로 표시되는 보수란 ① 경제적(economic) 거래, ② 심리적(psychological) 거래, ③ 사회적(social) 거래, ④ 정치적(political) 거래, ⑤ 윤리적(ethical) 거래로 구분된다.

진다는 것이다. 즉, 임금이란 노동자의 생존비용의 크기 내지는 최저생활비에
의하여 결정된다고 보는 학설이다. 임금생존비설은 임금의 생산비이론(cost of
production theory)이라고도 한다.

- 한계생산력설(marginal productivity of wage): 임금이란 노동자가 최종적으로 창
출하는 생산물의 양, 즉 한계생산력(한 단위의 노동력을 추가시킴에 따라 증가하는
생산력)과 동일하다는 것이다. 따라서 이 이론에 의하면 고용자는 노동의 한계
생산력과 실질임금이 동일하게 되는 지점에 이르기까지 노동을 수용한다. 따
라서 노동의 수요와 공급이 동일한 수준에서 임금이 결정된다는 이론이다.

- 임금기금설(wage-fund theory): 임금기금설의 기본가정은 일정한 사회 내에서
임금으로 지불되는 총액(기금)은 총자본에 비하면 일정하며, 그것을 전체 노동
자의 수로 나눈 것이 개개의 시장가격으로 된다는 것이다. 즉, 노동자의 임금
수준은 그 국가 내 총자본이 임금지불을 위해 축적한 것, 즉 임금기금을 노동공
급자 수로 나눈 것이 된다. 따라서 장기적인 관점에서 보면 기본임금은 고정적
이 아니고 가변적이지만, 일정한 시기와 장소에 있어서는 임금의 지급을 위해
할당된 기금은 일정하며 개개인의 노동자의 임금은 이 기금의 총액을 전체 노
동자의 수로 나눈 수준에서 결정된다는 것이다.

- 임금세력설(wage force theory): 노동자의 사회적 세력이 노동자의 임금을 결정
하는 데 크게 작용한다는 것이다. 이 이론은 노동의 공급 측면에서 임금을 설
명하고자 하는 것으로 앞에서 설명한 임금기금설과 대조가 된다. 즉, 이 이론
의 요점은 임금은 노동자의 생활비를 하위한계로 하고 노동의 한계생산력을
상위한계로 하여 그 중간점에서 결정되는데 특히 노동조합의 세력이 강하면
비교적 높은 곳에서, 그리고 노동조합의 세력이 약하면 비교적 낮은 곳에서 임
금이 결정된다는 것이다.

- 노동가치설(labour value theory): 상품의 가격은 그 상품을 생산하는 데 투입된
노동시간에 의해서 결정되고 노동의 가격인 임금은 노동력의 재생산에 필요한
필수품을 만드는 데 소요되는 노동시간에 의해 결정된다는 노동가치설을 임금
이론에 적용시킨 것으로서, 임금은 상품생산에 소요되는 노동시간의 크기에
의해서 결정된다는 것이다. 그러나 이러한 논리는 실제적으로 노동자가 받는
임금은 그가 제공한 노동시간의 일부에 해당되고 나머지 잉여노동이 창출한

가치는 자본가의 수중으로 귀속된다는 비판적 관점에 의해 도전을 받고 있다.
- **잔여청구설**(residual claimant theory): 고용주가 그가 구입한 노동의 생산물에서 이윤과 이자, 그리고 지대 등을 공제한 나머지를 노동자에게 지급한다는 이론 이다.

## 3. 교원보수 결정의 원칙과 종류

### 가. 교원보수 결정의 원칙

교원들이 안정된 기반 위에서 학생들을 가르치도록 하기 위해서 적정의 보수를 지급하는 것은 매우 중요한 일이다. 따라서 우리나라의 경우에도 교원우대의 원칙을 법으로까지 규정하고 있는 실정이다.

교원들의 보수를 결정하는 원칙으로 제시되고 있는 것 중의 대표적인 것으로 UNESCO와 ILO(국제노동기구)가 1966년에 발표한 교사의 지위에 관한 권고안을 참고할 필요가 있다. 여기에서 교직은 전문직이므로 교사의 대우는 일정한 기준이 있어야 한다고 강조하면서 적어도 동등한 학력이나 자격을 갖춘 다른 직종에 종사하는 사람들의 수준에 상응하는 보수를 받아야 할 것을 주장하고 있다. 구체적인 내용을 요약하면, 교원의 보수는 ① 교원의 사회적 중요성을 반영하여야 하며, ② 유사 또는 동등한 수준의 자격을 요구하는 타 직업 종사자의 봉급에 손색이 없어야 하며, ③ 교원의 전문적 자격의 향상을 위한 계속 교육이나 문화활동, 교원 자신과 그 가족의 상당한 생활수준을 확보하는 수단이 되어야 하며, ④ 교직은 보다 높은 자격과 경험을 필요로 하며, 보다 큰 책임을 수반한다는 사실을 반영하여야 한다는 원칙 등을 제시하고 있다.

한편, 미국 교육연합회(National Education Association: NEA, 1960: 111)에서도 교원보수의 결정원칙으로 다음과 같은 내용을 제시하고 있다.

- 준비교육, 교육경험 및 전문직업인으로서의 성장도에 그 기초를 둘 것
- 유능한 젊은이를 교직에 유치하기에 충분할 정도의 초임급 기준을 마련할 것
- 교원이 초임 후 교직에 10년간 계속 근무하면 초임급의 배 이상을 받도록 증액

규정을 둘 것

- 교육위원, 교육행정가 및 교원들에 의하여 협동적으로 작성할 것
- 학교급별이나 교수과목, 종교, 종족, 성별, 결혼상황, 또는 부양가족 수와 같은 요인에 의하여 어떠한 차이도 두지 말 것
- 최고학위(박사학위)까지의 상위학위를 획득할 경우, 경험과 학력을 함께 인정할 것
- 적절한 비율에 의하여 교육행정가들의 직무를 고려할 것
- 현실적 사항에 적합할 것 등

## 나. 보수체계의 종류와 형태

### 1) 종류

보수체계의 종류로는 연공급(年功給), 직무급(職務給), 절충급이 있다. 연공급은 학력, 자격, 연령 등을 기준으로 근속연수에 따라 보수수준을 결정하는 속인급(屬人給) 보수체계이다. 근속연수나 경력에 따라 보수액이 달라진다. 연공급은 개인별 임금결정의 기준으로 근속의 비중이 너무 높고, 그 결과 근속별 임금격차가 매우 크다는 점과, 그 결과 임금이 노동의 질과 양에 대응하지 않고 직종이나 숙련과는 무관하다는 특징이 있다. 이에 따라 연공급은 속인적 기준을 주로 한 배분방식이기 때문에 자극이 없고 무기력한 분위기가 되어, 효과성 향상을 기대하기 어려우며, 유능한 교수 자원을 확보하는 데 있어서 능력에 상응한 대가를 지급할 수 없다는 문제점을 지니고 있다.

직무급은 직무의 양과 질에 따라 보수를 결정하는 것이다. 여기서는 직무의 상대적 가치를 평가하기 위해 직무분석이 시도된다. 절충급은 연공급과 직무급을 절충한 것으로서 직능급과 자격급이 있다. 직능급은 직무의 내용과 직무수행 능력에 따라 보수가 정해지는 것이며, 자격급은 취득자격을 기준으로 보수 지급에 차이를 두는 것이다.

### 2) 형태

보수의 형태로는 고정급과 성과급이 있다. 고정급은 근무시간이나 단위로 보수

를 지급하는 것으로서 정액급이라고도 한다. 성과급은 생산량 등의 성과에 따라 보수가 달리 지급되는 것이다.

## 4. 교원 보수체계의 현황

교원을 포함한 교육공무원의 보수는 1954년 별도의 「교육공무원보수규정」이 제정·운용되어 오다가 1986년 12월 20일 「공무원보수규정」이 개정되면서 이에 통합되었다. 이때 법관 이외의 모든 공무원의 보수규정이 하나로 통합되었는데, 이는 각 직종 간의 보수체계와 봉급수준의 불균형을 점진적으로 시정하기 위한 조치였다. 사립학교 교원의 보수체계는 교육공무원 보수체계에 비하여 변화의 과정을 많이 겪지는 않았다.

현재 교육공무원의 보수체계는 동등한 학력과 자격 및 경력을 가진 교원은 학교 급별, 성별 등의 조건에 관계없이 동일한 보수를 지급하는 것을 원칙으로 하는 단일 호봉제를 지향하고 있다. 다만, 유·초·중등학교와 전문대학·대학교의 호봉제와 기산호봉, 봉급 및 수당 등을 각기 다르게 정하는 이원제 체계로 유지하고 있다.[13] 교원 보수체계는 「공무원보수규정」과 「공무원수당 등에 관한 규정」에 의하여 결정된다.[14]

### 가. 교원보수의 종류

보수라 함은 봉급과 각종 수당을 합산한 금액을 말하며, 봉급이라 함은 직무의 곤란성 및 책임의 정도에 따라 직책별로 지급되는 기본급여 또는 직무의 곤란성 및 책임의 정도와 재직기간 등에 따라 계급(직무등급 또는 직위)별·호봉별로 지급되는 기본급여를 말하고, 수당이라 함은 직무여건 및 생활여건 등에 따라 지급되는 부가급여를 말한다(「공무원보수규정」 제4조).

---

13) 「공무원보수규정」은 전문대학 봉급표와 대학 봉급표를 하나로 통합하여 제시하고 있다.
14) 교육공무원의 봉급표는 「공무원보수규정」에 의해 매년 조정되고, 교육공무원 수당 등은 매년 조정되지는 않지만, 자주 변동되기 때문에 이 책에 구체적인 수당액은 제시하지 않는다. 구체적인 봉급액과 수당액은 대통령령인 「공무원보수규정」과 「공무원수당 등에 관한 규정」을 참조하기 바란다.

## 나. 봉급

봉급은 국고에서 지급되는 것으로 연공급에 기초를 두고 있다. 교원은 고도의 전문성을 가지고 있는 직업이기 때문에 직위별로 직무와 능률이 다르다고 볼 수 없으며, 보수도 단일호봉체계를 유지하고 있다. 단일호봉제란 학교급에 관계없이 동일한 학력과 경력이면 같은 호봉의 보수를 지급받는 것을 말한다. 따라서 교사가 교감이나 교장으로 승진하여도 적용되는 보수표에는 변함이 없다. 또한 교원의 보수체계에서는 경력과 학력을 동일시하고 있다. 고등학교 졸업자가 4년간 근무하면 대학졸업 신규교사와 동일한 호봉을 부여받는다.

## 다. 각종 수당

「공무원수당 등에 관한 규정」에 의하면, 공무원에게 지급되는 수당 등에는 상여수당, 가계보전수당, 특수지 근무수당, 특수근무수당, 초과근무수당 등 다섯 가지로 구분된다. 교육공무원에게 지급되는 상여수당에는 정근수당과 성과상여금이 있으며, 가계보전수당에는 가족수당, 자녀학비보조수당, 육아휴직수당이 있다. 교육공무원에게는 일반 공무원의 특수지 근무수당에 해당하는 도서벽지수당을 지급한다. 특수근무수당에는 위험근무수당과 특수업무수당, 업무대행수당, 군법무관수당 등이 있는데 교육공무원에게는 특수업무수당만이 해당되며, 교육공무원에게 지급하는 특수업무수당에는 연구업무수당(교육전문직원에 해당), 교원 등에 대한 보전수당, 교직수당[15] 등이 있다. 초과근무수당에는 시간외 근무수당, 휴일근무수당, 야근근무수당, 관리업무수당이 있다.

---

15) 기본 교직수당에는 각종 가산금이 가산된다. 교직수당 가산금 지급 대상에는 원로교사, 보직교사, 학급담임교사, 보건교사, 영양교사, 특수학교 · 학급교사, 미감아학교 · 미감아학급교사, 특성화고 실과담당교원, 병설유치원 원장 및 원감을 겸임하는 초등학교 교장 및 교감, 초중고 통합학교 겸임교장, 국립 국악학교 및 국악고등학교 교원, 고교부설 방송통신고 겸직교원, 중학교 또는 고교부설 방송통신중 겸직교원, 통학버스 동승교원 등이 있다.

### 라. 실비변상 등

행정지침에 의해 지급되던 각종 복리후생비가 2001년부터 「공무원수당 등에 관한 규정」 속에 포함되었다. 실비변상에 해당하는 것으로는 정액급식비, 명절휴가비, 연가보상비, 직급보조비 등이 있다.[16]

---

[16] 실비변상에 들어 있던 가계지원비와 교통보조비는 2011년부터 기본급에 통합되었다.

제11장

# 교육재정

## 📖 제1절 교육재정의 본질

### 1. 교육재정의 개념

재정(public finance)이란 일반적으로 국가 및 공공단체가 공공욕구를 충족하기 위하여 필요한 수단을 조달하고 관리 · 사용하는 경제활동 또는 간단히 정부의 경제라고 정의할 수 있으며(차병권, 1987: 3), 재정학이란 정부의 조세정책이나 지출정책과 같은 정부의 각종 정책들이 경제에 어떠한 영향을 끼치고, 나아가서 사회 구성원들의 후생에 어떠한 변화를 가져다주는가를 연구하는 학문이라고 할 수 있다(김동건, 1987: 17).

현대국가는 국방과 치안의 유지, 교육사업의 운영, 국토개발 및 보존, 경제질서의 유지와 경제성장의 촉진 등 여러 가지 기능을 수행하며, 이를 위하여 정부는 민간경제와 같이 일정한 자원을 지배하고 사용하지 않으면 안 된다. 국방과 치안, 교육 서비스 등은 민간 부문의 공급자에게 일임할 수 없는 공공재(公共財)이며, 정부가 직접 생산하는 것이 사회복지 증진에 보다 유리하다. 따라서 정부는 소비자인 동시에 생산자이며, 고용자라고 할 수 있다. 공공욕구란 대가를 지급하여 충족할 수 없는 욕구, 즉 시장기구를 통하여 충족할 수 없는 욕망이라고 말할 수 있는데, 그 대표적인 예가 정부기관의 유지, 국방·치안의 유지, 대외정책, 도로의 건설, 국토개발 등이다. 정부의 경제라는 말에는 계획성의 의미가 내포되어 있다. 재정은 민간기업이나 가계와는 달리 원칙적으로 수입과 지출이 미리 숫자로 예정되고, 확정된 계획에 의하여 일정한 질서 아래서 운영된다. 이 계획은 정부경제에 일정한 질서와 행동기준을 부여하고 정부활동을 구속하는데, 이러한 계획을 예산이라고 한다(차병권, 1987: 4-11). 이러한 정부예산은 정치·행정과정을 통하여 결정되므로 재정은 경제적 측면과 정치적 측면을 동시에 지니고 있다. 이와 같은 특성 때문에 Henderson은 재정을 정치와 경제의 중간영역에서 생기는 복합현상이라고 규정하였다(Henderson, 1969: 310-325; 차병권, 1987: 11에서 재인용). 이러한 재정은 자원배분기능, 소득배분기능, 경제안정화 기능의 세 가지 기능을 수행하고 있다.

- 자원배분기능: 어떤 재화와 용역을 얼마만큼 생산할 것인가 혹은 생산자원을 사적 욕구 충족과 공공 욕구 충족 간에 어느 정도로 배분할 것인가를 결정하는 것을 말한다. 어떤 재화와 용역이 더 필요하고, 이를 획득하기 위하여 어떤 재화와 용역을 포기해야 하는가를 결정하는 것은 재정이 갖고 있는 주요한 기능이며 정책과제인 것이다.

- 소득분배기능: 개인 내지 가계 간에 생산물을 가급적 공평하게 분배하는 것을 말한다. 소득 재분배정책이 없는 순수한 시장경제 아래에서의 소득분포는 개인이 소유하고 있는 자원(생산요소)의 양과 그 자원에 대한 시장의 평가, 즉 그 자원의 한계생산력에 의하여 결정된다. 시장경제에 있어서 소득분배는 개인의 능력, 상속 여부, 교육기회 여부 등과 같은 여러 가지 요인에 의하여 결정되므로 시장기구에 의한 소득분배가 항상 바람직하고 적정상태라는 보장이 없다. 따라서 자원의 최적배분을 위해서는 소득 및 부(富)의 분배상태를 조정하는 일이 필요하며, 그러한 조정이 재정적 수단이나 정책수단에 의하여 이루어지고 있는 것이다.

- 경제안정화 기능: 높은 고용과 생산수준을 유지하면서 물가를 안정시키는 것을 말한다. 자유시장경제 체제는 사실상 불안정한 조직이며, 적절한 조정이 가해지지 않는 한, 물가와 고용의 단기적 변동을 피하기 어렵다. 또한 시장구조의 불

균형이라든가 국제수지의 불균형과 같은 장기적 성격의 경제 불안정 때문에 실업이나 인플레이션이 발생하는 경우도 있다. 따라서 정부는 지출 및 조세정책으로써 고용·산출량·물가 등을 조정·통제하는 것이다(김동건, 1987: 18-23).

이상과 같은 재정의 개념에 비추어 보면 교육재정(educational finance)이란 국가 및 공공단체가 교육욕구를 충족하기 위하여 필요한 수단을 조달하고 관리·사용하는 경제활동이라고 정의할 수 있다. 즉, 교육재정이란 국가사회의 공익사업인 교육활동을 지원하기 위하여 국가나 공공단체가 필요한 재원을 확보·배분·지출·평가하는 일련의 경제활동을 말한다(윤정일, 송기창, 김병주, 나민주, 2015: 46). 따라서 교육재정은 국·공립학교의 교육활동뿐만 아니라 사립학교의 교육활동, 사회교육활동을 지원하는 일까지 포함한다. 이와 같은 정의는 교육재정의 주체를 국가와 공공단체로 한정하고 있으며, 교육재정의 성격을 교육활동 지원을 목적으로 하는 수단성과 공공성으로 규정하고 있으며, 아울러 교육재정의 영역을 재원의 확보·배분·지출·평가로 설정하고 있다.

교육재정이 국가나 공공단체를 주체로 하는 경제활동이라 함은 교육재정이 가계 중심의 사금융(private finance)이나 사기업체 중심의 회사금융(corporation finance)과 구분되는 공금융(public finance)이라는 것이며, 이는 적어도 세 가지 면에서 사경제(私經濟) 활동과 다르다(김용갑, 1960: 5-9; 김종철, 1982: 367-369에서 재인용).

- 사경제가 개인이나 사기업체의 이윤추구를 목적으로 하는 영리활동인 데 반하여 공경제로서의 재정은 국민 전체의 공공복지를 향상시키는 데 주안점이 있으며, 말하자면 일반이익(general benefits)을 추구하는 것을 특징으로 한다.
- 개인의 기업활동이 가격화된 교환관계를 통하여 보상되는 데 반하여 공경제 활동으로서의 재정은 국민으로부터 소득의 일부를 조세정책을 통하여 강제적으로 받아들임으로써 성립되는 강제경제를 특징으로 한다.
- 사경제에 있어서는 양입제출(量入制出)의 원칙에 따라서 수입과 지출관계를 규제하여야 하는 데 반하여 재정에 있어서는 영리를 위주로 하는 것이 아니고 강제경제의 성격을 띠게 되기 때문에 양출제입(量出制入)의 원칙을 앞세우게 된다.

교육활동 지원을 목적으로 하는 수단성과 공공성이라 함은 교육재정의 본질이 교육목적 달성을 위한 수단임과 동시에 공경제활동이라고 하는 것이다. 앞에서 교육행정을 교육목적 달성을 위한 인적·물적 제 조건을 정비·확립하는 일련의 봉사활동으로 정의한 바 있다. 교육재정은 이러한 인적·물적 조건을 정비·확립하는 데 필요한 경비를 조달·배분·관리하는 활동이므로 수단적·조장적 성격을 지니고 있다. 공공성이란 교육 자체가 사적인 영리를 위한 활동이 아니라 공적인 비영리 활동이므로 이를 지원하는 교육재정도 공공성을 지니고 있다는 의미와 더불어 이미 언급한 바와 같이 교육재정은 국가와 공공단체의 공경제활동이라는 것이다. 교육이 사회에 미치는 영향이 지대하고 외부효과가 있기 때문에 사적 부문에 일임하지 않고 국가와 지방 공공단체가 관여하면서 공공투자를 증대시키고 있다. 교육의 공공성은 국·공립학교에만 해당되는 것이 아니라 사립학교에도 적용된다. 그러기에 비록 사립학교라고 할지라도 공공성과 자율성이 균형을 이루어야 하며, 사학의 교육비에 있어서도 수익자 부담원칙이나 설립자 부담원칙보다는 공비 부담원칙을 확대·적용하고 있는 추세에 있다.

　　교육재정의 영역을 재원의 확보·배분·지출·평가로 한다는 것은 교육재정이 교육비의 수입·지출에 관한 예산, 예산의 집행과 회계, 결산과 감사까지를 포함한다는 것을 의미한다. 교육재정이라고 할 때 흔히 재원의 확보·배분·지출까지를 말하고, 회계·지출의 합법성을 밝히는 감사활동은 제외시키고 있다. 그러나 교육예산의 감사는 공공 신뢰를 고취하고 경영관리를 설명하며, 예산절차를 개선하는 평가활동이므로(Melbo et al., 1970: 85) 교육재정의 중요한 영역이라고 할 수 있다. 재정과 재산 및 피고용자를 보호하고, 설정된 표준과 정책 및 절차를 고수하도록 하며, 재산 및 장비의 상태와 활용을 검사하는 등의 목적을 가지고 있는 감사활동은 계속적인 감사와 정기적인 감사의 두 가지 형태가 있다.

## 2. 교육재정의 특성

　　교육활동을 지원하는 교육재정도 재정의 한 분야이므로 우선 국가 및 공공단체의 경제라고 정의되고 있는 재정의 특성을 살펴보면 다음과 같다(김두희, 1974: 64-67; 차병권, 1987: 11-15).

## 가. 강제성

재정은 가계나 민간기업과 같은 민간 개별경제와는 달리 공권력을 통하여 기업과 국민들의 소득의 일부를 조세에 의하여 정부의 수입으로 이전시키는 강제적 성격을 가지고 있다. 경제에는 국민경제와 같은 종합경제와, 가계 및 민간기업, 재정과 같은 개별경제가 있다. 재정은 개별경제이지만 가계나 민간기업과 같은 민간 개별경제와는 다른 공공 개별경제이다. 국민경제는 가계 및 민간기업과 공공경제가 혼합·형성하는 경제이며, 민간 개별경제는 시장기구를 통하여 경제활동이 이루어지므로 시장경제라고 한다. 재정은 개별경제라는 점에서는 시장경제와 같지만 강제획득경제라는 면에서는 시장경제와 다르다.

정부경제의 주체는 권력적 통치단체이며, 재정권력을 기초로 경제활동을 질서 있게 운영한다. 경비지출 및 수입 조달과정은 이윤기대나 개인의 선호에 의하여 결정되기보다는 일반적으로 정치적 목적·수단 및 행정적 절차 또는 공통적인 사회적 제 목표에 따라 결정된다. 인적·물적 자원의 사용에 대한 대가는 시장경제의 교환원칙에 따라 지급되지만 재산의 강제수용이나 인적 자원 징용 등의 경우에는 국가의 일방적 결정에 따라 가격이 결정된다. 정부의 경제활동 중에서 강제성이 가장 뚜렷하게 나타나는 것은 조세에 의한 수입 조달과정이다. 조세 이외의 재정수입에 있어서도 강제성 원칙이 적용되고 있는데 수수료 및 사용료, 강제공채, 재정독점에 의한 수입 등이 그 예이다. 따라서 정부경제는 권력단체의 속성인 강제성 원칙이 지배하고 있으며, 시장경제에서와 같이 합의원칙에 의한 등가교환의 원리가 적용되지 않는다.

## 나. 공공성

재정은 사적 이익을 위해서가 아니라 국가 활동과 정부의 시책을 효과적으로 달성할 수 있는 방향으로 사용되어야 하는 공공성을 지니고 있다. 즉, 국가 경제의 목적은 집단적 욕구를 충족하는 데 있는 반면에 시장경제는 개개의 사적 개별경제주체의 개별적 효용 또는 이윤을 극대화하는 데 있다.

시장경제는 효용 또는 이윤 극대화를 목적으로 하는 소비자 및 생산자인 무수한 개별경제주체의 상호작용을 바탕으로 형성되며, 수요-공급 관계가 자동적으로 조정되는 시장원리에 따라 움직인다. 생산은 이윤기대에 의하여 결정되고, 이윤기대는 수요에 의존하고, 수요는 생산과정에서 분배되는 소득에 의하여 결정된다. 시장원리는 경제사회에서 필수불가결의 조직원리이지만 국민복지를 증진하는 데 필요한 모든 욕구를 충족시킬 수는 없다. 예를 들면, 도로 건설, 자원의 다목적 개발, 교육 등의 분야에는 시장원리만을 적용할 수 없고, 또 어떤 영역에서는 시장원리의 적용으로 경기 변동, 독과점 현상, 소득의 편중, 경제 불안 등 정부의 간섭을 필요로 하는 현상이 나타나게 된다. 따라서 시장원리는 정부 활동에 의해 보완되어야 할 필요가 있다.

정부의 경제활동은 이윤기대 또는 정부 서비스에 대한 개인의 선호에 의하여 결정되는 것이 아니라 정치적·행정적 조정 또는 사회의 공통적인 여러 목표에 기초해서 결정된다. 즉, 재정은 공공의 경제로서 국가의 목표 내지 정부의 시책을 효과적으로 달성하도록 해야 할 뿐만 아니라, 국민 전체의 욕구를 최대로 충족시킬 수 있도록 해야 한다. 정부 경제를 지배하는 이러한 원리를 예산원리라고 하며, 일명 재정의 일반이익(general benefits) 추구 원리라고도 한다.

### 다. 양출제입의 원칙 적용

재정에 있어서는 국가 활동의 종류와 범위를 결정하고, 이에 필요한 경비를 산출한 후 수입을 확보하는 양출제입(量出制入)의 회계원칙이 적용되는 반면에 민간경제에 있어서는 양입제출(量入制出)의 회계원칙이 적용된다. 즉, 재정에 있어서는 지출액을 먼저 결정한 후 이에 따라 수입을 조정하고, 민간경제에는 그와 반대되는 회계원칙이 적용된다는 것이다. 그러나 재정에 있어서도 수입을 확정하거나 예측하지 않고 지출을 정할 수는 없는 것이다. 따라서 국가의 재정에서 양출제입의 원칙이 지배한다는 것은 민간경제에 대한 상대적인 입장에서 강조하여 말하는 것이지 절대적인 특성이라고 할 수는 없다.

### 라. 존속기간의 영속성

재정은 민간경제보다는 존속기간이 길다고 하는 영속성을 특성으로 한다. 이는 재정의 존속기간이 일반적으로 민간경제인 가계와 기업보다 길 뿐만 아니라 무한하다는 것을 뜻한다. 그러나 존속기간의 영속성도 상대적인 특성인 것이다. 재정의

존속기간이 무한하다는 것은 무한하다는 사실 자체가 중요한 것이 아니라 정부가 주체가 되어 행하는 경제활동은 계속성이 보장된다는 점에서 신뢰성이 생긴다는 것이며, 이것이 바로 재정의 특성이 될 수 있다는 것이다.

그 밖에 재정의 특성으로서 무형재의 생산, 수입과 지출의 균형성, 일반보상을 열거하는 학자들도 있다.

- **무형재 생산**: 무형재의 생산이란, 재정은 국방 · 교육 · 치안 · 보건 등과 같은 무형재를 생산하고, 민간경제는 유형재를 생산한다는 것이다. 다시 말하면, 공공경제는 일반적으로 무형재를 공급하며, 그 재화를 분할할 수가 없고, 그 효용을 측정할 수 없는 데 반하여 시장경제에서 공급되는 재화는 모두 시장가격을 가지며, 개별적이고, 그 가치는 시장가격에 의하여 평가할 수 있다. 그러나 민간기업도 교육 · 운송 등과 같은 무형재를 생산하고 있으며, 정부도 공기업을 통하여 담배 · 인삼 등과 같은 유형재를 생산하고 있으므로 공적 생산에 의하여 공급되는 생산물과 사적 복지기관에 의하여 공급되는 생산물을 엄격하게 구분할 수 없다.

- **수지균형**: 공공경제는 수입과 지출이 균형을 유지해야 한다. 이는 재정에 있어서 수입상의 잉여가 있어서도 안 되고 적자가 있어서도 안 된다는 것이다. 이에 반하여 시장경제에 있어서는 항상 잉여 획득을 기본원칙으로 하여 거래가 이루어지고 있다. 그러나 이러한 차이도 불균형 예산의 효과를 인정하는 현대 재정에 있어서는 별 의미가 없다. 실제로 우리나라에 있어서도 흑자재정을 편성 · 운영한 바도 있고, 적자재정이 계속된 때도 있다.

- **일반보상**: 공공경제에 있어서 일반보상의 원칙이 지배한다는 것은 민간경제가 특수보상 원칙의 지배를 받는 데 대한 상대적인 표현이다. 민간경제에 있어서 특수보상의 원칙이 지배한다는 것은 개개의 봉사와 일에 대하여 개별적으로 그 대가를 지불하거나 받는 것을 말한다. 이에 반하여 일반보상이란 개별적 보상을 인정하지 않고 포괄적 보상을 하는 것을 말한다. 즉, 일반보상은 정부가 제공하는 봉사나 혜택의 여부에 관계없이 모든 국민이 일괄적으로 조세의 형태로 대가를 지불하는 것을 말한다. 그러나 개인이 조세를 납부하는 결과로 생기는 희생은 공공 서비스의 급부로부터 얻은 이익에 의하여 보상되고, 개인의

희생과 개인의 이익이 균등한 수준에서 개인의 조세부담액이 결정된다는 입장에서 보면 정부경제에서도 개별적 보상관계를 인정하고 있는 것이다. 그뿐만 아니라 정부가 관장하는 철도 사업과 고속도로 사업의 경우에는 철도나 고속도로 이용자에게만 그 대가를 지불하도록 요구한다는 점에서 특수보상의 원칙이 적용되고 있다고 할 수 있다.

이상에서 민간 경제와 대비한 정부 경제의 특성을 살펴보았다. 이를 요약·정리하면 〈표 11-1〉과 같다. 앞에서도 언급한 바와 같이, 이러한 특성들은 절대적인 특성이라기보다는 상대적인 특성이며, 일반적인 성격이라고 보아야 할 것이다. 따라서 정부 경제의 특성이 민간 경제에도 있을 수 있고 민간 경제의 특성이 정부 경제에도 나타날 수 있는 예외적인 사항도 있을 수 있다.

교육재정은 일반재정이 가지고 있는 이상과 같은 특성 이외에도 교육의 특수성으로 인한 비긴급성과 비생산성이라는 특성을 내포하고 있다. 교육의 결과는 교육을 받은 당사자에게만 혜택을 주는 것이 아니라 사회 전체에 그 영향이 넘쳐흐르고 있으므로 국가는 국가재정의 일부 또는 교육세로써 교육을 적극 지원하고 있다. 그러나 교육의 결과가 바로 나타나는 것이 아니라 교육을 받은 자의 전 생애를 통하여 장기간을 두고 나타나므로 교육재정은 긴급한 것이 아니고 또 비생산적인 투자로 여겨져 일반적으로 투자 우선순위 결정 과정에서 하위로 밀려나게 된다. 국가발전

**표 11-1** 정부 경제와 민간 경제의 차이점 비교

| 구분 | 정부 경제 | 민간 경제 |
|---|---|---|
| 수입조달 방법 | 강제원칙(강제획득경제) | 합의원칙(등가교환경제) |
| 기본원리 | 예산원리 | 시장원리 |
| 목적 | 공공성(일반이익) | 이윤 극대화 |
| 회계원칙 | 양출제입 | 양입제출 |
| 존속기간 | 영속성 | 단기성 |
| 생산물 | 무형재 | 유형재 |
| 수지관계 | 균형(균형예산) | 불균형(잉여획득) |
| 보상 | 일반보상 | 특수보상 |

과 직결된 인적 자원의 형성을 목적으로 하는 교육을 지원하는 것이 교육재정이므로 이에 대한 새로운 인식이 필요하다(윤정일 외, 1982: 437).

교육은 미래의 만족과 수입을 발생시킬 수 있는 능력을 갖고 있으므로 자원을 축적하는 활동인 것이다(Rossmiller, 1971: 20). Denison(1974: 127)과 Schultz(1961: 70)는 연구를 통하여 경제성장에 대한 교육의 공헌도가 21~23%가 된다고 밝힌 바 있다. 따라서 교육이 비생산적인 투자라는 생각은 잘못된 것이라고 할 수 있다. 물적 투자보다도 더 높고 확실한 생산성을 보장하는 것이 교육에 대한 투자인 것이다. 그러므로 교육재정의 특성이라고 믿고 있는 비긴급성과 비생산성 중에서 비생산성이라는 특성은 오류라고 할 수 있다.

## 제2절  교육재정의 분류와 확보제도

### 1. 교육재정의 분류

교육재정은 재원부담 주체에 따라 공교육재정과 사학교육재정으로 구분되며, 재정운영의 주체에 따라 국가교육재정, 지방교육재정, 단위학교재정으로 구분되고, 재정지원 대상에 따라 보통교육재정(유아 · 초 · 중등교육재정), 고등교육재정, 평생 · 직업교육재정으로 구분된다. 공교육재정은 국가교육재정, 지방교육재정, 단위학교재정과 관련되나, 사학교육재정은 단위학교재정만 관련된다. 국가교육재정은 보통교육재정, 고등교육재정, 평생 · 직업교육재정 모두 관련되나, 지방교육재정은 고등교육재정과 관련이 없으며, 단위학교재정은 평생 · 직업교육재정과 관련이 없다. [그림 11-1]은 교육재정 분류체계를 나타낸 것이다.

교육재정제도나 정책은 성질에 따라 교육재원 확보, 교육재원 배분, 교육재정 운영으로 구분되나, 대부분의 경우에 교육재정정책의 초점은 교육재원 확보에 있었다. 따라서 이 절에서는 교육재정 전개과정을 주로 교육재원 확보제도를 중심으로 기술한다.

재원부담 주체에 따라    재정운영 주체에 따라    재정지원 대상에 따라

**그림 11-1** 교육재정의 분류

## 2. 교육재원확보제도

교육재원확보제도는 공교육재정에서 국가교육재정, 지방교육재정, 단위학교재정을, 그리고 사학교육재정을 중심으로 기술한다. 따라서 평생·직업교육재정은 국가교육재정과 지방교육재정에서 별도의 확보장치를 가지고 있지 않으므로 따로 기술하는 것은 생략한다.

고등교육재정의 재원규모는 매년 예산 협상과정을 통해서 결정되나, 보통교육재정의 재원규모는 엄격히 법령으로 제도화되어 있다. 보통교육재원 확보에 관한 법령으로는 「지방교육재정교부금법」 「교육세법」 「초·중등교육법」 「지방세법」 「학교용지확보 등에 관한 특례법」 「지방자치단체의 교육경비보조에 관한 규정」 등이 있다. 사학교육재원 확보에 관한 법령으로는 「사립학교법」과 「고등학교 이하 각급 학교 설립·운영 규정」 「대학설립·운영 규정」 등이 있다(윤정일 외, 2015: 164). 이하에서는 교육재원 확보제도의 역사적 전개과정을 재원별로 구분하여 제시한다.

## 가. 국가교육재원 확보제도

### 1) 개요

국가가 확보하는 교육재원은 국가 일반회계와 특별회계, 기금을 통해 확보하는 교육부 본부행정비와 국립학교 교육비, 그리고 지방교육재정교부금이 있으며,「교육세법」에 의해 징수되는 교육세 수입액(지방교육재정 보통교부금 재원으로 사용됨)이 있다.

국가교육재원 세출에는 교육부 본부 및 국립학교의 교직원 인건비와 본부 행정비 및 각종 사업비, 국립학교운영비 및 시설비, 그리고 지방교육재정교부금이 포함된다. 각종 사업비는 교육부가 직접 집행하는 사업비와 지방교육자치단체나 민간에 위임 또는 위탁하여 집행하는 보조사업비로 구성된다. 교육부가 직접 집행하는 사업비의 대부분은 고등교육을 지원하는 사업비로서 고등교육기관에 지원하는 각종 고등교육재정사업비, 대학교수 및 연구소에 대한 연구비 지원, 학생에 대한 국가장학금 지원 등이며, 지방교육자치단체와 민간에 대한 국고보조사업비는 규모가 미미하다. 국립학교에 대한 지원은 인건비, 운영비, 시설비로 구분된다.

교육부 소관 일반회계로 확보되는 교육재원은 대부분 국가의 조세수입을 기반으로 한다. 교육재원과 관련이 있는 특별회계는 매년 약간의 차이가 있으나, 2021년의 경우, 유아교육지원 특별회계 사업비 전부와, 국가균형발전 특별회계 사업비 일부가 해당된다. 교육재정 관련 기금은 사학진흥기금과 사립학교교직원연금기금이 있다. 교육공무원 관련 공무원연금기금은 인사혁신처 소관이며, 국민건강보험기금은 보건복지부 소관이므로 교육재정의 범위에 포함되지 않는다. 지방교육재정교부금(내국세 교부금과 교육세 교부금)은 교육부 소관 일반회계 세출에 총액이 편성되며, 곧바로 지방교육자치단체로 이전된다.

교육부 소관 일반회계에는 지방교육재정교부금이 포함되어 있으나, 지방교육재정교부금을 제외한 나머지 재원에 대하여는 별도의 확보제도를 가지고 있지 않고 매년 예산협상과정을 통해 증감이 결정된다. 따라서 이 절에서는 일반회계를 제외한 교육 관련 특별회계와 기금의 변천, 지방교육재정교부금제도의 변천을 간략히 기술한다.

## 2) 교육 관련 특별회계와 기금의 변천

교육부(문교부, 교육인적자원부, 교육과학기술부)가 직접 관장했던 특별회계는 국립대학 부속병원 특별회계(1966~1995), 서울대학교 시설확충 특별회계(1968~1976), 교육환경개선 특별회계(1990~1992, 1996~2000), 지방교육양여금관리 특별회계(1991~2004), 유아교육지원 특별회계(2017~2022) 등 5개이며, 교육 관련 사업비가 편성되었던 특별회계는 경제개발 특별회계(1954~1976, 1954년부터 1962년까지 경제부흥 특별회계), 청구권자금 특별회계(1966~1976), 재정융자 특별회계(1977~2006, 1977년부터 1987년까지 자금관리 특별회계, 1988년부터 1996년까지 재정투융자 특별회계), 국유재산관리 특별회계(1994~2005), 농어촌구조개선 특별회계(1994~2021 현재, 1994년부터 2006년까지 농어촌특별세관리 특별회계), 책임운영기관 특별회계(1999~2021 현재), 국가균형발전 특별회계(2004~2021 현재, 2009년부터 2013년 광역지역발전 특별회계, 2014년부터 2017년까지 지역발전 특별회계), 혁신도시건설 특별회계(2007~2021 현재) 등 8개 특별회계였다.

「국립대학교 부속병원 특별회계법」(법률 제1726호, 1965. 12. 20. 제정)에 따르면, 국립대학교 부속병원 특별회계는 국립대학교 부속병원의 합리적인 운영을 기하기 위하여 설치하였으며, 모든 국립대학교 부속병원이 1995년 10월 4일자로 「국립대학교 병원설치법」에 의한 법인 형태의 국립대학교병원으로 전환됨으로써 국립대학교 부속병원 특별회계를 폐지하였다. 「서울대학교 시설확충 특별회계법」(법률 제2034호, 1968. 7. 19. 제정)에 의해 설치된 서울대학교 시설확충 특별회계는 서울대학교의 종합발전을 목적으로 했다. 당초 10년 한시법으로 특별회계법이 제정되었으나, 설치 목적을 달성하였다는 평가에 따라 1976년 말 조기 폐지되었다.

교육환경개선 특별회계는 두 차례(1990~1992, 1996~2000) 설치되었다. 1차 「교육환경개선 특별회계법」(법률 제4140호, 1989. 12. 21. 제정)은 1990년부터 1992년까지 3년간 매년 3,700억 원씩 총 1조 1,100억 원을 교육환경개선에 투자하도록 하였다. 이 회계의 설치로 각급 학교의 교무실·교원휴게실·갱의실·노후교실 확충 및 환경개선, 책·걸상 개체, 교실 난방 및 화장실 등 개선, 행정장비 확충 등의 성과를 거두었다. 1995년 12월 29일 제정·공포된 2차 「교육환경개선 특별회계법」(법률 제5071호)에 의한 2차 교육환경개선 특별회계는 각급 학교의 노후시설 개선과 교원편의시설의 확충 등을 위하여 설치되었으며, 5년간 매년 7,000억 원(1996년은

1995년 투자분 3,000억 원을 제외한 4,000억 원)씩 총 3조 5,000억 원을 투자하였다(송기창 외, 2001).

「유아교육지원 특별회계법」(법률 제14395호, 2016. 12. 20. 제정)에 따른 유아교육지원 특별회계는 유아교육 및 보육을 통합한 공통의 교육·보육과정(누리과정) 운영에 소요되는 비용을 지원하기 위하여 설치되었다. 유아교육지원 특별회계는 3년 한시로 설치되었으나, 2022년 말까지 한 차례 연장된 상태이다. 지방교육양여금관리 특별회계는 교육세의 영구세화를 계기로 설치되었으며(「지방교육양여금관리 특별회계법」 법률 제4302호, 1990. 12. 31. 제정), 회계의 세입은 「지방교육양여금법」 제3조의 규정에 의한 수입금(교육세 수입액)과 전년도 결산상 잉여금이며, 회계의 세출은 「지방교육양여금법」 제4조의 규정에 의하여 양여하는 양여금과 기타 회계의 운용에 필요한 경비였다. 2004년 말 지방교육양여금제도가 폐지되면서 회계도 폐지되었다.

교육부 소관 기금은 사립학교교직원연금기금, 사학진흥기금, 국가장학기금 등 세 가지다. 사립학교교직원연금기금은 「사립학교교직원 연금법」 개정(2001. 1. 12. 「사립학교교원 연금법」을 개칭)을 통해 사립학교교직원연금공단이 관리해 오던 연금자산을 기금으로 관리하도록 법제화하면서 설치되었다. 사립학교교직원연금기금은 사립학교교직원의 직무로 인한 질병·부상 및 재해에 대하여 지급하는 단기급여와 교직원의 퇴직·폐질 및 사망에 대하여 지급하는 장기급여에 충당하기 위한 책임준비금으로서, 관리공단의 예산에 계상된 적립금과 결산상 잉여금 및 기금운용수익금으로 조성한다.

사학진흥기금은 「사학진흥재단법」 제정(법률 제4103호, 1989. 3. 31.)으로 한국사학진흥재단에 설치된 기금으로, 사학기관의 교육환경 개선을 지원하는 재단의 사업 수행에 필요한 자금에 충당하게 하기 위하여 설치되었고, 정부의 출연금, 다른 기금으로부터의 전입금, 차입금, 법인·단체 또는 개인의 기부금, 채권 발행, 기금을 운용하여 생긴 자금 및 수익금 등으로 조성한다.

한국장학기금은 「한국장학회법」 제정(법률 제4104호, 1989. 3. 31.)으로 설립된 한국장학회에 설치된 기금이었으나, 여러 과정을 거쳐 국가장학기금으로 바뀌었다가 2010년 12월 「한국장학재단 설립 등에 관한 법률」 개정(법률 제10414호, 2010. 12. 27.)에 의해 국가장학기금은 폐지되었고, 2021년 현재 한국장학재단에서 관리하는 학자금대출신용보증계정, 학자금대출계정, 장학금지원계정으로 남아 있다.

### 3) 지방교육재정교부금제도를 통한 확보

지방교육재정교부금은 "지방자치단체가 교육기관 및 교육행정기관(그 소속기관을 포함)을 설치·경영함에 필요한 재원의 전부 또는 일부를 국가가 교부하여 교육의 균형 있는 발전을 도모함을 목적"으로 하는 재원이다(「지방교육재정교부금법」 제1조). 2021년 현재 지방교육재정교부금 재원은 「지방교육재정교부금법」에 규정되어 있으며, 내국세 총액의 20.79%로 확보하는 내국세 교부금과 「교육세법」에 의해 징수되는 교육세 수입액 일부로 확보하는 교육세 교부금으로 구분할 수 있다.

#### 가) 내국세 일정률을 통한 지방교육재정교부금 확보

지방교육재정교부금제도는 1959년부터 도입된 의무교육재정교부금제도와 1964년부터 도입된 지방교육교부세제도를 1972년부터 지방교육재정교부금제도로 통합하여 오늘에 이르고 있다.

1971년 말 제정된 「지방교육재정교부금법」은 내국세의 11.8%로 확보하는 보통교부금, 보통교부금의 10%에 해당하는 내국세의 1.18%로 확보하는 특별교부금, 의무교육기관 봉급 전액과 공립중등교원 봉급 반액을 지원하는 봉급교부금으로 지방교육재정교부금을 확보하도록 하였으나, 제정된 지 1년이 못 되어 1972년 8.3조치로 교부율의 효력이 정지되었다. 1982년 교육세 신설을 계기로 보통교부금의 교부율 11.8%가 회복되었고, 보통교부금 속에 교육세 수입액을 포함시켰으나, 특별교부금의 법정교부율 내국세의 1.18%는 회복되지 않았고, 봉급교부금도 세부적으로 약간 감액 조정이 있었다. 1991년부터 중등교원 봉급교부금이 폐지되었고, 특별교부금 재원은 내국세 11.8%(경상교부금)의 1/11을 분할하도록 하였고, 대신 국가예산이 정하는 바에 의하여 증액 교부할 수 있는 증액교부금제도를 도입하였다.

2000년 1월 28일 공포된 교부금법 개정 법률에 의하여, 2001년부터 내국세 법정교부율이 11.8%에서 13.0%로 상향 조정되었고, 의무교육기관 교원 봉급교부금 범위를 넓혔으나, 2005년부터 지방교육재정교부금제도에서 의무교육기관 교원 봉급교부금과 증액교부금을 폐지하고 내국세 법정교부율이 19.4%로 조정되었고, 특별교부금의 재원이 경상교부금의 1/11에서 내국세 19.4%의 4%로 조정되었다.

2006년 12월 30일(법률 제8148호) 개정에서는 유아교육지원사업, 방과후학교지원사업 등 국고보조사업을 교부금사업으로 이양하면서 내국세분 교부금의 교부율을 2008년부터 20%로 인상하였고, 2010년 1월 1일의 개정(법률 제9923호)에서는 지방소비세의 도입에 따라 지방교육재정교부금의 재원인 내국세의 감소가 나타나자 내국세 교부율을 20%에서 20.27%로 조정하였고, 2016년 12월 20일의 개정(법률 제14399호)에서는 2017년부터 유아교육지원 특별회계가 설치됨에 따라 교육세 수입액 중「유아교육지원 특별회계법」에서 정하는 금액을 보통교부금에서 제외하였다. 2017년 말 개정에서는 지방교육재정교부금 내국세 재원의 특별교부금 분할 비율을 4%에서 3%로 하향 조정하였고, 2018년 말 개정에서는 지방소비세 확충에 따른 내국세 교부금 결손을 보전하기 위하여 교부율을 20.46%로 조정하였으며, 2019년 말 개정에서는 고교무상교육을 위하여 증액교부금제도를 부활시켰고, 지방소비세 추가 확충에 따른 교육재정교부금 보전을 위하여 내국세 교부율을 20.79%로 상향 조정하였다.

### 나) 교육세를 통한 지방교육재정교부금 확보

교육세는 1958년과 1981년 두 차례에 걸쳐 신설되었다. 1차「교육세법」은 1958년 8월 28일(법률 제496호) 제정되었다. 이 법은 호별세 부가금, 특별부과금 등 지방세에 의존하고 있던 당시 교육비 조달방법을 탈피하여 교육세를 부과함으로써 의무교육비의 정상적인 조달과 의무교육제도의 건전한 육성발전을 목적으로 하고 있었다. 교육세는 국세인 교육세와 지방세인 교육세로 이원화되어 있었다. 교육세는 예산통일주의 원칙에 밀려 1961년 12월 8일「소득세법」제정(법률 제821호)으로 소득세로 세원이 흡수되는 대신 의무교육재정 보통교부금이 소득세의 42%로 법정화되었다.

2차「교육세법」은 1981년 12월 5일(법률 제3459호) 제정되었으며, 학교교육의 정상화를 기하는 데 필요한 재원 확보를 목적으로, 1982년부터 1986년까지 시한부로 운용하도록 하였다.「교육세법」의 운용시한은 두 차례에 걸쳐 1991년 말까지 연장되었으나, 1990년 말에 영구세로 전환되었다. 1990년 말 개정에서 적용시한을 폐지하는 동시에 교육세 과세 대상을 확대하였다. 2000년 말 개정에서는 등록세·재산세 등 지방세에 부과되는 교육세를 지방교육세로 전환하여 2021년 현재 교육세는 국세 교육세와 지방교육세로 이원화되어 있다.

## 나. 지방교육재원 확보제도

지방교육재원 확보제도는 국가가 확보하여 시·도교육비 특별회계로 이전하는 지방교육재정교부금제도와 지방자치단체 일반회계 전입금제도가 근간을 이루고 있다. 지방자치단체 일반회계가 지원하는 전입금은 담배소비세 전입금, 지방교육세 전입금, 시·도세 전입금, 지방소비세 확대에 따른 지방교육재정교부금 보전금, 교육급여보조금 전입금, 무상교육경비 전입금, 학교용지구입비부담 전입금 등 법정전입금과 비법정전입금이 있다. 이 절에서는 비법정전입금을 제외하고, 2004년 말 폐지된 공립중등교원 봉급전입금을 포함한 지방자치단체 일반회계 전입금에 대해서 간략히 고찰한다.

### 1) 공립중등교원 봉급전입금

공립중등학교에 근무하는 교원의 봉급을 서울시는 전액, 부산시는 반액을 부담하도록 한 봉급전입금제도는 1964년부터 도입되었다. 서울시와 부산시가 공립중등교원의 봉급 중 전액과 반액을 부담하는 제도는 지방교육교부세와 지방교부세의 재원을 조정하는 과정에서 도입된 것이다. 당시에 서울시와 부산시가 다른 도보다 지방세 재원을 더 많이 가지고 있었기 때문에 그 재원을 국가로 역교부하는 대신에 교육비 특별회계로 넘겨주기로 한 것이다.

지방교육재원을 확충하기 위해 2001년부터 서울과 부산을 제외한 나머지 광역시와 경기도에 대하여 공립중등교원 봉급의 10%를 부담하도록 확대되었으나, 중학교 의무교육 실시과정에서 의무교육기관 교원봉급을 국가가 부담해 오던 규정 때문에 의무교육 대상인 공립중학교의 교원봉급을 지방자치단체가 부담하는 문제에 대한 시비가 일어나자 2005년부터 시·도세 전입금에 통합됨으로써 폐지되었다.

### 2) 담배소비세 전입금

담배소비세 전입금제도는 1988년 말의 「지방교육재정교부금법」 개정(법률 제4047호)에 의해 1989년부터 도입되었다. 이것은 담배 관련 제세(諸稅)가 지방세인 담배소비세로 통합되어 지방자치단체에 이양됨에 따라 종전에 담배에 부과되던 교육세만큼 교육재원의 결손이 생기자, 서울특별시와 직할시(나중에 광역시로 바뀜)에 한하여 담배소비세의 30%에 해당하는 금액을 교육비 특별회계로 전출하도록 하여 그 결손을 보전한 것이다.

담배소비세 전입금의 전입비율이 30%에서 45%로 조정된 것도 지방자치단체의 교육에 대한 관심을 반영한 것이 아니며, 1994년 보통세였던 휘발유와 경유에 대한 특별소비세를 분리하여 목적세인 교통세로 전환하면서 결손이 발생한 지방교육재 정교부금을 보전하기 위함이었다. 1994년 이후 담배소비세 전입금제도는 특별한 변동 없이 현재까지 유지되고 있다.

### 3) 시·도세 전입금

시·도세 전입금제도는 1995년 문민정부의 교육개혁위원회에 의해 발표된 '5·31 교육개혁안'에 따라 '교육재원 GNP 5%' 확보를 위한 구체적인 방안을 검토 하는 과정에서 도입되었으며, 당시 소득할(所得割) 주민세율을 소득세의 7.5%에서 10%로 상향 조정하여 확보되는 추가 재원의 일부(시·도세 총액의 2.6%)를 시·도교 육비 특별회계로 이전하는 제도였다.

IMF 외환관리체제하에서 지방교육재원에 어려움이 생기자 2001년부터 시·도 세 총액의 2.6%에서 3.6%로 전입률을 상향 조정하기에 이르렀고, 2005년부터는 공 립중등교원 봉급전입금과 통합되어 서울시는 10%, 부산시를 비롯한 광역시와 경기 도는 5%로 비율이 조정되었고, 나머지 도는 종전과 같이 3.6%를 유지하여 오늘에 이르고 있다.

### 4) 지방교육세 전입금

2000년 12월 개정된 「교육세법」은 지방교육세를 규정하고 있지 않으며, 지방교육 세에 관한 규정은 「지방세법」으로 이전하였다. 지방세원에 부가되던 지방세분 교육 세가 지방교육세로 전환되면서 지방교육세 수입액이 일단 지방자치단체 일반회계 세입예산에 편성된 후 다시 교육비 특별회계로 전출됨으로써 지방교육세 전입금제 도가 신설되었다.

지방교육세 전입금제도 도입으로, 지방자치단체 일반회계로부터의 전입금 규모 가 크게 확대되었으나, 지방자치단체 일반회계의 교육재원 부담이 늘어난 것이 아 니라 지방교육세 수입을 단순 이전하는 과정에서 나타나는 일종의 착시현상이다.

지방교육세 전입금은 국가 관할에서 지방자치단체 관할로 단순 이전된 교육세 재원에 불과하다.

### 5) 지방교육재정교부금 보전금

취득세 인하로 인한 지방재정 결손을 보전하고 지방재정을 확충할 목적으로 2014년부터 지방소비세율을 부가가치세의 5%에서 11%로 인상 조정함에 따라 내국세 총액이 감소되었다. 내국세 총액이 감소함에 따라 지방교육재정교부금 감소가 초래되었으며, 취득세 인하로 지방교육세가 감소되는 반면, 시·도세 전입금은 약간 늘어나게 되었다. 이에 교부금 및 지방교육세 감소분과 시·도세 전입금 증가분을 정산하여 지방소비세 수입액 증가분에서 보전하는 교부금 보전금제도가 신설되었다.

2020년부터 다시 지방소비세율이 21%로 인상되면서 부가가치세를 과세표준으로 하는 지방소비세율 21% 중 10%에 해당하는 부분을 지방자치단체사업으로 전환되는 국가균형발전 특별회계 사업 비용 등을 보전하기 위하여 지역상생발전기금, 시장·군수·자치구청장 및 시·도교육감에게 우선 납입하는 제도가 도입되었다. 2020년부터 2022년까지 국가균형발전 특별회계 사업 중 시·도전환사업의 비용 보전에 따른 교부금 감소를 보전하는 전입금이 추가된 것이다(21% 중 나머지 5%에 해당하는 부분은 지역별 소비지출 등을 고려하여 시·도지사에게 납입하고, 6%에 해당하는 부분은 취득세 감소분 등을 보전하기 위하여 지방자치단체의 장 및 시·도교육감에게 교부금 보전금으로 납입함).

### 6) 교육급여보조금 전입금

지방자치단체 일반회계가 담당하던 교육급여사업을 교육비 특별회계로 이관함에 따라 일반회계가 부담해 오던 사업비를 교육비 특별회계로 이전하는 전입금이다. 교육급여보조금 전입금은 기초생활보장의 일환으로 보건복지부가 담당해 오던 교육급여사업이 2016년부터 교육부로 이관됨에 따라, 교육부의 교육급여사업비는 국고보조금으로 시·도교육청에 지원되고, 「보조금 관리에 관한 법률 시행령」에 따라 시·도 일반회계에서 부담하는 교육급여에 대한 대응투자분(서울 50%, 지방 20%)을 이전한 재원이다. 즉, 교육급여보조금 전입금은 교육급여 국고보조금에 대하여 시·도 일반회계가 부담하는 대응투자금에 해당하며, 전입금 규모는 그리 크지 않다.

## 7) 무상교육경비 전입금

무상교육경비 전입금은 2020년 고교무상교육을 시작하면서(실제는 2019년 2학기부터 고교무상교육이 시작되었으나, 2019년도 무상교육비는 시 · 도교육청이 자체 재원으로 부담) 도입된 전입금으로, 지방자치단체 일반회계가 부담하던 고교학비(①「국민기초생활 보장법」에 따른 교육급여, ②「한부모가족지원법」에 따른 복지급여, ③「농어업인 삶의 질 향상 및 농어촌지역 개발촉진에 관한 특별법」에 따른 농어촌학교 학생 교육 지원, ④「지방공무원법」과 「지방공무원 수당 등에 관한 규정」에 따른 지방공무원의 자녀학비보조수당)를 교육비 특별회계로 이전하는 재원이다. 무상교육경비 전입금은 고등학교 등의 무상교육에 필요한 비용의 5%에 해당하는 금액으로 규정되어 있다(「지방교육재정교부금법」 제14조 제2항).

## 8) 학교용지구입비 부담 전입금

학교용지구입비 부담 전입금은 1995년 말 제정된 「학교용지확보에 관한 특례법」에 따라 학교신설비용을 발생시킨 지방자치단체가 학교신설비용의 일부(학교용지구입비 반액)를 교육비 특별회계로 이전하는 일종의 비용유발 부담금이다. 지방자치단체 일반회계는 개발사업지역 단독주택과 공동주택 분양자에게 징수한 학교용지부담금과 개발부담금과 등록면허세 등으로 재원을 마련하도록 되어 있다.

2017년 3월 21에 개정된 「학교용지 확보 등에 관한 특례법」(법률 제14604호)은 학교용지 확보 등에 필요한 경비를 조달하고, 부담금을 적정하게 관리하기 위하여 지방자치단체별로 학교용지부담금 특별회계를 설치하도록 규정하였다. 특별회계를 설치하도록 한 것은 학교용지부담금이 학교용지를 확보하거나 학교 증축 경비로 사용되기 위하여 시 · 도의 교육비 특별회계로 전액 전입되어야 하나, 일반회계에 세입 처리하는 등 적정한 관리가 이루어지지 못하고 있었고, 교육감이 시 · 도지사로부터 받아야 하는 학교용지를 확보하는 데에 드는 경비를 장기간 전입받지 못하는 상황을 해소할 필요가 있었기 때문이다.

이상의 지방교육재원 확보제도를 바탕으로 지방교육재정 세입 구조를 요약하면 [그림 11-2]와 같다.

**그림 11-2** 지방교육재정 세입 구조

## 다. 단위학교의 재원확보

### 1) 초·중등학교의 교육재원 확보

2001년 3월 국·공립학교에 학교회계제도를 도입하기 전까지 단위학교는 일상경비, 도급경비, 학교운영지원비 등 세입 재원을 구분하여 각 자금별로 지정된 목적에 따라 제한적으로 학교예산을 편성·집행해 왔다. 단위학교가 교육재정을 확보하는 수단은 시·도교육비 특별회계 전입금 외에 사친회비, 기성회비, 육성회비를 거쳐 정착된 학부모자율협찬금 성격의 학교운영지원비, 기부금, 교육경비보조금 등이다.

#### 가) 학부모 후원금

광복 이후 학교교육이 팽창하는 과정에서 교육재정 부족 문제를 해결하기 위하여 각급 학교에 후원회가 조직되어 운영되었다. 1953년 2월에 후원회를 사친회로 개편하였고, 사친회가 당초 목적과 달리 교육협력보다는 재정지원에 치우치면서 여러 가지 부작용이 나타나자 1958년「교육세법」제정 이후 사친회 폐지가 추진되어 1962년 3월 완전 폐지되었다.

사친회가 폐지된 후 교육재정 문제가 해결되지 않자 1963년에 다시 학부모 후원단체인 기성회가 설립되어 긴급한 교육시설 확보, 학교운영비 지원 등을 담당하였다. 그러나 후에는 기성회비로 교원에게 교재연구비를 지원하면서 설립목적이 변질되었고, 학교에서 각종 잡부금 징수가 늘어나면서 물의가 빚어지자, 1970년 2월 기성회를 폐지하고 육성회로 개편하여 잡부금을 양성화하였다.

초등학교 육성회의 경우 1972년 3월부터 도서·벽지지역을 시작으로 1977년 농어촌지역, 1978년 읍 이하 지역이 폐지되었고, 1979년에는 서울 등 6대 도시를 제외한 전 지역에서 육성회가 폐지되었다. 서울 등 6대 도시에 남아 있던 초등학교 육성회는 1997년부터 폐지되었다. 중·고등학교 육성회는 1996년 설치된 학교운영위원회에 그 기능이 통합되었고(사립학교는 2000년 3월부터 통합), 육성회비는 학교운영지원비로, 육성회비를 관리하던 육성회회계는 학교운영지원회계로 명칭이 변경되었다. 2001년부터 국·공립학교에 학교회계가 도입되면서 국·공립학교의 학교운영지원회계는 학교회계에, 사립학교의 학교운영지원회계는 교비회계에 통합되었다.

2002년부터 중학교 의무교육이 시작되어 2004년에 완성된 후, 수업료는 폐지되었으나, 학교운영지원비는 계속 존속되어 논란이 되었다. 그러다 2012년 8월 23일 헌법재판소 위헌판결로 폐지되었고, 고등학교에 남아 있던 학교운영지원비는 2019년 2학기 고등학교 3학년부터 무상교육이 시행됨에 따라 대부분의 시·도교육청이 2020년부터 징수하지 않았다. 2021년부터는 모든 고등학교에서 공식적으로 징수하지 않으나, 고교무상교육 대상이 아닌 자율형 사립고와 사립특수목적고에는 계속 학교운영지원비를 징수하고 있다. 따라서 학교운영지원비를 징수하지 않는다고 해서 제도 자체가 폐지된 것은 아니며, 징수 근거인 「초·중등교육법」 제32조 제1항 제9호도 바뀌지 않은 상태이다.

### 나) 기부금

공식적인 학부모 후원금이던 기성회비, 육성회비가 있었음에도 불구하고 일부 단위학교에서는 음성적인 기부금품이 문제가 되고 있었다. 1983년도 이후 자발적인 찬조금품에 한하여 각급 학교의 장에게 관리를 제한적으로 허용한 바 있으나, 문제가 계속되자 1992년 9월부터 각급 학교에서 찬조금품을 관리하는 것을 전면 금지하기에 이르렀다.

1996년 7월부터는 각급 학교에서 자발적인 기부금품을 접수할 수 있도록 허용하였으며, 이어서 1998년 3월부터는 「초·중등교육법 시행령」의 제정으로 학교운영위원회가 학교발전기금을 조성·운영할 수 있도록 법제화하였다.

### 다) 교육경비보조금

교육재정 GNP 5% 확보방안과 관련하여 「지방교육재정교부금법」을 개정(법률 제5064호, 1995. 12. 29.)하는 과정에서 시·군 및 자치구도 관할구역 안에 있는 고등학교 이하의 각급 학교의 교육에 소요되는 경비를 보조할 수 있도록 하는 조항(제11조 제5항)이 신설되었다. 이 조항의 규정에 의하여 제정된 「시·군 및 자치구의 교육경비보조에 관한 규정」(대통령령 제14981호, 1996. 4. 19.)에 의하면, 시·군 및 자치구는 관할구역 안에 있는 초등학교 및 중학교의 급식시설·설비사업, 지역사회와 관련한 교육과정의 자체개발사업, 지역주민을 위한 교육과정 운영사업, 학교교육과 연계하여 학교에 설치되는 지역주민 및 청소년이 활용할 수 있는 체육·문화공간 설치사업, 기타 자치단체장이 필요하다고 인정하는 학교교육여건 개선사업 등에 소요되는 경비를 보조할 수 있도록 되어 있었다.

「시·군 및 자치구의 교육경비 보조에 관한 규정」은 2006년 「지방교육재정교부금법」이 개정(법률 제8148호, 2006. 12. 30.)되어 고등학교 이하 각급 학교에 교육경비를 보조할 수 있는 지방자치단체의 범위가 기초자치단체에서 광역자치단체까지로 확대됨에 따라 「지방자치단체의 교육경비 보조에 관한 규정」(대통령령 제20464호, 2007. 12. 28.)으로 개정되었다. 2010년 6월 2일 지방선거 이후 무상급식이 확대되면서 지방자치단체 일반회계가 부담하는 무상급식경비를 비법정전입금으로 교육비 특별회계로 이전하거나 학교회계로 교육경비보조금을 지원하였다. 이에 따라 「지방자치단체의 교육경비 보조에 관한 규정」 외에 「학교급식법」이나 「한부모가족지원법」 등 기타 법령에 의한 학교회계 직접 지원이 증가하고 있다.

## 2) 대학의 교육재원 확보

2014년까지 국립대학은 국고회계와 기성회회계로 구분하여 운영해 왔다. 입학금과 수업료는 국고에 세입처리한 후 교육부로부터 국립대학 인건비와 기본운영비를 지원받고 따로 지원받는 시설비 등 국고사업비를 합하여 국고회계를 운영하였고, 국고회계와 분리하여 자체적으로 기성회비를 징수하여 기성회회계를 운영하였다. 2010년 기성회비 반환소송이 제기되어 1심과 2심에서 패소하자 2015년에 「국립대학의 회계 설치 및 재정 운영에 관한 법률」(법률 제13217호, 2015. 3. 13.)을 제정하여 국립대학별로 대학회계를 설치하게 되었다. 국립대학에도 대학회계가 설치되면서 사립대학과 마찬가지로 등록금 수입을 개별대학 세입으로 관리하게 되었다.

문교부령 제18호로 「학교수업료 및 입학금에 관한 규정」이 제정된 것은 1951년 4월 13일이다. 국·공·사립대학의 등록금을 문교부가 정해 주는 제도로 출발하여 1965년부터 사립대학은 문교부가 정한 한도 내에서 학교장이 정하도록 하였고, 1969년부터 사립대학의 장이 자율적으로 등록금을 정하도록 하였다. 그러나 문교부의 통제 없이 사립대학이 자율적으로 등록금을 책정하기 시작한 것은 1988년 대학 등록금 자율화 정책의 결과였다(윤정일 외, 2015).

국립대학의 입학금 및 수업료는 종전과 같이 「학교 수업료 및 입학금에 관한 규칙」제2조에 따라 문교부장관이 결정하고, 기성회비는 대학의 소요교육비를 감안하여 합리적 수준으로 자율 책정하되 한국대학교육협의회와 사전 협의토록 권장하며, 사립대학의 입학금, 수업료 및 기성회비는 대학별 소요교육비를 감안하여 적정 수준으로 책정하되 역시 한국대학교육협의회에서 협의토록 권장하였다. 또한 당시 문교부는 계열별 소요교육비를 감안한 교육비 차이도를 적용하고, 재학생의 기득권을 인정하여 신입생과 차등 조정하도록 함으로써 대학별 등록금 차이가 대학 지원의 선택 요소가 되도록 대학별 등록금 액수를 입시요강에 발표하도록 권장하였다.

2002년 2월에 개정된 「학교수업료 및 입학금에 관한 규칙」에서는 국립대학의 입학금 및 수업료도 각급 학교별 실정과 경제적 사정의 변동을 고려하여 당해 학교의 장이 정할 수 있도록 하였으나, 실질적으로 입학금과 수업료는 교육부장관이 정한 기준에서 책정되었다(윤정일 외, 2015). 국립대학마저 등록금이 자율화되면서 대학 등록금이 크게 인상되었고 대학생들의 저항이 증가하였다. 이에 2010년 1월 「고등교육법」의 개정으로 등록금 인상률 상한제, 등록금심의위원회 도입을 통해 등록금 수준 안정화 장치를 마련하게 되었고, 2011년 9월 등록금심의위원회 제도를 개선하는 「고등교육법」 개정을 통해 학생위원 비중을 늘렸다.

2011년 7월에는 적립금 제한에 관한 「사립학교법」 개정으로 등록금에서 적립금 조성 시 적립 가능한 범위를 건물의 감가상각비 상당액으로 제한하였다. 2012년에는 「사립학교교직원 연금법」 개정을 통해 법인부담금(교직원 연금 등)을 교비회계에서 부담할 경우에는 교육부 승인을 받도록 하였다(윤정일 외, 2015). 2012년 국가장학금제도가 도입됨에 따라 등록금 인하·동결이 시작되어 2021년 현재까지 등록금 동결이 유지되고 있다.

한편, 「학교수업료 및 입학금에 관한 규정」이 제정된 1951년 이래로 입학금은 등록금의 일부로 간주되어 왔으나, 등록금 인상에 대한 저항이 거세지면서 입학금의 징수 근거와 책정 및 사용기준에 대한 문제제기가 나타나기 시작했다. 2010년 제기된 국립대학 기성회비반환소송의 영향으로 입학금 규제 논의가 시작되었다. 2013년에는 당시 야당을 중심으로 대학입학금을 규제하는 「고등교육법」 개정안이 다수 발의되었고, 2013년 8월 국민권익위원회는 입학금 산정근거와 사용기준이 불명확하다면서 입학금의 구체적인 징수 목적 및 근거를 「고등교육법」 등 관련 법령에 규정할 것을 교육부에 권고하였다(국민권익위원회, 2013: 17-18).

2016년 개원한 20대 국회에서 다시 입학금 폐지 및 용도제한을 골자로 하는 「고등교육법」 개정안이 다수 발의되었고, 2016년에는 학생들이 대학법인을 상대로 입학금 반환소송을 제기하였다. 2017년 대통령 선거에서 입학금 폐지 공약이 제시되었고, 교육부가 입학금 폐지를 압박하는 가운데 국립대는 2018년부터 입학금을 폐지하기로 하였고, 사립대는 2022년까지 단계적으로 입학금을 폐지하기로 하였다. 입학금 폐지가 결정되자 학생들은 2018년에 입학금 반환소송을 취하하였다.

### 라. 사립학교의 재원확보

사립학교의 경우 교육재원은 학생으로부터 징수하는 등록금, 국가와 지방자치단체 보조금, 기부금, 그리고 학교법인으로부터 받는 전입금으로 구성된다. 등록금과 국고보조금, 기부금 등의 제도는 국·공립학교와 대동소이하므로 여기서는 학교법인의 법인전입금제도와 사립중등학교의 재정결함보조제도의 역사적 전개과정을 기술한다.

#### 1) 학교법인의 법인전입금

학교법인 전입금제도의 변화는 수익용 기본재산제도의 변화를 통해 살펴볼 수 있다. 수익용 기본재산은 학교법인이 설치·경영하는 사립학교의 경영에 필요한 재산 중 수익을 목적으로 하는 것으로서 학교법인이 법인을 운영하고 법정부담금을 포함한 법인전입금을 부담하는 재원을 마련하는 수단이다. 수익용 기본재산을 확보하고 관리하는 기준은 법정부담금을 마련하는 데 직접적으로 영향을 미친다.

수익용 기본재산 확보기준은 일제 강점기에 민족정신 고취 차원에서 설립하는 사립학교를 억제하는 차원에서 도입된 규제장치였으며, 미군정에서는 사립학교 인가기준에 포함시키지 않았고, 정부수립 이후에는 학교법인이 재단법인 성격을 가짐에 따라 설립인가기준에 포함시켰을 뿐이다. 학교법인이 운영하는 학교의 운영비를 충당할 목적보다는 재단법인으로서 학교법인을 설립하는 기준을 정하여 학교법인이 난립하는 것을 방지하는 목적이 더 컸던 것으로 추측된다(송기창, 2018).

일단 기준에 맞춰 학교법인을 설립한 이후에 필요한 법인전입금에 대하여는 실효성 있는 기준을 마련하지 않았고, 엄격하게 관리하지도 않았다. 법령 제 · 개정을 통해서 수익용 기본재산 확보기준을 보다 구체화하는 노력을 계속해 왔으나, 효과를 거두기에는 한계가 있었다. 초기에는 수익용 기본재산에서 나오는 수익금이 학교운영경비에 충당하기 위한 재원으로 요구되었으나, 수익용 기본재산에서 나오는 수익만으로 학교를 운영하라는 기준은 현실적이지 않았고 지켜질 수도 없었다. 설립인가 단계에서 느슨한 기준에 따른 수익용 기본재산을 확보하면 학교법인 설립인가를 받을 수 있으며, 일단 인가를 받은 후에는 비영리법인인 학교법인이 수익용 기본재산을 추가로 확보할 수가 없었으며, 재산에서 얼마의 수익금이 생기든 기준에 따라 수익금의 80%를 전출하면 그만이므로 법인전입금제도는 사립학교운영비를 충당하는 수단으로서 실효성을 확보하기 어려웠다.

### 2) 사립중등학교의 재정결함보조금

중학교 무시험진학, 학군별 학생 추첨배정, 교원봉급 평준화 등의 시책을 추진하면서 공 · 사립 간의 등록금을 동일 수준으로 징수함에 따라 인건비와 운영비의 지원이 불가피하여 1971년부터 사립중학교에 대한 국고보조가 시작되었다. 1971년부터 1973년까지는 공 · 사립중학교의 수업료를 같은 수준으로 조정함에 따라 발생한 차액을 운영비로 지원하였고, 1974년부터 1976년까지는 인건비 증가액과 수업료 인상액의 차액을 인건비와 운영비로 지원하였다. 1977년부터 공립학교 기준의 기준재정수요액과 기준재정수입액의 차액, 즉 재정결함분을 보조하기 시작했다.

1984년부터 사립중학교에 대해 시설비(교실 개축비)를 지원하기 시작하여 교육환경개선 특별회계가 설치되었던 1990~1992년에는 교육환경개선사업비가 지원되었고, 이후에는 교육환경개선사업비 형태로 시설비가 계속 지원되고 있다. 2002년부터 중학교 교육이 의무교육으로 전환되면서 모든 사립중학교가 재정결함보조를 받게 되었다. 사립중학교에 대한 국가시책사업비, 목적사업비가 언제부터 지원되었는지는 확실하지 않으나, 1990년 이후로 추정된다.

1974년부터 20개 대도시에 대하여 고교평준화시책을 시행함에 따라 고등학교의 경우 공 · 사립 간의 등록금을 동일 수준으로 징수하고, 기타 지역에 대하여도 물가정책적 고려에서 등록금 인상률을 동률로 억제함에 따라 1979년부터 인건비와 운영비 부족분을 지원하기 시작하였다. 따라서 고등학교에 대한 재정결함보조는

1979년도에 시작한 것으로 볼 수 있다.

사립고등학교에 대한 시설비는 교육환경개선 특별회계가 설치되었던 1990년부터 교육환경개선사업비 형태로 지원되기 시작하여 이후에도 계속 지원되고 있다. 시설비 외의 각종 국가시책사업비가 지원되기 시작한 것은 1988년으로, 실업계 고교의 실험실습기자재 확충비가 지원되었고, 이후 각종 사업비가 지원되고 있다. 현재는 입학금과 수업료가 자율화된 자율형 사립고와 사립특수목적고를 제외한 모든 사립중·고등학교와 일부 사립초등학교가 재정결함보조를 받고 있다(사립초교는 1989학년도부터 재정결함지원을 중단했으나 최근 일부 시·도에서 지원하고 있음).

재정결함보조금을 지원하기 위한 재원은 별도로 확보된 것이 아니라 기존의 지방교육재정교부금이다. 「지방교육재정교부금법」 제1조의 표현만 보면, 교부금제도는 지방자치단체가 교육기관 및 교육행정기관(그 소속기관 포함)을 설치·경영하는 데 필요한 재원을 교부하는 제도이다. 따라서 사립학교는 '법인 또는 사인'이 설립·경영하는 교육기관이므로 교부금의 지원대상에서 제외된다고 볼 수 있다. 그러나 「지방교육재정교부금법」의 시행령과 시행규칙에서는 기준재정수요액과 기준재정수입액을 산정하는 기준을 제시하면서 사립학교를 지원 대상에 포함시키고 있어서 논란이 이어지고 있다. 과연 사립학교를 교부금으로 지원하는 것이 법적 정당성을 확보하고 있는지 좀 더 따져 볼 필요가 있다. 교부금으로 사립학교를 지원하는 것은 현실적으로 불가피한 조치라고 보나, 법적인 정당성을 확보하기 위한 보완작업이 필요하다(송기창, 2017b: 18-19).

## 📖 제3절 교육비 관련 회계의 구조

교육재정의 구조를 이해하기 위해서는 교육재원의 세입 및 세출 구조, 교육재원의 배분 구조, 교육재정 운영 구조를 종합적으로 파악해야 한다. 교육부 예산의 경우에는 세출 구조를 이해하는 것이 중요하나, 시·도교육비 특별회계, 학교회계, 사립학교 교비회계 등은 교육부가 배분하는 재원의 흐름, 즉 교육부 세출 예산이 시·도교육비 특별회계와 학교회계, 교비회계로 이전하는 세입 과정을 이해하는 것이 중요하다. 이하에서, 교육부 일반회계·특별회계 및 기금, 시·도교육비 특별회계 및 기금, 사립 유·초·중·고등·전문대학·대학교의 교비회계, 국·공립 유·초·중·고등학교의 학교회계, 국·공립 전문대학·대학교의 대학회계, 국·공·사립 전문대학·대학교의 산학협력단회계로 나누어 개략적인 내용을 제시한다.

## 1. 교육부 일반회계·특별회계 및 기금

교육부 예산이란 정부가 교육 및 학예를 위한 공공활동을 전개하기 위하여 투자하는 예산을 말한다. 교육부는 자체 수입 예산을 가지고는 있으나, 그 규모는 총 세출 예산의 0.3%에 미치지 못할 뿐만 아니라 이 세입 자체가 국고로 계상되기 때문에 교육부 세출 예산은 전체가 국고에서 충당되고 있는 것이다. 회계 면에서 볼 때 교육부 예산은 일반회계와 특별회계, 기금으로 구분되고 있다.[1]

예산의 대부분을 차지하고 있는 일반회계의 세출내역을 보면, 인건비, 기본사업비, 주요사업비, 지방교육재정교부금 등으로 구성되어 있는데, 이 중에서 가장 규모가 큰 것은 지방교육재정교부금으로서 총 세출 예산의 약 75.2%(2021년)를 차지하고 있다. 교육부 예산과 관련이 있는 특별회계로는 매년 차이가 있으나, 2021년의 경우 유아교육지원 특별회계, 국가균형발전 특별회계가 있으며, 교육부가 운용하는 기금으로는 사립학교교직원연금기금과 사학진흥기금이 있다.

## 2. 시·도교육비 특별회계 및 기금

지방교육을 관장하고 있는 8개 시(서울특별시, 부산·대구·인천·광주·대전·울산광역시, 세종특별자치시)와 9개 도(경기·강원·충북·충남·전북·전남·경북·경남도, 제주특별자치도) 교육청의 예산은 특별회계로 되어 있다. 우선, 시·도교육비 특별회계의 세입을 보면 중앙정부 이전수입, 지방자치단체 이전수입, 기타 이전수

---

1) 「국가재정법」 제4조와 제5조에 따르면, 일반회계는 조세수입 등을 주요 세입으로 하여 국가의 일반적인 세출에 충당하기 위하여 설치하고, 특별회계는 국가에서 특정한 사업을 운영하고자 할 때, 특정한 자금을 보유하여 운용하고자 할 때, 특정한 세입으로 특정한 세출에 충당함으로써 일반회계와 구분하여 계리할 필요가 있을 때에 법률로써 설치하며, 기금은 국가가 특정한 목적을 위하여 특정한 자금을 신축적으로 운용할 필요가 있을 때에 한하여 법률로써 설치하도록 되어 있다.

입, 자체수입, 차입, 기타 등으로 나누어 볼 수 있다. 이 중에서 가장 중요한 재원은 지방교육재정교부금 및 보조금인 중앙정부 이전수입으로서 지방교육재정 총액의 70% 이상을 차지하고 있다. 지방자치단체 일반회계로부터의 전입금은 시·도세 총액 전입금(특별시세의 10%, 광역시세·경기도세의 5%, 도세의 3.6%), 지방교육세 전입금, 담배소비세 전입금(특별시 및 광역시 45%), 지방교육재정교부금 보전금, 교육급여보조금 전입금, 무상교육경비 전입금, 학교용지구입비 전입금 등 법정전입금과 무상급식비, 도서관운영비 등 비법정전입금이 있다.

한편, 시·도교육비 특별회계의 세출 예산을 정책사업별로 보면, 유아 및 초·중등교육의 정책사업은 인적자원운용, 교수-학습활동지원, 교육복지지원, 보건/급식/체육활동, 학교재정지원관리, 학교교육여건 개선시설로 구분되며, 평생·직업교육의 정책사업은 평생교육과 직업교육으로 구분되고, 교육일반 정책사업은 교육행정일반, 기관운영관리, 지방채상환 및 리스료, 예비비 및 기타로 구분된다. 유아 및 초·중등교육비가 96% 이상을 차지하며, 인건비에 해당하는 인적자원운용비가 50% 이상을 차지한다.

시·도교육청이 관장하는 기금은 「지방자치단체 기금관리기본법」 제16조에 따라 설치하는 통합재정안정화기금과 「교육시설 등의 안전 및 유지관리 등에 관한 법률」 제30조에 따라 설치하는 교육시설환경개선기금과 시·도 조례에 따라 교육청별로 설치하는 기타 기금이 있다.

통합재정안정화기금은 「지방재정법」 제14조(2017년 10월 24일 신설되었다가 2020년 6월 9일 개정된 법률에서 삭제된 조항)에 따라 설치할 수 있었던 재정안정화기금을 개편한 것으로, 회계연도 간의 재정수입 불균형 등의 조정 및 재정의 안정적 운용 또는 각종 회계·기금 운용상 여유재원 또는 예치금의 통합적 관리를 위하여 설치하며, 통합 계정과 재정안정화 계정으로 구분하여 운용한다. 재정안정화 계정의 재원은 세입 및 결산상 잉여금 등 다른 회계로부터의 전입금을 재원으로 하며, 용도는 다른 회계로의 전출, 지방채 원리금 상환이다. 재정안정화기금은 2019년도부터 조성하기 시작하였다.

교육시설환경개선기금은 교육감이 관할 교육시설의 환경개선을 위하여 설치하되, 재원은 교육비 특별회계의 출연금, 다른 기금으로부터의 전입금, 기부금, 기금운용 수익금, 그 밖에 시·도 조례로 정하는 수입금으로 조성하며, 기금의 용도는 교육시설의 안전점검, 유지보수 및 확충 사업, 교육환경 개선을 위한 사업, 「사회기반시설에 대한 민간투자법」 제4조의 방식에 따라 추진하는 사업, 국가, 지방자치단체 또는 공공기관과 공동으로 추진하는 사업으로서 학생을 위한 교육시설을 개축하는 사업, 기금의 조성·운용 및 관리에 필요한 경비의 지출, 그 밖에 교육시설의 안전점검과 유지보수를 위하여 조례로 정한 사업 등이다.

시·도교육청이 조성한 기타 기금은 교육청마다 다르며, 규모도 천차만별이다. 남북교육교류협력기금, 직속기관 설립 및 학교이전 재배치기금, 학교안전공제 및 사고예방기금, 적정규모학교육성 지원기금, 교직원주택임차지원기금, 통폐합학교 지원기금, 교육기관 등의 설립 및 시설개선 기금 등이 그것이다.

## 3. 국·공립 유·초·중·고등학교의 학교회계

「초·중등교육법」 제30조의2와 제30조의3과 「유아교육법」에 제19조의7에 의하면, 학교회계(유치원은 유치원회계)는 국·공립의 유치원·초등학교·중학교·고등학교 및 특수학교에 설치되며, 국가의 일반회계나 지방자치단체의 교육비 특별회계로부터 받은 전입금, 「초·중등교육법」 제32조 제1항과 「유아교육법」 제25조에 따라 학부모가 부담하는 경비, 「초·중등교육법」 제33조의 학교발전기금으로부터 받은 전입금, 국가나 지방자치단체의 보조금 및 지원금, 사용료 및 수수료, 이월금, 물품매각대금, 그 밖의 수입을 세입으로 하고, 학교운영 및 학교시설의 설치 등을 위하여 필요한 모든 경비를 세출로 하고 있다. 학교회계의 회계연도는 매년 3월 1일에 시작하여 다음해 2월 말일에 종료한다.

국·공립 초·중등학교는 학교회계와 별도로 기부금품과 모금금품 등을 재원으로 학교발전기금을 설치할 수 있다. 학교발전기금의 용도는 학교교육시설의 보수 및 확충, 교육용 기자재 및 도서의 구입, 학교체육활동 및 기타 학예활동의 지원, 학생복지 및 학생자치활동의 지원 등이다. 학교발전기금에 관한 사항은 사립 유·초·중·고등학교에도 동일하게 적용된다.

## 4. 국 · 공립 전문대학 · 대학교의 대학회계

국립대학 기성회비 반환소송을 계기로 기성회비 징수의 법적 근거가 취약하다는 비판이 제기됨에 따라 2015년 3월 13일에「국립대학의 회계 설치 및 재정 운영에 관한 법률」이 제정되고, 2015년 6월 11일에「국립대학의 회계 설치 및 재정 운영에 관한 법률 시행규칙」이 제정되어 국립대학(공립대학에도 적용)에 대학회계를 두게 되었다.

대학회계는 종전의 국고 일반회계와 기성회회계를 일원화한 것으로, 국가지원금 계정과 대학 자체수입금 등 계정으로 구분된다. 국가지원금 계정은 국가지원금으로 인한 세입 및 그에 따른 세출과 국가지원금에서 발생한 전년도 순세계잉여금을 포함하는 계정이며, 대학 자체수입금 등 계정은 지방자치단체 전입금과 수업료 및 그 밖의 납입금, 전형료, 이자수입, 자산매각대금, 이월금 등 대학회계의 자체수입금 세입과 그에 따른 세출을 포함하는 계정이다. 또한 국립대학은「공익법인의 설립 · 운영에 관한 법률」에 따라 기부금으로 대학발전기금을 조성하여 교육 및 연구활동의 지원, 학생에 대한 장학사업, 시설확충 등 교육환경 개선사업 등에 투자하고 있다.

## 5. 사립 유 · 초 · 중 · 고등 · 전문대학 · 대학교의 교비회계

「사립학교법」제29조에 따르면, 학교법인의 회계는 그가 설치 · 경영하는 학교에 속하는 회계와 법인의 업무에 속하는 회계로 구분하고, 학교에 속하는 회계는 교비회계(校費會計)와 부속병원회계(부속병원이 있는 경우)로 구분할 수 있고, 대학의 경우 교비회계는 등록금회계와 비등록금회계로 구분하며, 법인의 업무에 속하는 회계는 일반업무회계와 수익사업회계로 구분할 수 있다. 교비회계에 속하는 수입이나 재산은 다른 회계로 전출(轉出) · 대여하거나 목적 외로 부정하게 사용할 수 없다.

교비회계의 재원은 학생등록금, 학교법인으로부터의 전입금, 국가 · 지방자치단체 또는 각종 단체로부터의 원조 · 보조금으로 구성되어 있다. 그러나 대부분의 사학법인이 보유하고 있는 수익용 기본재산의 수익성이 낮거나 법정 확보기준에 미달하기 때문에 학교법인으로부터의 전입금이 대단히 적고, 학생등록금에 대한 의

존도가 지나치게 높은 실정이다. 사립중등학교에 대하여는 국가가 상당 비율의 경상비와 시설비를 재정결함보조금으로 지원하고 있으나, 사립대학의 경우에는 재정지원평가를 통하여 선별적으로 재정지원사업비만 지원하고 있다.

## 6. 국 · 공 · 사립 전문대학 · 대학교의 산학협력단 회계

2003년부터 「산업교육진흥 및 산학협력촉진에 관한 법률」(2012년부터 「산업교육진흥 및 산학연협력촉진에 관한 법률」로 명칭이 바뀜) 제25조의 규정에 의해 대학에 산학협력단을 둘 수 있게 되었다. 이에 따라 종래에 국고회계와 교비회계에 편성되어 운영되던 대학의 연구비가 산학협력단 회계에 편성되어 운영되고 있다.

산학협력단 회계는 국가나 지방자치단체로부터의 출연금 및 보조금, 산학연협력계약에 따른 수입금, 유가증권, 그 밖에 재산적 가치가 있는 물건, 산학연협력 성과에 따른 수익금, 유가증권, 그 밖에 재산적 가치가 있는 물건, 산학연협력에 관하여 접수한 기부금품, 국 · 공립대학 또는 산학협력단이 설치한 학교기업으로부터의 운영 수입금, 기술지주회사로부터의 배당 및 그 밖의 수익금, 그 밖에 이자수입(利子收入), 다른 대학이나 산업체 등이 활용하여 지급하는 해당 산학협력단 소유의 연구시설 및 장비와 실험 · 실습시설 및 장비의 사용료 등을 수입으로 하고, 산학협력단의 관리 · 운영비, 산학연협력계약의 이행에 필요한 경비, 대학의 시설 · 운영지원비, 산학협력단의 재원 수입에 기여한 교직원 및 학생에 대한 보상금, 국 · 공립대학 또는 산학협력단이 설치한 학교기업의 운영비, 기술지주회사에 대한 출자, 산학협력협의회 등의 사업비 및 운영지원비, 지적재산권의 취득 및 관리에 관한 업무의 수행에 필요한 경비, 기술의 이전 및 사업화 촉진에 관한 업무의 수행에 필요한 경비, 기타 산학협력단 업무의 수행에 필요한 경비 등을 지출로 한다.

교육비 관련 회계의 구조를 그림으로 나타내면 [그림 11-3]과 같다.

그림 11-3 교육비 관련 회계의 구조

## 📖 제4절 교육의 경제적 측면

### 1. 교육의 비용

#### 가. 교육비 분류 방식

교육활동을 지원하는 데 필요한 교육비는 분류하는 방식에 따라서 여러 가지로 구분해 볼 수 있다. 교육비의 투입과정에 따라서 직접교육비와 간접교육비로 나눌 수 있고, 교육비의 재원에 따라서 공교육비와 사교육비로 구분해 볼 수 있으며, 교육비의 투입목적에 따라서는 매년 소요되는 경상적 경비와 장기적 투자인 자본적 경비로 구분할 수도 있다.

일반적으로 교육비는 현재 활동에 대한 지출만이 아니라 미래를 위한 지출, 즉 자본적 지출까지를 포함한다. 뿐만 아니라 1개 연도에 있어서의 감가상각비도 현재의 비용에 포함되어야 하며, 동시에 직접적인 지출만이 아니라 기회비용(opportunity cost)까지도 포함되어야 한다(Cohn, 1975: 77).

대부분의 경제학자들은 교육비를 사교육비와 사회적 교육비(social cost)로 구분한다. 사교육비는 다시 직접 사교육비와 간접 사교육비로 구분한다. 직접 사교육비란 수업료, 교재대, 학용품비와 학교에 다님으로써 발생되는 초과생활비를 포함하는 것이며, 간접 사교육비란 학교에 다니기 위해 포기된 소득(foregone earnings)을 말한다. 사회적 교육비는 모든 교육적 지출, 교육에 관련된 시설과 학교가 면세대상이 아닐 경우에 부과되는 재산세 등을 말한다(Becker, 1964: 74). 사회적 교육비는 교육을 받은 사람이 사회에 이익을 주기 때문에 사회는 교육보조금을 지급하여 개인이 교육을 받는 동안에 발생하는 경비를 보상해 주어야 한다는 입장에서 정당화되고 있다(Bowman, Robinson & Valzey, 1965: 442-450).

Kiras 등은 교육비를 직접교육비, 간접교육비 그리고 포기된 기회경비의 세 가지 요소로 구분하였다(Kiras, Mushkin, & Billings, 1975: 121). 그들은 직접교육비로는 교사와 직원의 봉급, 학교가 제공하는 비품과 학용품, 학교 대지 임대료, 이자(부채, 서비스) 등을, 간접교육비로는 학생이 가정에서 멀리 떨어져 살 때의 하숙비, 학교를 다니는 데 필요한 부가적인 피복비, 교통비, 개인적인 용품비 등을, 포기된 기회경비로는 비영리 교육기관이 향유하는 면세(免稅)의 가치, 학생 시간의 기회경비 등을 들고 있다.

## 나. Cohn의 교육비 분류

Cohn은 교육비를 직접교육비와 교육기회경비의 두 가지로만 구분하였다(Cohn, 1975: 77-122). Cohn의 구분을 보다 자세히 제시하면 다음과 같다.

### 1) 직접교육비

광의의 교육비는 학교, 학생 또는 가정이 부담하는 직접비용과 유실소득(遺失所得)과 같은 간접비용을 모두 포함한다. 그런데 보편적으로 간접교육비보다는 직접교육비가 많은 관심을 끌고 있다. 그 이유는 직접교육비의 결과는 납세자가 직접적으로 강하게 느낄 뿐만 아니라, 학교가 직접 지출하는 비용에 관한 통계는 쉽게 얻거나 추정할 수 있는 반면에 간접교육비는 전가(轉嫁)되어야 하기 때문이다(Cohn, 1975: 78).

직접교육비는 부담 주체에 따라서 학교 또는 정부부담(사회적 교육비)과 학생부담(사적 교육비)으로 구분하여 볼 수 있다(Perlman, 1973: 14). 선진국의 경우에는 학교부담이 차지하는 비율이 월등히 높고 학생부담이 차지하는 비율은 극히 일부에 지나지 않는다. 대부분의 선진국에 있어서는 중등학교까지 수업료가 없이 무상교육이므로 학생은 단지 추가적으로 발생할 하숙비, 교통비, 교재대, 학용품비 등과 같은 비용만 부담하면 되기 때문이다.

### 2) 교육기회경비

경제적 비용이란 직접적인 지출을 나타내는 비용은 물론 기회경비까지 포함한다. 비용이란 근본적으로 기회경비 중의 하나이다. 즉, 주어진 어떤 활동 때문에 X 규모의 예산이 대체적인 활동에 활용될 수 없을 때, 그 활동은 X 규모의 비용을 갖게 된다(Cohn, 1975: 94). 교육의 기회경비에는 학생이 학교에 다님으로 인하여 교육기간 동안에 직업을 가질 수 없는 데서 오는 포기된 소득, 비영리기관에 부여하는 면세의 가치, 건물과 장비의 감가상각비와 이자 등이 있다.

### 가) 학생에 의해 포기된 소득

교육비 중 가장 큰 부분이 학생 시간의 기회경비라는 사실은 많은 연구결과들이 입증하고 있다. 이 경비는 교육수준별로 대단히 다양한데 초등학교 수준에서 가장 낮고 대학 수준에서 제일 높다(Kiras, Mushkin, & Billings, 1975: 121). 그럼에도 불구하고 일반적으로 교육비라고 할 때에는 직접교육비만을 계산하고 기회경비는 계산상 어려움을 이유로 흔히 무시하고 있다. 미국의 경제자문위원회는 공교육비를 직접지출과 학생의 포기된 소득으로 계산된 간접비로 구분하여 1966~1967년에 미국전체교육을 위하여 투자되었던 실제 액수를 보고하였는데 학생의 포기된 소득은 직접지출 총액의 41~61%에 달하고 있다(Council of Economic Advisers, 1967: 144).

학생의 포기된 소득을 추정하는 데 있어서는 다음과 같은 몇 가지의 문제점이 있다. ① 대규모의 학생이 노동시장으로 투입되면 전체 소득형태를 바꾸어 놓을 것이다. ② 학생들의 지능과 능력의 수준은 일반적으로 노동집단의 그것보다 높은데 그들의 소득수준을 가지고 학생들의 포기된 소득을 추정하게 되면 포기된 소득이 낮게 추정될 우려가 있다. ③ 많은 학생들이 시간제로 일하고 있으므로 이로 인한 소득은 포기된 소득에서 공제되어야 한다. ④ 실업을 조정하기 위한 실업률의 채택이 곤란하다(Cohn, 1975: 95).

### 나) 면세의 비용

모든 경제적 비용은 기회비용이므로 교육기관에 혜택을 주고 있는 모든 면세에 대한 기회비용의 분석 없이는 교육비 분석이 불완전하다고 볼 수 있다(Cohn, 1975: 100). 비영리기관인 학교가 면세되는 것은 비밀이 아닐 뿐만 아니라 교육기관을 재산세나 부가가치세 징수의 대상에서 제외시키는 것은 세계적인 추세이다. 이와 같은 특혜로 인하여 학교는 일반기업체에 비하여 저렴한 가격으로 물품을 구입하는 이득을 갖게 되며, 만일에 학교를 재산세 부과대상에 포함시키게 된다면 현재의 총교육비는 상당히 증대될 것이다.

그러나 상품의 생산과 분배과정이 근본적으로 다른 사회적인 상품과 사적인 상품을 직접 비교할 수는 없다. 즉, 사회적인 상품의 대표라고 할 수 있는 교육의 생산과 배분에 사적인 상품에 대한 기준을 적용시키는 것에는 문제가 있는 것이다. 그러므로 면세에 대한 기회비용을 추정하는 목적은 단지 교육에 대한 투자의 성격과 규모를 탐색하는 데 있다고 할 수 있다. Cohn은 1900년 이래 1968년까지 미국의 공·사립 초·중등학교와 대학에 대한 재산세 면세의 기회경비를 추정하였는데, 1968년 한 해 동안에 총 628.1백만 달러로 나타났다(Cohn, 1975: 102).

### 다) 기타의 전가된 비용

적절한 자료의 부족 때문에 전가되어야 하는 비용들이 여러 종류가 있는데, 이 중에는 학생들이 사용하는 교재, 학용품, 기타 설비의 비용, 감가상각비 그리고 가정에서 교육적인 봉사를 수행하는 어머니들의 포기된 소득에 대한 전가된 비용이 있다.

Cohn은 Schultz의 방법을 활용하여 미국 모든 학생의 교재와 학용품에 대한 전가된 비용을 추정하였는데 1968년에 총 4,785백만 달러로 나타났다. Schultz 등은 교재대와 학용품비의 전가된 가치는 고등학생의 포기된 소득의 5%, 대학생의 포기된 소득의 10%라고 가정하였다.

지금까지 무시되어 온 또 하나의 비용은 학교 건물과 시설에 대한 감가상각비와 포기된 이자(전가된 임대료)이다. 노후한 건물과 시설의 소모에 대한 감가상각비는 물론 건물과 설비를 비교육적인 기업 등에 임대를 줄 수 있는 기회의 포기를 반영한 잠재적 이자(implicity interest)까지도 경상교육비에 포함하여야 할 것이다.

마지막으로 유아의 어머니가 일하는 대신에 유아를 교육시키기 위해 가정에 머물 때의 포기된 소득이 있다. Machlup(1962: 54-56)는 노동참가율과 여성노동자의 평균임금을 기초로 하여 1958년 미국 어머니들의 포기된 소득을 4,430백만 달러로 추정한 바 있다.

### 다. 국내의 교육비 분류방식

우리나라에서는 교육에 대한 지출경비를 교육목적과의 관련성 정도에 따라 혹은 운영형태 및 부담의 원천에 따라 구분해 왔다. 교육목적과의 관련성에 기준을 두고 분류하면 직접교육비와 간접교육비로 나눌 수 있다. 직접교육비는 교육목적을 달성하기 위하여 교육활동에 직접적으로 투입되는 경비로서 공교육비와 사교육비가 여기에 포함된다. 간접교육비는 교육을 받음으로 인하여 교육기간 동안 취업할 수 없는 데서 오는 손실인 유실소득과 비영리 교육기관이 향유하는 면세의 가치를 말한다. 경비의 운영형태에 따라서는 공공의 회계절차를 거쳐 교육에 투입되는 공교육비와 그렇지 않은 사교육비로 분류된다. 공교육비에는 교육활동을 위하여 국가 · 지방자치단체 및 각급 학교법인이 지출하는 모든 비용과 학생등록금이 포함되며, 사교육비에는 교재대 · 부교재대 · 학용품비 · 교통비 등 자녀를 교육시킴으로 인하여 공교육비 이외에 추가적으로 학부모가 부담하는 모든 비용이 포함된다(윤정일, 박종열, 1987: 18-19).

이를 다시 재원별로 나누어 보면 국가와 지방자치단체 및 학교법인이 부담하는 공부담 교육비와 입학금 · 수업료 · 학교운영지원비 · 학생활동비 · 교재대 · 유실소득 등을 포함하는 사부담 교육비로 나누어 볼 수 있다.

이상과 같은 분류를 종합하여 도표로 제시하면 [그림 11-4]와 같다.

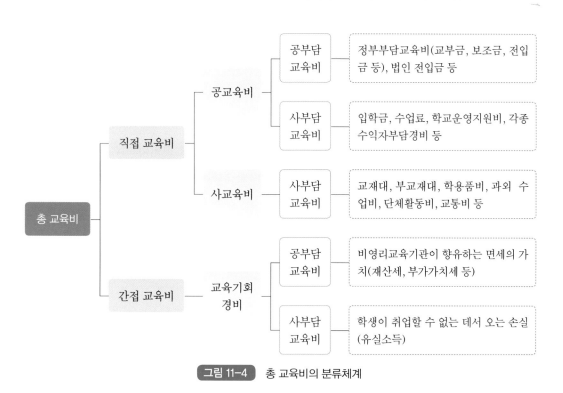

그림 11-4  총 교육비의 분류체계

## 2. 교육의 수익

교육과 관련된 문제에 대하여 보다 정확한 의사결정을 내리기 위하여 많은 연구자가 교육의 수익을 정의하고 측정하려고 시도해 왔다. 그들은 지식의 어떤 요소가 학습되었다고 하는 사실을 입증하려고 혹은 지식에의 노출과 수익 간의 관계를 찾으려고 노력하였다. 그러나 교육의 수익이나 산출은 일반적으로 막연하고, 추상적이며, 교육을 받은 개인이 생존하는 한 지속적이다(Rossmiller, 1971: 15-16). 교육의 수익은 교육을 받은 개인이나, 그의 가족에게만 발생하는 것이 아니라 타 가족과 사회 전체에 발생한다. 공공재원으로서 교육을 보조하는 데 대한 설득력 있는 강력한 이유가 바로 이러한 교육의 외적 수익에 있는 것이다.

Schultz(1963: 39-42)는 교육의 수익을 교육연구로부터 얻는 경제적 수익, 재능(가능성)의 계발과 발견, 직업기회의 변화에 대한 적응력의 증진, 교원 양성(자기유지 활동), 그리고 경제적 성장을 유지하기 위하여 필요한 인력양성 등이라고 보았다.

Weisbrod(1962: 106-123)는 교육의 수익을 개인에게 발생하는 네 가지 형태의 수익(장래의 소득증대는 제외)과 사회의 다른 사람들에게 주어지는 세 가지 형태의 수익으로 열거하였다. 개인에게 발생하는 수익으로서는 ① 장래의 교육을 계속할 것인가에 대한 선택적 가치, ② 보다 광범한 고용가능성에 대한 선택적 가치, ③ 공학적 변화로부터 재산을 지키는 보험적 가치, 그리고 ④ 비시장적 수익의 가치이다. 타인에게 발생하는 수익은 ① 이웃의 수익, ② 동료직원의 수익, ③ 사회 전체에 오는 수익이다.

Kiras 등은 교육투자로부터 발생하는 수익을 사적 수익과 사회적 수익으로 구분하고 다음과 같이 열 가지로 나누어 설명하고 있다(Kiras, Mushkin, & Billings, 1975: 124).

- 사적 수익
  - 개인 소득증대
  - 개인의 소비적 수익
  - 새로운 환경, 직업, 직업기회에 대한 적응력 향상
- 사회적 수익
  - 경제성장을 위한 인력 공급

　　－사회의 생산성 증대

　　－교육수준의 향상에 의하여 발생하는 발명과 혁신

　　－보다 훌륭한 시민정신

　　－세대 간의 효과

　　－타인에 대한 외적 효과

　　－교육체제에 의한 재능의 발견과 계발


　　이상과 같은 교육의 수익을 Cohn(1975: 125-131)은 소비적 요소, 투자적 요소, 외부효과, 기타의 직접적 수익, 그리고 세대 간의 효과로 요약·제시하고 있다.

　　교육이 개인에게 주는 수익은 소비와 투자로 분류하여 볼 수 있다. 상품이나 서비스가 단 1회의 만족을 줄 때(사용될 때) 그것은 소비의 범주에 속하고, 그것이 미래에 만족을 가져올 것이라고 기대될 때 투자라고 할 수 있다. 따라서 교육은 소비인 동시에 투자라고 분류할 수 있는 상품이다.

　　비록 어린이가 학교에 출석하도록 법으로 강제 규정되어 있으나 그는 교육으로부터 소비적 수익을 얻는다. 소비적 수익요소들은 대학교육이 시작될 때 급증하나 현재로서는 소비적 효과의 측정이 불가능한 실정이다. 그러나 투자적 요소에 대하여는 많은 연구들이 있다. 학교교육과 훈련은 한 사람의 생산성을 증진시키고 따라서 보다 높은 임금을 받을 수 있는 기회를 증대시킨다. 뿐만 아니라 보다 많이 학교교육을 받게 되면 새로운 직업에 융통적으로 적응할 수 있게 되어 실직으로부터 방어하여 준다.

　　교육은 소비와 투자를 통하여 교육받는 학생에게만 수익을 주는 것이 아니라 외부효과(external effects or third party effects)를 통하여 교육수익의 범위를 넓혀 주고 있다. 외부효과란 한 사람의 행위가 제3자의 후생에 영향을 주는 것을 의미하며, 제3자의 경제적 후생을 낮추는 외부효과를 부정적 외부효과 또는 외부 비경제라 하고, 제3자에게 이득을 주는 외부효과를 긍정적 외부효과 혹은 외부 경제라 한다(백일우, 2007: 124). 학생에 대한 교육이 이웃과 그의 가족, 사회 전체에 이익을 주는 외부효과가 있기 때문에 정부에서는 교육시장을 간섭하고 있는 것이다(Buchanan, 1965: 422-423). 외부효과 중 주요한 몇 가지 예를 들면, ① 교육받은 자의 행동은 교육을 받지 않은 자보다 사회적 규범에 비추어 보다 건전하고, ② 어린이를 학교에 보냄으로써 어머니는 취업을 하여 수익을 올릴 수 있고, ③ 생산성을 향상시킴으로써 고용자와 피고용자에게 동등한 수익을 발생시키고, ④ 범죄 발생률을 감소시켜 치안 유지비 등을 축소시키는 수익을 가져온다.

기타의 직접적 수익에는 Weisbrod가 주장하는 바와 같은 개인에게 발생하는 네 가지 형태의 수익(① 장래의 교육을 계속할 것인가에 대한 선택적 가치, ② 보다 광범한 고용가능성에 대한 선택적 가치, ③ 공학적 변화로부터 재산을 지키는 보험적 가치, 그리고 ④ 비시장적 수익의 가치)이 해당한다.

세대 간의 효과란 한 세대 후에 나타나게 될 교육적 수익을 말하는데 여러 연구에서 부모의 교육수준과 그들 자녀들의 가능성과의 사이에 높은 상관관계가 있음을 밝히고 있다. 즉, 교육의 세대 간 효과란 부모 세대의 교육이 자녀의 교육까지 영향을 미쳐서 잠재적으로 다음 세대의 소득까지 함께 증가시키는 효과를 의미한다(백일우, 2007: 124). 부모의 교육 정도는 직접 · 간접으로 자녀교육에 대한 투자를 증대시키고 있다는 것이다. 그러므로 교육의 수익을 부모에게만 한정해서 고려한다면 수익액이 과소 추정될 가능성이 있다.

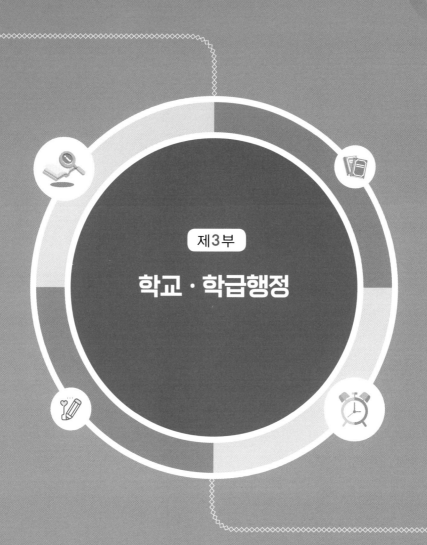

제3부

# 학교 · 학급행정

제12장

# 학교경영의 실제 I: 인사 및 조직관리 등

## 제1절 인사관리

### 1. 학교장의 인사업무

학교교직원의 인사권은 원칙적으로 설립자(국가, 지방자치단체, 학교법인)에게 있으나 학교경영의 원활화와 효율화를 위하여 상당 부분이 학교장에게 위임되어 있다. 학교장에게 주어진 인사상의 권한은 인사내신권, 위임된 인사권, 고유의 내부인사권 등으로 구분된다(한국중등교육협의회, 1985b: 2-3).

인사내신권이란 전직, 전보, 면직, 휴직, 복직, 직위해제, 징계, 급여호봉 재획정, 표창대상자 추천, 연수대상자 추천 등의 권한을 말하고, 학교장에게 위임된 인사권이란 보직교사 임면, 교원 및 일반직 공무원 정기 승급, 기간제교사의 임면, 비정규직원의 임면 등의 권한을 말하며, 학교장 고유의 내부인사권이란 교과담당 명령, 학급담임 명령, 교무분장업무 담당명령, 성과상여금 지급대상자 선정, 근무성적 등의 평정 등의 권한을 말한다.

학교경영에 있어서 학교장의 인사권 중 관심의 대상이 되는 부분은 보직교사의 임면과 학급담임 배정, 교무분장업무 담당명령, 근무평정 등이라고 할 수 있는데,

학급담임 배정은 각급 학교의 상황에 따라 달라질 수 있기 때문에 상술하지 않으며, 여기에서는 보직교사 임면과 근무성적평정 과정에 대하여 자세한 절차를 제시한다. 교무분장 조직에 대하여는 조직관리에서 제시한다.

## 2. 보직교사의 임면

「초·중등교육법」 제19조 제3항과 「유아교육법 시행령」 제23조 제4항에 의하면, 각급 학교에는 원활한 학교운영을 위하여 교사 중 교무(校務)를 분담하는 보직교사를 둘 수 있도록 되어 있다. 보직교사의 명칭은 관할청이 정하고, 보직교사의 종류 및 그 업무분장은 학교장이 정하도록 하고 있고, 모든 교육청이 보직교사를 부장으로 호칭하고 있다. 학급 수에 따른 초·중등학교의 보직교사 정원은 「초·중등교육법 시행령」 제33조에서 제35조에 규정되어 있었으나, 2013년 2월 15일 개정된 「초·중등교육법 시행령」에서 삭제되었고, 교육청별로 정하도록 되어 있다. 개정되기 전까지의 보직교사 정원(유치원 보직교사 정원은 현행 「유아교육법 시행령」 제23조에 규정되어 있음)은 〈표 12-1〉과 같다.

일반적으로 학교에 두는 보직교사는 교무부장, 연구부장, 생활지도부장, 학년부장, 윤리부장, 환경부장, 과학교육부장, 체육부장, 진로상담부장, 교육정보부장, 지역사회교육부장, 실과부장 및 분교장부장, 기타 특수한 업무 또는 교과를 담당하는 부장 등이다.

서울특별시 「보직교사관리지침」에 의하면, 보직교사의 임무는 법령이 정하는 바에 따라 학생을 지도하며, 원장 및 학교장의 합리적인 의사결정 과정으로부터 교사의 교육활동에 이르기까지 연락·조정·지도의 교량적 역할을 능동적으로 수행하는 것이다. 특성화고등학교 및 산업수요 맞춤형 고등학교 보직교사 중 학과장은 해당 학과 학생지도와 교육기자재 등을 관리한다.

보직교사의 임·면은 당해학교(유치원)의 실정을 감안하여 원장 및 학교장이 한다. 보직교사는 ① 보직교사 임용후보자 명단 작성, ② 후보자 결정 및 임용장 교부, ③ 감독청에 임용보고, ④ 인사기록카드 기입 등의 절차를 거쳐 임용된다. 보직교사는 해당 부서의 원활한 업무수행을 위하여 자격, 경력 및 학력 등 제반사항을 고려하여 임용하되, 1년 단위(매년 3월 1일부터 다음해 2월 말까지)로 임용함을 원칙으로

**표 12-1** 학교급별·학급수별 보직교사의 정원

| 학교급별 | 보직교사 정원 |
|---|---|
| 유치원 | • 3학급 이상 5학급 이하의 유치원에는 1인<br>• 6학급 이상 11학급 이하의 유치원에는 2인<br>• 12학급 이상의 유치원에는 3인 |
| 초등학교 | • 6학급 이상 11학급 이하의 학교에는 2인<br>• 12학급 이상 17학급 이하의 학교에는 4인 이내<br>• 18학급 이상 35학급 이하의 학교에는 6인 이내<br>• 36학급 이상의 학교에는 12인 이내<br>• 5학급 이하인 학교로서 교감을 두지 아니하는 학교 또는 5학급 이하의 분교장에는 1인 |
| 중학교 | • 3학급 이상 8학급 이하의 학교에는 1인<br>• 9학급 이상 11학급 이하의 학교에는 2인<br>• 12학급 이상 17학급 이하의 학교에는 8인 이내<br>• 18학급 이상의 학교에는 11인 이내<br>• 2학급 이하의 분교장에는 1인 |
| 고등학교 | • 3학급 이상 5학급 이하의 학교에는 2인<br>• 6학급 이상 8학급 이하의 학교에는 3인<br>• 9학급 이상 17학급 이하의 학교에는 8인 이내<br>• 18학급 이상의 학교에는 11인 이내 |

하며, 임용 2주 이내에 관할 교육청에 보고하여야 한다. 보직교사는 다음에 해당되는 경우를 제외하고는 학기 중에 본인의 의사에 반하여 보직교사를 면할 수 없다.

- 유치원, 학교 또는 학과의 폐지, 변경이 있거나 학급의 감축이 있는 경우
- 휴직·징계 처분 또는 직위해제 처분을 받은 경우
- 형사사건에 관련된 혐의가 있는 경우
- 임용권을 달리하는 유치원 및 학교(기관) 간의 전보
- 직무수행 능력이 부족하거나 근무성적이 극히 불량한 경우
- 감사결과 인사 조치된 경우
- 기타 특별한 사유가 있는 경우

## 3. 인사관리형 교원 평정

「교육공무원 승진규정」에 의하면 승진임용의 기준은 경력평정(70점 만점), 근무성적평정(100점 만점), 연수성적평정(30점 만점), 가산점평정의 네 가지이다. 여기에서 경력평정과 연수성적평정, 가산점평정은 평정기준에 의하여 기계적으로 거치는 절차이기 때문에 문제가 안 되나 학교장과 교감의 주관적 판단에 의해 좌우되는 근무성적평정은 인사행정상의 중요한 의미를 지닌다.

### 가. 경력평정

경력평정은 매년 12월 31일을 기준으로 하여 정기적으로 실시한다. 다만, 신규채용·승진·전직 또는 강임된 자가 있거나 상위자격을 취득한 자가 있는 때에는 그때부터 2개월 이내에 정기평정일 현재를 기준으로 하여 평정한다. 교사의 경력은 20년에 대해서 평정하며, 기본경력과 초과경력으로 나눈다. 기본경력은 평정시기로부터 15년을 평정 기간으로 하며, 초과경력은 기본경력 전 5년을 평정 기간으로 한다. 평정대상 경력은 교육경력, 교육행정경력, 교육연구경력 및 기타 경력으로 하되, 그 경력의 내용에 따라 〈표 12-2〉에서와 같이 가 경력, 나 경력, 다 경력으로 나눈다. 경력의 평정자와 확인자는 승진후보자 명부 작성권자가 정하며, 일선 학교의 경우 대체로 경력평정자는 소속기관의 인사담당관(중·고등학교의 경우 서무책임자)이며,

표 12-2 **경력평정기준**

| 피평정자 직위 | 등급 | 경력종별 |
|---|---|---|
| 교감 | 가경력 | 1. 각급 학교 교장 또는 교감의 경력<br>2. 장학관·교육연구관·장학사 또는 교육연구사의 경력 |
| | 나경력 | 1. 각급 학교 교사(전임강사 이상의 대학교원 및 중학교 또는 고등학교 졸업학력이 인정되는 사회교육시설에서 동등급교원자격증을 가지고 학생을 지도한 경력을 포함한다)의 경력<br>2. 교육부장관이 지정하는 법인인 교육연구기관에서 당해 직위와 상응한 직무를 담당한 경력<br>3. 교육공무원으로 임용되기 전에 「병역법」 그 밖의 법률에 의한 의무를 수행하기 위하여 징집 또는 소집되거나 근무한 경력 |

| | | |
|---|---|---|
| 교감 | 다경력 | 임용권자가 임용하여 전임으로 근무한 강사(대학의 전임강사는 제외한다) 또는 기간제교원(임시교원의 경력을 포함한다)의 경력. 다만, 「교육공무원임용령」 제13조 제2항에 따라 교원의 통상적인 근무시간보다 짧게 근무하는 시간제근무 기간제교원은 해당 교원이 근무한 시간을 합산하여 1일 단위(근무한 시간을 8로 나누어 산정하되, 8시간 미만의 나머지는 버린다)로 경력을 평정한다. |
| 교사 | 가경력 | 1. 각급 학교 교장·교감 또는 교사(전임강사 이상의 대학교원 및 중학교 또는 고등학교 졸업학력이 인정되는 사회교육시설에서 동등급 교원자격증을 가지고 학생을 지도한 경력을 포함한다)의 경력<br>2. 장학관·교육연구관·장학사 또는 교육연구사의 경력<br>3. 교육공무원으로 임용되기 전에 「병역법」 그 밖의 법률에 의한 의무를 수행하기 위하여 징집 또는 소집되거나 근무한 경력 |
| | 나경력 | 임용권자가 임용하여 전임으로 근무한 강사(대학의 전임강사는 제외한다) 또는 기간제교원(임시교원의 경력을 포함한다)의 경력. 다만, 「교육공무원임용령」 제13조 제2항에 따라 교원의 통상적인 근무시간보다 짧게 근무하는 시간제근무 기간제교원은 해당 교원이 근무한 시간을 합산하여 1일 단위(근무한 시간을 8로 나누어 산정하되, 8시간 미만의 나머지는 버린다)로 경력을 평정한다. |
| 장학사·<br>교육연구사 | 가경력 | 1. 장학관·교육연구관·장학사 또는 교육연구사의 경력<br>2. 각급 학교의 교장 또는 교감의 경력 |
| | 나경력 | 1. 각급 학교 교사(전임강사 이상의 대학교원 및 중학교 또는 고등학교 졸업학력이 인정되는 사회교육시설에서 동등급교원자격증을 가지고 학생을 지도한 경력을 포함한다)의 경력<br>2. 5급 이상의 일반직 국가공무원 또는 지방공무원으로서의 교육행정경력<br>3. 교육부장관이 지정하는 법인인 교육연구기관에서 당해 직위와 상응한 직무를 담당한 경력<br>4. 교육공무원으로 임용되기 전에 「병역법」 그 밖의 법률에 의한 의무를 수행하기 위하여 징집 또는 소집되거나 근무한 경력 |
| | 다경력 | 1. 임용권자가 임용하여 전임으로 근무한 강사(대학의 전임강사를 제외한다) 및 기간제교원(임시교원의 경력을 포함한다)의 경력. 다만, 「교육공무원임용령」 제13조 제2항에 따라 교원의 통상적인 근무시간보다 짧게 근무하는 시간제근무 기간제교원은 해당 교원이 근무한 시간을 합산하여 1일 단위(근무한 시간을 8로 나누어 산정하되, 8시간 미만의 나머지는 버린다)로 경력을 평정한다.<br>2. 5급 이하의 일반직 국가공무원 또는 지방공무원으로서의 경력(나경력 제2호를 제외한다)<br>3. 「고등교육법」 제14조의 규정에 의한 조교의 경력 |

교장이 확인한다.

기본경력 및 초과경력의 등급별 평정점은 〈표 12–3〉과 같다. 경력평정점을 계산함에 있어서 소수점 이하는 넷째 자리에서 반올림하여 셋째 자리까지 계산한다. 경력평정 기간 중에 휴직 · 직위해제 또는 정직 기간이 있는 때에는 그 기간을 평정에서 제외한다. 경력평정에 있어서 평정 기간은 월 수를 단위로 하여 계산하되, 1개월 미만은 일 단위로 계산한다. 경력평정의 채점은 기본경력 평정점수와 초과경력 평정점수를 합산하여 행한다. 경력평정의 결과는 평정대상자의 요구가 있는 때에는 이를 알려 주어야 한다.

**표 12–3** **경력의 등급별 평정점**

| 구분 | 등급 | 평점 만점 | 근무기간 1월에 대한 평정점 | 근무기간 1일에 대한 평정점 |
|---|---|---|---|---|
| 기본경력 | 가경력 | 64.00 | 0.3555 | 0.0118 |
| | 나경력 | 60.00 | 0.3333 | 0.0111 |
| | 다경력 | 56.00 | 0.3111 | 0.0103 |
| 초과경력 | 가경력 | 6.00 | 0.1000 | 0.0033 |
| | 나경력 | 5.00 | 0.0833 | 0.0027 |
| | 다경력 | 4.00 | 0.0666 | 0.0022 |

비고: 교육공무원의 경력이 기본경력 15년, 초과경력 5년인 경우에는 그 경력평정 점수는 각각 평정 만점으로 평정한다.

### 나. 근무성적평정

근무성적평정은 교원의 근무실적 · 근무수행 능력 및 근무수행 태도를 객관적 근거에 의하여 종합적으로 평가하여 승진, 전보, 포상 등에 반영하는 것이다. 근무성적평정도 경력평정과 마찬가지로 매년 12월 31일을 기준으로 정기적으로 실시한다. 근무성적의 평정자 및 확인자는 승진후보자 명부 작성권자가 정하는데, 초 · 중등학교의 경우 근무성적평정자는 당해 학교 교감이며, 학교장이 확인한다. 교사가 교감으로 승진하는 데 반영되는 근무성적평정점은 최근 5년 이내의 평정점 중에서 유리한 3년의 평정점을 대상으로 한다(가장 최근 연도 평정점 50%, 두 번째 가까운 연도 평정점 30%, 세 번째 가까운 연도 평정점 20%를 산정함).

교사에 대하여는 매년 12월 31일을 기준으로 하여 해당 교사의 근무실적 · 근무수행 능력 및 근무수행 태도에 관하여 근무성적평정과 다면평가를 정기적으로 실시하고, 각각의 결과를 합산한다. 근무성적평정자는 평정대상자로 하여금 평정대상기간 동안의 업무수행실적에 대하여 매년 12월 31일을 기준으로 자기실적평가서(〈표 12-4〉 참조)를 작성하여 제출하게 하여야 하며, 근무성적평정 시에는 자기실적평가서를 참작하여 평가하되, 근무성적평정과 다면평가 시 다음의 기준을 따라야 한다.

- 직위별로 타당한 요소의 기준에 의하여 평정할 것
- 평정자의 주관을 배제하고 객관적 근거에 의하여 평정할 것
- 신뢰성과 타당성을 보장하도록 할 것
- 평정대상자의 근무성적을 종합적으로 분석·평가할 것

교사에 대한 근무성적의 평정은 크게 자질 및 태도에 대한 평정과 근무실적 및 근무수행 능력에 대한 평정으로 구분되는데, 자질 및 태도에서는 교육자로서의 품성과 공직자로서의 자세를 평정하고, 근무실적 및 근무수행 능력에서는 학습지도, 생활지도, 교육연구 및 담당업무 등을 평정한다. 각각의 평정요소에 대한 평정내용은 〈표 12-5〉 교사 근무성적평정 요소 및 내용에 제시하였다.

근무성적의 평정자 및 확인자는 승진후보자 명부 작성권자가 정하는데, 교사의 경우 평정자는 당해 학교 교감이며, 확인자는 교장이다. 다면평가자는 근무성적의 확인자가 구성하되, 평가대상자의 근무실적·근무수행 능력 및 근무수행 태도를 잘 아는 동료교사 중에서 3인 이상으로 구성한다. 이 경우 다면평가자 구성에 관한 기준 및 절차 등에 관하여 필요한 사항은 승진후보자 명부 작성권자가 정한다. 근무성적평정과 다면평가 결과의 합산은 근무성적의 평정자와 확인자가 행한다. 교사의 근무성적평정점은 평정자(교감)가 100점 만점으로 평정한 점수를 30%로, 확인자(교장)가 100점 만점으로 평정한 점수를 40%로 환산한 후 그 환산된 점수를 합산하여 70점 만점으로 산출하며, 30점은 동료교사에 의한 다면평가 점수를 합산한다. 다면평가점은 다면평가자가 100점 만점으로 평정한 점수를 30%로 환산하여 30점 만점으로 산출한다. 합산점은 근무성적평정점과 다면평가점을 합산하여 100점 만점으로 산출한다.

근무성적평정점과 다면평가점을 합산한 결과는 수(95점 이상) 30%, 우(90점 이상

표 12-4 교사 자기실적평가서(제28조의2 제2항 관련)

1. 평가 지침
근무실적평정의 신뢰성과 타당성이 보장되도록 객관적 근거에 따라 종합적으로 평가해야 한다.

2. 평가 기간
　　　　　년　　월　　일부터　　　년　　월　　일까지

3. 평가자 인적사항
　• 소속:
　• 직위:
　• 성명:

4. 평가자 기초 자료
　• 담당 학년 및 학급:
　• 담당 과목:
　• 담임 여부:
　• 담당업무:
　• 보직교사 여부:
　• 주당 수업시간 수:
　• 연간 수업공개 실적:
　• 연간 학생 상담 실적:
　• 연간 학부모 상담 실적:
　• 그 밖의 실적사항:

5. 자기실적평가
　가. 학습지도
　• 학습지도 추진 목표(학년 초 또는 연초에 계획되었던 학습지도 목표)
　• 학습지도 추진 실적(학년 초 또는 연초 목표 내용과 대비하여 추진 실적을 구체적으로 작성)
　나. 생활지도
　• 생활지도 추진 목표　　　　　• 생활지도 추진 실적
　다. 교육연구
　• 교육연구 추진 목표　　　　　• 교육연구 추진 실적
　라. 담당업무
　• 담당업무 추진 목표　　　　　• 담당업무 추진 실적
　• 창의적 업무개선 사항

※ 자기평가 종합 상황

| 자기평가 | | | | | |
|---|---|---|---|---|---|
| | 목표 달성도 | 당초 설정한 목표에 대한 달성 정도 | 만족 | 보통 | 미흡 |
| | 창의성 | 학습지도, 생활지도, 교육연구 및 담당업무 등의 창의적인 수행 정도 | 만족 | 보통 | 미흡 |
| | 적시성 | 학습지도, 생활지도, 교육연구 및 담당업무 등을 기한 내 효과적으로 처리한 정도 | 만족 | 보통 | 미흡 |
| | 노력도 | 목표 달성을 위한 노력, 공헌도 | 만족 | 보통 | 미흡 |

　　　　　　　년　　　월　　　일

　　작성자(본인) 성명　　　　　　　　서명(인)

| 평정사항 | 평정요소 | 평정내용 |
|---|---|---|
| 자질 및 태도 | 교육자로서의 품성(10점) | 교원의 사명과 직무에 관한 책임과 긍지를 지니고 있는가 |
| | | 교원으로서의 청렴한 생활태도와 예의를 갖추었는가 |
| | | 학생에 대한 이해와 사랑을 바탕으로 교육에 헌신하는가 |
| | | 학부모·학생으로부터 신뢰와 존경을 받고 있는가 |
| | 공직자로서의 자세(10점) | 교육에 대한 올바른 신념을 가지고 있는가 |
| | | 근면하고 직무에 충실하며 솔선수범하는가 |
| | | 교직원 간에 협조적이며 학생에 대해 포용력이 있는가 |
| | | 자발적·적극적으로 직무를 수행하는가 |
| 근무실적 및 근무수행 능력 | 학습지도 (40점) | 수업연구 및 준비에 최선을 다하는가 |
| | | 수업방법의 개선 노력과 학습지도에 열의가 있는가 |
| | | 교육과정을 창의적으로 구성하며 교재를 효율적으로 활용하는가 |
| | | 평가계획이 적절하고, 평가의 결과를 효율적으로 활용하는가 |
| | 생활지도 (20점) | 학생의 인성교육 및 진로지도에 열의가 있는가 |
| | | 학교행사 및 교내외 생활지도에 최선을 다하는가 |
| | | 학생의 심리, 고민 등을 이해하기 위하여 노력하고 적절히 지도하는가 |
| | | 교육활동에 있어 학생 개개인의 건강·안전지도 등에 충분한 배려를 하는가 |
| | 교육연구 및 담당업무 (20점) | 전문성 신장을 위한 연구·연수활동에 적극적인가 |
| | | 담당업무를 정확하고 합리적으로 처리하는가 |
| | | 학교교육목표의 달성을 위한 임무수행에 적극적인가 |
| | | 담당업무를 창의적으로 개선하고 조정하는가 |

**표 12-5** 교사 근무성적평정 요소 및 내용

95점 미만) 40%, 미(85점 이상 90점 미만) 20%, 양(85점 미만) 10%의 분포비율에 맞도록 해야 한다. 평정대상 교사의 근무성적 총평정점은 특별한 사정이 없는 한 동일하지 아니하도록 하여야 한다.

평정대상자의 요구가 있는 때에는 특별한 사정이 없는 한 본인의 최종 근무성적평정점을 알려 주어야 하며, 근무성적평정의 결과는 전보·포상 등 인사관리에 반영하여야 한다. 「공무원수당 등에 관한 규정」 제7조의2의 규정에 의한 성과상여금

을 지급하기 위하여 근무성적평정 결과 근무성적이 우수한 자에 대하여 특별근무
성적평정을 실시할 수 있다. 특별근무성적평정 실시의 방법·시기 및 횟수 등에 관
하여 필요한 사항은 교육부장관이 정한다.

### 다. 연수성적평정

연수성적의 평정은 교육성적평정과 연구실적평정으로 나눈다. 교육성적평정점
은 직무연수 18점, 자격연수 9점으로 만점이 27점이다. 연구실적평정은 3점을 초과
할 수 없다. 따라서 연수성적평정의 만점은 30점인 셈이다.

### 1) 교육성적의 평정

교육성적평정은 직무연수성적과 자격연수성적(당해 직위 또는 가경력으로 평정되
는 직위에서 방송통신대학교 초등교육과를 졸업하고 상위자격을 취득한 경우나 교육대학
원 또는 교육부장관이 지정하는 대학원 교육과에서 석사학위를 받고 상위자격을 취득한 경
우에는 그 성적을 말함)으로 나누어 평정한 후 이를 합산한 성적으로 한다.

직무연수성적의 평정은 당해 직위에서 「교원 등의 연수에 관한 규정」에 의한 연
수기관 또는 교육부장관이 지정한 연수기관에서 10년 이내에 이수한 60시간 이상
의 직무연수성적 및 직무연수 이수실적을 대상으로 평정한다.

자격연수성적에 대한 평정은 승진대상 직위와 가장 관련이 깊고 최근에 이수한
자격연수성적 하나만을 평정대상으로 한다. 직무연수성적 및 자격연수성적의 평정
점은 다음과 같다.

- 직무연수성적
  - 교장·장학관·교육연구관 승진후보자 명부 작성 대상자: 6점(6점×직무연수
    환산성적/직무연수성적만점)
  - 교감 승진후보자 명부 작성 대상자: 18점(60시간 이상의 직무연수 1회에 대한
    연수성적의 평정점은 6점으로 하되, 1개의 직무연수에 대해서는 해당 성적을 6점 만
    점으로 환산하여 부여하며, 나머지 2개의 직무연수에 대해서는 6점 만점을 부여함)
- 자격연수성적: 9점{9점−(연수성적만점−연수성적)×0.05}

자격연수성적을 평정함에 있어서 하나의 자격연수가 분할 실시되어 그 성적이 2개 이상인 때에는 이들 성적을 합산 평균하여 자격연수성적으로 평정한다. 직무연수 성적 및 자격연수성적을 평정함에 있어서 그 성적이 평어로 평가되어 있는 때에는 최상위 등급의 평어는 만점의 90%, 차상위 등급의 평어는 만점의 85%, 제3등급 이 하의 평어는 만점의 80%로 평정한다. 해당 학위를 자격연수로 대체할 경우 자격연 수성적은 A학점 이상은 만점의 90%, B학점 이상은 만점의 85%, D학점 이상은 만점 의 80%로 평정한다.

자격연수성적을 평정함에 있어서 당해 직위 또는 가경력으로 평정되는 직위에서 방송통신대학 초등교육과를 졸업하였거나 교육대학원 또는 교육부장관이 지정하는 대학원 교육과에서 석사학위를 취득한 자에 대한 자격연수성적의 경우 A학점 이상 은 만점의 90%, B학점 이상은 만점의 85%, D학점 이상은 만점의 80%로 평정한다.

## 2) 연구실적평정

연구실적평정은 연구대회 입상실적과 학위취득실적으로 나누어 평정한 후 이를 합산한 성적으로 한다.

연구대회 입상실적평정은 당해 직위에서 국가 · 공공기관 또는 공공단체가 개최 하는 교육에 관한 연구대회로서 교육부장관이 인정하는 전국 규모의 연구대회에서 입상한 연구실적과 특별시 · 광역시 · 특별자치시 · 도 또는 특별자치도의 교육청 · 지방공공기관 및 공공단체 등이 개최하는 교육에 관한 연구대회로서 시 · 도교육감 이 인정하는 시 · 도 규모의 연구대회에서 입상한 연구실적을 대상으로 한다. 다만, 교육공무원이 전직된 경우에는 전직 이전의 직위 중의 입상실적(교육전문직원 경력 이 있는 교감의 입상실적은 교감 자격증을 받은 후의 연구실적에 한하고, 교육전문직원은 교감 · 장학사 및 교육연구사의 직위에서 입상한 실적에 한함)을 포함하여 평정한다. 연 구대회 입상실적이 2인 공동작인 경우에는 각각 입상실적의 7할로 평정하고, 3인 공동작인 경우에는 각각 그 입상실적의 5할로 평정하며, 4인 이상 공동작인 경우에 는 그 입상실적의 3할로 평정한다.

교육공무원이 당해 직위에서 석사 또는 박사학위를 취득하였을 경우 그 취득학 위 중 하나를 평정의 대상으로 하고, 교육공무원이 전직된 경우에는 전직 이전의 직 위 중의 학위취득실적(교육전문직원 경력이 있는 교감의 학위취득실적은 교감 자격증을 받은 후의 학위취득실적에 한하고, 교육전문직원은 교감·장학사 및 교육연구사 직위에서의 학위취득실적에 한함)을 포함하여 평정한다. 다만, 자격연수성적으로 평정된 석사학위취득실적은 평정대상에서 제외한다.

연구실적평정점은 3점을 초과할 수 없다. 연구대회 입상실적은 1년에 1회의 연구대회 입상실적에 한하여 평정한다. 석사 및 박사학위 취득실적은 〈표 12-6〉에 의하여 평정한다.

**표 12-6** 연구대회 입상실적과 석사 및 박사학위 취득실적의 평정점

| | 입상등급 | 전국 규모 연구대회 | 시·도 규모 연구대회 |
|---|---|---|---|
| 연구대회<br>입상실적 | 1등급 | 1.50점 | 1.00점 |
| | 2등급 | 1.25점 | 0.75점 |
| | 3등급 | 1.00점 | 0.50점 |
| 석사 및 박사·<br>학위 취득실적 | 박사 | 직무와 관련 있는 학위 3점, 기타의 학위 1.5점 | |
| | 석사 | 직무와 관련 있는 학위 1.5점, 기타의 학위 1점 | |

### 3) 가산점평정

교육공무원으로서 당해 직위에서 가산점이 산정된 자에 대하여는 명부 작성권자가 각 평정점의 합산점수에 이를 가산하되, 전직된 경우에는 전직 이전의 직위에서 취득한 가산점(교육전문직원 경력이 있는 교감은 교감 자격증을 받은 후의 가산점, 교육전문직원은 교감·장학사 및 교육연구사의 직위에서 취득한 가산점에 한함)을 포함한다. 가산점은 공통가산점과 선택가산점으로 구분된다(「교육공무원 승진규정」제41조).

공통가산점은 ① 교육부장관이 지정한 연구학교의 교원으로 근무한 경력(월 0.018점, 총 1점 한도), ② 교육공무원으로서 재외국민교육기관 파견근무경력(월 0.015점, 총 0.5점 한도), ③「교원 등의 연수에 관한 규정」제6조 제1항의 규정에 의한 직무연수 중 연수 이수실적이 학점으로 기록관리되는 연수 이수학점[1학점당(15시간) 0.02점이며, 연 0.12점, 총 1점 한도], ④ 학교폭력의 예방 및 대응과 관련한 연간 실적당 0.1점(총 1점 한도) 등이다.

선택가산점(10점 한도)은 다음 각 호의 어느 하나에 해당하는 사유가 있는 자에게 명부 작성권자가 항목 및 점수의 기준을 정하여 산정할 수 있으며, 그 기준은 평정기간이 시작되기 6개월 전에 공개하여야 한다. ①「도서·벽지 교육진흥법」제2조

에 따른 도서·벽지에 있는 교육기관 또는 교육행정기관에 근무한 경력이 있는 경우, ② 읍·면·동 지역의 농어촌 중 명부 작성권자가 농어촌교육의 진흥을 위하여 특별히 지정한 지역의 학교에 근무한 경력이 있는 경우, ③ 그 밖의 교육발전 또는 교육공무원의 전문성 신장 등을 위해 명부 작성권자가 필요하다고 인정하는 경력이나 실적이 있는 경우 등이다. 선택가산점은 각 시·도교육청에 따라서 다양하다. 대체로 선택가산점에는 보직교사 근무경력, 전문직 근무경력, 도서벽지 근무경력, 한센병환자 자녀 학교 근무 또는 학급담당 경력, 농어촌지정학교 근무경력, 특수학교 근무 또는 특수학급 담당경력, 교육감 지정 연구학교 근무 경력, 특정 자격증 소지 등이 포함될 수 있다.

가산점을 산정함에 있어서 동일한 평정 기간 중 경력 또는 실적이 중복되는 경우에는 그중 유리한 경력 하나만을 인정하는 기준을 정할 수 있다. 다만, 공통가산점의 경우에는 연구학교에 근무한 경력이 중복되는 경우에 한하고, 공통가산점과 선택가산점 간 경력 또는 실적이 중복되어 그중 하나만을 인정하는 경우에는 공통가산점이 우선한다. 가산점의 평정 경력기간은 월 수를 단위로 계산하되, 1개월 미만은 일 단위로 계산한다. 가산점의 평정은 매년 12월 31일을 기준으로 실시하거나 명부조정시기에 실시한다.

## 4. 교원능력개발평가

### 가. 개념 및 평가 종류

교원능력개발평가는 교원 전문성 신장을 통한 공교육 신뢰 제고를 목적으로 「교원 등의 연수에 관한 규정」 제4장(교원능력개발평가)에 근거하여 실시된다. 평가대상은 유치원 및 「초·중등교육법」 제2조에 따른 학교(초등학교, 중학교·고등공민학교, 고등학교·고등기술학교, 특수학교, 각종학교)에 매 학년도 기준 2개월 이상 재직하는 교원(계약제 교원 포함)이다. 교육행정기관 및 연수기관 소속 또는 파견교사 평가 대상 제외 여부는 시·도 자율이고, 전일제 근무 외 계약제 교원 평가대상 제외 여부는 학교 자율이다(「교원능력개발평가 실시에 관한 훈령」 제5조).

학생만족도 조사는 지도를 받는(은) 학생을 대상으로 개별교원(단, 2개월 미만 재학한 학생은 참여에서 제외)에 대해 실시한다. 무선표집 범위 및 기준은 시·도 자율이고, 무선표집 여부 및 학급 수(온라인평가시스템 활용), 학생 권장 참여율 제시 및 확보방안 등은 학교 자율이다. 학생참여율은 85% 이상을 권장하지만, 특수학교, 소규모 학교는 예외로 한다.

학부모만족도 조사는 지도 받는(은) 학생의 학부모를 대상으로 개별교원(단, 2개월 미만 재학한 학생의 학부모는 참여에서 제외)에 대해 실시한다. 교장·담임교사 외 1인 이상(3인 필수)이며, 교감, 교과(전담)교사, 비교과교사에 대해서는 선택적 참여가 가능하다. 온라인평가시스템 또는 종이설문지의 선택이 가능하다. 학부모 참여 방식(종이설문지 병행 여부), 학부모 권장 참여율 제시 및 확보 방안은 학교 자율이다. 학부모 권장 참여율은 50% 이상이며, 소규모 학교는 예외이다. 도서·벽지 및 소규모 학교는 학부모공동참여단 구성이 가능하다.

### 나. 평가영역·요소·지표와 문항의 구성

평가영역 및 평가요소는 교원의 교육활동 전반(학습지도, 생활지도, 교수·연구활동 지원, 학교경영 등)이다. 평가영역 추가(업무수행 능력, 교직 인성 등), 필수 평가지표 지정 등은 시·도 자율로 가능하며,[1] 평가지표의 추가는 학교 자율로 가능하다. 평가지표는 평가정보 획득이 용이하고 피드백 효과가 높은 평가요소(수업실행, 평가 및 결과 활용, 사회생활 등)를 중심으로 선택한다.

동료교원평가는 평가지표 중심, 학생·학부모만족도조사는 동료교원평가에서 선정된 평가지표 중 각 평가요소를 대표할 수 있는 평가지표를 선정하여 문항을 구성하되, 2개 이상의 평가지표를 통합한 문항 구성은 금지한다. 담임교사와 교과(전담)교사의 평가문항 구성을 차별화하고, 동료교원평가는 평가지표 중심으로 체크리스트 13문항 이상과 자유서술식 응답을 병행한다. 학생·학부모만족도조사는 5문항 이상으로 구성한다. 일반교사에 대한 평가영역·요소·지표는 〈표 12-7〉과 같다[「교원능력개발평가 실시에 관한 훈령」 제8조(평가영역·요소·지표)].

---

1) 단, 필수지표 지정 시 평가요소별로 골고루 안배하되, 교육청이 추가한 지표는 전체의 20% 이하로 선정한다(소숫점 이하 버림).

**표 12-7** 초·중등학교(특수학교 포함) 일반교사 교원능력개발평가의 평가영역·요소·지표

| 평가영역 | 평가요소 | 평가(조사) 지표 |
|---|---|---|
| 학습지도<br>(3요소, 8개 지표) | 수업 준비 | • 교과내용 분석<br>• 수업계획 수립 |
| | 수업 실행 | • 학습환경 조성<br>• 교사 발문<br>• 교사-학생 상호작용<br>• 학습자료 및 매체 활용 |
| | 평가 및 활용 | • 평가내용 및 방법<br>• 평가 결과의 활용 |
| 생활지도<br>(3요소, 7개 지표) | 상담 및 정보 제공 | • 개별학생 특성 파악<br>• 심리상담<br>• 진로·진학 지도 |
| | 문제행동 예방 및 지도 | • 학교생활적응 지도<br>• 건강·안전지도 |
| | 생활습관 및 인성지도 | • 기본생활습관 지도<br>• 인성지도 |

## 다. 평가문항 및 평가방법

평가문항 수는 동료교원(교장, 교감의 경우 6개 이상 평가지표 중에서 12개 문항 이상 구성, 수석교사와 교사의 경우 8개 이상 평가지표 중에서 12개 문항 이상 구성), 학생(5개 문항 이상 구성, 유아 및 초등학생은 제외), 학부모(5개 문항 이상 구성)별로 다르다.

학생 및 학부모만족도조사 평가지표(일부 또는 전부)는 동료교원평가에서 선정한 평가지표 중에서 선정하여 동일 지표에 대한 구성원의 다양한 의견수렴을 도모한다. 학부모만족도조사 평가문항은 평소 자녀와의 대화나 관찰을 통해 알게 된 정보를 바탕으로 응답할 수 있도록 한다. 담임교사와 교과(전담)교사의 평가문항 구성을 차별화하여 담임교사는 생활지도영역 문항을, 교과(전담)교사는 학습지도영역 문항을 강화한다. 기준 문항 수, 평가문항 예시안, 자유서술식 응답 양식, 자기성찰 문항[2]은

---

[2] 학생·학부모 만족도조사에 자기성찰 문항을 2문항 이내로 제시하되, 자기성찰 문항은 문항 수 및 평가 결과에 반영되지 않는다.

시·도 자율이며, 구체적 문항 수 및 문항 내용 선정은 학교 자율이다.

평가방법은 5단 척도 체크리스트와 자유서술식 응답을 병행한다. 평가문항에 따른 척도를 판단하는 데 참고할 수 있는 교원의 교육활동 소개자료(관련 학급홈페이지 등 링크 가능)는 동료교원, 학생 및 학부모 모두에게 필수적으로 제시한다. 공개수업 참관록 등을 활용하여 동료교원 평가를 실시하며, 학부모 대상 공개수업(학교홈페이지에 수업동영상 탑재 등) 및 상담활동(유선 및 사이버 포함) 등을 통해 다양하게 정보를 제공한다.

### 라. 결과 통보 및 활용

시·도교육감과 학교장은 평가 실시 후 평가 결과를 평가대상 교원에게 제공하여야 한다. 평가대상 교원은 전문성 개발을 위한 능력개발계획서를 작성하여 시·도교육감 또는 학교장에게 제출하여야 한다. 시·도교육감과 학교장은 평가 결과를 분석하여 활용계획을 수립하고, 평가대상 교원을 대상으로 〈표 12-8〉과 〈표 12-9〉에 따라 맞춤형연수를 지원하며, 차기 학년도 교원연수계획 등에 반영하여야 한다(「교원능력개발평가 실시에 관한 훈령」 제15조).

교원능력개발평가의 개인별 원자료는 소속 학교에 전자파일로 5년간 보관한다. 평가 및 맞춤형연수 등을 고의로 거부·방해·해태하는 교원에 대해서는 시·도교육청 평가관리위원회의 심의를 통하여 징계 등을 요청할 수 있다.

시·도교육감은 평가 실시 등에 관해 소속기관 및 학교를 관리·점검하여야 한다. 평가관리자는 운영결과보고서(결과활용지원계획 포함)를 작성하여 시·도교육감 및 학교장에게 제출하여야 한다. 시·도교육감은 시행결과종합보고서를 다음해

**표 12-8** 교원능력개발평가 결과활용 맞춤형연수 유형

| 대상 | 연수명 | 연수시간 |
|---|---|---|
| 우수교원 | 학습연구년 특별연수 | 1년 |
| 일반교원 | 평가지표별 직무연수 | 15시간 이상 |
| 지원필요교원 | 단기 능력향상연수 | 60시간 이상 |
| | 장기기본 능력향상연수 | 150시간 이상 |
| | 장기심화 능력향상연수 | 6개월 이상 |

**표 12-9** 능력향상연수 심의 대상 및 연수 부과 기준

| 구분 | 교(원)장 · 교(원)감 | 수석교사 · 교사 |
|---|---|---|
| 단기 | 동료교원평가 2.5 미만 또는 학부모만족도조사 2.5 미만 | 동료교원평가 2.5 미만 또는 중 · 고등학생만족도조사 2.5 미만(유치원 · 초등은 학부모만족도조사 2.5 미만)<br>※ 중 · 고등학생만족도조사 양극단값 5%씩(총 10%) 제외하고 결과 활용(단, 참여 인원이 20인 이상일 경우) |
| 장기기본 | 능력향상연수 연속 2회 지명자 | 능력향상연수 연속 2회 지명자 |
| 장기심화 | 능력향상연수 연속 3회 지명자 | 능력향상연수 연속 3회 지명자 |

1월 말까지 장관에게 보고하여야 한다.

　학교장은 동료교원평가지, 학생 및 학부모만족도조사지, 교사에 대한 교원능력개발평가 등의 결과(학교 평균값)를 다음해 4월 말까지 유치원정보공시사이트 및 학교정보공시사이트에 공개한다(「교원능력개발평가 실시에 관한 훈령」 제16~20조).

　학교의 장은 교원능력개발평가에 필요한 사항을 심의하기 위하여 학교별로 교원능력개발평가 관리위원회를 구성 · 운영하여야 한다. 동 위원회는 교원, 학부모 및 외부 전문가 등을 포함하여 5명 이상 11명 이하의 위원으로 구성한다.

## 제2절 교육과정관리

　「초 · 중등교육법」 제23조와 「유아교육법」 제13조에 의하면, 교육과정의 기준과 내용에 관한 기본적인 사항은 교육부장관이 정하고, 교육감은 교육부장관이 정한 교육과정의 범위 안에서 지역의 실정에 적합한 기준과 내용을 정할 수 있다. 초 · 중등학교의 교과는 대통령령으로 정하도록 되어 있다. 따라서 교육내용에 관한 전국적인 공통적 기준인 교육과정을 결정하는 권한은 교육부장관에게 있으며, 교육과정 운영의 책임은 시 · 도교육감에게 있고, 각 학교는 소정의 교육과정을 운영할 책임이 있음을 알 수 있다. 「초 · 중등교육법」 제29조 제1항은 학교에서는 국가가 저작권을 가지고 있거나 교육부장관이 검정 또는 인정한 교과용 도서를 사용하여야

한다고 규정하고 있어서 학교별로 자체 제작의 교과용 도서를 사용할 수 없다.

제6차 교육과정까지만 해도 교육과정에 관한 학교장의 권한은 학년별, 학기별 교과목 편제와 시간배당을 결정하는 정도였다. 그러나 제7차 교육과정부터 학교장의 교육과정에 대한 권한이 강화되었다. 제7차 교육과정에서는 제5차 교육과정에서 '교육과정의 지역화'와, 제6차 교육과정에서의 '학교 교육과정의 방향'을 더욱 발전시켜 교육과정 편성·운영에 있어 학교 및 교사와 학생의 요구를 반영함으로써 지역, 학교, 개인 수준의 다양성을 추구할 수 있도록 하였다(홍후조 외, 1999: 10-13).

제7차 교육과정은 1995년 교육개혁위원회의 5·31 교육개혁안을 토대로 교육과정 특별위원회에 의해 추진되어 교육부 고시 제1997-15호로 제시된 초·중등학교 교육과정이다. 무엇보다도 "21세기의 세계화·정보화 시대를 주도할 자율적이고 창의적인 한국인 육성"을 목적으로 ① 국민공통 기본교육과정, ② 교과군 개념 도입, ③ 수준별 교육과정 도입, ④ 재량활동의 신설·확대, ⑤ 교과별 학습량의 최적화와 수준 조정, ⑥ 고등학교 2, 3학년의 선택중심 교육과정 등 대대적인 개혁을 단행했다. 초·중등학교 교육과정을 하나의 체제 속에 통합하여 초등학교 1학년부터 고등학교 1학년까지 10년간의 국민공통 기본교육과정과 고등학교 2, 3학년의 선택중심 교육과정으로 조정하고, 국민공통 기본교육과정에는 국어, 도덕, 사회, 수학, 과학, 실과, 체육, 음악, 미술, 외국어(영어)의 10개 교과만 포함시켰으며, 학생들의 개인차를 고려하여 수학·영어와 국어·사회·과학 그리고 선택중심 교육과정에 수준별 교육과정을 도입했다. 종래 중학교의 선택교과는 재량활동에서 우선적으로 배정하게 했다. 제6차 교육과정의 지역화 기조는 그대로 유지되었다(박순경 외, 2013: 282-283).

제7차 교육과정 이후의 여러 가지 현실적 어려움과 그동안의 국가·사회적 요구, 주5일 수업제 시행 등을 반영하여 제7차 교육과정의 골격은 그대로 유지하면서 2007년 2월 부분적인 총론 개정이 이루어졌다(교육인적자원부 고시 제2007-79호). 중학교의 경우 ① 국민공통 기본교육과정의 사회 교과에서 '사회' '역사'의 과목 분화가 이루어져 별도의 학년과 시간이 배당되고, ② 수준별 교육과정이 수준별 수업으로 바뀌고 '단계형' '심화 보충형' 등의 구분이 폐지되었으며, ③ 집중이수제가 강화되어 학기별로도 교과목 이수가 가능해졌고, ④ 주5일 수업제 시행으로 재량활동시간 수가 감축되었다.

2009 개정 교육과정은 '하고 싶은 공부, 즐거운 학교'의 구현을 위해 학생의 지나친 학습 부담을 경감하고, 학습 흥미를 유발하며, 배려와 나눔을 실천하는 창의 인재를 육성하는 교육으로의 개선을 추구하는 것이었다. 2009 개정 교육과정은 ① 교육과정 편제 구조 개선을 위해 '학년군' '교과(군)' 접근을 시도하였고, ② 학습자들이 유의미한 학습 경험을 가질 수 있도록 학습 부담의 적정화를 추구하였으며(교과 집중 이수제 도입), ③ 국민공통 기본교육과정을 9년으로 감축하고, 고등학교 교육과정에서 선택 교육과정을 전 학년으로 확대하였고, ④ 학습자들의 전인적 성장을 위해서 '창의적 체험활동'을 신설하였으며, ⑤ 단위학교 교육과정 편성·운영의 자율성을 확대하였고, ⑥ 학생들이 배려와 존중의 생활을 실천하고 공동체적 인격과 품성을 함양할 수 있도록 하기 위해 인성교육의 중요성을 명시적으로 강화하였다(박순경 외, 2013: 288-290).

2009 개정 교육과정은 2009년 12월 23일(교육과학기술부 고시 제2009-41호) 고시되었으나, 2009 개정 교육과정이 다채롭고 새로운 시도를 다수 포함하고 있는 바, 이를 학교현장에 무리 없이 정착시키고, 소기의 성과를 달성하며, 동시에 2009 개정 교육과정 적용상의 난점들을 해소하기 위하여 모두 여섯 차례의 부분 개정이 이루어졌다(박순경 외, 2013: i; 이미숙 외, 2014: 22-24).

교육부고시 제2013-7호(2013. 12. 18.)에 의하면, 초등학교 교육과정은 교과(군)와 창의적 체험활동으로 편성하며, 교과(군)는 국어, 사회/도덕, 수학, 과학/실과, 체육, 예술(음악/미술), 영어로 하되, 초등학교 1, 2학년의 교과는 국어, 수학, 바른 생활, 슬기로운 생활, 즐거운 생활로 하고, 창의적 체험활동은 자율 활동, 동아리 활동, 봉사 활동, 진로 활동으로 한다. 학교는 1학년 학생들의 입학 초기 적응 교육을 위해 창의적 체험활동의 시수를 활용하여 자율적으로 입학 초기 적응 프로그램 등을 편성·운영할 수 있고, 모든 교육활동을 통해 학생의 인성과 기본 생활습관을 형성할 수 있도록 교육과정을 편성·운영한다. 학교의 특성, 학생·교사·학부모의 요구 및 필요에 따라 학교가 자율적으로 교과(군)별 20% 범위 내에서 시수를 증감하여 운영할 수 있고, 학교의 여건과 교과(군)별 특성을 고려하여 학년별·학기별로 집중 이수를 통해 학기당 이수 교과 수를 감축하여 편성·운영할 수 있다. 학교는 학생이 학년군별로 이수해야 할 학년별·학기별 교과목을 편성하여 안내해야 하며, 예술(음악/미술)은 음악과 미술 교과를 중심으로 편성·운영한다.

중학교 교육과정도 초등학교와 마찬가지로 교과(군)와 창의적 체험활동으로 편성한다. 교과(군)는 국어, 사회(역사 포함)/도덕, 수학, 과학/기술·가정, 체육, 예술(음악/미술), 영어, 선택으로 하며, 선택은 한문, 정보, 환경, 생활 외국어(독일어, 프랑스어, 스페인어, 중국어, 일본어, 러시아어, 아랍어), 보건, 진로와 직업 등이다. 창의적 체험활동은 자율 활동, 동아리 활동, 봉사 활동, 진로 활동으로 한다. 학교는 학생들이 이수해야 할 3년간의 교과목을 학년별·학기별로 편성하여 안내하고, 교과(군)의 이수 시기와 수업 시수는 학교가 자율적으로 결정할 수 있다. 학교의 특성, 학생·교사·학부모의 요구 및 필요에 따라 학교가 자율적으로 교과(군)별 수업 시수를 20% 범위 내에서 증감하여 운영할 수 있으며, 교육 효과를 높이기 위해 학생의 학기당 이수 교과목 수를 8개 이내로 편성하도록 하고, 예술(음악/미술)은 음악과 미술 교과를 중심으로 편성·운영하며, 선택과목을 개설할 경우, 학교는 2개 이상의 과목을 개설함으로써 학생들의 선택권이 보장되도록 한다.

고등학교 교육과정은 중학교와 마찬가지로 교과(군)와 창의적 체험활동으로 편성한다. 교과는 보통 교과와 전문 교과로 하며, 보통 교과 영역은 기초, 탐구, 체육·예술, 생활·교양으로 구성하며, 교과(군)는 국어, 수학, 영어, 사회(역사/도덕 포함), 과학, 체육, 예술(음악/미술), 기술·가정/제2외국어/한문/교양으로 하고, 전문 교과는 농생명 산업, 공업, 상업 정보, 수산·해운, 가사·실업, 과학, 체육, 예술, 외국어, 국제에 관한 교과로 한다. 창의적 체험활동은 중학교와 같다. 고등학교 교육과정의 총 이수 단위는 204단위이며 교과(군) 180단위, 창의적 체험활동 24단위로 나누어 편성하되, 교과의 이수 시기와 단위는 학교에서 자율적으로 편성·운영할 수 있고, 교육 효과를 높이기 위해 학생의 학기당 이수 과목 수를 8개 이내로 편성하도록 한다.

교육부는 교육부 고시 제2015-74호에 의해 2015 개정 교육과정을 확정 발표하였다. 2015 개정 교육과정의 주요 개정방향은 다음과 같다(국가교육과정정보센터, ncic. go.kr).

① 인문·사회·과학에 관한 기초소양교육 강화: 문·이과 통합 공통과목 도입 (국어, 수학, 영어, 한국사, 통합사회, 통합과학, 과학탐구실험)

② 학생들의 꿈과 끼를 키울 수 있는 교육과정 마련: 단위학교의 자율성을 확대해 다

양한 선택과목 개설 및 학습내용의 수준과 범위 조정. 중학교 한 학기를 자유
학기로 운영
③ 미래사회가 요구하는 핵심역량 함양: 교과별 학습내용을 감축하고 평가방법을
개선

2015 개정 교육과정의 학교별 주요 개정사항은 다음과 같다.

① **초등학교**: 1~2학년의 한글교육을 강화하고 신규과목 '안전한 생활'을 편성해
안전교육 강화
② **중학교**: 자유학기제를 실시해 장래진로 탐색, 소프트웨어(SW) 교육을 위해 정
보교과를 필수로 지정
③ **고등학교**: 공통과목 이수 후 선택과목을 수강하고 진로 선택과목을 3개 이상
이수

2015 개정 교육과정의 학교급별 적용 시기는 〈표 12−10〉과 같다(국가교육과정정
보센터, ncic.go.kr).

**표 12−10**  2015 개정 교육과정의 학교급별 적용 시기

| 학교급 | 2017년 | 2018년 | 2019년 | 2020년 |
|---|---|---|---|---|
| 초등학교 | 1 · 2학년 | 3 · 4학년 | 5 · 6학년 | − |
| 중학교 | − | 1학년 | 2학년 | 3학년 |
| 고등학교 | − | 1학년 | 2학년 | 3학년 |

주단위로 운영되는 시간표를 배정할 때는 과목별, 요일별로 균형이 유지되어야
하며, 교과 특성에 따라 연속 운영이 가능하도록 해야 한다. 주간 및 일과 운영계획
을 할 때 고려해야 할 사항은 다음과 같다(한국중등교육협의회, 1985a: 111-112).

• 대체로 화요일, 목요일, 금요일에 학습능률이 좋으므로 이를 감안하여 시간배
당을 할 필요가 있다.
• 특별활동 시간은 첫 시간에 배당하지 않는 것이 좋으며, 사고를 요하는 교과는

가능한 한 오후를 피하는 것이 좋다.

- 예·체능교과는 가능한 한 1교시를 피하며, 사고를 요하는 교과의 중간중간에 고르게 배치되도록 한다.
- 휴식시간은 10분으로 하되, 제2교시와 제3교시 사이의 휴식시간을 15분으로 하는 것도 효과적일 수 있다.
- 수업의 시종시간은 계절에 따라 조절할 필요가 있다.[3]

## 📖 제3절 조직관리

학교장의 조직관리 영역은 학교운영조직 관리와 교수–학습조직 관리로 구분되는데, 학교운영조직에는 교무분장 조직과 각종 위원회 조직이 포함되며, 교수–학습조직에는 학급조직과 학년조직, 특별활동조직이 포함된다. 학년조직은 대개 학급담임의 배치로 완성되며, 학급조직은 학급담임교사의 소관사항이다. 여기에서는 교무분장 조직을 중심으로 조직관리의 실제를 제시한다.

학교는 하나의 조직체인 만큼 조직 운영에 필요한 여러 가지 다양한 업무가 있기 마련이다. 시설, 회계 등에 관한 업무를 제외하고는 대부분의 업무를 교사들이 분담하여 처리해야 한다. 이러한 업무들을 처리하기 위하여는 적절한 교무분장 조직을 필요로 한다. 교무분장 조직을 하는 데 있어서 지켜야 할 원칙은 다음과 같다(백현기, 1964a: 248).

- **적재적소주의 원칙**: 학교장은 교무분장을 할 때 가능한 한 각 교원의 개성, 적성 그리고 희망 등을 고려해야 한다.
- **변화성의 원칙**: 각 교사의 장래를 생각해서 다른 부면의 다양한 경험을 얻도록 해 주어야 한다.
- **공정성의 원칙**: 이것은 사무의 공평한 부담을 의미한다. 공평한 부담을 위해서

---

3) 「초·중등교육법 시행령」 제49조에 의하면, 수업이 시작되는 시각과 끝나는 시각은 학교의 장이 정하도록 되어 있다.

는 계획서 등에 기재된 사무항목을 고려할 것이 아니라 그 일의 실시 활동 내용을 고려해야 할 것이다.

종래에는 교무분장이 대체로 교무부, 생활지도부(서무는 별도)의 2부였으며, 특수한 연구학교에서는 연구부가 별도로 조직되어 3부로 조직되어 있었다. 그러나 1971년 주임교사제도(현재의 보직교사제도)가 실시된 이후, 보직교사의 명칭을 고려해서 교무부, 연구부, 생활지도부, 학년부, 윤리부, 환경부, 과학교육부, 체육부, 진로상담부, 교육정보부, 실과부(특성화고등학교) 등을 두고 있다. 학교별 부서의 수는 학교별 보직교사 수에 따라 결정되므로 교무분장 조직은 학교급별로 다르고, 학교 규모에 따라 차이가 있다.

교무분장 조직은 행정조직, 학년조직, 교과조직, 과별조직이 복합된 형태로 나타난다. 대개의 중등학교는 행정조직 위주형의 교무분장 조직을 가지고 있었으나, 최근 교과조직과 학년조직을 혼합하는 중등학교가 늘어나고 있으며, 특성화고등학교에서는 행정조직과 과별조직(기계과, 건축과, 전자과 등)을 병행하고 있다. 대부분의 초등학교는 행정조직과 학년조직의 혼합형을 취하고 있다.

행정조직 위주의 교무분장 조직은 조직이 단순하고 비교적 명료하다는 장점은 있으나, 조직원이 행정부서와 학년에 동시에 소속됨으로써 야기되는 조직 내의 역할 갈등이 심하게 나타날 수 있다. 과거에 학년부장제가 없었을 경우에는 학년업무가 따로 없었으나, 학년부장제가 신설된 이후 학년업무와 행정업무를 구분할 필요성이 제기되었다. 행정조직 위주의 교무분장 조직은 학년부장의 역할을 인정하지 않기 때문에 학년부장은 부장으로서 독립된 위치는 가지고 있으나 조직원이나 분장업무가 없다.

초등학교의 경우에는 학년조직과 행정조직이 혼합되어 있는 것이 보통이며, 오히려 행정조직보다 학년조직이 보다 활성화되어 있어서 학년부장 중심의 학년조직이 모든 업무의 주체가 되고 있다. 그러나 중학교와 고등학교의 경우에는 학년조직보다는 행정조직 중심으로 모든 업무가 처리된다. 중·고등학교의 경우 행정조직이 활성화되어 있기는 해도 행정조직 내에 학년별 업무 분담이 이루어지는 경우도 있다. 예컨대, 교무부의 고사계는 1학년 고사계, 2학년 고사계, 3학년 고사계 등으로 분담되어 있는 것이 보통이다.

〈표 12-11〉에 예시한 학교의 경우, 대규모 학교로서 교무분장 조직을 기능별로
크게 행정기획부, 교과교육부, 학년부로 구분하고, 행정기획부에는 교무기획부, 교
육연구기획부, 생활지도기획부, 교육정보기획부, 진로상담기획부를 포함시켰으며,

**표 12-11** 중등학교 교무분장 사례

| 기능 | 부서 | 구분 | 담당업무 |
|---|---|---|---|
| 행정<br>기획부 | 교무<br>기획부 | 부장 | 교무기획부 관련 업무 전반 통괄 |
| | | 기획 | 교육과정·교육계획 수립, 내규관리, 입학·졸업사무, 월중행사, 공적조서, 학급편성, 근무상황부 관리, 교무실 관리, 교무전산 업무협조 |
| | | 학적 | 학생이동 관리, 학적 조회, 졸업대장 작성, 졸업장 및 상장 작성 |
| | | 일과 | 수업시간표 작성, 결·보강계획 및 운영, 수업통계, 고사감독 배정, 특기·적성 시간표 작성 및 운영 전반, 일과 보조 |
| | | 기록·통계 | 학교일지·학교연혁 기록관리, 출결 통계, 결석계 처리, 출석부 관리 |
| | | 장학·<br>학운위 | 각종 장학 업무 전반, 학교운영위원 선출 업무 |
| | | 행사·<br>학교홍보 | 행사계획 및 추진, 수상대장 관리, 학교홍보 팜플렛 제작 |
| | | 교무전산 | 교무전산 업무통괄, NEIS 담당자 연수, 교무 NEIS 업무, 졸업대장 관리 |
| | | 방송 | 방송실 운영 및 관리, 방송 기자재 확보계획, 방송반 지도 및 관리 |
| | 교육연구<br>기획부 | 부장 | 교육연구기획부 관련 업무 전반 통괄 |
| | | 기획 | 연구부 관련 공문서 처리 보관, 연구·시범학교, 자율장학협의회 관련 업무, 교과협의회 업무, 교육 실습생 업무, 학습부진아 지도 업무 |
| | | 평가 | 평가계획 수립 및 추진, 출제원안·이원목적분류표 관리, 수행평가 관리 |
| | | 평가분석 | 정기고사 결과분석 및 자료관리, 평균점수 관리 |
| | | 수업연구 | 수업연구·공개수업 계획 및 추진, 학습지도안·교과진도표 관리, 동료장학 |
| | | 연수 | 각종 교직원 연수 계획 및 추진, 연구대상자 추천 및 보고 |
| | | 학습자료 | 학습자료·민속자료·시청각자료 관리 및 대장 관리 |
| | | 진학지도 | 진학결과 자료·사정자료표 보관, 모의고사 문제지 보관, 직업과정 학생 관리 |
| | | 추수지도 | 졸업생 추수지도, 졸업생 학원수강 실태파악, 졸업생 원서작성, 기타 진학 관련 업무 |

| | | | |
|---|---|---|---|
| 행정<br>기획부 | 생활지도<br>기획부 | 부장 | 생활지도부 관련 업무 전반 통괄 |
| | | 기획 | 생활지도계획, 청소지도교사 배정, 학원폭력추방 · 학생자율정화 위원회 |
| | | 교내지도 | 선도부 관리, 학생증 · 명찰 발급, 용의복장지도계획 · 추진, 교내 동원 |
| | | 교외지도 | 교외생활지도계획 수립 및 추진, 지구별 선도 협의회, 학생동원 업무 |
| | | 학생회 | 학생회 조직 운영 및 예산관리, 학급회 운영 지도 및 관리, 학생활동 및 행사지도 |
| | | 상벌 · 근태 | 상벌위원회 · 학생선도에 관한 업무, 비행학생 지도, 학생근태 확인, 장기결석생 파악 |
| | | 게시 · 미화 | 학급별 청소 구역 배정, 청소 도구 배부, 환경 게시물, 환경 미화 관련 업무 |
| | | 계발활동 | 계발활동 계획 수립 및 추진, 학예제 계획 수립 및 추진, 계발활동 NEIS 업무 |
| | | 학부모 · 동창회 | 학부모회 관련 업무 계획 및 추진, 동창회 관련 업무 계획 및 추진 |
| | 교육정보<br>기획부 | 부장 | 교육정보기획부 관련 업무 전반 통괄 |
| | | 기획 | 정보기획부 관련 공문서 처리 보관, 교육정보화 데이터 관리, 소모품 신청 및 관리 |
| | | 성적관리 | 성적처리, 단과표 · 성적일람표 출력 · 보관, 학생부 교과학습 발달상황 기재 확인 |
| | | 홈페이지 | 학교 홈페이지 관리 |
| | | 기자재<br>관리 | 각 실 컴퓨터 관리, 정보화 기기 유지보수 및 관리, 교육방송 서버관리 등 관련 업무 |
| | | 컴퓨터<br>교육 | 전산실 · 컴퓨터실 · 멀티실 운영계획 수립 · 관리, 소프트웨어 관리, 컴퓨터꿈나무 관리 |
| | 진로상담<br>기획부 | 부장 | 진로상담기획부 업무 총괄 및 운영 |
| | | 기획 | 연간 교육 수립 및 이행, 제 업무 보완, 각종 검사 시행 |
| | | 진로교육 | 연간 진로 교육 계획 수립 및 이행(진로교육활동, '진로의 날' 운영, 진로체험학습 시행) |
| | | 사이버<br>상담 | 폭력 상담, 일반 상담, 사이버 상담, 중식 업무 |
| | | 집단상담 | 집단상담 업무, 상담자원봉사자 관리 |
| | | 장학생 · 위탁교육 | 장학생 업무, 위탁교육 업무, 위탁교육생 관리, 졸업생 추수지도 업무 |

| | | | |
|---|---|---|---|
| 교과<br>교육부 | 인문교과<br>교육부 | 부장 | 인문교과교육부 관련 업무 전반 통괄 |
| | | 기획 | 인문교과교육부 관련 공문서 처리 보관, 인문교과교육부 제반업무 계획 수립·추진 |
| | | 문예 | 교내외 각종 문예활동 관련 업무, 교지 발간 |
| | | 도서 | 도서관 관리 및 도서구입·홍보·교과서 관련 업무, 도서관 홈페이지 운영 |
| | | 국어·독서<br>교육 | 독서교육 관련 업무, 학급별·학년별 독서 계획 수립 및 추진, 독서토론회 행사, 국어과 교과협의회 및 교과 관련 업무, 교내외 국어·독서 관련 경시대회 업무 |
| | | 윤리·사회<br>교육 | 경제·통일교육, 계기교육 관련 업무 계획 수립 및 추진, 사회실 운영·관리, 사회과 교과협의회 및 교과 관련 업무 |
| | | 외국어 교육 | 교내외 외국어 관련 경시대회 업무, 영어듣기평가 시행 및 관리, 어학실 운영·관리, 외국어과 교과협의회 및 교과 관련 업무 |
| | 자연교과<br>교육부 | 부장 | 자연교과교육부 관련 업무 전반 통괄 |
| | | 기획 | 자연교과교육부 관련 공문서 처리 보관, 자연교과 관련 체험학습 계획 수립·추진, 과학교과별 연간 실험실습계획 수립·추진, 환경교육전반 계획 수립·추진 |
| | | 실험실 관리 | 실험실 운영·관리, 실험실습일지·대장관리, 각 실험실 소모품대장 관리, 과학경시대회 관련 업무 계획 및 추진 |
| | | 과학교육 | 과학기자재 확보 계획 수립 및 추진, 과학실험 소모품 구입 계획 수립 및 추진, 과학과 교과협의회 및 교과 관련 업무 |
| | | 수학교육 | 수학실 운영 및 관리, 수학과 교육자료 확보 및 관리, 수학경시대회 관련 업무, 수학과 교과협의회 및 교과 관련 업무 |
| | | 기술·가정<br>교육 | 가사실습실 운영·관리, 기술·가정과 실습 연간 계획 수립 및 추진 |
| | 예·체능<br>교과<br>교육부 | 부장 | 예·체능교과부 관련 업무 전반 통괄 |
| | | 기획 | 예·체능교과부 관련 공문서 처리 보관, 예·체능과 교과협의회 및 교과 관련 업무, 기타 타 계에 속하지 않는 업무, 음악실 운영 관리 |
| | | 건강교육 | 보건실 관리·운영, 교직원·학생 신체검사 업무, 건강기록부, 성교육 |
| | | 급식 | 기초생활수급자 및 모자가정 파악, 학교급식 업무 |
| | | 체육교육 | 교내체육대회 계획 수립·추진, 체육실 관리, 체육계 진학자 관리 |
| | | 예능교육 | 교내외 콩쿨 참가자 지도, 예능계 진학자 관리 지도, 무용실 운영 관리 |

| 학년부 | 1학년<br>교육부 | 부장 | 1학년 교육 관련 업무 전반 통괄, 1학년 진학정보 수집 및 홍보 |
|---|---|---|---|
| | | 기획 | 자율학습·보충학습 업무, 수준별 학습지도에 관한 업무, 1학년 급식 관련 업무, 1학년 생활지도계획 수립·추진, 대외고사 성적 분석, 학년 조례 시 학생동원 업무, 현장체험학습 세부계획 수립 및 추진, 기타 학년회 관련 업무 |
| | 2학년<br>교육부 | 부장 | 2학년 교육 관련 업무 전반 통괄 |
| | | 기획 | 자율학습·보충학습 업무, 수준별 학습지도에 관한 업무, 2학년 급식 관련 업무, 2학년 생활지도계획 수립·추진, 대외고사 성적 분석, 학년 조례 시 학생동원 업무, 현장체험학습 세부계획 수립 및 추진, 기타 학년회 관련 업무 |
| | 3학년<br>교육부 | 부장 | 3학년 교육 관련 업무 전반 통괄 |
| | | 기획 | 자율학습·보충학습 업무, 수준별 학습지도에 관한 업무, 3학년 급식 관련 업무, 3학년 생활지도계획 수립·추진, 대외고사 성적 분석, 학년 조례 시 학생동원 업무, 현장체험학습 세부계획 수립 및 추진, 기타 학년회 관련 업무 |

교과교육부에는 인문교과교육부, 자연교과교육부, 예·체능교과교육부를 포함시 켰다. 학년부는 1학년 교육부, 2학년 교육부, 3학년 교육부로 구분하면서 학년부장 과 기획담당교사 1인을 배치시키고 있다. 이 학교의 경우 행정조직과 교과조직, 학 년조직이 조화를 잘 이루고 있다. 행정기획부 내에도 일부 업무(교무기획부의 일과 담당, 교육연구기획부의 평가담당, 생활기획부의 교내지도 담당 등)의 경우 학년별 담당 자를 둠으로써 행정조직과 학년조직의 분리에 따른 문제점을 보완하고 있다.

이러한 현행 학교조직은 운영상의 몇 가지 문제점을 안고 있다.

• 공문처리 업무가 각 부 업무의 대부분을 차지한다. 학교마다 각 부가 창의적으 로 사업을 기획·수행하는 경우보다는, 대개 교육청이나 외부기관의 지시·권 장 사항을 수동적으로 이행하는 경우가 많다.
• 각 부의 업무 중 상당 부분은 행정업무에 속한다고 볼 수 있다. 물론 행정업무 중에 교과교육이나 생활지도 관련 업무도 많은 양을 차지하고 있으나 조사 또 는 보고 업무가 주종을 이루고 있다. 이러한 행정 위주의 업무 관행으로 교사 본연의 교육활동에 장애가 초래되고 있다.

- 각 부의 방만한 업무체계로 인해 부서 간 업무량 편차와 개인별 업무 편중이 심하다. 따라서 부서를 과감하게 통합·조정할 필요가 있다. 통합·조정에 따라 유휴 인력이 명확하게 산출되면 인력의 효율적 재배치 및 필요 부서 신설과 함께 원로교사나 병약자에 대한 업무 면제가 가능하게 된다.
- 각 부의 업무 중 상당 부분은 담임업무와 관련이 크다. 이는 학년단위로 협의해서 처리할 필요성이 크다는 점을 시사한다.
- 교과교육활동의 전문성 신장이 이루어지지 않고 있다. 중등의 경우 교과부를 중시하는 체제개편은 교육적 타당성은 있으나, 현행 보직교사제도가 근본적으로 바뀌지 않는 한 추진에 난점이 있다.
- 대도시 거대 학교의 전체 학급을 부서별로 일괄 관리하는 데 따른 비효율성이 크다. 학년별로 관리함으로써 소규모 학교운영의 이점을 최대한 살릴 필요가 있다.
- 교무행정업무의 전산화와 교무행정 지원 전담 인력의 확충이 필요하다. 현재의 서무행정 인력 중 일부가 교무행정을 지원토록 하는 방안도 현실적으로 고려될 필요가 있다.
- 학생생활지도가 제대로 이루어지지 못하고 있다.

제13장

# 학교경영의 실제 II: 문서 및 복무관리 등

## 📖 제1절 공문서 관리 등 행정업무 처리

### 1. 공문서의 작성 및 시행

공문서의 작성 및 관리, 각종 보고사무, 자료관리, 사무자동화 등에 관한 사항은 「행정 효율과 협업 촉진에 관한 규정」(대통령령) 및 동 시행규칙(행정안전부령)에 규정되어 있다.[1] 이하에서는 「행정 효율과 협업 촉진에 관한 규정」과 동 시행규칙을 바탕으로 교직생활에 기본적으로 필요한 사무관리 내용을 개관한다.

공문서의 종류는 크게 법규문서(헌법, 법률, 대통령령, 국무총리령, 부령, 조례 및 규칙 등), 지시문서(훈령, 지시, 예규 및 일일명령 등), 공고문서(고시, 공고 등), 비치문서(비치대장, 비치카드 등), 민원문서(행정기관에 허가, 인가, 그 밖의 처분 등을 요구하는 문서와 그 처리문서), 일반문서 등으로 구분하며, 흔히 공문서라고 할 때는 일반문서를 지칭한다.

---

[1] 문서 작성 및 관리에 관한 대통령령은 1961년 「정부공문서규정」, 1991년 「사무관리규정」, 2011년 「행정업무의 효율적 운영에 관한 규정」을 거쳐 2016년 「행정 효율과 협업 촉진에 관한 규정」으로 변해 왔다.

문서는 결재권자가 해당 문서에 대한 서명(전자문자서명·전자이미지서명 및 행정 전자서명을 포함)의 방식으로 결재함으로써 성립하며, 문서는 수신자에게 도달(전자 문서의 경우는 수신자가 관리·지정한 전자적 시스템 등에 입력되는 것을 말함)됨으로써 효력을 발생한다. 다만, 공고문서는 그 문서에서 특별한 규정이 있는 경우를 제외하고는 그 고시 또는 공고 등이 있은 후 5일이 경과한 날부터 효력이 발생한다.

문서는 「국어기본법」 제3조 제3호에 따른 어문규범에 맞게 한글로 작성하되, 정확하게 전달하기 위하여 필요한 경우에는 괄호 안에 한자나 그 밖의 외국어를 함께 적을 수 있으며, 특별한 사유가 없으면 가로로 쓴다. 문서의 내용은 간결하고 명확하게 표현하고 일반화되지 않은 약어와 전문용어 등의 사용을 피하여 이해하기 쉽게 작성하여야 한다. 문서에는 시각장애인 등의 편의 도모를 위해 음성정보 또는 영상정보 등이 수록되거나 연계된 바코드 등을 표기할 수 있다. 문서에 쓰는 숫자는 특별한 사유가 없으면 아라비아 숫자를 쓰며, 문서에 쓰는 날짜는 숫자로 하되, 연·월·일의 글자는 생략하고 그 자리에 온점을 찍어 표시하며(예: 2021. 7. 15.), 시·분은 24시각제에 따라 숫자로 표기하되, 시·분의 글자는 생략하고 그 사이에 쌍점을 찍어 구분한다(예: 16:20). 다만, 특별한 사유가 있으면 다른 방법으로 표시할 수 있다. 금액은 아라비아 숫자로 표기하되, 변조의 위험을 막기 위해 숫자 다음에 괄호를 하고 한글로 기재하고[예: 금 113,560원(금일십일만삼천오백육십원)], 문서의 내용을 둘 이상의 항목으로 구분할 필요가 있는 때에는 항목을 구분한다.[2] 문서 작성에 사용하는 용지는 특별한 사유가 없으면 가로 210밀리미터, 세로 297밀리미터의 직사각형 용지(A4 규격)로 한다.

공문서는 일반적으로 기안·검토·협조·결재·등록·시행·분류·편철·보관·보존·이관·접수·배부·공람·검색·활용 등 처리절차를 거치며, 문서의 처리절차는 전자문서시스템 또는 업무관리시스템상에서 전자적으로 처리되어야 한다. 문서의 기안은 전자문서가 원칙이며, 다만 업무의 성질상 전자문서로 기안하기 곤란하거나 그 밖의 특별한 사정이 있으면 그러하지 아니하다. 기안문은 결재권자의 결재를 받기 전에 보조기관 또는 보좌기관의 검토를 받아야 하며, 문서의 내용

---

2) 항목 구분은 다음과 같다. 1., 2., 3., …… / 가., 나., 다., …… / 1), 2), 3), …… / 가), 나), 다), …… / (1), (2), (3), …… /(가), (나), (다), …… / ①, ②, ③, …… / ㉮, ㉯, ㉰, ……

이 행정기관 내의 다른 보조기관 또는 보좌기관이나 다른 행정기관의 업무와 관련이 있을 때에는 그 기관의 협조를 받아야 한다.

기안문 및 시행문은 두문·본문 및 결문으로 구성한다. 두문은 행정기관명 및 수신자로 하되, 행정기관명에는 그 문서를 기안한 부서가 속하는 행정기관명을 표시하고, 다른 행정기관명과 동일한 경우에는 바로 위 상급기관명을 함께 표시할 수 있으며, 수신란에는 수신자가 없는 내부결재문서인 경우 '내부결재'로 표시하고, 수신자가 있는 경우 수신자명을 표시하고, 그다음에 이어서 괄호 안에 업무를 처리할 보조기관이나 보좌기관을 표시하되, 보조기관이나 보좌기관이 분명하지 아니한 경우에는 ○○업무담당과장 등으로 쓸 수 있다. 다만, 수신자가 여럿인 경우에는 두문의 수신란에 '수신자 참조'라고 표시하고 결문의 발신명의 다음 줄에 수신자란을 따로 설치하여 수신자명을 표시할 수 있다.

본문은 제목, 내용 및 붙임(문서에 다른 서식 등이 첨부되는 경우에만 해당)으로 구성한다. 문서에 다른 서식 등이 첨부되는 경우에는 본문의 내용이 끝난 줄 다음에 '붙임' 표시를 하고 첨부물의 명칭과 수량을 적되, 첨부물이 두 가지 이상인 경우에는 항목을 구분하여 표시하여야 한다. 본문의 내용(본문에 붙임이 있는 경우에는 붙임을 말함)의 마지막 글자에서 한 글자 떠우고 '끝' 표시를 한다.

결문은 발신명의, 기안자·검토자·협조자·결재권자의 직위 또는 직급 및 서명(전자문자서명·전자이미지서명 및 행정전자서명 포함),「공공기록물 관리에 관한 법률 시행령」 제20조에 따른 생산등록번호와 시행일자, 접수등록번호와 접수일자, 행정기관의 우편번호·주소·홈페이지주소·전화번호·모사전송번호, 공무원의 전자우편주소와 공개 구분으로 구성한다.

결재를 받은 문서 중 발신하여야 할 문서에 대하여는 수신자별로 시행문을 작성해야 한다. 기안문과 시행문 형식은 동일하며, [그림 13-1]과 같다.

# 행정기관명

수신

(경유)

제목

<br><br><br><br><br><br><br><br>

발신명의 　직인

─────────────────

기안자 직위(직급) 서명　　　　검토자 직위(직급) 서명　　　　결재권자 직위(직급) 서명

협조자

시행　　처리과명-연도별 일련번호(시행일)　　접수　　처리과명-연도별 일련번호(접수일)

우　　도로명주소　　　　　　　　　　　　　　/홈페이지 주소

전화번호(　　)　　　팩스번호(　　)　　　/공무원의 전자우편주소　/공개 구분

210mm × 297mm(백상지 80g/m²)

**그림 13-1** 기안문과 시행문 형식

비고(이 난은 서식에 포함하지 아니한다): 문서를 작성할 때 '행정기관명' '발신명' '기안자' '검토자' '결재권자' '직위(직급) 서명' '처리과명-연도별 일련번호(시행일)' '도로명주소' '홈페이지 주소' '공무원의 전자우편주소' '공개 구분'의 용어는 표시하지 아니하고 그 내용을 적는다.

출처: 「행정 효율과 협업 촉진에 관한 규정 시행규칙」[별지 제1호 서식].

## 2. 결재 및 문서관리

기관 의사를 결정할 권한이 있는 자가 그 의사를 결정하는 행위를 결재라 하는데, 결재에는 정규의 결재, 전결, 대결 등이 있다. 전결(專決)은 기관의 장으로부터 사전에 결재권을 위임받은 자가 행하는 결재로서, 행정기관의 장은 업무의 내용에 따라 보조기관 또는 보좌기관이나 해당 업무를 담당하는 공무원으로 하여금 위임전결하게 할 수 있다. 대결(代決)은 결재할 수 있는 사람이 휴가, 출장, 그 밖의 사유로 결재할 수 없을 때에는 그 직무를 대리하는 사람이 결재하고 내용이 중요한 문서는 사후에 보고하는 것이다.

결재권자의 서명란에는 서명날짜를 함께 표시하고, 위임전결하는 경우에는 전결하는 사람의 서명란에 '전결' 표시를 한 후 서명하여야 하며, 대결하는 경우에는 대결하는 사람의 서명란에 '대결' 표시를 하고 서명하되, 위임전결사항을 대결하는 경우에는 전결하는 사람의 서명란에 '전결' 표시를 한 후 대결하는 사람의 서명란에 '대결' 표시를 하고 서명하여야 한다. 전결 또는 대결의 경우, 서명 또는 '전결' 표시를 하지 아니하는 사람의 서명란은 만들지 아니한다.

문서는 정보통신망을 이용하여 발신하는 것을 원칙으로 한다. 업무의 성질상 정보통신망을 이용한 발신방법이 적절하지 아니하거나 그 밖의 특별한 사정이 있으면 우편·팩스 등의 방법으로 문서를 발신할 수 있으며, 내용이 중요한 문서는 등기우편이나 그 밖에 발신 사실을 증명할 수 있는 특수한 방법으로 발신하여야 한다. 행정기관이 아닌 자에게는 행정기관의 홈페이지나 행정기관이 공무원에게 부여한 전자우편주소를 이용하여 문서를 발신할 수 있다. 행정기관의 장은 문서를 수신·발신하는 경우에 문서의 보안 유지와 위조, 변조, 분실, 훼손 및 도난 방지를 위한 적절한 조치를 마련하여야 한다.

문서는 처리과에서 접수하여야 하며, 접수한 문서에는 접수일시와 「공공기록물 관리에 관한 법률 시행령」 제20조에 따른 접수등록번호를 전자적으로 표시하되, 종이문서인 경우에는 행정안전부령으로 정하는 접수인을 찍고 접수일시와 접수등록번호를 적는다. 문서과에서 받은 문서는 문서과에서 접수일시를 전자적으로 표시하거나 기록하고 지체 없이 처리과에 배부하여야 한다. 이 경우 처리과는 배부받은 문서에 접수등록번호를 표시하거나 기록한다. 행정기관은 문서의 접수 및 배부 경로에 관한 정보를 「공공기록물 관리에 관한 법률 시행령」 제20조에 따른 등록정보로 관리하여야 한다. 처리과에서 문서 수신·발신 업무를 담당하는 사람은 접수한 문서를 처리담당자에게 인계하여야 하고, 처리담당자는 행정안전부령으로 정하는 문서인 경우에는 공람할 자의 범위를 정하여 그 문서를 공람하게 할 수 있다. 이 경우 전자문서를 공람하였다는 기록이 업무관리시스템 또는 전자문서시스템에서 자동으로 표시되도록 하여야 한다. 공람을 하는 결재권자는 문서의 처리기한과 처리방법을 지시할 수 있으며, 필요하면 업무분장된 담당자 외에 그 문서의 처리담당자를 따로 지정할 수 있다.

## 3. 업무관리시스템

업무관리시스템이란 행정기관이 업무처리의 모든 과정을 '과제관리카드' 및 '문서관리카드' 등을 이용하여 전자적으로 관리하는 시스템을 말한다(「행정 효율과 협업 촉진에 관한 규정」 제3조). 과제관리카드란 업무를 기능별로 분류하여 표준화한 단위 과제의 담당자·내용·추진 실적 등을 기록·관리하기 위한 카드를 말하며, 문서관리카드란 문서의 작성·검토·결재·등록·공개·공유 등 문서처리의 모든 과정을 기록·관리하는 카드를 말한다. 현재 사용되는 업무관리시스템은 K-에듀파인 속에 포함되어 있어서 K-에듀파인 학교회계시스템과 연동되어 있다.

서울특별시 교육청을 기준으로 보면, 업무관리시스템에는 K-에듀파인(http://klef.sen.go.kr)에 직접 접속하는 것이 편리하나, 업무포털(http://neis.sen.go.kr)에 접속한 후에 K-에듀파인 메뉴를 클릭해도 된다. 재택근무 시에는 EVPN(https://evpn.sen.go.kr)을 통해 접속할 수 있다.

업무관리시스템의 메뉴는 크게 문서관리, 메모관리, 과제관리, 업무지원, 서비스 공통 등 5개로 이루어져 있다. 업무관리시스템은 기존의 대면결재 방식에서 벗어나 교직원 개인이 사용하는 컴퓨터를 이용하여 전자적으로 문서를 처리하므로 종이 없는 교무실·행정실 환경을 구현할 수 있고, 결재시간 단축 등을 통하여 교사들의 업무를 경감시킬 뿐만 아니라 교사들의 교육력 제고에도 크게 기여하고 있다. 각종 문서를 디지털화하여 컴퓨터에 저장되고, 문서분류기준에 따라 보관하기 때문에 과거에 흩어져 있던 문서철을 뒤져 가며 서류를 찾던 일이 없어져 업무 효율성이 높아졌고, 이 시스템 도입으로 문서 보관에 따른 비용 절감과 함께 분실, 훼손의 위험을 줄였으며, 종이문서 인쇄 감소에 따른 예산절감 효과도 나타났다.

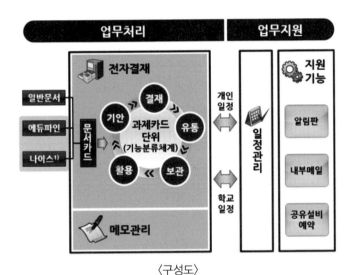

〈구성도〉

• 업무관리시스템은 업무처리, 업무지원 분야로 구성

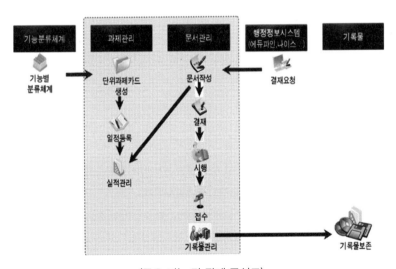

〈주요 기능 간 관계 구성도〉

• 단위과제 및 과제카드는 17개 시 · 도교육청 공통사항으로 임의로 추가 또는 삭제하지 않음(관련 사항은 관할 교육청 기록연구사에게 문의)

그림 13-2　업무관리시스템의 구성도와 주요 기능 간 관계

표 13-1 업무관리시스템 메뉴 구조

| 메뉴 구조 | | 하위 메뉴 및 설명 |
|---|---|---|
| 문서<br>관리 | 기안 | 공용서식, 샘플서식, 연계기안, 임시저장 |
| | 결재 | 결재 대기, 결재 진행 |
| | 공람 | 공람 대기, 공람 완료, 공람 지정 |
| | 내문서함 | 기안한 문서, 결재한 문서, 접수한 문서, 연계기안한 문서 |
| | 발송함 | 발송대기, 발송처리, 발송현황 |
| | 접수함 | 접수대기, 업무담당 확인, 과제 미지정 |
| | 문서함 | 문서등록대장, 중단한 문서, 미완료 문서, 인계인수 문서 |
| 메모<br>관리 | 메모 작성 | 간략보고 또는 구두보고 사항을 메모 형태로 작성하여 보고 |
| | 처리할 메모 | 수신된 신규 메모보고 목록을 조회하고 상세 조회, 의견 작성 |
| | 보고받은 메모 | 보고자로부터 받은 메모목록을 조회하고 상세 조회, 수신상황<br>조회 수행 |
| | 보고한 메모 | 자신이 작성한 메모목록을 조회, 수신현황 조회를 수행 |
| | 임시저장 메모 | 임시저장된 메모목록을 조회하고, 임시메모를 수정하여 보고<br>업무수행 |
| | 메모서식관리 | 메모보고서식 조회, 메모보고서식 작성 |
| | 관리자 주요메모 | 전임 학교장이 후임 학교장에게 참조해야 할 메모로 설정해<br>놓은 메모목록을 조회 |
| | 삭제한 메모 | 보고한 메모목록이나, 보고받은 메모목록에서 삭제로 이동해<br>놓은 목록을 조회, 복원기능 수행 |
| | 메모등록대장 | |
| 과제<br>관리 | 나의 과제 | 사용자가 과제담당자로 지정된 나의 과제카드를 확인할 수<br>있으며 과제카드관리, 주요과제 설정 및 해제, 종료요청 등의<br>업무수행 |
| | 학교과제 | 학교에서 운영 중인 과제카드 목록을 조회 |
| | 과제카드관리 | 과제카드함, 과제카드변경, 과제카드인계, 과제카드인수 |
| | 기능분류체계 | 과제분류체계별(기능별, 목적별) 과제 및 과제카드 조회, 조직<br>단위로 단위과제, 관리과제와 그에 따른 과제카드 조회 |
| | 기록물 이관 | 기간 설정, 이관 연기, 이관 실행현황, 기록물 통계, 기록관 연<br>계설정 |

| 업무<br>지원 | 알림판 | 최근 게시물, 공지사항, 공문 게시, 주월간 업무계획, 자주 보는 게시물 |
| | 개인 월간 일정 | 개인의 일정을 일간, 주간, 월간으로 조회하고, 일정에 대한 관리와 일지 등록 |
| | 학교 월간 일정 | 학교의 월간 일정을 목록형태로 조회 |
| | 홍보관리 | |
| | 공유설비 예약 | 기관에서 관리하는 공유설비의 정보를 공유해서 설비를 예약하고 예약된 정보 관리 |
| 서비스<br>공통 | 조직 및 사용자 | 조직관리, 조직 이력 조회, 조직 연계 관리, 사용자 관리, 사용자 이력 조회, 사용자 연계 관리 |
| | 권한관리 | 사용자그룹, 사용자그룹별 단위업무, 사용자별 사용자그룹, 사용자그룹별 사용자, 사용자그룹 인수인계, 사용자그룹 이력 |

일반사용자는 시스템에 접속하여 기안, 결재, 발송, 접수, 접수된 문서의 공람 및 담당 지정 등의 업무를 전자적으로 처리할 수 있다. [그림 13-3]은 이 시스템의 초기화면 모습이다.

**그림 13-3** 업무관리시스템 문서관리 화면

## 📖 제2절 재무관리

학교재정은 학교교육활동의 운영을 위하여 학교가 주체가 되어 경비를 조달하고 그것을 관리, 사용하는 것으로서 교육재정의 좁은 의미로 사용되며, 그 성격은 학교교육활동 계획의 기초 내지 기준, 학교교육활동에 대한 봉사적 · 지원적 성격, 학교교육경비 조달과 사용 등을 내용으로 하고 있다.

### 1. 학교예산의 운용

예산이란 일정 기간을 기준으로 하여 금액으로 표시한 교육사업계획서로서 세입과 세출로 구분 · 작성되며, 학교예산은 학교회계(사립학교는 교비회계)예산을 말한다. 일반적으로 예산은 일반회계예산과 특별회계예산, 본예산과 추가경정예산으로 구분된다. 일반회계예산은 일반적인 활동에 관한 세입과 세출을 포괄적으로 편성한 예산이며, 특별회계예산은 특정한 세입으로 특정한 세출에 충당함으로써 일반의 세입 · 세출과 구분 · 경리하는 예산을 말한다. 시 · 도교육비는「지방교육자치에 관한 법률」규정에 의하여 지방자치단체의 특별회계로 설치되어 있다.

본예산은 당초예산이라고도 하며, 회계연도 개시 전에 국가회계는 국회, 지방회계는 지방의회, 학교회계는 학교운영위원회, 교비회계는 학교법인 이사회의 심의 · 의결을 거쳐 성립된다. 추가경정예산은 예산이 성립된 후에 생긴 사유로 인하여 이미 성립된 예산을 변경한 예산이다.

### 2. 학교예산의 편성과 집행

「초 · 중등교육법」제30조의2와 제30조의3(「유아교육법」제19조의7과 제19조의8)에 의하면, 학교회계(유치원회계)는 국 · 공립의 유치원 · 초등학교 · 중학교 · 고등학교 및 특수학교에 설치되며, 국가의 일반회계나 지방자치단체의 교육비 특별회계로부터 받은 전입금,「초 · 중등교육법」제32조 제1항에 따라 학교운영위원회 심의를 거쳐 학부모가 부담하는 경비(「유아교육법」제25조에 따른 수업료 등 교육비용과 그 밖의 납부금), 제33조의 학교발전기금으로부터 받은 전입금, 국가나 지방자치단체의 보조금 및 지원금, 사용료 및 수수료, 이월금, 물품매각대금, 그 밖의 수입을 세입으로 하고, 학교운영 및 학교시설의 설치 등을 위하여 필요한 모든 경비를 세출로 하고 있다. 학교회계는 예측할 수 없는 예산 외의 지출 또는 예산초과지출에 충당하기 위하여 예비비로서 상당한 금액을 세출 예산에 계상(計上)할 수 있다.

학교회계의 회계연도는 매년 3월 1일에 시작하여 다음해 2월 말일에 끝나며, 학교의 장은 회계연도마다 학교회계 세입·세출 예산안을 편성하여 회계연도가 시작되기 30일 전까지 학교운영위원회(유치원운영위원회)에 제출하여야 한다. 학교운영위원회는 학교회계 세입·세출 예산안을 회계연도가 시작되기 5일 전까지 심의하여야 한다. 학교의 장은 예산안이 새로운 회계연도가 시작될 때까지 확정되지 아니한 때에는 교직원 등의 인건비, 학교교육에 직접 사용되는 교육비, 학교시설의 유지관리비, 법령상 지급의무가 있는 경비, 이미 예산으로 확정된 경비 등을 전년도 예산에 준하여 집행할 수 있다. 이 경우 전년도 예산에 준하여 집행된 예산은 당해 연도의 예산이 확정되면 그 확정된 예산에 의하여 집행된 것으로 본다. 학교의 장은 회계연도마다 결산서를 작성하여 회계연도가 끝난 후 2개월 이내에 학교운영위원회에 제출하여야 한다.

## 3. 회계책임과 교직원

학교장은 학교경영자로서 학교운영 전반에 관한 책임적 지위에 있으며, 회계적으로는 분임징수관(세입)과 분임경리관(세출)으로서 예산집행상의 제 원칙과 회계관계 규정을 준수함은 물론이고 교직원도 준수하도록 할 책임을 지닌다.

교감의 회계에 관한 책임과 권한은 제한적이다. 교감은 「초·중등교육법」제20조에 의한 교장 유고 시 임시 분임징수관과 임시 분임경리관의 직을 수행하는 교장대리권, 예산품의 시 협의권(학교예산은 학교장의 결재를 받아 집행하되, 관행적으로 사전에 교감과 협의함) 등을 가지나, 예산품의권은 강제 규정이 아니고 권장 규정이기 때문에 교감에게는 실질적인 회계관계 책임과 의무가 없는 셈이다. 교사의 경우도 회계에 대한 권한은 거의 없다. 다만, 교과 운영이나 교무 운영 등에 소요되는 예산은 관계 교직원과 사전 협의를 거쳐 집행·품의하도록 되어 있기 때문에, 교사는 물품구입 시 구입 요구물품에 대한 검사공무원으로 지정받을 수 있고, 그 지정받은 물품에 대하여 검사할 수 있는 정도이다.

## 제3절 교원의 복무관리

교육공무원을 비롯한 공무원의 복무에 관한 사항은 「국가공무원법」 「국가공무원 복무규정」 등에 규정되어 있다.

### 1. 공무원의 의무와 책임

「국가공무원법」에 의하면, 공무원은 다음과 같은 의무를 지닌다. [3]

- **선서의 의무**: 취임 시 소속기관장 앞에서 선서해야 한다.
- **성실의 의무**: 법령을 준수하고 성실히 직무를 수행해야 한다.
- **복종의 의무**: 직무를 수행할 때 소속 상관의 직무상의 명령에 복종해야 한다.
- **친절·공정의 의무**: 국민 전체의 봉사자로서 친절하고 공정하게 직무를 수행하여야 한다.
- **종교중립의 의무**: 종교에 대한 차별 없이 직무를 수행하여야 한다. 소속 상관이 이에 위배되는 직무상 명령을 한 경우에는 따르지 아니할 수 있다.
- **비밀엄수의 의무**: 재직 중은 물론 퇴직 후에도 직무상 알게 된 비밀을 엄수하여야 한다.
- **청렴의 의무**: 직무와 관련하여 직접적이든 간접적이든 사례·증여 또는 향응을 주거나 받을 수 없다. 직무상의 관계가 있든 없든 그 소속 상관에게 증여하거나 소속 교원으로부터 증여를 받아서는 아니 된다.
- **품위유지의 의무**: 직무 내외를 불문하고 그 품위가 손상되는 행위를 해서는 아

---

3) 사립학교 교원은 교육공무원이 아니지만, 「사립학교법」 제55조 (복무) "사립학교의 교원의 복무에 관하여는 국·공립학교의 교원에 관한 규정을 준용한다."는 규정에 의해 똑같이 적용된다.

니 된다.

- **직장이탈 금지**: 소속 상관의 허가 또는 정당한 사유가 없으면 직장을 이탈하지 못한다.
- **영리업무 및 겸직 금지**: 공무 이외에 영리를 목적으로 하는 업무에 종사하지 못하며, 소속기관장의 허가 없이 다른 직무를 겸할 수 없다.[4]
- **정치운동 금지**: 정당이나 그 밖의 정치단체의 결성에 관여하거나 이에 가입할 수 없으며,[5] 선거에서 특정정당 또는 특정인을 지지하거나 반대하기 위한 행위(투표를 하거나 하지 아니하도록 권유운동을 하는 것, 서명운동을 기도·주재하거나 권유하는 것, 문서나 도서를 공공시설 등에 게시하거나 게시하게 하는 것, 기부금을 모집 또는 모집하게 하거나, 공공자금을 이용 또는 이용하게 하는 것, 타인에게 정당이나 그 밖의 정치단체에 가입하게 하거나 가입하지 아니하도록 권유운동을 하는 것)를 하여서는 아니 된다.
- **집단행위 금지**: 노동운동이나 그 밖에 공무 외의 일을 위한 집단 행위를 하여서는 아니 된다. 다만, 사실상 노무에 종사하는 공무원은 예외로 한다. 노무에 종사하는 공무원으로서 노동조합에 가입된 자가 조합 업무에 전임하려면 소속 장관의 허가를 받아야 한다.
- **영예 등 제한**: 외국정부로부터 영예나 증여를 받을 경우에는 대통령의 허가를 받아야 한다.

한편, 「교육기본법」 제14조 제2항과 제3항은 교육공무원과 사립학교 교원에게 연찬의 의무("교원은 교육자로서 갖추어야 할 품성과 자질을 향상시키기 위하여 노력하여야

---

[4] 「교육공무원법」 제19조의2(영리업무 및 겸직금지에 관한 특례)에 따르면, 「고등교육법」 제14조 제2항의 규정에 의한 교수·부교수 및 조교수는 학생의 교육·지도와 학문의 연구에 지장이 없는 범위 안에서 소속 학교의 장의 허가를 받아 상업·공업·금융업 그 밖에 영리를 목적으로 하는 사기업체의 사외이사를 겸직할 수 있다.

[5] 헌법재판소(2018헌마551, 2020. 4. 23.)는 「국가공무원법」 제65조 제1항 "공무원은 정당이나 그 밖의 정치단체의 결성에 관여하거나 이에 가입할 수 없다."에서 말하는 공무원 중 「국가공무원법」 제2조 제2항 제2호의 교육공무원 가운데 「초·중등교육법」 제19조 제1항의 교원(초등학교·중학교·고등학교·고등공민학교·고등기술학교 및 특수학교에 두는 교장·교감·수석교사 및 교사)은 그 밖의 정치단체의 결성에 관여하거나 이에 가입할 수 없다.' 부분은 헌법에 위반된다고 판시한 바 있다. 따라서 초·중등교원은 정당에는 가입할 수 없으나, 그 밖의 정치단체의 결성에 관여하거나 가입할 수 있다.

한다. 교원은 교육자로서의 윤리의식을 확립하고, 이를 바탕으로 학생에게 학습윤리를 지도하고 지식을 습득하게 하며, 학생 개개인의 적성을 계발할 수 있도록 노력하여야 한다.")와 정치적 중립의 의무("교원은 특정한 정당이나 정파를 지지하거나 반대하기 위하여 학생을 지도하거나 선동하여서는 아니 된다.")를 부과하고 있다. 또한 「교원의 노동조합설립 및 운영 등에 관한 법률」은 제3조에서 정치활동 금지("교원의 노동조합은 일체의정치활동을 하여서는 아니 된다.")를 규정하고, 제8조("노조와 조합원은 파업, 태업 또는그 밖에 업무의 정상적인 운영을 저해하는 어떠한 쟁의행위도 하여서는 안 된다.")에서 쟁의행위 금지를 규정하고 제15조("쟁의행위를 한 자는 5년 이하의 징역 또는 5천만 원 이하의 벌금에 처한다.")에 벌칙을 규정하고 있다.

## 2. 근무시간

「국가공무원 복무규정」(대통령령)에 의하면, 공무원의 1주간의 근무시간은 점심시간을 제외하고 40시간으로 하며, 토요일은 휴무함을 원칙으로 한다. 공무원의 1일의 근무시간은 오전 9시부터 오후 6시까지로 하며, 점심시간은 낮 12시부터 13시까지로 한다. 다만, 행정기관의 장은 직무의 성질, 지역 또는 기관의 특수성을 감안하여 필요하다고 인정할 때에는 1시간의 범위 안에서 점심시간을 달리 정하여 운영할수 있다. 중앙행정기관의 장은 직무의 성질·지역 또는 기관의 특수성에 의하여 필요하다고 인정할 때에는 근무시간 또는 근무일을 변경할 수 있다. 공무원은 소속 행정기관의 장에게 통상의 근무시간·근무일을 변경하는 근무 또는 온라인 원격근무(유연근무)를 신청할 수 있다.

초·중·고등학교 교원은 직무의 특수성을 고려하여 일 근무시간 총량(1일 8시간)을 확보하되, 교육과정 운영에 지장이 없는 범위 내에서 단위학교별로 교원이 출퇴근 시간을 자율적으로 조정할 수 있다.[6] 교육공무원의 근무시간은 오전 9시부터오후 5시까지이다. 행정기관의 장은 사무처리상 긴급을 요할 시 시간외 근무 및 공휴일 근무를 명할 수 있다. 그 경우에 다음 정상근무일 또는 다른 정상근무일을 지

---

6) 교육인적자원부 교원1240-52(2002. 2. 22); 「행정기관 탄력근무제 운영지침」(개정 2006. 6. 27., 행정자치부예규 제214호).

정하여 휴무할 수 있다.

「국가공무원 복무규칙」(총리령)에 이하면, 각급 기관의 장은 엄정한 근무기강의 확립을 위하여 노력하여야 하며, 소속 공무원의 복무관리를 위하여 근무상황부 또는 근무상황카드를 개인별로 비치하여야 한다. 공무원이 휴가 · 지각 · 조퇴 및 외출과 「공무원 여비 규정」 제18조에 따른 근무지 내에 출장하려는 때에는 근무상황부 또는 근무상황카드에 의하여 사전에 소속기관장의 승인을 받아야 한다. 공무원이 승인을 받지 않고 출근하지 않았을 때에는 근무상황부에 결근으로 처리한다. 공무원이 출장하려는 때에는 사전에 출장신청서에 의하여 소속기관장의 승인을 받아야 한다. 각급 기관의 장은 소속 공무원에 대한 근무상황을 전자적으로 관리할 수 있다. 공무원이 퇴근하는 때에는 문서 및 물품을 잠금장치가 된 서류함 등 지정된 장소에 보관하여야 한다.

서울특별시 교육청이 발간한 「알기 쉬운 교육공무원 인사실무 매뉴얼」(2019)에 따르면, 교원의 경우, 휴업일(방학기간)은 교원의 공휴일이 아니므로 수업이 없다고 하더라도 근무일에 당연히 출근해야 하나, 「교육공무원법」 제41조 규정에 의한 '연수기관이나 근무 장소 외의 시설 또는 장소에서 연수'를 받게 될 경우에는 교육행정정보시스템(NEIS)으로 사전에 승인받는 것을 원칙으로 하며, 불가피한 경우 부서(기관)별로 근무상황부에 의한 일괄 신청 및 일괄 승인처리도 가능하다. 교원이 휴업일에 「교육공무원법」 제41조 규정에 의한 '연수기관이나 근무 장소 외의 시설 또는 장소에서 연수'를 신청할 경우, 학교장은 연수 목적, 연수의 적합성, 지역사회와의 관계 등을 종합적으로 고려하여 승인하여야 하고, 휴업일 중에도 교육공무원인 교원은 학교와 긴밀한 연락이 유지되도록 하여 학교교육활동이나 교육 관련 민원 처리에 지장을 초래하지 않도록 유의해야 한다. 휴업일 중 공무 외 국외여행은 「국가공무원 복무규정」에 따라 본인의 휴가기간의 범위 내에서 실시하고, 공무 외 국외여행이 자율연수 목적인 경우, 「교육공무원법」 제41조 규정에 의한 '연수기관이나 근무 장소 외의 시설 또는 장소에서의 연수'를 활용할 수 있으며, 교육행정정보시스템(NEIS)에 계획서를 첨부하여 승인을 받고 실시한다.

## 3. 각종 휴가

「국가공무원 복무규정」과 「국가공무원 복무·징계 관련 예규」(인사혁신처 예규)에 의하면, 휴가는 연가·병가·공가 및 특별휴가로 나눌 수 있고, 행정기관의 장은 휴가를 허가함에 있어 소속 공무원이 원하는 시기에 법정휴가일수가 보장되도록 하고, 휴가로 인하여 업무공백이 발생하지 않도록 업무대행자 지정·인계인수 등 필요한 조치를 취하여야 한다. 「국가공무원 복무규정」 제24조의2(교원의 휴가에 관한 특례)에 의하면, 「교육공무원법」 제2조 제1항 제1호에 따른 교원의 휴가에 관하여는 교육부장관이 학사일정 등을 고려하여 따로 정할 수 있도록 되어 있다.

교원의 휴가에 관한 특례를 규정한 「교원휴가에 관한 예규」(교육부 예규)에 따르면, 연가는 정신적·신체적 휴식을 취함으로써 근무능률을 유지하고 개인생활의 편의를 위하여 사용하는 휴가이며, 병가는 질병 또는 부상으로 직무를 수행할 수 없는 경우 또는 전염병에 걸려 다른 공무원의 건강에 영향을 미칠 우려가 있을 때 부여받는 휴가이고, 공가는 공무원이 일반국민의 자격으로 국가기관의 업무수행에 협조하거나 법령상 의무의 이행이 필요한 경우에 부여받는 휴가이며, 특별휴가는 사회통념 및 관례상 특별한 사유(경조사 등)가 있는 경우 부여받는 휴가를 말한다.

학교의 장은 교원 본인 또는 배우자 직계존속의 생신·기일, 본인 또는 배우자 직계존비속 또는 형제·자매의 질병, 부상 등으로 일시적인 간호 또는 위로가 필요하다고 인정되는 경우, 병가를 모두 사용한 후에도 직무를 수행할 수 없거나 계속 요양을 할 필요가 있는 경우, 한국방송통신대학교 출석 수업 및 일반대학원 시험에 참석하는 경우, 기타 상당한 이유가 있다고 소속 학교의 장이 인정하는 경우 중 어느 하나에 해당한다고 판단할 경우에는 수업일 중 소속 교원의 연가를 승인하고, 수업 및 교육활동 등을 고려하여 특별한 사유가 없는 한 수업일을 제외하여 실시해야 한다.

반일연가는 오후 1시를 기준으로 하여 오전·오후로 구분하되, 탄력근무시간제를 적용하는 학교에서는 근무시간 4시간을 기준으로 학교의 장이 달리 정할 수 있다. 근무상황부 종별 중 연가(반일연가를 포함한다)를 신청할 때에는 교육행정정보시스템(NEIS, 근무상황부 또는 근무상황카드를 포함한다)의 '사유 또는 용무'란에 사유를 기재하지 않고, 지각(지참)·조퇴·외출을 신청할 때에는 사유를 기재한 후 학교의

표 13-2 재직기간별 연가 일수

| 재직기간 | 연가 일수 | 재직기간 | 연가 일수 |
|---|---|---|---|
| 1개월 이상 1년 미만 | 11일 | 4년 이상 5년 미만 | 17일 |
| 1년 이상 2년 미만 | 12일 | 5년 이상 6년 미만 | 20일 |
| 2년 이상 3년 미만 | 14일 | 6년 이상 | 21일 |
| 3년 이상 4년 미만 | 15일 | | |

장의 승인을 받아야 한다.

연가 일수는 재직기간에 따라 다르며, 재직기간에는 휴직기간, 정직기간, 직위해제기간 및 강등 처분에 따라 직무에 종사하지 못하는 기간은 산입하지 않는다. 다만, 법령에 의한 의무수행이나 공무상 질병 또는 부상으로 인하여 휴직한 경우에는 예외로 한다. 결근 일수, 직위해제 일수 및 강등 처분에 따라 직무에 종사하지 못하는 일수는 연가 일수에서 뺀다. 질병이나 부상 외의 사유로 인한 지각·조퇴 및 외출은 누계 8시간을 연가 1일로 계산하고, 병가 중 연간 6일을 초과하는 병가 일수 중 의사의 진단서가 첨부되지 아니한 병가 일수는 연가 일수에서 뺀다.

연도 중 결근·휴직·정직·강등 및 직위해제된 사실이 없는 교원으로, 병가 일수가 1일 미만인 교원, 연가 실시 일수가 3일 미만인 교원에 대해서는 재직기간별 연가 일수에 각각 1일(총 2일 이내)을 가산한다. 교원(연도 중 퇴직예정자 제외)에게 연가 일수가 없는 경우 또는 당해 재직기간의 잔여 연가 일수를 초과하는 휴가 사유가 발생한 경우에는 그다음 재직기간의 연가 일수를 〈표 13-3〉에 따라 미리 사용하게 할 수 있다.

표 13-3 재직기간별 미리 사용할 수 있는 최대 연가 일수

| 재직기간 | 미리 사용하게 할 수 있는 최대 연가 일수 | 재직기간 | 미리 사용하게 할 수 있는 최대 연가 일수 |
|---|---|---|---|
| 6월 미만 | 3일 | 2년 이상 3년 미만 | 7일 |
| 6월 이상 1년 미만 | 4일 | 3년 이상 4년 미만 | 8일 |
| 1년 이상 2년 미만 | 6일 | 4년 이상 | 10일 |

출처: 「교원 휴가에 관한 예규」 제5조 제5항.

교원에 대하여는 방학기간이 있다는 이유로 연가보상비를 지급하고 있지 않다. 「국가공무원 복무규정」 제16조 제5항은 "공무상 연가를 승인할 수 없거나 해당 공무원이 연가를 활용하지 아니한 경우에는 예산의 범위에서 연가 일수에 해당하는 연가보상비를 지급하는 것으로 연가를 갈음할 수 있다. 이 경우 연가보상비를 지급할 수 있는 연가대상 일수는 20일을 초과할 수 없다."라고 되어 있으나, 「교원휴가에 관한 예규」 제10조에 "교원의 휴가에 관하여는 「국가공무원 복무규정」 제16조 제1항, 제4항, 제5항과 제16조의2, 제16조의3, 제16조의4, 제19조[7]는 적용하지 아니한다." 라고 규정하고 있다. 엄격히 말하면, 방학기간은 휴가기간이 아니므로 교원에 대하여 연가보상금을 지급하지 않는 것은 설득력이 약하다고 할 수 있다. 교원의 경우에는 업무의 특성상 휴가를 얻기가 어려운 점이 있다. 다른 직의 경우에는 업무의 공백을 다른 직원이 보충할 수 있으나 교원의 경우에는 보충하기 어렵고, 한 사람의 공백으로 많은 학생들의 수업결손이 생기기 때문이다. 따라서 교원들의 경우에는 특별한 경우를 제외하고는 가급적 연가를 억제하고 있는 실정이다.

병가는 질병 또는 상해로 인하여 직무수행이 불가능할 때, 전염병에 걸려 그 공무원의 출근이 다른 공무원의 건강에 영향을 미칠 우려가 있을 경우에 허가한다. 일반적 질병의 경우 연간 60일 이내이며, 공무상 질병, 부상의 경우 180일까지 연장 가능하다. 병가 일수가 6일 초과하는 경우에는 의사의 진단서를 첨부하여야 한다.

공가는 교원이 일반국민의 자격으로 국가기관의 업무수행에 협조하거나 법령상 의무의 이행이 필요한 경우에 부여받는 휴가로, 학교장이 직접 필요한 기간에 대하여 공가를 승인해야 하는 경우는 다음과 같다(「교원휴가에 관한 예규」 제7조).

- 「병역법」이나 그 밖의 다른 법령에 따른 병역판정검사·소집·검열점호 등에 응하거나 동원 또는 훈련에 참가할 때
- 공무와 관련하여 국회, 법원, 검찰 또는 그 밖의 국가기관에 소환되었을 때
- 법률에 따라 투표에 참가할 때
- 승진시험·전직시험에 응시할 때

---

7) 「국가공무원 복무규정」 제16조는 연가계획 및 승인, 제16조의2는 연가 사용의 권장, 제16조의3은 연가의 저축, 제16조의4는 10일 이상 연속된 연가 사용의 보장, 제19조는 공가에 대하여 규정하고 있다.

- 원격지(遠隔地)로 전보(轉補) 발령을 받고 부임할 때
- 「산업안전보건법」 제43조에 따른 건강진단 또는 「국민건강보험법」 제52조에 따른 건강검진 또는 「결핵예방법」 제11조 제1항에 따른 결핵검진 등을 받을 때
- 「혈액관리법」에 따라 헌혈에 참가할 때
- 「교원 등의 연수에 관한 규정」 제13조에 따른 외국어능력에 관한 시험에 응시할 때
- 올림픽, 전국체전 등 국가적인 행사에 참가할 때
- 천재지변, 교통 차단 또는 그 밖의 사유로 출근이 불가능할 때
- 「교원의 노동조합 설립 및 운영 등에 관한 법률」 제6조에 따른 교섭위원으로 선임되어 단체교섭 및 단체협약 체결에 참석할 때와 동법 시행령 제3조 제3항에 의한 교섭 관련 협의를 위하여 지명된 자로 참석할 때, 동법 제14조 및 「노동조합 및 노동관계조정법」 제17조에 따른 대의원회에 참석할 때
- 「교원의 지위 향상 및 교육활동 보호를 위한 특별법」 제11조 및 「교원 지위 향상을 위한 교섭·협의에 관한 규정」 제2조의 교섭·협의 당사자로 교섭·협의에 참석할 때, 「교육기본법」 제15조에 의한 교원단체의 대의원회에 참석할 때

특별휴가는 다음과 같다.

- 공무원 본인이 결혼하거나 기타 경조사가 있을 경우에는 얻는 경조사휴가
- 임신 중의 공무원이 출산의 전후에 얻는 출산휴가(90일, 한 번에 둘 이상의 자녀를 임신한 경우 120일)[8]
- 배우자나 임신한 공무원이 유산하거나 사산한 경우 해당 공무원이 신청하면 받는 유산휴가 또는 사산휴가(임신 공무원은 임신기간에 따라 10~90일, 배우자는 3일)
- 인공수정 및 체외수정 등 난임치료 시술을 받는 공무원이 시술 당일에 얻는 1일의 난임치료시술휴가(다만, 체외수정 시술의 경우 난자 채취일에 1일의 휴가를 추가)
- 여성공무원이 생리기간 중 휴식을 위하여 받는 매월 1일의 여성보건휴가(교원을 제외한 공무원의 여성보건휴가는 무급)
- 임신 중인 여성공무원은 1일 2시간의 범위에서 휴식이나 병원 진료 등을 위해

---

8) 「국가공무원 복무규정」 제20조 제2항에 의하면, 출산휴가 기간은 출산 후에 45일 이상이 되게 하여야 한다.

받는 모성보호시간, 만 5세 이하의 자녀를 가진 공무원이 24개월 범위에서 받는 1일 2시간의 육아시간

- 한국방송통신대학교에 재학 중인 공무원이 「한국방송통신대학교 설치령」에 따른 출석수업에 참석하기 위하여 연가 일수를 초과하는 출석수업 기간에 대해 받는 수업휴가
- 수해 · 화재 · 붕괴 · 폭발 등 재난으로 피해를 입은 공무원과 재난발생지역에서 자원봉사활동을 하려는 공무원이 받을 수 있는 5일 이내의 재해구호휴가
- 국가 또는 당해기관의 주요 업무를 성공적으로 수행하여 탁월한 성과와 공로가 인정되는 공무원이 받는 10일 이내의 포상휴가
- 어린이집, 유치원 등의 휴업 · 휴원 · 휴교 등으로 자녀 또는 손자녀를 돌봐야 하는 경우, 어린이집 등의 공식행사나 상담 참여, 미성년 장애인 자녀 · 손자녀의 병원진료 · 건강검진 등으로 동행, 질병 · 사고 · 노령 등의 사유로 직계존속, 배우자, 자녀 또는 손자녀를 돌봐야 하는 경우에 유 · 무급 포함 연간 총 10일의 범위에서 받는 가족돌봄휴가
- 임신한 여성공무원이 임신검진을 위하여 임신기간 동안 10일의 범위에서 받는 임신검진휴가
- 「교원의 지위 향상 및 교육활동 보호를 위한 특별법」 제15조에 따른 교육활동 침해의 피해를 받은 교원에 대해서 피해 교원의 회복을 지원하기 위해 5일의 범위에서 부여하는 특별휴가

경조사휴가의 사유별 휴가일수는 〈표 13-4〉와 같다. 휴가기간 중의 공휴일은 그 휴가일수에 산입하지 않는다. 다만, 휴가일수가 30일 이상 계속되는 경우에는 그렇지 않다. 〈표 13-4〉에 나타난 휴가일수를 초과한 휴가는 결근으로 본다.

공무 외의 국외여행은 본인 또는 친인척의 경조사, 질병의 치료, 친지방문, 견문 목적, 취미 활동, 가족기념일 여행, 기타 필요한 경우에는 휴가(연가, 특별휴가 등) 기간의 범위 안에서 자율적으로 가능하다. 교원(「교육공무원법」 제2조 제1항 제1호)은 「초 · 중등교육법 시행령」 제47조 제1항 제2호에 의한 하기 · 동기 및 학기 말의 휴업일에 공무 외의 국외여행을 실시하는 것을 원칙으로 하며, 이 경우에도 「국가공무원 복무규정」에 의한 휴가일수의 범위 안에서 실시한다. 다만, 「교육공무원법」

| 표 13-4 | 경조사별 휴가일수 |

| 구분 | 대상 | 일수 |
|---|---|---|
| 결혼 | 본인 | 5 |
| | 자녀 | 1 |
| 출산 | 배우자 | 10 |
| 입양 | 본인 | 20 |
| 사망 | 배우자, 본인 및 배우자의 부모 | 5 |
| | 본인 및 배우자의 조부모 · 외조부모 | 3 |
| | 자녀와 그 자녀의 배우자 | 3 |
| | 본인 및 배우자의 형제자매 | 1 |

비고: 입양은 「입양특례법」에 따른 입양으로 한정하며, 입양 외의 경조사휴가를 실시할 때 원격지일 경우에는 실제 왕복에 필요한 일수를 더할 수 있다.

출처: 「국가공무원 복무규정」(2020. 10. 20., 대통령령 제31118호) 제20조 제1항 관련 별표 2.

제41조("교원은 수업에 지장이 없는 한 소속기관의 장의 승인을 얻어 연수기관 또는 근무장소 이외의 시설 또는 장소에서 연수할 수 있다.")에 의한 연수 목적의 국외여행은 별도이다. 공무 외의 국외여행을 위한 휴가를 신청할 때에는 NEIS 근무상황신청에서 근무상황은 '연가 또는 특별휴가', 비고, 사유 또는 용무에 '공무 외의 국외여행(국가명)'으로 명시한 후 학교의 장의 허가를 받아야 한다. 학교장은 교원이 휴가일수 범위 내에서 공무 외의 목적으로 국외여행을 하고자 할 때 불필요한 규제를 할 수 없으며, 여권발급 등에 필요한 지원을 하여야 하고, 시 · 도교육감(국립은 총장 또는 학교장)은 교원의 전문성 신장을 위한 국외자율연수 기회를 최대한 부여함으로써 자질향상에 기여할 수 있도록 하여야 한다. 교원은 여권발급절차 · 입국사증의 취득 · 출입국관리 · 통관절차 기타 관계 법령을 준수하여야 하고, 여행기간 중 현지의 규범 · 관습 등을 지켜 교원으로서 품위를 유지하여 건전한 여행문화 풍토 조성에 솔선수범하여야 한다.

휴가기간 중 토요일 또는 공휴일은 휴가일수에 산입하지 않으나, 연가를 제외한 휴가일수가 30일 이상 계속되는 경우에는 그렇지 않다. 「국가공무원 복무규정」이 정하는 휴가일수를 초과하였을 때에는 결근으로 취급한다.

## 📖 제4절 학교운영위원회 관리

### 1. 학교운영위원회의 구성

「초·중등교육법」(제31조)과 「유아교육법」(제19조의3)에서는 학교운영의 자율성을 높이고 지역의 실정과 특성에 맞는 다양한 교육을 창의적으로 실시할 수 있도록 국·공립 및 사립의 유치원·초등학교·중학교·고등학교 및 특수학교에 학교(유치원)운영위원회를 구성·운영하도록 규정하고 있다.

국·공립학교에 두는 학교운영위원회는 당해 학교의 교원대표·학부모대표 및 지역사회 인사로 구성하며, 국·공립 및 사립학교에 두는 학교운영위원회의 위원 정수는 5명 이상 15명(유치원은 5명 이상 11명 이내) 이내의 범위 안에서 학교의 규모 등을 고려하여 대통령령으로 정한다. 학교운영위원회 중 국립학교에 두는 학교운영위원회의 구성·운영에 관하여 필요한 사항은 대통령령으로 정하고, 공립학교에 두는 학교운영위원회의 구성·운영에 관하여 필요한 사항은 대통령령이 정하는 범위 안에서 시·도의 조례로 정하며, 사립학교에 두는 학교운영위원회의 위원 구성에 관한 사항은 대통령령으로 정하고, 그 밖에 운영에 관하여 필요한 사항은 정관으로 정한다.

「초·중등교육법 시행령」 제58조에 의하면, 국·공립의 초등학교·중학교·고등학교 및 특수학교에 두는 학교운영위원회 위원의 정수는 학생 수가 200명 미만인 학교의 경우 5인 이상 8인 이내, 학생 수가 200명 이상 1천 명 미만인 학교의 경우 9인 이상 12인 이내, 학생 수가 1천 명 이상인 학교의 경우 13인 이상 15인 이내로 학교의 규모 등을 고려하여 당해 학교의 학교운영위원회규정으로 정하도록 되어 있다. 국·공립학교에 두는 운영위원회 위원의 구성비율은 위원회규정으로 정하되, 학부모위원(당해 학교의 학부모를 대표하는 자) 100분의 40 내지 100분의 50, 교원위원(당해 학교의 교원을 대표하는 자) 100분의 30 내지 100분의 40, 지역위원(당해 학교가 소재하는 지역을 생활근거지로 하는 자로서 교육행정에 관한 업무를 수행하는 공무원, 당해 학교가 소재하는 지역을 사업활동의 근거지로 하는 사업자, 당해 학교를 졸업한 자, 기타 학교운영에 이바지하고자 하는 자) 100분의 10 내지 100분의 30이 되도록 한다.

국·공립 산업수요 맞춤형 고등학교와 특성화고등학교의 운영위원회 위원의 구성비율은 위원회규정으로 정하되, 학부모위원 100분의 30 내지 100분의 40, 교원위원 100분의 20 내지 100분의 30, 지역위원 100분의 30 내지 100분의 50으로 하며, 이 경우 지역위원 중 2분의 1 이상은 당해 학교가 소재하는 지역을 사업활동의 근거지로 하는 사업자로 선출하여야 한다. 학생 수가 100명 미만인 국·공립학교에 두는 운영위원회 위원의 구성비율은 국립학교의 경우에는 학칙으로, 공립학교의 경우에는 시·도의 조례로 정하는 범위에서 위원회규정으로 달리 정할 수 있다. 이 경우 학부모위원, 교원위원 및 지역위원은 각각 1명 이상 포함되어야 한다.

국·공립학교의 장은 운영위원회의 당연직 교원위원이 된다. 학부모위원은 학부모 중에서 민주적 대의절차에 따라 학부모 전체회의에서 직접 선출한다. 다만, 학교의 규모·시설 등을 고려하여 위원회규정이 정하는 전체회의에서 선출하기 곤란한 사유가 있는 경우에는 당해 위원회규정이 정하는 바에 의하여 학급별 대표로 구성된 학부모 대표회의에서 선출할 수 있다. 당연직 교원위원을 제외한 교원위원은 교원 중에서 선출하되, 교직원 전체회의에서 무기명투표로 선출한다. 지역위원은 학부모위원 또는 교원위원의 추천을 받아 학부모위원 및 교원위원이 무기명투표로 선출한다. 운영위원회에는 위원장 및 부위원장 각 1인을 두되, 교원위원이 아닌 위원 중에서 무기명투표로 선출한다. 국·공립학교에 두는 운영위원회 위원이 그 지위를 남용하여 해당 학교와의 거래 등을 통하여 재산상의 권리·이익을 취득하거나 다른 사람을 위하여 그 취득을 알선한 경우에는 운영위원회의 의결로 그 자격을 상실하게 할 수 있다. 사립학교운영위원회 위원의 정수·선출 등에 관하여 국·공립학교 규정을 준용하되, 당연직 교원위원을 제외한 교원위원은 정관이 정한 절차에 따라 교직원 전체회의에서 추천한 자 중 학교의 장이 위촉한다.

## 2. 학교운영위원회의 기능

학교운영위원회는 법정 위원회로서 「초·중등교육법」과 시행령 및 조례에서 규정한 사항에 대하여 반드시 심의하도록 되어 있다. 국·공립학교와 사립학교 모두 심의기구로서의 역할을 수행하고 있다.

주된 심의 사항은 ① 학교헌장과 학칙의 제정 또는 개정, ② 학교의 예산안과 결산, ③ 학교교육과정의 운영방법, ④ 교과용도서와 교육자료의 선정, ⑤ 교복·체육복·졸업앨범 등 학부모 경비 부담 사항, ⑥ 정규학습시간 종료 후 또는 방학기간 중의 교육활동 및 수련활동, ⑦ 「교육공무원법」 제29조의3 제8항에 따른 공모교장의 공모 방법, 임용, 평가 등, ⑧ 「교육공무원법」 제31조 제2항에 따른 초빙교사의 추천, ⑨ 학교운영지원비의 조성·운용 및 사용, ⑩ 학교급식, ⑪ 대학입학 특별전형 중 학교장 추천, ⑫ 학교운동부의 구성·운영, ⑬ 학교운영에 대한 제안 및 건의사항, ⑭ 그 밖에 대통령령이나 시·도의 조례로 정하는 사항 등이다.

사립학교의 장은 위 각 호의 사항(⑦, ⑧의 사항은 제외)에 대하여 학교운영위원회의 심의를 거쳐야 하나, ①의 사항에 대하여는 학교법인이 요청하는 경우에만 심의한다. 국·공립 및 사립학교에 두는 학교운영위원회는 똑같이 학교발전기금의 조성·운용 및 사용에 관한 사항에 대하여 심의·의결한다.

각 시·도의 「학교운영위원회 설치 및 운영에 관한 조례」에서는 '학생지도 지원, 수학여행이나 야외수련활동, 방과 후 교육활동 등 교육과정과 관련된 사항'이나 '교육비 특별회계의 학교운영지원비와 학부모가 지원하는 일체의 지원비 등 학교운영의 예산 및 결산에 관한 사항' 등을 운영위원회 심의 안건으로 규정하고 있다.

학교의 장은 운영위원회에서 심의한 사항에 관한 운영위원회의 심의결과를 최대한 존중하여야 하며, 그 심의결과와 다르게 시행하고자 하는 경우에는 이를 운영위원회와 관할청에 서면으로 통지하여야 한다. 국·공립학교의 장은 운영위원회의 심의를 거치는 경우 교육활동 및 학교운영에 중대한 차질이 발생할 우려가 있거나 천재지변, 기타 불가항력의 사유로 운영위원회를 소집할 여유가 없는 때에는 운영위원회의 심의를 거치지 아니하고 이를 시행할 수 있다. 그러나 운영위원회의 심의를 거치지 아니하고 시행한 때에는 관련 사항과 그 사유를 지체 없이 운영위원회와 관할청에 서면으로 보고하여야 한다.

사립학교의 장은 운영위원회의 심의결과를 최대한 존중하여야 한다. 관할청은 사립학교의 장이 정당한 사유 없이 학교발전기금의 조성·운용 및 사용에 관한 사항에 대하여 운영위원회의 심의·의결을 거치지 아니하거나, 심의·의결의 결과와 다르게 시행하는 경우 또는 심의·의결의 결과를 시행하지 아니하는 경우, 또는 정당한 사유 없이 심의를 거치지 아니하고 시행하는 경우에는 시정을 명할 수 있다.

국·공립학교에 두는 운영위원회는 학부모가 경비를 부담하는 사항을 심의하려할 때 국립학교의 경우에는 학칙으로, 공립학교의 경우에는 시·도의 조례로 정하는 바에 따라 미리 학부모의 의견을 수렴하여야 한다. 또한 학생의 학교생활에 밀접하게 관련된 사항을 심의하기 위하여 필요하다고 인정하는 때에는 학생 대표 등을 회의에 참석하게 하여 의견을 들을 수 있고, 국립학교의 경우에는 학칙으로, 공립학교의 경우에는 시·도의 조례로 정하는 바에 따라 학생 대표가 학생의 학교생활에 관련된 사항에 관하여 학생들의 의견을 수렴하여 운영위원회에 제안하게 할 수 있다.

구「지방교육자치에 관한 법률」제62조[9]의 규정에 따라 학교운영위원회 위원 전원으로 교육위원 또는 교육감의 선거인단을 구성하였으나, 2006년 12월 20일 교육위원과 교육감을 지역주민의 직접선거에 의해 선출하도록「지방교육자치에 관한 법률」(전부 개정 2006. 12. 20., 법률 제8069호)이 전부 개정되었다.[10] 따라서 학교운영위원의 교육위원 및 교육감 선거인단 기능은 폐지되었다. 학교운영위원의 선거인단 기능이 폐지됨에 따라 학교운영위원 선출과정에서 발생하였던 정치적 잡음이 사라지게 되었지만, 학교운영위원에 대한 사회적 관심도 약화되었다.

## 제5절 교육행정정보시스템(NEIS) 관리

우리 정부는「전자정부법」에 따라 정보기술을 활용하여 행정업무를 전자화하고, 행정기관 등의 상호 간의 행정업무 및 국민에 대한 행정업무를 효율적으로 수행하기 위해 다양한 정보시스템을 도입·운영하고 있다. 교육행정기관과 각급 학교는 교육행정업무의 전자적 처리를 위해「초·중등교육법」등에 따라 '교육정보시스템'을 구축·운영하고 있으며, 교육정보시스템으로는 교무학사와 인사업무 중심의 '교

---

9) 구「지방교육자치에 관한 법률」제62조(선거인단의 구성 등) ① 교육위원 또는 교육감의 선거인단은 선거일 공고일 현재「초·중등교육법」제31조(학교운영위원회의 설치)의 규정에 의한 학교운영위원회 위원 전원(이하 "학교운영위원회선거인"이라 한다)으로 구성한다.

10)「지방교육자치에 관한 법률」(전부 개정 2006. 12. 20., 법률 제8069호) 제8조(교육의원의 선출) ① 교육의원은 주민의 보통·평등·직접·비밀선거에 따라 선출한다. 제22조(교육감의 선출) ① 교육감은 주민의 보통·평등·직접·비밀선거에 따라 선출한다.

육행정정보시스템(NEIS)'과 재정・회계 중심의 '지방교육 행・재정 통합시스템(에듀파인)' 등이 있다.

## 1. 교육행정정보시스템의 개요

교육행정정보시스템(National Education Information System: NEIS, 이하 '나이스')은 교육부, 17개 시・도교육청(산하기관 포함) 그리고 전국 각급 학교에서 교육행정업무를 전자적으로 수행하기 위해 구축・운영하고 있는 행정정보시스템이다. 나이스는 인터넷 환경에서 교육행정업무와 정보를 공동 활용함으로써 행정정보 유통촉진을 통한 교육행정의 생산성과 투명성을 향상시키며, 교육행정기관이 보유한 행정정보를 인터넷을 통하여 국민에게 제공함으로써 '국민의 알 권리'를 충족시킴과 동시에 졸업증명서 등 연간 800만 건에 이르는 교육행정 관련 각종 증명서를 전국의 모든 교육기관에서 실시간 발급할 수 있도록 하여 원거리 이동으로 인한 국민의 불편함을 최소화하고자 한다. 또한 서식의 표준화와 업무처리절차 및 방식의 개편, 관련 법령 및 제도의 정비를 통하여 행정의 효율성을 높이고 교원의 잡무처리 시간을 줄여 교원의 본연 업무인 가르치는 일에 전념할 수 있도록 하는 데 그 목적을 두고 있다(교육인적자원부, 한국교육학술정보원, 2005).

나이스는 2001년 정부민원서비스(민원 24), 국가전자조달시스템 등과 함께 김대중 정부의 전자정부 11대 과제의 하나로 선정되어, 국가의 전폭적인 지원 아래 구축되었다. 나이스는 수기문서 기반의 교육행정업무처리 방식을 개선하여 업무 생산성을 높이고, 단위기관 또는 단위 업무별로 구축 운영되던 교육행정업무시스템을 표준화하고 통합하여 교육행정정보를 효율적으로 관리하기 위한 종합적인 교육행정정보 유통체계 구축을 목표로 하였다. 나이스는 전체 교육행정업무 28개 업무(일반행정영역 22개, 학교행정영역 6개)를 정보화 대상으로 하여, 2002년 11월 일반행정영역 개통, 2003년 3월 학교행정영역을 개통하였다. 이후 나이스는 지속적으로 법・제도의 변경과 사회적 요구에 대응하여 변화하였다. 2020년 현재 44개 단위업무와 268개의 세부업무로 구성된 국가 주요 기간시스템으로 자리 잡았다.

나이스는 「전자정부법」 「교육기본법」 제23조의2, 「초・중등교육법」 제30조의4 및 「유아교육정보시스템 및 교육정보시스템의 운영 등에 관한 규칙」 등의 법령에 따라 설치·운영되고 있다. 일반적으로 제도는 법령이 정비된 이후 도입·운영되는 것이 통상적이나, 공공분야의 초기 정보화는 기술적 특수성으로 시스템이 국가정책으로 먼저 구축된 후에 법적 근거가 마련되는 과정을 거쳤다. 나이스도 여타 공공시스템처럼 교육현장에 도입된 이후에 교육분야 정보화 법률의 정비가 이루어졌다. 먼저, 교육부 수준에서 나이스를 통한 학교와 교육행정기관 업무 정보화 도입에 따라 「교육기본법」 등 기본법제의 정비가 이루어졌고, 후속적으로 「교육공무원법」 「학교보건법」 등 교육행정업무 개별 법령에서 정보화를 통한 업무수행 근거가 마련되었다. 또한 나이스 구축 및 도입과정에서 지적되었던 개인정보 유출로 인한 학생인권 보호문제의 해결을 위해 「개인정보보호법」 제정 그리고 정보화시대 요구되는 제반환경과 관련된 공인인증제도, 행정정보 공동이용, 전자문서 등 관련 입법이 국가적으로 정비되었다.

　나이스 구축 과정에서 가장 중요한 이슈는 나이스를 통한 학생정보 관리 및 학생 개인정보 유출 우려였다. 나이스 개통 이후 2003년 4월 전교조와 일부 시민단체는 나이스가 인권침해, 교원잡무 증가, 예산 낭비 등의 많은 문제점을 안고 있다고 비판하고, 국가인권위원회에 나이스에 대한 진정서를 제출하였다. 이에 국가인권위원회는 2003년 5월 "교육행정정보시스템의 27개 개발영역 가운데 사생활의 비밀침해 등 인권침해 소지가 있는 교무/학사, 입(진)학 및 보건 영역은 입력 대상에서 제외하고, 교원인사 기록 중 별지목록 기재 항목은 사생활의 비밀침해 등 인권침해 소지가 있으므로 입력항목에서 제외되도록 「교육공무원 인사기록 및 인사사무 처리규칙」을 개정하고, 개인정보의 누출로 인한 사생활 비밀침해 등 인권침해가 없도록 학교종합정보시스템(CS)에 대한 보안체계 강화 조치를 강구할 것을 권고한다."라고 결정하였다(국가인권위원회, 2003).

　이 과정 중에 2003년 교육인적자원부장관과 서울특별시 교육감을 대상으로 나이스를 통한 '개인정보수집 등 위헌확인' 헌법소원심판 청구소송(2003헌마282)이 제기되었으나, 헌법재판소가 2005년 7월 나이스를 통한 정보 보유를 법률유보원칙에 위배되지 않는다고 결정하여, 나이스를 통한 교무/학사 업무처리는 가능하게 되었다. 정부는 이러한 상황에서 국민권익위원회 권고안 이행을 위해 2003년 7월 국무총리 자문 교육정보화위원회를 설치하고, 교무/학사 등 3개 영역 운영방향을 검토하여 교무/학사 등 3개 영역의 DB는 나이스와 분리 구축하는 기본방향을 결정(2004년

3월)하였고, 2005년 3월 「교육기본법」 「초·중등교육법」 「학교보건법」을 개정하였으며, 교무/학사, 입(진)학, 보건 등 3개 영역에 대한 사항을 전면 재검토한 후, 한국교육학술정보원에 의뢰하여 새로운 교무업무시스템을 구축하여 2006년 3월 개통하였다.

2009년에는 나이스 운영 장비의 노후화와 정보자원 효율성 제고 및 운영비용 절감을 통한 시스템 통합 개편의 필요성이 제기돼 '차세대 나이스 구축 정보화 전략계획'이 새롭게 수립됐다. 그 첫 단계로 2010년 1월부터 '차세대 나이스' 구축을 추진하여 2011년 3월 개통했으며, 이후 나이스에서는 대내외의 다양한 요구에 따라 교원능력개발평가(2011), 영재학교 교무업무시스템(2012), 학생폭력온라인 설문조사(2012), 학생정서·행동특성검사(2013), 교육비지원서비스(2014) 등 다양한 서비스들을 개발하여 교육현장을 지원하고 있다.

나이스는 지방교육자치의 단위인 각 시·도교육청(전국 17개 시·도교육청)별로 운영센터를 설치하여 데이터베이스 등 서버를 두고 운영하도록 하고 있다. 나이스 구축 초기 정보화로 인한 학생정보 유출 우려에 대한 격렬한 사회적 논의가 있었고, 이러한 논쟁의 결과로 전국단위 통합 구축이 아닌, 시·도교육청별 구축이 이루어지게 되었다. 시·도교육청별 나이스 구축으로 데이터에 대한 접근을 물리적으로 시·도교육청 범위 내로 한정하고, 시·도교육청 내에서는 공인인증서 기반의 권한관리체계를 통해 민감 정보인 학생정보뿐 아니라 업무정보에 권한 있는 교직원만 접근할 수 있도록 하고 있다. 그러나 나이스가 시·도교육청별로 분산 구축되었고, 학생정보 등 교육행정정보에 대해 시·도교육청이 책임과 권한을 가지고 있음에도 불구하고, 나이스의 표준화 및 효율적 관리·운영을 위해 시·도교육청이 인프라와 응용SW를 공동으로 관리·운영하도록 교육부 훈령으로 정하고 있다. 이에 교육부 장관과 시·도교육감은 교육정보화 전담기관인 한국교육학술정보원(KERIS)으로 나이스 운영 및 지원업무를 위탁하여 운영하고 있다.

나이스는 개통 이후, 법·제도의 변화와 새로운 현장의 요구에 따라 많은 변화와 발전이 있었다. 2005년에 대통령 직속 정부혁신지방분권위원회에서 '국가예산·회계제도의 혁신과 통합재정정보시스템 구축'을 위해 지방교육재정정보시스템 구축을 결정하게 되었고, 나이스 일반행정영역에서 재정·회계 분야가 분리되어 지방교육 행·재정 통합시스템(에듀파인)이 별도 구축·운영되었다. 현재 나이스에서는 자체 서비스 개발 외에도 보건복지부 사회복지통합관리망과 연계한 취약계층 교육비지원 서비스, 질병관리본부와 협업하여 코로나-19 대응을 위한 나이스 연계 학교 안전망 구축 등 19개 외부기관과의 연계 확대를 통해 다양한 서비스를 제공하고 있다.

정보시스템은 일정 기간이 경과하면 전산장비의 노후화와 정보기술의 발전에 따른 구조개선이 필요하게 된다. 나이스도 2002년 개통한 이후 2011년 차세대 나이스를 구축하여 인프라 개선사업을 진행하였고, 2020년 4차 산업혁명 도래와 그에 따른 교육정책의 변화를 원활히 지원하고 또다시 노후화한 나이스 시스템 인프라를 개선하기 위한 4세대 지능형 나이스 개발에 착수하여, 2023년 개통을 준비하고 있다(교육부, 한국교육학술정보원, 2020).

나이스 업무프로그램은 일반행정, 교무업무, 학교행정, 대국민서비스, 나이스 연계 온라인설문조사 등 5개 영역 43개 단위업무, 264개 세부업무로 구성되어 있다. 인사, 급여, 민원, 시스템관리 등 21개 단위업무, 101개 세부업무로 구성되어 있는 일반행정영역은 시·도교육청 및 교육지원청, 각급 학교 행정실의 주요 행정업무 처리를 지원하고 있다. 교무/학사, 입학(진학), 보건 업무 등 7개 단위업무, 92개 세부업무로 구성되어 있는 교무업무 영역은 초·중·고·특수학교, 학력인정 평생교

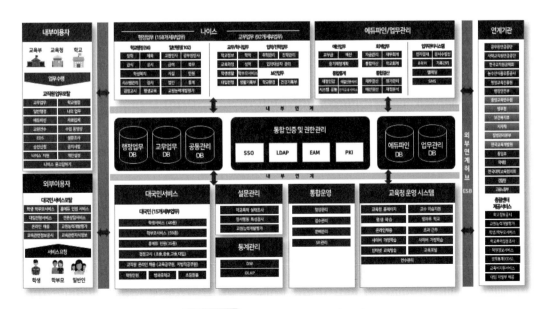

**그림 13-4**   교육행정정보시스템 구성도

육시설, 재외한국학교, 영재학교 교무업무 처리를 지원하고 있다. 장학, 체육, 급식 등 11개 단위업무, 53개 세부업무로 구성된 학교행정영역은 학교행정업무를 지원하고 있다.

나이스 대국민서비스 영역은 1개 단위업무, 9개 세부업무로 구성되어 있어서 나이스 교무업무, 학교행정업무 데이터를 기반으로, 학생 및 학부모에게 주요 교육정보 서비스를 제공하고, 일반 민원인을 위한 인터넷 제증명 발급 서비스인 홈에듀 민원서비스를 제공하고, 교원 임용시험 및 지방공무원 공채, 검정고시 응시생 서류 접수 편의성을 제고하고 업무담당자의 업무처리시간 경감을 위해 교원 및 지방공무원 온라인 채용, 검정고시 온라인 접수 서비스, 방과후학교와 초등돌봄교실의 신청 및 출결현황 조회 등 관련 업무서비스를 온라인으로 제공한다. 나이스 연계 온라인 설문조사 영역은 교원능력개발평가, 학교폭력실태조사, 학생정서·행동특성검사 등 3개 단위업무, 9개 세부업무로 구성되어 있으며, 관련 온라인 설문조사 정책 및 제도의 안정적 현장 운영지원을 통한 공교육 내실화를 지원한다.

## 2. 나이스의 활용

### 가. 교직원

각급 학교의 교직원은 나이스 프로그램의 업무포털을 통해 교육행정업무를 수행한다. 업무포털은 교직원의 주요 업무인 일반행정, 교무업무, 학사행정, 학교행정업무를 한 화면으로 통합하고, 각 교직원에게 부여된 권한의 범위 내에서 자료의 처리, 조회 등을 할 수 있도록 지원한다. 나이스를 사용하기 위해서는 교육청으로부터 권한을 부여받은 학교별로 지정된 학교기관정보관리자의 협조를 받아 다음의 절차에 따라 사용하면 된다.

- **인증서 발급**: 나이스를 사용하기 위해서는 먼저 공인인증서를 발급받아야 한다. 공인인증서는 학교담당자에게 발급 신청하여 인가코드와 참조번호를 받은 후, 나이스에 접속하여 '사용자등록'을 선택하여 발급받는다.
- **ID 등록**: 공인인증서를 발급받은 후 나이스에 접속하여 사용자등록에서 ID 및

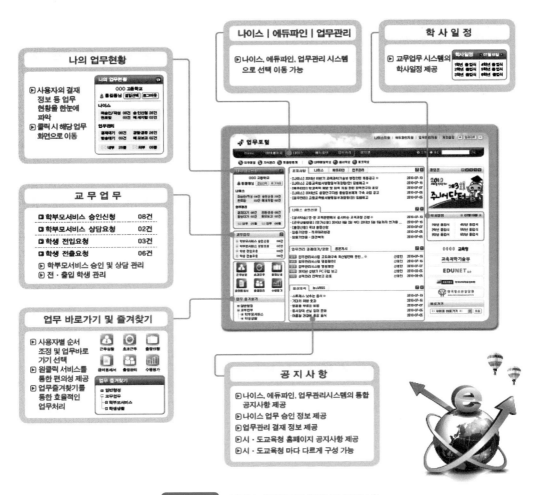

**그림 13-5** 나이스 업무포털 화면 및 주요 기능

기본정보를 등록한다.

- 권한 부여받기: 각 학교의 권한관리자로부터 업무분장에 따라 권한을 부여받는다. 부여된 권한에 따라 사용할 수 있는 메뉴 및 자료가 구분된다.
- 업무 처리 방법: 나이스 주소로 접속한 후, 등록된 ID를 입력하여 로그인하고 인증서 비밀번호를 입력한다. 접속 후 자신의 업무를 확인하고 부여받은 권한에 따라 업무를 수행한다.

## 나. 학부모

나이스의 대국민서비스인 '학부모서비스'(일명 '내 자녀 바로 알기' 서비스)는 학부모의 교육 참여를 통해 「교육기본법」 제13조에서 보장하는 학부모의 교육할 권리와 책임을 다할 수 있도록 제공하는 서비스로, 인터넷으로 학교정보뿐만 아니라, 자녀의 성적, 출결상황, 학교생활기록부 등 자녀의 학교생활을 한눈에 열람할 수 있고, 상담, 가정통신 등 자녀의 담임교사와도 상호 의견 교환을 할 수 있는 쌍방향 서비스이다.

이 서비스를 이용하기 위해서는 나이스 대국민서비스 홈페이지(http://www.neis.go.kr)에 접속하여 먼저 회원가입(약관동의 및 본인 확인, 회원정보 입력, 개인정보 무단도용 방지를 위한 신원 확인)을 한 후, 학부모서비스 신청화면에 접속하고, 신청자 및 자녀 정보를 입력한 후, '신청' 버튼을 클릭해야 한다.

다음으로, 나이스(http://www.neis.go.kr) 초기화면 왼쪽 상단에서 자녀 학교의 해당 시·도교육청을 선택하고, 학부모서비스를 선택한 후, 'GO' 버튼을 클릭하고, 나타난 화면에서 오른쪽 상단에 위치한 로그인 버튼을 클릭해야 한다. 아이디 로그인을 하면 학부모서비스의 학생정보 일부만 열람할 수 있고, 모든 서비스를 원활하게 이용하려면 회원가입 후 등록한 인증서로 로그인하여야 한다. 홈에듀 민원서비스(온라인 발급, 우편 발급)도 제증명 발급 대상자 본인의 공동인증서로만 로그인하여야 민원 발급을 받을 수 있다.

인증서는 전자서명인증사업자(한국정보인증, 코스콤, 금융결제원, 한국전자인증, 한국무역정보통신, 교육기관 전자서명인증센터)나 등록대행기관(은행, 증권사, 우체국 등) 홈페이지에 접속하여 발급받은 후 인증서 관련 응용프로그램을 PC에 설치해야 하며, 인증서를 저장매체(하드디스크, USB 메모리 등)에 저장하고 사용한다. 교육기관 전자서명인증센터 인증서는 교원 및 교육공무원만 발급이 가능하다. 이러한 공동인증서가 없는 학부모는 학부모서비스 메인화면 아래에 있는 인증서 발급등록안내에 따라 학부모용 인증서를 발급받으면 된다. 로그인이 완료되면 자녀의 학적정보, 성적정보 등 학교생활정보, 학부모 상담관리(상담공지사항, 선생님과의 상담, 상담내역조회 등), 자녀교육 활용정보 등을 이용할 수 있다. 신청내역을 보기 위해서는 학교의 승인이 있어야 하며, 승인이 완료되면 학생정보 조회가 가능하다.

## 📓 제6절 에듀파인 학교회계시스템

지방교육 행·재정 통합시스템(EDUFINE, 이하 '에듀파인')은 사업별 예산제도와 발생주의·복식부기 회계제도의 도입을 위하여 구축된 것으로, 단위업무관리시스템, 예산관리시스템(예산관리, 중기재정계획, 교부금관리), 회계관리시스템(재무회계, 학교회계, 자금관리, 통합자산관리), 통합결산관리시스템(재무결산, 예산결산, 원가관리, 재정분석), 통합통계분석관리시스템(맞춤형통계, 통계보고서, 사립학교결산)으로 구성되어 있다. 에듀파인의 회계관리시스템 내에 들어 있는 학교회계시스템은 2009년 시범운영을 거쳐 2010년부터 학교회계에도 전면 도입·적용되고 있다. 에듀파인의 사용으로, 단위학교는 불명확한 학교재정의 투명성을 확보하기 위해 학교재정의 개별회계 실체의 종합 결산이 가능하며, 발생주의·복식부기 결산을 통한 학교재정관리체계의 효율화를 도모할 수 있게 되었다.

학교회계시스템은 교육영역별 사업 중심의 예산과 재정업무수행의 효율화를 위해 교육비 특별회계와 연계를 통하여 예산편성, 품의, 지출, 결산 등을 원스톱으로 처리하는 시스템이다. 학교회계시스템에서 제공하는 주요 기능은 학교정보 및 회계 기초 정보관리, 부서와 개인을 연계한 세부사업 설정과 관리, 예산항목의 단가 및 예산편성관리, 품의 지출 수납연계 처리, 재무제표와 재무보고서 및 재정분석, 교육비 특별회계와 연계하여 각종 재정자료 분석 등이다(전성무 외, 2012: 126).

학교회계시스템은 사업관리, 예산관리, 수입관리, 발전기금관리, 지출관리, 세무관리, 세입세출외 현금관리, 계약관리, 예산결산, 재무결산으로 구성되어 시·도교육청의 예산관리, 재무회계, 통합자산관리 시스템 등 내부시스템과 연계되고, 나이스(복무, 급여, 급식), 업무관리시스템 등 외부시스템과 연계되어 업무를 수행하도록 설계되어 있었다. 그러나 2011학년도에 재무결산을 시범운영한 결과, 실효성이 부족하다는 평가 때문에 현재까지 재무결산은 이루어지지 않고 있다(송기창 외, 2014: 296).

에듀파인은 2008년 시스템을 구축한 이후 장비가 노후화되고 변화하는 제도와 정책을 반영하는 데 한계가 있어서, 교육부는 시·도교육청과 학교에서 사용하던 에듀파인과 업무관리시스템을 하나로 통합한 차세대 에듀파인(이하 'K-에듀파인')

을 2020년 1월 2일에 개통하였다. K-에듀파인은「지방재정법」등 관련 법령에 따라 교육행정기관과 각급 학교 '재정·회계'의 전자적 처리를 지원하고 있고, 동시에「행정 효율과 협업 촉진에 관한 규정」(대통령령)에 따른 행정기관의 '행정기관 업무처리'의 전자적 수행을 지원하고 있다. K-에듀파인 시스템의 '재정·회계' 영역은 학교회계 등 각 회계별로 예산, 수입, 지출, 계약, 통합자산, 결산, 재정분석 등 재정활동이 유기적으로 연결되어 데이터의 끊김 없이 처리되도록 개발되었으며, 타 회계와 외부기관과의 연계, 전자금융 도입 등을 통해 업무처리를 효율적으로 처리할 수 있도록 지원하고 있다. 또한 회계사고 예방과 재정활동 결과를 국민들에게 공시할 수 있도록 지원하여 지방교육재정의 신뢰성과 투명성 제고에 기여하고 있다.

K-에듀파인 학교회계시스템은 종전 에듀파인과 유사하나, 재무결산 메뉴가 삭제되었고, 업무는 사업관리, 예산관리 및 보조금관리, 수입관리, 지출관리, 자금운용, 발전기금, 예산결산 등 7개로 조정되었다. 에듀파인에 있던 세무관리, 세입세출외 현금관리, 계약관리는 지출관리에 통합되었다. [그림 13-6]는 K-에듀파인 구성도로, 학교회계시스템의 주요 기능 및 데이터 관계도를 나타내고 있다.

**그림 13-6**    K-에듀파인 구성도

제14장

# 학급경영: 학급담임의 역할과 업무

학생의 성장을 촉진할 수 있는 학급환경을 구성하기 위한 첫 단계는 학급경영계획을 수립하는 일이다. 학급경영계획을 수립하기 위해서는 학급경영에 대한 이해가 선행되어야 한다. 학급경영은 어떠한 활동이며, 왜 중요한가? 학급경영을 잘하기 위해 어떤 원리를 지켜야 하는가? 학급경영에서는 어떠한 일들을 하는가? 이 절에서는 이러한 질문들에 대한 해답을 찾아보고자 한다.[1]

## 제1절 학급경영의 개념과 의의

### 1. 학급경영의 개념

학급경영이란 학급을 대상으로 교육목표 달성을 위한 교육계획을 수립하고, 계

---

1) 최근 들어 시·도교육청별 신규교사 직무연수 등에서 '학급운영'을 매우 중요한 주제로 다루고 있다. 이처럼 교육현장에서는 '학급경영'보다는 '학급운영'이라는 용어가 보다 많이 사용되는 경향이 있으나, 학교와 학급을 조직론적 관점에서 보다 체계적·자율적으로 관리 운영한다는 교육행정학계의 보편적 논의를 기반으로 이 장에서는 '학급경영'이라는 용어를 사용하였다.

획 실행에 필요한 인적·물적 자원을 정비하고, 계획을 실행하고, 학생을 지도하고, 교육활동을 평가하는 일련의 교육활동이다. 또한 학급경영은 교수-학습활동과 생활지도가 효율적으로 이루어질 수 있도록 도와주는 교육지원활동이라 할 수 있다.

교육활동임과 동시에 교육지원활동인 학급경영은 그 강조점을 어디에 두느냐에 따라 다양한 개념으로 정의되어 왔다. 이를 분류해 보면, 크게 ① 질서유지로서의 학급경영, ② 조건정비로서의 학급경영, ③ 교육경영으로서의 학급경영으로 나눌 수 있다(박병량, 주철안, 2012: 454-455).

- **질서유지로서의 학급경영**: 질서유지로서의 학급경영관은 학급활동의 질서를 유지하기 위해 교사가 학급에서 행하는 모든 활동을 학급경영으로 보는 관점이다. 질서유지로서의 학급경영 관점은 크게 다음의 세 가지 관점으로 구분된다. 첫째, 학급이나 학교에서 발생하는 학생의 문제 행동을 다루는 일을 학급경영으로 보는 훈육의 관점, 둘째, 학생의 문제 행동을 사전에 예방하고 선도하는 일이라고 보는 생활지도의 관점, 셋째, 학급 상황에 따라 요구되는 행동을 수행하도록 하는 일이라고 보는 학급 행동지도의 관점 등이다(Doyle, 1987: 397).
- **조건정비로서의 학급경영**: 조건정비로서의 학급경영관은 학급경영을 수업을 위한 학습환경을 조성하는 일로 보는 관점이다. 이 관점은 학급활동을 수업과 경영활동으로 분리하여 경영활동을 수업을 위한 조건정비와 유지활동으로 한정하는 입장이다. 조건정비로서의 학급경영에서는 학생들이 교육목적을 달성할 수 있도록 보조교사 활용, 학습자료 제공, 학습기자재 비치, 교실환경 구성 등 제반 요소들을 조직하여 효과적인 수업환경을 조성하는 것이 학급경영의 주요 관심사항(Duke, 1979: 11)이 된다.
- **교육경영으로서의 학급경영**: 교육경영으로서의 학급경영관은 학급경영을 경영학적 관점에서 교육조직을 경영한다는 차원으로 보는 입장이다. 교육경영으로서의 학급경영에서는 학급조직도 다른 조직과 유사한 기능을 수행한다고 보고 다른 조직을 경영하는 방식을 학급경영에도 적용하려 한다. 다만, 학급은 교육조직이므로 교육조직의 독특한 경영 특색이 반영되어야 한다고 보고 있다. 이 관점에 의하면 "경영은 목표 성취에 필요한 조정과 협동에 관심을 갖는 조직의 기능"(Johnson & Brooks, 1979: 41)으로 정의되며, 조직의 주요 기능으로 계획·

조직 · 지시 · 통제 · 의사소통을 제시하고, 이러한 조직기능을 수행하는 교사의 활동을 학급경영으로 규정한다.

이러한 세 가지 관점 중에서 최근의 주도적 경향은 학급경영을 교육경영으로 보는 관점이다. 학급 운영 혹은 관리를 경영으로 보는 것에 대해 다소의 부정적인 견해가 없는 것은 아니지만, 경영이라는 용어에는 그 부정적 이미지를 훨씬 뛰어넘는, 교육 운영의 활동적이고 역동적인 측면을 기술 · 설명할 수 있는 적절한 개념적 의미가 내포되어 있기 때문에, 학계에서는 학급경영이라는 용어가 보편적으로 사용되고 있다(조동섭, 1996b: 58-67). 이러한 관점에서 보면, 학급경영이란 "학급의 목적을 효율적으로 달성하기 위하여 인적 · 비인적 자원을 활용하여 계획, 조직, 지도, 통제하는 일련의 활동을 통해서 학급을 운영하는 활동"(박병량, 2006: 22)이라고 정의할 수 있을 것이다.

## 2. 학급경영의 원리

학급은 교사와 학생의 상호작용이 일어나는 장소이며, 교사와 학생의 역할과 책임이 공존한다. 따라서 효과적인 학급경영을 위한 기본적인 원리 설정에 있어서도 교사와 학생 모두의 관점이 반영될 필요가 있다. 여기에서는 학급경영을 실천함에 있어 준수해야 할 기본원리를 교사와 학생 관점에서 살펴본다(김규태, 2020: 277).

### 가. 교사 관점에서의 원리

- **민주성 및 타당성의 원리**: 학생의 필요와 요구, 학부모 및 지역사회의 요구를 수렴하고 그에 맞게 학급을 운영하여야 한다. 또한 그것이 교육의 원리에 비추어 타당해야 하며, 상위 교육기관의 목표 및 교육 운영의 방향과도 부합하여야 한다.
- **자주성의 원리**: 학급경영의 주체는 학급담임이므로 교사 자신의 전문적 지식과 경험을 토대로 하여 학급경영에 대한 독립성과 창의성을 발휘하여야 한다.
- **합리성의 원리**: 교사는 학급에 대한 기초조사를 하고 학급목표를 효과적으로 달성할 수 있는 계획을 수립하여 가장 적절한 방법을 통해 그것을 실행하고 평가

하여야 한다.

- **효율성의 원리**: 학급 내의 교육자원 및 시설 관리에 있어서도 효율적인 방법을 사용할 수 있어야 한다.
- **통합성의 원리**: 교사는 학급 운영과 관련된 여러 요소(예: 기본 생활습관 지도, 학교폭력 예방 및 대처, 인성교육, 학습지도, 진로·진학교육, 학생 및 학부모 상담, 창의적 체험활동 등)를 전체적으로 고려하면서 각 요소가 조화를 이룰 수 있도록 하여야 한다.

### 나. 학생 관점에서의 원리

- **학습자 자유 및 개별성 원리**: 학습자의 인격을 존중하고 그들의 개성을 발전시킬 수 있도록 생활조건을 확보해 주어야 할 뿐만 아니라 개인의 개성과 능력, 적성 및 요구에 대한 개별성을 존중해 주어야 한다.
- **사회성 및 접근의 원리**: 학급 내 친구들과 어울리며 협동함으로써 학급 집단의 안전과 상호 성장을 도모하여야 한다. 또한 교사와 학생, 학생과 학생 간 거리감 없이 상호 존중하고 신뢰하며 배려하는 학급 분위기를 조성하여야 한다.
- **창의적 사고 촉진의 원리**: 학생들이 창의적으로 사고하고 탐구할 수 있는 학습활동과 경험을 제공하여야 한다.
- **학습 참여 및 흥미 제고의 원리**: 학생들이 학습에 적극적으로 참여하고 흥미를 갖고 학습에 도전할 수 있는 학급풍토를 조성하여야 한다.
- **성장의 원리**: 학교 및 개인 생활에 대한 지속적인 성찰과 피드백을 통해 자기 성장을 촉진할 수 있는 훈육 및 지도를 해야 한다.

## 3. 학급경영의 영역

학급경영의 영역은 학급경영을 보는 관점에 따라 다양하지만, 대체적으로 수업활동과 경영활동은 서로 밀접하게 연계되어 있으며, 학급경영활동이 수업활동에 통합된 중요한 활동이라고 보는 것이 공통적인 견해이다. Johnson과 Bany(1970: 63-65) 역시 수업과 학급경영을 개념적으로는 분리하고 있지만, 학급경영활동이 수

업활동과 상호 연계되어 이루어진다는 점을 강조하며 담임교사가 맡아야 할 학급
경영의 영역을 '조장활동'과 '유지활동'으로 구분하였다.

- **조장활동**(facilitation activities): 학급을 협동적 사회체제로 발전시키는 활동으로
  서 학급의 내적 체제 확립에 초점을 둔다. 조장활동에 포함되는 활동에는 학급
  집단의 통합적 · 협동적 관계 수립, 학급 내의 행동 규범과 규칙, 절차의 확립과
  이들에 대한 학급 구성원의 조정 및 합의, 학급 집단 내의 문제해결을 통한 학
  급체제 조건 개선, 개인 또는 집단활동을 제약하는 학급체제 조건의 수정 또는
  변화 등이다.
- **유지활동**(maintenance activities): 학급의 집단활동 과정(학생 간의 상호작용이나
  더불어 학습하는 과정)에서 발생하는 문제를 해결하여 안정감 있는 학급 분위기
  를 조성 · 유지하는 활동으로서 학급 집단활동 과정의 효율성을 제고하기 위한
  것이다. 유지활동에 포함되는 활동으로는 학급 구성원의 갈등 해소, 사기 진
  작, 환경 변화에 대한 적응력 배양 등이 있다.

Lemlech(1979)는 학급경영을 수업활동을 포함한 학급활동 전체로 보며 학생의
학급생활을 조화시키는 활동이라고 보았다. 이러한 관점은 학급전담제를 채택하고
있는 초등학교의 경우에는 타당성을 가진다. 그러나 교과전담제를 채택하고 있는
중등학교에서는 학급 담임교사의 수업활동이 제한적일 수밖에 없기 때문에 수업활
동을 학급경영활동의 영역에서 제외하는 것이 보다 현실적이라고 볼 수 있다. 다만,
학급경영의 주체를 학급 담임교사만이 아닌 특정 학급과 관련을 맺고 있는 모든 교
사로 본다면 수업활동을 학급경영에 포함시키는 것도 타당성을 가진다. 그 경우에
도 학급경영에서 교과 담임교사는 어디까지나 보조적인 위치에 있다는 점에서 설
득력이 약하다. 학급경영에 관한 논의가 대체로 초등학교현장을 중심으로 이루어
져 왔고, 학급경영에 있어서 담임교사의 비중도 중등학교보다는 초등학교가 훨씬
크기 때문에 학급경영에 관한 대부분의 문헌에서는 학급경영의 영역에 교과지도
활동을 포함시키고 있다.

학급경영의 영역에 무엇을 포함시킬 것인가에 대해서는 학자와 관점에 따라 상
당한 견해차가 있다. 시 · 도교육청의 중 · 고등학교 담임교사 매뉴얼에 제시된 영

역을 중심으로 학급경영의 영역을 살펴보면, 학급경영계획 수립, 집단조직 및 중점 지도, 생활지도, 체험활동, 환경 시설관리, 사무관리, 학부모와의 관계, 학급경영 평가 등이 포함되어 있다(대구광역시교육청, 2020a: 18-19).

- **학급경영계획 수립 영역**: 학생의 개인별 특성, 가정환경, 지역사회의 특성 분석을 통한 학급경영계획 수립
- **집단조직 및 중점지도 영역**: 소집단 편성, 학급의 특성에 맞는 학급규칙의 설정과 시행, 학급 분위기 조성 등
- **생활지도 영역**: 인성지도, 학업문제지도, 진로지도, 여가지도, 건강지도 등
- **체험활동 영역**: 자율활동, 동아리활동, 봉사활동, 진로활동 등
- **환경 시설관리 영역**: 물리적 환경 정비, 시설 관리, 비품 관리, 게시물 관리, 청소 관리 등
- **사무관리 영역**: 학사물 관리, 학생기록물 관리 등
- **학부모와의 관계 영역**: 가정통신의 지속적 시행, 학부모의 협조를 도모하는 일 등
- **학급경영평가 영역**: 학급경영계획의 평가, 학급경영의 실천 평가, 평가 결과의 피드백 등

## 📖 제2절 학급의 조직

### 1. 학급 편성

학교는 교수-학습조직, 교무분장 조직, 운영조직, 행정관리조직 등으로 조직되어 있다. 교수-학습조직은 교수-학습활동을 수행하는 조직으로 학년, 학급, 반 등으로 편성되어 있다. 교무분장 조직은 학교의 제반 업무를 수행하기 위해 기능별로 분담해 놓은 분장 조직으로 교무부, 학생부, 연구부, 행정실 등으로 부서화되어 있다. 운영조직은 업무수행에 필요한 의견을 협의·조성하기 위한 기구로서, 전체 교직원회의, 교사회의 등 각종 회의와 교육과정위원회, 인사자문위원회, 예결산위원회 등의 각종 위원회, 교과협의회, 동학년협의회 등 각종 협의회가 있으며, 다양한

정기적 또는 비정기적 협의체 형태로 운영된다(김은영 외, 2018: 400).

학급은 이러한 학교조직 중 교수-학습조직의 최하위 단위이다. 따라서 학급조직은 교수-학습을 담당하는 최일선 조직으로서 교수-학습활동을 통해 학교교육을 효율화하는 방식으로 조직되어야 한다. 교수-학습조직의 기본요소가 교육과정, 학생, 교사, 물적 자원이라는 점을 고려할 때, 학급조직은 그러한 요소들이 교수-학습을 극대화할 수 있는 방향으로 체계화되어야 하는 것이다.

효과적인 학급조직을 만드는 방법은 교사들이 학생들을 가장 잘 가르칠 수 있고, 학생들이 그 조직을 통해 가장 잘 학습할 수 있도록 학급을 편성하는 것이다. 이를 위해서는 교사와 학생들의 상호작용은 물론 학생들 간의 상호작용이 원활히 이루어질 수 있도록 해야 한다. 이를 위한 몇 가지 원리를 제시하면 다음과 같다(권기욱, 1996: 31-32; 박병량, 2006: 65-67; Otto & Sanders, 1984: 98-102).

- 학급 편성은 학생들의 전인적 발달을 도모할 수 있는 방식으로 이루어져야 한다.
- 학급은 집단의 다양성을 확보하는 데 충분할 정도로 개인차를 지닌 집단으로 편성해야 한다(물론 학급경영계획에 개별 지도계획이 포함된다는 전제하에서이다).
- 학급은 연령, 신체적 발달, 사회적 성숙 수준이 비슷한 학생들로 편성하되, 때때로 수준이 높거나 낮은 학생들과도 공부하고 생활할 수 있도록 조치해야 한다.
- 교사들이 학생들에 대해 소상히 파악할 수 있도록 학급 규모를 적정화해야 한다.
- 학급은 융통성 있게 조직할 수 있도록 해야 하고, 학급 간에 언제나 이동이 가능하도록 허용해야 한다.

이러한 원칙에 근거하여 학급을 편성하기 위한 여러 가지 방식이 알려져 있다. 이러한 방식은 주로 담임이나 학생집단의 특성에 따라 학급을 편성하는 방법인데, 몇 가지를 제시하면 다음과 같다(권기욱, 1996: 32-42).

- **담임에 의한 편제**: 학급담임제, 교과담임제, 팀티칭제
- **능력에 의한 편제**: 이질 편성, 동질 편성
- **학년에 의한 편제**: 학년제, 무학년제(다학년제, 단급제)
- **연령에 의한 편제**: 동일 연령 편성, 혼합 연령 편성

• 학생 특성에 의한 편제: 지역별 편성, 적성 및 흥미별 편성, 진로별 편성, 성별 편성 등

## 2. 학급의 규모

학급 규모가 어느 정도 되어야 적당한지에 대해서는 학자들 간에 상당한 이견이 있다. 학업성취의 측면에서 보면 학급당 학생 수는 적으면 적을수록 유리하다고 할 수 있다. 그러나 학급은 학습집단이면서 동시에 생활집단이므로 사회적 발달에 필요한 적정 학생 수가 확보되는 것이 보다 바람직하다. 경제적인 측면도 고려해야 되므로 작은 학급 규모가 반드시 좋은 것이라고 할 수는 없다.

1950년대 미국 교육연합회의 조사에 의하면, 교사들은 능력이 하위인 경우에는 20명, 중위인 경우 25명, 상위인 경우는 35명이 적당한 것으로 나타났다. 반면, 초등학교 1~3학년은 32명, 4~6학년은 33명, 중학교는 31명, 고등학교는 26명이 적당한 것으로 나타났다(Otto et al., 1954: 9). 우리나라의 경우 1980년대 연구에서 공은배 등(1984)은 적정 학급 규모를 40명으로 제시한 바 있으며, 2000년대 초 김영철 등(2001)은 교원을 대상으로 한 설문조사를 통해 수업활동을 전개하는 데 적정한 학급 규모를 초등학교 23.9명, 중학교 23.8명, 고등학교 25.4명이라고 보고하였다.

이러한 연구결과들은 주로 교육 종사자들의 의식과 시대적 특성을 반영한 것이다. 예컨대, 학생 수가 50명인 학급을 담당하고 있는 교사와 30명을 담당하고 있는 교사는 부담 정도를 달리 지각하고 있을 개연성이 높다. 전자는 40명 정도면 좋겠다는 생각을 가질 수 있는 반면, 후자는 30명도 많다고 느낄 가능성이 많다. 앞의 연구결과들 역시 그러한 지각이 영향을 미쳤을 가능성이 높다. 2020년 한국교육개발원의 표준교육비 연구에서 제시된 표준학급 규모는 유치원 14명, 초등학교 22명, 중학교 25명, 일반고 24명, 특성화고 20명, 특수학교 5명이었다(김용남 외, 2021). 특히 2025년 고교학점제 전면 시행을 앞두고 학급 규모와 관련하여 또 다른 쟁점은 '행정학급'에서 '수업학급'으로의 관점 확대에 있다. 즉, 그동안의 학급 규모에 대한 논의가 교수-학습활동보다는 학생관리 측면에서 '행정학급'의 개념을 중심으로 이루어졌다면, 이제는 학생들의 학습권과 과목 선택권을 보장하는 데 중심을 두고 '수업학급'의 개념을 중심으로 이루어져야 한다는 입장이 강조되고 있다.

## 3. 분단조직

　분단은 학급에서 여러 가지 활동을 위해 소집단으로 편성·운영되는 조직이다. 분단조직의 일반적 목적은 일제 학습의 문제를 해소하고 학습에 대한 참여의식을 높임으로써 학급지도의 효과를 높이고, 분단의 여러 가지 활동을 통해 협동과 연대의식을 길러 줌과 동시에 문제해결과 과업활동에 능동적으로 참여케 함으로써 학급활동에 대한 책임의식을 높이고 자율성을 신장하는 데 있다(김봉수, 1983: 286). 분단편성의 방법과 기준을 살펴보면 다음과 같다(최희선, 1996: 339-341).

- 편성인원: 팀워크와 능률을 고려하여 5~7명이 적당하다. 너무 많으면 분단의 의미가 없어지고 적으면 능률의 문제가 생긴다.
- 지속기간: 활동의 내용과 성질에 따라 다르지만, 대체로 1~2개월 정도가 적당하며, 1학기 정도면 충분하다.
- 분단장: 효율성의 측면에서 보면 반장이나 분단장을 처음부터 끝까지 지속하는 것이 좋으나, 교육적 측면에서는 능력과 능률에 상관없이 돌아가면서 하는 것이 보다 바람직하다.
- 능력별 편성: 일반적으로 동질 편성보다는 이질 편성이 좋다. 동질 편성 시에는 정서의 문제를 각별히 주의해야 한다.
- 분단 구성: 분단 편성 시에는 본인의 요구나 희망을 반영하는 것이 바람직하다. 취미별 분단 편성과 같은 경우는 더욱 그러하다.

## 📖 제3절 학급경영의 실제

　학급경영이 무엇인지를 이해하였다면 실제로 학급 담임교사가 학급경영을 어떻게 해야 하는지를 알아볼 필요가 있다. 이 절에서는 일선 학교 학급경영에서 담임교사가 주의해야 하는 영역들, 즉 '학급경영계획 수립, 생활지도, 학급환경 정비, 사무관리' 등을 중심으로 학급 담임교사가 이를 어떻게 수행해야 하는지를 살펴본다. 끝으로 COVID-19로 인하여 대면수업과 원격수업이 병행되면서 담임교사에게 매우 중요한 영역의 하나가 블랜디드 러닝(blended learning) 교육환경에서의 학급관리 부분이다. 따라서 원격교육 상황에서 주의해야 할 학급관리에 대해서도 다루고자 한다.

## 1. 학급경영계획의 수립

학급경영은 학급의 교육목표를 달성하기 위해 교사가 하는 계획, 조직, 조정, 통제와 관련된 활동을 의미한다. 학년 초 담임교사는 학급의 실태를 파악하고, 일정 기간 동안에 학급이 성취할 목표를 세우며, 이를 실천할 구체적인 학급관리계획을 월별·주별 단위로 수립하는 데 이를 학급경영계획이라고 한다. 학급경영계획 수립단계의 주요 활동으로는, 학급경영 목표 수립, 급훈 및 학급 규칙 정하기, 학급경영계획서 작성, 월별 추진 계획 수립, 학급 특색활동 운영 등이 있다.

### 가. 학급경영 목표 및 방침 결정

효과적인 학급경영을 위해서는 우선 학급경영의 목표와 방침을 명확하게 설정해야 한다. 학급경영 목표는 학교목표와 학년목표, 교육방침 등과의 일관성을 유지해야 하며, 학급의 교육적 수준과 학생실태 파악을 기초로 하여 설정되어야 한다.

### 나. 필요한 기초자료의 수집

학급경영계획을 수립하기 위해서는 학생들의 개인적·집단적 사정의 파악을 위한 정확한 자료들을 확보해야 한다. 학급경영에 필요한 자료는 학생 개개인의 능력, 소질, 취미, 학력수준을 알 수 있는 자료, 신체적 발달, 사회성, 정서적 경향을 알 수 있는 자료, 장래의 희망, 가정환경, 학부모의 기대를 알 수 있는 자료 등이다. 기초자료는 가정환경 조사서, 학교생활기록부, 건강기록부 등을 통해서 획득할 수 있으나 학생 개개인에 대한 자세한 정보는 설문조사, 면담 등을 통해서 확보하는 것이 좋다.

학급 전체에 대한 기초자료를 수집할 때에는, 다른 학급과의 전년도 성적 평균 비교, 교과별 성적 비교, 신체허약자 및 특수학생 파악, 교우관계 조사, 기타 과거의 학급반장 및 임원 경력의 파악 등에 유의할 필요가 있다. 학생 개인에 대한 조사에서는 전년도까지의 각 교과별 평균성적, 지능·인성·적성검사 결과, 신체발달 상황, 출생 및 성장지, 거주지, 출신학교, 입학 전 성장 내력, 좋아하는 교과와 싫어하는 교과, 취미와 특기 등에 대한 파악과 학생 개개인의 가정환경 조사 등에 중점을 두어야 한다. 가정환경을 조사하면서 특히 관심을 가져야 할 것은 양친의 유무, 연령, 직업, 교육 정도, 자녀교육에 대한 관심도 등이다.

자료의 수집과정에서 전 학년도 담임교사로부터 정보를 얻는 것이 필요하다. 그 경우에 편견을 그대로 받아들일 위험성이 있기 때문에 신중해야 한다. 따라서 학년 초에 한꺼번에 정보를 얻는 것보다는 학생지도과정에서 필요할 때 수시로 정보를 구하는 것이 바람직하다.

### 다. 필요한 조직 구성

학급경영계획에는 학급활동에 필요한 조직을 구성하는 계획도 포함되어야 한다. 학급경영에 필요한 조직으로는 교과학습이나 공동 과업 수행을 위한 협동집단으로서의 분단조직, 민주적 생활경험을 쌓게 하기 위한 자치회나 학급회 조직, 학생의 특기나 취미 신장을 위한 특별활동 조직, 지역사회에 기여할 수 있는 봉사활동 조직, 건전한 학급생활을 위한 생활지도 조직 등이 있을 수 있다. 특별활동 조직이나 봉사활동 조직은 학급조직이라기보다는 학교조직이기 때문에 이들 조직에 대한 학급담임의 역할은 제한적이다.

### 라. 학급환경 구성

교실은 학생들이 생활하고 학습하는 공간으로서 학급 담임교사의 세심한 배려가 필요한 부분이므로 계획에서부터 환경 구성에 신중을 기해야 한다. 학급환경은 학생들이 학급생활에 애착을 느낄 수 있도록 구성되어야 한다. 즐겁고 명랑한 분위기를 조성하고, 학습동기를 자극하며, 학습활동에 직접 도움이 될 수 있는 것으로 조성하는 것이 필요하다. 특히 계절, 시기를 고려할 필요가 있으며, 학생 안전에도 유의하여 구성해야 한다. 학교에 따라서는 학급환경 구성의 원칙이나 내용이 통일적으로 제시되는 경우도 있으나 학급 담임교사가 창의적으로 구성하는 것이 좋다. 학급환경은 학급담임의 개성이나 창의성, 교육적 열의를 엿볼 수 있는 자료가 될 수 있다.

### 마. 학생지도계획 수립

학생지도계획에는 학급 학생지도를 통하여 학교 교육목적을 실현할 수 있는 구체적인 내용이 담겨 있어야 한다. 학생지도계획은 학습지도계획, 생활지도계획, 특별활동지도계획, 건강지도계획, 기타 지도계획 등으로 나누어 수립하는 것이 좋다.

학습지도계획에서는 독서의 습관화, 자학자습 태도, 바른 학습태도 등에 중점을 두어야 하며, 생활지도계획에서는 기본예절과 질서생활의 지도, 문제학생 · 신체허약학생 · 결손가정학생 · 학생가장 등의 지도 등에 유의해야 한다. 특별활동지도계획에서는 소질 및 적성의 신장, 협동심, 참여의식(학교행사, 과외활동)의 고취에 중점을 두어야 하며, 학교교육계획을 참고하여 학교행사계획(합창대회, 체육대회 등)에 맞추어 계획을 수립해야 한다. 건강지도계획에서는 규칙적인 생활습관, 올바른 식생활, 운동의 생활화 등의 지도 등에 중점을 두어야 한다.

### 바. 학급경영 평가계획 수립

학급경영의 평가계획에서는 영역별 혹은 활동별로 학급경영의 성과를 진단 · 평가할 수 있는 방법을 구체적으로 계획하되, 교사와 학급 학생이 공동으로 평가하는 방안을 포함시키는 것이 바람직하다. 평가 결과는 계획의 수정 · 보완 및 차기 계획의 수립에 반영해야 한다.

### 사. 학급경영계획서 작성

학급경영계획의 마지막 단계는 앞의 구상과 조사 및 계획을 기초로 일정한 양식에 의거하여 학급경영계획서를 작성하는 일이다. 학급경영계획서는 학교의 통일된 양식에 따라 작성할 수도 있고, 교사 자신이 별도의 양식을 개발하여 사용할 수도 있다. 일선 학교에서 사용하는 학급경영계획서와 월별 세부 계획서 사례를 제시하면 〈표 14-1〉과 같다.

**표 14-1** 학급경영계획서와 1학기 월별 세부 계획서(예시)

## 학급경영계획서(○학년 ○반)

담임: (                    )

| 급훈 | 꿈은 이루어진다. 꿈을 가꾸자! | |
|---|---|---|
| 학급 특성 | 학급 재적 수 | 30명(남 16, 여 14) |
| | 생활지도에 관심이 필요한 학생 | 3명(배○○, 박○○, 하○○) <br> −배○○: 전년도 학교폭력 관련 징계 받음. 급우와 갈등이 많으며 교사에 대한 불손한 태도를 보임 |
| | 학생들의 생활 특성 | 학습 의욕이 높고 활달하나 기본 생활습관 지도가 다소 필요함. 특별히 문제를 일으킨 학생은 없으나 일부 학생을 중심으로 학급 분위기가 형성되고 있음 |
| | 학부모 특성 | 교육열이 높은 편으로 맞벌이가 전체 학부모의 80%를 차지하지만 학교/학급 일에는 비교적 협조적임 |
| 학급경영 목표 | 1. 독서를 생활화한다. <br> 2. 규칙을 준수하고 실천한다. <br> 3. 서로 돕고 사랑하는 마음을 가꾼다. | |
| 학급경영 방침 | 1. 아침 독서시간을 운영하여 월 두 권 이상 독서하기를 실천한다. <br> 2. 기본 생활 태도 및 예의 바른 언행 기르기에 노력한다. <br> 3. 봉사활동을 통해 더불어 사는 공동체 생활의 중요성을 깨닫게 한다. | |
| 생활 및 인성 지도 | 1. 기본 생활 예절 지키기 <br> 2. 바르고 고운 말 쓰기 <br> 3. 지역 연계 봉사활동 실천하기 | |
| 학습지도 | 1. 또래 멘토와 멘티 결성을 통한 학습 협력체 구성하기 <br> 2. 과목별 과제 수행 점검 및 학습 분위기 조성하기 <br> 3. 개인별 성취목표를 정하고 계획 세워 실천하기 | |
| 학급 특색 활동 | 1. 종례 통신 보내기 <br> 2. 학급 문집 만들기 <br> 3. 학부모와 함께하는 학급 행사의 날 운영 | |

| 월 | 주제 | 세부 계획 | 학교 행사 |
|---|---|---|---|
| 3월 | 학급 구성 및 학급 분위기 조성 | • 운영계획 발표<br>• 학급목표 및 급훈 정하기<br>• 학급 기초조사서, 자기소개서 받기<br>• 학급 임원 선거 및 부서 조직(모둠 구성)<br>• 비상연락망 정비<br>• 학생 개별 상담 및 상담자료 정리<br>• 교실환경 구성<br>• 학부모 가정통신문 발송<br>• 학급 단합 행사(한솥밥 해 먹기, 반가 만들기, 학급 단합체육대회 등) | • 시업식<br>• 입학식<br>• 학부모회 |
| 4월 | 학급 소속감 심어 주기 | • 자기주도 학습 정착<br>• 기본 생활습관 지도<br>• 모둠 상담하기<br>• 테마 현장체험학습 선정 및 프로그램 개발<br>• 체험활동에 따른 안전사고 예방 지도<br>• 과학의 달 행사 준비(1인 1프로그램 참가)<br>• 1학기 중간고사에 대비한 시간관리 계획서 점검 | • 테마 현장체험 학습<br>• 과학의 달 |
| 5월 | 은혜에 감사하는 마음 갖기 | • 부모님, 선생님께 감사의 편지 쓰기 지도<br>• 학급 운영 중간 점검(설문조사)<br>• 학급 부적응아 체크리스트 점검 및 상담<br>• 전일제 창의적 체험활동 준비 및 사전교육 실시<br>• 학급 단체 봉사활동<br>• 1학기 중간고사 반성 및 학업 상담<br>• 학부모 가정통신문 발송 | • 어버이날<br>• 스승의 날<br>• 1학기 중간고사<br>• 전일제 창의적 체험활동 |
| 6월 | 즐거운 학급 분위기 정착 | • 모둠 활동 전개<br>• 계기 교육 실시<br>• 1학기 기말고사 대비 시간관리 계획서 점검<br>• 학급 단합 행사 | • 호국보훈의 달 |
| 7월 | 한 학기 마무리 점검 | • 1학기 기말고사 준비, 학습 분위기 조성<br>• 여름 휴가계획서 작성 지도<br>• 학부모 가정통신문 발송<br>• 1학기 기말고사 반응 및 학업상담<br>• '학급소체육대회'를 겸한 학기 마무리 잔치 | • 1학기 기말고사<br>• 여름휴가식 |

## 2. 학급환경의 정비

### 가. 좌석의 배치

학생의 좌석은 배열된 좌석에 따라 배치한다. 좌석 배열 방식으로는 교실 정면을 향해 몇 개의 열로 배열하는 전통적 배열 방식이 주로 사용되지만, 때때로 앞뒤의 배열 수를 적게 하고 옆을 상대적으로 길게 하는 수평적 배열, 소수의 학생들로 나누어 그들을 서로 마주 보고 앉게 하는 소집단 배열, 전체 학생을 둥글게 앉게 하는 원탁형 배열, 학생들을 특정한 방향으로 집중시키는 모둠형 배열, 말발굽 형태로 좌석을 배치하여 앉게 하는 말발굽형 배열 등의 방식을 사용할 수도 있다.

좌석 배치는 좌석을 배열한 후 배열된 좌석에 번호순으로 배치하는 방법과 교사의 계획에 의거하여 배치하는 방법이 있다. 번호순에 의한 방법은 쉽고 편리하게 할 수 있고 학생들의 오해의 소지를 줄일 수 있는 장점이 있으나, 학생들의 특성을 반영하지 못하는 단점이 있다. 교사의 계획에 의한 방법은 교우관계, 성적, 가정환경, 성격 등을 고려하고 교사의 학급경영 방침을 분단 편성에 반영할 수 있는 장점이 있으나, 학생들의 오해를 유발하고 시간이 많이 소요된다는 단점이 있다.

또한 좌석 배치의 방법에는 좌석을 고정하여 앉게 하는 지정좌석제와 먼저 온 순서대로 자유롭게 선택하여 앉게 하는 자유좌석제가 있다. 자유좌석제는 매일 짝이 바뀌고 학교생활에 흥미를 줄 수 있다는 장점이 있으나, 소외되는 학생들이 생길 수 있고, 친한 친구끼리 그룹을 만들게 되어 학습분위기에 지장을 주는 경우가 많으므로 피하는 것이 좋다. 처음 며칠간은 변화가 있으나 일주일 정도만 지나면 친한 친구끼리 좌석이 고정되는 경우가 많아서 흥미도 반감되는 것이 보통이다. 학생들에게 폭넓은 인간관계의 기회를 주고, 학습분위기를 쇄신한다는 측면에서 고정좌석제를 택하되, 분단은 매주, 좌석은 매월 변화를 주는 것이 좋다.

### 나. 교실환경의 정비

교실환경 심리이론에 의하면, 교실환경은 학생들에게 많은 생리적·심리적·사회적 영향을 주고 학업성취에도 큰 영향을 미친다고 한다. 따라서 학급 담임교사는 특히 학년과 학기 초에 교사와 학생, 학생과 학생 간의 원만한 인간관계를 형성하도록 하기 위한 교실환경 구성에 많은 관심을 기울여야 한다.

교실환경을 구성할 때에는 유용성, 심미성, 안전성, 융통성, 연계성, 경제성 등을 고려해야 한다. 특히 교실의 비품을 정비할 때에는 ① 학생들이 수시로 사용하는 것은 분산시키고, ② 교사와 학생들의 시야를 가리지 않도록 배치하며, ③ 자주 사용하는 교수-학습자료는 항상 교사 옆에 두도록 하고, ④ 어디서든지 편한 자세로 교사의 말을 경청할 수 있도록 해야 한다(Landrum & Kauffman, 2006).

좌석은 교실 규모 및 형태, 학생들의 시력과 칠판의 반사도 등을 고려하여 정하고 책상과 의자의 높이는 학습자의 신장에 맞는 것으로 준비해야 한다. 책상 등 교실의 시설 · 장비는 학생들이 자유롭게 왕래할 수 있는 공간을 고려하여 배열해야 한다. 교실 내의 색조는 밝은색 계열의 중간색이 학습분위기 조성 면에서 좋다. 특히 교실 앞면에는 주의를 산만케 하는 강한 원색 계통의 색은 피하는 것이 좋다. 교실의 바닥, 벽면, 천정 등은 청결한 환경을 유지하되, 색조와 장식, 분위기 등에 관심을 두고 정비해야 한다. 교실의 온도는 항상 20℃ 내외를 유지해야 하며, 습도는 50% 내외, 조도는 500Lux 정도를 유지하도록 해야 한다. 청소도구함의 청결과 정비, 음료수 용구의 청결 등에 특히 유의해야 한다.

게시 · 전시물은 상게(常揭)적인 것, 학습자료적인 것, 감상적인 것, 기록적인 것, 연락 · 장식적인 것 등이 있을 수 있는데, 이들은 교육적 가치, 균형미, 색채의 조화, 시의성, 학생의 관심도 등을 고려하여 정비해야 한다. 게시물은 오래 두지 않아야 하며, 지나치게 많은 것도 좋지 않고, 항상 멋지고 깔끔하게 정돈되면서도 안정감 있게 하는 것이 바람직하다. 성적물의 게시는 학생들에게 우월감이나 열등의식을 갖게 할 우려가 있으므로 신중하게 해야 한다.

## 3. 학급생활의 지도

### 가. 학급의 생활지도

생활지도는 학생들로 하여금 자기 자신의 이해와 현실 환경에 대한 이해를 통해 건전한 적응을 하며, 또 자신의 가능성을 발달시켜 계속 건전하게 성장할 수 있도록 조력하는 기술적이고 조직적인 교육활동으로(이성진, 1996: 347), 학급경영에서 교과지도에 못지않게 중요한 활동이다.

학급의 생활지도 활동은 문제의 성질에 따른 생활지도와 학생의 필요에 따른 생활지도로 구분된다(이성진, 1996: 352-354). 전자의 활동에는 교육지도, 성격지도, 직업지도, 사회성지도, 건강지도, 여가지도 등이 포함되며, 후자의 활동에는 학생조사활동, 정보활동, 상담활동, 정치활동(placement service), 추수지도 활동 등이 포함된다. 이러한 활동들을 통해 학급교사는 학생들의 전인적 발달을 촉진하며, 학생들이 다양한 경험을 의미 있게 통합할 수 있도록 하고, 환경에 적절하게 적응할 수 있는 인간적 특성을 개발하도록 도와주며, 자기 자신을 바르게 이해하고 자신의 여러 특성을 현명하게 활용할 수 있도록 도와주어야 한다.

시기별로 담임교사가 해야 하는 주요 생활지도의 내용은 〈표 14-2〉와 같다.

**표 14-2** 시기별 담임교사의 주요 생활지도

| 시기 | 주요 활동(행사) | 생활지도 내용 |
|---|---|---|
| 학년 초 | 입학식 | • 집단질서, 용의복장, 실내정숙 지도<br>• 학교 소개, 학사일정 안내<br>• 학교생활 안내, 개인생활 안내<br>• 학생생활평점제 안내<br>• 지각 · 결석 지도 |
| | 학생 신상 파악 | • 학생 이해 자료 준비<br>• 개인상담 및 집단상담<br>• 상담일지 작성<br>• 비상연락망 조직 |
| | 환경 구성 | • 청소 및 주번 배정<br>• 학급비품 준비<br>• 급훈 정하기 |
| | 학급회 조직 | • 학급회 조직<br>• 반장 · 부반장 선거 |
| | 동아리 활동 조직 및 안내 | • 동아리 부서 조직, 활동계획 수립 및 안내 |

| | | |
|---|---|---|
| 학기 중 | 건전한 생활지도 | • 교우관계, 왕따 및 학교폭력 예방 지도<br>• 건전한 이성교제 지도<br>• 지속적인 학생 상담 진행<br>• 지각 및 결석 관리<br>• 용의 및 복장 지도<br>• 자율학습 지도<br>• 흡연 및 약물 오남용 지도 |
| 방학 중 | 방학 중 생활지도 | • 비상연락망 재조직 및 안내<br>• 비행 및 탈선 예방지도<br>• 안전사고 예방지도<br>• 방학 중 봉사활동 사전교육 |

### 나. 학급에서의 행동지도

학급에서 학생들의 행동지도는 학습활동에의 몰입 여부와 학급생활규칙의 준수 여부에 초점을 두고 이루어진다. 교사가 학생들의 행동을 통제할 때에는 ① 적절한 행동을 강조·강화시킴으로써 긍정적인 학급풍토를 조성해야 하며, ② 학생의 특정한 행동과 학업성취와 관계를 주도면밀하게 관찰해야 하고, ③ 절차와 규칙 등의 적용은 항상 일관성을 유지해야 하며, ④ 부적절한 행동에 대해서는 즉각적으로 제지해야 한다(Landrum & Kauffman, 2006).

학생들의 긍정적인 행동을 강화하기 위해서는 상과 벌을 적절하게 활용하는 것도 바람직하다. 상으로는 상징, 인정, 활동, 상품, 기타의 보상체계가 있고, 벌에는 낮은 점수 부여, 권리 박탈, 벌칙, 나머지 공부, 배상, 압수 등이 있는데, 벌보다는 상을 활용하는 것이 바람직하다. 특히 학급활동에서의 상벌체제는 구체적인 개인에게 적용하는 것보다는 그것들을 적절하게 조합하여 목표 성취나 동기부여, 행동수정 등의 학급경영 전략으로 활용하는 것이 바람직하다(조동섭, 1996b: 58-67).

### 다. 학급회 조직

학급회는 학급의 중요한 일들을 여러 부서 또는 모둠으로 나누고 학생들이 역할을 분담하여 자율적으로 활동을 진행함으로써 서로의 성장을 도모하고 삶의 소중

함을 일깨워 주는 공동체 의식을 함양할 수 있는 장치이다. 특히 최근 들어 민주시민교육이 강조되면서 학급회를 포함한 학생 중심의 자치활동에 대한 관심이 높다. 특히 중·고등학교 단계에서는 상급학교 진학에 이들 활동의 참여가 리더십을 평가하는 중요한 증거 활동으로 활용되면서 학생과 학부모 모두 학급회의 조직과 운영에 관심이 매우 높다.

따라서 담임교사는 학급회를 포함한 학급자치활동에서 특히 학생들의 자발적 참여를 유도하고, 공정한 선발절차를 통해서 임원을 선출하며, 민주적 분위기 속에서 활동이 전개되도록 지원해야 한다. 학급 구성원으로서의 책임을 인식하고 약속과 질서를 지키며 학급 발전에 기여할 수 있는 태도를 갖도록 지도한다. 또한 역할분담의 기회를 골고루 갖도록 안배하고 분담된 활동은 책임을 완수할 수 있도록 한다.

## 4. 학급의 사무관리

사무란 일반적으로 행정을 수행하는 과정에서 수반되는 기록과 장부의 작성 및 보관, 공문서와 제 보고의 처리, 회계 및 경리 등 문서관리를 위주로 하는 업무를 말한다. 따라서 학급의 사무관리는 학급경영과정에서 수반되거나 경영상 필요한 문서를 작성·유통·정리·보존·활용하는 활동이라고 할 수 있다.

담임교사가 처리해야 할 행정업무에는 학적 및 출결 관리, 진급 관리, 전·입학 처리, 기초생활수급자나 저소득층 학생 지원, 수익자 부담경비 관련 업무 처리, 학부모회 조직 및 관리 등이 있다. 최근에는 업무 담당교사를 두거나 행정실무사를 채용하여 이들로 하여금 각종 행정업무를 처리하게 하는 학교가 늘고 있다.

교육행정정보시스템(NEIS)은 교무업무는 물론 교원의 업무 경감을 위해 행정전산망을 통하여 교원의 인사 정보와 복무까지 관리할 수 있는 시스템이다. 나이스 교무학사 시스템에서는 학기 초 시간표 작성, 학교생활기록부 학적 기초 사항 정리 등을 수행할 수 있게 하며, 학기 중에는 출결, 수상, 창의적 체험활동 및 학교스포츠클럽 활동 사항을 기록하고, 학기 말에는 교과학습 발달 상황, 종합의견 작성, 진급 처리 등을 할 수 있게 한다. 이와 더불어 교원 개인 인사 정보 관리와 함께 근무상황 관리(연가, 출장, 조퇴, 외출 등), 공문서 작성 및 기안 등을 할 수 있다.

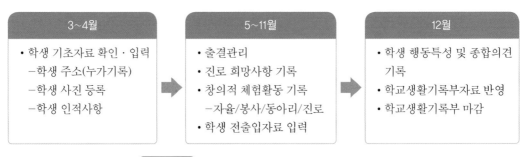

| 3~4월 | 5~11월 | 12월 |
|---|---|---|
| • 학생 기초자료 확인 · 입력 <br> −학생 주소(누가기록) <br> −학생 사진 등록 <br> −학생 인적사항 | • 출결관리 <br> • 진로 희망사항 기록 <br> • 창의적 체험활동 기록 <br> −자율/봉사/동아리/진로 <br> • 학생 전출입자료 입력 | • 학생 행동특성 및 종합의견 기록 <br> • 학교생활기록부자료 반영 <br> • 학교생활기록부 마감 |

**그림 14-1** 나이스 연간 업무 추진 일정(전출입 포함)

## 5. 원격수업 상황에서 담임교사의 역할

큰 틀에서 보면 담임교사의 역할은 등교수업 때와 다르지 않다고 볼 수 있다. 학생들이 정해진 시간에 잘 등교하였는지 확인하고, 결석생이 있을 경우 그 사유를 살피고, 조 · 종례를 통해 공지사항을 전달하는 것은 담임교사의 기본적인 업무 중 하나이기 때문이다. 그런데 온라인상에서 학생들이 건강하게 잘 있는지 확인하는 출석관리가 하루의 중요한 일과가 되면서, 무엇보다 '학생과의 의사소통'이 중요한 부분으로 다루어지고 있다. 온라인 개학 후 학생과 학부모들의 질문과 민원이 근무시간 이외에도 밤까지 연장되어 담임교사에게 쏟아지고 있다. 따라서 이러한 상황에서는 학교가 정한 일반 원칙이나 사안별 의사소통 창구에 대해서 충분히 사전이 공지하고 기본원칙하에서 의사소통을 할 필요가 있다.

먼저, 담임교사가 확실하지 않은 내용까지 모두 답해 주다 보면 오히려 더 많은 질문과 민원이 제기될 수 있다. 또한 근무시간을 고려하지 않고 밤늦게 연락이 오는 경우도 잦아질 수 있다. 이러한 경우가 발생하면 학부모의 입장에서 조급할 수 있는 상황을 충분히 이해하는 태도를 취하되, 애매한 질문은 성급하게 대답하기보다는 학년부와 협의한 후 내용을 숙지한 후에 명료하게 전달해 주는 것이 바람직하다. 담임교사의 역할은 정확한 공지사항의 전달이나 학생이 수업에 집중할 수 있도록 돕는 데 있다. 따라서 학급 소통방을 통해서 가능하면 주기적으로 주의사항을 공지하고 안내할 필요가 있다.

교사가 온라인 상황을 어떻게 받아들이고 대응하느냐에 따라서는 등교수업 상황보다도 학생들과 좋은 관계를 형성할 수 있다. 가장 간단한 방법으로는 학생들이 출석 체크를 한 경우 비공개 댓글이나 개인 카카오톡으로 코멘트를 남길 수도 있다. 특히 요즘 중·고등학생들은 문자를 통해서 의사소통하는 것에 더욱 익숙한 디지털 네이티브 세대이다. 따라서 적절한 멘트의 즉각적인 피드백을 잘 활용함으로써 교과교사보다 담임교사의 역할이 더욱 중요하게 작용할 수 있다. 특히 학급경영에 필요한 기초조사에서 다양한 온라인 조사도구를 활용함으로써 기초조사 결과에 대한 분석을 보다 용이하게 진행할 수도 있다. 그런데 이러한 활동들은 모두 교사의 원격교육 역량 수준과 관련이 있다는 점에서 원격교육 기본소양을 키우고자 하는 교사의 노력이 무엇보다 중요하다.

## 📖 제4절 학급경영의 평가

학급경영에 대한 평가는 학급경영의 발전과 개선, 학급 담임교사의 성장을 위하여 꼭 필요한 활동이다. 학급경영평가는 학기말이나 학년말에 실시하는 것이 보통이나 월말에도 실시할 수 있다. 평가의 결과는 다음 달이나 다음 학기, 다음 학년의 계획을 수립하는 자료로 활용한다.

학급경영평가는 학급 담임교사 자신이 평가자가 되는 것이 일반적이나 경우에 따라서는 학교경영평가의 일부로서 학교장이 직접 평가하는 경우도 있다. 학교장이 평가하는 경우는 학급 담임교사의 능력을 평가하고 지도·조언하기 위한 자료로 활용된다. 그러나 가장 중요한 것은 학급 담임교사 자신의 평가이다.

학급경영평가의 영역은 학급경영계획, 학습지도, 생활지도, 환경정비, 교사활동 등으로 구분할 수 있다. 학급경영평가표의 실례를 제시해 보면 〈표 14-3〉과 같다.

표 14-3 | 학급경영평가표의 예

| 학급경영활동 상황 | | 5 | 4 | 3 | 2 | 1 | 추진상황 및 대책 | |
|---|---|---|---|---|---|---|---|---|
| 영역 | 평가항목 | 5 | 4 | 3 | 2 | 1 | 중점 사항 | 개선할 점 |
| 학급경영계획 | • 학급경영 목표 설정 | | | | | | | |
| | • 기초조사 및 활용 | | | | | | | |
| | • 교과지도의 중점 | | | | | | | |
| | • 교과지도계획 | | | | | | | |
| | • 생활지도계획 | | | | | | | |
| 학습지도 | • 학습지도계획 | | | | | | | |
| | • 학습지도의 기술 | | | | | | | |
| | • 교구의 정비 활용 | | | | | | | |
| | • 학생의 교구 활용 | | | | | | | |
| | • 학생의 실력 향상 | | | | | | | |
| 생활지도 | • 교우관계 및 행동지도 | | | | | | | |
| | • 진학 및 진로지도 | | | | | | | |
| | • 학생자치활동지도 | | | | | | | |
| | • 여가활동지도 | | | | | | | |
| | • 건강 및 안전지도 | | | | | | | |
| 환경정비 | • 교실환경 정비 | | | | | | | |
| | • 보건위생시설 관리 | | | | | | | |
| | • 교구 및 자료의 정비 | | | | | | | |
| | • 청소 미화 | | | | | | | |
| | • 환경의 안전성 관리 | | | | | | | |
| 교사활동 | • 학생에 대한 태도 | | | | | | | |
| | • 교육연구활동 | | | | | | | |
| | • 자체연수 | | | | | | | |
| | • 복무상황 | | | | | | | |
| | • 건강 상태 | | | | | | | |
| | • 학급사무관리 | | | | | | | |
| | • 가정 · 지역사회 관리 | | | | | | | |

# 🖉 참고문헌

가재창(1996). 재무행정원론. 대전: 충남대학교출판부.

강성남(2016). 행정이론: 맥락과 해석. 서울: 한국방송대학교출판문화원.

강신택, 안해균(1976). 행정학개론(I). 서울: 서울대학교 출판부.

강영삼 외(1995). 장학론. 서울: 한국교육행정학회.

강영삼(1985). 교육행정학의 연구범위와 대상, 한국교육행정학연구회, 교육행정의 연구와 과
　　제. 서울: 대한교과서주식회사.

강응오(1983). 임금관리론. 서울: 박영사.

강정대(1982). 현대임금관리론. 서울: 박영사.

공은배(1985). 교육투자규모와 수익률. 서울: 한국교육개발원.

공은배, 한만길, 이혜영(1984). 학교 · 학급의 적정 규모. 서울: 한국교육개발원.

곽영우 외(1993). 교육행정원론. 서울: 정민사.

교육개혁심의회(1987). 교육개혁종합구상(최종보고서 II).

교육법전편찬회(2006). 교육법전. 서울: 교학사.

교육부, 한국교육학술정보원(2020). 2020 교육정보화백서. 대구: 한국교육학술정보원.

교육인적자원부, 한국교육개발원(2006). 교육백서. 서울: 교육인적자원부, 한국교육개발원.

교육인적자원부, 한국교육학술정보원(2005). 2005 교육정보화백서.

국가인권위원회(2003. 5.). 교육행정정보시스템(NEIS) 관련 권고.

국민권익위원회(2013. 8. 12.). 대학 등록금 책정의 합리성 제고 방안.

권기욱(1991). 학급규모가 교사 · 학생의 정의적 특성에 미치는 영향: 학급의 적정 규모를 중
　　심으로. 고려대학교 대학원 박사학위논문.

권기욱(1996). 학급경영론. 서울: 원미사.

김규태(2020). 교사리더십과 학급경영. 경기: 양서원.

김낙운(1969). 교육법. 서울: 교단사.

김남순(1989). 교육행정 및 교육경영. 서울: 세영사.

김동건(1984). 현대재정학: 공공경제의 이념과 정책. 서울: 박영사.

김동건(1987). 현대재정학. 서울: 박영사.

김동식(1984). 네오마르크시즘. 윤리연구, 18, 444-452.

김동윤(2013). 인간관계 이론. 서울: 커뮤니케이션북스.

김두희(1974). 신재정학원론. 서울: 세종출판사.

김명한(1976). 교육정치. 경북대학교 교육대학원 논문집, 제8집, 1-11.

김명한 외(1988). 교육행정 및 경영. 서울: 형설출판사.

김문근(2016). 상징적 상호작용론과 정신장애의 이해. 서울: EM커뮤니티.

김민환, 권동택(2000). 미국 홈스쿨링의 성장과 특징에 관한 연구. 비교교육연구, 10(1), 257-280.

김병주(2009). 학교자율화의 영역별 실태에 대한 교원의 인식 분석. 교육정치학연구, 16(3), 103-123.

김봉수(1983). 학교와 학급경영. 서울: 형설출판사.

김선종(1988). 교원의 수급정책. 한국교사교육, 15.

김세기(1982). 학교경영과 목표관리. 한국교육행정학연구회(편), 교육행정이론. 서울: 형설출판사.

김세기(1984). 학교경영학. 서울: 정민사.

김아영(2004). 자기효능감과 학습동기. 교육방법연구, 16(1), 1-38.

김영돈(1971). 학교경영의 이론과 실제. 서울: 의문사.

김영돈(1979). 학급경영론. 서울: 교육과학사.

김영식 외(1982). 교육제도의 이념적 현상. 서울: 교육과학사.

김영식, 주삼환(1992). 장학론. 서울: 한국방송통신대학출판부.

김영식, 최희선(1988). 교육제도 발전론. 서울: 성원사.

김영철 외(2001). 학급규모에 따른 교육효과 분석. 서울: 한국교육개발원.

김영철(1975). 교원 및 시설 추정을 위한 접근방법. 지역교육계획. 서울: 한국교육개발원.

김영철(2006). 학제개편의 필요성 및 주요 쟁점. 교육체제 변화전망과 학제. 서울: 한국교육개발원.

김용갑(1960). 재정학(경제학 총서). 서울: 서울고시학회.

김용남 외(2021). 2020년 유·초·중·고 특수학교 표준교육비 산출 연구. 충북: 한국교육개발원.

김윤태(1982). 교육계획과 기획예산제도. 한국교육행정학연구회(편), 교육행정이론. 서울: 형설출판사.

김윤태(1984). 교육행정학. 서울: 배영사.

김윤태(1986). 교육행정·경영신론: 교육행정 및 교육경영. 서울: 배영사.

김윤태(1994). 교육행정·경영신론. 서울: 배영사.

김윤태(2001). 교육행정·경영신론: 교육행정 및 교육경영. 서울: 배영사.

김은영, 남수경, 홍은광(2018). 단위학교의 민주적 협의문화 조성을 위한 조건 탐색: A도 혁신
　　학교 교직원협의회 운영을 중심으로. 교육문화연구, 24(1), 399-417.

김재웅(2001). 정치로부터 자유로운 교육: 교육정치학 읽기. 서울: 원미사.

김정원 외(2001). 학교 교육개혁 지원을 위한 학교 컨설팅 사업(II). 서울: 한국교육개발원.

김정현, 진동섭, 홍혜인(2012). 컨설팅장학 운영 체제 특성 분석 연구. 한국교원교육연구, 29(3),
　　247-272.

김정환(1981). 과거, 현대, 미래의 바람직한 교사상. 교육학연구, 19(3), 17-23.

김종서, 이영덕, 정원식(1984). 교육학개론. 서울: 교육과학사.

김종철 외(1996). 교사론. 서울: 교육과학사.

김종철(1973). 교육계획론. 서울: 교육출판사.

김종철(1982). 교육행정의 이론과 실제. 서울: 교육과학사.

김종철(1985). 교육행정신강. 서울: 세영사.

김종철(1989). 한국교육정책연구. 서울: 교육과학사.

김종철, 윤정일(1987). 지방교육재정에 관한 연구. 서울: 대한교육연합회.

김종철, 진동섭, 허병기(1990). 학교학급경영론. 서울: 한국방송통신대학.

김주후, 정택희, 정수현, 김주아(2005). 자립형 사립고등학교 시범운영 평가보고서. 서울: 한국교
　　육개발원.

김중규(2006). 선행정학. 서울: 고시미디어.

김창걸(1986). 교육행정학 및 교육경영. 서울: 형설출판사.

김태룡(2014). 행정이론: 행정사와 이론을 중심으로. 서울: 대영문화사.

김형립 외(1983). 교원 현직교육의 쇄신방안. 서울: 서강대학교 출판부.

김호권(1981). 바람직한 교사의 양성. 교육학연구, 19(3), 24-29.

김홍기(1988). 인사행정론. 서울: 대왕사.

남정걸(1981). 교육행정의 이론. 서울: 배영사.

남정걸(1986). 교육행정과 학교경영. 서울: 세영사.

남정걸(1992). 교육행정 및 교육경영. 서울: 교육과학사.

남한식(1991). 학교와 학급경영총론. 서울: 형설출판사.

노종희(1994). 교육행정학: 이론과 연구. 서울: 문음사.

노종희(1995). 교육행정학: 이론과 연구. 서울: 문음사.

대구광역시교육청(2020a). 2021학년도 가르치는 기쁨 배우는 즐거움이 가득한 행복교실 만
　　들기: 중학교 담임교사 업무 매뉴얼.

대구광역시교육청(2020b). 2021학년도 가르치는 기쁨 배우는 즐거움이 가득한 행복교실 만
　　들기: 고등학교 담임교사 업무 매뉴얼.

대한교육연합회(1973). 교원자격제도에 관한 연구. 정책연구, 16.

류충현(편)(1984). 교육법규 및 행정. 서울: 박문각.

문교부(1986). 교육세백서.

박동서(1978). 인사행정론(전정판). 서울: 법문사.

박동서(1981). 교육행정의 개선방안. 행정논총, 19(2), 35-52.

박동서(1984). 한국행정론. 서울: 법문사.

박동서(1997). 한국 행정론. 서울: 법문사.

박병량(1997). 학급경영. 서울: 학지사.

박병량(2003). 학급경영(개정판). 서울: 학지사.

박병량, 주철안(1999). 학교 · 학급경영. 서울: 학지사.

박병량, 주철안(2012). 교육행정 및 교육경영: 학교 · 학급경영 중심. 서울: 학지사.

박상완(2015). 신자유주의 교육개혁에서 교직의 전문성. 교원교육, 31(1), 227-245.

박순경 외(2013). 2009 개정교육과정에 따른 초 · 중 · 고등학교 교육과정 해설 연구: 증보편. 서울: 한국교육과정평가원.

박연호(1984). 교사와 인간관계론. 서울: 법문사.

박영배(1995). 조직행위론: 이론과 비교문화적 이해. 서울: 법문사.

박종렬(1989). 학교경영론. 서울: 성원사.

박종렬(1994). 단위학교 책임경영을 위한 영기준예산제도 도입과 적용절차. 교육재정경제연구, 3(2), 265-294.

배득종(1996). 신재무행정. 서울: 박영사.

배종근, 정태범(1986). 교육행정 · 교육경영. 서울: 정민사.

백완기(1984). 행정학. 서울: 박영사.

백일우(2007). 교육경제학(2판). 서울: 학지사.

백현기(1958). 교육행정학. 서울: 을유문화사.

백현기(1964a). 신고 교육행정. 서울: 을유문화사.

백현기(1964b). 장학론. 서울: 을유문화사.

백현기(1989). 새 시대의 학교경영과 지도력. 교육행정학연구, 7(1), 1-31.

법제처(2020). 2021 행정규칙 입안 · 심사기준.

서덕희(2006). 교육의 오래된 미래: 홈스쿨링의 가능성과 한계에 관한 참여관찰 연구. 서울대학교 대학원 박사학위논문.

서울대학교 교육연구소(1999). 교육학 대백과사전. 서울: 하우동설.

서울대학교 교육행정연수원(편)(2002). 학교장 실무편람. 서울대학교 교육행정연수원.

서울대학교 사범대학 교육연구소(편)(1981). 교육학용어사전. 서울: 배영사.

서울시 교육연구원(1991). 교직실무편람.

서울특별시 교육청(2019). 알기 쉬운 교육공무원 인사실무 매뉴얼. 서울: 서울특별시 교육청.

서정화(1987). 학교경영평가, 초·중등학교 자체평가방안 탐색 세미나 보고서. 서울: 한국교육개발원.

서정화(1994). 교육인사행정(수정·증보판). 서울: 세영사.

손민호, 조현영(2014). 민속방법론: 현상학적 사회학과 질적 연구. 서울: 학지사.

송기창 외(2012). 2012 교육재정백서. 서울: 한국교육개발원.

송기창 외(2014). 중등 교직실무. 서울: 학지사.

송기창(1994). 지방교육재정정책 변천과정 분석연구. 서울대학교 대학원 박사학위논문.

송기창(1998). 학교교육계획과 예산편성기법. 교육재정경제연구, 7(2), 51-82.

송기창(2000). 교사 선호요인 탐색연구. 교육행정학연구, 18(3), 151-172.

송기창(2013). 이명박 정부의 지방교육재정정책 평가연구. 교육재정경제연구, 22(1), 1-27.

송기창(2017a). 교육감 주민직선제의 쟁점과 개선방안. 교육정치학연구, 24(2), 1-27.

송기창(2017b). 지방교육재정교부금제도의 회고와 전망 및 개선방향. 교육정책연구, 1(2), 1-37.

송기창(2018). 학교법인 법정부담금제도의 문제와 개선방향. 교육재정경제연구, 27(4), 55-84.

송기창, 남수경, 윤홍주, 조석훈(2006). 2006 교육재정백서. 서울: 교육인적자원부.

송기창, 이화룡, 신상명(2001). 교육환경개선특별회계 종결에 따른 평가연구. 교육재정경제연구, 10(1), 115-150.

송미섭, 나동환(1993). 교육행정 및 교육경영론. 서울: 형설출판사.

신구범, 박봉규, 송경수, 정동섭(2003). 조직관리론. 서울: 형설출판사.

신유근(1983). 인사관리. 서울: 경문사.

신중식 외(1984). 신간 현대교육행정학. 서울: 교육과학사.

신중식(1994). 학교조직발전론. 서울: 국민대학교 출판부.

신철순(1988). 교육행정 및 경영. 서울: 교육과학사.

안해균(1985). 현대행정학. 서울: 다산출판사.

안해균(1987). 현대행정학: 행정의 기본개념과 이론. 서울: 다산출판사.

오석홍(1983). 인사행정론. 서울: 박영사.

오석홍(1994). 조직이론(전정판). 서울: 박영사.

오석홍(2005). 조직이론(제5판). 서울: 박영사.

왕기항(1983). 학교조직 건강 진단을 위한 연구. 중앙대학교 대학원 박사학위논문.

유영옥(1997). 재무행정론. 서울: 학문사.

유종일(2009). 신자유주의, 세계화, 한국경제. 최태욱(편), 신자유주의 대안론: 신자유주의 혹은 시장만능주의 넘어서기. 경기: 창비.

유종해(1981). 현대행정학. 서울: 박영사.

유훈(1982). 행정학 원론. 서울: 법문사.

윤정일 외(1982). 신간 현대교육행정학. 서울: 교육출판사.

윤정일, 박종열(1987). 교육재정의 현황과 문제. 서울: 한국교육개발원.

윤정일, 송기창, 김병주, 나민주(2015). 신교육재정학. 서울: 학지사.

윤정일, 송기창, 조동섭, 김병주(1994). 한국의 교육정책. 서울: 교육과학사.

윤정일, 송기창, 조동섭, 김병주(2002). 한국교육정책의 쟁점. 서울: 교육과학사.

이미숙 외(2014. 2.). 2009 교육과정 부분개정에 따른 초등학교 교육과정 해설-총론 증보편, 교육부.

이성진(1996). 교육심리학 서설(개정 증보판). 서울: 교육과학사.

이윤식(2015). 미국과 한국의 장학 변화 동향 분석과 시사점. 교육행정학연구, 33(1), 229-256.

이종수 외(2012). 새 행정학(제6판). 서울: 대영문화사.

이종재 외(1981). 한국인의 교육관. 서울: 한국교육개발원.

이종재(1984). 장학의 개념과 체제에 관한 소고. 교육행정학연구, 2(1), 19-43.

이형행(1986). 교육행정론. 서울: 문음사.

이형행(1987). 교육행정: 이론적 접근. 서울: 문음사.

이혜영(2000). 한국의 홈스쿨링 운동의 현황과 전망. 평생교육학연구, 6(1), 109-134.

임선아, 강성은(2013). 성취동기측정도구의 개발 및 타당화. 교육심리연구, 27(3), 575-593.

임창희(1995). 조직행동의 이해. 서울: 학현사.

전성무 외(2012). 나이스 이론과 실제. 교육과학기술부, 한국교육학술정보원.

정범모(편)(1966). 교육계획. 서울: 현대교육총서출판사.

정수영(1982). 신인사관리론. 서울: 박영사.

정우현(1978). 현대교사론. 서울: 배영사.

정재철(1983). 교원의 양성과 현직교육. 교사론. 서울: 교육과학사.

정진환(1986). 교육행정조직의 개념. 배종근, 정태범(편), 교육행정·교육경영. 서울: 정민사.

정태범 외(1996). 학교·학급경영론. 서울: 하우.

정태범(1980). 각종 학교교육제도의 개선을 위한 과제. 교육제도 발전의 방향 탐색. 서울: 한국
    교육개발원.

정태범(1990). 학교경영계획 수립의 이론적 기저와 실제. 남정걸 외, 한국교육행정학의 탐구.
    서울: 교육과학사.

정태범(1996). 장학론. 서울: 교육과학사.

정태범, 배종근(1986). 교육행정·교육경영. 서울: 정민사.

조동섭(1988). 교육의 의미에 비추어 본 교육지도성의 탐색. 서울대학교 대학원 석사학위논문.

조동섭(1996a). 교사, 그 본유적 의미와 역할. 교육연구, 14.

조동섭(1996b). 학급경영의 혁신: 새로운 관점과 전략. 교육연구정보. 강원: 강원도교육연구원.

조동섭(2002). 교육과 지도성. 교육진흥, 55.

조병선(1985). 한국 공무원 보수체계에 관한 실증적 연구. 충남대학교 행정대학원 석사학위

논문.

조석준(1980). 한국행정학. 서울: 박영사.

주삼환 외(2003). 교육행정 및 교육경영. 서울: 학지사.

주삼환(1983). 장학론. 서울: 갑을출판사.

진동섭(2003). 학교 컨설팅. 서울: 학지사.

진동섭, 김도기(2005). 컨설팅 장학의 개념 탐색. 교육행정학연구, 23(1), 1-25.

진동섭, 이윤식, 김재웅(2011). 교육행정 및 학교경영의 이해(제2판). 경기: 교육과학사.

차병권(1987). 재정학개론. 서울: 박영사.

최연(2002). 셀프 리더십. 홍익대학교 산업기술연구소 논문집, 12, 917-930.

최종태(1981). 인사관리. 서울: 박영사.

최종태(1991). 인사관리. 서울: 박영사.

최준렬(2002). 학교에서 성과예산제도의 도입 가능성 탐색. 교육재정경제연구, 11(2), 175-199.

최창현(2005). 복잡계로 바라본 조직관리. 경기: 삼성경제연구소.

최향순(1997). 행정조직론. 서울: 동성출판사.

최혜영, 박상완, 나민주(2015). 시ㆍ도교육청의 컨설팅장학 운영현황 비교 분석. 교원교육, 31(1), 75-99.

최희선(1990). 초ㆍ중등교원 종합대책. 서울: 교육정책자문회의.

최희선(1996). 학교ㆍ학급경영. 서울: 형설출판사.

하인호(1989). 교육정책과 기획. 서울: 문우사.

학교와 학급경영 편찬회(1996). 학교와 학급경영. 서울: 교육주보사 출판부.

한공우, 황희철(1975). 교육과 경영. 서울: 진명문화사.

한국교육학술정보원(2013). 2013 교육정보화백서. 서울: 한국교육학술정보원.

한국교육행정학연구회(1977). 현대교육행정이론. 서울: 형설출판사.

한국중등교육협의회(1985a). 중등학교 경영편람(상). 서울: 대한교과서주식회사.

한국중등교육협의회(1985b). 중등학교 경영편람(하). 서울: 대한교과서주식회사.

홍창남(2002). 학교경영컨설팅의 개념 모형 탐색. 서울대학교 대학원 석사학위논문.

홍후조 외(1999). 제7차 교육과정에 따른 초등학교 교육과정 실행 방안 연구. 서울: 한국교육과정 평가원.

伊藤秀夫, 眞野宮雄 (編)(1975). **教育制度の課題**, 東京: 第一法規出版株式會社.

Abbott, M. G. (1969). Hierarchical impediments to innovation in educational organizations. In F. D. Carver & T. J. Sergiovanni (Eds.), *Organizations and Human Behavior*. New York: McGraw-Hill.

Acheson, K., & Gall, M. D. (1980). *Techniques in the Clinical Supervision of Teachers: Preservice and Inservice Applications*. New York: Longman.

Adams, J. S. (1965). Inequity in social exchange. In L. Berkowitz (Ed.), *Advances in Experimental Social Psychology, 2*, 267-299. New York: Academic Press.

Adler, R. B., & Rodman, G. (1991). *Understanding Human Communication*. Fort Worth, TX: Holt, Rinehart and Winston.

Alderfer, C. P. (1972). *Existence, Relatedness, and Growth*. New York: Free Press.

Alderfer, C. P., & Guzzo, R. A. (1979). Life experiences and adults' enduring strength of desires in organizations. *Administrative Science Quarterly, 24*, 347-361.

Alfonso, R. J., & Goldsberry, L. (1987). Colleagueship in supervision. *Readings in Educational Supervision, 1*(2), ASCD.

Alfonso, R. J., Firth, G. R., & Neville, R. F. (1975). *Instructional Supervision: A Behavioral System*. Boston, MA: Allyn & Bacon.

American Association of School Administrators (1955). *Staff Relations in School Administration*. Washington, D.C.: AASA.

Anderson, J. E. (1984). *Public Policy Making* (3rd ed.). New York: Holt, Rinehart and Winston.

Antonakis, J., Avolio, B. J., & Sivasubramaniam, N. (2003). Context and leadership: An examination of the Nine-factor Full-range leadership theory using the multifactor leadership questionnaire. *Leadership Quarterly, 14*, 261-295.

Argyris, C. (1958). The organization: What makes it healthy? *Harvard Business Review, 36*, 107-116.

Argyris, C. (1962). *Interpersonal Competence and Organizational Effectiveness*. Homewood, IL: Irwin Dorsey Press.

Avolio, B. J., Bass, B. M., & Jung, D. I. (1999). Re-examining the components of the transformational and transactional leadership using the multifactor leadership questionnaire. *Journal of Occupational and Organizational Psychology, 72*, 441-462.

Bandura, A. (1977). Self-efficacy: Toward a unifying theory of behavioral change. *Psychological Review, 84*, 191-215.

Bandura, A. (1986). *Social Foundations of Thought and Action*. Englewood Cliffs, NJ: Prentice Hall.

Bandura, A. (1997). *Self-Efficacy: The Exercise of Control*. New York: Freeman.

Barnard, C. I. (1938). *Functions of an Executive*. Cambridge, MA: Harvard University Press.

Barnard, C. I. (1940). Comments on the job of the executive. *Harvard Business Review,* *18*(3), 295-308.

Bass, B. M. (1960). *Leadership, Psychology and Organizational Behavior.* New York: Harper & Row.

Bass, B. M. (1985). *Leadership and Performance Beyond Expectation.* New York: Free Press.

Bass, B. M. (1998). *Transformational Leadership: Industrial, Military, and Educational Impact.* Mahwah, NJ: Erlbaum.

Becker, G. S. (1964). *Human Capital: A Theoretical and Empirical Analysis with Special Reference to Education.* New York: The National Bureau of Economic Research, Columbia University Press.

Belcher, D. W. (1974). *Compensation Administration.* Englewood Cliffs, NJ: Prentice-Hall, Inc.

Bennis, W. G. (1962). Toward a truly scientific management: The concept of organizational health. In L. von Bertalanffy & A. Rapport (Eds.), *General Systems, 7.*

Bennis, W. G. (1982). The artform of leadership. *Training and Development Journal, 36,* 1982.

Bennis, W. G. (1989). *On Becoming a Leader.* Cambrige, MA: Addison-Wesley.

Benshoff, J. M. (1994). Peer consultation as a form of supervision. ERIC Clearinghouse on Counseling and Student Services.

Bidwell, C. E. (1965). The school as a formal organization. In J. G. March (Ed.), *Handbook of Organizations.* Chicago, IL: Rand McNally.

Bittner, J. R. (1988). *Fundamentals of Communication* (2nd ed.). Englewood Cliffs, NJ: Prentice-Hall.

Blake, R. R., & Mouton, J. S. (1985). *The Managerial Grid III: The Key to Leadership Excellence.* Houston, TX: Gylf.

Blau, P. M., & Scott, W. R. (1962). *Formal Organization: A Comparative Approach.* San Francisco, CA: Chandler.

Bobbitt, J. F. (1913). Some general principles of management applied to the problems of city-school systems. In S. Chester Parker (Ed.), *The Supervision of City Schools.* The 12th Yearbook of the National Society for the Study of Education, Part I. Chicago, IL: University of Chicago Press.

Bobbitt, J. F. (1912). The elimination of waste in education. *The Elementary School Teacher, 12*(6), 259-271.

Bockman, V. M. (1971). The Herzberg controversy. *Personnel Psychology, 24,* 155-189.

Bowman, M. J., Robinson, E. A. G., & Valzey, J. E. (Eds.) (1965). *The Economics of Education.* London, UK: Macmillan.

Brainard, E. (1977). An analysis of public attitudes toward education: The annual gallup polls on education. *The Journal of Research & Development in Education, 10*(2), 3-14.

Buchanan, J. M. (1965). *The Public Finance.* Homewood, IL: Richard D. Irwin Inc.

Burbules, N. C. (1993). *Dialogue in Teaching: Theory and Practice.* New York: Teachers College Press.

Burns, J. M. (1978). *Leadership.* New York: Harper & Row.

Burton, W. H., & Brueckener, L. J. (1955). *Supervision: A Social Process* (3rd ed.). New York: Appleton-Century-Crofts.

Byers, P. Y. (1996). *Organizational Communication: Theory and Behavior.* New York: Allyn & Bacon.

Campbell, J. P., Dunnette, M. D., Lawler, E. E. III, & Weick, K. E. (1970). *Managerial Behavior, Performance, and Effectiveness.* New York: McGraw-Hill.

Campbell, R. F., Corbally, J. E., & Nystrand, R. O. (1983). *Introduction to Educational Administration* (6th ed.). Boston, MA: Allyn & Bacon.

Campbell, R. F., Corbally, J. E., & Ramseyer, J. A. (1966). *Introduction to Educational Administration.* Boston, MA: Allyn and Bacon.

Campbell, R. F., Corbally, J. E., & Ramseyer, J. A. (1968). *Introduction to Educational Administration* (3rd ed.). Boston, MA: Allyn and Bacon.

Carlson, R. O. (1964). Environment constraints and organizational consequences: The public school and its clients. *Behavioral Science and Educational Administration*, The 63th Yearbook of NSSE, Part II. Chicago, IL: University of Chicago Press.

Castetter, W. B. (1986). *The Personnel Function in Educational Administration* (4th ed.). New York: Macmillan.

Clampitt, P. G. (1991). *Communicating for Managerial Effectiveness.* Newbury Park, CA: Sage.

Clark, D. L. et al. (1994). Organizational studies: Taxonomy and overview. In W. K. Hoy, T. A. Astuto, & P. B. Forsyth (Eds.), *Educational Administration: The UCEA Document Base.* New York: McGraw-Hill Primus.

Clark, J. V. (1964). A healthy organization. *California Management Review, 4*(4), 16-30.

Cogan, M. L. (1973). *Clinical Supervision.* Boston, MA: Houghton Mifflin Co.

Cohen, M. D., March, J. G., & Olsen, J. P. (1972). A garbage can model of organizational choice. *Administrative Science Quarterly, 17*(1), 1-25.

Cohn, E. (1975). *The Economics of Education*. Cambridge, MA: Ballinger Publishing Company.

Correa, H. (1969). *Quantitative Methods of Educational Planning*. Scranton, PA: International Textbook Co.

Council of Economic Advisers (1967). *The Annual Report of the Council of Economic Advisers*. Washington Government Printing Office.

Culbertson, J. (1983). Theory in educational administration: Echoes from critical thinkers. *Educational Researcher, 12*(10), 15-22.

Culbertson, J. (1988). A Century's quest for a knowledge base. In N. J. Boyan (Ed.), *Handbook of Research on Educational Administration*. New York: Longman.

Daft, R. L., & Lengel, R. H. (1984). Information richness: A new approach to managerial behavior and organizational design. *Research in Organizational Behavior, 6*, 191-233.

Daft, R. L., & Lengel, R. H. (1986). Organizational information requirements, media richness, and structural design. *Management Science, 32*, 554-571.

Daft, R. L., Bettenhausen, K. R., & Tyler, B. B. (1993). Implication of top managers' communication choices for strategic decisions. In G. P. Huber & W. H. Glick (Eds.), *Organizational Change and Redesign*. New York: Oxford University Press.

Dahnke, G. L., & Clatterbuck, G. W. (Eds.) (1990). *Human Communication: Theory and Research*. Belmont, CA: Wadsworth.

DeFleur, M. L., Kearney, P., & Plax, T. G. (1993). *Mastering Communication in Contemporary America*. Mountain View, CA: Mayfield.

Denison, E. F., *Accounting for United States Economic Growth, 1929~1969*. Washington, D.C.: The Brookings Institution, 1974.

Dimock, M. E. (1951). *Free Enterprise and the Administrative State*. Tuscaloosa, AL: University of Alabama Press.

Douglas, G. (2002). *The Emergence of Leadership: Linking Self-organization and Ethics*. New York: Routledge.

Doyle, W. (1987). Classroom organization and management. In C. Wittrock (Ed.), *Handbook of Research on Teaching* (3rd ed.). New York: MacMillan Publishing Co.

Dror, Y. (1968). *Public Policy-making Reexamined*. San Francisco, CA: Chandler Publishing Co.

Duke, D. L. (1979). Editor's Preface. In D. L. Duke (Ed.), *Classroom Management*. Chicago, IL: University of Chicago Press.

Dull, L. W. (1981). *Supervision: School Leadership Handbook*. Columbus, OH: Charles E. Merrill Publishing Co.

El-Ghannam, M. A. (1970). Politics in educational planning. *IIEP Occasional Paper, 19*. UNESCO, Paris, France: International Institute for Educational Planning.

English, R. W., & Steffy, B. E. (1984). *Educational Consulting: A Guidebook for Practitioners*. Englewood Cliffs, NJ: Educational Technology Publications.

Erchul, W. P., & Martens, B. K. (1997). *School Consultation: Conceptual and Empirical Bases of Practice*. New York & London: Plenum Press.

Esther, S. E. (1988). Decision making. In N. J. Boyan (Ed.), *Handbook of Research on Educational Administration*. New York & London: Longman.

Etzioni, A. (1961). *A Comparative Analysis of Complex Organizations*. New York: Free Press.

Etzioni, A. (1964). *Modern Organizations*. Englewood Cliffs, NJ: Prentice-Hall.

Etzioni, A. (1967). Mixed-scanning: A third approach to decision-making. *Public Administration Review, 25*(5), 385-392.

Evertson, C. M. et al. (1997). *Classroom Management for Elementary Teachers* (4th ed.). Boston, MA: Allyn and Bacon.

Farmer, J. (1970). *Why Planning, Programming, Budgeting Systems in Higher Education*. Colombia, OH: Western Interstate Commission for Higher Education.

Fayol, H. (1930). *Industrial and General Administration*. Translated by J. A. Coubrough. Geneva, Switzerland: International Management Institute.

Fayol, H. (1949). *General and Industrial Management*. Translated by Constance Storrs. London, UK: Sir Isaac Pitman & Sons.

Fiedler, F. E. (1967). *A Theory of Leadership Effectiveness*. New York: McGraw-Hill Book Company.

Fiedler, F. E., & Chemers, M. M. (1984). *Improving Leadership Effectiveness: The Leader Match Concept* (2nd ed.). New York: Wiley.

Flippo, E. B. (1976). *Principles of Personnel Management* (4th ed.). New York: McGraw-Hill.

Follet, M. P. (1924). *Creative Experience*. London, UK: Longmans & Green.

French, J. R., & Raven, B. (1960). The bases of social power. In D. Cartwright & A. F. Zander (Eds.), *Group Dynamics* (2nd ed.). Evanston, IL: Row, Peterson.

Frick, D. M. (2004). *Robert K. Greenleaf: A Life Servant Leadership*. Oakland, CA: Berrett-Koehler Publishers.

Galbraith, J., & Cummings, L. L. (1967). An empirical investigation of the motivational determinants of task performance: Incentive effects between instrumentality-valence and motivation-ability. *Organizational Behavior and Human Performance, 2*, 237-257.

Garrett, J., & Walker, S. D. (1969). *Management by Objectives in the Civil Service*. Civil Service Department, CAS Occasional Paper No. 10. London, UK: Her Majesty's Stationery Office.

Gaus, J. M. et al. (1952). The frontiers of public administration. In L. D. White (Ed.), *Introduction to the Study of Public Administration*. New York: Macmillan.

Getzels, J. W., & Guba, E. G. (1957). Social behavior and the administrative process. *The School Review, 65*(4), 423-441.

Getzels, J. W., & Thelen, H. A. (1960). The classroom group as a unique social system. In N. B. Henry (Ed.), *The Dynamics of Instructional Group*. The 59th Yearbook of NSSE. Chicago, IL: University of Chicago Press.

Gibson, J. L., Ivancevich, J. M., & Donnelly, J. H. Jr. (2000). *Organizations: Behavior, Structure, Processes* (10th ed.). Boston, MA: Irwin /McGraw-Hill.

Gore, W. J. (1964). *Administrative Decision Making: A Heuristic Model*. New York: John Wiley & Sons.

Graicunas, V. A. (1937). Relationship in organization. In L. Gulick & L. Urwick (Eds.), *Papers on the Sciences of Administration*. New York: Institute of Public Administration.

Grant, S. G. (1970). *General Characteristics of the Formal Educational System at the Primary and Secondary Levels in South Korea*. Unpublished.

Greenfield, T. B. (1985). Theories of educational organization: A critical perspective. In T. Husen & T. N. Postlethwaite (Eds.), *International Encyclopedia of Education: Research and Studies*. Oxford, UK: Pergamon, 5240-5251.

Gregg, R. T. (1957). The administrative process. In R. F. Campbell & R. T. Gregg (Eds.), *Administrative Behavior in Education*. New York: Harper & Brothers.

Greiner, L. E. (1972). Evolution and revolution as organizations grow. *Harvard Business Review*, July-Aug.

Griffiths, D. E. (1956). *Human Relations in School Administration*. New York: Appleton-Century-Crofts.

Griffiths, D. E. (1988). Administrative theory. In N. J. Boyan (Ed.), *Handbook of Research on Educational Administration*. New York: Macmillan.

Gross, B. M. (1964). The scientific approach to administration. In NSSE, *Behavioral Science and Educational Administration*. Chicago, IL: NSSE.

Gruenberg, B. C. (1912). Some economic obstacles to educational progress. *American Teachers, 1*, 90.

Gulick, L., & Urwick, L. (Ed.) (1937). *Papers on the Science of Administration*. New York: Institute of Public Administration, Columbia University.

Gurge, A. W. P. (1984). *A Introduction to Educational Planning Process*. Paris, France: UNESCO.

Hackman, J. R., & Walton, R. E. (1986). Leading groups in organizations. In P. S. Goodman (Ed.), *Designing Effective Work Groups*, 72-119.

Halpin, A. W. (1955). The leader behavior and leadership ideology of educational administrators and aircraft commanders. *Harvard Educational Review, 25*, Winter.

Halpin, A. W. (1956). *The Leadership Behavior of School Superintendent*. Columbus, OH: College of Education, The Ohio State University.

Halpin, A. W. (1970). Administrative theory: The fumbled torch. In A. M. Kroll (Ed.), *Issues in American Education*. New York: Oxford University Press.

Halpin, A. W., & Croft, D. B. (1962). *The Organizational Climate of Schools*. Washington, D.C.: US Office of Education, Research Project.

Harbison, F., & Myers, C. A. (1964). *Education, Manpower, and Economic Growth*. New York: McGraw Hill Book, Co.

Harman, C. (2001). *Economics of the Madhouse: Capitalism and the Market Today*, 심인숙 (역). 신자유주의 경제학 비판. 서울: 도서출판 책갈피.

Harris, B. N. (1975). *Supervisory Behavior in Education* (2nd ed.). Englewood Cliffs, NJ: Prentice-Hall.

Harris, T. E. (1993). *Applied Organizational Communication*. Hillsdale, NJ: Erlbaum.

Harrison, M. I. (1987). *Diagnosing Organizations: Methods, Models, and Processes*. Newbury Park, CA: Sage.

Hartley, H. J. (1968). *Educational Planning–Programming–Budgeting: A Systems Approach*. Englewood Cliff, NJ: Prentice-Hall.

Harvey, D. (2007). *A Brief History of Neoliberalism*. 최병두(역). 신자유주의: 간략한 역사. 서울: 도서출판 한울.

Hellriegel, D., & Slocum, J. W. Jr. (2004). *Organizational Behavior* (10th ed.). Mason, OH: Thomson/South-Western.

Hellriegel, D., Slocum, J. W., & Woodman, R. W. (1991). *Organizational Behavior* (5th ed.). New York: West.

Hemphill, J. K., & Coons, A. E. (1950). *Leader Behavior Description Questionnaire*.

Columbus, OH: Personnel Research Board, Ohio State University.

Henderson, P. D. (1969). Political and budgetary constraints: Some characteristics and implications. In J. Margolis & H. Guitton (Eds.), *Public Economics*. New York: St. Martin's Press.

Hersey, P., & Blanchard, K. H. (1988). *Management of Organizational Behavior* (5th ed.). Englewood Cliffs, NJ: Prentice-Hall.

Herzberg, F. (1966). *Work and the Nature of Man*. New York: The World Publishing Company.

Herzberg, F., Mausner, B., & Snyderman, B. (1959). *The Motivation to Work*. New York: John Wiley.

Holmes, M. L. Jr. (1979). Establishing validity for organizational health questionnaire. Unpublished Doctoral Dissertation, University of Arkansas.

House, R. J. (1996). Path-goal theory of leadership: Lessons, legacy, and reformulated theory. *Leadership Quarterly, 7*, 323-352.

Hoy, W. K., & Clover, S. I. R. (1986). Elementary school climate: A revision of the OCDQ. *Educational Administration Quarterly, 22*, 93-110.

Hoy, W. K., & Feldman, J. (1987). Organizational health: The concept and its measure. *Journal of Research and Development in Education, 20*(4), 30-37.

Hoy, W. K., & Miskel, C. G. (1982). *Educational Administration: Theory, Research, and Practice* (2nd ed.). New York: Random House.

Hoy, W. K., & Miskel, C. G. (1987). *Educational Administration: Theory, Research and Practice* (3th ed.). New York: Random House.

Hoy, W. K., & Miskel, C. G. (1996). *Educational Administration: Theory, Research and Practice* (5th ed.). New York: Random House.

Hoy, W. K., & Miskel, C. G. (2001). *Educational Administration: Theory, Research, and Practice* (6th ed.). New York: McGraw Hill.

Hoy, W. K., & Miskel, C. G. (2005). *Educational Administration: Theory, Research, and Practice* (7th ed.). New York: McGraw-Hill.

Hoy, W. K., & Miskel, C. G. (2012). *Educational Administration: Theory, Research, and Practice* (9th ed.). New York: Random House.

Hoy, W. K., & Miskel, C. G. (2013). *Educational Administration: Theory, Research, and Practice* (9th ed.). 오영재, 신현석, 양성관, 박종필, 가신현(역). 교육행정: 이론, 연구, 실제. 서울: 아카데미프레스.

Hoy, W. K., Tarter, C. J., & Kottkamp, R. (1991). *Open Schools/Healthy Schools:*

*Measuring Organizational Climate*. Beverly Hills, CA: Sage.

Huber, G. P., & Daft, R. L. (1987). Information environments of organizations. In F. M. Jablin, L. L. Putnam, K. Roberts, & L. W. Porter (Eds.), *Handbook of Organizational Communication: An Interdisciplinary Perspective*. Newbury, CA: Sage.

Immegart, G. L., & Prilecki, F. J. (1973). *A Introduction to Systems for the Education Administrator*. Cambridge, MA: Addison-Wesley Publishing Co.

Ivancevich, G. J. L., & Donnelly, J. M. Jr. (2000). *Organizations: Behavior, Structure, Processes* (10th ed.). Homewood, IL: Irwin/MaGraw-Hill.

Jackson, J. A., & Mathis, R. L. (1976). Management by objectives: Promises, pitfalls, and possibilities. In R. A. Zawacki & D. D. Warrick (Eds.), *Organization Development: Managing Change in the Public Sector*. International Personnel Management Association.

Johns, G. (1983). *Organizational Behavior: Understanding Life at Work*. Glenview, IL: Scott, Foresman.

Johnson, L. V., & Bany, M. A. (1970). *Classroom Management: Theory and Skill Training*. New York: MacMillan Co.

Johnson, M., & Brooks, H. (1979). Conceptualizing classroom management. In D. L. Duke (Ed.), *Classroom Management*. Chicago, IL: University of Chicago Press.

Katz, D., & Kahn, R. L. (1978). *The Social Psychology of Organizations* (2nd ed.). New York: John Wiley & Sons Inc.

Katz, R. L. (1974). Skill of an effective administrator. *Harvard Business Review, 52*.

Keller, R. T. (1992). Transformational leadership and the performance of research and development project groups. *Journal of Management, 18*(3), 489-501.

Kerr, S., & Jermier, J. M. (1978). Substitutes for leadership: Their meaning and measurement. *Organizational Behavior and Human Performance, 22*(3), 375-403.

Kilmann, R. H., Saxton, M. L., & Serpa, R. (Eds.) (1985). *Gaining Control of The Corporate Culture*. San Francisco, CA: Jossey-Bass.

Kim, E. C., & Kellough, R. D. (1991). *A Resource Guide for Secondary School Teaching*. New York: MacMillan Publishing Co.

Kim, M. H. (1976). A systems framework for analysis of educational policy making, 한국교육학회 제121차 월례학술발표회 발표논문.

Kimbrough, R. B. (1964). *Political Power and Educational Decision-Making*. Chicago, IL: Rand McNally and Co.

Kiras, F. G., Mushkin, S. J., & Billings, B. B. (1975). *Educational Outcome Measurement in*

*Developing Countries*. Washington, D.C.: Georgetown University.

Knezevich, S. J. (1975). *Administration of Public Education*. New York: Harper & Row.

Koopman, G. R. et al. (1943). *Democracy in School Administration*. New York: Appleton-Century-Crofts.

Krone, K. J., Jablin, F. M., & Purnam, L. L. (1987). Communication theory and organizational communication: Multiple perspectives. In F. M. Jablin, L. L. Putnam, K. Roberts, & L. W. Porter (Eds.), *Handbook of Organizational Communication: An Interdisciplinary Perspective*. Newbury Park, CA: Sage.

Lan, Z. (1997). A conflict resolution approach to public administration. *Public Administration Review, 57*(1), 27-35.

Landrum, T. J., & Kauffman, J. M. (2006). Behavioral approaches to classroom management. In C. M. Evertson & C. S. Weinstein (Eds.), *Handbook of Classroom Management, Research, Practice, and Contemporary Issues*. London, UK: Routledge.

Landsberger, H. A. (1958). *Hawthorne Revisited*. Ithaca, NY: New York State School of Industrial and Labor Relations, Cornell University.

Larson, C. E., & LaFasto, F. M. J. (1989). *Teamwork: What Must Go Right/What Can Go Wrong*. Sage series in interpersonal communication, 10. Thousand Oaks, CA: Sage Publications, Inc.

Lemlech, J. K. (1979). *Classroom Management: Methods and Techniques for Elementary and Secondary Teachers*. New York: Harper & Row.

Level, D. A. Jr. (1972). Communication effectiveness: Method and situation. *Journal of Business Communication, 9*, 19-25.

Lewin, K. (1935). *A Dynamic Theory of Personality*. New York: McGraw-Hill Co.

Lewin, K., Lippitt, R., & White, R. K. (1939). Patterns of aggressive behavior in experimentally created 'social climate'. *Journal of Social Psychology, 10*, 271-301.

Lewis, P. V. (1975). *Organizational Communications: The Essence of Effective Management*. Columbus, OH: Grid.

Likert, R. (1961). *New Patterns of Management*. New York: McGraw-Hill.

Lindblom, C. E. (1968). *The Policy-making Process*. Englewood Cliffs, NJ: Prentice-Hall.

Lipham, J. M., & Hoeh, J. A. Jr. (1974). *The Principalship: Foundations and Functions*. New York: Harper & Row Publishers.

Locke, E. A. (1968). Toward a theory of task motivation and incentives. *Organizational Behavior and Human Performance, 3*, 157-189.

Locke, E. A., & Latham, G. P. (1990). *A Theory of Goal Setting and Task Performance*.

Englewood Cliffs, NJ: Prentice-Hall.

Locke, E. A., Cartledge, N., & Knerr, C. S. (1970). Studies of the relationship between satisfaction, goal-setting, and performance. *Organizational Behavior and Human Performance, 5,* 135-139.

Lorsch, J. W. (1985). Strategic myopia: Culture as invisible barrier to change. In R. H. Kilmann, M. L. Saxton, & R. Serpa (Eds.), *Gaining Control of The Corporate Culture.* San Francisco, CA: Jossey-Bass.

Lucio, W. H., & McNeil, J. D. (1962). *Supervision: A Synthesis of Thought and Action.* New York: McGraw-Hill Book Co.

Luft, J. (1969). *Of Human Interaction: The Johari Model.* Palo Alto, CA: Mayfield Publishing.

Luft, J. (1970). *Group Process: An Introduction to Group Dynamics* (2nd ed.). Palo Alto, CA: National Press Book Co.

Lunenburg, F. C., & Ornstein, A. C. (1991). *Educational Administration: Concepts and Practices.* Belmont, CA: Wadsworth Publishing Company.

Machlup, F. (1962). *The Production and Distribution of Knowledge in the United States.* Princeton, NJ: Princeton University Press.

Manning, P. K. (1992). *Organizational Communication.* New York: Aldine De Gruyer.

Manz, C. C. (1983). *The Art of Self-leadership: Strategies for Personal Effectiveness in Your Life and Work.* Englewood Cliffs, NJ: Prentice-Hall.

Manz, C. C., & Neck, C. P. (2001). *Mastering Self-leadership: Empowering Yourself for Personal Excellence* (2nd ed.). 이은숙(역). 바보들은 항상 최선을 다했다고 말한다. 서울: 한언.

Manz, C. C., & Sims, H. P. Jr. (1987). Leading workers to lead themselves: The external leadership of self-managing work teams. *Administrative Science Quarterly, 32*(1), 89-102.

Manz, C. C., & Sims, H. P. Jr. (1989). *Superleadership.* New York: Berkley Books.

Manz, C. C., & Sims, H. P. Jr. (1995). *Super Leadership: Leading Other to Lead Themselves.* 정일재(역). 수퍼리더십. 서울: 21세기북스.

March, J. G., & Simon, H. A. (1958). *Organization.* New York: John Wiley & Sons.

Maslow, A. H. (1970). *Motivation and Personality* (Revised ed.). New York: Harper & Row.

Mayberry, M., Knowles, J. G., Ray, B., & Marlow, S. (1995). *Homeschooling: Parents as Educators.* Thousand Oaks, CA: Corwin Press, Inc.

Mayo, E. (1933). *The Human Problems of An Industrial Civilization*. New York: McMillan Co.

McClelland, D. C. (1961). *The Achieving Society*. Princeton, NJ: Van Nostrand.

McClelland, D. C. (1965). Toward a theory of motive acquisition. *American Psychologist, 20*(5), 321-333.

McClelland, D. C. (1985). *Human Motivation*. Glenview, IL: Scott, Foresman.

McGregor, D. (1960). *The Human Side of Enterprise*. New York: McGraw-Hill.

Melbo I. R. et al. (1970). *Report of the Survey, Paramount Unified School District*. Los Angeles, CA: University of Southern California.

Metcarf, H. C., & Urwick, L. (Eds.)(1941). *Dynamic Administration: The Collected Papers of Mary Parker Follet*. New York: Harper.

Meyer, J. W., & Rowan, B. (1983). The structure of educational organizations. In J. W. Meyer & R. Scott (Eds.), *Organizational Environments*. Thousand Oaks, CA: Sage Publications, Inc.

Miles, M. (1965). *Planned Change and Organizational Health: Figure and Ground, Change Processes in the Public School*. Eugene, OR: The University of Oregon.

Miller, G. A. (1951). Comments on theoretical models, illustrated by the development of conflict behavior. *Journal of Personality, 20*(1), 82-100.

Miller, G. A., & Dollard, J. (1951). *Social Learning and Imitation*. New Haven, CT: YALE.

Miner, J. B. (1988). *Organizational Behavior: Performance and Productivity*. New York: Random House.

Moehlman, A. B. (1951). *School Administration* (2nd ed.). Boston, MA: Houghton Mifflin Co.

Mons, N. (2006). Décentralisation: Ya-t-il une exception française?: Les enseignements des comparaisons internationales. *La Revue de L'inspection Générale, 3*, 108-115.

Montello, P. A., & Wimberly, C. A. (1988). *Management Systems in Education*. 왕기항, 조남근(역). 교육경영체제론. 서울: 재동문화사.

Mooney, J. D. (1947). *Principles of Organization*. New York: Harper & Brothers.

Mooney, J. D., & Reiley, A. C. (1939). *The Principles of Organization*. New York: Harper and Brothers.

Morphet, E. L., Johns, R. L., & Reller, T. L. (1974). *Educational Organization and Administration*. Englewood Cliffs, NJ: Prentice-Hall.

Morphet, E. L., Johns, R. L., & Reller, T. L. (1982). *Educational Organization and Administration: Concepts, Practices, and Issues*. Englewood Cliffs, NJ: Prentice-Hall,

Inc.

Morrisey, G. L. (1970). *Management by Objectives and Results.* Cambridge, MA: Addison-Wesley.

Mullin, D. D., & Musella, D. F. (1984). *Educational Consultancy: Perception and Reality.* ERIC Database Number: ED 245 333.

Myers, M. T., & Myers, G. E. (1982). *Managing by communication: An Organizational Approach.* New York: McGraw-Hill.

National Education Association (1960). Salary standards of teacher. *NEA Research Bulletin, 39*(4).

Naylor, J., Pritchard, R., & Ilgen, D. (1980). *A Theory of Behavior in Organizations.* New York: Academic Press.

Neck, C. P., Stewart, G. L., & Manz, C. C. (1995). Thought self-leadership as a framework for enhancing the performance of performance appraisers. *The Journal of Applied Behavioral Science, 31*(3), 278-302.

Nigro, F. A., & Nigro, L. G. (1965). *The New Public Personnel Administration.* Itasca, IL: F. E. Peacock Publishers, Inc.

Odiorne, G. S. (1965). *Management by Objectives.* New York: Pitman.

Otto, H. J., & Sanders, D. C. (1984). *Elementary School Organization and Administration* (4th ed.). New York: Appleton-Century-Crofts.

Otto, M. J., Condon, M., James, E. W., Olson, W., & Weber, A. A. (1954). *Class Size Factors in Elementary Schools.* Bureau of Laboratory Schools Publications, Austin, TX: The University of Texas.

Ouchi, W. G. (1981). *Theory Z: How American Business Can Meet the Japan Challenge.* Cambridge, MA: Addison-Wesley.

Owens, R. G. (1987). *Organizational Behavior in Education* (3rd ed.). Englewood Cliffs, NJ: Prentice-Hall.

Owens, R. G., & Steinhoff, C. R. (1976). *Administrative Change in Schools.* Englewood Cliffs, NJ: Prentice-Hall.

Palincsar, A. S. (1986). The role of dialogue in providing scaffolding instruction. *Educational Psychologist, 21*, 73-98.

Parnes, H. S. (1962). *Forecasting Educational Needs for Economic and Social Development.* OECD.

Parsons, T. (1960). *Structure and Process in Modern Society.* New York: Free Press.

Perlman, R. (1973). *The Economics of Education: Conceptual Problems and Policy Issues.*

New York: McGraw-Hill Book Company.

Petrie, A. J. (1995). Home educators and the law within Europe. *International Review of Education, 15*(1), 55-77.

Pfiffner, I. (1960). *Organization: Administrative Organization*. Englewood Cliffs, NJ: Prentice-Hall.

Pfiffner, J. M., & Presthus, R. V. (1960). *Public Administration* (4th ed.). New York: Ronald.

Pigors, P., & Myers, C. A. (1969). *Personnel Administration: A Point of View and Method*. New York: McGraw-Hill.

Podskoff, P. M., Niehoff, B. P., MacKenzie, S. B., & Williams, M. L. (2000). Do substitutes for leadership really substitute for leadership?: An empirical examination of Kerr and Jermier's situational leadership model. *Organizational Behavior and Human Decision Process, 54*(1), 1-44.

Pondy, L. R. (1967). Organizational conflict: concepts and models. *ASQ, 12*(2), 296-320.

Porter, L. W. (1963). Job attitudes in management: IV. Perceived deficiencies in need fulfillment as a function of size of company. *Journal of Applied Psychology, 47*(6), 386-397.

Porter, L. W. (1964). *Organizational Patterns of Managerial Job Attitudes*. New York: American Foundation for Management Research.

Porter, L. W., & Roberts, K. H. (1976). Communication in organizations. In M. D. Dunnette (Ed.), *Handbook of Industrial and Organizational Psychology*. Chicago, IL: University of Chicago Press.

Porter, L. W., Lawler, E. E., & Hackman, J. R. (1975). *Behavior in Organizations*. New York: McGraw-Hill, 1975.

Psacharopoulos, G. (1994). Returns to investment in education: A global update. *World Development, 22*(9), 1325-1343.

Psacharopoulos, G., & Patrinos, H. A. (2004). Returns to investment in education. *Education Economics, 12*(2), August 2003, 111-134.

Puge D. S. et al. (1973). *Writers on Organizations* (2nd ed.). Middlesex, England: Penguin Books.

Rahim, M. A. (1985). A strategy for managing conflict in complex organization. *Human Relations*.

Reddin, W. J. (1970). *Managerial Effectiveness*. New York: McGraw-Hill.

Redding, W. C. (1972). *Communication Within the Organization*. West Lafayette, IN:

Purdue Research Council.

Redfield, C. E. (1958). *Communication in Management* (Revised ed.). Chicago, IL: University of Chicago Press.

Reece, B. L., & Brandt, R. (1984). *Effective Human Relations in Organizations*. Boston, MA: Houghton Mifflin Co.

Rico, L. (1964). Organizational conflict: A framework for reappraisal. *Industrial Management Review, 6*(1), 67–80.

Robbins, S. P. (1974). *Managing Organizational Conflict: A Nontraditional Approach*. Englewood Cliffs, NJ: Prentice Hall.

Roethlisberger, F. J., & Dickson, W. J. (1939). *Management and the Worker*. Cambridge, MA: Harvard University Press.

Rogers, D. C., & Ruchlin, H. S. (1971). *Economics and Education*. New York: The Free Press.

Rogers, E. M., & Rogers R. A. (1967). *Communication in Organizations*. New York: The Free Press.

Rossmiller, R. (1971). Economics and financing of education. In R. L. Johns (Ed.), *Alternative Programs for Financing Education*. Gainesville, FL: National Educational Finance Project.

Sayles, L. R. & Strauss, G. (1966). *Human Behavior in Organizations*. Englewood Cliffs, NJ: Prentice Hall.

Schein, E. H. (1965). *Organizational Psychology*. Englewood Cliffs, NJ: Prentice-Hall.

Schein, E. H. (1980). *Organizational Psychology* (3rd ed.). Englewood Cliffs, NJ: Prentice-Hall.

Schermerhorn, J. R. Jr., Hunt, J. G., & Osborn, R. N. (1994). *Managing Organizational Behavior* (5th ed.). New York: John Wiley & Sons.

Schermerhorn, J. R. Jr., Hunt, J. G., & Osborn, R. N. (2000). *Managing Organizational Behavior* (7th ed.). New York: John Wiley & Sons.

Schmuck, R. A., & Runkel, P. J. (1985). *The Handbook of Organization Development in Schools* (3rd ed.). Prospect Heights, IL: Waveland Press.

Schultz, T. W. (1961). Investment in human capital. *The American Economic Review, 51*(1), 1–17.

Schultz, T. W. (1963). *The Economic Value of Education*. New York: Columbia University Press.

Schwart, H. M., & Davis, S. M. (1981). Matching corporate culture and business strategy.

*Organizational Dynamics, Summer*, 30–48.

Sears, J. B. (1950). *The Nature of the Administrative Process*. New York: McGraw-Hill.

Selznick, P. (1957). *Leadership in Administration: A Sociological Interpretation*. Evanston, IL: Row, Peterson and Co.

Sergiovanni, T. J. (1992). *Moral Leadership: Getting to the Heart of School Improvement*. San Francisco, CA: Jossey-Bass Publishers.

Sergiovanni, T. J. (1999). *Rethinking Leadership: A Collection of Articles*. Arlington Heights, IL: SkyLight Training and Publishing Inc.

Sergiovanni, T. J., & Carver, F. D. (1973). *The New School Executive: A Theory of Administration*. New York: Dodd, Mead & Company.

Sergiovanni, T. J., & Starratt, R. J. (1983). *Supervision: Human Perspective* (3rd ed.). New York: McGraw-Hill Book Co.

Sethia, N. K., & Glinow, M. A. (1985). Arriving at four cultures by managing the reward systems. In R. H. Kilmann et al. (Eds.), *Gaining Control of The Corporate Culture*. San Francisco, CA: Jossey-Bass.

Shrode, W. A., & Voich, D. Jr. (1974). *Organization and Management: Basic Systems Concept*. Homewood, IL: Richard D. Irwin.

Sikula, A. F. (1976). *Personnel Administration and Human Resources Management*. New York: John Wiley and Sons, Inc.

Silver, P. (1983). *Educational Administration: Theoretical Perspectives in Practice and Research*. New York: Harper & Row.

Simon, H. A. (1947). *Administrative Behavior*. New York: Macmillan.

Simon, H. A. (1957). *Models of Man*. New York: Wiley.

Simon, H. A. (1974). *Administrative Behavior* (2nd ed.). New York: Macmillan.

Sims, H. P. Jr., & Manz, C. C. (1996). *Company of Heroes: Unleashing the Power of Self-leadership*. New York: Wiley.

Smith, K. K. (1989). The movement of conflict in organizations: The joint dynamics of splitting and triangulation. *Administrative Science Quarterly, 34*(1), 1–20.

Smith, R. C., & Murphy, M. J. (1946). *Job Evaluation and Employee Rating*. New York: McGraw-Hill.

Spates, T. G. (1944). *An Objective Scrutiny of Personnel Administration*. American Management Association Personnel Series, 75. New York: American Management Association.

Spaulding, F. E. (1913). *Improving School Systems through Scientific Management*.

Washington, D.C.: National Education Association.

Spaulding, F. E. et al. (1910). *The Aims, Scope and Methods of a University Course in Public School Administration*. Iowa: The National Society of College Teachers of Education.

Stahl, O. G. (1983). *Public Personnel Administration*. New York: Harper & Row. 1983.

Steers, R. M. (1984). *Introduction to Organizational Behavior* (2nd ed.). Northbrook, IL: Scott, Foresman and Company.

Steers, R. M., & Porter, L. W. (1979). *Motivation and Work Behavior* (2nd ed.). New York: McGraw-Hill.

Steers, R. M., & Porter, L. W. (1983). *Motivation and Work Behavior* (3rd ed.). New York: McGraw-Hill.

Steinfield, C. W., & Fulk, J. (1986). Task demands and managers' use of communication media: An information processing view. Paper presented at the meeting of Academy of Management, Chicago.

Steinhoff, C. R., & Owens, R. G. (1976). The organizational culture and assessment inventory: A metaphorical analysis of organizational culture in educational setting. *Journal of Educational Administration, 27*(3), 17-23.

Stogdill, R. M. (1948). Personal factors associated with leadership: A survey of the literature. *Journal of Psychology*, 25(1), 35-71.

Stogdill, R. M. (1950). Leadership, membership and organization. *Psychological Bulletin, 47*(1), 1-14.

Tagiuri, R., & Litwin, G. H. (Eds.) (1968). *Organizational Climate*. Boston, MA: Harvard Graduate School of Business Administration.

Taylor, F. W. (1911). *The Principles of Scientific Management*. New York: Harper & Brothers.

Taylor, J. R. (1993). *Rethinking the Theory of Organizational Communication: How to Read An Organization, The Communication and Information Science*. New York: Ablex Publishing.

Thelen, H. A., & Getzels, J. W. (1957). The social sciences: Conceptual framework for education. *School Review, LXV*, Autumn, 339-354.

Thomas, K. (1976). Conflict and conflict management. In M. D. Dunnette (Ed.), *Handbook of Industrial and Organizational Psychology*. Chicago, IL: Rand McNally.

Thompson, J. (1965). *Policy-Making in American Public Education: A Framework for Analysis*. Englewood Cliffs, NJ: Prentice-Hall, Inc.

Tiffin, J., & McCormick, E. J. (1965). *Industrial Psychology*. Englewood Cliffs, NJ: Prentice-Hall.

von Bertalanffy, L. (1950). An outline of General Systems Theory. *British Journal of Philosophical Science, 1,* 134-165.

Vroom, V. H. (1964). *Work and Motivation*. New York: Wiley.

Waldo, D. (1967). *The Study of Public Administration*. New York: Random House.

Weber, M. (1946). Bureaucracy. In M. Weber (Ed.), *Essay in Sociology*. Translated by H. H. Gerth & C. W. Mills. New York: Oxford University Press.

Weber, M. (1947). *The Theory of Social and Economic Organization*. Edited and translated by A. M. Henderson & T. Parsons. New York: The Free Press.

Weick, K. E. (1973). Educational organizations as loosely coupled systems. *Administrative Science Quarterly, 21*(1), 1-19.

Weisbrod, B. A. (1962). Education and investment human capital. *Journal of Political Economy, 70,* 106-23.

White, L. D. (1955). *Introduction to the Study of Public Administration*. New York: Macmillan Co.

Whitty, G. (2012). *Making Sense of Education Policy: Studies in the Sociology and Politics of Education*. 김달효(역). 신자유주의 교육정책의 비판: 교육정치학과 교육사회학의 관점. 서울: 학지사.

Wiles, J., & Bondi, J. (1980). *Supervision: A Guide to Practice*. Columbus, OH: Charles E. Merrill Publishing Co.

Wiles, K. (1967). *Supervision for Better Schools* (3rd ed.). Englewood Cliffs, NJ: Prentice-Hall.

Wiles, K., & Lovell, J. T. (1975). *Supervision for Better Schools* (4th ed.). Englewood Cliffs, NJ: Prentice-Hall.

Wilkins, A., & Petterson, K. (1985). You can't get there from here: What will make culture change project fail. In H. Ralph & H. Kilmann et al. (Eds.), *Gaining Control of The Corporate Culture*. San Francisco, CA: Jossey-Bass.

Willower, D. J., Eidell, T. L., & Hoy, W. K. (1967). *The School and Pupil Control Ideology*. University Park, PA: Penn State University.

Wolf, W. B. (1974). *The Basic Barnard: An Introduction to Chester I Barnard and His Theories of Organization and Management*. Ithaca, NY: New York State School of Industrial and Labor Relations, Cornell University.

Wren, D. A. (1979). *The Evolution of Management Thought* (2nd ed.). New York: John

Wiley & Sons.

Yauch, W. A. (1949). *Improving Human Relations in School Administration.* New York: Harper & Row.

Yoder, D. (1959). *Personnel Management and Industrial Relations* (4th ed.). Englewood Cliffs, NJ: Prentice-Hall.

Yukl, G. (1981). *Leadership in Organization.* Englewood Cliffs, NJ: Prentice-Hall, Inc.

Yukl, G. (1989). *Leadership in Organizations* (2nd ed.). Englewood Cliffs, NJ: Prentice-Hall.

Yukl, G. (1994). *Leadership in Organizations* (3rd ed.). Englewood Cliffs, NJ: Prentice-Hall, Inc.

Yukl, G. (1999). An evaluation of conceptual weaknesses in transformational and charismatic leadership theories. *Leadership Quarterly, 10*(2), 285-305.

# 찾아보기

## 내용

## 저자 소개

**윤정일**(尹正一, Yun, Chung-il)
서울대학교 사범대학 교육학과 졸업
서울대학교 교육대학원(교육학 석사)
미국 일리노이대학교 교육재정 전공(Ph.D.)
미국 일리노이대학교 사범대학 교수
한국교육개발원 교육발전연구부장, 기획조정실장
대통령직속 교육개혁심의회 및 교육정책자문회의 전문위원
한국교육행정학회장, 한국교육재정경제학회장, 한국교육학회장
서울대학교 교육학과 교수, 교육행정연수원장, 사범대학장
민족사관고등학교장
현 서울대학교 명예교수


**송기창**(宋基昌, Song, Ki Chang)
서울대학교 사범대학 교육학과 졸업
서울대학교 대학원 교육학과(교육학 석사)
서울대학교 대학원 교육학과(교육학 박사)
대통령직속 교육개혁위원회 및 새교육공동체위원회 전문위원
교육부 정책자문위원회 위원
인제대학교 교육대학원 교수
숙명여자대학교 기획처장, 교육대학원장, 평생교육원장
한국교육재정경제학회장
미국 Lewis & Clark College 객원교수
현 숙명여자대학교 교육학부 교수

**김병주**(金秉柱, Kim, Byoung-Joo)

서울대학교 사범대학 교육학과 졸업

서울대학교 대학원 교육학과(교육학 석사)

서울대학교 대학원 교육학과(교육학 박사)

한국대학교육협의회 고등교육연구소 연구원

영남대학교 홍보협력실(처)장, 사범대학장, 교육대학원장, 입학처장,
 기획처장, 교육혁신본부장

국가교육과학기술자문회의 수석전문위원

대통령실 및 교육부 정책자문위원회 위원

미국 워싱턴주립대학교 객원교수

한국교육정치학회장, 한국교육재정경제학회장

현  영남대학교 교육학과 교수

   고등교육정책연구소장


**남수경**(南秀庚, Nam, Sookyong)

서울대학교 사범대학 윤리교육과 졸업

서울대학교 대학원 교육학과(교육학 석사)

서울대학교 대학원 교육학과(교육학 박사)

한국교육개발원 부연구위원

국가교육과학기술자문회의 전문위원

대통령실 및 교육부 정책자문위원회 위원

미국 University of Kansas 객원교수

한국교육재정경제학회 편집위원장

강원대학교 입학본부장

현  교육부 중앙투자심사위원회 위원

   국무조정실 청년정책조정위원회 실무위원

   한국교육학회 강원지회장

   강원대학교 교육연구소장, 미래교육센터장

   강원대학교 교육학과 교수

# 교육행정학 원론(7판)

## Introduction to Educational Administration (7th ed.)

1994년 2월 21일 1판 1쇄 발행
1997년 2월 20일 1판 5쇄 발행
1998년 3월 5일 2판 1쇄 발행
2001년 2월 20일 2판 4쇄 발행
2002년 2월 20일 3판 1쇄 발행
2006년 8월 20일 3판 9쇄 발행
2007년 3월 5일 4판 1쇄 발행
2008년 1월 20일 4판 3쇄 발행
2008년 9월 1일 5판 1쇄 발행
2014년 8월 20일 5판 14쇄 발행
2015년 3월 20일 6판 1쇄 발행
2021년 2월 25일 6판 11쇄 발행
2021년 9월 30일 7판 1쇄 발행

지은이 • 윤정일 · 송기창 · 김병주 · 남수경
펴낸이 • 김진환
펴낸곳 • ㈜ 학지사
04031 서울특별시 마포구 양화로 15길 20 마인드월드빌딩
대표전화 • 02-330-5114 팩스 • 02-324-2345
등록번호 • 제313-2006-000265호

홈페이지 • http://www.hakjisa.co.kr
페이스북 • https://www.facebook.com/hakjisa

ISBN 978-89-997-2513-5 93370

정가 23,000원

출판 · 교육 · 미디어기업 학지사

간호보건의학출판 학지사메디컬 www.hakjisamd.co.kr
심리검사연구소 인싸이트 www.inpsyt.co.kr
학술논문서비스 뉴논문 www.newnonmun.com
교육연수원 카운피아 www.counpia.com